Entführungen deutscher Staatsangehöriger im Ausland

Alexa Buckler

Entführungen deutscher Staatsangehöriger im Ausland

Zu der staatlichen Schutzverpflichtung, der Kostenerstattung sowie der staatlichen Haftung nach nationalem Recht

PL ACADEMIC RESEARCH

Bibliografische Information der Deutschen Nationalbibliothek
Die Deutsche Nationalbibliothek verzeichnet diese Publikation in der Deutschen Nationalbibliografie; detaillierte bibliografische Daten sind im Internet über http://dnb.d-nb.de abrufbar.

Zugl.: Bayreuth, Univ., Diss., 2015

Gedruckt auf alterungsbeständigem,
säurefreiem Papier.

D 703
ISBN 978-3-631-67295-2 (Print)
E-ISBN 978-3-653-06764-4 (E-Book)
DOI 10.3726/978-3-653-06764-4

PL Academic Research ist ein Imprint der Peter Lang GmbH.

Peter Lang – Frankfurt am Main · Bern · Bruxelles · New York · Oxford · Warszawa · Wien

Diese Publikation wurde begutachtet.

www.peterlang.com

Vorwort

Die vorliegende Arbeit wurde im Sommersemester 2015 an der Rechts- und Wirtschaftswissenschaftlichen Fakultät der Universität Bayreuth als Dissertation angenommen. Das Manuskript befindet sich auf dem Rechtsstand von Ende September 2014. Für die Drucklegung wurde – wo erforderlich – die Literatur aktualisiert und die neueste Rechtsprechung berücksichtigt.

Besonderen Dank schulde ich meinem verehrten Doktorvater, Herrn Prof. Dr. Dr. h.c. mult. Peter Häberle, für seine ausgezeichnete Betreuung sowie seine unermüdliche und vorbehaltlose Unterstützung, ohne die die vorliegende Arbeit nicht hätte vollendet werden können. Daneben danke ich Herrn Prof. Dr. Kay Windthorst für die Erstellung des Zweitgutachtens sowie Herrn Prof. Dr. Markus Möstl für die Übernahme des Vorsitzes meines Kolloquiums. Herrn Dr. Alexander Schott danke ich für seine freundschaftliche Verbundenheit, die mir in den Tagen unserer Bürogemeinschaft das Arbeiten vielfach erleichtert hat.

Zu Dank verpflichtet bin ich weiterhin meiner lieben Familie. Insbesondere meinen Eltern, die mir stets ein unbedingter Rückhalt waren, danke ich von Herzen, dass sie mir diese Ausbildung ermöglicht haben. Der größte Dank gebührt einem Ehemann, der trotz der Vertiefung in sein eigenes Promotionsvorhaben stets wertvoller Ansprech- und Diskussionspartner war und mich geduldig durch sämtliche Höhen und Tiefen begleitet hat. Seine selbstlose Unterstützung hat maßgeblich zum Gelingen der vorliegenden Arbeit beigetragen.

Bayreuth, im Dezember 2015 *Alexa Buckler*

Inhaltsverzeichnis

Abkürzungsverzeichnis

a.A.	andere Ansicht
a.a.O.	am angeführten/angegebenen Ort
ABl.	Amtsblatt
Abs.	Absatz
Abschn.	Abschnitt
AcP	Archiv für die civilistische Praxis
a.E.	am Ende
AEMR	Allgemeine Erklärung der Menschenrechte v. 10.12.1948
AEUV	Vertrag über die Arbeitsweise der Europäischen Union, in der Fassung der Bekanntmachung v. 09.05.2008, ABl. Nr. C 115, S. 47; zuletzt geändert durch Art. 2 Änderungsbeschluss 2012/419/EU v. 11.07.2012, ABl. Nr. L 204, S. 131
a.F.	alte Fassung
AKostG	Auslandskostengesetz v. 21.02.1978, BGBl. I, S. 301; zuletzt geändert durch Art. 4 Abs. 43 Gesetz zur Strukturreform des Gebührenrechts des Bundes v. 07.08.2013, BGBl. I, S. 3154
AKostV	Auslandskostenverordnung v. 20.12.2001, BGBl. I, S. 4161; berichtigt BGBl. 2002 I, S. 750; zuletzt geändert durch Art. 2 Abs. 2 Verordnung zum Erlass seearbeitsrechtlicher Vorschriften im Bereich der medizinischen Betreuung auf Seeschiffen v. 14.08.2014, BGBl. I, S. 1383
ALR	Allgemeines Landrecht für die Preußischen Staaten v. 1794
Alt.	Alternative
Anm.	Anmerkung
AnwBl. BE	Berliner Anwaltsblatt
AO	Abgabenordnung, in der Fassung der Bekanntmachung v. 01.10.2002, BGBl. I, S. 3866; berichtigt BGBl. 2003 I, S. 61; zuletzt geändert durch Art. 16 Gesetz zur Anpassung des nationalen Steuerrechts an den Beitritt Kroatiens zur EU und zur Änderung weiterer steuerlicher Vorschriften v. 25.07.2014, BGBl. I, S. 1266

AöR	Archiv des öffentlichen Rechts
ArbuR	Arbeit und Recht
Art.	Artikel
AVR	Archiv des Völkerrechts
Az.	Aktenzeichen
BayVBl.	Bayerische Verwaltungsblätter
Begr.	Begründer
Beschl.	Beschluss
BGB	Bürgerliches Gesetzbuch, in der Fassung der Bekanntmachung v. 02.01.2002, BGBl. I, S. 42; berichtigt BGBl. 2002 I, S. 2909, 2003 I, S. 738; zuletzt geändert durch Art. 1 Gesetz zur Bekämpfung von Zahlungsverzug im Geschäftsverkehr und zur Änderung des EEG v. 22.07.2014, BGBl. I, S. 1218
BGBl.	Bundesgesetzblatt
BGebG	Bundesgebührengesetz v. 07.08.2013, BGBl. I, S. 3154
BGH/BGHZ	Bundesgerichtshof/Entscheidungen des Bundesgerichtshofes in Zivilsachen
BHO	Bundeshaushaltsordnung v. 19.08.1969, BGBl. I, S. 1284; zuletzt geändert durch Art. 2 Gesetz zur Änderung des Finanzausgleichsgesetzes und der Bundeshaushaltsordnung v. 15.07.2013, BGBl. I, S. 2395
BPolG	Gesetz über die Bundespolizei (Bundespolizeigesetz) v. 19.10.1994, BGBl. I, S. 2978; zuletzt geändert durch Art. 4 Gesetz zur Änderung des Telekommunikationsgesetzes und zur Neuregelung der Bestandsdatenauskunft v. 20.06.2013, BGBl. I, S. 1602
BR-Drs.	Bundesratsdrucksache
BRZ	Bruttoraumzahl
BSG/BSGE	Bundessozialgericht/Entscheidungen des Bundessozialgerichts
BSHG	Bundessozialhilfegesetz, in der Fassung der Bekanntmachung v. 23.03.1994, BGBl. I, S. 646; berichtigt BGBl. 1994 I, S. 2975; zuletzt geändert durch Art. 27 Nr. 1 Verwaltungsvereinfachungsgesetz v. 21.03.2005, BGBl. I, S. 818; aufgehoben durch Gesetz v. 27.12.2003, BGBl. I, S. 3022
bspw.	beispielsweise

BT-Drs.	Bundestagsdrucksache
BT-PlPr.	Plenarprotokoll des Deutschen Bundestages
BVerfG/ BVerfGE/ BVerfGK	Bundesverfassungsgericht/Entscheidungen des Bundesverfassungsgerichts/Kammergerichtsentscheidugnen des Bundesverfassungsgerichts
BVerfGG	Gesetz über das Bundesverfassungsgericht (Bundesverfassungsgerichtsgesetz), neugefasst durch Bekanntmachung v. 11.08.1993, BGBl. I, S. 1473; zuletzt geändert durch Art. 1 Änderungsgesetz v. 29.08.2013, BGBl. I, S. 3463
BVerwG/ BVerwGE	Bundesverwaltungsgericht/Entscheidungen des Bundesverwaltungsgerichts
BWahlG	Bundeswahlgesetz, in der Fassung der Bekanntmachung v. 23.07.1993, BGBl. I, S. 1288; berichtigt BGBl. 1993 I, S. 1594; zuletzt geändert durch Art. 2 Abs. 1 Gesetz zur Fortentwicklung des Meldewesens v. 03.05.2013, BGBl. I, S. 1084
bzgl.	bezüglich
bzw.	beziehungsweise
ca.	circa
CERN	Organisation Européenne pour la Recherche Nucléaire (Europäische Organisation für Kernforschung)
ders.	derselbe
d.h.	das heißt
dies.	dieselbe/n
diesbzgl.	diesbezüglich
Doc.	Dokument
DÖV	Die Öffentliche Verwaltung
DM	Deutsche Mark
DVBl.	Deutsches Verwaltungsblatt
DVP	Deutsche Verwaltungspraxis
Einf.	Einführung
EGV	Vertrag zur Gründung der Europäischen Gemeinschaft, in der Fassung bis 30.11.2009 v. 25.03.1957; zuletzt geändert durch Art. 2 Vertrag von Lissabon v. 13.12.2007, ABl. Nr. C 306, S. 1

EL	Ergänzungslieferung
ELN	Ejército de Liberación Nacional (Nationale Befreiungsarmee)
EMRK	Konvention zum Schutze der Menschenrechte und Grundfreiheiten v. 04.11.1950 (Europäische Menschenrechtskonvention), in der Fassung der Bekanntmachung v. 22.10.2010, BGBl. II, S. 1198; zuletzt geändert durch 15. EMRK-Protokoll v. 24.06.2013, BGBl. 2014 II, S. 1034
Erläut.	Erläuterung(en)
etc.	et cetera
EU	Europäische Union
EuR	Europarecht
EUV	Vertrag über die Europäische Union v. 13.12.2007, ABl. Nr. C 306 S. 1; berichtigt ABl. 2008 Nr. C 111, S. 56, 2009 Nr. C 290, S. 1, 2011 Nr. C 378, S. 3; zuletzt geändert durch Art. 13, 14 Abs. 1 EU-Beitrittsakte 2013 v. 09.12.2011, ABl. 2012 Nr. L 112, S. 21
EWS	Europäisches Wirtschafts- und Steuerrecht
f./ff.	folgende/fortfolgende
FamRZ	Zeitschrift für das gesamte Familienrecht
Fn.	Fußnote
GAD	Gesetz über den Auswärtigen Dienst v. 30.08.1990, BGBl. I, S. 1842; zuletzt geändert durch Art. 5 Gesetz zur Übertragung ehebezogener Regelungen im öffentlichen Dienstrecht auf Lebenspartnerschaften v. 14.11.2011, BGBl. I, S. 2219
GebV	Auslandskostenverordnung, Anlage 1 (zu § 1) – Gebührenverzeichnis
gem.	gemäß
GG	Grundgesetz für die Bundesrepublik Deutschland v. 23.05.1949, BGBl. I, S. 1; zuletzt geändert durch Art. 1 Änderungsgesetz (Art. 93) v. 11.07.2012, BGBl. I, S. 1478
GRCh/GRC	Charta der Grundrechte der Europäischen Union v. 12.12.2007, ABl. Nr. C 303, S. 1; BGBl. 2008 II, S. 1165; konsolidierte Fassung ABl. 2010 Nr. C 83, S. 389, 2012 Nr. C 326, S. 391
GSG 9	Grenzschutzgruppe 9 (der Bundespolizei)

Hrsg.	Herausgeber
Hs.	Halbsatz
ICJ Rep.	Reports of the International Court of Justice
ICLQ	International and Comparative Quarterly
i.d.F.	in der Fassung
i.E.	im Ergebnis
IGH	Internationaler Gerichtshof
i.H.v.	in Höhe von
ILC	International Law Commission
ILC Rep.	Reports of the International Law Commission
InsO	Insolvenzordnung v. 05.10.1994, BGBl. I, S. 2866; zuletzt geändert durch Art. 6 Gesetz zur Änderung des Prozesskostenhilfe- und Beratungshilferechte v. 31.08.2013, BGBl. I, S. 3533
IPBürgR	Internationaler Pakt über bürgerliche und politische Rechte v. 19.12.1966, BGBl. 1973 II, S. 1533
i.S.d.	im Sinne der/des
ISGH	Internationaler Seegerichtshof
i.S.v.	im Sinne von
i.V.m.	in Verbindung mit
JA	Juristische Arbeitsblätter
JBl.	Juristische Blätter
JöR	Jahrbuch des Öffentlichen Rechts
Jura	Juristische Ausbildung
JuS	Juristische Schulung
JZ	Juristenzeitung
Kap.	Kapitel
KG (Bayern)	Kostengesetz v. 20.02.1998, GVBl. 1998, S. 43; zuletzt geändert durch § 1 Nr. 33 Verordnung zur Anpassung des Landesrechts an die geltende Geschäftsverteilung v. 22.07.2014, GVBl. 2014, S. 286
km	Kilometer

KonsG	Gesetz über die Konsularbeamten, ihre Aufgaben und Befugnisse v. 11.09.1974 (Konsulargesetz), BGBl. I, S. 2317; zuletzt geändert durch Art. 4 Abs. 42 Gesetz zur Strukturreform des Gebührenrechts des Bundes v. 07.08.2013, BGBl. I, S. 3154
KonsG von 1867	Gesetz, betreffend die Organisation der Bundeskonsulate, sowie die Amtsrechte und Pflichten der Bundeskonsuln v. 08.11.1867 (Konsulargesetz von 1867), GBl. des Norddeutschen Bundes 1867, Nr. 11, S. 137
KSK	Kommando Spezialkräfte der Bundeswehr
lit.	litera
m.w.N.	mit weiteren Nachweisen
Nds. SOG	Niedersächsisches Gesetz über die öffentliche Sicherheit und Ordnung, in der Fassung v. 19.01.2005, Nds. GVBl. 2005, S. 9; zuletzt geändert durch Art. 2 Gesetz v. 23.07.2014, Nds. GVBl. 2014, S. 211
n.F.	neue Folge/Fassung
NJW	Neue Juristische Wochenschrift
No./Nr.	Nummer
NVwZ	Neue Zeitschrift für Verwaltungsrecht
NZWehrR	Neue Zeitschrift für Wehrrecht
o.J.	ohne Jahr
OASG	Gesetz zur Sicherung der zivilrechtlichen Ansprüche der Opfer von Straftaten v. 08.05.1998 (Opferanspruchssicherungsgesetz), BGBl. I, S. 905
OEG	Gesetz über die Entschädigung für Opfer von Gewalttaten (Opferentschädigungsgesetz), in der Fassung der Bekanntmachung v. 07.01.1985, BGBl. I, S. 1; zuletzt geändert durch Art. 3 Gesetz zur Änderung des Bundesversorgungsgesetzes und anderer Vorschriften v. 20.06.2011, BGBl. I, S. 1114
OVG	Oberverwaltungsgericht
OVGE MüLü	Entscheidungen der Oberverwaltungsgerichte für das Land Nordrhein-Westfalen in Münster sowie für die Länder Niedersachsen und Schleswig-Holstein in Lüneburg

PAG (Bayern)	Gesetz über die Aufgaben und Befugnisse der Bayerischen Staatlichen Polizei (Polizeiaufgabengesetz), in der Fassung der Bekanntmachung v. 14.09.1990, GVBl. 1990, S. 397; zuletzt geändert durch § 1 Nr. 30 Verordnung zur Anpassung des Landesrechts an die geltende Geschäftsverteilung v. 22.07.2014, GVBl. 2014, S. 286
PassG	Passgesetz v. 19.04.1986, BGBl. I, S. 537; zuletzt geändert durch Art. 8 Gesetz zur Förderung der elektronischen Verwaltung sowie zur Änderung weiterer Vorschriften v. 25.07.2013, BGBl. I, S. 2749
PCIJ	Permanent Court of Justice
PolG NRW	Polizeigesetz des Landes Nordrhein-Westfalen, in der Fassung der Bekanntmachung v. 25.07.2003, GV. NRW 2003, S. 410
RabelsZ	Rabels Zeitschrift für ausländisches und internationales Recht
RBG	Reichsbürgergesetz v. 15.09.1935, RGBl. 1935 I, S. 1146
RBHG	Gesetz über die Haftung des Reichs für seine Beamten v. 22.05.1910 (Reichsbeamtenhaftungsgesetz), RGBl. 1910, Nr. 29, S. 798; zuletzt geändert durch Art. 6 Gesetz über dienstrechtlichen Regelungen für besondere Verwendungen im Ausland (Auslandsverwendungsgesetz – AuslVG) v. 28.07.1993, BGBl. I, S. 1394
RdA	Recht der Arbeit
RG/RGZ	Reichsgericht/Entscheidungen des Reichsgerichts in Zivilsachen
RGBl.	Reichsgesetzblatt
RIW	Recht der Internationalen Wirtschaft
Rn.	Randnummer
RuP	Recht und Politik
S./s.	Seite/Satz/siehe
SG	Gesetz über die Rechtsstellung der Soldaten (Soldatengesetz), in der Fassung der Bekanntmachung v. 30.05.2005, BGBl. I, S. 1482; zuletzt geändert durch Art. 2 Abs. 8a Gesetz zur Fortentwicklung des Meldewesens v. 03.05.2013, BGBl. I, 1084

SGB XII	Sozialgesetzbuch, Zwölftes Buch, Sozialhilfe v. 27.12.2003, BGBl. I, S. 3022; zuletzt geändert durch Art. 9 GKV-Finanzstruktur- und Qualitäts-Weiterentwicklungsgesetz v. 21.07.2014, BGBl. I, S. 1133
SJZ	Schweizerische Juristen-Zeitung
sm	Seemeile
sog.	so genannt
Sp.	Spalte
Sps.	Spiegelstrich
StAG	Staatsangehörigkeitsgesetz v. 22.07.1913, RGBl. 1913 I, S. 583; zuletzt geändert durch Art. 3 Gesetz zum Ausbau der Hilfen für Schwangere und zur Regelung der vertraulichen Geburt v. 28.08.2013, BGBl. I, S. 3458
StGB	Strafgesetzbuch, in der Fassung der Bekanntmachung v. 13.11.1998, BGBl. I, S. 3322; zuletzt geändert durch Art. 1 Achtundvierzigstes Strafrechtsänderungsgesetz v. 23.04.2014, BGBl. I, S. 410
StIGH	Ständiger Internationaler Gerichtshof
StPO	Strafprozeßordnung, in der Fassung der Bekanntmachung v. 07.04.1987, BGBl. I, S. 1074; berichtigt BGBl. 1987 I, S. 1319, zuletzt geändert durch Art. 3 Achtundvierzigstes Strafrechtsänderungsgesetz v. 23.04.2014, BGBl. I, S. 410
StV	Strafverteidiger
u.a.	unter anderem/und andere
UN	Vereinte Nationen
UPR	Umwelt- und Planungsrecht
Urt.	Urteil
u.U.	unter Umständen
u.v.m.	und viele/s mehr
v.	von/vom/versus
Var.	Variante
v.d.	von der
VerwArch	Verwaltungsarchiv

VerwRspr.	Verwaltungsrechtsprechung in Deutschland, Sammlung obergerichtlicher Entscheidungen aus dem Verfassungs- und Verwaltungsrecht
VG	Verwaltungsgericht
VGH	Verwaltungsgerichtshof
vgl.	vergleiche
Vorb.	Vorbemerkung
VV-BHO	Allgemeine Verwaltungsvorschriften zur Bundeshaushaltsordnung, Verwaltungsvorschrift des Bundesministeriums der Finanzen v. 14.03.2001 – II A 3 – H 1005 – 5/01, GMBl. 2001, S. 309; zuletzt geändert durch Allgemeine Verwaltungsvorschrift zur Änderung der Allgemeinen Verwaltungsvorschrift v. 25.06.2014, GMBl. 2014, S. 900
VVDStRL	Veröffentlichungen der Vereinigung der Deutschen Staatsrechtslehrer
VwGO	Verwaltungsgerichtsordnung, in der Fassung der Bekanntmachung v. 19.03.1991, BGBl. I, S. 686; zuletzt geändert durch Art. 13 Gesetz zur Durchführung der Verordnung (EU) Nr. 1215/2012 sowie zur Änderung sonstiger Vorschriften v. 08.07.2014, BGBl. I, S. 890
VwKostG	Verwaltungskostengesetz v. 23.06.1970, BGBl. I, S. 821; zuletzt geändert durch Art. 5 Gesetz zur Strukturreform des Gebührenrechts des Bundes v. 07.08.2013, BGBl. I, S. 3154
VwKostG M-V	Verwaltungskostengesetz des Landes Mecklenburg-Vorpommern v. 04.10.1991 (Landesverwaltungskostengesetz M-V), GVOBl. M-V 1991, S. 366; zuletzt geändert durch Art. 2 Gesetz v. 02.12.2009, GVOBl. M-V 2009, S. 666, 671
VwVfG	Verwaltungsverfahrensgesetz, in der Fassung der Bekanntmachung v. 23.01.2003, BGBl. I, S. 102; zuletzt geändert durch Art. 3 Gesetz zur Förderung der elektronischen Verwaltung sowie zur Änderung weiterer Vorschriften v. 25.07.2013, BGBl. I, S. 2749
VwVG	Verwaltungs-Vollstreckungsgesetz v. 27.04.1953, BGBl. I, S. 157; zuletzt geändert durch Art. 4 Abs. 1 Gesetz zur Reform der Sachaufklärung in der Zwangsvollstreckung v. 29.07.2009, BGBl. I, S. 2258
WiVerw	Wirtschaft und Verwaltung

WiWo	Wirtschaftswoche
WPflG	Wehrpflichtgesetz, in der Fassung der Bekanntmachung v. 16.09.2008, BGBl. I, S. 1886; zuletzt geändert durch Art. 2 Abs. 8 Gesetz zur Fortentwicklung des Meldewesens v. 03.05.2013, BGBl. I, S. 1084
WRV	Verfassung des Deutschen Reichs v. 11.08.1919 (Weimarer Reichsverfassung), RGBl. 1919, Nr. 152, S. 1383
WÜD	Wiener Übereinkommen über diplomatische Beziehungen v. 18.04.1961, BGBl. 1964 II, S. 957
WÜK	Wiener Übereinkommen über konsularische Beziehungen v. 24.04.1963, BGBl. 1969 II, S. 1585
z.B.	zum Beispiel
ZaöRV	Zeitschrift für ausländisches öffentliches Recht und Völkerrecht
ZblJugR	Zentralblatt für Jugendrecht und Jugendwohlfahrt
ZBR	Zeitschrift für Beamtenrecht
ZEuS	Zeitschrift für Europarechtliche Studien
ZFSH/SGB	Zeitschrift für die sozialrechtliche Praxis
ZIP	Zeitschrift für Wirtschaftsrecht
zit.	zitiert
ZPO	Zivilprozessordnung, in der Fassung der Bekanntmachung v. 05.12.2005, BGBl. I, S. 3202; berichtigt BGBl. 2006 I, S. 431, 2007 I, S. 1781; zuletzt geändert durch Art. 1 Gesetz zur Durchführung der VO (EU) Nr. 1215/2012 sowie zur Änderung sonstiger Vorschriften v. 08.07.2014, BGBl. I, S. 890
ZRP	Zeitschrift für Rechtspolitik

Erster Teil: Einleitung

„Reisenation Nummer Eins“ oder „Exportweltmeister“ – dies sind Schlagworte, mit denen die Bundesrepublik Deutschland und die Deutschen häufig beschrieben werden. Voraussetzung und Folge einer entsprechenden Charakterisierung ist, dass die Zahl der sich (vorübergehend) im Ausland aufhaltenden deutschen Staatsangehörigen stetig zunimmt. Zu ihnen zählen zum einen die deutschen Urlauber, die ihre arbeitsfreie Zeit am Strand in der Ferne verbringen und fremde Länder sowie ihre Kulturen entdecken bzw. erleben wollen: etwa bei einem Tauchurlaub auf der malaysischen Insel Sipadan, einer Rucksacktour zu einer verlorenen Inkastadt im Norden Kolumbiens oder einer Reise auf der bei Motorradtouristen beliebten „Gräberpiste“ in der algerischen Sahara. Zum anderen folgen dem Export deutscher Wirtschaftsgüter, insbesondere im Bereich des Maschinenbaus und in Länder, die sich in einer Phase des (Wieder-)Aufbaus der eigenen Wirtschaft befinden, nicht selten Mitarbeiter der exportierenden Firmen aus Deutschland. Sie übernehmen die Einrichtung und Wartung der erworbenen Anlage(n) oder schulen einheimische Mitarbeiter in ihrer Bedienung. Als dritte und vierte Gruppe sind Mitarbeiter verschiedener Hilfsorganisationen, die vor allem in Entwicklungsländern und Krisengebieten tätig sind, und deutsche Staatsangehörige, die aufgrund familiärer Verbindungen in Länder mit erhöhter Entführungsgefahr reisen oder sich dort aufhalten, zu nennen.

Die speziellen Gefahren, die bei den beschriebenen Auslandsaufenthalten bestehen können und über das – nach europäischen Maßstäben – „allgemeine Lebensrisiko“ hinausgehen, werden teilweise schlichtweg ignoriert oder bleiben unerkannt. Im Falle der Hilfsorganisationen sind sie den Mitarbeitern häufig bekannt, werden aber meist weitestgehend minimiert oder bewusst in Kauf genommen, um etwa von einer humanitären Notlage betroffenen Menschen zu helfen oder besondere Kulturgüter vor der Zerstörung zu bewahren.

Bis in die 1980er Jahre hinein bestanden diese speziellen Gefahren vor allem in bewaffneten Konflikten und Naturkatastrophen, wobei als prägendes Beispiel aus neuerer Zeit die Tsunamikatastrophe rund um den Indischen Ozean Ende 2004 zu nennen ist, bei der allein in Thailand ca. 550 deutsche Urlauber starben.[1] Seit Ende der 1980er Jahre ist zu ihnen in Teilen Lateinamerikas, der Pazifikregion, des muslimisch geprägten Afrikas sowie des Nahen und Mittleren Ostens zudem das Risiko zu zählen, Opfer einer Entführung zu werden.

In diesem Zusammenhang ist auch die seit 2007 steigende Zahl von Überfällen von Piraten auf (deutsche) Handelsschiffe vor den afrikanischen Küsten zu nennen,

---

1 ZEIT ONLINE v. 23.12.2009, „Die Flut und ihre Folgen“, im Internet: http://www.zeit.de/politik/2009-12/jahrestag-tsunami-khaolak.

die gemeinhin mit der Kaperung des Schiffes und der Geiselnahme bzw. Entführung der Schiffsbesatzung einhergehen.[2]

A. Zielsetzung und Gang der Untersuchung

Realisiert sich die letztgenannte spezielle Gefahr einer Entführung deutscher Staatsangehöriger im Ausland, so stellen sich für die Bundesrepublik Deutschland einige Fragen: Ist sie rechtlich verpflichtet dem Entführungsopfer zu helfen? Kann dieses einen staatlichen Schutz – eventuell sogar durch bestimmte Schutzmaßnahmen – auch beanspruchen und womöglich gerichtlich durchsetzen? Haftet die Bundesrepublik Deutschland, wenn ein Entführungsopfer im Zuge seiner Entführung verletzt oder getötet wird? Wer trägt die Kosten der Entführung?[3]

Diesen Fragestellungen und ihrer rechtlichen Ausgestaltung widmet sich die vorliegende Untersuchung, die sich in insgesamt acht Teile gliedert. Dabei befasst sich ihr zweiter Teil[4] zunächst mit der Frage nach dem Bestehen einer Pflicht der Bundesrepublik Deutschland zum Schutz im Ausland entführter deutscher Staatsangehöriger: Aus welcher Rechtsgrundlage ist sie konkret abzuleiten? Die entsprechende Betrachtung bezieht sich sowohl auf die verfassungsrechtliche als auch auf die einfachgesetzliche Ebene der deutschen Rechtsordnung. In einer Vorfrage ist aufgrund des internationalen Bezugs der untersuchten Fragestellung zudem auf die völkerrechtlichen Vorgaben einer Schutzpflicht der Bundesrepublik Deutschland zugunsten eigener Staatsangehöriger außerhalb des eigenen Staatsgebiets einzugehen. Der dritte Teil befasst sich sodann mit der Durchsetzung der staatlichen Schutzpflicht: Steht dem Entführungsopfer ein subjektives öffentliches Recht auf staatlichen Schutz im Ausland zu und wie könnte dieses inhaltlich ausgestaltet sein? In diesem Zusammenhang ist zudem zu untersuchen, ob und gegebenenfalls

2 S. hierzu nachfolgend die „Entführungschronik" im ersten Teil unter B. und die Angaben zu Entführungen Deutscher im Ausland allgemein und in den Regionen Afrika, Asien und Ozeanien sowie Mittel- und Südamerika auf der Internetseite des Bundesnachrichtendienstes, „Entführungen deutscher Staatsangehöriger im Ausland", Informationen des Bundesnachrichtendienstes, im Internet: http://www.bnd.bund.de/DE/Themen/Lagebeitraege/Entfuehrungen/Entfuehrungen_node.html.

3 In der Endphase des vorliegenden Promotionsvorhabens wurde mit *C. P. Kokew*, Auslandsschutz deutscher Staatsangehöriger bei Entführungen, 2012 eine erste Dissertation zu dem bearbeiteten Thema veröffentlicht.

4 Die herrschende Lehre unterscheidet allgemein zwischen der Frage nach der eigentlichen staatlichen Pflicht zur Schutzgewähr im Ausland und einem auf diese gerichteten Anspruch des Einzelnen, s. *M. Heintzen*, Auswärtige Beziehungen privater Verbände, 1988, S. 135. Dieser Trennung wird vorliegend gefolgt, sodass sich der zweite Teil zunächst mit der Pflicht der Bundesrepublik Deutschland zum Schutz im Ausland entführter deutscher Staatsangehöriger und der dritte Teil mit entsprechenden Schutzansprüchen des Entführungsopfers befassen – zusammen bilden sie den Schwerpunkt der vorliegenden Untersuchung.

unter welchen Voraussetzungen mögliche Schutzansprüche auch einer gerichtlichen Durchsetzung zugänglich sind.

Vor diesem Hintergrund betreffen der vierte und der fünfte Teil zwei Sonderfälle: So können die Befunde des zweiten und dritten Teils jedenfalls dann Geltung beanspruchen, wenn sich ein deutsches (ehemaliges) Entführungsopfer nicht (wiederholt) fahrlässig in die Gefahr einer Entführung begeben hat. In diesem Sinne ist im vierten Teil zunächst zu klären, ob und gegebenenfalls inwieweit seine Schutzbedürftigkeit im Falle des Bestehens besonderer Sicherheitshinweise bzw. Reisewarnungen des Auswärtigen Amtes für das Zielland des Auslandsaufenthalts bzw. im Falle einer wiederholten Entführung einschränkbar ist. In diesem Zusammenhang ist zudem fraglich, ob die Bundesrepublik Deutschland durch eine Verweigerung der Ausreise aus dem Bundesgebiet möglicherweise „präventiv" schützend tätig werden darf. In einem Exkurs wird darüber hinaus auf die Frage eingegangen, ob neben deutschen Staatsangehörigen auch im Ausland entführte Unionsbürger von der Bundesrepublik Deutschland einen Schutz nach den entwickelten Grundsätzen beanspruchen können (fünfter Teil).

Die Thematik von Schutzpflicht und Schutzanspruch abschließend ist im sechsten Teil die Haftung der Bundesrepublik Deutschland für eine unterlassene oder fehlerhafte Schutzgewähr genauer zu betrachten: In diesen Fällen stellt sich die Frage, ob und inwieweit das Entführungsopfer selbst oder seine Hinterbliebenen eine (finanzielle) Kompensation von staatlicher Seite verlangen können, sollte das Entführungsopfer durch seine Entführer oder – im Falle seiner Befreiung – durch Sicherheitskräfte verletzt oder gar getötet werden. An dieser Stelle ist zunächst auf eine staatliche Haftung im engen Sinne einzugehen; denkbar sind aber auch immaterielle Hilfeleistungen und Entschädigungen, die grundsätzlich unabhängig von einem (rechtswidrigen bzw. schuldhaften) staatlichen Verhalten zu gewähren sind.

In einem letzten Schritt wird im siebten Teil das „kostenrechtliche Nachspiel" einer erfolgreich beendeten Entführung für das ehemalige Entführungsopfer bzw. seinen Arbeitgeber näher beleuchtet, das wiederholt Gegenstand öffentlicher Diskussionen ist. Bevor jedoch auf den konkreten rechtlichen Rahmen eines möglichen Kostenerstattungsanspruchs der Bundesrepublik Deutschland einzugehen ist, wird – zur Einführung in diese Thematik – zunächst die Erstattungspraxis des Auswärtigen Amtes in Entführungsfällen dargestellt. Die sich anschließende rechtliche Betrachtung widmet sich zum einen den rechtlichen Voraussetzungen und Beschränkungsmöglichkeiten der Beteiligung des ehemaligen Entführungsopfers an den Kosten seiner Entführung auf Grundlage der geltenden Rechtslage. Zum anderen richtet sich der Blick in die Zukunft, wobei die Änderungen der Kostenbeteiligung des ehemaligen Entführungsopfers analysiert werden, die sich aus der – für das Auslandskostenrecht ab dem 15. August 2018 geltenden – Reform des Gebührenrechts des Bundes ergeben. Die Befunde der Untersuchung werden im achten Teil in einem Gesamtergebnis zusammengefasst und thesenartig herausgearbeitet.

B. „Entführungschronik“[5]

Bevor ab dem zweiten Teil auf die aufgeworfenen rechtlichen Fragestellungen der Entführung deutscher Staatsangehöriger im Ausland einzugehen ist, werden nachfolgend im Rahmen eines Überblicks die Sachverhalte ausgewählter Entführungsfälle näher dargestellt. Er dient zum einen dem besseren Hintergrundverständnis der nachfolgenden Betrachtung: Wie reagiert und was unternimmt die Bundesrepublik Deutschland in Entführungsfällen? Auf welche Ressourcen kann sie zur Beendigung der Entführung zurückgreifen? Welche Optionen werden zu diesem Zweck in Betracht gezogen und von welchen Faktoren hängt ihre Auswahl ab? Und wie reagieren die Medien und Angehörigen eines Entführungsopfers auf die Entführung? Zum anderen soll die Entführungschronik die Aktualität der vorliegenden Untersuchung aufgezeigen, denn mit der zunehmenden internationalen Vernetzung der deutschen Gesellschaft und Wirtschaft und der damit verbundenen steigenden Zahl von sich im Ausland aufhaltenden deutschen Staatsangehörigen kann auch die Zahl von Entführungen steigen.[6]

I. „Entführungen deutscher Staatsangehöriger im Ausland“[7] der letzten Jahre

Die wohl erste (Einzel-)Entführung deutscher Staatsangehöriger im Ausland ereignete sich im Januar 1987 im Libanon: In Beirut werden der Hoechst-Manager Rudolf Cordes und der Siemens-Techniker Albert Schmidt entführt, mit denen eine der Hisbollah nahestehende und in Deutschland am 13. Januar 1987 festgenommene Person freigepresst werden sollte; A. Schmidt wird im September 1987, R. Cordes ein Jahr später freigelassen. Aus derselben Motivation heraus werden am 16. Mai 1989 erneut zwei deutsche Staatsangehörige im Libanon entführt. Nachdem die Bundesregierung auch in diesem Fall einen Austausch ablehnt, kommen die beiden Mitarbeiter

5 WELT v. 23.09.2000, „Familie Wallert soll zur Kasse gebeten werden“, im Internet: http://www.welt.de/534923.

6 Diese Faktoren werden in der Rückschau nicht zuletzt durch den zusätzlichen Faktor der weiteren Destabilisierung insbesondere der arabischen Länder durch Bürgerkrieg verstärkt, s. beispielhaft nur WELT v. 24.08.2014, „27-jähriger Deutscher aus IS-Geiselhaft befreit“, im Internet: http://www.welt.de/131529695, wobei vermehrt auch Journalisten von Entführungen betroffen sind, s. Tagesspiegel v. 14.12.2015, „Weltweit 54 Journalisten entführt“, im Internet: http://www.tagesspiegel.de/medien/reporter-ohne-grenzen-jahresbilanz-2015-weltweit-54-journalisten-entfuehrt/12723074.html.

7 http://www.bnd.bund.de/DE/Themen/Lagebeitraege/Entfuehrungen/Entfuehrungen_node.html; *U. Göres*, DÖV 2008, 622 ff. Auf dieser Internetseite des Bundesnachrichtendienstes und in dem dortigen Bericht „Entführungen deutscher Staatsangehöriger im Ausland“ finden sich allgemeine Informationen zu dem Thema.

einer Hilfsorganisation erst im Juni 1992 frei.[8] Zuletzt werden am 02. Februar 2014 ein etwa 60-jähriger deutscher Staatsangehöriger in der jemenitischen Hauptstadt Sanaa sowie am 16. Juli 2014 in der nigerianischen Stadt Gombi ein deutscher Ausbilder entführt.[9]

Die Chronik der Entführungen deutscher Staatsangehöriger im Ausland wird durch die folgende exemplarische Darstellung sechs ausgewählter Entführungssachverhalte ergänzt.[10]

1. *„Jolo-Geiseln": Entführung der Familie Wallert, April 2000*

Im April 2000 werden 21 Urlauber auf der malaysischen Insel Sipadan von Abu Sayyaf-Rebellen in einer Hotelanlage überfallen und auf die südphilippinische Insel Jolo verschleppt. Unter ihnen befinden die drei deutschen Staatsangehörigen Renate, Werner und Marc Wallert.[11] Nach einem gescheiterten Befreiungsversuch

---

8 *C. F. Buck*, Medien und Geiselnahmen, 2007, S. 64 f.; Sueddeutsche.de v. 10.05.2010, „Spektakuläre Entführungen von Deutschen im Ausland", im Internet: http://sz.de/1.654716.

9 ZEIT ONLINE v. 02.02.2014, „Deutscher im Jemen entführt", im Internet: http://www.zeit.de/politik/ausland/2014-02/jemen-entfuehrung-deutscher; FAZ.NET v. 02.02.2014, „Deutscher Staatsbürger entführt", im Internet: http://www.faz.net/aktuell/politik/ausland/naher-osten/jemen-deutscher-staatsbuerger-entfuehrt-12781319.html; Spiegel Online v. 16.07.2014, „Geiselnahme: Deutscher in Nigeria entführt", im Internet: http://www.spiegel.de/politik/ausland/entfuehrung-in-nigeria-deutscher-von-unbekannten-verschleppt-a-981405.html.

10 In diesem Zusammenhang sind zudem die Entführungen des Arbeitgeberpräsidenten H. M. Schleyer am 05.09.1977 in Köln durch die RAF sowie die Entführung der Lufthansamaschine „Landshut" am 13.10.1977 auf dem Flug von Palma de Mallorca nach Frankfurt am Main durch vier palästinensische Terroristen von Bedeutung: In beiden Fällen fordern die Entführer den Austausch mit bzw. die Freilassung der elf inhaftierten Mitglieder der RAF. In beiden Fällen beschloss die Bundesregierung – anders als im Fall der Entführung des CDU-Politikers P. Lorenz im Februar 1975 durch die „Bewegung 2. Juni" – nicht auf die Forderungen einzugehen. Mit Urteil v. 16.10.1977 weist auch das durch den Sohn Schleyers angerufene BVerfG (BVerfGE 46, 160 ff. – *Schleyer*) den Eilantrag ab, mit dem die Bundesregierung zu einer Erfüllung der Forderungen der Entführer verpflichtet werden sollte. Einen Tag später landete die „Landshut" – nachdem der Kapitän in Aden, Jemen, getötet wurde – in Mogadischu, Somalia. Hier setzten die Entführer der Bundesregierung mehrere Ultimaten, woraufhin das Flugzeug am 18.10.1977 von der GSG 9 gestürmt wurde; dabei werden vier Entführer getötet, die 86 Geiseln bleiben unverletzt, vgl. *C. F. Buck*, Medien und Geiselnahmen, 2007, S. 57 ff.; FAZ v. 04.08.2007, S. 9 „Zu wütend, um Angst zu haben"; FAZ v. 05.09.2007, S. 3 „Der Mann und seine Bewacher"; WELT v. 13.10.2007, „Der Albtraum der ‚Landshut'-Entführung", im Internet: http://www.welt.de/1259970.

11 Tagesspiegel v. 17.07.2000, „Renate Wallert lieferte den Entführern eine wertvolle Ware: das echte Leid eines echten Menschen", im Internet: http://www.tagesspiegel.de/politik/geiseldrama-auf-jolo-renate-wallert-lieferte-den-entfuehrern-eine-wertvolle-ware-das-echte-leid-eines-echten-menschen/154016.html; WDR

durch philippinische Sicherheitskräfte werden Ende Mai Verhandlungen zwischen der philippinische Regierung und Abu Sayyaf aufgenommen, in deren Folge Mitte Juli zunächst die gesundheitlich angeschlagene R. Wallert frei kommt. Unter Begleitung eines Arztes des Auswärtigen Amtes und Beamten des Bundeskriminalamtes fliegt sie von Manila zurück nach Frankfurt am Main und reist innerhalb Deutschlands mit einem Hubschrauber des damaligen Bundesgrenzschutzes zu weiteren gesundheitlichen Untersuchungen in ein Göttinger Klinikum. In offiziellen Mitteilungen wird die Freilassung R. Wallerts als „eine Geste des guten Willens" bezeichnet; andere Quellen gehen von einer – offiziell unbestätigten – Lösegeldzahlung i.H.v. 2.000.000 DM aus. Nach Verhandlungen unter libyscher Führung werden Ende August erst W. Wallert und Anfang September M. Wallert – als letztes Entführungsopfer – freigelassen.[12]

Für die Freilassung der letzten Entführungsopfer soll Libyen mehrere Millionen US-Dollar gezahlt haben, das offiziell als Entwicklungshilfe deklariert wurde. Wie in anderen Fällen gibt es auch in diesem Zusammenhang keine offiziellen Angaben über Lösegeldzahlungen.[13] Die Wallerts selbst sollen sich mit 12.887 DM an den Kosten ihrer Entführung beteiligen.[14] Diesem Betrag und den „politischen Kosten" der Bundesrepublik Deutschland i.H.v. „einigen hunderttausend Mark" stehen jedoch Einnahmen der Wallerts für Fernsehauftritte des nicht mit in den Urlaub gereisten Sohns in Deutschland während der Entführung und der gesamten Familie nach der Freilassung von Sohn Mark sowie ein Honorar für eine dreiteilige

---

v. 27.08.2005, „Vor 5 Jahren: Für Werner Wallert endet die Geiselnahme auf Malaysia", im Internet: http://www1.wdr.de/themen/archiv/stichtag/stichtag988.html. Als Besonderheit dieses Entführungsfalls ist das ab Mai 2000 bestehende große öffentliche Interesse zu nennen; der Entführungsfall wurde zu einem „Medienspektakel". Begünstigt durch die hohe Medienpräsenz vor Ort wird am 02.07.2000 ein Reporter des Spiegel entführt, s. Tagesspiegel v. 17.07.2000, „Renate Wallert lieferte den Entführern eine wertvolle Ware: das echte Leid eines echten Menschen", im Internet: http://www.tagesspiegel.de/politik/geiseldrama-auf-jolo-renate-wallert-lieferte-den-entfuehrern-eine-wertvolle-ware-das-echte-leid-eines-echten-menschen/154016.html; WDR v. 27.08.2005, „Vor 5 Jahren: Für Werner Wallert endet die Geiselnahme auf Malaysia", im Internet: http://www1.wdr.de/themen/archiv/stichtag/stichtag988.html.

12 Spiegel Online v. 18.07.2000, „Renate Wallert geht es überraschend gut", im Internet: http://www.spiegel.de/panorama/klinik-renate-wallert-geht-es-ueberraschend-gut-a-85767.html.

13 Focus 4/2001 v. 22.01.2001, S. 11 „Rechnung an Familie Wallert"; Stern v. 30.06.2003, „Was macht eigentlich Werner Wallert", im Internet: http://www.stern.de/lifestyle/leute/was-macht-eigentlich-werner-wallert-510980.html; WDR v. 27.08.2005, „Vor 5 Jahren: Für Werner Wallert endet die Geiselnahme auf Malaysia", im Internet: http://www1.wdr.de/themen/archiv/stichtag/stichtag988.html.

14 Focus 4/2001 v. 22.01.2001, S. 11 „Rechnung an Familie Wallert".

Tagebuchserie über die Entführung im Magazin Stern i.H.v. rund 130.000 DM gegenüber.[15]

2. *„Sahara-Geiseln": Verschleppung mehrerer europäischer Reisegruppen in der algerischen Sahara, Februar/März 2003*

Im Februar 2003 werden in der algerischen Sahara auf der sog. Gräberpiste mehrere europäische Reisegruppen mit insgesamt 11 Touristen durch eine radikalislamische Gruppierung entführt. In den folgenden Wochen werden weitere Reisegruppen als vermisst gemeldet, sodass sich schließlich insgesamt 32 Urlauber in der Hand der Entführer befinden – unter ihnen sind 16 deutsche Staatsangehörige.[16] Am 13. Mai 2003 wird eine Gruppe von 17 Entführungsopfern durch algerische Sicherheitskräfte gewaltsam befreit.[17] Im Anschluss verlegen die Entführer die restlichen 15 Entführungsopfer, von denen 10 die deutsche Staatsangehörigkeit besitzen, durch die Sahara in den Norden Malis. Aufgrund der hiermit verbundenen Strapazen stirbt ein deutsches Entführungsopfer an einem Hitzschlag.[18] Nach indirekten Verhandlungen der Bundesrepublik Deutschland über die malische Regierung und andere Unterhändler auch aus Libyen kommen die letzten 14 Entführungsopfer erst Mitte August 2003 nach insgesamt sechs Monaten frei.[19] Dabei soll die Bundesrepublik Deutschland erstmals direkt ein Lösegeld in Millionenhöhe an die Entführer gezahlt haben, was von offizieller

---

15 *U. Göres*, DÖV 2008, 622 (622 f. mit Fn. 11); Tagesspiegel v. 17.07.2000, „Renate Wallert lieferte den Entführern eine wertvolle Ware: das echte Leid eines echten Menschen", im Internet: http://www.tagesspiegel.de/politik/geiseldrama-auf-jolo-renate-wallert-lieferte-den-entfuehrern-eine-wertvolle-ware-das-echte-leid-eines-echten-menschen/154016.html; Spiegel Online v. 22.09.2000, „Werner schrieb immer nur Tagebuch", im Internet: http://www.spiegel.de/panorama/geiseldrama-werner-schrieb-immer-nur-tagebuch-a-94765.html; WELT v. 23.09.2000, „Familie Wallert soll zur Kasse gebeten werden", im Internet: http://www.welt.de/534923; Focus 4/2001 v. 22.01.2001, S. 11 „Rechnung an Familie Wallert"; Taz.de v. 20.08.2003, „Neiddebatte um zu Gold gesponnene Gefühle", im Internet: http://www.taz.de/1/archiv/archiv/?dig=2003/08/20/a0115.

16 Stern v. 18.08.2003, „Vermisst in der Sahara", im Internet: http://www.stern.de/politik/ausland/chronologie-vermisst-in-der-sahara-511718.html.

17 FAZ.NET v. 14.05.2003, „Befreite deutsche Geiseln wieder zuhause", im Internet: http://www.faz.net/aktuell/gesellschaft/sahara-touristen-befreite-deutsche-geiseln-wieder-zuhause-1103148.html; Der Spiegel 35/2003 v. 25.08.2003, S. 53 (55) „Das kann lange dauern".

18 Der Spiegel 35/2003 v. 25.08.2003, S. 53 (55) „Das kann lange dauern"; FAZ.NET v. 16.09.2003, „Obduktion ergibt: Frau starb an Hitzschlag", im Internet: http://www.faz.net/aktuell/gesellschaft/sahara-geiseln-obduktion-ergibt-frau-starb-an-hitzschlag-1119139.html.

19 Der Spiegel 35/2003 v. 25.08.2003, S. 48 (49 f.) „Codewort ‚Faruk'"; Tagblatt v. 09.01.2013, „Entführer von Sahara-Touristen verurteilt", im Internet: http://

Seite jedoch nicht bestätigt wird.[20] Ihr Anführer und weitere Personen werden 2004 im Tschad festgenommen.[21]

Die der Bundesrepublik Deutschland entstandenen Gesamtkosten der Entführung der „Sahara-Geiseln" sollen sich auf insgesamt rund 20.000.000 € belaufen, wovon allein die Flugkosten nach offiziellen Angaben 419.422,60 € betragen:[22] So wurde eine 55-köpfige Sonderkommission im Bundeskriminalamt gebildet und im Auswärtigen Amt allein 25 Mitarbeiter mit den Verhandlungen betraut. Es konnte zudem auf Ressourcen der Bundeswehr und des Bundesnachrichtendienstes zurückgegriffen werden.[23] Die befreiten bzw. freigelassenen deutschen Entführungsopfer werden mit Bundeswehrmaschinen bzw. mit Flugzeugen der Flugbereitschaft des Bundesministeriums der Verteidigung zurück nach Deutschland geflogen.[24] An diesen Kosten müssen sie sich mit zwischen 1.092,- und 2.301,- € beteiligen,[25] wobei die

---

www.tagblatt.ch/aktuell/panorama/panorama/Entfuehrer-von-Sahara-Touristen-verurteilt;art253654,3259437.

20 Mit dem Lösegeld sollten Waffen für den Kampf gegen die algerische Regierung erworben werden, Der Spiegel 35/2003 v. 25.08.2003, S. 53 (54) „Das kann lange dauern". Die angenommene direkte Zahlung von Lösegeld wird als Tabubruch gewertet, Der Spiegel 35/2003 v. 25.08.2003, S. 48 (48) „Codewort ‚Faruk'". Andere Quellen gehen davon aus, dass ein Lösegeld von Libyen gezahlt wurde und „weder direkt durch malische noch durch deutsche Hände" ging, Tagblatt v. 09.01.2013, „Entführer von Sahara-Touristen verurteilt", im Internet: http://www.tagblatt.ch/aktuell/panorama/panorama/Entfuehrer-von-Sahara-Touristen-verurteilt;art253654,3259437.

21 Zuvor sicherten die deutschen Sicherheitsbehörden insbesondere Algerien und Mali die Bereitschaft „zu jeder Zusammenarbeit bei der Ergreifung und der Vorgerichtstellung der Verbrecher" zu, s. Der Spiegel 35/2003 v. 25.08.2003, S. 48 (49) „Codewort ‚Faruk'". Im September hatte der BGH Haftbefehl gegen die Entführer wegen Mitgliedschaft in einer ausländischen terroristischen Organisation und Nötigung von Verfassungsorganen erlassen, vgl. FAZ.NET v. 18.05.2004, „Anführer der Sahara-Geiselnehmer festgenommen", im Internet: http://www.faz.net/aktuell/gesellschaft/tschad-anfuehrer-der-sahara-geiselnehmer-festgenommen-1160936.html. Ein weiterer Entführer wurde in Algerien zu lebenslanger Haft verurteilt, Tagblatt v. 09.01.2013, „Entführer von Sahara-Touristen verurteilt", im Internet: http://www.tagblatt.ch/aktuell/panorama/panorama/Entfuehrer-von-Sahara-Touristen-verurteilt;art253654,3259437.

22 BT-Drs. 15/1556, S. 3.

23 WELT v. 04.09.2003, „Der Preis der Geiselhaft", im Internet: http://www.welt.de/257525; Focus 40/2003 v. 29.09.2003, S. 12 „Der hohe Preis der Freiheit – für jeden".

24 FAZ.NET v. 14.05.2003, „Befreite deutsche Geiseln wieder zuhause", im Internet: http://www.faz.net/aktuell/gesellschaft/sahara-touristen-befreite-deutsche-geiseln-wieder-zuhause-1103148.html.

25 Handelsblatt v. 20.10.2003, „Sahara-Geiseln müssen zahlen", im Internet: http://www.handelsblatt.com/panorama/aus-aller-welt/geiselbefreiung-kostete-

Entführungsopfer – wie schon die „Jolo-Geiseln" – teilweise eigene Einnahmen aus der Vermarktung ihrer Entführungsgeschichte erzielen konnten.[26]

3. *Entführung Reinhilt Weigels in Kolumbien, September 2003*

Während einer mehrmonatigen Trekkingtour durch Südamerika wird die deutsche Staatsangehörige R. Weigel im September 2003 im Norden Kolumbiens zusammen mit sieben anderen ausländischen Touristen von der kolumbianischen Rebellengruppe ELN entführt. Nach intensiven Bemühungen insbesondere des Auswärtigen Amtes und der deutschen Botschaft in Bogotá, der Auslandsvertretungen der Heimatstaaten der weiteren Entführungsopfer, kolumbianischer Behörden, der Vereinten Nationen und des Internationalen Komitees vom Roten Kreuz wird sie zusammen mit einem spanischen Entführungsopfer im November 2003 wieder freigelassen. Die konkreten Freilassungsbedingungen werden zwischen der ELN und vor allem von Vertretern des Internationalen Komitees vom Roten Kreuz ausgehandelt. Die diesbezügliche Hauptforderung der ELN besteht darin, dass eine Kommission die von ihr behaupteten Menschenrechtsverletzungen und die Lebensverhältnisse der verarmten indigenen Bevölkerung in den nordkolumbianischen Bergdörfern untersuchen soll. Nach Erfüllung dieser Forderung werden die spanische Geisel und R. Weigel durch einen zivilen Hubschrauber abgeholt, den das Internationale Komitee vom Roten Kreuz chartert. Vorher sagen ihm die deutsche Botschaft und das Auswärtige Amt sowie die spanische Regierung eine jeweils hälftige Kostenübernahme zu. Der auf das Auswärtige Amt entfallende Anteil beträgt 12.640,05 €; ein Lösegeld wird nach offiziellen Angaben nicht gezahlt. So wird R. Weigel vom Übergabeort nach Bogotá gebracht, von wo aus sie mit ihrem bereits bezahlten und aus Kulanzgründen umgebuchten Rückflugticket einer privaten Fluggesellschaft nach Deutschland zurückreist.[27]

Die Gesamtkosten der Entführung, die der Bundesrepublik Deutschland entstehen, belaufen sich auf insgesamt ca. 39.000 €.[28] Im Januar 2004 erhält R. Weigel einen Kostenbescheid des Auswärtigen Amtes i.H.v. 12.640,05 €.[29] Als erstes befreites

---

insgesamt-20-millionen-euro-sahara-geiseln-muessen-zahlen/2280250.html; WELT v. 04.05.2006, „Wer trägt die Kosten?", im Internet: http://www.welt.de/214404.

26 So war der Sohn einer der deutschen „Sahara-Geiseln" zu Interviews „nur gegen Bezahlung" bereit, s. Taz.de v. 20.08.2003, „Neiddebatte um zu Gold gesponnene Gefühle", im Internet: http://www.taz.de/1/archiv/archiv/?dig=2003/08/20/a0115; SZ v. 21.08.2003, „Geschäfte mit der Gefangenschaft", im Internet: http://sz.de/1.683067. Darüber hinaus ist das von H. Ickler zusammen mit S. Längsfeld verfasste Buch „Entführt in der Wüste – Tagebuch einer Sahara-Geisel" zu nennen, das noch im Jahr 2003 veröffentlicht wurde.

27 S. zum Entführungssachverhalt insgesamt VG Berlin, Urt. v. 04.04.2006, Az. 14 A 12.04, Rn. 1 bis 5 – juris.

28 OVG Berlin-Brandenburg, Urt. v. 21.02.2007, Az. 11 B 9.06, Rn. 45 – juris.

29 VG Berlin, Urt. v. 04.04.2006, Az. 14 A 12.04, Rn. 7 – juris.

Entführungsopfer wehrt sie sich jedoch gerichtlich gegen diese Beteiligung an den Kosten ihrer Entführung.[30] Während das VG Berlin der Klägerin Recht gibt, entscheiden das daraufhin angerufene OVG Berlin-Brandenburg bzw. das BVerwG zugunsten der Bundesrepublik Deutschland. In Heft 7/2004 veröffentlicht das Magazin Stern eine Reportage über die Entführung, an der R. Weigel gegen Vergütung mitgewirkt hat.[31]

4. *Weitere Entführungsfälle: Susanne Osthoff, Jürgen Chrobog und Familie sowie René Bräunlich und Thomas Nitzschke im Irak und Jemen, November 2005 bis Mai 2006*

Die Archäologin und humanitäre Helferin Susanne Osthoff wird am 25. November 2005 zusammen mit ihrem einheimischen Fahrer auf einer Fahrt von Bagdad nach Erbil im Irak entführt. Wenige Tage später erhält das Büro der ARD in Bagdad eine Videobotschaft ihrer Entführer, in dem sie mit der Tötung der Entführten drohen, sollte die deutsche Bundesregierung ihre Zusammenarbeit mit der irakischen Regierung nicht einstellen; die Bundesregierung erklärt wenig später, dass sie nicht erpressbar sei.[32] Neben der Bundesregierung setzen sich der im Auswärtigen Amt eingerichtete Krisenstab, die deutschen Sicherheitsbehörden sowie ranghohe Persönlichkeiten aus Kultur und Politik – wie etwa der damalige irakische Übergangspräsident – sowie muslimische Geistliche für ihre Befreiung ein. Nach Verhandlungen durch irakische Unterhändler kommt S. Osthoff am 18. Dezember 2005 frei.[33]

Über die Bedingungen ihrer Freilassung wird von offizieller Seite zwar geschwiegen. Die Medien spekulieren jedoch auch in diesem Fall über die Zahlung eines Lösegeldes i.H.v. 5.000.000 US-Dollar; zumal ab Januar 2006 Berichte aufkommen, nach denen bei S. Osthoff mehrere tausend US-Dollar dieses Geldes gefunden wurden.[34] S. Osthoff gibt dem Stern ein längeres Interview zu ihrer Entführung.[35] Dennoch

30 S. hierzu BVerwG, Urt. v. 28.05.2009, Az. 7 C 13.08, abgedruckt in NJW 2009, 2905 ff.; OVG Berlin-Brandenburg, Urt. v. 21.02.2007, Az. 11 B 9.06 – juris; VG Berlin, Urt. v. 04.04.2006, Az. 14 A 12.04 – juris.

31 VG Berlin, Urt. v. 04.04.2006, Az. 14 A 12.04, Rn. 8 – juris.

32 *C. F. Buck*, Medien und Geiselnahmen, 2007, S. 86 f.; SZ v. 01.12.2005, „Deutschland lässt sich nicht erpressen", im Internet: http://sz.de/1.804837.

33 FAZ.NET v. 18.12.2005, „25 Tage in Geiselhaft", im Internet: http://www.faz.net/aktuell/politik/chronologie-25-tage-in-geiselhaft-1278928.html.

34 FAZ.NET v. 22.01.2006, „Bares in Bündeln", im Internet: http://www.faz.net/aktuell/politik/ausland/loesegeld-fuer-osthoff-bares-in-buendeln-1303463.html.

35 Das Interview wurde unter dem Titel „Ich glaube, die Deutschen hassen mich" im Stern v. 15.01.2006 (Heft 2/2006), S. 24 ff. veröffentlicht und ist im Internet abrufbar unter: http://www.stern.de/politik/deutschland/susanne-osthoff-ich-glaube-die-deutschen-hassen-mich-552671.html; s. auch *U. Göres*, DÖV 2008, 622 (622 f. mit Fn. 10).

muss sie sich nicht an den der Bundesrepublik Deutschland entstandenen Kosten ihrer Entführung beteiligen.[36]

Nur wenige Tage nach der Freilassung S. Osthoffs wird der ehemalige Staatsminister im Auswärtigen Amt Jürgen Chrobog im Dezember 2005 zusammen mit seiner Ehefrau, seinen drei erwachsenen Söhnen, zwei einheimischen Fahrern und einem Reiseleiter gut 450 km östlich der jemenitischen Hauptstadt Sanaa entführt.[37] Zu diesem Zeitpunkt befinden sie sich zu einem – den Sicherheitshinweisen des Auswärtigen Amtes entsprechend – abgesicherten und „vollständig privaten Besuch" im Jemen, der – wie vom Auswärtigen Amt empfohlen – durch eine Reiseagentur organisiert wurde. Dabei soll der Vize-Außenminister des Jemen für seinen Bekannten J. Chrobog „einige Arrangements getroffen" und die jemenitische Regierung die Reiseroute ausgesucht haben.[38]

Da der Grund für die Entführung örtliche Stammesstreitigkeiten sind und sich die Forderungen der Entführer gegen die Behörden des Jemen richten,[39] werden die Verhandlungen über die Freilassung der Entführungsopfer federführend von der jemenitischen Regierung und ihren Vertretern geführt. Der Krisenstab im Auswärtigen Amt und die deutschen Sicherheitsbehörden stehen mit allen relevanten Stellen in engstem Kontakt.[40] Auch aufgrund persönlicher Anstrengungen des

---

36 Der Spiegel 15/2006 v. 10.04.2006, S. 46 „Vollkasko ins Abenteuer"; Sueddeutsche.de v. 17.05.2010, „Die Geiseln und das Geld", im Internet: http://sz.de/1.451731.

37 Spiegel Online v. 28.12.2005, „Krisenstab ringt um Freilassung der Chrobog-Familie", im Internet: http://www.spiegel.de/panorama/entfuehrung-im-jemen-krisenstab-ringt-um-freilassung-der-chrobog-familie-a-392544.html.

38 Spiegel Online v. 29.12.2005, „Steinmeier rechnet mit Chrobog-Freilassung bis Sonntag", im Internet: http://www.spiegel.de/panorama/jemen-steinmeier-rechnet-mit-chrobog-freilassung-bis-sonntag-a-392692.html; Stern v. 02.01.2006, „Sind kein Risiko eingegangen", im Internet: http://www.stern.de/politik/deutschland/chrobog-entfuehrung-sind-kein-risiko-eingegangen-552351.html; Sueddeutsche.de v. 19.05.2010, „Familie Chrobog ist frei", im Internet: http://sz.de/1.915775.

39 J. Chrobog war maßgeblich an der Befreiung der zweiten Gruppe der „Sahara-Geiseln" beteiligt und als Spitzendiplomat „so etwas wie ein informeller Staatsgast" des Jemen gewesen. Seine Entführung war dennoch zufällig und hatte keinen terroristischen Hintergrund, s. Spiegel Online v. 28.12.2005, „Krisenstab ringt um Freilassung der Chrobog-Familie", im Internet: http://www.spiegel.de/panorama/entfuehrung-im-jemen-krisenstab-ringt-um-freilassung-der-chrobog-familie-a-392544.html; Spiegel Online v. 29.12.2005, „Steinmeier rechnet mit Chrobog-Freilassung bis Sonntag", im Internet: http://www.spiegel.de/panorama/jemen-steinmeier-rechnet-mit-chrobog-freilassung-bis-sonntag-a-392692.html; Sueddeutsche.de v. 10.05.2010, „Es war klar, dass es keine Terroristen waren", im Internet: http://sz.de/1.738769.

40 Spiegel Online v. 28.12.2005, „Krisenstab ringt um Freilassung der Chrobog-Familie", im Internet: http://www.spiegel.de/panorama/entfuehrung-im-jemen-krisenstab-ringt-um-freilassung-der-chrobog-familie-a-392544.html; Spiegel Online v. 29.12.2005, „Steinmeier rechnet mit Chrobog-Freilassung bis Sonntag",

jemenitischen Staatspräsidenten, der mutmaßlich an den Verhandlungen beteiligt ist, werden J. Chrobog und seine Familie am 31. Dezember 2005 freigelassen.[41] Sie müssen sich mit insgesamt 2297,60 € an den Kosten ihrer Entführung beteiligen.[42] Die Entführer werden festgenommen und müssen sich vor einem jemenitischen Gericht verantworten.[43]

Als letzter prominenter Fall ist an dieser Stelle die Entführung der beiden deutschen Ingenieure René Bräunlich und Thomas Nitzschke zu nennen, die am 22. Januar 2006 zum Aufbau einer Erweiterungsanlage der Ölraffinerie von Baidschi beruflich in den Irak gereist und bereits zwei Tage nach ihrer Ankunft auf dem Weg zur Arbeit ca. 200 km nordwestlich von Bagdad verschleppt werden. Sie sollten schon am 25. Januar wieder abreisen. Wenige Tage nach der Entführung wird ein erstes Video ausgestrahlt, in dem die Entführungsopfer die Bundesregierung bitten, alles für ihre Freilassung zu unternehmen. In einem zweiten Video, das am 31. Januar 2006 veröffentlicht wird, setzen die Entführer der Bundesrepublik Deutschland eine dreitägige Frist, um ihre Zusammenarbeit mit der irakischen Regierung zu beenden; deutsche Firmen sollten den Irak verlassen. Darüber hinaus drohen sie mit der Tötung der Entführungsopfer. In einem dritten und vierten Video wiederholen die Entführungsopfer ihre Bitte an die Bundesregierung.[44]

Am 02. Mai 2006 werden R. Bräunlich und T. Nitzschke freigelassen und nach Berlin ausgeflogen.[45] Dieser Freilassung gehen intensive Bemühungen der Bundesregierung, des Auswärtigen Amtes und der deutschen Sicherheitsbehörden voraus. Der Staatsminister im Auswärtigen Amt G. Erler bedankte sich für die „vielfältige Hilfe von unseren Freunden": Die Freilassung sei nur durch „ein Zusammenspiel von Botschaften in der Region, von Diensten, die geholfen haben", ermöglicht worden; auch den Vereinigten Staaten von Amerika dankte er für ihren Einsatz. Über die genauen Umstände der Freilassung werden von offizieller Seite keine Angaben

---

im Internet: http://www.spiegel.de/panorama/jemen-steinmeier-rechnet-mit-chrobog-freilassung-bis-sonntag-a-392692.html; Sueddeutsche.de v. 10.05.2010, „Es war klar, dass es keine Terroristen waren", im Internet: http://sz.de/1.738769; Sueddeutsche.de v. 11.05.2010, „Freilassung verzögert sich weiter", im Internet: http://sz.de/1.654094.

41 Sueddeutsche.de v. 10.05.2010, „Es war klar, dass es keine Terroristen waren", im Internet: http://sz.de/1.738769.

42 VG Berlin, Urt. v. 04.04.2006, Az. 14 A 12.04, Rn. 16 – juris.

43 Sueddeutsche.de v. 10.05.2010, „Es war klar, dass es keine Terroristen waren", im Internet: http://sz.de/1.738769; Sueddeutsche.de v. 11.05.2010, „Freilassung verzögert sich weiter", im Internet: http://sz.de/1.654094.

44 FAZ.NET v. 02.05.2006, „Chronik der Entführung", im Internet: http://www.faz.net/aktuell/politik/freiheit-nach-14-wochen-chronik-der-entfuehrung-1330574.html; SZ v. 25.01.2006, „Zur Einführung eine Entführung", im Internet: http://sz.de/1.883715.

45 FAZ.NET v. 02.05.2006, „Chronik der Entführung", im Internet: http://www.faz.net/aktuell/politik/freiheit-nach-14-wochen-chronik-der-entfuehrung-1330574.html.

gemacht.[46] Wie schon in den vorhergehenden Entführungsfällen wird in den Medien jedoch wiederum über die Zahlung von Lösegeld spekuliert, denn vieles spreche gegen einen politischen Hintergrund der Entführung.[47] Über eine Beteiligung der beiden Entführungsopfer an den der Bundesrepublik Deutschland entstandenen Kosten ihrer Entführung sind keine Angaben bekannt, obwohl Politiker noch während der Entführung eine Kostenbeteiligung zumindest ihres Arbeitgebers forderten, auf dessen Veranlassung sich die Ingenieure im Irak aufhielten.[48]

II. Entführung der „Hansa Stavanger" vor der Küste Somalias, April 2009 – ein Ausnahmefall

1. *Entführungssachverhalt*

Am 04. April 2009 wird das unter deutscher Flagge fahrende Containerschiff „Hansa Stavanger" der Hamburger Reederei Leonhardt & Blumberg 400 sm vor der Küste Somalias von somalischen Piraten gekapert. An Bord befinden sich 24 Besatzungsmitglieder: der deutsche Kapitän, vier weitere leitende Offiziere, die die deutsche Staatsangehörigkeit besitzen, und drei russische, zwei ukrainische, zwei philippinische Staatsangehörige sowie 12 Angehörige des Inselstaates Tuvalu.[49] Eine im Rahmen der EU-Mission „Atalanta" am Horn von Afrika stationierte Fregatte der Bundesmarine kann die Entführung nicht mehr verhindern, da die „Hansa Stavanger" bereits wenige Tage nach der Kaperung die Bucht von Harardhere im somalischen Staatsgebiet erreicht.[50]

---

46 Stern v. 27.01.2006, „Rätselraten um die Entführer", im Internet: http://www.stern.de/politik/ausland/deutsche-geiseln-im-irak-raetselraten-um-die-entfuehrer-554390.html; Sueddeutsche.de v. 19.05.2010, „Froh, noch am Leben zu sein", im Internet: http://sz.de/1.885535.

47 FAZ.NET v. 04.05.2006, „Wir sind sehr froh, noch am Leben zu sein", im Internet: http://www.faz.net/aktuell/politik/geiseln-kehren-zurueck-wir-sind-sehr-froh-noch-am-leben-zu-sein-1326305.html; Sueddeutsche.de v. 17.05.2010, „Wurden die Geiseln freigekauft?", im Internet: http://sz.de/1.301656; Sueddeutsche.de v. 19.05.2010, „Froh, noch am Leben zu sein", im Internet: http://sz.de/1.885535.

48 Stern v. 26.01.2006, „Firma der Ingenieure soll zahlen", im Internet: http://www.stern.de/politik/ausland/entfuehrung-im-irak-firma-der-ingenieure-soll-zahlen-554311.html; Berliner Zeitung v. 27.01.2006, „Keine Spur zu Entführten im Irak", im Internet: http://www.berliner-zeitung.de/archiv/politiker-fordern-kostenbeteiligung-des-arbeitgebersder-beiden-ingenieure-keine-spur-zu-entfuehrten-im-irak,10810590,10357238.html.

49 WELT v. 06.04.2009, „Fünf deutsche Seeleute in der Hand von Piraten", im Internet: http://www.welt.de/3513942.

50 WELT v. 09.04.2009, „GSG 9 sollte Frachter ‚Hansa Stavanger' befreien", im Internet: http://www.welt.de/3533761; Sueddeutsche.de v. 17.05.2010, „Befreiungsaktion angeblich geplatzt", im Internet: http://sz.de/1.405249. An Bord soll sich ein Kommando der GSG 9 befunden haben. Als die Fregatte in Sichtweite der „Hansa Stavanger" kommt, drohen die Piraten mit der Tötung des Kapitäns, sodass das

Daraufhin wird im Auswärtigen Amt ein Krisenstab unter Beteiligung des Innen- und Verteidigungsministeriums sowie des Bundesnachrichtendienstes gebildet. Zudem leitet die Staatsanwaltschaft am Sitz der Reederei in Hamburg am 06. April 2009 ein Ermittlungsverfahren wegen des Verdachts eines Angriffs auf den Seeverkehr gegen Unbekannt ein und betraut das Bundeskriminalamt mit den Ermittlungen.[51] Die Bundesregierung lehnt eine Lösegeldzahlung zunächst ab; dennoch beginnen am 12. April 2009 Verhandlungen der Reederei mit den Piraten – begleitet durch Experten des Bundeskriminalamtes und des Krisenstabs im Auswärtigen Amt.[52]

Mutmaßlich infolge der erfolgreichen Befreiung des durch somalische Piraten entführten Kapitäns der unter amerikanischer Flagge fahrenden „Maersk Alabama" durch das amerikanische Militär sowie einer französischen Segeljacht durch das französische Militär, bei denen insgesamt fünf Piraten getötet werden,[53] werden am 17. April 2009 20 der 24 Besatzungsmitglieder der „Hansa Stavanger" kurzzeitig auf das somalische Festland gebracht.[54] Während dieser Zeit plant der Krisenstab konkret einen Zugriff durch die GSG 9 der Bundespolizei, die mit Unterstützung der Bundeswehr sowie eines amerikanischen Hubschrauberträgers das Schiff und seine Besatzung gewaltsam befreien sollen. Nach einer Probe am 25. April 2009 wird

---

deutsche Kriegsschiff wieder abdrehen muss. Zuvor hatte es Kompetenzstreitigkeiten zwischen dem deutschen Innen- und dem Verteidigungsministerium über den Einsatz der GSG 9 bzw. des KSK gegeben; beide Ministerien beanspruchten die Zuständigkeit für den Einsatz ihrer auch für Befreiungsaktionen ausgebildeten Spezialeinheiten, vgl. WELT v. 11.04.2009, „Amerikaner bereiten Schlag gegen Piraten vor", im Internet: http://www.welt.de/3539786; ZEIT ONLINE v. 11.05.2009, „Streit ums Kommando im Anti-Piraten-Kampf", im Internet: http://www.zeit.de/online/2009/20/piraten-grundgesetz-bundeswehr-gsg9-ksk-bundeswehr; Sueddeutsche.de v. 17.05.2010, „Aufhören, am Grundgesetz herumzufummeln", im Internet: http://sz.de/1.170969; SZ v. 11.05.2009, „Merkel unzufrieden mit deutschen Elite-Einheiten", im Internet: http://sz.de/1.452673; Sueddeutsche.de v. 17.05.2010, „Nervenkrieg im Golf von Aden", im Internet: http://sz.de/1.409569.

51 WELT v. 07.04.2009, „Fünf deutsche Seeleute in der Hand von Piraten", im Internet: http://www.welt.de/3516211; ZEIT ONLINE v. 08.04.2009, „Fünf Deutsche in der Gewalt der Seeräuber", im Internet: http://www.zeit.de/online/2009/15/piraten-somalia.

52 Spiegel Online v. 02.05.2009, „Berlin stoppt Befreiungsaktion der GSG 9", im Internet: http://www.spiegel.de/politik/ausland/entfuehrter-frachter-hansa-stavanger-berlin-stoppt-befreiungsaktion-der-gsg-9-a-621051.html; Der Spiegel 28/2009 v. 06.07.2009, S. 34 (35) „Terror und Angst"; Sueddeutsche.de v. 17.05.2010, „Bangen um entführte Deutsche", im Internet: http://sz.de/1.156215.

53 ZEIT ONLINE v. 11.04.2009, „Seeräuber auf Konfrontationskurs zum Militär", im Internet: http://www.zeit.de/online/2009/16/piraten-konfrontation-bainbridge; ZEIT ONLINE v. 14.04.2009, „Angst vor Piratenrache nach Phillips-Befreiung", im Internet: http://www.zeit.de/online/2009/16/piraten-maersk-alabama.

54 Spiegel Online v. 19.07.2009, „Piraten verschleppen drei Deutsche aufs Festland", im Internet: http://www.spiegel.de/panorama/geiseldrama-auf-der-hansa-stavanger-piraten-verschleppen-drei-deutsche-aufs-festland-a-636946.html.

dieser Plan jedoch am 03. Mai 2009 aufgrund eines zu hohen Risikos für das Leben der Entführungsopfer und der Polizeibeamten aufgegeben.[55]

Nachdem der Vater eines der deutschen Entführungsopfer am 07. Juli 2009 mit einem Antrag auf Erlass einer einstweiligen Anordnung auf Verpflichtung der Bundesrepublik Deutschland zum Schutz seines entführten Sohnes vor dem VG Berlin scheitert,[56] einigen sich Reederei und Piraten Ende Juli 2009 nach langwierigen, teilweise über Wochen unterbrochenen Verhandlungen auf die Zahlung eines Lösegeldes in mutmaßlicher Höhe von 2.750.000 US-Dollar.[57] Zu dieser Zeit plant der Krisenstab erneut einen Einsatz – diesmal der Bundeswehr – direkt nach der Übergabe des Geldes: Das Lösegeld wird am 03. August 2009 über der „Hansa Stavanger" abgeworfen, woraufhin die Piraten diese verlassen. Da das Schiff jedoch zu nah an Land liegt und die Piraten somit zu schnell „untertauchen" können, wird auch dieser Zugriff abgebrochen. Die freigelassene „Hansa Stavanger" erreicht mit ihrer Besatzung am 08. August 2009 den kenianischen Hafen Mombasa; wenige Tage später fliegen die deutschen Besatzungsmitglieder zurück nach Deutschland.[58]

---

55 Spiegel Online v. 02.05.2009, „Berlin stoppt Befreiungsaktion der GSG 9", im Internet: http://www.spiegel.de/politik/ausland/entfuehrter-frachter-hansa-stavanger-berlin-stoppt-befreiungsaktion-der-gsg-9-a-621051.html; ZEIT ONLINE v. 04.05.2009, „Parteien fordern Aufklärung über gestoppte GSG-9-Aktion", im Internet: http://www.zeit.de/online/2009/19/piraten-gsg-neun-somalia.

56 VG Berlin, Beschl. v. 07.07.2009, Az. 34 L 229/09, abgedruckt in NVwZ 2009, 1120, das den Antrag bereits aufgrund fehlenden Rechtsschutzbedürfnisses und mangelnder Bestimmtheit als unzulässig erachtete; er wäre jedoch auch unbegründet, da das Antragsziel – Verpflichtung der Bundesrepublik Deutschland zum Schutz der deutschen Staatsangehörigen der Besatzung der „Hansa Stavanger" – bereits erreicht ist.

57 WELT v. 04.07.2009, „Crew der entführten ‚Hansa Stavanger' ist am Ende", im Internet: http://www.welt.de/4056074; Der Spiegel 33/2009 v. 03.08.2009, S. 36 (39) „Schwimmender Jackpot". Zu der diesbzgl. Kritik an der Reederei, s. ZEIT ONLINE v. 05.08.2009, „Reeder verteidigt sein Krisenmanagement", im Internet: http://www.zeit.de/online/2009/32/stavanger-reederei; Tagesspiegel v. 06.08.2009, „'Hansa Stavanger' - Kritik nach Ende des Geiseldramas", im Internet: http://www.tagesspiegel.de/politik/international/angehoerige-kontra-bundesregierung-hansa-stavanger-kritik-nach-ende-des-geiseldramas/1572736.html.

58 Der Spiegel 33/2009 v. 03.08.2009, S. 36 (39) „Schwimmender Jackpot"; Spiegel Online v. 03.08.2009, „Piraten geben entführte ‚Hansa Stavanger' frei", im Internet: http://www.spiegel.de/politik/ausland/geiseldrama-auf-see-piraten-geben-entfuehrte-hansa-stavanger-frei-a-639103.html; FAZ.NET v. 04.08.2009, „'Hansa Stavanger' ist frei", im Internet: http://www.faz.net/aktuell/politik/ausland/piraterie-hansa-stavanger-ist-frei-1842472.html; FAZ.NET v. 08.08.2009, „'Hansa Stavanger' erreicht Mombasa", im Internet: http://www.faz.net/aktuell/politik/ausland/ende-der-kaperung-hansa-stavanger-erreicht-mombasa-1840853.html; ZEIT ONLINE v. 10.08.2009, „Die ersten Crew-Mitglieder fliegen nach Deutschland", im Internet: http://www.zeit.de/online/2009/33/hansa-stavanger-piraten-crew-deutschland.

2. Dennoch: Führen der deutschen Flagge als Ausnahmefall

Anders als im Falle der Entführung (einzelner) deutscher Staatsangehöriger im Ausland ist im Falle der Entführung der „Hansa Stavanger" eine Besonderheit zu beachten: Sie ergibt sich daraus, dass zum Schutz eines Schiffes sowie seiner meist multinationalen Besatzung in der Praxis vorrangig der Flaggenstaat, d.h. der Staat, in dem das Schiff registriert ist und unter dessen Flagge es fährt, (völkerrechtlich) berechtigt ist; abgeleitet wird dies durch den ISGH auch aus den Bestimmungen der Seerechtskonvention.[59]

Vor diesem Hintergrund ist zu bedenken, dass von der deutschen Handelsflotte, die zurzeit knapp 3300 Schiffe mit mehr als 100 BRZ umfasst, fast 90 % nicht unter deutscher Flagge fahren.[60] Die Entführung der „Hansa Stavanger" stellte sich daher für die Piraten auch deshalb als „schwimmender Jackpot"[61] dar, weil bei einer Registrierung in Deutschland üblicherweise zumindest der Kapitän, der erste nautische Offizier und der leitende Ingenieur im Maschinenraum deutsche Staatsangehörige sind.[62] Auf Entführungen „deutscher" Schiffe und ihrer Besatzung außerhalb des deutschen Staatsgebiets wird in den folgenden Betrachtungen somit nicht besonders eingegangen;[63] soweit jedoch die völkerrechtlichen Voraussetzungen für ihren Schutz in Entführungsfällen – wie im Falle der „Hansa Stavanger" – allgemein erfüllt sind, gelten sie ebenso für Schiffsentführungen.

---

59 ISGH, The M/V „SAIGA" (No. 2), Saint Vincent and the Grenadines v. Guinea, Urt. v. 01.07.1999, Rn. 103 ff.; *T. Kleinlein/D. Rabenschlag*, ZaöRV 67 (2007), 1277 (1286); *I. v. Münch*, in: H. P. Ipsen u.a. (Hrsg.), FS für R. Stödter, 1979, 231 (242 ff.); s. auch Art. 18 ILC-Entwurf, ILC Rep. 2006, UN-Doc. A/61/10, S. 90 ff. Zum Fall der Entführung deutscher Schiffe ausführlich, *A. S. Kolb/T. Neumann/T. R. Salomon*, ZaöRV 71 (2011), 191 ff.; vgl. zum rechtlichen Problem der Piraterie und ihrer Bekämpfung *H. P. Aust*, DVBl. 2012, 484 ff.; *A. Fischer-Lescano/L. Kreck*, AVR 47 (2009), 481 ff.

60 So umfasste die deutsche Handelsflotte im November 2015 etwa 2800 Schiffe, von denen 350 unter deutscher und 2523 unter ausländischer Flagge fuhren, s. die monatliche „Statistik Handelsschiffe" des Bundesamtes für Seeschifffahrt und Hydrographie, im Internet: http://www.bsh.de/de/Schifffahrt/Berufsschifffahrt/Deutsche_Handelsflotte/Statistik_Fort.pdf; vgl. hierzu auch WiWo v. 15.12.2012, „Deutsche Reeder wollen unter rumänischer Flagge fahren", im Internet: http://www.wiwo.de/politik/europa/schifffahrt-deutsche-reeder-wollen-unter-rumaenischer-flagge-fahren/7520874.html.

61 Der Spiegel 33/2009 v. 03.08.2009, S. 36 ff. „Schwimmender Jackpot".

62 WELT v. 06.04.2009, „Fünf deutsche Seeleute in der Hand von Piraten", im Internet: http://www.welt.de/3513942.

63 Zu weiteren Entführungen „deutscher" Schiffe durch Piraten, s. etwa ZEIT ONLINE v. 13.06.2009, „Piraten entführen Frachtschiff", im Internet: http://www.zeit.de/online/2009/25/piraten-somalia-oman; Tagesspiegel v. 08.05.2010, „Piraten kapern deutschen Chemietanker vor Oman", im Internet: http://www.tagesspiegel.de/politik/eu-bestaetigt-piraten-kapern-deutschen-chemietanker-vor-oman/1817796.html; Sueddeutsche.de v. 17.05.2010, „Piraten kapern zweiten deutschen Frachter", im Internet: http://sz.de/1.440740.

III. Leben und Gesundheit der Entführungsopfer haben oberste Priorität – Fazit

Die vorangegangene, rein tatsächliche Darstellung der Fälle von Entführungen deutscher Staatsangehöriger im Ausland verdeutlicht, dass die Bundesrepublik Deutschland ihr gesamtes Handeln an einem Schutz des Lebens und der Gesundheit der Entführungsopfer ausrichtet. Diese haben auch bei den Befreiungsbemühungen durch den im Auswärtigen Amt eingerichteten Krisenstab oberste Priorität,[64] der sich – abhängig von „Art und Ausmaß der Krise" – aus Experten aller im Einzelfall erforderlichen deutschen Ministerien und Sicherheitsbehörden zusammensetzt.[65] Speziell in den vorliegend untersuchten Sachverhalten ist allerdings die in jedem Entführungsfall betonte Grundhaltung zu beachten, dass die Bundesrepublik Deutschland nicht erpressbar sei und insbesondere kein Lösegeld zahle.[66]

Welche konkreten Maßnahmen zum Schutz des Entführungsopfers durch den Krisenstab ergriffen werden, ist ebenfalls abhängig vom Einzelfall: Eine gewaltsame Befreiungsaktion wird selten in Betracht gezogen, denn hier muss – wie im Fall der Entführung der „Hansa Stavanger" – das Risiko für Leben und Gesundheit der Entführungsopfer sowie der deutschen Sicherheitskräfte gegen ihre Erfolgsaussichten abgewogen werden.[67] In diesem Sinne soll die Bundesrepublik Deutschland im Fall der Entführung J. Chrobogs und seiner Familie sogar auf die jemenitische Regierung eingewirkt haben, um einen Zugriff durch jemenitische Sicherheitskräfte, die den Aufenthaltsort der Entführungsopfer bereits weiträumig umstellt hatten, zu verhindern.[68] Soweit eine Lösung allein auf dem Verhandlungsweg erfolgversprechend erscheint, ist zu betonen, dass die Bundesrepublik Deutschland offiziell niemals selbst direkt mit den Entführern verhandelt; dieser Umstand wurde bei der Entführung der „Hansa Stavanger" deutlich, bei der der Reeder bzw. ein durch ihn beauftragter Vermittler die Lösegeldverhandlungen

---

64 WELT v. 04.07.2009, „Crew der entführten ‚Hansa Stavanger' ist am Ende", im Internet: http://www.welt.de/4056074; Sueddeutsche.de v. 17.05.2010, „Bis zu fünf Deutsche in der Hand von Piraten", im Internet: http://sz.de/1.397660.

65 Zu der Zusammensetzung des Krisenstabs, s. „Einsatz rund um die Uhr", im Internet: http://www.auswaertiges-amt.de/DE/AAmt/Krisenreaktionszentrum/100817-EinsatzKRZ_node.html.

66 WELT v. 01.12.2005, „Merkel: ‚Wir lassen uns nicht erpressen'", im Internet: www.welt.de/181534; FAZ.NET v. 10.07.2008, „Bundesregierung nicht erpressbar", im Internet: http://www.faz.net/aktuell/politik/ausland/entfuehrung-deutscher-bergsteiger-bundesregierung-nicht-erpressbar-1665278.html.

67 Der Spiegel 28/2009 v. 06.07.2009, S. 34 (35) „Terror und Angst"; Der Spiegel 33/2009 v. 03.08.2009, S. 36 (38) „Schwimmender Jackpot"; Sueddeutsche.de v. 17.05.2010, „Befreiungsaktion angeblich geplatzt", im Internet: http://sz.de/1.405249.

68 Sueddeutsche.de v. 11.05.2010, „Freilassung verzögert sich weiter", im Internet: http://sz.de/1.654094.

führte – Experten des Krisenstabs bzw. des Bundeskriminalamtes hatten formal lediglich beratende Funktion.[69]

Dabei ist die mutmaßliche Zahlung von Lösegeld eine zunächst rein politische Entscheidung, in die jedoch insbesondere dann ein möglicher Nachahmungseffekt einzubeziehen ist, wenn in den Medien – wie bei der Entführung S. Osthoffs – über Lösegeldzahlungen eingehend berichtet wird: Man hatte bei ihr ca. 3.000 US-Dollar gefunden, die eindeutig dem Lösegeld zugeordnet werden konnten.[70] Selbst wenn dieser Umstand von offizieller Seite nicht kommentiert wurde, so ist nicht auszuschließen, dass die entsprechende Berichterstattung die Entführung von R. Bräunlich und T. Nitzschke im Irak knapp zwei Monate später (mit-)verursacht haben könnte. So hat der damalige Bundesminister des Auswärtigen in diese Richtung festgestellt, dass „nicht die Lösegeldzahlung, sondern die Berichterstattung darüber" das Entführungsrisiko durchaus erhöht habe.[71] Sollten die Medien weiterhin über mögliche Zahlungen von Lösegeld spekulieren, könne man in Zukunft jeden Deutschen im Ausland mit einem „Preisschild" versehen.[72]

Anders als in den vorhergehenden Entführungsfällen bat die Bundesregierung die beiden Ingenieure zudem, ihre Entführungsgeschichte nicht an die Medien zu verkaufen, und lobte zugleich ihre Familien, dass sich diese während der Entführung sehr diskret verhalten hätten. Anders als etwa im Falle der „Jolo-" und „Sahara-Geiseln" konnte auf diese Weise zum einen einer möglichen Einschränkung der Handlungsspielräume der Bundesrepublik Deutschland in zukünftigen Entführungsfällen entgegen gewirkt werden. Zum andern wurde der öffentliche Druck auf den Krisenstab, eine schnelle Lösung zu finden, soweit als möglich minimiert.[73] Ähnlich positiv bewertet wird darüber hinaus das freiwillig zurückhaltende Verhalten der ARD im Fall der Entführung S. Osthoffs. Hier wurde eine ihr übergebene Videobotschaft nur als Standbild gezeigt, um keine „Propaganda des Terrors" zu verbreiten.[74]

---

69 FAZ.NET v. 07.05.2006, „Diskretion sichert dem Staat Handlungsspielräume", im Internet: http://www.faz.net/aktuell/gesellschaft/entfuehrungsfall-braeunlich-nitzschke-diskretion-sichert-dem-staat-handlungsspielraeume-1328990.html; Der Spiegel 28/2009 v. 06.07.2009, S. 34 (35) „Terror und Angst"; Der Spiegel 33/2009 v. 03.08.2009, S. 36 (38) „Schwimmender Jackpot".

70 FAZ.NET v. 22.01.2006, „Bares in Bündeln", im Internet: http://www.faz.net/aktuell/politik/ausland/loesegeld-fuer-osthoff-bares-in-buendeln-1303463.html.

71 FAZ.NET v. 25.01.2005, „Krisenstab bemüht sich um Kontakt mit Geiselnehmern", im Internet: http://www.faz.net/aktuell/politik/ausland/entfuehrung-im-irak-krisenstab-mueht-sich-um-kontakt-mit-geiselnehmern-1305951.html.

72 SZ v. 25.01.2006, „Zur Einführung eine Entführung", im Internet: http://sz.de/1.883715.

73 FAZ.NET v. 07.05.2006, „Diskretion sichert dem Staat Handlungsspielräume", im Internet: http://www.faz.net/aktuell/gesellschaft/entfuehrungsfall-braeunlich-nitzschke-diskretion-sichert-dem-staat-handlungsspielraeume-1328990.html.

74 FAZ v. 01.12.2005, S. 48 „Keine Propaganda des Terrors".

Zweiter Teil: Die Pflicht der Bundesrepublik Deutschland zum Schutz im Ausland entführter deutscher Staatsangehöriger – Herleitung und Reichweite

Die vorstehend exemplarisch umschriebenen Entführungssachverhalte stellen außergewöhnliche Situationen vor, in denen einzelne deutsche Staatangehörige im Ausland in besonderem Maße auf den Schutz und die Hilfe durch die Bundesrepublik Deutschland angewiesen sind. Es zeigt sich, dass diese in den dargestellten Beispielsfällen alles in ihrer Macht Stehende veranlasst, um das Entführungsopfer erfolgreich aus der Hand seiner Entführer zu befreien. Vor dem Hintergrund dieser rein tatsächlichen Betrachtung stellt sich nun die eingangs aufgeworfene Frage, ob und gegebenenfalls in welchem Umfang das Handeln der Bundesrepublik Deutschland in *von Privatpersonen durchgeführten Entführungen deutscher Staatsangehöriger im Ausland* rechtlich abgebildet werden kann.

Diese im zweiten Teil untersuchte Fragestellung präsentiert sich als ein „Querschnittsthema", das sowohl die verfassungsrechtliche als auch die einfachgesetzliche Ebene berührt. In diesem Sinne gilt es konkret für beide rechtlichen Dimensionen zu untersuchen, inwieweit sie eine Schutzpflicht der Bundesrepublik Deutschland in einem jedenfalls *objektiv-rechtlichen Sinne* in den vorliegend untersuchten Sachverhalten begründen. Während über ihr Bestehen besonders in Bezug auf die verfassungsrechtliche Ebene in Rechtsprechung und Literatur im Ergebnis Einigkeit herrscht, kann Entsprechendes für ihre konkrete verfassungsrechtliche, aber auch für ihre einfachgesetzliche Rechtsgrundlage nicht gelten.[75]

Bevor jedoch auf diese Frage einzugehen ist, ist grundlegend festzustellen, dass mögliche Schutz- und Hilfsmaßnahmen der Bundesrepublik Deutschland in Entführungsfällen geeignet sind, die Herrschaftsordnung des fremden Staates zu berühren, in dem das Entführungsopfer entführt bzw. in den es verbracht und festgehalten

75 Teilweise wird sogar eine verfassungsrechtliche, zumindest objektiv-rechtliche Pflicht der Bundesrepublik Deutschland zur Gewährung diplomatischen Schutzes angenommen und ihre konkrete Grundlage bewusst offengelassen, so etwa VG Köln, Urt. v. 19.06.1991, Az. 8 K 751/90, Umdruck S. 6 (zit. nach *E. Klein*, in: G. Ress/T. Stein [Hrsg.], Diplomatischer Schutz im Völker- und Europarecht, 1996, 125 [128 mit Fn. 9]). Eine entsprechende Vorgehensweise muss allerdings abgelehnt werden, da die Rechtsgrundlage durchaus Bedeutung für die Frage nach dem Inhalt der Schutzpflicht und des ihr korrespondierenden Schutzanspruchs des Einzelnen erlangen kann, so *E. Klein*, in: G. Ress/T. Stein (Hrsg.), Diplomatischer Schutz im Völker- und Europarecht, 1996, 125 (128).

wird. Die untersuchten Sachverhalte erfordern damit eine zwischenstaatliche Verständigung, sodass die jeweils einschlägigen Regeln des Völkerrechts zu beachten sind, die den Handlungsspielraum der Bundesrepublik vorzeichnen (können). Der Beantwortung der aufgeworfenen Fragestellungen voranzustellen ist somit die durch das Völkergewohnheits- und -vertragsrecht determinierte Vorfrage, welcher der möglichen Kategorien des vorliegend einschlägigen Auslandsschutzes Entführungssachverhalte sowie die hier erforderlichen Schutz- bzw. Hilfsmaßnahmen der Bundesrepublik Deutschland zuzuordnen sind. Ihre Antwort ist beiden zu untersuchenden rechtlichen Ebenen gemein und soll daher gleichsam „vor die Klammer" gezogen werden. Zu klären ist zudem, ob sich auf Grundlage des Völkerrechts eine staatliche Schutzpflicht der Bundesrepublik Deutschland in Entführungsfällen herleiten lässt.

A. Vorfrage: Einordnung der untersuchten Entführungsfälle unter den konsularischen Schutz

I. Terminologische Unsicherheiten hinsichtlich des Begriffs des Auslandsschutzes

Für die vorzunehmende Einordnung sind die den Auslandsschutz inhaltlich bestimmenden Termini des diplomatischen und des konsularischen Schutzes bzw. der konsularischen Betreuung von grundsätzlicher Bedeutung.[76] Beide betreffen zwei zu differenzierende völkerrechtliche Rechtsinstitute, deren Abgrenzung en gros zwar eindeutig erscheint; en détail herrscht indes ein immenses Maß an Unsicherheit.[77] Der bekanntere Begriff des diplomatischen Schutzes umschreibt nach

76 Zu der vorliegend gewählten Terminologie, s. *J. Dietlein*, Lehre von den grundrechtlichen Schutzpflichten, 2. Aufl. 2005, S. 122; *R. Geiger*, Grundgesetz und Völkerrecht, 6. Aufl. 2013, S. 274 f.; *C. Storost*, Diplomatischer Schutz durch EG und EU?, 2005, S. 20 f. Im älteren Schrifttum werden diese Begriffe recht unterschiedlich verwendet: Teilweise werden der diplomatische Schutz im engeren Sinne und der diplomatische Schutz im weiteren Sinne (konsularischer Schutz) unter dem Begriff des Auslandsschutzes zusammengefasst, vgl. etwa *E. Klein*, DÖV 1977, 704 (705); andere Autoren verwenden den Terminus des diplomatischen Schutzes als übergeordneten Begriff für beide Rechtsinstitute, s. *M. Heintzen*, Auswärtige Beziehungen privater Verbände, 1988, S. 134 f.; *A. Randelzhofer*, in: T. Maunz/G. Dürig (Begr.), Grundgesetz, Art. 16 Abs. 1 Rn. 35; teilweise wird auch auf einen Oberbegriff verzichtet, so *K. Hoffmann/H. Glietsch*, Konsularrecht I, Vorb. zum 1. Abschn. Anm. 8.1.1 und 8.2; *L. Bloß*, in: G. Hecker u.a. (Hrsg.), Handbuch der konsularischen Praxis, § 3 C Rn. 1 f.; anders schließlich *K. Oberthür*, Anspruch des deutschen Staatsbürgers, 1965, der keinerlei Trennung der Begriffe des diplomatischen und konsularischen Schutzes vornimmt, sondern beide unter ein übereinstimmendes Rechtsinstitut fasst.

77 *M. Ruffert*, AVR 35 (1997), 459 (462). In der völkerrechtlichen Literatur wird nur selten auf den Begriff des konsularischen Schutzes eingegangen, sodass es sinnvoll ist, bei

traditionellem Verständnis „völkerrechtliche Maßnahmen, durch die ein Völkerrechtssubjekt ihm zugeordnete Individuen gegen Völkerrechtsverstöße vonseiten eines anderen Völkerrechtssubjekts verteidigt"[78]. Bei Vorliegen eines völkerrechtswidrigen Verhaltens des Empfangsstaates ist der Heimatstaat somit – wiederum in den völkerrechtlich zulässigen Grenzen – berechtigt, (Gegen-)Maßnahmen zum Schutz seiner Staatsangehörigen (sog. *nationality rule*) sowohl mit repressiver als auch mit präventiver Zielrichtung gegen diesen zu ergreifen.[79] Seinen völkervertraglichen Niederschlag findet der diplomatische Schutz in Art. 3 Abs. 1 lit. b WÜD[80], seine

---

der Bestimmung seines Inhalts auf die Regelungen und Ausführungen zum diplomatischen Schutz zurückzugreifen, *D. Hanschel*, ZaöRV 66 (2006), 789 (793). Zu der grundsätzlich voneinander unabhängigen Entwicklung der beiden Rechtsinstitute, s. insbesondere die Zusammenfassung bei *J. Kruse*, Diplomatischer und konsularischer Schutz für Unionsbürger, 2009, S. 11 ff.; zur Entwicklung des diplomatischen und konsularischen Schutzes, s. *K. Doehring*, Völkerrecht, 2. Aufl. 2004, Rn. 501 ff.; *R. Freudenberg*, Konsularrecht, in: H.-J. Schlochauer (Hrsg.), Wörterbuch des Völkerrechts Bd. 2, 2. Aufl. 1961, 281 (281 f.).

78 *C. Storost*, Diplomatischer Schutz durch EG und EU?, 2005, S. 20; s. auch *W. K. Geck*, Diplomatischer Schutz, in: H.-J. Schlochauer (Hrsg.), Wörterbuch des Völkerrechts Bd. 1, 2. Aufl. 1960, 379 (379 f.); *ders.*, Diplomatic Protection, in: R. Bernhardt (Hrsg.), EPIL I, 1992, 1045 (1046); *J. Kruse*, Diplomatischer und konsularischer Schutz für Unionsbürger, 2009, S. 7; ähnlich Art. 1 Abs. 1 ILC-Entwurf, ILC Rep. 2002, UN-Doc. A/57/10, S. 167, dort heißt es: „Diplomatic protection consists of resort to diplomatic action or other means of peaceful settlement by a State adopting in its own right the cause of its national in respect of an injury to that national arising from an internationally wrongful act of another State".

79 Repressive Maßnahmen zielen auf eine (gerichtliche) Durchsetzung der Wiedergutmachung bei bereits entstandenem Schaden zulasten eigener Staatsangehöriger; präventive Maßnahmen dienen demgegenüber einer Vermeidung entsprechender, drohender Völkerrechtsverletzungen, vgl. *W. K. Geck*, Diplomatischer Schutz, in: H.-J. Schlochauer (Hrsg.), Wörterbuch des Völkerrechts Bd. 1, 2. Aufl. 1960, 379 (379 f.); *ders.*, Diplomatic Protection, in: R. Bernhardt (Hrsg.), EPIL I, 1992, 1045 (1046); *J. Kruse*, Diplomatischer und konsularischer Schutz für Unionsbürger, 2009, S. 18 ff. Die Einbeziehung des präventiven Schutzes in das Rechtsinstitut des diplomatischen Schutzes ist indes nicht unbestritten. Die überzeugenderen Argumente sprechen jedoch für eine entsprechende Berücksichtigung, s. hierzu *M. Ruffert*, AVR 35 (1997), 459 (461 f.). Der diplomatische Schutz wird grundsätzlich durch die Botschaften oder das Außenministerium des Heimatstaates ausgeübt, *K. Hoffmann/H. Glietsch*, Konsularrecht I, Vorb. zum 1. Abschn. Anm. 8.1.1.

80 *Art. 3 WÜD* lautet in Auszügen:
(1) Aufgabe einer diplomatischen Mission ist es unter anderem, [...]
b) die Interessen des Entsendestaates und seiner Angehörigen im Empfangsstaat innerhalb der völkerrechtlich zulässigen Grenzen zu schützen, [...].
(2) Dieses Übereinkommen ist nicht so auszulegen, als schließe es die Wahrnehmung konsularischer Aufgaben durch eine diplomatische Mission aus.

nähere Ausgestaltung ist weiterhin Teil des Völkergewohnheitsrechts.[81] Der konsularische Schutz beinhaltet demgegenüber die praxisrelevantere unmittelbare Betreuung und Unterstützung eigener Staatsangehöriger bei der Rechtssuche im Ausland. Der Kernbereich dieser Schutz- und Fördertätigkeit wird durch die Aufgabenzuweisung des Art. 5 WÜK[82] an die konsularischen Missionen sowie die nachfolgenden Spezialregelungen (etwa Art. 36 Abs. 1 lit. b WÜK) näher dargelegt.[83] In Ansehung ihrer grundsätzlich unterschiedlichen Zielsetzung können diplomatischer und konsularischer Schutz im Einzelfall auch zeitgleich bzw. aufeinander folgend gewährt werden, ohne dabei den Umfang des jeweils anderen Rechtsinstituts zu beschränken.[84]

Die angesprochenen Abgrenzungsprobleme werden mit Blick auf den Wortlaut der Art. 3 Abs. 1 lit. b WÜD sowie Art. 5 lit. a und e WÜK deutlich. Beide enthalten eine nahezu identische Beschreibung sowohl der Aufgaben der diplomatischen Missionen als auch der konsularischen Aufgaben. Darüber hinaus bestimmt Art. 3 Abs. 2 WÜD, dass die konsularischen Aufgaben ebenso durch diplomatische Missionen wahrgenommen werden können; spiegelbildlich eröffnet Art. 17 WÜK[85] den Konsularbeamten unter bestimmten Voraussetzungen die

81 Das diplomatische Schutzrecht des Staates war bereits vor seiner Kodifizierung ein allgemein anerkannter Grundsatz des Völkerrechts, *L. Bloß*, in: G. Hecker u.a. (Hrsg.), Handbuch der konsularischen Praxis, § 3 C Rn. 1; *K. Hoffmann/H. Glietsch*, Konsularrecht I, Vorb. zum 1. Abschn. Anm. 8.1.3.

82 *Art. 5 lit. a und e WÜK. Konsularische Aufgaben* lauten:
Die konsularischen Aufgaben bestehen darin,
a) die Interessen des Entsendestaates sowie seiner Angehörigen, und zwar sowohl natürlicher als auch juristischer Personen, im Empfangsstaat innerhalb der völkerrechtlich zulässigen Grenzen zu schützen; [...]
e) den Angehörigen des Entsendestaates, und zwar sowohl natürlichen als auch juristischen Personen, Hilfe und Beistand zu leisten; [...].

83 Auch der konsularische Schutz gehörte bereits vor seiner Kodifizierung zum Völkergewohnheitsrecht, s. *K. Hoffmann/H. Glietsch*, Konsularrecht I, Vorb. zum 1. Abschn. Anm. 8.2. Zu den konsularischen Aufgaben zählen nach Art. 5 lit. a und e WÜK insbesondere der Schutz der Interessen der Angehörigen im Empfangsstaat innerhalb der völkerrechtlich zulässigen Grenzen sowie die Leistung von Hilfe und Beistand zu ihren Gunsten, vgl. *C. Economidès*, Consuls, in: R. Bernhardt (Hrsg.), EPIL I, 1992, 770 (772 ff.); *R. Freudenberg*, Konsularrecht, in: H.-J. Schlochauer (Hrsg.), Wörterbuch des Völkerrechts Bd. 2, 2. Aufl. 1961, 281 (285 f.); *M. Schweitzer/A. Weber*, Handbuch der Völkerrechtspraxis, 2004, Rn. 1052, 1055 ff.; *A. Verdross/B. Simma*, Universelles Völkerrecht, 3. Aufl. 1984, § 921, § 1226 f.

84 Dies ist z.B. bei der Unterstützung eines eigenen Staatsangehörigen bei der Ausschöpfung der innerstaatlich gegebenen Rechtsmittel gegen einen seine Rechtspositionen verletzenden völkerrechtswidrigen Eingriff seitens des Empfangsstaates der Fall, s. *N. Brunner*, Anspruch des Bürgers, 1983, S. 8; *D. Hanschel*, ZaöRV 66 (2006), 789 (793); *C. Storost*, Diplomatischer Schutz durch EG und EU?, 2005, S. 20 f.

85 *Art. 17 WÜK. Vornahme diplomatischer Amtshandlungen durch Konsularbeamte* lautet in Auszügen:

Möglichkeit, diplomatische Amtshandlungen vorzunehmen. Eine vollumfängliche und ausschließliche Unterscheidbarkeit der beiden Spielarten des Auslandsschutzes insbesondere im Falle seiner präventiven Zielrichtung ist somit nicht möglich und auch „völkerrechtshistorisch“[86] nicht belegbar.[87]

II. Staatliche Schutz- und Hilfsmaßnahmen in Entführungsfällen als Maßnahmen des konsularischen Schutzes

Ungeachtet der durch die genannten terminologischen Unsicherheiten begründeten Abgrenzungsprobleme besteht nicht zuletzt aus Praktikabilitätserwägungen die Notwendigkeit einer Differenzierung zwischen der Ausübung diplomatischen und konsularischen Schutzes. Diese hat sich sowohl an der Zielrichtung des Handelns der Bundesrepublik Deutschland als auch am Wesen der mit ihr verbundenen Schutz- bzw. Hilfsmaßnahmen zu orientieren.[88] Eine Einordnung als diplomatischer Schutz kommt hiernach in Betracht, sollten sie sich nach Erschöpfung der innerstaatlichen Rechtsbehelfe (sog. *local remedies rule*) gegen den Empfangsstaat ausrichten und Gegenstand einer zwischenstaatlichen Streitigkeit sein. Demgegenüber wird der konsularische Schutz schwerpunktmäßig durch Schutz- bzw. Hilfsmaßnahmen zugunsten eines Einzelnen und seiner Interessen bei Gefährdungen im Ausland charakterisiert, die von nichtstaatlicher und damit privater Seite ausgehen. Eine Zuordnung des Handelns der Bundesrepublik Deutschland ist dementsprechend auch in den vorliegend untersuchten Entführungsfällen durchführbar.[89]

Dabei ist zunächst festzustellen, dass für den Empfangsstaat selbst, auf dessen Territorium sich die Entführung ereignet, eine Verpflichtung besteht, „durch seine Organe alle geeigneten Maßnahmen zu treffen“[90], um die Entführung eines

(1) In einem Staat, wo der Entsendestaat weder eine diplomatische Mission unterhält noch durch diplomatische Missionen eines dritten Staates vertreten ist, kann mit Zustimmung des Empfangsstaates ein Konsularbeamter beauftragt werden, diplomatische Amtshandlungen vorzunehmen, ohne dass dies seine Stellung als Konsularbeamten berührt. [...]

(2) Ein Konsularbeamter kann nach einer Notifizierung an den Empfangsstaat den Entsendestaat bei jeder zwischenstaatlichen Organisation vertreten. [...].

86 *D. Hanschel*, ZaöRV 66 (2006), 789 (793).

87 *W. K. Geck*, Diplomatischer Schutz, in: H.-J. Schlochauer (Hrsg.), Wörterbuch des Völkerrechts Bd. 1, 2. Aufl. 1960, 379 (379 f.); *D. Hanschel*, ZaöRV 66 (2006), 789 (791 ff.); *A. Verdross/B. Simma*, Universelles Völkerrecht, 3. Aufl. 1984, § 922.

88 *N. Brunner*, Anspruch des Bürgers, 1983, S. 8; *D. Hanschel*, ZaöRV 66 (2006), 789 (793); *M. Ruffert*, AVR 35 (1997), 459 (462); *A. Verdross/B. Simma*, Universelles Völkerrecht, 3. Aufl. 1984, § 1228.

89 Statt vieler *D. Hanschel*, ZaöRV 66 (2006), 789 (793); *T. Kleinlein/D. Rabenschlag*, ZaöRV 67 (2007), 1277 (1282).

90 *K. Hoffmann/H. Glietsch*, Konsularrecht I, Vorb. zum 1. Abschn. Anm. 8.1.1.

deutschen Staatsangehörigen „für die Zukunft zu verhindern“[91]. Diese Schutzpflicht des Empfangsstaates begründet sich insbesondere aus dem völkerrechtlich geprägten Fremdenrecht, das die allgemeine Rechtsstellung der sich auf dem Hoheitsgebiet eines Staates aufhaltenden Ausländer näher ausgestaltet. Zu dem sonach zu gewährenden Mindeststandard an Rechten zählt vor allem der Schutz vor verbrecherischen Angriffen auf Leib, Leben und Eigentum.[92] Im Falle der Entführung eines aus Sicht des Empfangsstaates ausländischen Staatsangehörigen besteht somit die Möglichkeit, ihm die Drittverfolgung durch Privatpersonen zuzurechnen, sollte er nicht die ihm zur Verfügung stehenden Mittel zur Befreiung des Entführungsopfers ergreifen. In diesem Falle stellte sich die Entführung im Außenverhältnis auch als eine staatliche Verfolgung dar, der ein Verstoß gegen den durch das Fremdenrecht vermittelten rechtlichen Mindeststandard immanent ist.[93] Wie die in der Einleitung dargestellten Entführungssachverhalte jedoch zeigen, scheidet eine solche Völkerrechtsverletzung von staatlicher Seite im Regelfall aufgrund der hinreichenden Bemühungen des betroffenen Empfangsstaates und damit die gegen ihn ausgerichtete Möglichkeit eines Vorgehens des Heimatstaates des Entführungsopfers im Wege des diplomatischen Schutzes aus.[94]

---

91 *K. Hoffmann/H. Glietsch*, Konsularrecht I, Vorb. zum 1. Abschn. Anm. 8.1.1.

92 *N. Brunner*, Anspruch des Bürgers, 1983, S. 5; *K. Doehring*, Völkerrecht, 2. Aufl. 2004, Rn. 868; *M. Herdegen*, Völkerrecht, 14. Aufl. 2015, § 27 Rn. 3 ff.; *K. Oberthür*, Anspruch des deutschen Staatsbürgers, 1965, S. 36; *C. Storost*, Diplomatischer Schutz durch EG und EU?, 2005, S. 20. Zu beachten ist zudem das Internationale Übereinkommen gegen Geiselnahme v. 18.12.1979, BGBl. 1980 II, S. 1361, nach dessen Art. 3 Abs. 1 der Vertragsstaat, in dessen Hoheitsgebiet der Täter die Geisel in seiner Gewalt hält, alle ihm geeignet erscheinenden Maßnahmen trifft, um das Los der Geisel zu erleichtern, insbesondere um ihre Befreiung herbeizuführen; eine effektive Möglichkeit der Durchsetzung dieser Pflicht durch den Heimatstaat während der Entführung besteht allerdings nicht, vgl. Art. 16 des Übereinkommens; s. zu diesem Übereinkommen *K. W. Platz*, ZaöRV 40 (1980), 276 ff.

93 *I. Seidl-Hohenveldern/T. Stein*, Völkerrecht, 10. Aufl. 2000, Rn. 1596 ff.; ähnlich BVerfGE 54, 341 (358) – *Wirtschaftsasyl*; E 76, 143 (169) – *Ahmadiyya-Glaubensgemeinschaft*; E 80, 315 (336) – *Tamilen*; im Hinblick auf die Zurechnung privaten Verhaltens im Rahmen von Art. 16 Abs. 2 S. 2 GG, s. BVerwGE 74, 41 (43).

94 Vgl. hierzu erneut die im ersten Teil unter B. beschriebenen Fälle: So wurde die erste Gruppe von 17 „Sahara-Geiseln“ im Mai 2003 von algerischen Sicherheitskräften gewaltsam befreit, s. FAZ.NET v. 14.05.2003, „Befreite deutsche Geiseln wieder zuhause“, im Internet: http://www.faz.net/aktuell/gesellschaft/sahara-touristen-befreite-deutsche-geiseln-wieder-zuhause-1103148.html; Der Spiegel 35/2003 v. 25.08.2003, S. 53 (55) „Das kann lange dauern“. Auch im Fall der Entführung von J. Chrobog und seiner Familie soll sich der jemenitische Staatspräsident selbst persönlich für die Befreiung eingesetzt haben, vgl. Sueddeutsche.de v. 10.05.2010, „Es war klar, dass es keine Terroristen waren“, im Internet: http://sz.de/1.738769. In diesem Sinne außergewöhnlich ist der Teheraner Geiselfall aus dem Jahr 1979, in dem der Iran die ihm als Empfangsstaat nach dem WÜD und WÜK obliegende Pflicht zu einem

Ist ein deutscher Staatsangehöriger von einer Entführung im Ausland betroffen, so wird die Bundesrepublik Deutschland im Regelfall vielmehr mit dem Empfangsstaat kooperieren und sich zusammen mit ihm um die Befreiung des deutschen Entführungsopfers bemühen. Dabei kommen als konkrete Hilfeleistungen des Konsulats bzw. der Botschaft vor Ort, des beim Auswärtigen Amt gebildeten Krisenstabs und der Bundesregierung unter anderem die Ermittlung des Aufenthaltsortes des Entführungsopfers, Kontaktaufnahme zu den Entführern, Heranziehung von Unterhändlern sowie kirchlicher und kultureller Organisationen, Koordinierung der unterschiedlichen Akteure, Einschaltung von Nachrichtendiensten, Verhandlungsführung, Angehörigenobsorge und Pressearbeit in Betracht. Im Zusammenhang mit der Befreiung sind – nach vorheriger Verständigung mit dem Empfangsstaat – vor allem gewaltsame Entführungsbeendigungen durch Spezialeinheiten der (Bundes-) Polizei bzw. der Bundeswehr oder Lösegeldzahlungen zu nennen.[95] Sämtliche der aufgezeigten Hilfsmaßnahmen sind nicht als ein Vorgehen gegen den Empfangsstaat zu qualifizieren. Sie kommen vielmehr ausschließlich dem Entführungsopfer zugute. Die Schutz- bzw. Hilfstätigkeit der Bundesrepublik Deutschland in den untersuchten Sachverhalten ist den genannten Abgrenzungskriterien folgend somit dem konsularischen Schutz zuzuordnen.[96]

Vor diesem Hintergrund kann es somit nicht überzeugen, wenn das VG Berlin die vorliegend untersuchten Entführungsfälle nicht dem Rechtsinstitut des konsularischen, sondern (eher) dem des diplomatischen Schutzes allein deshalb zuordnen möchte, weil sie eine Abstimmung mit dem „fremden Staat auf höherer Ebene (Ministerium, Regierung) erfordern“[97]. Eine Unterteilung des Auslandsschutzes anhand dieses Kriteriums ist weder in der völkerrechtlichen Wissenschaft und Praxis anerkannt noch hat es Niederschlag in diesbezügliche völkervertragliche Regelungen gefunden.[98] Sie würde zudem übersehen, dass – über die Mitglieder des diplomatischen

Schutz der amerikanischen Botschaften, Konsulate, ihres Personals, ihrer Archive und Kommunikationsmittel sowie der Bewegungsfreiheit des Personals nicht nachgekommen ist; die Besetzung der amerikanischen Botschaft sowie die Gefangennahme von Botschaftsangehörigen durch islamische Studenten konnte hier als eigenes völkerrechtswidriges Verhalten durch den Iran angesehen werden, vgl. IGH, United States of America v. Iran (United States Diplomatic and Consular Staff in Tehran), Urt. v. 25.05.1980, ICJ Rep. 1980, 3 (30 ff.).

95 *D. Hanschel*, ZaöRV 66 (2006), 789 (799); *M. Kötter/J. Nolte*, DÖV 2007, 186 (187). Zur völker- und verfassungsrechtlichen Zulässigkeit von (gewaltsamen) Befreiungsaktionen, statt vieler *W. Ader*, Rettungsaktionen zum Schutz eigener Staatsangehöriger, 1988, S. 265 ff.; *J. Güntert*, Materielle Verfassungsmäßigkeit von unilateralen Evakuierungsoperationen, 2008, S. 29 ff.; *C. P. Kokew*, Auslandsschutz deutscher Staatsangehöriger bei Entführungen, 2012, S. 199 ff.

96 Ebenso *D. Hanschel*, ZaöRV 66 (2006), 789 (794); *M. Kötter/J. Nolte*, DÖV 2007, 186 (191); implizit so auch *R. Geiß*, DÖV 2007, 155 (155); BVerwG NJW 2009, 2905 ff.; OVG Berlin-Brandenburg, Urt. v. 21.02.2007, Az. 11 B 9.06 – juris.

97 VG Berlin, Urt. v. 04.04.2006, Az. 14 A 12.04, Rn. 40 – juris.

98 *D. Hanschel*, ZaöRV 66 (2006), 789 (793 f.).

Personals hinaus – ebenso die Konsularbeamten gem. § 1 Sps. 1 KonsG berufen sind, bei der Zusammenarbeit der Bundesrepublik Deutschland und dem Empfangsstaat mitzuwirken, vgl. auch Art. 5 lit. a und e WÜK. Entsprechendes zeigt sich besonders deutlich in der konsularischen Aufgabe der Hilfe für Gefangene, bei der Konsularbeamte auch gegenüber staatlichen Stellen des Empfangsstaates die Interessen eines deutschen Staatsangehörigen vertreten; an ihrer Einordnung als konsularischem Schutz ändert dies allerdings nichts.[99]

III. Keine völkerrechtliche Verpflichtung der Bundesrepublik Deutschland zur Gewährung von Auslandsschutz bzw. speziell von konsularischem Schutz

Zur Gewährung von Auslandsschutz in Form des (diplomatischen und) konsularischen Schutzes ist die Bundesrepublik Deutschland aus völkerrechtlicher Sicht nicht verpflichtet.[100] Das Völkerrecht kennt lediglich ein in der völkerrechtlichen Praxis und Wissenschaft unumstrittenes *Recht des Staates*, seine Angehörigen auch außerhalb des eigenen Staatsgebiets zu schützen und zu betreuen.[101] Dieses Recht besteht nach der geltenden nationality rule grundsätzlich nur in Bezug auf eigene Staatsangehörige im Ausland. Die Staatsangehörigkeit fungiert insoweit als die erforderliche Verbindung zwischen der Rechtsverletzung des Einzelnen und der dadurch insbesondere in Bezug auf den diplomatischen Schutz bewirkten Rechtsverletzung des Staates.[102] Die staatliche Befugnis zur Gewährung von Auslandsschutz bezieht

---

99 OVG Berlin-Brandenburg, Urt. v. 21.02.2007, Az. 11 B 9.06, Rn. 30 – juris; *C. P. Kokew*, Auslandsschutz deutscher Staatsangehöriger bei Entführungen, 2012, S. 46 ff.

100 Würde eine solche völkerrechtliche Schutzpflicht bzw. ein ihr korrespondierender Schutzanspruch des Einzelnen bestehen und es sich bei ihnen um eine allgemeine Regel des Völkerrechts i.S.v. Art. 25 S. 1 GG handeln, so würden sie einer möglichen Regelung des einfachgesetzlichen innerstaatlichen Rechts gem. Art. 25 S. 2 GG vorgehen, vgl. zu dieser Rangordnung statt vieler *K. Doehring*, Völkerrecht, 2. Aufl. 2004, Rn. 729; *M.* Herdegen, in: T. Maunz/G. Dürig (Begr.), Grundgesetz, Art. 25 Rn. 1; *P. Kunig*, in: W. Graf Vitzthum/A. Proelß (Hrsg.), Völkerrecht, 6. Aufl. 2013, 2. Abschn. Rn. 155 f.

101 StIGH, Griechenland v. United Kingdom (Mavrommatis-Konzession), Urt. v. 30.08.1924, PCIJ, Series A, No. 2, 6 (12); StIGH, Estland v. Lettland (Panevezys-Saldutiskis Eisenbahn), Urt. v. 28.02.1939, PCIJ, Series A/B, No. 76, 4 (16); IGH, Lichtenstein v. Guatemala (Nottebohm) (Second Phase), Urt. v. 06.04.1955, ICJ Rep. 1955, 4 (24); diesbzgl. kritisch *A. Makarov*, ZaöRV 16 (1955/56), 407 (410 ff.); IGH, Belgien v. Spanien (Barcelona Traction) (Second Phase), Urt. v. 05.02.1970, ICJ Rep. 1970, 3 (44); s. auch *M. Kau*, in: W. Graf Vitzthum/A. Proelß (Hrsg.), Völkerrecht, 6. Aufl. 2013, 3. Abschn. Rn. 117; *J. Kokott*, in: G. Ress/T. Stein (Hrsg.), Diplomatischer Schutz im Völker- und Europarecht, 1996, 45 (45).

102 StIGH, Estland v. Lettland (Panevezys-Saldutiskis Eisenbahn), Urt. v. 28.02.1939, PCIJ, Series A/B, No. 76, 4 (16); IGH, Lichtenstein v. Guatemala (Nottebohm)

sich dabei jedoch nicht allein auf den diplomatischen Schutz; sie umfasst – selbst wenn es in der völkerrechtlichen Literatur meist unerwähnt bleibt – vielmehr auch den konsularischen Schutz. Dies war bereits völkergewohnheitsrechtlich anerkannt und ergibt sich nun aus seiner Kodifizierung in Art. 5 lit. a und e WÜK sowie in den nachstehenden Spezialregelungen (etwa Art. 36 Abs. 1 lit. b WÜK).[103] Das staatliche Recht zur Gewährung konsularischen Schutzes zugunsten eigener Staatsangehöriger wurde zudem durch den IGH in mehreren Entscheidungen bestätigt.[104] Dabei erfasst es auch die staatliche Hilfe in den vorliegend untersuchten Entführungsfällen, denn ein Entführungsopfer befindet sich in einer Notlage, die ohne die Hilfe und den Beistand seines Heimatstaates und dessen Behörden grundsätzlich nicht behoben werden kann.[105]

Die weitergehende Frage nach dem Bestehen einer staatlichen Schutzpflicht bzw. eines ihr korrespondierenden Schutzanspruchs *des Entführungsopfers* gegenüber seinem Heimatstaat kann durch das Völkerrecht hingegen nicht beantwortet werden, denn es ist als „anspruchsneutral"[106] anzusehen. In diesem Sinne kann aus ihm weder ein Ge- noch ein Verbot individueller Ansprüche auf Auslandsschutz abgeleitet werden:[107] So können zwar weder das Völkervertragsrecht noch das

---

(Second Phase), Urt. v. 06.04.1955, ICJ Rep. 1955, 4 (23); *K. Doehring*, Völkerrecht, 2. Aufl. 2004, Rn. 869; *E. Klein*, Diplomatischer Schutz im Hinblick auf die Konfiskation deutschen Vermögens, 1992, S. 26. Zu einer „Aufweichung" der nationality rule hinsichtlich des diplomatischen Schutzes im Falle der Verletzung fundamentaler Menschenrechte als Teil des ius cogens, s. *K. Hailbronner*, in: ders./G. Renner/H.-G. Maaßen (Hrsg.), Staatsangehörigkeitsrecht, 5. Aufl. 2010, Teil I E Rn. 87; *T. Kleinlein/D. Rabenschlag*, ZaöRV 67 (2007), 1277 (1290 ff.); *J. Kokott*, in: G. Ress/T. Stein (Hrsg.), Diplomatischer Schutz im Völker- und Europarecht, 1996, 45 (48 ff.); zur Thematik der staatlichen Schutzberechtigung bei mehrfacher Staatsangehörigkeit, s. *K. Hailbronner*, in: G. Ress/T. Stein (Hrsg.), Diplomatischer Schutz im Völker- und Europarecht, 1996, 27 ff.

103 *D. Hanschel*, ZaöRV 66 (2006), 789 (791); deutlich auch *M. Ruffert*, AVR 35 (1997), 459 (462), der feststellt, dass der Begriff des konsularischen Schutzes nur selten verwendet wird.

104 IGH, Paraguay v. United States of America (Wiener Übereinkommen über konsularische Beziehungen), Entscheidung v. 09.04.1998, ICJ Rep. 1998, 248 (250); IGH, Deutschland v. United States of America (LaGrand), Urt. v. 27.06.2001, ICJ Rep. 2001, 466 ff.; IGH, Mexiko v. United States of America (Avena und andere mexikanische Staatsangehörige), Urt. v. 31.03.2004, ICJ Rep. 2004, 12 ff.

105 *D. Hanschel*, ZaöRV 66 (2006), 789 (795); *M. Kötter/J. Nolte*, DÖV 2007, 186 (191); *C. P.* Kokew, Auslandsschutz deutscher Staatsangehöriger bei Entführungen, 2012, S. 26; implizit auch *R. Geiß*, DÖV 2007, 155 (158 f).

106 *C. Storost*, AVR 42 (2004), 411 (414).

107 IGH, Belgien v. Spanien (Barcelona Traction) (Second Phase), Urt. v. 05.02.1970, ICJ Rep. 1970, 3 (44); ILC Rep. 1998, UN-Doc. A/53/10, S. 49 Rn. 108 lit. e; ILC Rep. 2000, UN-Doc. A/55/10, Rn. 445, 450 ff.; *W. K. Geck*, Diplomatic Protection, in: R. Bernhardt (Hrsg.), EPIL I, 1992, 1051 f.; *E. Klein*, Diplomatischer Schutz im

Völkergewohnheitsrecht als Grundlage einer staatlichen Schutzpflicht bzw. eines ihr korrespondierenden Schutzanspruchs des Einzelnen herangezogen werden.[108] Den Staaten steht es jedoch frei, in den völkerrechtlich zulässigen Grenzen, in ihren nationalen Rechtsordnungen diesbezügliche individuelle Rechtspositionen zu begründen.[109]

B. Pflicht der Bundesrepublik Deutschland zur Gewährung von Schutz zugunsten im Ausland entführter deutscher Staatsangehöriger

Vor diesem völkerrechtlichen Hintergrund ist nun der Blick auf die deutsche innerstaatliche Ebene zu wenden und auf die eingangs des zweiten Teils aufgeworfene Frage nach dem Bestehen einer (zumindest objektiv-rechtlichen) Pflicht der Bundesrepublik Deutschland zum Schutz im Ausland entführter deutscher Staatsangehöriger sowie ihrer Rechtsgrundlage auf der verfassungsrechtlichen Ebene einzugehen (II.). Es stellt sich zudem die Frage ihrer eventuellen Konkretisierung auf der einfachgesetzlichen Ebene (III.). Schaut man dabei zunächst auf das Grundgesetz, so fällt ins Auge, dass weder der vorliegend einschlägige Begriff

---

Hinblick auf die Konfiskation deutschen Vermögens, 1992, S. 32 f.; *A. Randelzhofer*, in: T. Maunz/G. Dürig (Begr.), Grundgesetz, Art. 16 Abs. 1 Rn. 37; *C. Storost*, AVR 42 (2004), 411 (414).

108 Als völkervertragliche Grundlage kommen weder die AEMR, das IPBürgR, das WÜK und WÜD noch die EMRK sowie das Internationale Übereinkommen gegen Geiselnahmen in Betracht, hierzu *W. K. Geck*, ZaöRV 17 (1956/57), 476 (512 f.); *C. P. Kokew*, Auslandsschutz deutscher Staatsangehöriger bei Entführungen, 2012, S. 27 ff.; *K. Oberthür*, Anspruch des deutschen Staatsbürgers, 1965, S. 6 ff.; *A. Randelzhofer*, in: T. Maunz/G. Dürig (Begr.), Grundgesetz, Art. 16 Abs. 1 Rn. 37. Dagegen wird eine staatliche Schutz*pflicht* nur vereinzelt unmittelbar aus dem Völkerrecht – insbesondere bei der Verletzung des völkerrechtlichen ius cogens – abgeleitet, s. etwa *K. Doehring*, in: G. Ress/T. Stein (Hrsg.), Diplomatischer Schutz im Völker- und Europarecht, 1996, 13 ff.; *ders.*, Völkerrecht, 2. Aufl. 2004, Rn. 870; *J. Schwarze*, AVR 24 (1986), 408 (426 ff.). In der maßgeblichen Staatenpraxis konnte sich dieser Ansatz bislang jedoch nicht durchsetzen, s. *C. Storost*, Diplomatischer Schutz durch EG und EU?, 2005, S. 414 f.

109 IGH, Belgien v. Spanien (Barcelona Traction) (Second Phase), Urt. v. 05.02.1970, ICJ Rep. 1970, 3 (44 f.); *D. Blumenwitz*, in: J. Isensee/P. Kirchhof (Hrsg.), HStR IX, 1997, § 211 Rn. 17; *K. Doehring*, Völkerrecht, 2. Aufl. 2004, Rn. 881; *K. Oberthür*, Anspruch des deutschen Staatsbürgers, 1965, S. 25 f.; *A. Randelzhofer*, in: T. Maunz/G. Dürig (Begr.), Grundgesetz, Art. 16 Abs. 1 Rn. 37; implizit auch *W. K. Geck*, ZaöRV 17 (1956/57), 476 (512 ff.); *E. Klein*, DÖV 1977, 704 (705). Dieses Ergebnis steht einer Begründung von Schutzpflicht bzw. -anspruch durch die nationalen Rechtsordnungen somit nicht entgegen, denn eine diesbzgl. allgemeine Regel des Völkerrechts i.S.v. Art. 25 S. 1 GG besteht nicht, s. *K. Doehring*, Pflicht des Staates zur Gewährung diplomatischen Schutzes, 1959, S. 14 ff.

des konsularischen Schutzes noch der ihm übergeordnete Terminus des Auslandsschutzes eine ausdrückliche Verankerung erfahren haben.[110]

Als erste Annäherung im Sinne eines Verfassungsvergleichs in der Zeit[111] sollen daher – bevor auf das Grundgesetz als solches und im Anschluss daran auf das KonsG

---

110 Der (verfassungs-)rechtlichen Betrachtung vorgezogen ist bereits hier festzustellen, dass in der Rechtsprechung und den Beiträgen des Schrifttums weit überwiegend der Auslandsschutz in Form des diplomatischen Schutzes im Mittelpunkt steht; konkret auf den konsularischen Schutz wird zumeist lediglich am Rande eingegangen. Auf die entsprechenden Ausführungen und Argumentationen in Bezug auf den diplomatischen Schutz kann im Folgenden jedoch zurückgegriffen werden, da es für die prinzipielle Frage nach der Existenz einer staatlichen Pflicht zur Gewährung von Auslandsschutz ohne Belang ist, ob der eine Schutzpflicht auslösende Rechtseingriff von staatlicher oder privater Seite ausgeht, so *M. Kötter/J. Nolte*, DÖV 2007, 186 (193); ähnlich *E. Klein*, DÖV 1977, 704 (705), der andeutet, dass seine Untersuchung – selbst wenn sie sich überwiegend auf den diplomatischen Schutz beziehe – auch den konsularischen Schutz betreffe („ohne daß damit auf ein völkerrechtliches Unrecht des fremden Staates reagiert würde"); teilweise wird der konsularische Schutz auch unter den Begriff des diplomatischen Schutzes gefasst, s. hierzu erneut die Begriffsbestimmung im zweiten Teil unter A. I. mit Fn. 76. Soweit Ausführungen nach allem dennoch nicht auf den vorliegend einschlägigen konsularischen Schutz übertragbar sind, wird auf diesen Umstand besonders eingegangen.

111 Der Begriff des Verfassungsvergleichs in „Raum und Zeit" wurde geprägt von *P. Häberle*, JöR n.F. 40 (1991/92), 291 (309); *ders.*, JZ 1989, 913 ff., zur Verfassungsvergleichung als „fünfter" Auslegungsmethode. Ein Verfassungsvergleich im Raum erweist sich allerdings als unergiebig: So enthalten etwa weder die Urkunden der Verfassungen Belgiens, Frankreichs, Schwedens, der Verfassungen Luxemburgs oder Griechenlands noch die Verfassung der Niederlande eine Regelung über den Schutz ihrer Staatsangehörigen im bzw. gegenüber dem Ausland. Anderes gilt im Ansatz für Art. 35 Abs. 4 der Verfassung der Italienischen Republik, Art. 14 Hs. 1 der Verfassung der Portugiesischen Republik, Art. 40 Abs. 2 der Bundesverfassung der Schweizerischen Eidgenossenschaft und Art. 42 der Verfassung des Königreichs Spanien. Diese lauten in der englischen Übersetzung: *Art. 35 [Labor] – Verfassung Italien*
(1) The Republic protects labor in all its forms.
(2) It provides for the training and professional enhancement of workers.
(3) It promotes and encourages international treaties and institutions aiming to assert and regulate labor rights.
(4) It recognizes the freedom to emigrate, except for legal limitations for the common good, and protects Italian labor abroad.
Art. 14 – Portuguese Citizens Abroad – Verfassung Portugal
Portuguese citizens living or residing abroad enjoy the protection of the State in the exercise of their rights and are subject to such duties as are not incompatible with their absence from the country.
Art. 42 [Workers Abroad] – Verfassung Spanien
The state shall especially try to safeguard the economic and social rights of Spanish workers abroad and orient its policy toward their return.

eingegangen wird – die deutschen Verfassungen vor 1949 mit Geltungsbereich im heutigen Bundesgebiet hinsichtlich einer Pflicht der Bundesrepublik Deutschland zum Schutz eigener Staatsangehöriger im Ausland näher betrachtet werden; zumal die deutsche Verfassungstradition bzw. das sich entwickelte Verfassungsgewohnheitsrecht heute teilweise als taugliche *Grundlage für die Herleitung und Anerkennung* einer Pflicht der Bundesrepublik Deutschland zur Gewährung von Auslandsschutz unter dem Grundgesetz herangezogen wird (I.).[112]

I. Verfassungsvergleich in der Zeit: Die deutschen Verfassungen vor 1949

In die vier (gesamt-)deutschen Verfassungsentwürfe bzw. -urkunden zwischen 1849 und 1945 wurden stets ausdrückliche Regelungen über den Auslandschutz aufgenommen.[113] Daher wird heute unter besonderem Hinweis auf diese deutsche

---

Art. 40 – Swiss citizens domiciled abroad – Verfassung Schweiz
(1) The Federation supports relations among Swiss citizens domiciled abroad as well as their links with Switzerland. The Federation may support organizations pursuing this goal.
(2) The Federation adopts rules on the rights and duties of Swiss citizens abroad, in particular regarding the exercise of political rights on the federal level, on the duty to render military or substitute service, on welfare and on social security
Diese Verfassungstexte können jeweils abgerufen werden im Internet unter: http://www.verfassungsvergleich.de/.
Ein individueller Anspruch (jedenfalls) auf diplomatischen Schutz lässt sich aus diesen Normen nach allgemeiner Ansicht jedoch nicht ableiten, s. für Italien, Portugal und Spanien *C. Storost*, Diplomatischer Schutz durch EG und EU?, 2005, S. 211 f., 215 f., 204 m.w.N.; zur Schweiz, s. „Diplomatischer und konsularischer Schutz", Informationen des Schweizerischen Außenministeriums, im Internet: http://www.eda.admin.ch/eda/de/home/topics/intla/cintla/dicopr.html. Zu der Frage der gerichtlichen Überprüfbarkeit staatlicher Schutztätigkeit im Rahmen der auswärtigen Gewalt, s. im dritten Teil unter B. I. mit Fn. 849; hierzu auch *C. Storost*, AVR 42 (2004), 411 (419 ff.); *ders.*, Diplomatischer Schutz durch EG und EU?, 2005, S. 194 ff.

112 So u.a. OVG Münster, Urt. v. 30.10.1961, Az. II A 480/61, abgedruckt in DVBl. 1962, 139 (140); *W. K. Geck*, ZaöRV 17 (1956/57), 476 (508 ff.); *E. Klein*, Diplomatischer Schutz im Hinblick auf die Konfiskation deutschen Vermögens, 1992, S. 36; *K. Oberthür*, Anspruch des deutschen Staatsbürgers, 1965, S. 9 f.; *A. Randelzhofer*, in: T. Maunz/G. Dürig (Begr.), Grundgesetz, Art. 16 Abs. 1 Rn. 61; *H. D. Treviranus*, DÖV 1979, 35 (37); ebenso jedenfalls bzgl. einer objektivrechtlichen Pflicht, *D. Blumenwitz*, in: A. Heldrich u.a. (Hrsg.), FS für M. Ferid, 1978, 439 (444 f.).

113 S. hierzu ausführlich *K. Doehring*, Pflicht des Staates zur Gewährung diplomatischen Schutzes, 1959, S. 25 ff.; *W. K. Geck*, ZaöRV 17 (1956/57), 479 ff.; *C. Gloria*, Das steuerliche Verständigungsverfahren, 1988, S. 232 ff.

„Verfassungstradition"[114] als ungeschriebenes Verfassungsrecht bzw. das sich entwickelte Verfassungsgewohnheitsrecht[115] der Versuch unternommen, das Fehlen einer diesbezüglichen ausdrücklichen Verfassungsbestimmung im Grundgesetz zu überwinden und auf diesem Wege eine entsprechende Schutzpflicht der Bundesrepublik Deutschland zu begründen.[116]

---

114 Zur deutschen Verfassungstradition allgemein, ihren Voraussetzungen sowie Wirkbereichen vertiefend aus der Rechtsprechung insbesondere BVerfGE 24, 33 (49 ff.) – *AKU-Beschluss*; E 62, 354 (367 f.) – *Heilfürsorge*; E 79, 311 (352 f.) – *Staatsverschuldung*; E 90, 286 (383 f., 387) – *Out-of-area-Einsätze*; E 121, 30 (47) – *Hessisches Privatrundfunkgesetz*; E 121, 135 (154) – *Luftraumüberwachung Türkei*; E 126, 55 (69 f.) – *Bundeswehreinsatz Heiligendamm*; aus der Literatur *D. Grimm*, in: ders. (Hrsg.), Der Richter, 1991, 1 ff.; *S. Magiera*, Parlament und Staatsleitung, 1979, S. 21 ff.; *K. Pritzel*, AnwBl. BE 1994, 411 (413 f.); *D. Rauschning*, DVBl. 1990, 393 (395); *E. Schmidt-Aßmann*, in: R. Mußgnug (Hrsg.), Rechtsentwicklung, 1990, 79 (80 ff.); *H. Vorländer*, Die Verfassung, 1999, S. 63 ff. jeweils m.w.N.

115 Zum Verfassungsgewohnheitsrecht, seinen Voraussetzungen und Wirkungen aus der umfangreichen Literatur *A. Blankenagel*, Tradition und Verfassung, 1987, S. 129 ff.; *G. Blasberg*, Verfassungsgerichte als Ersatzgesetzgeber, 2003, S. 215 ff.; *H. O. Freitag*, Gewohnheitsrecht und Rechtssystem, 1976; *B.-O. Bryde*, Verfassungsentwicklung, 1982, S. 431 ff., 446 ff.; *P. Häberle*, Verfassung als öffentlicher Prozeß, 3. Aufl. 1998, S. 82 f., 99 f., insbesondere Fn. 37; *E. v. Hippel*, VVDStRL 10 (1952), 1 ff.; *H. Huber*, in: K. Eichenberger u.a. (Hrsg.), Rechtstheorie, Verfassungsrecht, Völkerrecht, 1971, 329 ff.; *H. Meinzolt*, BayVBl. 1928, 225 ff.; *H.-J. Mengel*, JöR n.F. 30 (1981), 21 (59 ff.); *M. Rahe*, Begriff und Bedeutung der Staatspraxis, 2011, S. 74 ff.; *C. Rossano*, in: T. Berberich u.a. (Hrsg.), Neue Entwicklungen im öffentlichen Recht, 1979, 207 ff.; *C. Tomuschat*, Verfassungsgewohnheitsrecht?, 1972; *P. Unruh*, Verfassungsbegriff, 2002, S. 428 ff.; *A. Voigt*, VVDStRL 10 (1952), 33 ff.; *H.-J. Wipfelder*, in: D. Mayer-Maly u.a. (Hrsg.), GS für R. Marcic, 1983, 947 (955 ff.); *H. A. Wolff*, Ungeschriebenes Verfassungsrecht, 2000, § 10, S. 427 ff. Das BVerfG hat nur am Rande Bezug auf Verfassungs- bzw. Staatsgewohnheitsrecht genommen bzw. sein Vorliegen jedenfalls verneint, vgl. u.a. BVerfGE 1, 144 (151) – *Geschäftsordnungsautonomie*; E 2, 213 (222 ff.) – *Straffreiheitsgesetz*; E 6, 309 (335) – *Reichskonkordat*; E 12, 205 (235) – *1. Rundfunkurteil*; E 29, 221 (234) – *Jahresarbeitsverdienstgrenze*; E 44, 125 (171) – *Öffentlichkeitsarbeit.* Zu den Voraussetzungen von Gewohnheitsrecht grundlegend BVerfGE 9, 109 (117); E 15, 226 (232 ff.) – *Vorkonstitutionelles Gewohnheitsrecht*; E 22, 114 (121 f.) – *Entziehung der Verteidigungsbefugnis.*

116 Aus der Rechtsprechung OVG Münster, OVGE MüLü 34, 131 (132 ff.); VG Köln, Urt. v. 07.08.1980, Az. 1 K 1341/78, abgedruckt in StV 1981, 33 (34) mit Anm. *H.-H. Heldmann*, StV 1981, 35 ff.; VG Wiesbaden, Beschl. v. 06.08.1985, Az. XI/VG 233/85, abgedruckt in NJW 1986, 680 (681). Das BVerfG erwähnte diesen Begründungsansatz für eine staatliche Pflicht zur Gewährung von Auslandsschutz zwar in BVerfGE 55, 349 – *Rudolf Hess*, hat zu ihm aber keine Stellung bezogen; aus der Literatur an dieser Stelle *W. K. Geck*, ZaöRV 17 (1956/57), 476 (508); *H. D. Treviranus*, DÖV 1979, 35 (37).

Die Vorgängerverfassungen des Grundgesetzes formulierten freilich weder eine Schutzpflicht des Staates zugunsten im Ausland entführter deutscher Staatsangehöriger im Besonderen noch befassten sie sich explizit mit dem konsularischen Schutz im Allgemeinen. In diesem Sinne gilt es zunächst, die rechtlichen Gewährleistungen sowie ihre einschlägigen Regelungen näher zu beleuchten. Schon im Frankfurter Verfassungsentwurf vom 28. März 1849[117] hieß es im Katalog der Grundrechte des deutschen Volkes:

Art. XIV § 189.

Jeder deutsche Staatsbürger in der Fremde steht unter dem Schutze des Reichs.

Verfassungsrechtliche Realität erlangte dieser Gedanke der Paulskirchenverfassung durch die Aufnahme eines vergleichbaren Artikels in die Verfassung des Norddeutschen Bundes vom 26. Juli 1867[118]. Im Abschnitt über die Bundesgesetzgebung und im Rahmen der Vorschrift über das gemeinsame Indigenat wurde folgende Regelung normiert:[119]

Art. 3 Abs. 6.

Dem Auslande gegenüber haben alle Bundesangehörigen gleichmäßig Anspruch auf den Bundesschutz.

---

117 Sie ist abgedruckt bei R. Schuster/H.-U. Evers (Hrsg.), Alle deutschen Verfassungen, 1985, S. 29 ff.; hierzu vertiefend *D. Grimm*, Deutsche Verfassungsgeschichte, 1988, S. 194 ff.; *W. Hassemer*, in: Deutscher Richterbund (Hrsg.), 150 Jahre Paulskirchenverfassung, 1998, 3 ff.; *B. Kraushaar*, ArbuR 1990, 301 ff.; *J.-D. Kühne*, Reichsverfassung der Paulskirche, 2. Aufl. 1998; *ders.*, NJW 1998, 1513 ff.; *J. Rückert*, in: Deutscher Richterbund (Hrsg.), 150 Jahre Paulskirchenverfassung, 1998, 11 ff.; *N. Schmauck*, DVP 1999, 93 ff.; *W. Strauss*, in: K. D. Bracher u.a. (Hrsg.), FS für G. Leibholz Bd. 1, 1966, 457 (461 ff.); *R. Weber-Fas*, Epochen deutscher Staatlichkeit, 2006, S. 108 ff.

118 Diese ist abgedruckt bei K. Binding (Hrsg.), Verfassungen 1867/1871, 6. Aufl. 1912, S. 2 ff.; s. vertiefend *E. Forsthoff*, Deutsche Verfassungsgeschichte, 4. Aufl. 1972, S. 146 ff.; *E. R. Huber*, Deutsche Verfassungsgeschichte Bd. 3, 2. Aufl. 1978, Kap. XII, S. 643 ff.; *O. Kimminich*, Deutsche Verfassungsgeschichte, 2. Aufl. 1987, S. 406 ff.; *H. Peters*, Geschichtliche Entwicklung, bearb. v. J. Salzwedel/G. Erbel, 1969, S. 68 f.; *W. Strauss*, in: K. D. Bracher u.a. (Hrsg.), FS für G. Leibholz Bd. 1, 1966, 457 (465 ff.); *G. C. v. Unruh*, DVP 2000, 311 (313 ff.) jeweils m.w.N.

119 In den Beratungen des konstituierenden Reichstages des Norddeutschen Bundes ist die Regelung über den Auslandsschutz auf kein Interesse gestoßen. Daher ist zu vermuten, dass ihre Aufnahme in die Bundesverfassung auf die Ideen der Paulskirchenverfassung und ihren Beratungen zurückging, so *W. K. Geck*, ZaöRV 17 (1956/57), 476 (479) unter Hinweis auf F. v. Holtzendorff/E. Bezold (Hrsg.), Materialien der Deutschen Reichs-Verfassung Bd. 1, 1976, S. 404 bis 452.

1. Verfassung des Deutschen Reichs vom 16. April 1871

Diese Linie setzte sich in der Verfassung des Deutschen Reichs vom 16. April 1871[120] fort. Sie enthielt wie die Verfassung des Norddeutschen Bundes, doch anders als die Paulskirchenverfassung und später die Verfassung des Deutschen Reichs vom 11. August 1919, keinen Grundrechtskatalog. Daher formulierte auch die Reichsverfassung von 1871 im Zusammenhang mit dem gemeinsamen Indigenat – im Abschnitt über die Reichsgesetzgebung – und im Vergleich zu Art. 3 Abs. 6 Verfassung des Norddeutschen Bundes nahezu unverändert:

> **Art. 3 Abs. 6.**
>
> Dem Auslande gegenüber haben alle Deutschen gleichmäßig Anspruch auf den Schutz des Reiches.[121]

Wenngleich der Verfassungstext an dieser Stelle ausdrücklich von einem „Anspruch auf den Schutz des Reiches“ sprach, wurde der rechtliche Gehalt des Begriffs „Anspruch“ in der damaligen Staatslehre sehr unterschiedlich bewertet.[122]

Teilweise wurde gefolgert, dass Art. 3 Abs. 6 Reichsverfassung von 1871 im Ergebnis keinen Anspruch der Deutschen auf Auslandsschutz vermittele. So werde durch diese Vorschrift nach *M. v. Seydel* vielmehr eine reine Staatsaufgabe und damit gerade kein Recht des Reichsangehörigen auf Schutz im Ausland eingeräumt.

---

120 Diese ist abgedruckt bei K. Binding (Hrsg.), Verfassungen 1867/1871, 6. Aufl. 1912, S. 2 ff.; zur Reichsverfassung von 1871, s. allgemein *E. Forsthoff*, Deutsche Verfassungsgeschichte, 4. Aufl. 1972, S. 150 ff.; *E. R. Huber*, in: J. Isensee/P. Kirchhof (Hrsg.), HStR I, 3. Aufl. 2003, § 4; *H. Peters*, Geschichtliche Entwicklung, bearb. v. J. Salzwedel/G. Erbel, 1969, S. 69 ff.; *K. Stern*, Staatsrecht V, 2000, § 128, S. 329 ff.; *R. Weber-Fas*, Epochen deutscher Staatlichkeit, 2006, S. 137 ff. jeweils m.w.N.

121 Ergänzt wurde diese Vorschrift durch *Art. 4 Nr. 7 Reichsverfassung von 1871*. Dieser lautete:
Der Beaufsichtigung Seitens des Reichs und der Gesetzgebung desselben unterliegen die nachstehenden Angelegenheiten:
1. bis 6. [...]
7. Organisation eines gemeinsamen Schutzes des deutschen Handels im Auslande, der deutschen Schiffahrt und ihrer Flagge zur See und Anordnung gemeinsamer konsularischer Vertretung, welche vom Reiche ausgestattet wird;
8. bis 16. [...].

122 Manche Autoren äußerten sich zwar zu Art. 3 Abs. 6 Reichsverfassung von 1871, gingen auf eine Auslegung des Terminus' „Anspruch“ jedoch nicht oder nur oberflächlich ein, so bspw. *W. Bazille/R. Köstlin*, Recht der Staatsangehörigkeit, 1902, S. 34 f.; *W. v. Grundherr*, Kapitalanlagen im Auslande, 1914, S. 135; *E. v. Liebert*, Verfassung des Deutschen Reiches, 2. Aufl. 1910, S. 8; *P. Zorn*, Staatsrecht des Deutschen Reiches Bd. 1, 1895, S. 383.

Zur Begründung führte er die faktischen Folgen an, die eine solche Annahme nach sich zöge.[123]

Ein abweichendes Auslegungsergebnis legte *H. Triepel* zugrunde, als er zwar eine Statuierung eines unbedingten Rechts auf Schutz im Ausland durch Art. 3 Abs. 6 Reichsverfassung von 1871 ablehnte. Trotz seines Wortlauts, der ausdrücklich den Begriff Anspruch nennt, stehe ein solcher den Deutschen nicht zu. Mit Blick auf ihren Regelungszusammenhang mit dem gemeinsamen Indigenat liege der Schwerpunkt dieser Vorschrift vielmehr auf den Termini „alle" und „gleichmäßig". Zweck des Art. 3 Abs. 6 Reichsverfassung von 1871 sei somit ausschließlich die Vermeidung einer ungleichen Behandlung der Schutzsuchenden durch das von Preußen dominierte Reich. Darüber hinaus sei dieses Recht hinsichtlich des „Ob" und „des Maßes" des Schutzes einem pflichtgemäßen Ermessen unterworfen.[124]

Des Weiteren argumentierten *G. Jellinek* und *H. Pohl*, dass Art. 3 Abs. 6 Reichsverfassung von 1871 zwar ein durch das Reich zugesichertes Recht auf Schutz im Ausland begründe. Es stelle sich im Ergebnis allerdings als ein bloßer Reflex des objektiven Rechts dar und könne daher keinen „formellen Anspruch"[125] bzw. keinen „Anspruch auf Auslandsschutz im strengen Rechtssinne"[126] begründen. So sei das maßgebliche Kriterium einer Abgrenzung zwischen formellem Anspruch und reiner Reflexwirkung die Durchsetzbarkeit der einem Reichsangehörigen in dieser Eigenschaft eingeräumten Rechtsposition.[127] An der erforderlichen Durchsetzbarkeit

---

123 *M. v. Seydel*, Bayerisches Staatsrecht, neu bearb. v. R. Piloty, Bd. 1, 2. Aufl. 1913, S. 172 f., insbesondere Anm. 55; vgl. außerdem *K. Doehring*, Pflicht des Staates zur Gewährung diplomatischen Schutzes, 1959, S. 29; *W. K. Geck*, ZaöRV 17 (1956/57), 476 (480).

124 Unter Verweis auf die Reichsverfassung von 1871 so *H. Triepel*, ZaöRV 9 (1939/40), 1 (19 f.). Den Reichsangehörigen, die gegen die Interessen des Reichs handelten, könne kein Anspruch auf Schutz zustehen, s. *K. Doehring*, Pflicht des Staates zur Gewährung diplomatischen Schutzes, 1959, S. 27 f., der sich jedoch fragte, worauf sich das angesprochene pflichtgemäße Ermessen beziehen könne und ob im Umkehrschluss dann nicht sich loyal verhaltenden Reichsangehörigen ein Schutzanspruch zustehen müsse. Im Übrigen stellte *K. Doehring* fest, dass die Verfassung selbst die Einräumung eines „unbedingten" Rechts auf Schutz nicht fordere. Auch *H. Pohl*, in: H. C. Nipperdey (Hrsg.), Grundrechte und Grundpflichten Bd. 1, 1929, Art. 112, 250 (256 ff.) anerkannte die Schwerpunktsetzung des Art. 3 Abs. 6 Reichsverfassung von 1871 auf die Gleichmäßigkeit des Schutzes. Seine Ausführungen zeigten allerdings auf, dass die durch *H. Triepel* gezogenen Schlüsse nicht zwingend seien. Auch andere Autoren verwiesen auf die Gleichmäßigkeit des Schutzes, so bspw. *L. Dambitsch*, Verfassung des Deutschen Reichs, 1910, Art. 3 Anm. VIII, 66 (93); s. auch *W. K. Geck*, ZaöRV 17 (1956/57), 476 (479).

125 *G. Jellinek*, System der subjektiven öffentlichen Rechte, 2. Aufl. 1919, S. 119.

126 *Pohl*, in: H. C. Nipperdey (Hrsg.), Grundrechte und Grundpflichten Bd. 1, 1929, Art. 112, 250 (257).

127 *G. Jellinek*, System der subjektiven öffentlichen Rechte, 2. Aufl. 1919, S. 119 f., insbesondere Anm. 2; unter Verweis auf die Reichsverfassung von 1871 *H. Pohl*,

fehle es der genannten Verfassungsbestimmung jedoch. Dies basiere zum einen auf dem Umstand, dass für die damalige Verwaltungsgerichtsbarkeit in der Regel das Enumerationsprinzip galt. Zum anderen fiel die Hauptverantwortung für die Verwaltungsgerichtsbarkeit in die Kompetenz der Länder, die dem Reich angeschlossen waren. Eine Anfechtbarkeit von Reichsakten war dementsprechend lediglich dann gegeben, wenn sie in die Zuständigkeit besonders eingerichteter Reichsverwaltungsgerichte bzw. -behörden fielen. Eine solche war für den Auslandsschutz nicht begründet.[128] Ein betroffener Deutscher konnte somit im Falle einer Weigerung oder Untätigkeit des Reichs hinsichtlich der Gewährung von Schutz im Ausland keinen (gerichtlichen) Rechtsschutz erlangen, um es so zu einer Schutzgewähr rechtlich zu verpflichten. Ihm blieb allein die Möglichkeit, im Wege des Einspruchs an den Beamten oder der Beschwerde an das Auswärtige Amt außergerichtlichen Rechtsschutz in Anspruch zu nehmen. Auch in diesem Fall fehle es der genannten Verfassungsbestimmung indes an der erforderlichen Durchsetzbarkeit. Art. 3 Abs. 6 Reichsverfassung von 1871 könne folglich lediglich einen nicht klagbaren „materiellen Anspruch“[129] vermitteln, dessen Realisierung im Falle der Schutzgewähr jedoch weder einen Gnadenakt noch eine Gefälligkeit darstelle.[130]

H. Pohl untermauerte diese Auslegung zusätzlich mit einem Verweis auf § 5 Nr. 2 RBHG[131]. Durch diese Vorschrift könne in der Frage der Haftung des Reichs für Vermögensschäden, die durch eine Verweigerung von Auslandsschutz durch

---

Schmollers Jahrbuch 43 (1919), 545 (557 ff.); *ders.*, in: H. C. Nipperdey (Hrsg.), Grundrechte und Grundpflichten Bd. 1, 1929, Art. 112, 250 (256 ff.); s. auch *K. Doehring*, Pflicht des Staates zur Gewährung diplomatischen Schutzes, 1959, S. 28 f., dem auch die Ausführungen *G. Jellineks* indes nicht ausreichend erscheinen; *W. K. Geck*, ZaöRV 17 (1956/57), 476 (480).

128 Hierzu *G. Meyer*, Deutsches Verwaltungsrecht, bearb. v. F. Dochow, 4. Aufl. 1913, S. 75 ff.; vgl. *K. Doehring*, Pflicht des Staates zur Gewährung diplomatischen Schutzes, 1959, S. 30; *W. K. Geck*, ZaöRV 17 (1956/57), 476 (480 f.).

129 *G. Jellinek*, System der subjektiven öffentlichen Rechte, 2. Aufl. 1919, S. 119.

130 *G. Jellinek*, System der subjektiven öffentlichen Rechte, 2. Aufl. 1919, S. 119 f., insbesondere Anm. 2; unter Verweis auf die Reichsverfassung von 1871 *H. Pohl*, Schmollers Jahrbuch 43 (1919), 545 (558 f.); *ders.*, in: H. C. Nipperdey (Hrsg.), Grundrechte und Grundpflichten Bd. 1, 1929, Art. 112, 250 (256 ff.); s. zudem *K. Doehring*, Pflicht des Staates zur Gewährung diplomatischen Schutzes, 1959, S. 28 f.; *W. K. Geck*, ZaöRV 17 (1956/57), 476 (480); *K. Oberthür*, Anspruch des deutschen Staatsbürgers, 1965, S. 29.

131 Das RBHG ist abgedruckt bei und erläutert von *H. Delius*, Beamtenhaftpflichtgesetze, 4. Aufl. 1929. *§ 5 RBHG* lautet(e) in Auszügen:
Die Vorschriften dieses Gesetzes finden keine Anwendung: [...]
2. soweit es sich um das Verhalten eines mit Angelegenheiten des auswärtigen Dienstes befassten Beamten handelt und dieses Verhalten nach einer amtlichen Erklärung des Reichskanzlers politischen oder internationalen Rücksichten entsprochen hat.
S. zu § 5 RBHG *G. Ress*, ZaöRV 32 (1972), 420 (460 ff.).

die auswärtige Verwaltung entstünden, ein wirksamer Rechtsschutz und damit die Anwendung des RBHG ausgeschlossen werden. In diesem Fall stünde den Reichsangehörigen kein Rechtsweg offen. Dieser Befund bestätige das gefundene Auslegungsergebnis in der – der Haftungsfrage vorgelagerten – Anspruchsproblematik in Bezug auf den Auslandsschutz.[132]

Ein bedeutender Teil des Schrifttums hingegen ging davon aus, dass Art. 3 Abs. 6 Reichsverfassung von 1871 nicht nur ein Recht, sondern vielmehr einen Rechtsanspruch auf die Gewährung von Schutz gegenüber anderen Staaten normiere. So sei nach *G. Anschütz* der durch diese Verfassungsbestimmung vermittelte Schutz den „Rechten auf positive Leistungen des Staates“[133] zuzuordnen. Er spricht in diesem Zusammenhang ausdrücklich von einem Anspruch des Staatsbürgers, der sich gegen die Reichsgewalt richte.[134] Diese Ansicht vertrat auch *F. Storck*.[135] Er lieferte jedoch – über einen Verweis auf den Wortlaut hinaus – weder eigene Begründungsansätze zugunsten dieses Auslegungsergebnisses noch setzte er

---

132 *H. Pohl*, in: H. C. Nipperdey (Hrsg.), Grundrechte und Grundpflichten Bd. 1, 1929, Art. 112, 250 (256 ff.); vgl. *W. K. Geck*, ZaöRV 17 (1956/57), 476 (480); RG Seufferts Archiv 91 (1937), 336 (338 f.). Diesem Argument hielt *K. Doehring*, Pflicht des Staates zur Gewährung diplomatischen Schutzes, 1959, S. 33 indes entgegen, dass eine Haftung durch § 5 Nr. 2 RHBG lediglich ausgeschlossen werden könne, nicht aber als zwingende Folge dieser Vorschrift ausgestaltet sei. Doch selbst wenn eine Entschädigung aufgrund § 5 Nr. 2 RHBG tatsächlich versagt würde, bestünde weiterhin eine Entschädigungsmöglichkeit aus dem schon damals diskutierten Gedanken der Aufopferung aus den §§ 74 und 75 Einleitung ALR. Ob daher aus der Ausschlussmöglichkeit der Entschädigung auch auf die Ablehnung eines Anspruchs auf Auslandsschutz aus Art. 112 Abs. 2 WRV geschlossen werden könne, erscheine nicht zwingend. Dem Argument *H. Pohls* hielt auch *W. K. Geck*, ZaöRV 17 (1956/57), 476 (504 ff.) entgegen, dass die Regelung des § 5 Nr. 2 RHBG nur dann erforderlich wäre, ginge der Gesetzgeber von der Normierung eines Anspruchs auf Schutz nach Art. 3 Abs. 6 Reichsverfassung von 1871 aus; s. zudem *K. Oberthür*, Anspruch des deutschen Staatsbürgers, 1965, S. 31; *E. Zellweger*, SJZ 28 (1931/32), 273 (278 f.).

133 *G Anschütz*, Deutsches Staatsrecht, in: J. Kohler/F. v. Holtzendorff (Hrsg.), Enzyklopädie der Rechtswissenschaften Bd. 4, 7. Aufl. 1914, 1 (89).

134 *G. Anschütz*, Deutsches Staatsrecht, in: J. Kohler/F. v. Holtzendorff (Hrsg.), Enzyklopädie der Rechtswissenschaften Bd. 4, 7. Aufl. 1914, 1 (89); *G. Meyer*, Deutsches Staatsrecht, bearb. v. G. Anschütz, 6. Aufl. 1905, S. 797 f. Vgl. auch *W. K. Geck*, ZaöRV 17 (1956/57), 476 (481); *K. Doehring*, Pflicht des Staates zur Gewährung diplomatischen Schutzes, 1959, S. 29, dem jedoch Ausführungen zu Inhalt und Grenzen des Anspruchs fehlen.

135 *F. Stoerck*, Staatsunterthanen und Fremde, in: F. v. Holtzendorff (Hrsg.), Handbuch des Völkerrechts Bd. 2, 1887, 583 (633 ff., insbesondere 635 Anm. 4); s. auch *K. Doehring*, Pflicht des Staates zur Gewährung diplomatischen Schutzes, 1959, S. 29.

sich näher mit den vorgebrachten Gegenargumenten insbesondere *R. Pilotys* und *G. Jellineks* auseinander.[136]

Die Begründung eines subjektiven Rechts auf Auslandsschutz durch Art. 3 Abs. 6 Reichsverfassung von 1871 nahm auch *P. Laband* an. Ebenso wie *H. Pohl* argumentierte er, dass die Gewährung von Schutz durch das Reich an den Einzelnen keine Gnade oder Gefälligkeit darstelle. Darüber hinaus hielt er jedoch fest, dass durch die fragliche Verfassungsbestimmung eine Pflicht zum Auslandsschutz im Sinne einer staatlichen Rechtspflicht begründet werde, da sich der Schutz auf ein positives Tun des Reichs richte. Anders als andere Grundrechte, die sich als Freiheitsrechte darstellten und sich lediglich auf den status negativus bezögen, begrenze Art. 3 Abs. 6 Reichsverfassung von 1871 nicht nur die Befugnisse der staatlichen Gewalt. Vielmehr stelle sie dem Reich den Staatsbürger als „echtes Objekt des Verlangens"[137] gegenüber, sodass in diesem Falle ein Individualanspruch zu bejahen sei. Die Art seiner Erfüllung werde allerdings durch die politischen Verhältnisse sowie Rücksichten beeinflusst und unterliege damit dem Ermessen der auswärtigen Verwaltung.[138]

2. *Verfassung des Deutschen Reichs vom 11. August 1919*

Die uneinheitliche Auslegung des Terminus' „Anspruch" sowie der aus ihr resultierende ungeklärte rechtliche Gehalt des Auslandsschutzes der Reichsverfassung von 1871 wurden nachgehend durch seine ausdrückliche Normierung in die Verfassung des Deutschen Reichs vom 11. August 1919[139] übertragen. Dort hieß es im Abschnitt über die Grundrechte und Grundpflichten der Deutschen:[140]

---

136 So ebenso die Einschätzung von *W. K. Geck*, ZaöRV 17 (1956/57), 476 (481, 483).

137 *W. K. Geck*, ZaöRV 17 (1956/57), 476 (481).

138 *P. Laband*, Staatsrecht des Deutschen Reiches Bd. 1, 4. Aufl. 1901, S. 138 ff., insbesondere 139 Anm. 2; *ders.*, Staatsrecht des Deutschen Reiches Bd. 1, 5. Aufl. 1911, S. 151 ff., insbesondere 152 Anm. 2; vgl. zudem *W. K. Geck*, ZaöRV 17 (1956/57), 476 (480 f.); *K. Oberthür*, Anspruch des deutschen Staatsbürgers, 1965, S. 29. *K. Doehring*, Pflicht des Staates zur Gewährung diplomatischen Schutzes, 1959, S. 28 f. zufolge gehe auch *P. Laband* von einem nur „materiellen Anspruch" aus. *P. Laband* selbst grenzte sich jedoch ausdrücklich von der Auslegung des Art. 3 Abs. 6 Reichsverfassung von 1871 durch *G. Jellinek* ab; s. auch *K. v. Lewinski*, JuS 2009, 505 (508 f.).

139 Die WRV ist abgedruckt bei R. Schuster/H.-U. Evers (Hrsg.), Alle deutschen Verfassungen, 1985, S. 99 ff. Aus der umfangreichen Literatur zur Weimarer Republik und ihrer Reichsverfassung u.a. *E. Forsthoff*, Deutsche Verfassungsgeschichte, 4. Aufl. 1972, S. 164 ff.; *C. Gusy*, Weimarer Reichsverfassung, 1997; *ders.*, RuP 2009, 74 ff.; *F. Hartung*, Deutsche Verfassungsgeschichte, 9. Aufl. 1969, § 61 f., S. 320 ff.; *E. R. Huber*, Deutsche Verfassungsgeschichte Bd. 6, 1981; *H. Schneider*, in: J. Isensee/P. Kirchhof (Hrsg.), HStR I, 3. Aufl. 2003, § 5; *K. Stern*, Staatsrecht V, 2000, § 129, S. 512 ff.; *G. C. v. Unruh*, DVP 2000, 311 (313 ff.) jeweils m.w.N.

140 Einige Autoren befassten sich zwar mit Art. 112 Abs. 2 WRV, gingen auf eine konkrete Auslegung des Terminus' „Anspruch" jedoch nicht oder nur oberflächlich

Art. 112.

(1) Jeder Deutsche ist berechtigt, nach außerdeutschen Ländern auszuwandern.
(2) Die Auswanderung kann nur durch Reichsgesetz beschränkt werden. Dem Ausland gegenüber haben alle Reichsangehörigen inner- und außerhalb des Reichsgebiets Anspruch auf den Schutz des Reichs.
(3) Kein Deutscher darf einer ausländischen Regierung zur Verfolgung oder Bestrafung überliefert werden.

Wie Art. 3 Abs. 6 Reichsverfassung von 1871 normierte auch Art. 112 Abs. 2 S. 2 WRV einen „Anspruch auf den Schutz des Reichs". Im Vergleich zu seiner Vorgängerregelung ist indes auffällig, dass der Auslandsschutz um einen solchen innerhalb des Reichsgebiets ausgeweitet wurde. Diese Änderung war dem Umstand geschuldet, dass „ausländische Mächte" aufgrund des Versailler Friedensvertrags von 1919 auf deutschem Reichsgebiet Hoheitsrechte ausübten und das Reich in seiner (territorialen) Souveränität einschränkten.[141] Zudem machte die strukturelle Umgestaltung des Reichs, die insbesondere im Ende der Realunion mit dem Königreich Preußen und der durch die WRV neu begründeten parlamentarischen Verantwortlichkeit von Reichskanzler und Außenminister zu sehen ist,[142] einen Verweis auf die Gleichmäßigkeit des Auslandsschutzes entbehrlich. Ein solcher wurde daher in die neue Regelung nicht übernommen.[143]

Mit der letztgenannten textlichen Änderung der fraglichen Bestimmung entfiel zwar das hinsichtlich Art. 3 Abs. 6 Reichsverfassung von 1871 maßgebende Wortlautargument *H. Triepels*, dass die Vermeidung einer ungleichen Behandlung der schutzsuchenden Reichsangehörigen alleiniger Regelungsinhalt der genannten Verfassungsnorm sei. Gleichwohl hielt er betreffend Art. 112 Abs. 2 WRV diese

---

ein, so bspw. *H. Fülster*, Deutsches Reichsstaatsrecht, 1930, S. 38; *E. R. Huber*, AöR n.F. 23 (1933), 1 (18 f.); *K. Strupp*, § 23 Rechtsstellung der Staatsangehörigen und der Staatsfremden, in: G. Anschütz/R. Thoma (Hrsg.), Handbuch des Deutschen Staatsrechts Bd. 1, 1930, 274 (277). Nach *C. Schmitt*, § 101 Inhalt und Bedeutung des zweiten Hauptteils der Reichsverfassung, in: G. Anschütz/R. Thoma (Hrsg.), Handbuch des Deutschen Staatsrechts Bd. 2, 1932, 572 (604) wird Art. 112 Abs. 2 WRV wie jedes Schutzversprechen als allgemeiner, nach Möglichkeit zu beachtender Handlungs- oder Auslegungsgesichtspunkt wirksam; *ders.*, Verfassungslehre, 1928, S. 169 f.; *ders.*, in: C. Schmitt (Hrsg.), Verfassungsrechtliche Aufsätze, 2. Aufl. 1973, 124 (127 ff.); s. *W. K. Geck*, ZaöRV 17 (1956/57), 476 (482 f.).

141 *G. Anschütz*, Verfassung des Deutschen Reiches, 3./4. Aufl. 1926, Art. 112 Anm. 2; *H. Pohl*, in: H. C. Nipperdey (Hrsg.), Grundrechte und Grundpflichten Bd. 1, 1929, Art. 112, 250 (257); *K. Doehring*, Pflicht des Staates zur Gewährung diplomatischen Schutzes, 1959, S. 34; *W. K. Geck*, ZaöRV 17 (1956/57), 476 (482); *M. Kötter/J. Nolte*, DÖV 2007, 186 (192).

142 Hierzu *H. Fülster*, Deutsches Reichsstaatsrecht, 1930, S. 7; *K. v. Lewinski*, JuS 2009, 505 (506 ff.).

143 *K. Doehring*, Pflicht des Staates zur Gewährung diplomatischen Schutzes, 1959, S. 32; *W. K. Geck*, ZaöRV 17 (1956/57), 476 (481 f.).

Argumentation aufrecht: Die Schlussfolgerung, dass der Schwerpunkt auch der Nachfolgeregelung auf der Gleichmäßigkeit des Schutzes liege, lasse sich ebenso auf den Satzteil „alle" Reichsangehörigen stützen. Im Übrigen unterliege das Reich bei der Ausübung des Auslandsschutzes nach wie vor lediglich einem pflichtgemäßen Ermessen betreffend seines „Ob" und „des Maßes".[144]

Ebenso übertrug *H. Pohl* sein Auslegungsergebnis des Terminus' „Anspruch" unter der Reichsverfassung von 1871 auf den Nachfolgeartikel der WRV. Weiterhin waren Akte der Reichsgewalt lediglich dann im Klagewege anfechtbar, sollte dem Einzelnen eine Klagebefugnis im Rahmen des bereits erwähnten und auch nach 1919 geltenden Enumerationsprinzips im Rahmen der Verwaltungsgerichtsbarkeit ausdrücklich verliehen worden sein.[145] Der rechtliche Gehalt des Art. 3 Abs. 6 Reichsverfassung von 1871 habe sich durch seine Neufassung in Art. 112 Abs. 2 WRV demnach nicht grundlegend geändert. Er stelle sich weiterhin als ein Reflex des objektiven Rechts dar und begründe damit keinen Anspruch im Rechtssinne.[146] *O. Bühler* und *L. Gebhard* hielten dieser Schlussfolgerung allerdings entgegen, dass die fehlende (gerichtliche) Durchsetzbarkeit nicht ausschließliche Rechtfertigung für die Ablehnung des Charakters des subjektiven öffentlichen Rechts und damit eines Rechtsanspruchs sein könne. Eine entsprechende Argumentation könne allein

---

144 *H. Triepel*, ZaöRV 9 (1939/40), 1 (20 f.), s. auch seine Ausführungen zur Reichsverfassung von 1871. *K. Doehring*, Pflicht des Staates zur Gewährung diplomatischen Schutzes, 1959, S. 32; *K. Oberthür*, Anspruch des deutschen Staatsbürgers, 1965, S. 31 hielten dieser Schlussfolgerung entgegen, dass die Gleichbehandlung aller Deutschen vor dem Gesetz bereits durch Art. 109 WRV gewährleistet werde und ihre Regelung innerhalb des Art. 112 Abs. 2 WRV somit überflüssig sei. Darüber hinaus regele Art. 3 Reichsverfassung von 1871 auch den Status der Deutschen in den einzelnen Bundesstaaten, während sich Art. 112 Abs. 2 WRV im Regelungszusammenhang mit dem Staatsangehörigkeitsrecht bzw. den Grundrechten wiederfinde. Die Gleichbehandlung als solche sei somit als ausschließlicher Regelungsgehalt für Art. 112 Abs. 2 WRV zu eingeschränkt.

145 *F. Genzmer*, § 97 Die Verwaltungsgerichtsbarkeit, in: G. Anschütz/R. Thoma (Hrsg.), Handbuch des Deutschen Staatsrechts Bd. 2, 1932, 506 (511 ff.).

146 *H. Pohl*, Schmollers Jahrbuch 43 (1919), 545 (558 f.); *ders.*, in: H. C. Nipperdey (Hrsg.), Grundrechte und Grundpflichten Bd. 1, 1929, Art. 112, 250 (256 ff.); s. ebenso *K. Doehring*, Pflicht des Staates zur Gewährung diplomatischen Schutzes, 1959, S. 31, 33; *W. K. Geck*, ZaöRV 17 (1956/57), S. 476 (482); *K. Oberthür*, Anspruch des deutschen Staatsbürgers, 1965, S. 31. Es bestand lediglich die Möglichkeit im Wege der Staatshaftung Schadenersatz wegen einer Vernachlässigung von Schutzpflichten durch das Auswärtige Amt zu verlangen. In diesen Fällen konnten sich die Gerichte freilich nicht direkt mit der Frage der Auslegung von Art. 112 Abs. 2 WRV auseinandersetzen. Einig waren sie sich jedoch, dass das „Ob" sowie der Umfang und die Mittel der Hilfe durch die auswärtige Verwaltung einem weiten politischen Ermessen unterworfen waren, vgl. RGZ 117, 195 (202). Es durfte jedoch nicht willkürlich oder offensichtlich fehlerhaft gehandhabt werden, s. RG Seufferts Archiv 91 (1937), 336 ff.

aus der rechtlichen Unbestimmtheit bzw. Unbestimmbarkeit des entsprechenden Schutzanspruchs hergeleitet werden.[147]

Im Gegensatz dazu ging wie schon unter der Reichsverfassung von 1871 ein anderer Teil des Schrifttums von der Verleihung eines Rechtsanspruchs auf Schutz inner- und außerhalb des Reichs durch Art. 112 Abs. 2 WRV aus. Dabei sah *F. Giese* durch die fragliche Verfassungsbestimmung das „wichtigste bürgerliche (Schutz-) Recht“[148] verliehen. Durch sie werde eine staatsrechtliche Schutzpflicht begründet, auf deren Realisierung der durch einen fremden Staat verletzte Deutsche einen staatsrechtlichen Anspruch besitze.[149] Diese Auffassung vertraten auch *G. Anschütz*, *H. Delius* und *J. Hatschek*. Sie stützten die entsprechende Auslegung des Begriffs „Anspruch“ vornehmlich auf den bloßen Wortlaut des Art. 112 Abs. 2 WRV und lieferten, über einen Rückverweis auf Art. 3 Abs. 6 Reichsverfassung von 1871 hinaus, jedoch keine weitergehenden Begründungsansätze.[150]

Erst mit Blick auf das Grundgesetz setzten sich später weitere Autoren in ausführlicherer Weise mit der Auslegung von Art. 112 Abs. 2 WRV auseinander. Im Rahmen der ex post-Betrachtung beschränkten sich sie nicht auf die Problematik des „Ob“ und damit des Entschließungsermessens hinsichtlich des zu gewährenden Auslandsschutzes. Über diese bereits im damaligen Schrifttum aufgeworfene Frage der Begründung eines Anspruchs durch Art. 112 Abs. 2 WRV hinaus, beleuchteten sie zusätzlich das „Wie“ bzw. das Auswahlermessen hinsichtlich der Schutzgewähr und somit seinen möglichen Inhalt. Sie stimmten dabei im Ergebnis überein, dass Art. 112 Abs. 2 WRV einen Rechtsanspruch der deutschen Reichsangehörigen auf

---

147 *O. Bühler*, Die subjektiven öffentlichen Rechte, 1914, S. 11 ff.; *L. Gebhard*, Verfassung des Deutschen Reichs, 1932, Art. 112 Anm. 4. Er selbst äußerte sich zur Anspruchsproblematik des Art. 112 Abs. 2 WRV indes nicht abschließend; vgl. zudem *K. Doehring*, Pflicht des Staates zur Gewährung diplomatischen Schutzes, 1959, S. 35; *K. Oberthür*, Anspruch des deutschen Staatsbürgers, 1965, S. 29 ff. *W. K. Geck*, ZaöRV 17 (1956/57), 476 (486 ff.) befasst sich näher mit der Unbestimmtheit eines Schutzanspruchs und kommt zu dem Ergebnis, dass durch die Ausklammerung des konsularischen Schutzes sowie die völkerrechtlichen Grenzen eine ausreichende Bestimmbarkeit gegeben sei.

148 *F. Giese*, Grundriß des Reichsstaatsrechts, 4. Aufl. 1926, S. 196.

149 *F. Giese*, Grundriß des Reichsstaatsrechts, 4. Aufl. 1926, S. 196; *ders.*, Deutsches Staatsrecht, 1930, S. 110; *ders.*, Verfassung des Deutschen Reiches, 8. Aufl. 1931, Art. 112 Anm. 2; s. auch *W. K. Geck*, ZaöRV 17 (1956/57), 476 (482); *K. Oberthür*, Anspruch des deutschen Staatsbürgers, 1965, S. 29.

150 *G. Anschütz*, Verfassung des Deutschen Reiches, 3./4. Aufl. 1926, Art. 112 Anm. 2; *H. Delius*, Beamtenhaftpflichtgesetze, 4. Aufl. 1929, § 5 Anm. 4; *J. Hatschek*, Deutsches und Preussisches Staatsrecht Bd. 2, 1923, S. 452 ff.; später auch *ders./P. Kurtzik*, Deutsches und Preussisches Staatsrecht Bd. 2, 2. Aufl. 1930, S. 528; s. ebenso *W. K. Geck*, ZaöRV 17 (1956/57), 476 (482); *K. Oberthür*, Anspruch des deutschen Staatsbürgers, 1965, S. 29.

ermessensfehlerfreie Entscheidung sowohl hinsichtlich der Schutzgewähr als solche als auch seiner Art und Weise normierte.[151]

Dieser stellte sich nach *W. K. Geck* als ein „echtes, grundrechtlich fundiertes subjektives öffentliches Recht auf eine rechtlich fehlerfreie Entscheidung“[152] dar. Weder die Unbestimmtheit des möglichen Rechtsanspruchs noch die Abhängigkeit der Schutzgewähr von der fremden Rechtsordnung und wechselnden politischen Umständen im Ausland seien geeignet, Art. 112 Abs. 2 WRV den Charakter als subjektives öffentliches Recht abzusprechen. Aufgrund der letztgenannten Besonderheit stehe der Anspruch jedoch unter einem „Vorbehalt zugunsten des Allgemeininteresses“[153] gegenüber den Einzelinteressen des Schutzsuchenden.[154] Dieser Auslegung des Art. 112 Abs. 2 WRV folgte auch *K. Oberthür.*[155]

K. Doehring stimmte mit dieser Schlussfolgerung im Ergebnis überein. Er bejahte, dass Art. 112 Abs. 2 WRV ein Recht des Reichsangehörigen auf ermessensfehlerfreie Entscheidung über Ausübung und mögliche Mittel des Auslandsschutzes gewähre, das nicht lediglich einen bloßen Reflex des objektiven Rechts darstelle. Aufgrund des der auswärtigen Verwaltung eingeräumten Ermessensspielraums lehnte er jedoch die Begründung eines „subjektiven öffentlichen Rechts“ und damit eines Rechtsanspruchs durch Art. 112 Abs. 2 WRV ab.[156]

3. Zusammenschau des Meinungsstands in der Staatslehre des Bismarckreichs und der Weimarer Republik

Es ist somit festzuhalten, dass sich weder im Bismarckreich noch in der Weimarer Republik ein einheitlicher Meinungsstand zu einer Auslegung des Terminus‘ „Anspruch“ in Art. 3 Abs. 6 Reichsverfassung von 1871 bzw. Art. 112 Abs. 2 WRV herausgebildet hatte. Im Ergebnis kann dementsprechend keine der vertretenen Auffassungen als herrschend angesehen werden. Dies gilt sowohl für die Ansicht, nach der sich das Recht auf Auslandsschutz als ein bloßer Reflex des objektiven Rechts darstelle, als auch für die ebenfalls vertretene Auffassung, die fraglichen Verfassungsbestimmungen vermittelten ein subjektives Recht bzw. einen Rechtsanspruch des Einzelnen gegen das Reich.[157]

---

151 So etwa *K. Doehring*, Pflicht des Staates zur Gewährung diplomatischen Schutzes, 1959; *W. K. Geck*, ZaöRV 17 (1956/57), 476 ff.; *K. Oberthür*, Anspruch des deutschen Staatsbürgers, 1965.

152 *W. K. Geck*, ZaöRV 17 (1956/57), 476 (503).

153 *W. K. Geck*, ZaöRV 17 (1956/57), 476 (499).

154 *W. K. Geck*, ZaöRV 17 (1956/57), 476 (486 bis 504).

155 *K. Oberthür*, Anspruch des deutschen Staatsbürgers, 1965, S. 32.

156 *K. Doehring*, Pflicht des Staates zur Gewährung diplomatischen Schutzes, 1959, S. 34, 41.

157 So ähnlich auch die Einschätzung von *K. Doehring*, Pflicht des Staates zur Gewährung diplomatischen Schutzes, 1959, S. 31, 43; *W. K. Geck*, ZaöRV 17 (1956/57),

Die sich ergebende unsichere Rechtslage über den rechtlichen Gehalt des Anspruchs war nicht zuletzt dem Umstand geschuldet, dass die Rechtsprechung zu der Frage der Auslegung der fraglichen Verfassungsbestimmungen nicht hatte Stellung beziehen können. Im Fehlen eines entsprechenden Rechtsschutzes ist auch der Grund zu sehen, dass sich die Literatur nicht erschöpfend mit dieser Problematik auseinandersetzte. Insbesondere wären die weitergehenden Fragen klärungsbedürftig gewesen, welche Auswirkungen das Recht auf Auslandsschutz auch als bloßer Rechtsreflex auf das tatsächliche Handeln der zuständigen Behörden haben oder welchen Inhalt ein möglicher Rechtsanspruch besitzen könnte. Dem Teil des Schrifttums, der letzteren bejahte, erschien indes das Wortlautargument ausreichend, um in dieser Untersuchungstiefe von der Begründung eines entsprechenden Rechtsanspruchs gegen das Reich durch Art. 3 Abs. 6 Reichsverfassung von 1871 bzw. Art. 112 Abs. 2 WRV auszugehen.[158]

Nimmt man weiter die sich in der Rückschau mit Art. 112 Abs. 2 WRV auseinandersetzende Literatur mit in den Blick, so zeichnet sich indes ein deutlicherer Trend ab: Ihr zufolge begründet diese Verfassungsbestimmung einen Rechtsanspruch des Reichsangehörigen auf fehlerfreie Ausübung des Entschließungs- und Auswahlermessens gegen das Reich. Sie hat sich damit erstmals auch mit dem Inhalt eines möglichen Rechtsanspruchs auseinandergesetzt.

4. Die deutsche Verfassungstradition betreffend den Auslandsschutz als Grundlage einer entsprechenden Schutzpflicht unter dem Grundgesetz?

Vor dem Hintergrund der verfassungshistorischen Perspektive erscheint das „Schweigen des Grundgesetzes"[159] zu einer Pflicht der Bundesrepublik Deutschland zur Gewährung von Auslandsschutz besonders bemerkenswert.

---

476 (482); *M. Kötter/J. Nolte*, DÖV 2007, 186 (191 f.); *W. Rudolf*, in: J. Kokot u.a. (Hrsg.), Staatsangehörigkeit, Soziale Grundrechte, 1976, 61 (62 f.); anders wohl *A. Bleckmann*, EWS 1995, 213 (213 f.), der sich mit dieser Frage indes lediglich oberflächlich auseinandersetzte, und *K. Oberthür*, Anspruch des deutschen Staatsbürgers, 1965, S. 29 ff., der davon ausgeht, dass die durch Art. 3 Abs. 6 Reichsverfassung von 1871 und Art. 112 Abs. 2 WRV verbürgten Rechte überwiegend als subjektive öffentliche Rechte angesehen wurden.

158 Vgl. *K. Doehring*, Pflicht des Staates zur Gewährung diplomatischen Schutzes, 1959, S. 27 ff.; *W. K. Geck*, ZaöRV 17 (1956/57), 476 (481, 483); so bspw. *G. Jellinek*, System der subjektiven öffentlichen Rechte, 2. Aufl. 1919, S. 119 f., insbesondere Anm. 2; *H. Triepel*, ZaöRV 9 (1939/40), 1 (19 f.).

159 *K. Doehring*, Pflicht des Staates zur Gewährung diplomatischen Schutzes, 1959, S. 43.

a. Besondere politische Lage Deutschlands bis zum 05. Mai 1955

Das Fehlen einer Verfassungsnorm über den Auslandsschutz wird vielfach mit den außergewöhnlichen politischen Umständen während der Ausarbeitung des Grundgesetzes durch den Parlamentarischen Rat begründet: So übten seit der Berliner Erklärung vom 05. Juni 1945[160] die Regierungen Großbritanniens, der Vereinigten Staaten, der Sowjetunion und Frankreichs durch ihre Oberbefehlshaber die oberste Regierungsgewalt auf dem Gebiet des Deutschen Reichs aus.[161] Mit Inkrafttreten des Grundgesetzes am 23. Mai 1949 waren aufgrund Art. 2 lit. c Besatzungsstatut vom 10. April 1949[162] substantielle Befugnisse, insbesondere im Rahmen der auswärtigen

---

160 Berliner Deklaration in Anbetracht der Niederlage Deutschlands und der Übernahme der obersten Regierungsgewalt hinsichtlich Deutschlands durch die Regierungen des Vereinigten Königreichs, der Vereinigten Staaten von Amerika und der Union der Sozialistischen Sowjet-Republiken und durch die Provisorische Regierung der Französischen Republik v. 05.06.1945, abgedruckt bei I. v. Münch (Hrsg.), Dokumente des geteilten Deutschland Bd. 1, 2. Aufl. 1976, S. 19 ff. Die vier Oberbefehlshaber der alliierten Streitkräfte bildeten zusammen den Alliierten Kontrollrat, das höchste Kontrollorgan, s. das Londoner Abkommen über Kontrolleinrichtungen in Deutschland v. 14.11.1944, abgedruckt bei I. v. Münch (Hrsg.), Dokumente des geteilten Deutschland Bd. 1, 2. Aufl. 1976, S. 29 ff. Er nahm am 30.08.1945 seine Arbeit auf. Frankreich ist letzterem Abkommen am 01.05.1945 beigetreten; vgl. auch das Potsdamer Abkommen v. 02.08.1945, in Auszügen abgedruckt bei I. v. Münch (Hrsg.), Dokumente des geteilten Deutschland Bd. 1, 2. Aufl. 1976, S. 32 ff.

161 S. vertiefend *A. Hillgruber*, Deutsche Geschichte, 6. Aufl. 1987, S. 11 ff.; *H. G. Lehmann*, Deutschland Chronik, 2. Aufl. 2000, S. 17 ff.; *K. Stern*, Staatsrecht V, 2000, § 131, S. 913 ff.; *M. Stolleis*, in: J. Isensee/P. Kirchhof (Hrsg.), HStR I, 3. Aufl. 2003, § 7; *H. Wilms*, Ausländische Einwirkungen auf die Entstehung des Grundgesetzes, 1999, S. 11 ff.

162 Dieses ist abgedruckt bei I. v. Münch (Hrsg.), Dokumente des geteilten Deutschland Bd. 1, 2. Aufl. 1976, S. 71 ff. Das Besatzungsstatut wurde am 12.05.1949 veröffentlicht und ist kurz nach dem Grundgesetz am 21.09.1949 in Kraft getreten. Modifiziert wurde es erstmals durch die Niederschrift der Abmachungen zwischen den Alliierten Hohen Kommissaren und dem Deutschen Bundeskanzler auf dem Petersberg am 22.11.1949 (Petersberger Abkommen), abgedruckt bei I. v. Münch (Hrsg.), Dokumente des geteilten Deutschland Bd. 1, 2. Aufl. 1976, S. 226 ff. Die grundlegende Revision des Besatzungsstatuts erfolgte durch die Erste Urkunde zur Revision des Besatzungsstatuts v. 06.03.1951, abgedruckt bei I. v. Münch (Hrsg.), Dokumente des geteilten Deutschland Bd. 1, 2. Aufl. 1976, S. 73 f. Durch letztere wurde die politische Verantwortung faktisch der Bundesregierung übertragen. Die Alliierte Hohe Kommission nahm am 21.09.1949 ihre Arbeit als eine Art zivile „Oberregierung“ auf. Sie wurde konstituiert durch das Abkommen über die Drei-Mächte-Kontrolle für die West-Zonen Deutschlands v. 08.04.1949, abgedruckt in ZaöRV 13 (1950/51), 660 (661 ff.), sowie das Statut der Alliierten Hohen Kommission v. 20.06.1949, abgedruckt bei I. v. Münch (Hrsg.), Dokumente des geteilten Deutschland Bd. 1, 2. Aufl. 1976, S. 74 ff.

Angelegenheiten, weiterhin den drei Besatzungsmächten bzw. der sie vertretenden Alliierten Hohen Kommission zugewiesen.[163] Im Jahr 1952 wurde die Beendigung des Besatzungsregimes im Deutschlandvertrag[164] avisiert. Vollständige Souveränität erlangte die Bundesrepublik Deutschland jedoch erst mit der Aufhebung des Besatzungsstatuts sowie der Auflösung der Alliierten Hohen Kommission am 05. Mai 1955[165].[166]

Aufgrund dieser außergewöhnlichen politischen Lage speziell in den Jahren 1948 und 1949 lag es nahe, dass der Parlamentarische Rat bei der Aufnahme von Regelungen über auswärtige Angelegenheiten in das Grundgesetz prinzipiell Zurückhaltung hat walten lassen.[167] Dies gilt insbesondere im Hinblick auf eine – etwa Art. 112 Abs. 2 WRV entsprechende – Verfassungsnorm, die einen Schutz dem Ausland gegenüber auch innerhalb des Reichsgebiets einbeziehen und damit gegen die Besatzungsmächte ermöglichen würde. Ihnen gegenüber war jedoch eine Schutzgewähr durch die Bundesrepublik Deutschland – im Gegensatz zu dem sonstigen Ausland – zunächst aufgrund der Berliner Erklärung und später aufgrund des Besatzungsstatuts nahezu unmöglich.[168] Nicht zuletzt aus diesem Umstand erschien

---

163 *Art. 2 lit. c des Besatzungsstatuts* lautete:
Um die Erreichung der Grundziele der Besatzung sicherzustellen, wird die Zuständigkeit für die folgenden Gebiete [...] ausdrücklich vorbehalten: [...]
c) auswärtige Angelegenheiten einschließlich der von Deutschland oder in seinem Namen getroffenen internationalen Abkommen.

164 Vertrag über die Beziehungen zwischen der Bundesrepublik Deutschland und den Drei Mächten v. 26.05.1952, i.d.F. v. 23.10.1954, auch „Bonner Vertrag“ genannt, ist abgedruckt bei I. v. Münch (Hrsg.), Dokumente des geteilten Deutschland Bd. 1, 2. Aufl. 1976, S. 229 ff.

165 Proklamation betreffend die Aufhebung des Besatzungsstatuts und die Auflösung der Alliierten Hohen Kommission v. 05.05.1955, abgedruckt bei I. v. Münch (Hrsg.), Dokumente des geteilten Deutschland Bd. 1, 2. Aufl. 1976, S. 249 f.

166 *W. K. Geck*, ZaöRV 17 (1956/57), 476 (509 f.); *H. Hofmann*, in: J. Isensee/P. Kirchhof (Hrsg.), HStR I, 3. Aufl. 2003, § 9 Rn. 37 ff.; *A. Hillgruber*, Deutsche Geschichte, 6. Aufl. 1987, S. 47 ff.; *R. Mußgnug*, in: J. Isensee/P. Kirchhof (Hrsg.), HStR I, 3. Aufl. 2003, § 8; *H. G. Lehmann*, Deutschland Chronik, 2. Aufl. 2000, S. 55 ff.; *K. Stern*, Staatsrecht V, 2000, § 133, S. 1209 ff.

167 So verwarf der Parlamentarische Rat bspw. die Aufnahme einer Kompetenzregelung über den „Schutz des Bundes nach außen“ in Art. 73 GG, um „jede Vermutung einer Aggressivität auszuschließen“, G. Leibholz/H. v. Mangoldt (Hrsg.), JöR n.F. 1 (1951), 1 (471); *W. K. Geck*, ZaöRV 17 (1956/57), 476 (509 Fn. 151); *H. v. Mangoldt*, in: Institut für Staatslehre und Politik (Hrsg.), Kampf um den Wehrbeitrag Bd. 2 Halbbd. 1, 1952, 271 (275 f.). Die Rezeption einiger Bestimmungen über auswärtige Angelegenheiten in das Grundgesetz wurde von den Alliierten Militärgouverneure genehmigt. Nach *W. K. Geck*, ZaöRV 17 (1956/57), 476 (509) bedeute dies jedoch nicht, dass Gleiches für die Aufnahme einer Regelung über den Auslandsschutz der Fall gewesen wäre.

168 *K. Doehring*, Pflicht des Staates zur Gewährung diplomatischen Schutzes, 1959, S. 44; *W. K. Geck*, ZaöRV 17 (1956/57), 476 (510); *H. Kraus*, Auswärtige Stellung

die Aufnahme einer Regelung über den Auslandsschutz zumindest „inopportun“[169] bzw. kaum vorstellbar.[170]

Das Fehlen einer ausdrücklichen Bestimmung über den Auslandsschutz im Grundgesetz sei daher ausschließlich als eine „bloße äußere Anpassung der Verfassungsurkunde“[171] an die Umstände seiner Entstehung anzusehen. Dementsprechend könne es keinesfalls im Sinne einer Aufgabe der zu einem „festen Bestandteil des Verfassungsrechts“[172] gewordenen und der seit dem Frankfurter Verfassungsentwurf aufgebauten deutschen „Verfassungstradition“ der Normierung einer staatlichen Schutzpflicht bzw. eines ihr korrespondierenden Schutzanspruchs durch den Verfassunggeber verstanden werden.[173] Sie bzw. das sich entwickelte „Verfassungsgewohnheitsrecht“ bildeten vielmehr eine taugliche *Grundlage für die Herleitung und Anerkennung* einer (zumindest objektiv-rechtlichen) Pflicht der Bundesrepublik Deutschland zur Gewährung von Auslandsschutz unter dem Grundgesetz.[174]

---

der Bundesrepublik Deutschland, 1950, S. 7 ff. So waren bspw. Akte der Besatzungsmächte bzw. Maßnahmen, die deutsche Behörden auf Anweisung der Besatzungsmächte trafen, prinzipiell nicht der Verfassungsbeschwerde zugänglich. Sie stellten keine Akte der deutschen öffentlichen Gewalt dar, vgl. etwa BVerfGE 1, 10 (11).

169 *J. A. Kämmerer*, in: W. Kahl u.a. (Hrsg.), Bonner Kommentar Bd. 4, Art. 16 Rn. 36.

170 *K. Doehring*, Pflicht des Staates zur Gewährung diplomatischen Schutzes, 1959, S. 44 f.; *W. K. Geck*, ZaöRV 17 (1956/57), 476 (509 f.). Überdies war ihm zufolge weder mit der Genehmigung einer mit Art. 112 Abs. 2 WRV vergleichbaren Verfassungsbestimmung durch die Alliierten Militärgouverneure zu rechnen noch kam die Aufnahme einer Schutzregelung, die sich allein auf einen Schutz dem sonstigen Ausland gegenüber beschränkte, in Betracht. Vgl. hierzu bspw. das Genehmigungsschreiben der Militärgouverneure der britischen, französischen und amerikanischen Zone zum Grundgesetz v. 12.05.1949, abgedruckt bei D. Rauschning (Hrsg.), Rechtsstellung Deutschlands, 1985, S. 37 ff.; s. zudem *E. Klein*, Diplomatischer Schutz im Hinblick auf die Konfiskation deutschen Vermögens, 1992, S. 36; *E. Kaufmann*, in: Institut für Staatslehre und Politik (Hrsg.), Kampf um den Wehrbeitrag Bd. 2 Halbbd. 2, 1953, 42 (58).

171 *W. K. Geck*, ZaöRV 17 (1956/57), 476 (510).

172 *W. K. Geck*, ZaöRV 17 (1956/57), 476 (508); vgl. zudem *K. Oberthür*, Anspruch des deutschen Staatsbürgers, 1965, S. 9.

173 *W. K. Geck*, ZaöRV 17 (1956/57), 476 (509 ff.) mit weiterem Verweis auf die Staatsaufgaben, auf das gegenseitige Treueverhältnis, auf die allgemeinen Regeln des Völkerrechts und auf Art. 1 GG als Argumente gegen eine Unterbrechung der Verfassungstradition; *C. Gloria*, Das steuerliche Verständigungsverfahren, 1988, S. 241 f.; *J. A. Kämmerer*, in: W. Kahl u.a. (Hrsg.), Bonner Kommentar Bd. 4, Art. 16 Rn. 36; *E. Klein*, Diplomatischer Schutz im Hinblick auf die Konfiskation deutschen Vermögens, 1992, S. 36; *K. Oberthür*, Anspruch des deutschen Staatsbürgers, 1965, S. 10; anders allerdings *M. Kötter/J. Nolte*, DÖV 2007, 186 (191 f.).

174 In diesem Zusammenhang sprechen von einer Schutzpflicht, die aus der deutschen „Verfassungstradition“ herzuleiten sei bzw. „einer langen rechtsstaatlichen

Der diesbezügliche Rückverweis auf vorkonstitutionelles Verfassungsrecht bzw. Verfassungsgewohnheitsrecht ist gleichwohl kritisch zu betrachten: Zum einen ist dieser ohnehin nur in eng gesteckten Grenzen zulässig und darüber hinaus nicht allgemein anerkannt.[175] Er steht zum anderen der grundsätzlichen Einwendung gegenüber, dass aufgrund des Dritten Reichs, des Zweiten Weltkriegs und der Besatzung Deutschlands nicht ohne weiteres von einem nahtlosen Übergang von den früheren deutschen Verfassungen auf das Grundgesetz ausgegangen werden kann.[176] Des Weiteren haben einzelne Bestimmungen betreffend die auswärtigen Angelegenheiten durchaus Eingang in das Grundgesetz gefunden – auch wenn sie

---

Entwicklung" entspringe u.a. OVG Münster DVBl. 1962, 139 (140); OVG Münster, OVGE MüLü 34, 131 (132); VG Wiesbaden NJW 1986, 680 (681); *M. Dauster*, Jura 1990, 262 (264 f.); *W. K. Geck*, ZaöRV 17 (1956/57), 476 (508 ff.); *E. Klein*, Diplomatischer Schutz im Hinblick auf die Konfiskation deutschen Vermögens, 1992, S. 36; *K. Oberthür*, Anspruch des deutschen Staatsbürgers, 1965, S. 9 f.; *A. Randelzhofer*, in: T. Maunz/G. Dürig (Begr.), Grundgesetz, Art. 16 Abs. 1 Rn. 61; *H. D. Treviranus*, DÖV 1979, 35 (37); ebenso bzgl. einer objektiv-rechtlichen Pflicht *D. Blumenwitz*, in: A. Heldrich u.a. (Hrsg.), FS für M. Ferid, 1978, 439 (444). *A. Bleckmann*, EWS 1995, 213 (214) geht von einer „verfassungsgewohnheitsrechtlichen" Schutzpflicht aus. *M. Kötter/J. Nolte*, DÖV 2007, 186 (191) sprechen von einer extra-legalen oder verfassungsgewohnheitsrechtlichen Schutzpflicht der Bundesrepublik Deutschland, lehnen diese i.E. aber ab. Das Vorliegen einer Schutzpflicht aus „ungeschriebenem überlieferten Verfassungsrecht" nehmen an *S. Eilers/M. Heintzen*, RIW 1986, 619 (621); *M. Heintzen*, Auswärtige Beziehungen privater Verbände, 1988, S. 135; ähnlich *J. Güntert*, Materielle Verfassungsmäßigkeit von unilateralen Evakuierungsoperationen, 2008, S. 148, der eine über dieses begründete Schutzpflicht i.E. jedoch ablehnt. Soweit (zudem) auf eine Begründung durch ungeschriebene Rechte und Pflichten des Staates (*K. Doehring*, Pflicht des Staates zur Gewährung diplomatischen Schutzes, 1959, S. 45 mit Fn. 154) bzw. durch ungeschriebene Grundsätze und Leitgedanken (*W. K. Geck*, ZaöRV 17 [1956/57], 476 [508]) verwiesen wird, ist hiermit wohl eine Begründung durch Verfassungsgewohnheitsrecht gemeint, vgl. hierzu die Abgrenzung von Gewohnheitsrecht und ungeschriebenem Recht bei *C. Tomuschat*, Verfassungsgewohnheitsrecht?, 1972, S. 45 ff.; s. auch *C. P. Kokew*, Auslandsschutz deutscher Staatsangehöriger bei Entführungen, 2012, S. 107 mit Fn. 506.

175 *P. Badura*, in: J. Isensee/P. Kirchhof (Hrsg.), HStR VII, 1992, § 160 Rn. 9 f.; *K. Stern*, Staatsrecht I, 2. Aufl. 1984, § 4, S. 109 ff.; *C. P. Kokew*, Auslandsschutz deutscher Staatsangehöriger bei Entführungen, 2012, S. 108; *A. Scheidler*, DÖV 2006, 417 (418) spricht insoweit von einer „dünne[n]" Argumentation. Ein Rückgriff käme darüber hinaus nur dann in Betracht, wenn das Grundgesetz selbst keine Anknüpfungspunkte für die Begründung einer staatlichen Pflicht zur Gewährung von Auslandsschutz biete, vgl. *J. Güntert*, Materielle Verfassungsmäßigkeit von unilateralen Evakuierungsoperationen, 2008, S. 148. Dies bleibt im Folgenden jedoch zu untersuchen.

176 *M. Kötter/J. Nolte*, DÖV 2007, 186 (191); *W. Schick*, AöR n.F. 94 (1969), 353 (355 f.); *C. Tomuschat*, Verfassungsgewohnheitsrecht?, 1972, S. 81 ff.; ähnlich

zunächst keine Bedeutung hätten entfalten konnten.[177] Die besonderen politischen Verhältnisse der Jahre 1948/49 allein vermögen sein Schweigen somit nicht zu erklären. Daher ist die Nichtaufnahme einer Verfassungsnorm über den Auslandsschutz einzig als eine Unterbrechung der diesbezüglichen deutschen Verfassungstradition zu werten.[178]

Der Auslandsschutz fand überdies jedenfalls auch nach Beendigung des Besatzungszustands und der mit ihr einhergehenden Erlangung der vollen Souveränität der Bundesrepublik Deutschland im Jahr 1955 bis heute keine ausdrückliche Verankerung im Grundgesetz. Der nunmehr souveräne (ändernde) Verfassunggeber hatte und hat allerdings die Möglichkeit, durch eine explizite Regelung Rechtsklarheit hinsichtlich einer Schutzpflicht der Bundesrepublik Deutschland zu schaffen; dies hat er unterlassen, sodass nicht zuletzt dieser Umstand eine Zäsur der entsprechenden Verfassungstradition darstellt. Zumindest ist daher auch nicht von ihrem erneuten Aufleben auszugehen, sodass aus der deutschen Verfassungstradition heute nicht (mehr) eine Pflicht der Bundesrepublik Deutschland zur Gewährung von Auslandsschutz – eventuell gar im Grundrechtsrang – abgeleitet werden kann.[179]

b. Keine einheitliche Auslegung des „Schutzanspruchs“

Darüber hinaus könnte die Verfassungstradition die Pflicht der Bundesrepublik Deutschland zum Schutz ihrer Staatsangehörigen und deren Interessen im Ausland nur bedingt stützen: Seit dem Frankfurter Verfassungsentwurf von 1849 wurde ein „Anspruch“ auf Schutz des Einzelnen in den ihm folgenden Verfassungsurkunden

---

J. A. Kämmerer, in: W. Kahl u.a. (Hrsg.), Bonner Kommentar Bd. 4, Art. 16 Rn. 36, der das Schweigen des Grundgesetzes für beachtlich hält.

177 Insbesondere Art. 16 Abs. 2, 24, 25, 32, 59, 73 Abs. 1 Nr. 1 GG; vgl. zudem *H. Kraus*, Auswärtige Stellung der Bundesrepublik Deutschland, 1950. Das hiergegen von *K. Oberthür*, Anspruch des deutschen Staatsbürgers, 1965, S. 10 angeführte Argument, dass die Besatzungsmächte „in diesen rein organisatorischen Vorschriften [...] eine gegen sie gerichtete Spitze nicht erblicken“ konnten, kann indes nicht überzeugen, s. *C. P. Kokew*, Auslandsschutz deutscher Staatsangehöriger bei Entführungen, 2012, S. 108 f.

178 Ebenso *M. Kötter/J. Nolte*, DÖV 2007, 186 (191); *W. Rudolf*, in: J. Kokot u.a. (Hrsg.), Staatsangehörigkeit, Soziale Grundrechte, 1976, 61 (62).

179 *M. Kötter/J. Nolte*, DÖV 2007, 186 (191), die explizit darauf verweisen, dass mangels rechtlicher Grundlage im Grundgesetz ein Wiederaufleben der Verfassungstradition nach Wegfall des Grundes ausgeschlossen sei. Dies gelte insbesondere für den Fall, dass durch sie eine staatliche Pflicht zur Gewährung von Auslandsschutz begründet werden sollte, der Grundrechtsrang zukommen könnte; hier wäre zu beachten, dass die Tragweite der Grundrechte der WRV mit jener der grundrechtlichen Gewährleistungen des Grundgesetzes und ihrer auch verfassungsgerichtlichen Durchsetzbarkeit nicht vergleichbar waren, s. *J. A. Kämmerer*, in: W. Kahl u.a. (Hrsg.), Bonner Kommentar Bd. 4, Art. 16 Rn. 36; *C. P. Kokew*, Auslandsschutz deutscher Staatsangehöriger bei Entführungen, 2012, S. 108.

zwar normiert. Die obige Betrachtung der verfassungshistorischen Perspektive verdeutlichte jedoch, dass in der damaligen Staatsrechtslehre hinsichtlich der Auslegung dieses Terminus' keine Einigkeit bestand. Die Mehrheit des Schrifttums sah durch ihn zwar ein Recht auf Schutz vermittelt. Darüber hinausgehend blieb seine rechtliche Ausgestaltung, d.h. speziell die Frage der Verbürgung eines Rechtsanspruchs des Einzelnen, (auch gerichtlich) ungeklärt. Insoweit konnte sich, insbesondere auf Grundlage der Reichverfassungen von 1871 und 1919, keine einheitlich gebilligte Verfassungstradition herausbilden. Als verfassungsrechtlicher Anknüpfungspunkt für die Herleitung und Anerkennung eines *mehr als objektiv-rechtlichen* Schutzanspruchs aus dem Grundgesetz ist ein Rückgriff auf die Verfassungstradition somit abzulehnen. Gleiches muss für eine mögliche, dem Anspruch aus Sicht der Bundesrepublik Deutschland korrespondierende staatliche Schutzpflicht gelten.[180]

c. *Ausklammerung des konsularischen Schutzes*

Ausschlaggebend für die fehlende Möglichkeit der Heranziehung der Verfassungstradition als Grundlage einer staatlichen Schutzpflicht in Entführungsfällen und damit zur Gewährung konsularischen Schutzes ist zudem, dass ausschließlich Art. XIV § 189 Frankfurter Verfassungsentwurf einen Schutzanspruch der deutschen Staatsbürger „in der Fremde" formulierte. Art. 3 Abs. 6 Verfassung des Norddeutschen Bundes bzw. Reichsverfassung von 1871 sowie Art. 112 Abs. 2 S. 1 WRV sprachen hingegen von einem Schutz dem „Ausland gegenüber". Die dem Frankfurter Verfassungsentwurf nachfolgenden Verfassungen verengten den durch sie verbürgten Anspruch damit bereits textlich auf einen Schutz gegenüber einer anderen Hoheitsgewalt. Diese Annahme wird bestätigt durch die ausdrückliche Ausweitung des Schutzanspruchs auf einen solchen innerhalb des Reichsgebiets durch Art. 112 Abs. 2 WRV.[181] Ihr Anwendungsbereich im Bereich des Auslandsschutzes

180 Hierzu insgesamt *D. Blumenwitz*, in: A. Heldrich u.a. (Hrsg.), FS für M. Ferid, 1978, 439 (444 f.); *K. Doehring*, Pflicht des Staates zur Gewährung diplomatischen Schutzes, 1959, S. 43 ff., 89 ff.; *W. K. Geck*, ZaöRV 17 (1956/57), 476 (508 f.); *E. Klein*, Diplomatischer Schutz im Hinblick auf die Konfiskation deutschen Vermögens, 1992, S. 36. Sie gehen zumindest von einer objektiv-rechtlichen Schutzpflicht und damit von einer staatlichen Pflicht zur fehlerfreien Ermessenentscheidung aus. Weitergehend ablehnend allerdings *M. Kötter/J. Nolte*, DÖV 2007, 186 (191).

181 Die Verfassung des Norddeutschen Bundes sowie die Reichsverfassung von 1871 enthielten in Art. 4 Nr. 7 und Art. 56 auch eine nahezu identische Regelung über das Konsularwesen. So lautete *Art. 4 Nr. 7 Reichsverfassung von 1871* in Auszügen:
Der Beaufsichtigung Seitens des Reichs und der Gesetzgebung desselben unterliegen die nachstehenden Angelegenheiten: [...]
Nr. 7) Organisation eines gemeinsamen Schutzes des Deutschen Handels im Auslande, der Deutschen Schiffahrt und ihrer Flagge zur See und Anordnung gemeinsamer konsularischer Vertretung, welche vom Reiche ausgestattet wird.

bezog sich demnach allein auf den diplomatischen, nicht aber auf den konsularischen Schutz, der schwerpunktmäßig durch Schutz- bzw. Hilfsmaßnahmen zugunsten des Einzelnen charakterisiert wird.[182]

Eine gegenteilige Auslegung stimmt zudem nicht mit der Historie des Anspruchs auf Auslandsschutz sowie den Zielvorstellungen besonders des Verfassunggebers von 1919 überein. Zum einen wurde weder mit Art. 112 Abs. 2 WRV noch mit den entsprechenden Regelungen der Vorgängerverfassungen die Statuierung eines „allgemeinen Rechts auf staatliche Tätigkeit“[183] beabsichtigt. Zum anderen fand der konsularische Schutz bereits seit 1867 seine Normierung im KonsG von 1867.[184] Es erfasste insbesondere die Unterstützung von hilfsbedürftigen Deutschen im Ausland: So waren die Konsuln nach § 1 KonsG von 1867 berufen, Angehörigen der Bundesstaaten „in ihren Angelegenheiten Rath und

---

Art. 56 Reichsverfassung von 1871 lautete:
(1) Das gesammte Konsulatwesen des Deutschen Reichs steht unter der Aufsicht des Kaisers, welcher die Konsuln, nach Vernehmung des Ausschusses des Bundesrathes für Handel und Verkehr, anstellt.
(2) In dem Amtsbezirk der Deutschen Konsuln dürfen neue Landeskonsulate nicht errichtet werden. Die Deutschen Konsuln üben für die in ihrem Bezirk nicht vertretenen Bundesstaaten die Funktionen eines Landeskonsuls aus. Die sämmtlichen bestehenden Landeskonsulate werden aufgehoben, sobald die Organisation der Deutschen Konsulate dergestalt vollendet ist, daß die Vertretung der Einzelinteressen aller Bundesstaaten als durch die Deutschen Konsulate gesichert von dem Bundesrathe anerkannt wird.
Die Vorschriften betrafen allein die (gesetzgeberische) Zuständigkeit für das Konsularwesen sowie das Verhältnis des Reichs zu den Ländern. Gleiches galt für Art. 4 Nr. 7 und Art. 56 Verfassung des Norddeutschen Bundes; vgl. *K. Doehring*, Pflicht des Staates zur Gewährung diplomatischen Schutzes, 1959, S. 57; *P. Laband*, Staatsrecht des Deutschen Reiches Bd. 1, 4. Aufl. 1901, S. 139; *P. Zorn*, Staatsrecht des Deutschen Reiches Bd. 2, 1897, S. 449 f.

182 Zu diesem Absatz insgesamt *K. Doehring*, Pflicht des Staates zur Gewährung diplomatischen Schutzes, 1959, S. 26 ff.; *W. K. Geck*, ZaöRV 17 (1956/57), 476 (487 ff.); *F. Giese*, Deutsches Staatsrecht, 1930, S. 110; *ders.*, Verfassung des Deutschen Reiches, 8. Aufl. 1931, Art. 112 Anm. 2; *M. Kötter/J. Nolte*, DÖV 2007, 186 (192); implizit so außerdem *K. Oberthür*, Anspruch des deutschen Staatsbürgers, 1965, S. 29 f.; *H. Pohl*, Schmollers Jahrbuch 43 (1919), 545 (563 f.); *K. Strupp*, § 23 Rechtsstellung der Staatsangehörigen und der Staatsfremden, in: G. Anschütz/R. Thoma (Hrsg.), Handbuch des Deutschen Staatsrechts Bd. 1, 1930, 274 ff.; ungenau *L. Bloß*, in: G. Hecker u.a. (Hrsg.), Handbuch der konsularischen Praxis, § 3 C Rn. 2 mit Fn. 11; nicht differenzierend hingegen OVG Münster DVBl. 1962, 139 (140). Zu den Abgrenzungskriterien des diplomatischen und konsularischen Schutzes, s. bereits im zweiten Teil unter A. II.

183 *W. K. Geck*, ZaöRV 17 (1956/57), 476 (488).

184 Das KonsG von 1867 ist abgedruckt bei *K. Hoffmann/H. Glietsch*, Konsularrecht I, Nr. 2; *K. Doehring*, Pflicht des Staates zur Gewährung diplomatischen Schutzes, 1959, S. 30 f.

Beistand" zu gewähren.[185] § 26 KonsG von 1867 beinhaltete eine weitergehende Regelung auf dem Gebiet der öffentlichen Fürsorge, nach der „die Bundeskonsuln die Mittel zur Milderung augenblicklicher Noth oder zur Rückkehr in die Heimath" zu gewähren hatten.[186] Zur Zeit der Weimarer Republik war allerdings nicht einmal für das Inland ein unmittelbar geltender verfassungsrechtlicher (finanzieller) Fürsorgeanspruch anerkannt. Es ist daher nicht anzunehmen, dass die WRV und damit auch Art. 112 Abs. 2 WRV ein solches Recht für Hilfsbedürftige gerade im Ausland begründen sollte; zumal dort sinnvollerweise nur eine im Vergleich zum Inland geringere Unterstützung und Hilfe erwartet werden konnte.[187]

Die Konsuln hatten sich bei Gewährung konsularischen Schutzes gem. §§ 1 und 26 KonsG von 1867 darüber hinaus nach den Bundesgesetzen und den ihnen erteilten Dienstinstruktionen zu richten. Normierte Art. 112 Abs. 2 WRV dagegen ein „allgemeines Beistandsrecht"[188], so hätte diese Einschränkung *W. K. Geck* zufolge zur Verfassungswidrigkeit der §§ 1 und 26 KonsG von 1867 führen müssen.[189]

Eine speziell ab 1867 etablierte Verfassungstradition kann sich demnach einzig auf den diplomatischen Schutz beziehen. Sie bietet somit keine geeignete (Rechts-)Grundlage für die Herleitung und Anerkennung einer Schutzpflicht der Bundesrepublik Deutschland im Falle des konsularischen Schutzes.[190] Im Hinblick auf die vorliegend untersuchte Fragestellung verfügt die deutsche Verfassungstradition insofern über keine unmittelbare Konsequenz für die Rechtslage unter dem Grundgesetz. Nachfolgend ist dieses daher direkt auf die Verankerung einer Schutzpflicht der Bundesrepublik Deutschland in Fällen der Entführung deutscher Staatsangehöriger im Ausland und gegebenenfalls auf ihre rechtliche Ausgestaltung hin zu prüfen.

---

185 *§ 1 KonsG von 1867* lautete:
Die Bundeskonsuln sind berufen, das Interesse des Bundes, namentlich in Bezug auf Handel, Verkehr und Schiffahrt thunlichst zu schützen und zu fördern, die Beobachtung der Staatsverträge zu überwachen und den Angehörigen der Bundesstaaten, sowie anderer befreundeter Staaten in ihren Angelegenheiten Rath und Beistand zu gewähren. Sie müssen hierbei nach den Bundesgesetzen und den ihnen ertheilten Instruktionen sich richten und die durch die Gesetze und die Gewohnheiten ihres Amtsbezirks gebotenen Schranken einhalten.

186 *§ 26 KonsG von 1867* lautete:
Hülfsbedürftigen Bundesangehörigen haben die Bundeskonsuln die Mittel zur Milderung augenblicklicher Noth oder zur Rückkehr in die Heimath nach Maaßgabe der ihnen ertheilten Amtsinstruktion zu gewähren.
S. hierzu im zweiten Teil unter B. III. 2. b. aa. und bb.

187 Zu diesem Absatz insgesamt *W. K. Geck*, ZaöRV 17 (1956/57), 476 (487 ff.).

188 *W. K. Geck*, ZaöRV 17 (1956/57), 476 (488).

189 *W. K. Geck*, ZaöRV 17 (1956/57), 476 (487 ff.).

190 I.E. ebenso *K. Doehring*, Pflicht des Staates zur Gewährung diplomatischen Schutzes, 1959, S. 57; *W. K. Geck*, ZaöRV 17 (1956/57), 476 (488); *J. Güntert*, Materielle Verfassungsmäßigkeit von unilateralen Evakuierungsoperationen, 2008, S. 148; *M. Kötter/J. Nolte*, DÖV 2007, 186 (192).

II. Die verfassungsrechtliche Ebene

Unbeschadet des Schweigens des Grundgesetzes ist das Bestehen einer objektivrechtlichen Pflicht der Bundesrepublik Deutschland zum Schutz ihrer Staatsangehörigen und deren Interessen im Ausland in Rechtsprechung und Literatur heute von Verfassungs wegen unbestritten. Die einschlägigen Entscheidungen und Beiträge beziehen sich zum einen jedoch weit überwiegend auf den diplomatischen Schutz oder den Auslandsschutz im Allgemeinen;[191] zum anderen wird auf die Frage nach einer speziell in den vorliegend untersuchten Entführungssachverhalten aus dem Grundgesetz ableitbaren staatlichen Schutzpflicht nur in wenigen Fällen eingegangen.[192]

Die angebotenen Begründungsansätze staatlicher Schutzpflichten im Allgemeinen variieren: Zunächst ist ihre Herleitung unter Rückgriff auf die Kompetenznormen des Grundgesetzes, auf das Sozialstaats- und das Rechtsstaatsprinzip[193] (1.) in Betracht zu ziehen. Diese werden als Grundlage insbesondere für staatliche Schutzpflichten im Bereich des Umweltschutzes genannt, sodass zu untersuchen ist, ob sie überhaupt für Sachverhalte des Auslandsschutzes bzw. des vorliegend einschlägigen konsularischen Schutzes fruchtbar gemacht werden können. Speziell den Auslandsschutz betreffend, werden in jüngerer Zeit zunehmend die grundrechtlichen Verbürgungen des Grundgesetzes[194] (2.) sowie traditionell der „verfassungsrechtliche

---

191 BVerfGE 6, 290 (299) – *Vermögenswerte in der Schweiz*; E 40, 141 (177 ff.) – *Ostverträge*; E 41, 126 (182) – *Reparationsschäden*; E 55, 349 (364 ff.) – *Rudolf Hess*; BVerwG, Beschl. v. 24.01.1989, Az. 7 B 102/88, abgedruckt in NJW 1989, 2208 (2208 f.); OVG Münster, Urt. v. 21.12.1988, Az. 17 A 2618/85, abgedruckt in NJW 1989, 2209 (2211); OVG Münster, Urt. v. 14.06.1996, Az. 21 A 753/95 – juris; (auch) auf die konsularische Betreuung im Ausland geht das BVerfG ein in BVerfGE 36, 1 (31 f.) – *Grundlagenvertrag*; E 37, 217 (241) – *Staatsangehörigkeit von Abkömmlingen*; ähnlich OVG Münster DVBl. 1962, 139 (139 ff.). Aus der Literatur etwa *K. Doehring*, Pflicht des Staates zur Gewährung diplomatischen Schutzes, 1959, S. 89 ff.; *W. K. Geck*, ZaöRV 17 (1956/57), 476 ff.; *K. Hailbronner*, in: ders./G. Renner/H.-G. Maaßen (Hrsg.), Staatsangehörigkeitsrecht, 5. Aufl. 2010, Teil I E Rn. 97; *A. Randelzhofer*, in: T. Maunz/G. Dürig (Begr.), Grundgesetz, Art. 16 Abs. 1 Rn. 61 jeweils m.w.N.

192 So nur knapp BVerwG NJW 2009, 2905 (2906); OVG Berlin-Brandenburg, Urt. v. 21.02.2007, Az. 11 B 9.06, Rn. 19 – juris; VG Berlin, Urt. v. 04.04.2006, Az. 14 A 12.04, Rn. 46 – juris; *C. P. Kokew*, Auslandsschutz deutscher Staatsangehöriger bei Entführungen, 2012, S. 110 ff.; *M. Kötter/J. Nolte*, DÖV 2007, 186 (191 ff.).

193 Das OVG Münster etwa spricht von den allgemeinen „sozial- und rechtsstaatlichen Grundsätzen“, OVG Münster DVBl. 1962, 139 (140).

194 So etwa *J. Dietlein*, Lehre von den grundrechtlichen Schutzpflichten, 2. Aufl. 2005, S. 122 f.; *G. Hermes*, Grundrecht auf Schutz, 1987, S. 74 f.; *C. P. Kokew*, Auslandsschutz deutscher Staatsangehöriger bei Entführungen, 2012, S. 115 ff.; *G. Krings*, Grund und Grenzen grundrechtlicher Schutzansprüche, 2003, S. 195 ff.

Auslandsschutz“[195] (3.) herangezogen.[196] Auch das BVerfG stellt in einigen Entscheidungen die grundrechtlichen Gewährleistungen des Grundgesetzes, in anderen wiederum die Staatsangehörigkeit des Schutzsuchenden und damit den verfassungsrechtlichen Auslandsschutz in den Vordergrund.[197] Im Folgenden ist daher zunächst die Frage zu beantworten, welche der genannten Begründungsansätze sich als Grundlage für eine verfassungsrechtliche Pflicht der Bundesrepublik Deutschland zur Gewährung (auch) konsularischen Schutzes allgemein sowie speziell zum Schutz im Ausland entführter deutscher Staatsangehöriger als tragfähig erweisen und ob ihre Tatbestandsvoraussetzungen in diesen Fällen erfüllt sind. Sollte sie bejaht werden, so ist im Anschluss zudem der Adressat der verfassungsrechtlichen Schutzpflicht zu bestimmen (5.).

1. Ableitung staatlicher Schutzpflichten aus den Kompetenzbestimmungen sowie den Verfassungsprinzipien des Grundgesetzes

Eine verfassungsunmittelbare Pflicht der Bundesrepublik Deutschland zum Schutz im Ausland entführter Staatsangehöriger könnte sich zunächst aus den

---

195 *M. Kötter/J. Nolte*, DÖV 2007, 186 (191). Der sog. verfassungsrechtliche Auslandsschutz ist zu unterscheiden vom völkerrechtlichen Auslandsschutz, der seinen Ursprung im Völkervertrags- und -gewohnheitsrecht findet, s. dazu im zweiten Teil unter A. III. Diesen Begründungsansatz vertreten zudem etwa *U. Becker*, in: H. v. Mangoldt/F. Klein/C. Starck (Hrsg.), Grundgesetz Bd. 1, 6. Aufl. 2010, Art. 16 Rn. 23; *J. Isensee*, in: ders./P. Kirchhof (Hrsg.), HStR IX, 3. Aufl. 2011, § 191 Rn. 212; *M. Schweitzer/A. Weber*, Handbuch der Völkerrechtspraxis, 2004, Rn. 616; *H. D. Treviranus*, DÖV 1979, 35 (37).

196 *G. Dürig*, in: F. L. Neumann u.a. (Hrsg.), Die Grundrechte Bd. 2, 1954, 507 (519 f.) sieht das Recht auf diplomatischen Schutz „als Minus der Auswanderungsfreiheit“ an, die wiederum durch Art. 11 Abs. 1 GG gewährleistet sei. Sie wird jedoch nicht als solche als Grundlage des Rechts auf diplomatischen Schutz angesehen, denn *G. Dürig* selbst verweist diesbzgl. auf die Ausführungen zu Art. 112 Abs. 2 WRV, der den „Anspruch“ auf diplomatischen Schutz regelte. Darüber hinaus wird die Ausreisefreiheit aus dem Bundesgebiet nicht durch Art. 11 Abs. 1 GG, sondern durch die allgemeine Handlungsfreiheit des Art. 2 Abs. 1 GG geschützt, vgl. BVerfGE 6, 32 Leitsatz 1 – *Elfes*; E 72, 200 (245) – *Einkommensteuerrecht*; *W. Durner*, in: T. Maunz/G. Dürig (Begr.), Grundgesetz, Art. 11 Rn. 98 ff.; *F. Wollenschläger*, in: H. Dreier (Hrsg.), Grundgesetz Bd. 1, 3. Aufl. 2013, Art. 11 Rn. 31. m.w.N.; a.A. aber etwa *M. Pagenkopf*, in: M. Sachs (Hrsg.), Grundgesetz, 7. Aufl. 2014, Art. 11 Rn. 18, 29 f.; *I. Pernice*, in: H. Dreier (Hrsg.), Grundgesetz Bd. 1, 2. Aufl. 2004, Art. 11 Rn. 15.

197 *P. Szczekalla*, Grundrechtliche Schutzpflichten, 2002, S. 133 f.: So etwa im Hinblick auf die Staatsangehörigkeit BVerfGE 29, 183 (192 f.) – *Rücklieferung*; E 36, 1 (30 f.) – *Grundlagenvertrag*; E 37, 217 (239) – *Staatsangehörigkeit von Abkömmlingen*; E 40, 141 (177 f.) – *Ostverträge*; E 51, 1 (27) – *Rentenversicherung im Ausland*; E 36, 1 (30) – *Grundlagenvertrag*; hinsichtlich der grundrechtlichen Gewährleistungen BVerfGE 6, 290 (299) – *Vermögenswerte in der Schweiz*; E 55, 349 (364) – *Rudolf Hess*.

Kompetenznormen des Grundgesetzes (a.) sowie aus dem Sozialstaats- (b.) bzw. dem Rechtsstaatsprinzip (c.) ergeben. Bei ihnen handelt es sich um objektive Verfassungsnormen,[198] die in der Literatur als positiv-rechtliche Anknüpfungspunkte staatlicher Pflichten insbesondere zum Schutz der Umwelt herangezogen werden. Sie beziehen sich somit zwar nicht direkt auf eine staatliche Pflicht zur Gewährung konsularischen Schutzes; möglicherweise können ihnen dennoch Aussagen zu der vorliegend untersuchten Fragestellung entnommen werden.[199]

a. *Kompetenzbestimmungen des Grundgesetzes*

Die Kompetenzbestimmungen des Grundgesetzes legen in erster Linie die Verteilung der Legislativ- und Exekutivkompetenzen zwischen dem Bund und den Ländern fest. Insbesondere der umfangreiche Kompetenzkatalog des Art. 73 GG begründet zahlreiche Zuständigkeiten und Befugnisse des Bundes, gesetzgeberisch tätig zu werden und die ihm überantwortete Materie zu regeln; eine allgemeine Verpflichtung zur Gesetzgebung ergibt sich hieraus grundsätzlich indes nicht.[200] Über diesen bloßen Abgrenzungscharakter hinaus wird den Kompetenzbestimmungen jedoch ein sog. materieller Gehalt zugesprochen, der sich jedenfalls aus ihrer legitimierenden Wirkung herleiten lässt.[201]

aa. „Legitimations- oder Garantiefunktion“[202]

Die Legitimations- oder Garantiefunktion wurde in der Rechtsprechung des BVerfG[203] vornehmlich aus der „verfassungsrechtlichen Grundentscheidung“[204] hergeleitet, die sich aus der ausdrücklichen Nennung des jeweiligen Regelungsgegenstands in den Kompetenzkatalogen ergibt. Angesichts der systematischen Einheit des Grundgesetzes und der von ihm abgesicherten Wertordnung ist ein gewisses Zusammenspiel zwischen den Kompetenzbestimmungen einerseits und vor allem

198 *G. Hermes*, Grundrecht auf Schutz, 1987, S. 78.

199 S. hierzu insgesamt *G. Hermes*, Grundrecht auf Schutz, 1987, S. 129 ff.

200 *T. Maunz*, in: ders./G. Dürig (Begr.), Grundgesetz, 27. EL 1988, Art. 73 Rn. 4 ff.; *H.-W. Rengeling*, in: J. Isensee/P. Kirchhof (Hrsg.), HStR VI, 3. Aufl. 2008, § 135 Rn. 11 f.; *K. Stern*, Staatsrecht I, 2. Aufl. 1984, § 4, S. 118; *R. Stettner*, in: H. Dreier (Hrsg.), Grundgesetz Bd. 2, 2. Aufl. 2006, Art. 70 Rn. 23. Eine Verpflichtung des Gesetzgebers kann lediglich aufgrund besonderer Regelungen angenommen werden, *H.-W. Rengeling*, in: J. Isensee/P. Kirchhof (Hrsg.), HStR VI, 3. Aufl. 2008, § 135 Rn. 12; *K. Stern*, Staatsrecht II, 1980, § 37, S. 608 f.

201 *A. Bleckmann*, DÖV 1983, 129 ff.; *ders.*, DÖV 1983, 805 ff.; *H. P. Bull*, Staatsaufgaben nach dem Grundgesetz, 2. Aufl. 1977, S. 152 ff.; *H. Ehmke*, VVDStRL 20 (1963), 53 (89 ff.); dagegen *A. Menzel*, DÖV 1983, 805 ff.

202 *R. Stettner*, in: H. Dreier (Hrsg.), Grundgesetz Bd. 2, 2. Aufl. 2006, Art. 70 Rn. 21.

203 BVerfGE 28, 243 (261) – *Dienstpflichtverweigerung*; E 32, 40 (46); E 48, 127 (159) – *Wehrpflichtnovelle*; E 53, 30 (55 f.) – *Mülheim-Kärlich*; E 69, 1 (21 f.) – *Kriegsdienstverweigerungs-Neuordnungsgesetz*.

204 BVerfGE 48, 127 (159) – *Wehrpflichtnovelle*.

den Grundrechten andererseits anzunehmen. Dies gilt insbesondere dann, sofern ein Kompetenztitel bestimmte Rechtswerte enthält. Im Hinblick auf die verfassungsrechtliche Wertung zugunsten einer prinzipiellen Anerkennung und Billigung der zu regelnden Materie sowie ihrer gesetzlichen Ausgestaltung durch den Verfassunggeber ist daher von einer grundsätzlichen Verfassungsmäßigkeit der Wahrnehmung der Kompetenz auszugehen.[205]

Dementsprechend wird unter anderem die Erzeugung und Nutzung der Kernenergie zu friedlichen Zwecken – an sich und trotz des Ausmaßes der von ihr ausgehenden Gefahren für die speziell durch Art. 2 Abs. 2 S. 1 GG geschützten Rechtsgüter – aufgrund ihrer ausdrücklichen Nennung in Art. 73 Abs. 1 Nr. 14 GG als im Grunde verfassungsmäßig angesehen. Das BVerfG bejahte hier[206] und in anderen Fällen[207] zwar das Vorliegen eines Eingriffs in den Schutzbereich des betroffenen

---

205 *P. Häberle*, Öffentliches Interesse, 2. Aufl. 2006, S. 468 ff., 664 ff.; *P. Kirchhof*, in: J. Ipsen u.a. (Hrsg.), FS für H.-W. Rengeling, 2008, 567 (567 f.); *T. Maunz*, in: ders./G. Dürig (Begr.), Grundgesetz, 27. EL 1988, Art. 73 Rn. 7; *C. Pestalozza*, Der Staat 11 (1972), 161 (169 ff.); *B. Pieroth*, AöR n.F. 114 (1989), 422 (437 f., 445 ff.) spricht von „Positivität" der Verfassung; *U. Scheuner*, in: ders. (Hrsg.), Staatliche Einwirkung auf die Wirtschaft, 1971, 9 (35); *K. Stern*, Staatsrecht III/2, 1994, § 82, S. 683 ff.; *R. Stettner*, Grundfragen einer Kompetenzlehre, 1983, S. 328 ff., 331, 333 ff. Hinsichtlich der legitimierenden Wirkung noch weitergehend *A. Bleckmann*, DÖV 1983, 129 ff.; *ders.*, DÖV 1983, 808 f., dem zufolge die Grundrechte gleichsam auch ohne genauere (Verhältnismäßigkeits-)Prüfung zurücktreten müssten. Grundsätzlich kritisch hingegen *G. Hermes*, Grundrecht auf Schutz, 1987, S. 249 ff.; *A. Menzel*, DÖV 1983, 805 ff.

206 BVerfGE 53, 30 (55 ff.) – *Mülheim-Kärlich*; s. *M. Selk*, JuS 1990, 895 (895); kritisch hingegen *J. Becker*, DÖV 2002, 397 (403 f.). Darüber hinausgehend nutzt der Verfassunggeber die Kompetenzbestimmungen für weitere materielle Vorgaben: So bedeutet die ausschließliche Zuständigkeit des Bundes für die Regelung der Erzeugung und Nutzung der Kernenergie zu friedlichen Zwecken gerade auch nicht, dass die Länder für die Regelung der unfriedlichen Nutzung zuständig wären, vgl. Art. 70, 71 GG, *P. Kirchhof*, in: J. Ipsen u.a. (Hrsg.), FS für H.-W. Rengeling, 2008, 567 (568) mit weiteren Beispielen.

207 S. zur Vereinbarkeit von Zulassungsbeschränkungen mit der Berufsfreiheit BVerfGE 7, 377 (401) – *Apothekenurteil*; zur Verfassungsmäßigkeit der allgemeinen Wehrpflicht für männliche deutsche Staatsangehörige, s. BVerfGE 12, 45 (50) – *Kriegsdienstverweigerung*; ähnlich E 28, 243 (259 ff.) – *Dienstpflichtverweigerung*; E 32, 40 (46); E 48, 127 (159 ff.) – *Wehrpflichtnovelle*; E 69, 1 (21 ff.) – *Kriegsdienstverweigerungs-Neuordnungsgesetz*: Art. 12a, 73 Abs. 1 Nr. 1, 87a und 115b GG enthalten eine „verfassungsrechtliche Grundentscheidung für eine wirksame militärische Landesverteidigung"; vgl. auch *J. Becker*, DÖV 2002, 397 (400 f.); *M. Selk*, JuS 1990, 895 (895); diesbzgl. kritisch hingegen das Sondervotum von *E. G. Mahrenholz* und *E.-W. Böckenförde*, BVerfGE 69, 1 (59 ff.) – *Kriegsdienstverweigerungs-Neuordnungsgesetz*, denen zufolge die wehrverfassungsrechtlichen Bestimmungen keine normative „verfassungsrechtliche Grundentscheidung für eine wirksame militärische Landesverteidigung" enthielten, die über den

Grundrechts, sah diesen aber durch die Heranziehung grundgesetzlicher Kompetenzbestimmungen als gerechtfertigt an. Vor diesem Hintergrund kann sich eine legitimierende Wirkung somit allenfalls auf Ebene der Eingriffsrechtfertigung für Akte öffentlicher Gewalt niederschlagen;[208] sie ist aber nicht geeignet, Handlungs- bzw. Schutzpflichten der Bundesrepublik Deutschland zu begründen.[209]

bb. „Verpflichtende oder imperative Wirkung"[210]

Konkrete staatliche Schutzpflichten zugunsten im Ausland entführter Staatsangehöriger ließen sich ausschließlich dann aus den Kompetenzbestimmungen ableiten, umfasste ihr materieller Gehalt eine weitergehende sog. verpflichtende bzw. imperative Wirkung. Diesbezügliche positiv-rechtliche Anknüpfungspunkte innerhalb der Kompetenzkataloge finden sich in der Verwendung von Schlüsselbegriffen wie Verteidigung, (staatlicher) Schutz, Förderung, Sicherung, Pflege oder auch Störungsabwehr.[211] Diese Formulierungen können als Zielvorgaben des Verfassunggebers verstanden werden und dem Wortlaut des jeweiligen Kompetenztitels eine sog. „inhaltliche Tendenz"[212] verleihen. Seine hieraus abzuleitende imperative Wirkung schlägt sich dann, anders als die Legitimations- oder Garantiefunktion der Kompetenzbestimmungen, nicht auf Ebene der Rechtfertigung, sondern als Entwicklungsrichtung des staatlichen Handelns nieder: Es muss sich an den dort

---

unmittelbaren rechtlichen Gehalt der Art. 12a, 73 Nr. 1, 87a und 115b GG hinausgingen. *Art. 73 Abs. 1 Nr. 1 GG a.F.* lautete: Der Bund hat die ausschließliche Gesetzgebungskompetenz über [...] die Verteidigung einschließlich der Wehrpflicht für Männer vom vollendeten 18. Lebensjahr an. Die Regelung über die Wehrpflicht findet sich nun in Art. 12a Abs. 1 GG.

208 S. diesbzgl. *H. v. Nieuwland*, Immanente Grundrechtsschranken, 1981, S. 124 ff.; *B. Pieroth*, AöR n.F. 114 (1989), 422 (442 ff.) m.w.N.; *R. Stettner*, Grundfragen einer Kompetenzlehre, 1983, S. 330. Denkbar wäre auch eine Begrenzung des Grundrechtsschutzbereichs durch kollidierendes Verfassungsrecht in Form der Kompetenzbestimmungen, hierzu *K. Doehring*, Staatsrecht, 3. Aufl. 1984, S. 172; *R. Zippelius/T. Würtenberger*, Deutsches Staatsrecht, 32. Aufl. 2008, § 19 Rn. 6 ff.

209 So ausdrücklich *G. Hermes*, Grundrecht auf Schutz, 1987, S. 135; *M. Selk*, JuS 1990, 895 (896 f.).

210 *G. Hermes*, Grundrecht auf Schutz, 1987, S. 135.

211 So bspw. Art. 73 Abs. 1 Nr. 1, Nr. 5a und Nr. 10 lit. b GG sowie Art. 74 Abs. 1 Nr. 13, Nr. 16, Nr. 17 und Nr. 19a GG, vgl. *H. P. Bull*, Staatsaufgaben nach dem Grundgesetz, 2. Aufl. 1977, S. 154; *U. Scheuner*, in: ders. (Hrsg.), Staatliche Einwirkung auf die Wirtschaft, 1971, 9 (61); *ders.*, in: R. Schnur (Hrsg.), FS für E. Forsthoff, 1972, 325 (338); *ders.*, in: N. Achterberg (Hrsg.), FS für H. U. Scupin, 1973, 323 (330 ff.); allgemeiner und m.w.N. *R. Stettner*, Grundfragen einer Kompetenzlehre, 1983, S. 336 f., der jedoch auf die Zufälligkeit des Wortlauts der Kompetenzbestimmungen hinweist.

212 *H. P. Bull*, Staatsaufgaben nach dem Grundgesetz, 2. Aufl. 1977, S. 154; im Anschluss hieran *H. Steiger*, in: J. Salzwedel (Hrsg.), Grundzüge des Umweltrechts, 1982, 21 (26).

vorgegebenen Programmen – etwa an Schutz oder Förderung – ausrichten. Die imperative Wirkung begründet somit den Anstoß, wenn nicht sogar den Befehl, eines staatlichen Tätigwerdens im Zusammenhang mit der zu gestaltenden Rechtsmaterie; eine allgemeine Pflicht besonders zur Gesetzgebung ist jedoch grundsätzlich abzulehnen.[213] Entsprechend wurden im Schrifttum ein weitgehender materieller Gehalt der Kompetenzbestimmungen und aus ihnen resultierende staatliche Handlungsaufträge oder -pflichten lediglich in Bezug etwa auf die Gesundheitspolitik[214] sowie den Umweltschutz[215] bejaht.

Zweifelhaft ist jedoch, ob ein solch extensives materielles Verständnis der Kompetenzbestimmungen für die Herleitung konkreter Handlungs- bzw. Schutzpflichten der Bundesrepublik Deutschland im Falle der Entführung deutscher Staatsangehöriger im Ausland überhaupt fruchtbar gemacht werden kann. Als entsprechende Ansatzpunkte scheiden insbesondere die Kompetenznormen des Art. 73 Abs. 1 Nr. 1 Alt. 1 (auswärtige Angelegenheiten) und Nr. 2 GG (Staatsangehörigkeit im Bunde) aus: Erstere schafft zwar die kompetentielle Grundlage für ein legislatives Tätigwerden des Bundes im Hinblick auf die diplomatische und konsularische Tätigkeit, einschließlich des diplomatischen und konsularischen Schutzes.[216] Sie erfasst somit

---

213 *H. P. Bull*, Staatsaufgaben nach dem Grundgesetz, 2. Aufl. 1977, S. 154; *H. Ehmke*, VVDStRL 20 (1963), 53 (90); *P. Lerche*, AöR n.F. 90 (1965), 341 (346 ff.); *P. Saladin*, AöR n.F. 104 (1979), 345 (384) geht von Aufgabennormen mit „Grundsatz"-Charakter aus; *U. Scheuner*, in: ders. (Hrsg.), Staatliche Einwirkung auf die Wirtschaft, 1971, 9 (61 f.); *ders.*, in: N. Achterberg (Hrsg.), FS für H. U. Scupin, 1973, 323 (330 ff.) spricht von einem Gebot bzw. einer Aufforderung zum Handeln; wohl auch *R. Stettner*, Grundfragen einer Kompetenzlehre, 1983, S. 330 f., 336 ff.; *W. Weber*, DVBl. 1971, 806 (806) geht von einem eigenständigen Verfassungsauftrag aus; ablehnend hingegen *J. Driendl*, Notwendigkeit und Möglichkeit einer Strafgesetzgebungswissenschaft, 1983, S. 30 betreffend die Bundesverfassung der Schweizerischen Eidgenossenschaft; so wohl auch *D. Rauschning*, VVDStRL 38 (1980), 167 (177 f.).

214 Abgeleitet aus Art. 74 Abs. 1 Nr. 7, Nr. 19, Nr. 19a, Nr. 20 und Nr. 24 GG, vgl. *R. Grawert*, in: J. Listl u.a. (Hrsg.), FS für J. Broermann, 1982, 457 (475 ff.); *H. Liesegang*, Verfassungsrechtliche Ordnung der Wirtschaft, 1977, S. 71; s. auch *G. Hermes*, Grundrecht auf Schutz, 1987, S. 135 f.

215 Herzuleiten aus Art. 73 Abs. 1 Nr. 14 GG sowie Art. 74 Abs. 1 Nr. 11, Nr. 17, Nr. 18, Nr. 19, Nr. 20 und Nr. 22 GG, vgl. *H. H. Klein*, in: H. Schneider u.a. (Hrsg.), FS für W. Weber, 1974, 643 (644 f.); *E. Rehbinder*, ZRP 1970, 250 (251); *H. Sendler*, UPR 1981, 1 (3); s. auch *G. Hermes*, Grundrecht auf Schutz, 1987, S. 135 f. Der Umweltschutz ist seit 1994 als Staatsziel ausdrücklich in Art. 20a GG normiert, vgl. hierzu *E. Benda*, UPR 1982, 241 (244 f.); zu der aus Art. 20a GG folgenden Schutzpflicht *C. Degenhart*, DVBl. 2006, 1125 (1130).

216 *M. Heintzen*, in: H. v. Mangoldt/F. Klein/C. Starck (Hrsg.), Grundgesetz Bd. 2, 6. Aufl. 2010, Art. 73 Rn. 8 ff.; *H.-W. Rengeling*, in: J. Isensee/P. Kirchhof (Hrsg.), HStR VI, 3. Aufl. 2008, § 135 Rn. 92 ff.; *F. Wittreck*, in: H. Dreier (Hrsg.), Grundgesetz Bd. 2, 3. Aufl. 2015, Art. 73 Rn. 12 jeweils m.w.N. Dabei

auch die vorliegend untersuchte Sachverhaltskonstellation. Die auswärtigen Angelegenheiten nehmen jedoch lediglich auf einen „Wirklichkeitsausschnitt“[217] Bezug, in dem mangels inhaltlicher Tendenz keine imperative Wirkung zu erkennen ist. Gleiches gilt für Art. 73 Abs. 1 Nr. 2 GG, der mit der „Rechtsmaterie“[218] der Staatsangehörigkeit im Bunde den personellen Anknüpfungspunkt für die Gewährung von Auslandsschutz in die ausschließliche Gesetzgebungskompetenz des Bundes überträgt.[219]

Darüber hinaus kann für die Begründung staatlicher Handlungs- bzw. Schutzpflichten in Entführungsfällen nicht auf die ausschließliche Gesetzgebungskompetenz des Bundes für die Verteidigung nach Art. 73 Abs. 1 Nr. 1 Alt. 2 Var. 1 GG und die sie ergänzende Exekutivkompetenz des Art. 87a GG zurückgegriffen werden.[220] Ihr Wortlaut nennt zwar mit „Verteidigung“ einen der eingangs angeführten

---

bildet Art. 73 Abs. 1 Nr. 1 Alt. 1 GG die Gesetzgebungskompetenz für den Erlass des geltenden KonsG, s. *K. Hoffmann/H. Glietsch*, Konsularrecht I, Einf. KonsG Anm. 2.2. Im Hinblick auf die konsularische Hilfe an einzelne könnte auch eine Herleitung einer Schutzpflicht aus Art. 74 Abs. 1 Nr. 7 GG (öffentliche Fürsorge) angedacht werden. Anders als § 5 KonsG bezieht sich dieser allerdings ohne weiteres auf eine Hilfsbedürftigkeit, die aus einer wirtschaftlichen Notlage herrührt, bzw. auf sie vorbeugende Maßnahmen. Diese ist in Entführungsfällen jedoch nicht gegeben, sodass Art. 74 Abs. 1 Nr. 7 GG – unabhängig von einer eventuellen inhaltlichen Tendenz seines Wortlauts – nicht als Grundlage für eine Schutzpflicht in den untersuchten Sachverhalten herangezogen werden kann; s. hierzu auch im zweiten Teil unter B. III. 2. b. und *K. Windthorst*, in: C. Gröpl/ders./C. v. Coelln (Hrsg.), Grundgesetz, 2. Aufl. 2015, Art. 74 Rn. 21; vgl. zu Art. 74 Abs. 1 Nr. 7 GG allgemein *S. Oeter*, in: H. v. Mangoldt/F. Klein/C. Starck (Hrsg.), Grundgesetz Bd. 2, 6. Aufl. 2010, Art. 74 Rn. 53 ff.; *F. Wittreck*, in: H. Dreier (Hrsg.), Grundgesetz Bd. 2, 3. Aufl. 2015, Art. 74 Rn. 36 ff. jeweils m.w.N.

217 *B. Pieroth*, AöR n.F. 114 (1989), 422 (435), der zudem darauf hinweist, dass im Rahmen des sachlichen Kompetenzbereichs der Art. 73 f. GG zwischen der Bezeichnung eines Wirklichkeitsausschnitts bzw. einer Rechtsmaterie differenziert werde. Beide werden nicht durch implizierte Ziel- oder Zwecksetzungen eingeschränkt, d.h. der Wortlaut weise keine inhaltliche Tendenz auf. Als Folge entfalte die betreffende Kompetenzbestimmung keine imperative Wirkung; ähnlich *G. Hermes*, Grundrecht auf Schutz, 1987, S. 135.

218 *B. Pieroth*, AöR n.F. 114 (1989), 422 (435), dem zufolge die Übergänge des sachlichen Kompetenzbereichs bzgl. der Bezeichnung eines Wirklichkeitsausschnitts bzw. einer Rechtsmaterie fließend seien, sodass im Einzelfall eine eindeutige Zuordnung eventuell nicht eindeutig erfolgen könne.

219 In Bezug auf Art. 73 Abs. 1 Nr. 2 GG, vgl. *M. Heintzen*, in: H. v. Mangoldt/F. Klein/C. Starck (Hrsg.), Grundgesetz Bd. 2, 2010, Art. 73 Rn. 23 ff.; *P. Kunig*, in: I. v. Münch/ders., Grundgesetz Bd. 2, 6. Aufl. 2012, Art. 73 Rn. 11 ff.; *H.-W. Rengeling*, in: J. Isensee/P. Kirchhof (Hrsg.), HStR VI, 3. Aufl. 2008, § 135 Rn. 98; *A. Uhle*, in: T. Maunz/G. Dürig (Begr.), Grundgesetz, Art. 73 Rn. 54 ff. jeweils m.w.N.

220 Angedacht werden könnte zudem ein Rückgriff auf Art. 73 Abs. 1 Nr. 1 Alt. 2 Var. 2 GG, dessen Wortlaut ebenfalls eine inhaltliche Tendenz aufweist, vgl.

Schlüsselbegriffe und deutet somit eine „inhaltliche Tendenz" an.[221] Eine sich hieraus eventuell ergebende imperative Wirkung würde Sachverhalte der Entführung deutscher Staatsangehöriger im Ausland jedoch nicht erfassen: Der beiden Kompetenzbestimmungen zugrundeliegende Verteidigungsbegriff des Grundgesetzes müsste für eine Einbeziehung dieser Fallgestaltung auch die sog. Personalverteidigung und damit „den Schutz von Deutschen im Ausland mit notfalls militärischen Mitteln"[222] beinhalten.[223] Einer derartigen Erweiterung des Verteidigungsauftrags stehen jedoch gewichtige verfassungsrechtliche Bedenken entgegen,[224] die sich nicht zuletzt

---

H. P. Bull, Staatsaufgaben nach dem Grundgesetz, 2. Aufl. 1977, S. 154; *H. Liesegang*, Verfassungsrechtliche Ordnung der Wirtschaft, 1977, S. 71. Im Zusammenhang mit der Verteidigung bezieht er sich grundsätzlich auf den Schutz „der nicht den Streitkräften angehörenden Bevölkerung im Bundesgebiet vor kriegsbedingten Gefahren durch nichtmilitärische Maßnahmen", *M. Heintzen*, in: H. v. Mangoldt/F. Klein/C. Starck (Hrsg.), Grundgesetz Bd. 2, 6. Aufl. 2010, Art. 73 Rn. 19, der jedoch hinsichtlich des Verhältnisses der Verteidigung zum Zivilschutz an seiner bloß klarstellenden Funktion zweifelt, ohne dass sich hieraus allerdings abweichende Folgen ergeben; vgl. zudem *P. Kunig*, in: I. v. Münch/ders., Grundgesetz Bd. 2, 6. Aufl. 2012, Art. 73 Rn. 10; *A. Uhle*, in: T. Maunz/G. Dürig (Begr.), Grundgesetz, Art. 73 Rn. 51 ff. Dieser sog. Zivilschutz unterscheidet sich somit bereits durch die in Bezug genommene Gefahrenlage von der in Entführungsfällen vorliegenden. Er verweist zudem auf den legalen, wenn auch nur vorübergehenden Aufenthalt auf deutschem Staatsgebiet. Der Zivilschutz steht insoweit in personeller Hinsicht unabhängig von der Staatsangehörigkeit der von ihm profitierenden Person(en) und bezieht sich insbesondere in territorialer Hinsicht nicht auf das Ausland. Aufgrund dieser grundlegenden Unterschiede zum konsularischen Schutz können Entführungssachverhalte nicht unter den Schutz der Zivilbevölkerung nach Art. 73 Abs. 1 Nr. 1 Alt. 2 Var. 2 GG gefasst werden.

221 *H. P. Bull*, Staatsaufgaben nach dem Grundgesetz, 2. Aufl. 1977, S. 154; auch Art. 87a GG weist eine „zielgerichtete Tendenz" auf, so *U. Scheuner*, in: R. Schnur (Hrsg.), FS für E. Forsthoff, 1972, 325 (338).

222 *T. Günther*, in: M. Thiel (Hrsg.), Wehrhafte Demokratie, 2003, 329 (347).

223 Dies bejahend *C. Burkiczak*, ZRP 2003, 82 (82 f.); *O. Depenheuer*, in: T. Maunz/G. Dürig (Begr.), Grundgesetz, Art. 87a Rn. 108 ff.; *H.-G. Franzke*, NZWehrR 1996, 189 (189 ff.); *T. Günther*, in: M. Thiel (Hrsg.), Wehrhafte Demokratie, 2003, 329 (347 ff.); *F. Kirchhof*, in: J. Isensee/P. Kirchhof (Hrsg.), HStR IV, 3. Aufl. 2006, § 84 Rn. 52; *C. P. Kokew*, Auslandsschutz deutscher Staatsangehöriger bei Entführungen, 2012, S. 213 ff.; *J. Kokott*, in: M. Sachs (Hrsg.), Grundgesetz, 7. Aufl. 2014, Art. 87a Rn. 26 f.; *C. Kreß*, ZaöRV 57 (1997), 329 (349 ff.); *M. Wild*, DÖV 2000, 622 (625 f.). Zu einer völkerrechtlichen (Un-)Zulässigkeit der Personalverteidigung, s. *M. Bothe*, in: W. Graf Vitzthum/A. Proelß (Hrsg.), Völkerrecht, 6. Aufl. 2013, 8. Abschn. Rn. 21 m.w.N.; *H.-G. Franzke*, NZWehrR 1996, 189 (193 ff.); *C. Kreß*, ZaöRV 57 (1997), 329 (331 ff.); *D. Sigloch*, Auslandseinsätze, 2006, S. 123 ff.; *C. Westerdiek*, AVR 21 (1983), 383 (394 ff.).

224 Gegen eine Einbeziehung der Personalverteidigung in den verfassungsrechtlichen Verteidigungsbegriff ausführlich, *M. Baldus*, in: I. Eberich u.a. (Hrsg.), Friede und

insbesondere aus der allgemeinen Begrenzungsfunktion des Verteidigungsbegriffs des Grundgesetzes ergeben.[225] Die Ableitung einer staatlichen Schutzpflicht jedenfalls in den vorliegend untersuchten Sachverhalten aus Art. 73 Abs. 1 Nr. 1 Alt. 2 Var. 1 GG bzw. Art. 87a GG ist somit bereits aus diesem speziellen Grund zu verneinen.[226]

Darüber hinaus stehen der Begründung staatlicher Handlungs- bzw. Schutzpflichten aus den Kompetenzbestimmungen des Grundgesetzes weitere allgemeine Einwände entgegen: So beschränkt sich ihr verfassungsrechtlicher Zweck grundsätzlich auf die Abgrenzung und Verteilung der Kompetenzen für das staatliche Tätigwerden im bundesstaatlichen Verbund.[227] Eine – diese Funktion übersteigende, materielle Bedeutung der Kompetenzbestimmungen – Aufzählung und genauere Beschreibung auch nur der maßgeblichsten staatlichen Aufgaben, ist den grundgesetzlichen Kompetenzkatalogen hingegen nicht zu entnehmen: Ihre Regelung im Rahmen einer Bundesverfassung kann ausschließlich die Kompetenzen des Bundes nicht aber die der Bundesländer verbindlich festsetzen.[228] Erschöpft sich die

---

Recht, 1998, 259 (275 ff.); *M. Brunner*, ZRP 2011, 207 (208 f.); *C. Gramm*, NZWehrR 2005, 133 (139f.); *J. Güntert*, Materielle Verfassungsmäßigkeit von unilateralen Evakuierungsoperationen, 2008, S. 139 ff.; *W. Heun*, in: H. Dreier (Hrsg.), Grundgesetz Bd. 3, 2. Aufl. 2008, Art. 87a Rn. 17 f.; *S. Schmahl*, in: H. Dreier (Hrsg.), Macht und Ohnmacht des Grundgesetzes, 2009, 107 (113 f., 124 ff.); *U. Schopohl*, Außeneinsatz der Streitkräfte, 1991, S. 189 ff.; *D. Wiefelspütz*, ZaöRV 65 (2005), 819 (822 ff.); *ders.*, AöR n.F. 132 (2007), 44 (61 ff.); jedenfalls skeptisch *M. Payandeh*, DVBl. 2011, 1325 (1325 f.).

225 Implizit *M. Baldus*, in: H. v. Mangoldt/F. Klein/C. Starck (Hrsg.), Grundgesetz Bd. 3, 6. Aufl. 2010, Art. 87a Rn. 56; *M. Brunner*, ZRP 2011, 207 (208); *W. Heun*, in: H. Dreier (Hrsg.), Grundgesetz Bd. 3, 2. Aufl. 2008, Art. 87a Rn. 17 m.w.N.

226 Im Übrigen wären Einsätze der Bundeswehr etwa zur Bestimmung des Aufenthaltsortes des entführten deutschen Staatsangehörigen sowie Einsätze zu seiner (gewaltsamen) Befreiung denkbar. Sie betreffen damit nur einen Teilbereich der in Entführungsfällen erforderlichen staatlichen Hilfsmaßnahmen. Lediglich dieser wäre jedoch von einer eventuellen imperativen Wirkung der Kompetenzbestimmungen für die Verteidigung erfasst. Entsprechend könnten aus Art. 73 Abs. 1 Nr. 1 Alt. 2 GG bzw. Art. 87a GG keine Schutzpflichten der Bundesrepublik Deutschland im Hinblick auf den gesamten Entführungssachverhalt abgeleitet werden. Eine Entführungsbeendigung mit militärischen Mitteln käme zudem überhaupt nur als ultima ratio in Betracht, wenn effektive (bundes-) polizeiliche Handlungsmöglichkeiten nicht gegeben sind, so *O. Depenheuer*, in: T. Maunz/G. Dürig (Begr.), Grundgesetz, Art. 87a Rn. 108.

227 *G. Hermes*, Grundrecht auf Schutz, 1987, S. 136; *D. Rauschning*, VVDStRL 38 (1980), 167 (177).

228 I.E. ebenso *G. Hermes*, Grundrecht auf Schutz, 1987, S. 136, der als Beleg auf die fehlende Nennung der für den Rechtsstaat fundamentalen allgemeinen polizeilichen Gefahrenabwehraufgabe in den umfangreichen Kompetenzkatalogen der Art. 73 f. GG verweist und damit übersieht, dass diese im Grundgesetz für die Bundesländer gar nicht ausdrücklich geregelt werden könnte, vgl.

rechtliche Bedeutung der Kompetenzbestimmungen somit grundsätzlich in ihrer Abgrenzungsfunktion, so bleibt für ein weitergehendes materielles Verständnis in Form einer imperativen Wirkung kein Raum. Sie könnte allenfalls als eine staatliche Verpflichtung im Sinne einer „allgemeinen Bindung“[229] verstanden werden, die sich allerdings auf einen „programmatisch-appellativischen Charakter“[230] beschränken würde.[231]

Nach der legitimierenden Wirkung der Kompetenzbestimmungen scheidet demnach auch ein Rückgriff auf ihre imperative Wirkung als Grundlage konkreter staatlicher Schutzpflichten in Entführungsfällen aus; zumal die Kompetenzbestimmungen in ihrer Gesamtheit unzweifelhaft konkurrierende oder sogar konträre Zielvorstellungen zum Inhalt haben.[232] Sie sind für die Begründung einer auf das Ausland bezogenen verfassungsrechtlichen Schutzpflicht der Bundesrepublik Deutschland zugunsten entführter deutscher Staatsangehöriger somit ebenfalls unergiebig.

b. Sozialstaatsprinzip des Grundgesetzes

Des Weiteren sind die Begründungsansätze zu betrachten, die den Verfassungsprinzipien des Grundgesetzes Aussagen über staatliche Schutzpflichten entnehmen. In diesem Zusammenhang ist zunächst das Sozialstaatsprinzip zu nennen. Dieses in Art. 20 Abs. 1, 28 Abs. 1 S. 1 GG festgeschriebene „Bekenntnis zum Sozialstaat“[233] bildet eine der Grundlagen der deutschen Verfassungsordnung und verpflichtet die Bundesrepublik Deutschland auf das soziale Staatsziel. Danach hat der Sozialstaat für einen „Ausgleich der sozialen Gegensätze“[234] und damit für die Schaffung sowie die Erhaltung einer gerechten Sozialordnung Sorge zu tragen.[235] Ihm obliegt folglich

---

Art. 70 Abs. 1 GG; *L. Jaeckel*, Schutzpflichten im deutschen und europäischen Recht, 2001, S. 34 f.

229 *H. Steiger*, in: J. Salzwedel (Hrsg.), Grundzüge des Umweltrechts, 1982, 21 (26); so wohl auch *W. Weber*, DVBl. 1971, 806 (806).

230 Ähnlich *G. Hermes*, Grundrecht auf Schutz, 1987, S. 136.

231 *G. Hermes*, Grundrecht auf Schutz, 1987, S. 136; *H. H. Klein*, in: H. Schneider u.a. (Hrsg.), FS für W. Weber, 1974, 643 (645); Sachverständigenkommission „Staatszielbestimmungen, Gesetzgebungsaufträge“, 1983, Rn. 3, 131.

232 *G. Hermes*, Grundrecht auf Schutz, 1987, S. 136; s. bspw. Art. 73 Abs. 1 Nr. 1 Alt. 2 GG (Verteidigung) zu Art. 73 Abs. 1 Nr. 9a GG (Abwehr von Gefahren des internationalen Terrorismus) bzw. die Erzeugung und Nutzung der Kernenergie zu friedlichen Zwecken gegenüber dem Schutz gegen Gefahren, die bei Freiwerden von Kernenergie oder durch ionisierende Strahlen entstehen in Art. 73 Abs. 1 Nr. 14 GG.

233 BVerfGE 1, 97 (105) – *Hinterbliebenenrente.*

234 BVerfGE 22, 180 (204) – *Jugendhilfe.*

235 Hierzu aus der Rechtsprechung BVerfGE 1, 97 (105) – *Hinterbliebenenrente*; E 18, 257 (267 ff.) – *Sozialversicherung*; E 22, 180 (204) – *Jugendhilfe*; E 27, 253 (283 ff.) – *Kriegsfolgeschäden*; E 29, 221 (235 f.) – *Jahresarbeitsverdienstgrenze*; E 35, 202 (235 f.) – *Lebach*; E 40, 121 (133 ff.) – *Waisenrente II*; E 59, 231 (262 f.) – *Freie*

ein äußerst weit zu verstehender sozialstaatlicher Leistungs- und Gestaltungsauftrag, aus dem sich nicht zuletzt infolge seiner notwendigen abstrakten Abfassung auch staatliche Schutzpflichten ergeben könnten.[236]

In diesem Zusammenhang ist zunächst festzuhalten, dass „der Sozialstaat [...] die Grundrechte nicht nur zu beachten, sondern auch zu schützen"[237] hat. Dem Sozialstaatsprinzip könnte demnach eine Art Garantenstellung der Bundesrepublik Deutschland entnommen werden, die zu einer rechtlichen Gleichstellung des staatlichen Unterlassens eines Schutzes und des eigenen Eingriffs führte.[238] Entsprechende Ansätze werden vor allem in der Literatur vertreten und lassen sich unter dem Stichwort der „Sozial-Schutzpflicht"[239] verbinden: So umfasse das Sozialstaatsprinzip etwa eine Pflicht zum Strafrechtsschutz, die sich zumindest auf durch das Grundgesetz verbürgte Rechtsgüter beziehe.[240] Ähnliches gelte im Bereich des Umweltschutzes jedenfalls für die Sicherung des sog. „ökologischen Existenzminimums"[241].[242]

Mitarbeiter; E 65, 182 (193 f.) – *Sozialplan*; E 82, 60 (79 f.) – *Steuerfreies Existenzminimum*; BVerwGE 23, 304 (306); aus der Literatur *W. Abendroth*, in: A. Hermann (Hrsg.), FS für L. Bergstraesser, 1993, 279 ff.; *P. Badura*, DÖV 1989, 491 ff.; *E. Benda*, ZIP 1981, 221 ff.; *ders.*, in: ders. u.a. (Hrsg.), HdBVerfR, 2. Aufl. 1994, § 17 Rn. 80 ff.; *R. Breuer*, in: A. Söllner u.a. (Hrsg.), GS für M. Heinze, 2005, 81 ff.; *H. P. Bull*, Staatsaufgaben nach dem Grundgesetz, 2. Aufl. 1977, S. 163 ff.; *H. F. Zacher*, in: J. Isensee/P. Kirchhof (Hrsg.), HStR II, 3. Aufl. 2004, § 28 Rn. 1 ff. jeweils m.w.N.

236 S. auch BVerfGE 40, 121 (133) – *Waisenrente II*, das ausdrücklich von einer „allgemeinen Schutzpflicht" spricht, diese jedoch nur ergänzend heranzieht; ähnlich BVerfGE 85, 191 (213) – *Nachtarbeitsverbot*; *E. Benda*, ZIP 1981, 221 (222 f.); *P. Häberle*, VVDStRL 30 (1970), 43 (94 f.); *W. Loschelder*, ZBR 1977, 337 (339 ff.); *V. Neumann*, DVBl. 1997, 92 (97); *J. Schwabe*, NJW 1969, 2274 (2275); *O. Seewald*, Verfassungsrecht auf Gesundheit, 1981, S. 143 ff., 247 ff.; *P. Szczekalla*, Grundrechtliche Schutzpflichten, 2002, S. 106.

237 *H. Hofmann*, Rechtsfragen der atomaren Entsorgung, 1981, S. 305; diesbzgl. grundlegend BVerfGE 33, 303 (330 f.) – *numerus clausus*; *P. Häberle*, VVDStRL 30 (1970), 43 (109).

238 Zu dieser rechtlichen Konstruktion, s. *G. Hermes*, Grundrecht auf Schutz, 1987, S. 129 f.; *T. Langner*, Geltung der Grundrechte zwischen Privaten, 1998, S. 94 f.

239 *J. Schwabe*, NJW 1969, 2274 (2275). Dieser Terminologie gegenüber kritisch *M. Ruffert*, Vorrang der Verfassung, 2001, S. 165.

240 *D. Lang-Hinrichsen*, FamRZ 1974, 497 (504), der jedoch zudem das Rechtsstaatsprinzip heranzieht.

241 *E. Benda*, UPR 1982, 241 (242).

242 *H. P. Bull*, Staatsaufgaben nach dem Grundgesetz, 2. Aufl. 1977, S. 224; *H. H. Klein*, in: H. Schneider u.a. (Hrsg.), FS für W. Weber, 1974, 643 (644); *J. Kölble*, DÖV 1977, 1 (3) m.w.N. in Fn. 19; *H. Steiger*, Mensch und Umwelt, 1975, S. 67 ff., insbesondere 69 f.; *W. Weber*, DVBl. 1971, 806 (806); diesbzgl. zweifelnd *E. Benda*, ZIP 1981, 221 (223 f.); *E. Rehbinder*, ZRP 1970, 250 (252) bzw. ablehnend *D. Rauschning*, VVDStRL 38 (1980), 167 (185 f.). Eine entsprechende Bedeutung des Sozialstaatsprinzips für den Umweltschutz wurde jedenfalls bis zur ausdrücklichen Normierung dieses

In diesem Sinne könnte das Sozialstaatsprinzip grundsätzlich auch zur Begründung einer staatlichen Schutzpflicht zugunsten im Ausland entführter deutscher Staatsangehöriger herangezogen werden. Ihrer Herleitung steht jedenfalls nicht entgegen, dass sie sich in diesen Fällen auf Auslandssachverhalte beziehen würde. So weist das Sozialstaatsprinzip zwar aufgrund der Systembezogenheit wesentlicher Erscheinungsformen der sozialen Absicherung einen starken Inlandsbezug auf. Die Gewährleistung sozialer Sicherheit durch die Sozialsysteme bezieht sich insoweit nur auf Deutsche i.S.d. Art. 116 Abs. 1 GG, im Inland lebende Ausländer und nach europäischem Recht Begünstigte.[243] Im Übrigen liegt es in der Gestaltungsfreiheit des Gesetzgebers, die soziale Schutzpflicht zugunsten außerhalb des Bundesgebiets lebender Deutscher auf einem – im Vergleich zum Inland – eventuell niedrigeren Niveau auszugestalten oder sie gänzlich auf Inländer zu beschränken.[244] Die untersuchte Fragestellung bewegt sich allerdings nicht in diesem Rahmen systemischer sozialer Absicherung, als vorliegend nicht „der Export" sozialer Leistungen als solche in Rede steht. Regelmäßig kann zudem nicht von einer verminderten sozialstaatlichen Fürsorgeverantwortung für im Ausland entführte deutsche Staatsangehörige ausgegangen werden: So verdeutlichen die im ersten Teil geschilderten Entführungsfälle, dass sich die Betroffenen lediglich zu Urlaubs- bzw. vorübergehenden Arbeitszwecken im Ausland aufhielten. Sie haben somit gerade nicht, etwa durch die Verlegung des Wohnsitzes ins Ausland, ihre enge Verbindung zur Bundesrepublik Deutschland (freiwillig) aufgeben.

Für die Begründung einer diesbezüglichen Schutzpflicht auf Grundlage des Sozialstaatsprinzips kommt es somit entscheidend darauf an, ob Entführungssachverhalte und damit speziell der Schutz vor von Privatpersonen begründeten Gefahren insbesondere für Leib und Leben in die weit zu verstehende sozialstaatliche Leistungs- und Gestaltungsaufgabe fallen. Von dieser erfasst und daher klassischerweise durch den Sozialstaat aufzufangen sind jedenfalls solche Notlagen, die allgemein durch Attribute wie Schicksal, Natur und System gekennzeichnet sind. Nicht in Bezug genommen sind hingegen solche, die durch Menschenhand bewirkt werden.[245] Die in den hier untersuchten Sachverhalten drittverursachter

Staatsziels in Art. 20a GG im Jahr 1994 angenommen, vgl. hierzu u.a. *E. Benda*, UPR 1982, 241 (244 f.).

243 BVerfGE 51, 1 (27 f.) – *Rentenversicherung im Ausland*; BSGE 84, 253 (257); *G. Robbers*, in: W. Kahl u.a. (Hrsg.), Bonner Kommentar Bd. 5, Art. 20 Abs. 1 Rn. 1474 ff.; *F. Wittreck*, in: H. Dreier (Hrsg.), Grundgesetz Bd. 2, 3. Aufl. 2015, Art. 20 (Sozialstaat) Rn. 38.

244 BVerfGE 51, 1 (27) – *Rentenversicherung im Ausland*; BSGE 73, 293 (300 f.); *F. Wittreck*, in: H. Dreier (Hrsg.), Grundgesetz Bd. 2, 3. Aufl. 2015, Art. 20 (Sozialstaat) Rn. 38; *G. Robbers*, in: W. Kahl u.a. (Hrsg.), Bonner Kommentar Bd. 5, Art. 20 Abs. 1 Rn. 1477 ff.

245 BVerfGE 18, 257 (267) – *Sozialversicherung*: „Wechselfälle des Lebens"; BVerfGE 27, 253 (270) – *Kriegsfolgeschäden*; E 35, 202 (236 f.) – *Lebach*; E 40, 121 (133 f.) – *Waisenrente II*; *G. Hermes*, Grundrecht auf Schutz, 1987, S. 130 f.; *J. Isensee*, Grundrecht

Rechtsbeeinträchtigungen ausgelöste Notlage unterscheidet sich demnach bereits nach ihrer Art[246] bzw. ihrer Ursache[247] von der Notlage, die üblicherweise dem Kernbereich der sozialstaatlichen Leistungs- und Gestaltungsaufgabe zuzuschreiben ist. Sie verlangt überdies Hilfeleistungen, die von den in Entführungsfällen erforderlichen Schutzmaßnahmen deutlich abweichen, sodass letztere nicht als klassischer Anwendungsfall des Art. 20 Abs. 1 GG eingeordnet werden können. Die Einbeziehung von Entführungsfällen in den sozialstaatlichen Anwendungsbereich ist demnach jedenfalls zu bezweifeln.[248]

Darüber hinaus unterliegt die Herleitung konkreter staatlicher Pflichten aus dem Sozialstaatsprinzip weitergehenden Vorbehalten, die sich in erster Linie auf die inhaltlich offene Abfassung des Art. 20 Abs. 1 GG beziehen: Sie ermöglicht es zwar, neuen Problemstellungen zu begegnen; gleichzeitig bedingt sie allerdings eine „formelhafte Allgemeinheit und Unbestimmtheit"[249]. In diesem Sinne handelt es sich um ein besonders an den Gesetzgeber gerichtetes und „der konkreten Ausgestaltung in hohem Maße fähiges und bedürftiges Prinzip"[250], dessen rechtliche Bedeutung gemeinhin mit „Auslegungsgrundsatz"[251], verfassungspolitische(r) „Auftrag und Richtlinie"[252] oder „Verfassungsprogramm"[253] umschrieben wird. Die notwendige Abstraktheit des Sozialstaatsprinzips steht somit spiegelbildlich zu der (Un-)Möglichkeit, seinem Gehalt konkrete inhaltliche Rechtsfolgen zu entnehmen.

---

auf Sicherheit, 1983, S. 17 ff., 32 f.; gegenüber einer Ausklammerung drittverursachter Gefahren hingegen kritisch *V. Neumann*, DVBl. 1997, 92 (97); für eine Einbeziehung auch drittverursachter Gefahren *T. Langner*, Geltung der Grundrechte zwischen Privaten, 1998, S. 95 f.; implizit auch *O. Seewald*, Verfassungsrecht auf Gesundheit, 1981, S. 248 ff.

246 *J. Isensee*, Grundrecht auf Sicherheit, 1983, S. 21 f., 32 f. spricht von wirtschaftlichen Lebensrisiken und rechnet damit u.a. eine Hilfsbedürftigkeit, die auf Krankheit, Unfall, Alter oder Arbeitslosigkeit zurückzuführen ist, dem sozialstaatlichen Aufgabenbereich zu; ausdrücklich ausgenommen wird der Schutz vor drittverursachten Rechtsverletzungen.

247 Nach *G. Hermes*, Grundrecht auf Schutz, 1987, S. 130 f. sind ausschließlich solche Notlagen durch den Sozialstaat aufzufangen, die „nicht oder jedenfalls nicht mit genügender Sicherheit und Präzision auf Dritte zurückzuführen sind".

248 Skeptisch gegenüber einer Einordnung drittverursachter Notlagen unter die sozialstaatliche Aufgabe *G. Hermes*, Grundrecht auf Schutz, 1987, S. 130 f.; zumindest implizit auch *J. Isensee*, Grundrecht auf Sicherheit, 1983, S. 17 f.; *D. Rauschning*, VVDStRL 38 (1980), 167 (185 f.); *H. Steiger*, in: J. Salzwedel (Hrsg.), Grundzüge des Umweltrechts, 1982, 21 (27 f.) zum klassischen Bestand sozialstaatlicher Aufgaben.

249 *G. Hermes*, Grundrecht auf Schutz, 1987, S. 132.

250 BVerfGE 1, 97 (100) – *Hinterbliebenenrente*; E 5, 85 (198) – *KPD-Verbot*; ähnlich *G. Hermes*, Grundrecht auf Schutz, 1987, S. 132 unter Hinweis auf *U. Scheuner*, in: R. Schnur (Hrsg.), FS für E. Forsthoff, 1972, 325 (335 f.).

251 *G. Hermes*, Grundrecht auf Schutz, 1987, S. 132.

252 *P. Badura*, Der Staat 14 (1975), 17 (32).

253 *P. Badura*, Der Staat 14 (1975), 17 (34).

Bestimmte staatliche Handlungspflichten – vor allem der Legislative – im Einzelfall sind auf seiner Grundlage allein folglich nicht bzw. nur sehr zurückhaltend und in beschränktem Umfang begründbar.[254]

Als seltenes Beispiel für die Herleitung eines verfassungsunmittelbaren (Leistungs-)Rechts aus dem Sozialstaatsprinzip kann dabei die Absicherung der „Mindestvoraussetzungen für ein menschenwürdiges Dasein“[255] und damit des ökonomischen Existenzminimums durch die Legislative gelten.[256] Unter diese anerkannte Fallgruppe ist der staatliche Schutz in Entführungssachverhalten jedoch nicht zu fassen, denn er ist gerade nicht auf eine Absicherung materieller Rechtsgüter ausgerichtet.[257] Im Hinblick auf eine staatliche Schutzpflicht zugunsten im Ausland entführter deutscher Staatsangehöriger trifft das Sozialstaatsprinzip somit keine Aussagen, sodass dieses für die vorliegende Fragestellung nicht fruchtbar gemacht werden kann.

c. *Rechtsstaatsprinzip des Grundgesetzes*

Die Differenzierung zwischen staatlicher Leistungspflicht einerseits und staatlichem Schutz andererseits, leitet auf das Rechtsstaatsprinzip als weitere potentielle Grundlage einer Schutzpflicht der Bundesrepublik Deutschland aus den Verfassungsprinzipien über.[258] Dieses Art. 20 Abs. 1, Abs. 2 S. 2, Abs. 3 GG jedenfalls in seinen Einzelgehalten immanente und in Art. 28 Abs. 1 S. 1 GG ausdrücklich

---

254 Zu diesem Absatz insgesamt BVerfGE 82, 60 (80) – *Steuerfreies Existenzminimum*; ähnlich *P. Badura*, DÖV 1989, 491 (493 f.); *E. Benda*, ZIP 1981, 221 (223 f.); *K. H. Friauf*, DVBl. 1971, 674 (678); *G. Hermes*, Grundrecht auf Schutz, 1987, S. 132 f.; *K. Hesse*, Grundzüge des Verfassungsrechts, 20. Aufl. 1999, Rn. 209 ff., insbesondere 213; *L. Jaeckel*, Schutzpflichten im deutschen und europäischen Recht, 2001, S. 45; *M. Ruffert*, Vorrang der Verfassung, 2001, S. 164 f. (auch) im Vergleich zu den grundrechtlichen Schutzpflichten; *U. Scheuner*, DÖV 1971, 505 (512); *U. Scheuner*, in: ders. (Hrsg.), Staatliche Einwirkung auf die Wirtschaft, 1971, 9 (63).

255 BVerfGE 40, 121 (133) – *Waisenrente II*; E 82, 60 (79 f.) – *Steuerfreies Existenzminimum*.

256 BVerfGE 40, 121 (133 f.) – *Waisenrente II*; E 82, 60 (79 f.) – *Steuerfreies Existenzminimum*; E 110, 412 (445) – *Teilkindergeld*. Als weiteres Beispiel können Fälle angeführt werden, in denen der Gesetzgeber Leistungsregelungen geschaffen hat, bestimmte Personenkreise jedoch ohne sachlichen Grund von der Begünstigung ausnimmt; hier wird jedoch das Willkürverbot ergänzend anspruchsbegründend herangezogen, vgl. BVerfGE 1, 97 (105) – *Hinterbliebenenrente*; E 40, 121 (133 ff.) – *Waisenrente II*; s. diesbzgl. *G. Hermes*, Grundrecht auf Schutz, 1987, S. 132 f.; *O. Seewald*, Verfassungsrecht auf Gesundheit, 1981, S. 78 f., 250 ff.; zumindest als Ergänzung einer Anspruchsbegründung *O. Bachof*, VVDStRL 12 (1954), 37 (41 ff.); *V. Neumann*, DVBl. 1997, 92 (94); allgemeiner *R. Pitschas*, in: F. Ruland u.a. (Hrsg.), FS für H. Zacher, 1998, 755 (762 f.). Beide weisen ausdrücklich auf den Leistungsaspekt des Sozialstaatsprinzips hin.

257 Ähnlich *G. Robbers*, Sicherheit als Menschenrecht, 1987, S. 126 f.

258 *G. Hermes*, Grundrecht auf Schutz, 1987, S. 133.

erwähnte grundgesetzliche Strukturprinzip bestimmt das Selbstverständnis der Bundesrepublik Deutschland auf besondere Weise: „Im Rechtsstaat gibt das Recht dem Staat, der Wirksamkeit des Staates, dem Gesamtleben innerhalb des Staates *Maß und Form*“[259]. Es handelt sich somit um einen „Verfassungsgrundsatz, der der Konkretisierung je nach den sachlichen Gegebenheiten bedarf, wobei allerdings fundamentale Elemente des Rechtsstaates und die Rechtsstaatlichkeit im ganzen gewahrt bleiben müssen“[260].[261] Als entsprechende Elemente sind insbesondere die Rechtssicherheit sowie die materiale Gerechtigkeit anzusehen,[262] die als Grundlage eines „materiale[n] Verständnis[ses]“[263] des Rechtsstaatsbegriffs den Ausgangspunkt einer Herleitung staatlicher Schutzpflichten aus dem Rechtsstaatsprinzip bilden könnte.[264] Dabei bezieht sich die „Verpflichtung des Staates auf die Verhinderung von Unrecht“[265] sowohl auf das Verhältnis zwischen dem Staat und seinen Bürgern als auch auf das der Bürger untereinander, da „Freiheit und Sicherheit [...] zwei

259 *K. Hesse*, in: ders. u.a. (Hrsg.), FG für R. Smend, 1962, 71 (73); ähnlich *ders.*, Grundzüge des Verfassungsrechts, 20. Aufl. 1999, Rn. 193.

260 BVerfGE 7, 89 (92 f.) – *Hamburgisches Hundesteuergesetz*; E 52, 131 (144) – *Arzthaftungsprozeß*; vgl. auch *E. Benda*, AöR n.F. 101 (1976), 497 ff.; *E. Forsthoff*, Der Staat 2 (1963), 385 ff.

261 *B. Grzeszick*, in: T. Maunz/G. Dürig (Begr.), Grundgesetz, Art. 20 Rn. 32 ff.; *K. Hesse*, in: ders. u.a. (Hrsg.), FG für R. Smend, 1962, 71 (73 ff.); *G. Robbers*, in: W. Kahl u.a. (Hrsg.), Bonner Kommentar Bd. 5, Art. 20 Abs. 1 Rn. 1718 ff.; *H. Schulze-Fielitz*, in: H. Dreier (Hrsg.), Grundgesetz Bd. 2, 3. Aufl. 2015, Art. 20 (Rechtsstaat) Rn. 38 ff.; *H. Sendler*, DÖV 1989, 482 ff.; *C. Starck*, JZ 1978, 746 ff.; *K. Stern*, Staatsrecht I, 2. Aufl. 1984, § 20, S. 776 ff.

262 BVerfGE 3, 225 (237) – *Gleichberechtigung*; E 22, 330 (347); E 49, 148 (164) – *Revisionsrecht*; E 74, 129 (152) – *Betriebliche Altersversorgung*; E 111, 54 (82) – *Rechenschaftsbericht*; *E. Benda*, in: ders. u.a. (Hrsg.), HdBVerfR, 2. Aufl. 1994, § 17 Rn. 42 f.; *G. Robbers*, in: W. Kahl u.a. (Hrsg.), Bonner Kommentar Bd. 5, Art. 20 Abs. 1 Rn. 1729, 1808 ff.; *H. Schulze-Fielitz*, in: H. Dreier (Hrsg.), Grundgesetz Bd. 2, 3. Aufl. 2015, Art. 20 (Rechtsstaat) Rn. 47, 50 f.; *E. Schmidt-Aßmann*, in: J. Isensee/P. Kirchhof (Hrsg.), HStR II, 3. Aufl. 2004, § 26 Rn. 81 ff.; *K. Stern*, Staatsrecht I, 2. Aufl. 1984, § 20, S. 776 ff.

263 Ähnlich *K. Hesse*, in: ders. u.a. (Hrsg.), FG für R. Smend, 1962, 71 (71).

264 Zu einem materiellen Verständnis des Rechtsstaatsprinzips, s. *E. Benda*, in: ders. u.a. (Hrsg.), HdBVerfR, 2. Aufl. 1994, § 17 Rn. 1 ff., 42 f.; *K. Hesse*, in: ders. u.a. (Hrsg.), FG für R. Smend, 1962, 71 ff.; *A. Hollerbach*, AöR n.F. 85 (1960), S. 241 (248 ff.); *U. Scheuner*, in: E. v. Caemmerer u.a. (Hrsg.), Hundert Jahre Deutsches Rechtsleben Bd. 2, 1960, 229 (247 ff.); kritisch *E.-W. Böckenförde*, in: H. Ehmke u.a. (Hrsg.), FS für A. Arndt, 1969, 53 (54 ff.) aus geschichtlicher Perspektive; *ders.*, Staat, Gesellschaft, Freiheit, 1976, S. 65 (81 ff.); *E. Forsthoff*, VVDStRL 12 (1954), 8 (16 f.); s. auch *K. Sobota*, Prinzip Rechtsstaat, 1997, S. 457 ff.

265 *W. Zeidler*, in: Deputation DJT (Hrsg.), Verhandlungen des 53. DJT Bd. 2 Teil I, 1980, I 5 (I 22 f.) unter Verweis auf BVerfGE 39, 1 (42) – *Schwangerschaftsabbruch I*; E 46, 160 (164) – *Schleyer*; E 49, 24 (53) – *Kontaktsperre-Gesetz*; s. auch *G. Hermes*, Grundrecht auf Schutz, 1987, S. 133.

Seiten derselben rechtsstaatlichen Medaille"[266] sind, wobei der gewaltmonopolistische Rechtsstaat[267] letztere durch die Bewahrung eines friedlichen gesellschaftlichen Zusammenlebens der Bürger sowie durch die Durchsetzung der diesem Zwecke dienenden rechtlichen Ordnung gewährleisten muss.[268]

Die Pflicht des Staates, Unrecht zu verhindern, ist ohne weiteres jedoch ausschließlich in Inlandssachverhalten erfüllbar. Nur in diesen kann die Bundesrepublik Deutschland aufgrund der auf ihr Staatsgebiet beschränkten Hoheitsgewalt durch den Gesetzgeber Eingriffen von nichtstaatlicher Seite durch die Schaffung (straf-)gesetzlicher Regelungen entgegentreten; diese werden nachgeordnet durch die Exekutive und Judikative durchgesetzt.[269] Die vorliegend untersuchten Entführungsfälle beziehen sich hingegen auf Auslandsachverhalte, sodass die das Unrecht begehenden Privatpersonen der dortigen ausländischen und nicht der deutschen Rechtsordnung unterworfen sind. Sie stehen somit in keinem innerstaatlichen Subordinationsverhältnis zur Bundesrepublik Deutschland und sind somit grundsätzlich dem ordnenden Einfluss der deutschen Staatsgewalt entzogen.[270]

Im Übrigen wäre die – aus einer staatlichen Verpflichtung zu einer Unrechtsverhinderung abgeleitete – rechtsstaatliche Schutzpflicht zugunsten des Einzelnen vor Übergriffen privater Dritter im Ausland rechtlich und tatsächlich nicht wie im Inland realisierbar. Ungeachtet des § 7 Abs. 1 StGB, der im Ausland verübte Straftaten zulasten Deutscher unter bestimmten Voraussetzungen im Inland unter Strafe

---

266 *J. Isensee*, in: Freiherr-vom-Stein-Gesellschaft (Hrsg.), Zur Regierbarkeit der parlamentarischen Demokratie, 1979, 15 (43).

267 Diesbzgl. *H. P. Bull*, Staatsaufgaben nach dem Grundgesetz, 2. Aufl. 1977, S. 349; *G. Hermes*, Grundrecht auf Schutz, 1987, S. 133; *J. Isensee*, Grundrecht auf Sicherheit, 1983, S. 17 f.; *D. Merten*, Rechtsstaat und Gewaltmonopol, 1975, S. 35 ff.; *ders.*, in: M. Schreiber (Hrsg.), FS für R. Samper, 1982, 35 (40 ff.); *D. Murswiek*, Staatliche Verantwortung, 1985, S. 103 ff.; *H.-J. Vogel*, NJW 1978, 1217 (1218 f.); *K. Wiesbrock*, Internationaler Schutz der Menschenrechte, 1999, S. 93 f. jeweils m.w.N.

268 *G. Hermes*, Grundrecht auf Schutz, 1987, S. 133 f.; *J. Isensee*, Grundrecht auf Sicherheit, 1983, S. 17 f.; *U. Scheuner*, in: R. Schnur (Hrsg.), FS für E. Forsthoff, 1972, 325 (339); *C. Starck*, JZ 1978, 746 (747). Als Beispiel rechtsstaatlicher Handlungspflichten kann eine funktionsfähige (Straf-)Rechtspflege und -gesetzgebung angeführt werden, s. BVerfGE 33, 367 (382f) – *Zeugnisverweigerungsrecht für Sozialarbeiter*; E 34, 238 (248 f.) – *Tonband*; E 38, 105 (115 f.) – *Rechtsbeistand*; E 39, 156 (163) – *Gemeinschaftliche Verteidigung*; E 41, 246 (250) – *Baader-Meinhof*; E 44, 353 (374) – *Suchtkrankenberatungsstelle*; E 45, 272 (294); E 51, 324 (343 f.) – *Verhandlungsunfähigkeit des Angeklagten*; *G. Hermes*, Grundrecht auf Schutz, 1987, S. 133 f.; *D. Lang-Hinrichsen*, FamRZ 1974, 497 (504); *T. Langner*, Geltung der Grundrechte zwischen Privaten, 1998, S. 93 f.; *R. Pitschas*, JZ 1993, 857 (857 f.); *H.-J. Vogel*, NJW 1978, 1217 (1218 f.); *W. Zeidler*, in: Deputation DJT (Hrsg.), Verhandlungen des 53. DJT Bd. 2 Teil I, 1980, I 5 (I 23).

269 Ähnlich *G. Hermes*, Grundrecht auf Schutz, 1987, S. 131.

270 Hinsichtlich des diplomatischen Schutzes so *J. Isensee*, Grundrecht auf Sicherheit, 1983, S. 30.

stellt, würde in Entführungsfällen somit eine staatliche Schutzleistung durch die Bundesrepublik Deutschland verlangt, die rein tatsächlich kaum erfüllbar ist. Dieses Auseinanderfallen der rechtsstaatlichen Schutzpflicht und ihrer Erfüllbarkeit im Ausland wäre zudem geeignet, das Vertrauen in die Rechtsstaatlichkeit im Ganzen infrage zu stellen.[271]

Schließlich scheitert die Begründung konkreter staatlicher Handlungspflichten aus dem Rechtsstaatsprinzip an der grundlegenden Frage, welches Unrecht der Rechtsstaat auf welche Weise zu verhindern hätte. Zwar kann ein diesbezüglicher Grundkonsens im Hinblick auf den Schwerpunkt materieller Gerechtigkeit für den Bereich der Schwerkriminalität angenommen werden. Darüber hinaus vermag das Rechtsstaatsprinzip allein die aufgeworfene Frage nicht zu beantworten, denn auch ein Rückgriff auf gemeinhin anerkannte Unrechtsvorstellungen erscheint wenig ergiebig.[272] In diesem Zusammenhang bedarf es vielmehr eines Rekurses auf und einer Konkretisierung durch die grundrechtlich verbürgten Rechtsgüter des Grundgesetzes, die jedoch ihrerseits selbst den Mittelpunkt der nachfolgenden Untersuchung bilden.[273]

2. *Staatliche Pflicht zur Gewährung von Auslandsschutz und die Grundrechte des Grundgesetzes*

Eine verfassungsrechtliche Pflicht der Bundesrepublik Deutschland zum Schutz im Ausland entführter eigener Staatsangehöriger könnte sich danach aus den grundrechtlichen Gewährleistungen des Grundgesetzes ergeben: Im Kern geht es um die Frage nach dem Bestehen einer Pflicht der Bundesrepublik Deutschland zum Schutz grundrechtlich geschützter Güter deutscher Staatsangehöriger vor Eingriffen durch

---

271 So in Bezug auf eine rechtsfolgenseitige Anwendbarkeitseinschränkung der grundrechtlichen Schutzpflichten, *G. Krings*, Grund und Grenzen grundrechtlicher Schutzansprüche, 2003, S. 196. Im Zusammenhang mit den vorliegend untersuchten Entführungssachverhalten sind keine Regelungen zulasten des Störers im Ausland, sondern allenfalls zugunsten des deutschen Entführungsopfers denkbar (etwa §§ 1, 5 KonsG, § 3a OEG). Sie würden freilich auf eine Linderung oder Beseitigung der verursachten Notlage und damit gerade nicht auf eine Abwehr des Unrechts als solchem abzielen, s. *G. Hermes*, Grundrecht auf Schutz, 1987, S. 131 in anderem Zusammenhang. Aufgrund der genannten abweichenden Regelungsziele können entsprechende Normen daher nicht unter eine Verpflichtung des Staates, Unrecht zu verhindern, subsumiert werden. Lediglich hieraus käme allerdings die Herleitung von Schutzpflichten des Staates unter Rückgriff auf das Rechtsstaatsprinzip in Betracht.

272 *G. Hermes*, Grundrecht auf Schutz, 1987, S. 134 unter Hinweis auf *H. P. Bull*, Staatsaufgaben nach dem Grundgesetz, 2. Aufl. 1977, S. 350; *W. Zeidler*, in: Deputation DJT (Hrsg.), Verhandlungen des 53. DJT Bd. 2 Teil I, 1980, I 5 (I 23 f.).

273 *E. Benda*, in: ders. u.a. (Hrsg.), HdBVerfR, 2. Aufl. 1994, § 17 Rn. 42 f.; *K. Hesse*, in: ders. u.a. (Hrsg.), FG für R. Smend, 1962, 71 (78); *G. Hermes*, Grundrecht auf Schutz, 1987, S. 134; *D. Merten*, Rechtsstaat und Gewaltmonopol, 1975, S. 41 ff.

nichtstaatliche Dritte im Ausland. Dabei werden die Grundrechte des Grundgesetzes – entsprechend der klassisch-liberalen Grundrechtsidee – primär als Abwehrrechte des Bürgers gegenüber dem Staat wahrgenommen.[274] Diese klassische Grundrechtsfunktion der Abwehr staatlicher Eingriffe kann die vorliegend untersuchte Fragestellung grundsätzlich jedoch nicht einfangen; diesbezügliche Aussagen können den Grundrechten vielmehr nur über die rechtliche Figur der grundrechtlichen Schutzpflichten entnommen werden.[275] Während ihre Existenz in Rechtsprechung und Literatur heute zumindest in innerstaatlichen Sachverhalten unbestritten ist, werden hinsichtlich ihrer dogmatischen Begründung sehr unterschiedliche Wege beschritten.[276] Diese sind im Folgenden zu beleuchten, bevor im Anschluss auf die eigentliche Frage nach der möglichen Verknüpfung der grundrechtlichen Schutzpflichten mit dem Auslandsschutz näher zu betrachten ist.

a. *Notwendigkeit der Ableitung (eigenständiger) grundrechtlicher Schutzpflichten – Unergiebigkeit der „abwehrrechtlichen Lösung(en)"*[277]

Der Notwendigkeit einer Ableitung eigenständiger Schutzpflichten aus den Grundrechten wird von Teilen des Schrifttums entgegengehalten, dass der Schutz vor grundrechtsbeeinträchtigendem Handeln Privater grundsätzlich bereits durch den status negativus der Grundrechte abgedeckt und damit (nahezu völlig[278]) entbehrlich sei.[279] Diesen sog. abwehrrechtlichen Lösungen zufolge, sei der Staat unvermeidlich

---

274 *C. v. Coelln*, in: C. Gröpl/K. Windthorst/ders. (Hrsg.), Grundgesetz, 2. Aufl. 2015, Vorb. Grundrechte Rn. 26; *J. Isensee*, in: ders./P. Kirchhof (Hrsg.), HStR IX, 3. Aufl. 2011, § 191 Rn. 16.

275 Ähnlich *C. Burkiczak*, RdA 2007, 17 (18).

276 Statt vieler *R. Alexy*, Theorie der Grundrechte, 2. Aufl. 1994, S. 410 ff.; *J. Dietlein*, Lehre von den grundrechtlichen Schutzpflichten, 2. Aufl. 2005, S. 17; *J. Isensee*, in: ders./P. Kirchhof (Hrsg.), HStR IX, 3. Aufl. 2011, § 191 Rn. 146 ff., insbesondere ab Rn. 162 ff.; *K. Stern*, Staatsrecht III/1, 1988, § 69, S. 945; *P. Szczekalla*, Grundrechtliche Schutzpflichten, 2002, S. 244. Zu grundsätzlicher Kritik an der Schutzpflichtfunktion der Grundrechte, s. *J. Isensee*, in: ders./P. Kirchhof (Hrsg.), HStR IX, 3. Aufl. 2011, § 191 Rn. 165 ff.

277 *P. Szczekalla*, Grundrechtliche Schutzpflichten, 2002, S. 390 mit Fn. 1749. Zu der folgenden Darstellung der dogmatischen Begründung, s. insgesamt *J. Dietlein*, Lehre von den grundrechtlichen Schutzpflichten, 2. Aufl. 2005, S. 35 ff.; *M. Gellermann*, Grundrechte, 2000, S. 233 f.; *G. Hermes*, Grundrecht auf Schutz, 1987, S. 71 f.; *J. Isensee*, in: ders./P. Kirchhof (Hrsg.), HStR IX, 3. Aufl. 2011, § 191 Rn. 256 f.; *M. Ruffert*, Vorrang der Verfassung, 2001, S. 162 jeweils m.w.N.

278 Zu möglichen Fällen, die nicht durch den status negativus, sondern nur von einer verbleibenden Schutzpflichtfunktion der Grundrechte erfasst werden könnten, s. *J. Schwabe*, Probleme der Grundrechtsdogmatik, 2. Aufl. 1997, S. 219 ff.

279 In verschiedener Ausprägung werden abwehrrechtliche Lösungen insbesondere vertreten von *J.* Schwabe, Drittwirkung der Grundrechte, 1971, S. 26 ff., 62 ff.; *ders.*, NJW 1974, 670 (671); *ders.*, AcP 185 (1985), 1 ff.; *ders.*, Probleme der Grundrechtsdogmatik, 2. Aufl. 1997, S. 213 ff. und diesen Ansatz aufgreifend *D. Murswiek*, Staatliche

an nichtstaatlichen Grundrechtsbeeinträchtigungen beteiligt:[280] Seine Rechtsordnung schaffe einen umfassenden Rahmen der tatsächlichen und rechtlichen Beziehungen seiner Bürger untereinander, verbiete Privaten die Anwendung von Gewalt und konzentriere diese auf den Staat. Das staatliche Gewalt- und Regelungsmonopol vermittle zugleich die allgemeine Pflicht des Staates – insbesondere des Gesetzgebers – Grundrechtsbeeinträchtigungen durch Private zu verbieten und seine Bürger vor solchem Verhalten zu schützen.[281] Erlaube oder toleriere er dieses hingegen, so müssten ihm entsprechende Eingriffe als eigene zugerechnet werden, denn infolge des privaten Gewaltverbots unterliege der Betroffene seinerseits der Pflicht, legale, d.h. durch die Rechtsordnung nicht untersagte, Grundrechtsbeeinträchtigungen zu dulden.[282] Diese private Duldungspflicht begründe eine in der staatlichen Verantwortung stehende Grundrechtseinschränkung durch das gesetzlich „Nichtverbotene"[283].[284] Der unterlassene staatliche Schutz sei daher wie ein klassischer hoheitlicher Eingriff zu bewerten, sodass auch in diesen eigentlich dreiseitigen Konstellationen die Abwehrfunktion der Grundrechte aktiviert werde.[285]

Verantwortung, 1985, S. 61 ff., 88 ff., insbesondere 91 ff., 102 ff.; *ders.*, WiVerw 1986, 179 (180 ff.); *ders.*, NVwZ 1986, 611 (611 f.). Grundsätzlich zustimmend auch *H. Buhck*, Überwachungsgemeinschaften im Umweltrecht, 1997, S. 136 f.; *B. Davy*, Gefahrenabwehr im Anlagenrecht, 1990, S. 203 ff., insbesondere 233 ff.; *U. Diederichsen*, AcP 198 (1998), 171 (252); *T. Koch*, Grundrechtsschutz des Drittbetroffenen, 2000, S. 366 ff., 390 ff.; *P. Szczekalla*, Grundrechtliche Schutzpflichten, 2002, S. 404 ff. unter Zurückweisung des Terminus' der Mitverantwortung, jeweils m.w.N. Zu Österreich vgl. nur *S. Griller*, JBl. 1992, 205 (207 ff., 216 ff.) und 289 ff.; *M. Holoubek*, in: C. Grabenwarter u.a. (Hrsg.), Allgemeinheit der Grundrechte, 1994, 61 (74); *ders.*, Grundrechtliche Gewährleistungspflichten, 1997, S. 251 ff.; *ders.*, DVBl. 1997, 1031 (1033 ff.).

280 *J. Schwabe*, Drittwirkung der Grundrechte, 1971, S. 65; *ders.*, AöR n.F. 100 (1975), 442 (457, 462) spricht von „Imperativen des staatlichen Rechts"; *ders.*, Probleme der Grundrechtsdogmatik, 2. Aufl. 1997, S. 213; implizit auch *D. Murswiek*, WiVerw 1986, 179 (182).

281 *D. Murswiek*, Staatliche Verantwortung, 1985, S. 65 f., 91 ff., 102 ff., 276; *ders.*, WiVerw 1986, 179 (181 f., 184); *J. Schwabe*, Drittwirkung der Grundrechte, 1971, S. 16 f.

282 *D. Murswiek*, Staatliche Verantwortung, 1985, S. 65 ff., 91 ff., 276; *ders.*, WiVerw 1986, 179 (181 f.) spricht in diesem Zusammenhang von einer „primären Schutzpflicht"; *ders.*, NVwZ 1986, 611 (611 f.); *J. Schwabe*, Probleme der Grundrechtsdogmatik, 2. Aufl. 1997, S. 213 ff.; *ders.*, NJW 1974, 670 (671); *ders.*, AöR n.F. 100 (1975), 442 (452 f., 457).

283 *J. Schwabe*, Probleme der Grundrechtsdogmatik, 2. Aufl. 1997, S. 213.

284 *D. Murswiek*, Staatliche Verantwortung, 1985, S. 106 f., 276; *ders.*, WiVerw 1986, 179 (182); *ders.*, NVwZ 1986, 611 (611 f.).

285 *D. Murswiek*, Staatliche Verantwortung, 1985, S. 107, 276; *ders.*, WiVerw 1986, 179 (182, 185 f.); *ders.*, NVwZ 1986, 611 (611 f.); *J. Schwabe*, Probleme der Grundrechtsdogmatik, 2. Aufl. 1997, S. 213 ff.

Die dogmatische Begründung der abwehrrechtlichen Lösungen kann allerdings eine Grundrechtswirkung in Auslandssachverhalten im Allgemeinen und damit auch in den vorliegend untersuchten Fällen des konsularischen Schutzes im Speziellen nicht erklären:[286] Anders als in Inlandssachverhalten kann die Bundesrepublik Deutschland keinen Einfluss auf die Rechtssetzung im Empfangsstaat und damit auf die dortige Ausgestaltung der (gesetzlichen) Ge- und Verbote nehmen. Für sie besteht mangels staatlichen Regelungs- sowie Gewaltmonopols somit keine Möglichkeit, Grundrechtsbeeinträchtigungen Privater zu verbieten. Eine entsprechende allgemeine staatliche Pflicht i.S.d. abwehrrechtlichen Lösungen entbehrt demnach ebenso der Grundlage wie die sich anschließende Pflicht des deutschen Staatsangehörigen zur Duldung der Grundrechtsbeeinträchtigung durch den privaten Entführer im Ausland. Sein Verhalten ist daher der Bundesrepublik Deutschland nicht als von ihr unterlassener staatlicher Schutz zurechenbar.[287] Den abwehrrechtlichen Lösungen lassen sich somit, ungeachtet der allgemeinen Kritik, die dieser extensiven Auslegung des staatlichen Eingriffsbegriffs[288] entgegnet wird,[289] bereits aufgrund der Besonderheiten der untersuchten Entführungssachverhalte keine Aussagen für die vorliegende Fragestellung entnehmen; sie kann ausschließlich durch einen Schutzpflichtgedanken beantwortet werden, der über die abwehrrechtliche Dimension der Grundrechte hinausgeht.[290]

---

286 S. hinsichtlich des diplomatischen Schutzes *P. Szczekalla*, Grundrechtliche Schutzpflichten, 2002, S. 437 ff.

287 *G. Elbing*, Anwendbarkeit der Grundrechte, 1992, S. 98 ff.; *T. Kleinlein/D. Rabenschlag*, ZaöRV 67 (2007), 1277 (1303); *P. Szczekalla*, Grundrechtliche Schutzpflichten, 2002, S. 438; einschränkend auch *D. Murswiek*, Staatliche Verantwortung, 1985, S. 117, allerdings erst i.R.d. „sekundären Schutzpflicht".

288 *C. Calliess*, JZ 2006, 321 (325); s. hierzu auch die Erwiderung von *J. Schwabe*, JZ 2007, 135 ff.

289 S. hierzu ausführlich *R. Alexy*, Theorie der Grundrechte, 2. Aufl. 1994, S. 415 ff. mit Fn. 88; *C. Calliess/A. Kallmayer*, JuS 1999, 785 (789); *C. Calliess*, JZ 2006, 321 (325); *J. Dietlein*, Lehre von den grundrechtlichen Schutzpflichten, 2. Aufl. 2005, S. III, 38 f.; *H.-U. Erichsen*, Jura 1996, 527 (529 f.); *J. Fluck*, UPR 1990, 81 (83); *M. Gellermann*, Grundrechte, 2000, S. 233 ff.; *J. Hellermann*, Negative Seite der Freiheitsrechte, 1993, S. 210 ff.; *G. Hermes*, Grundrecht auf Schutz, 1987, S. 72 ff., 93 ff.; *W. Höfling*, Vertragsfreiheit, 1991, S. 50 ff.; *J. Isensee*, in: ders./P. Kirchhof (Hrsg.), HStR IX, 3. Aufl. 2011, § 191 Rn. 258 ff.; *L. Jaeckel*, Schutzpflichten im deutschen und europäischen Recht, 2001, S. 37 ff.; *E. Klein*, NJW 1989, 1633 (1639); *G. Robbers*, Sicherheit als Menschenrecht, 1987, S. 125 ff., 190 f.; *M. Ruffert*, Vorrang der Verfassung, 2001, S. 162 ff.; *W. Sass*, Art. 14 und das Entschädigungserfordernis, 1992, S. 407 ff.; *C. Starck*, Praxis der Verfassungsauslegung Bd. 1, 1994, S. 73 f.; *K. Stern*, Staatsrecht III/1, 1988, § 67, S. 730 ff. und § 69, S. 947 f.; *P. Unruh*, Dogmatik der grundrechtlichen Schutzpflichten, 1996, S. 46 f. jeweils m.w.N.; kritisch aus österreichischer Sicht etwa *R. Rebhahn*, Staatshaftung, 1997, S. 129 mit Fn. 37, 131 ff.

290 *P. Szczekalla*, Grundrechtliche Schutzpflichten, 2002, S. 403, 437 f.

b. *Herleitung grundrechtlicher Schutzpflichten*

Im Grundrechtsteil des Grundgesetzes finden staatliche Schutzpflichten unter anderem in Art. 1 Abs. 1 S. 1 GG (Schutz der Menschenwürde) sowie in Art. 6 Abs. 1 und 4 GG (Schutz von Ehe und Familie sowie Schutz der Mutter) eine positiv-rechtliche Verankerung. Die grundrechtliche Schutzpflichtthematik beschränkt sich jedoch nicht auf solche Schutzpflichten, die eine ausdrückliche Normierung erfahren haben. Von ihnen losgelöst ist vielmehr weitgehend anerkannt, dass die Grundrechte grundsätzlich eine über ihren status negativus hinausgehende eigenständige Schutzpflichtfunktion aufweisen (können).[291] An ihrer Entwicklung war maßgeblich das BVerfG mit seiner Rechtsprechung, die im Wesentlichen den Schutz des Lebens nach Art. 2 Abs. 2 GG thematisierte, beteiligt.[292]

aa. Pflicht zum Schutz der Menschenwürde gem. Art. 1 Abs. 1 S. 2 GG und objektive Wertentscheidung der Grundrechte

In diesem Zusammenhang stützte sich insbesondere das BVerfG in seinem ersten Urteil zum Schwangerschaftsabbruch[293], in dem das Gericht die Schutzpflichtfunktion der Grundrechte erstmals adressierte, auf zwei Begründungsansätze: Es verwies einerseits auf die ausdrückliche Verpflichtung der staatlichen Gewalt zum Schutz der Menschenwürde.[294] Diesbezüglich hatte das Gericht bereits früher festgestellt,

---

291 Statt vieler *C. Burkiczak*, RdA 2007, 17 (18); *C. Calliess*, JZ 2006, 321 (323 f.); *F. Dirnberger*, DVBl. 1992, 879 (879); *H.-U. Erichsen*, Jura 1997, 85 (85 mit Fn. 2); *O. Klein*, JuS 2006, 960 (960); *D. Merten*, in: K. Stern u.a. (Hrsg.), GS für J. Burmeister, 2005, 227 (232 f.); *K. Stern*, Staatsrecht III/1, 1988, § 69, S. 937; *ders.*, DÖV 2010, 241 (242 ff.).

292 S. zu einer Herleitung der grundrechtlichen Schutzpflicht aus einem Annexgedanken *E. Klein*, NJW 1989, 1633 (1636): Danach habe der Verfassunggeber die Rechtsgüter benannt, die „in einer konkreten staatlichen Ordnung als für die staatliche Friedensordnung unabdingbar gehalten werden", sodass ihrer positivrechtlichen Ausgestaltung eine Konkretisierungsfunktion zukomme.

293 BVerfGE 39, 1 ff. – *Schwangerschaftsabbruch I*; ähnlich BVerfGE 45, 187 (254 f.) – *Lebenslange Freiheitsstrafe*.

294 BVerfGE 39, 1 (41) – *Schwangerschaftsabbruch I*. Diese Rechtsprechung geht im Kern zurück auf *G. Dürig*, AöR n.F. 81 (1956), 121 ff.; *ders.*, in: T. Maunz/G. Dürig (Begr.), Grundgesetz, Sonderdruck Art. 1 und 2 GG, 2003, Art. 1 Rn. 2 f., 45, 80 f., 102, 131; aus der Literatur zustimmend – wenn auch mit einigen Differenzierungen – etwa *A. Bleckmann*, DVBl. 1988, 938 (941 f.); *P.* Häberle, VVDStRL 30 (1970), 43 (112 mit Fn. 298); *K. Stern*, in: N. Achterberg u.a. (Hrsg.), FS für H. U. Scupin, 1983, 627 (630 ff.); jedenfalls auf den Menschenwürdegehalt der Grundrechte bezogen *C. Starck*, Praxis der Verfassungsauslegung Bd. 1, 1994, S. 70 f.; kritisch hingegen *R. Alexy*, Theorie der Grundrechte, 2. Aufl. 1994, S. 413; *H.-U. Erichsen*, Jura 1997, 85 (86); *J. Isensee*, in: ders./P. Kirchhof (Hrsg.), HStR IX, 3. Aufl. 2011, § 191 Rn. 160; *R. Schnur*, DVP 1998, 443 (445 f.); *P. Unruh*, Dogmatik der grundrechtlichen Schutzpflichten, 1996, S. 35 f., 42 ff.

dass Art. 1 Abs. 1 S. 2 GG „den Staat [...] zu dem positiven Tun des ‚Schützens' [verpflichtet], doch ist dabei nicht Schutz vor materieller Not, sondern Schutz gegen Angriffe auf die Menschenwürde durch andere [...] gemeint."[295]

Anderseits zog das BVerfG schwerpunktmäßig den objektiv-rechtlichen Gehalt des jeweils betroffenen Einzelgrundrechts heran, der der objektiven Wertordnung der Gesamtheit der Grundrechtsnormen zu entnehmen sei.[296] Im konkreten Fall führte es hierzu aus, dass „die Grundrechtsnormen nicht nur subjektive Abwehrrechte des Einzelnen gegen den Staat [enthalten], sondern sie verkörpern zugleich eine objektive Wertordnung, die als verfassungsrechtliche Grundentscheidung für alle Bereiche des Rechts gilt und Richtlinien und Impulse für Gesetzgebung, Verwaltung und Rechtsprechung gibt [...]. Ob und gegebenenfalls in welchem Umfang der Staat zu rechtlichem Schutz des werdenden Lebens von Verfassungs wegen verpflichtet ist, kann deshalb schon aus dem objektiv-rechtlichen Gehalt der grundrechtlichen Normen erschlossen werden. Die Schutzpflicht des Staates ist umfassend. Sie [...] gebietet dem Staat auch, sich schützend und fördernd vor diese [sich entwickelnden] Leben zu stellen, das heißt vor allem, es auch vor rechtswidrigen Eingriffen von seiten anderer zu bewahren. An diesem Gebot haben sich die einzelnen Bereiche der Rechtsordnung, je nach ihrer besonderen Aufgabenstellung, auszurichten. Die Schutzverpflichtung des Staates muß umso ernster genommen werden, je höher der Rang des infrage stehenden Rechtsgutes innerhalb der Wertordnung des Grundgesetzes anzusetzen ist."[297] In zahlreichen nachfolgenden Entscheidungen stellte das BVerfG ausschließlich auf diesen Begründungsansatz ab und leitete die staatliche Schutzpflicht aus der objektiv-rechtlichen Wertentscheidung des im konkreten Fall betroffenen Grundrechts her.[298]

---

295 BVerfGE 1, 97 (104) – *Hinterbliebenenrente I.*

296 Grundlegend bereits BVerfGE 7, 198 (205) – *Lüth*; E 35, 79 (113) – *Hochschulurteil.* Teilweise verwendet das BVerfG auch die Termini „Wertrangordnung" (BVerfGE 7, 198 [215] – *Lüth*), „Wertentscheidung" (BVerfGE 10, 302 [322] – *Vormundschaft*), „wertentscheidende Grundsatznormen" (BVerfGE 51, 386 [396] – *Ausweisung II*) und „objektives Prinzip der Gesamtrechtsordnung"(BVerfGE 57, 295 [320] – *3. Rundfunkentscheidung*); s. hierzu auch *R. Alexy*, Der Staat 29 (1990), 49 ff.

297 BVerfGE 39, 1 (41 f.) – *Schwangerschaftsabbruch I.*

298 So etwa BVerfGE 53, 30 (57) – *Mühlheim-Kärlich*; E 56, 54 (73 ff.) – *Fluglärm*; E 77, 170 (214 f.) – *C-Waffen*; E 79, 174 (201 f.) – *Straßenverkehrslärm*; E 85, 191 (212) – *Nachtarbeitsverbot*; E 92, 26 (46) – *Zweitregister*; E 97, 332 (347) – *Kindergartenbeiträge*; s. zu dieser Einschätzung *H.-U. Erichsen*, Jura 1997, 85 (86). Grundsätzlich zustimmend in der Literatur *E.-W. Böckenförde*, Der Staat 29 (1990), 1 (12 f.); im Kern auch *J. Dietlein*, Lehre von den grundrechtlichen Schutzpflichten, 2. Aufl. 2005, S. 60 f.; *J. Fluck*, UPR 1990, 81 (82); *K. Hesse*, Grundzüge des Verfassungsrechts, 20. Aufl. 1999, Rn. 350; *E. Klein*, DÖV 1977, 704 (706); *F. Kopp*, NJW 1994, 1753 (1753); *I. v. Münch/P. Kunig*, in: dies., Grundgesetz Bd. 1, 6. Aufl. 2012, Vorb. Art. 1 bis 19 Rn. 23; *R. Steinberg*, NJW 1984, 457 (458). Bzgl. der Kritik an der Wertordnungslehre, s. die Nachweise im zweiten Teil unter B. II. 2. b. bb. mit Fn. 307.

Vor diesem Hintergrund kann allerdings nicht davon ausgegangen werden, dass der anfängliche Rückgriff auf Art. 1 Abs. 1 S. 2 GG als „Verdeutlichung für die objektiv-rechtliche Schutzpflicht“[299] lediglich „Geburtshelferdienste“[300] für die Begründung grundrechtlicher Schutzpflichten leistete. Dies verdeutlicht insbesondere das zweite Urteil des BVerfG zum Schwangerschaftsabbruch.[301] Hier stellte das Gericht zur Begründung grundrechtlicher Schutzpflichten nicht ausschließlich auf die objektive Wertentscheidung des erneut betroffenen Art. 2 Abs. 2 S. 1 GG ab. Es „kombinierte“ vielmehr die beiden im ersten Schwangerschaftsabbruchsurteil vorgebrachten Begründungsansätze:[302] Entsprechend hat die staatliche Pflicht zum Schutz des (werdenden) Lebens ihren „Grund [...] in Art. 1 Abs. 1 GG, der den Staat ausdrücklich zur Achtung und zum Schutz der Menschenwürde verpflichtet; ihr Gegenstand und – von ihm her – ihr Maß werden durch Art. 2 Abs. 2 GG näher bestimmt.“[303] Dieses Zusammenspiel der Begründungsansätze rechtfertigt sich aus der durch Art. 1 Abs. 1 S. 2 i.V.m. Abs. 3 GG begründeten Verpflichtung der grundrechtsgebundenen staatlichen Gewalt, die Grundrechte als objektive Wertentscheidungen auch vor Gefährdungen von nichtstaatlicher Seite zu schützen.[304]

Zusammenfassend zeigt sich, dass schon in der Rechtsprechung des BVerfG auf verschiedene dogmatische Begründungsansätze des status‘ positivus der Grundrechte zurückgegriffen wird. Diesbezüglich spiegelt sie eine gewisse Unsicherheit wider, die sich aus folgenden Gründen ergibt: Zum einen liegt sie in dem Bemühen des Gerichts, die Unveränderlichkeitssperre des Art. 79 Abs. 3 GG auch auf einzelne Schutzpflichten, vornehmlich die Pflicht zum Schutz des Lebens zu erstrecken

---

299 So noch *J. Isensee*, in: ders./P. Kirchhof (Hrsg.), HStR V, 1992, § 111 Rn. 80 jedenfalls vor der im Jahr 1993 ergangenen zweiten Entscheidung des BVerfG zum Schwangerschaftsabbruch, s. BVerfGE 88, 203 ff. – *Schwangerschaftsabbruch II*.

300 *J. Isensee*, in: ders./P. Kirchhof (Hrsg.), HStR IX, 3. Aufl. 2011, § 191 Rn. 160; ähnlich auch *K. Stern*, Staatsrecht III/1, 1988, § 69, S. 943.

301 BVerfGE 88, 203 (251) – *Schwangerschaftsabbruch II*.

302 *C. Calliess*, JZ 2006, 321 (322); *G. Hermes/S. Walther*, NJW 1993, 2337 (2339).

303 BVerfGE 88, 203 (251) – *Schwangerschaftsabbruch II*; E 115, 118 (152) – *Luftsicherheitsgesetz*. In diese Richtung gingen schon BVerfGE 46, 160 (164) – *Schleyer*; E 49, 24 (53) – *Kontaktsperre-Gesetz*; E 49, 89 (132, 141 f.) – *Kalkar I*; E 57, 250 (284 f.) – *V-Mann*; E 90, 145 (195) – *Cannabis*. Hier stellte das Gericht auf Art. 2 Abs. 2 S. 1 GG i.V.m. Art. 1 Abs. 1 S. 2 GG als Grundlage der grundrechtlichen Schutzpflicht ab, ohne jedoch das (rechtliche) Verhältnis beider Normen zu beleuchten. Zustimmend aus der Literatur, wenn auch mit einer Vielzahl von Differenzierungen, etwa *H.-U. Erichsen*, Jura 1997, 85 (86); *G. Hermes*, Grundrecht auf Schutz, 1987, S. 190 ff.; *H. H. Klein*, DVBl. 1994, 489 (490 f.); *C. Starck*, Praxis der Verfassungsauslegung Bd. 2, 2006, S. 70 ff.; *P. Unruh*, Dogmatik der grundrechtlichen Schutzpflichten, 1996, S. 50 ff.; *K. Stern*, Staatsrecht III/1, 1988, § 69, S. 931, 948 f.

304 *C. Calliess*, JZ 2006, 321 (322); *G. Dürig*, in: T. Maunz/ders. (Begr.), Grundgesetz, Sonderdruck Art. 1 und 2 GG, 2003, Art. 1 Rn. 131; *H.-U. Erichsen*, Jura 1997, 85 (86); *K. Stern*, DÖV 2010, 241 (244); ähnlich BVerfGE 39, 1 (41) – *Schwangerschaftsabbruch I*.

und diese damit der Disposition durch Verfassungsänderungen zu entziehen. Zum anderen soll der hiermit verbundenen Tendenz entgegen gewirkt werden, die gesetzgeberische Gestaltungsfreiheit durch die Ausweitung der Grundrechtsgehalte durch die Verfassung selbst zu stark einzuschränken.[305]

bb. „Wiederentdeckung“[306] der grundrechtlichen Schutzpflicht

Die vorgenannten Begründungsansätze des status‘ positivus der Grundrechte sind jedoch nicht nur auf Zustimmung gestoßen. Vielmehr ist der Wertordnungslehre des BVerfG in Teilen der Literatur grundsätzliche Kritik entgegnet worden.[307] Dieser Teil verweist zur Begründung der grundrechtlichen Schutzpflichten (ergänzend) auf den staatstheoretischen Anknüpfungspunkt des „Staatszweck[s] der (inneren) Sicherheit“[308], die mit den Grundrechten zu verknüpfen ist.[309]

Diese „Wiederentdeckung“[310] der grundrechtlichen Schutzpflicht findet ihren Ursprung in der auf *T. Hobbes* und *J. Locke* zurückgehenden Erkenntnis, dass die Gewährleistung der (äußeren und) inneren Sicherheit legitimierender

---

305 *C. Calliess*, JZ 2006, 321 (324); *G. Hermes/S. Walther*, NJW 1993, 2337 (2339); *H. H. Klein*, DVBl. 1994, 489 (492); *D. Merten*, in: K. Stern u.a. (Hrsg.), GS für J. Burmeister, 2005, 227 (233); *K. Stern*, DÖV 2010, 241 (244).

306 *J. Isensee*, Grundrecht auf Sicherheit, 1983, S. 27.

307 S. hierzu ausführlich *E.-W. Böckenförde*, Lage der Grundrechtsdogmatik, 1990, S. 22 ff.; *ders.*, Der Staat 29 (1990), 1 (21 ff.); *ders.*, Recht, Staat, Freiheit, 2006, 67 ff.; *C. Calliess*, JZ 2006, 321 (324); *J. Dietlein*, Lehre von den grundrechtlichen Schutzpflichten, 2. Aufl. 2005, S. 64 f.; *E. Forsthoff*, in: H. Barion u.a. (Hrsg.), FG für C. Schmitt, 2. Aufl. 2002, 185 (190, 209 f.); *ders.*, in: H. Barion u.a. (Hrsg.), FS für C. Schmitt, 3. Aufl. 1994, 35 (39 ff.); *H. Goerlich*, Wertordnung und Grundgesetz, 1973, S. 135 ff., 140 ff.; *J. Isensee*, in: ders./P. Kirchhof (Hrsg.), HStR IX, 3. Aufl. 2011, § 191 Rn. 169 f.; *E. Klein*, NJW 1989, 1633 (1635); *P. Preu*, JZ 1991, 264 (266 ff.); *C. Starck*, Praxis der Verfassungsauslegung Bd. 2, 2006, S. 72 f.; *K. Stern*, Staatsrecht III/1, 1988, § 69, S. 945, dessen Kritik sich jedoch vornehmlich auf das tatsächliche Begründungsdefizit bezieht; *G. Wilde*, Geschlecht des Rechtsstaats, 2001, S. 183 ff.; s. auch die von den Richtern *W. Rupp-v. Brünneck* und *H. Simon* vorgebrachten Bedenken insbesondere hinsichtlich des *judicial self-restraint* im Sondervotum BVerfGE 39, 1 (72 ff.) – *Schwangerschaftsabbruch I*; hiergegen wiederum *K. Stern*, Staatsrecht III/1, 1988, § 69, S. 941 f.

308 *J. Isensee*, in: ders./P. Kirchhof (Hrsg.), HStR IX, 3. Aufl. 2011, § 191 Rn. 182; s. hierzu auch *C. Link*, VVDStRL 48 (1990), 7 (27 ff.); *G. Ress*, VVDStRL 48 (1990), 56 (83 ff.); *C. Starck*, in: B. Börner u.a. (Hrsg.), FS für K. Carstens Bd. 2, 1984, 867 (871 ff.); *J. Isensee*, Grundrecht auf Sicherheit, 1983, S. 21 ff.

309 *R. Alexy*, Theorie der Grundrechte, 2. Aufl. 1994, S. 414 f.; *J. Isensee*, Grundrecht auf Sicherheit, 1983, S. 33 ff.; *ders.*, in: ders./P. Kirchhof (Hrsg.), HStR IX, 3. Aufl. 2011, § 191 Rn. 181 ff.; *E. Klein*, NJW 1989, 1633 (1636); *H. H. Klein*, DVBl. 1994, 489 (492 f.); *C. Link*, VVDStRL 48 (1990), 7 (27 ff.); diesbzgl. wiederum kritisch *T. Kleinlein/D. Rabenschlag*, ZaöRV 67 (2007), 1277 (1301 ff.).

310 *J. Isensee*, Grundrecht auf Sicherheit, 1983, S. 27.

Zweck des modernen Staates ist. Sie ist konstitutives Merkmal des Staates als „verfaßter Friedens- und Ordnungsmacht“[311] und findet ihre Entsprechung im staatlichen Gewaltmonopol, der Gehorsamspflicht der Bürger und dem privaten Gewaltverbot.[312] In diesem Sinne ist die staatliche Schutzpflicht als notwendige Kompensation für den Verzicht auf die Ausübung privater (gewaltsamer) Selbsthilfe anzusehen: Bestünde sie nicht, so müssten die Bürger Bedrohungen ihrer Rechte letztendlich selbst abwenden. Die staatliche Friedensordnung wäre dann grundlegend gefährdet.[313] Die Staatsaufgabe Sicherheit ist damit notwendig für die effektive Geltung des Grundgesetzes und ein substantieller Teil der „materiellen Verfassung“[314].[315]

Diesem Begründungsansatz zufolge sind die Grundrechte nicht selbst Grundlage der staatlichen Schutzpflicht. Die grundrechtlich geschützten Rechtsgüter stellen sich jedoch als „integrale Bestandteile des Ganzen“[316] dar, sodass der Katalog der Grundrechte als ihre positiv-rechtliche Ausgestaltung und Konkretisierung anzusehen ist.[317] In ihm sind die Rechtsgüter normiert, die für die durch das Grundgesetz konstituierte Friedensordnung als unverzichtbar gelten.[318] In diesem Zusammenhang ist Sicherheit folglich als „Unversehrtheit [...] [der grundrechtlichen] Schutzgüter im Verhältnis der Bürger untereinander“[319] anzusehen und zu definieren „als Freiheit des einen Grundrechtsträgers vor Übergriffen eines anderen“[320].[321]

---

311 BVerfGE 49, 24 (56 f.) – *Kontaktsperre-Gesetz*; s. auch *E. Klein*, NJW 1989, 1633 (1635).

312 *H. Bethge*, DVBl. 1989, 841 (849 f.); *J. Isensee*, in: G. Müller u.a. (Hrsg.), FS für K. Eichenberger, 1982, 23 ff.; *ders.*, Grundrecht auf Sicherheit, 1983, S. 3 ff., 17 ff.; *E. Klein*, NJW 1989, 1633 (1636); *K. Stern*, Staatsrecht III/1, 1988, § 69, S. 932 ff.

313 *H. Bethge*, DVBl. 1989, 841 (844 ff.); *E. Klein*, NJW 1989, 1633 (1636); *H. H. Klein*, DVBl. 1994, 489 (493); *O. Klein*, JuS 2006, 960 (960).

314 *J. Isensee*, in: ders./P. Kirchhof (Hrsg.), HStR IX, 3. Aufl. 2011, § 191 Rn. 182; ähnlich bereits BVerfGE 49, 24 (56 f.) – *Kontaktsperre-Gesetz*.

315 *H. H. Klein*, DVBl. 1994, 489 (493); *K. Stern*, Staatsrecht III/1, 1988, § 69, S. 933 f.

316 *J. Isensee*, in: ders./P. Kirchhof (Hrsg.), HStR IX, 3. Aufl. 2011, § 191 Rn. 184.

317 *J. Isensee*, Grundrecht auf Sicherheit, 1983, S. 22 f.; *E. Klein*, NJW 1989, 1633 (1636) spricht von einer „Annextheorie“; *O. Klein*, JuS 2006, 960 (960); *K. Stern*, Staatsrecht III/1, 1988, § 69, S. 948.

318 *E. Klein*, NJW 1989, 1633 (1636); *H. H. Klein*, DVBl. 1994, 489 (493).

319 *J. Isensee*, in: ders./P. Kirchhof (Hrsg.), HStR V, 1992, § 111 Rn. 84.

320 *J. Isensee*, in: ders./P. Kirchhof (Hrsg.), HStR V, 1992, § 111 Rn. 84; später jedenfalls implizit *ders.*, in: ders./P. Kirchhof (Hrsg.), HStR IX, 3. Aufl. 2011, § 191 Rn. 183.

321 Kritik an der Wiederentdeckungsthese üben *T. Kleinlein/D. Rabenschlag*, ZaöRV 67 (2007), 1277 (1303); *M. Ruffert*, Vorrang der Verfassung, 2001, S. 156 f.; *R. Schnur*, DVP 1998, 443 (447 ff.); skeptisch auch *P. Unruh*, Dogmatik der grundrechtlichen Schutzpflichten, 1996, S. 40 f.

cc. „Schutzpflichttauglichkeit"[322] anderer Grundrechtsbestimmungen

Angesichts der Vielfältigkeit ihrer Begründungsansätze ruht die Schutzpflichtfunktion der Grundrechte zwar auf einem „höchst unsicheren dogmatischen Fundament"[323], das sich in Rechtsprechung und Literatur widerspiegelt.[324] Dessen ungeachtet besteht jedoch ein breiter Konsens über die Existenz des grundrechtlichen status' positivus, der sich letztlich auch als unverzichtbarer (Teil-)Aspekt eines effektiven Grundrechtsschutzes darstellt.[325] Anerkannt ist zudem, dass grundrechtliche Schutzpflichten nicht allein aus den Schutzgütern Leben und körperliche Unversehrtheit des Art. 2 Abs. 2 S. 1 GG[326] abgeleitet werden können.[327] Seine Schutzgüter standen zwar im Mittelpunkt der Entwicklung der grundrechtlichen Schutzpflichtfunktion durch die Rechtsprechung des BVerfG. Aufgrund ihrer Herleitung insbesondere aus dem objektiv-rechtlichen Gehalt der Grundrechte und den hinter ihm stehenden jeweiligen objektiven Wertentscheidungen können grundrechtliche Schutzpflichten jedoch grundsätzlich in sämtlichen Grundrechtsbestimmungen – zumindest

---

322 *P. Szczekalla*, Grundrechtliche Schutzpflichten, 2002, S. 1113 (5. These).

323 *M. Herdegen*, in: T. Maunz/G. Dürig (Begr.), Grundgesetz, Art. 1 Abs. 3 Rn. 21.

324 So die Einschätzung von *C. Calliess*, JZ 2006, 321 (324); *F. Dirnberger*, DVBl. 1992, 879 (879); *H.-U. Erichsen*, Jura 1997, 85 (86 mit Fn. 13); *K. Stern*, Staatsrecht III/1, 1988, § 69, S. 945 jeweils m.w.N.

325 *L. Jaeckel*, Schutzpflichten im deutschen und europäischen Recht, 2001, S. 58.

326 BVerfGE 39, 1 (41 f.) – *Schwangerschaftsabbruch I*; E 49, 89 (141 ff.) – *Kalkar I*; E 53, 30 (57 ff.) – *Mülheim-Kärlich*; E 56, 54 (73 ff.) – *Fluglärm*; E 77, 170 (214 f.) – *C-Waffen*; E 79, 174 (201 f.) – *Straßenverkehrslärm*; E 81, 310 (339) – *Kalkar II*; E 85, 191 (212) – *Nachtarbeitsverbot*; E 87, 363 (386) – *Sonntagsbackverbot*; E 88, 203 (251 f.) – *Schwangerschaftsabbruch II*; E 115, 25 (49) – *Gesetzliche Krankenversicherung*; E 115, 118 (151 f.) – *Luftsicherheitsgesetz*; vgl. hierzu ausführlich *G. Hermes*, Grundrecht auf Schutz, 1987. Speziell in Entführungsfällen im Inland wurde eine Schutzpflicht aus Art. 2 Abs. 2 S. 1 GG i.V.m. Art. 1 Abs. 1 S. 2 GG angenommen, so BVerfGE 46, 160 (164) – *Schleyer*.

327 *H.-U. Erichsen*, Jura 1997, 85 (86); *J. Isensee*, in: ders./P. Kirchhof (Hrsg.), HStR IX, 3. Aufl. 2011, § 191 Rn. 222 ff.; *H. H. Klein*, DVBl. 1994, 489 (491); *D. Merten*, in: K. Stern u.a. (Hrsg.), GS für J. Burmeister, 2005, 227 (234); *M. Ruffert*, JZ 2009, 389 ff.; *K. Stern*, Staatsrecht III/1, 1988, § 69, S. 943 ff. jeweils m.w.N.

jedoch in den Freiheitsrechten[328] – ihren Ursprung finden;[329] dies gilt auch bei Zugrundelegung der Wiederentdeckungsthese.[330]

c. *Staatliche Pflicht zum Schutz im Ausland entführter deutscher Staatsangehöriger als grundrechtliche Schutzpflicht*

Vor diesem Hintergrund stellt sich nun die Frage, ob und inwieweit die grundrechtlichen Schutzpflichten in den vorliegend untersuchten Entführungssachverhalten den Ursprung einer entsprechenden Schutzpflicht der Bundesrepublik Deutschland bilden können. Ihre Anwendbarkeit jedenfalls auf Entführungen im Inland wurde durch das BVerfG ausdrücklich anerkannt;[331] in Bezug auf entsprechende Auslandssachverhalte konnte sich das BVerfG bislang nicht äußern.[332] Als Grundlage einer grundrechtlichen Schutzpflicht kommen in diesem Zusammenhang die speziell durch eine Entführung verletzten bzw. gefährdeten Schutzgüter des

---

328 So BVerfGE 92, 26 (46) – *Zweitregister.* Grundrechtliche Schutzpflichten wurden über Art. 2 Abs. 2 S. 1 GG hinaus insbesondere angenommen für Art. 2 Abs. 1 GG: BVerfGE 52, 131 (168) – *Arzthaftungsprozeß*; E 72, 122 (134) – *Sorgerechtsentzug*; E 91, 335 (339) – *Punitive Damages*; E 114, 71 (88 ff.) – *Überschussbeteiligung*; aus Art. 2 Abs. 2 S. 2 GG: BVerfGE 10, 302 (322 f.) – *Vormundschaft*; E 49, 24 (53) – *Kontaktsperre-Gesetz*; E 49, 304 (319 f.) – *Sachverständigenhaftung*; s. auch *L. Jaeckel*, Schutzpflichten im deutschen und europäischen Recht, 2001, S. 62 f.; *K. Stern*, DÖV 2010, 241 (246 f.); *P. Szczekalla*, Grundrechtliche Schutzpflichten, 2002, S. 103 ff. mit Fn. 66 ff., 149 f. m.w.N. Schwieriger gestaltet sich die Situation bei normgeprägten Grundrechten – insbesondere bei Art. 14 Abs. 1 GG: offengelassen in BVerfG, Beschl. v. 26.05.1998, Az. 1 BvR 180/88, abgedruckt in NJW 1998, 3264 (3265); BVerfGK 14, 192 (199 ff.) – *Schloss Bensberg*; zu den allgemeinen bzw. besonderen Gleichheitsgrundrechten: offengelassen in BVerfGE 74, 163 (179 f.) – *Altersruhegeld*; E 89, 276 (286) – *Geschlechtsbezogene Diskriminierung*; E 97, 169 (179) – *Kleinbetriebsklausel I*; E 97, 332 (348) – *Kindergartenbeiträge*; hierzu aus der Literatur *J. Dietlein*, Lehre von den grundrechtlichen Schutzpflichten, 2. Aufl. 2005, S. 78 f., 84 ff.; *M. Ruffert*, Vorrang der Verfassung, 2001, S. 146 f., 159, 173 ff; *R. Steinberg*, NJW 1984, 457 (458 f.); *P. Unruh*, Dogmatik der grundrechtlichen Schutzpflichten, 1996, S. 75.

329 *H.-U. Erichsen*, Jura 1997, 85 (86 f.); *H. H. Klein*, DVBl. 1994, 489 (490 f.); *D. Merten*, in: K. Stern u.a. (Hrsg.), GS für J. Burmeister, 2005, 227 (233 f.); *M. Ruffert*, Vorrang der Verfassung, 2001, S. 159 mit Fn. 135; *K. Stern*, DÖV 2010, 241 (246 mit Fn. 49); *P. Szczekalla*, Grundrechtliche Schutzpflichten, 2002, S. 149 f.

330 So jedenfalls implizit *J. Isensee*, Grundrecht auf Sicherheit, 1983, S. 27 ff.: „Gesamtheit der grundrechtlichen Schutzpflichten"; *ders.*, in: ders./P. Kirchhof (Hrsg.), HStR IX, 3. Aufl. 2011, § 191 Rn. 3, 181 ff.; *E. Klein*, NJW 1989, 1633 (1635 f.).

331 BVerfGE 46, 160 (164) – *Schleyer.*

332 S. aber VG Berlin, Urt. v. 04.04.2006, Az. 14 A 12.04, Rn. 46 – juris, das eine grundrechtliche Schutzpflicht speziell in Entführungsfällen im Ausland annimmt; implizit auch BVerwG NJW 2009, 2905 (2906); offengelassen in OVG Berlin-Brandenburg, Urt. v. 21.02.2007, Az. 11 B 9.06, Rn. 16 – juris.

Entführungsopfers in Betracht: Dies sind das Recht auf Freiheit der Person, Art. 2 Abs. 2 S. 2 GG (bb.), sowie das Recht auf Leben und körperliche Unversehrtheit, Art. 2 Abs. 2 S. 1 GG (cc.). Bevor jedoch auf die Begründung einer staatlichen Pflicht zum Schutz eines im Ausland entführten deutschen Staatsangehörigkeit eingegangen werden kann, ist – losgelöst von der vorliegend untersuchten Fallgestaltung – auf die ihr vorgelagerte Problematik einer Anwendbarkeit der grundrechtlichen Schutzpflichten auf Sachverhalte des Auslandsschutzes einzugehen (aa.).

aa. Grundrechtliche Schutzpflichten und Sachverhalte des Auslandsschutzes

Diese Vorfrage wiederum ist in zwei Themenkreise zu trennen: Zunächst ist zu klären, ob und gegebenenfalls in welchem Umfang die Grundrechte einschließlich ihrer Schutzpflichtfunktion im Ausland Wirkungen entfalten;[333] nur im Falle einer Bejahung dieser Frage kann sich ein im Ausland entführter deutscher Staatsangehöriger überhaupt auf die grundrechtlichen Schutzpflichten berufen (1). Erst im Anschluss daran ist ihre Anwendbarkeit auf Auslandssachverhalte im Allgemeinen (2) bzw. des Auslandsschutzes im Besonderen (3) näher zu betrachten.

(1) Auslandswirkungen der Grundrechte

Die deutsche öffentliche Gewalt unterliegt gem. Art. 1 Abs. 3 GG einer absoluten, effektiven und umfassenden Grundrechtsbindung.[334] Diese Feststellung bestimmt zunächst lediglich den Adressaten der Grundrechtsbindung; unmittelbare Aussagen über den (räumlichen) Anwendungsbereich der Grundrechte auch in Auslandssachverhalten können ihr sowie anderen Bestimmungen des Grundgesetzes hingegen nicht entnommen werden.[335] Trotz des Fehlens einer diesbezüglichen „ausdrücklichen Grundrechtskollisionsregel“[336] besteht im Allgemeinen doch Einigkeit darüber,

---

333 Zu terminologischen Unterschieden zwischen einer Geltung der Grundrechte und ihrer Wirkung bzw. Anwendung in Auslandssachverhalten, s. *D. Merten*, in: D. Dörr u.a. (Hrsg.), FS für H. Schiedermair, 2001, 331 (332 ff.).

334 S. nur *V. Epping*, Außenwirtschaftsfreiheit, 1998, S. 189 f.; *K. Stern*, Staatsrecht III/1, 1988, § 72, S. 1230.

335 Statt vieler *D. Merten*, in: D. Dörr u.a. (Hrsg.), FS für H. Schiedermair, 2001, 331 (335). Zu denken ist etwa an Art. 24 Abs. 1 GG, s. hierzu die Darstellung bei *G. Elbing*, Anwendbarkeit der Grundrechte, 1992, S. 79 ff., der eine Kollisionsregelung durch Art. 24 Abs. 1 GG allerdings ablehnt.

336 *G. Elbing*, Anwendbarkeit der Grundrechte, 1992, S. 72. Ähnlich des Schweigens des Grundgesetzes hinsichtlich des verfassungsrechtlichen Auslandsschutzes (s. hierzu im zweiten Teil unter B. I. 4. a.) erklärt sich das Fehlen einer ausdrücklichen Regelung über die Anwendbarkeit der Grundrechte in Auslandssachverhalten historisch aus der diesbzgl. „introvertierten Betrachtungsweise des Parlamentarischen Rates“ bei der Ausarbeitung des Grundgesetzes, s. *K. Stern*, Staatsrecht III/1, 1988, § 72, S. 1226. So wurde das Problem einer über die deutschen Grenzen hinaus gehenden Grundrechtswirkung offensichtlich nicht gesehen, *R. Hofmann*, Grenzüberschreitende Sachverhalte, 1994, S. 11.

dass sich die Anwendbarkeit der Grundrechte nicht auf den Geltungsbereich des Grundgesetzes beschränkt.[337] Vielmehr binden die „Grundrechte [...] in ihrem sachlichen Geltungsumfang die deutsche öffentliche Gewalt auch, soweit Wirkungen ihrer Betätigung außerhalb des Hoheitsbereichs der Bundesrepublik Deutschland eintreten“[338]. Dies gilt unabhängig davon, ob sie im In- bzw. Ausland ausgeübt wird.[339] So werden in Auslandssachverhalten sowohl eine grundsätzliche Anwendbarkeit der Grundrechte als auch eine aus verfassungsrechtlicher Sicht mögliche bzw. notwendige Einschränkbarkeit ihrer Wirkung nahezu einhellig bejaht. Hinsichtlich der normativen Verankerung des „Ob“ sowie der nachgelagerten Frage des „Wie“ einer Anwendbarkeit werden indes unterschiedliche (methodische) Ansätze vertreten:[340] Das BVerfG und ein Großteil des Schrifttums haben eine Anwendbarkeit der Grundrechte auf Auslandssachverhalte niemals bezweifelt und führen daher als

---

337 So aber eine auch auf Art. 23 GG a.F. rekurrierende Ansicht, die aufgrund der völkerrechtlichen Gebietshoheit eine Anwendbarkeit der Grundrechte nur für das deutsche Staatsgebiet annahm und damit das Handeln der deutschen öffentlichen Gewalt in Auslandssachverhalten von einer (Grund-)Rechtsbindung grundsätzlich freistellte, so etwa OVG Münster, Urt. v. 26.11.1981, Az. 17 A 1797/81, abgedruckt in NVwZ 1982, 454 (454) in Bezug auf Art. 104 Abs. 3 GG; ähnlich *A. Lüderitz*, RabelsZ 36 (1972), 35 (36); *T. Oppermann*, in: F. Kroneck u.a. (Hrsg.), FS für W. Grewe, 1981, 521 (526 f.). S. hierzu die Darstellung und Kritik bei *G. Elbing*, Anwendbarkeit der Grundrechte, 1992, S. 76 ff.; *M. Heintzen*, Auswärtige Beziehungen privater Verbände, 1988, S. 100 ff. m.w.N. Mit Aufhebung des Art. 23 GG a.F. im Zuge der deutschen Wiedervereinigung wurde dieser Ansicht jedoch der Boden entzogen, so *R. Hofmann*, Grenzüberschreitende Sachverhalte, 1994, S. 13. *Art. 23 GG a.F.* lautete:
Dieses Grundgesetz gilt zunächst im Gebiete der Länder Baden, Bayern, Bremen, Groß-Berlin, Hamburg, Hessen, Niedersachsen, Nordrhein-Westfalen, Rheinland-Pfalz, Schleswig-Holstein, Württemberg-Baden und Württemberg-Hohenzollern. In anderen Teilen Deutschlands ist es nach deren Beitritt in Kraft zu setzen.

338 BVerfGE 57, 9 (23) – *Einlieferungsersuchen*.

339 BVerfGE 6, 290 (295) – *Vermögenswerte in der Schweiz*; E 57, 9 (23) – *Einlieferungsersuchen*; E 100, 313 (362 f.) – *Telekommunikationsüberwachung I*; *D. Blumenwitz*, in: J. Isensee/P. Kirchhof (Hrsg.), HStR IX, 1997, § 211 Rn. 15; *V. Epping*, Außenwirtschaftsfreiheit, 1998, S. 189 f.; *R. Hofmann*, Grenzüberschreitende Sachverhalte, 1994, S. 13 ff.; *W. Kluth*, in: R. Wendt u.a. (Hrsg.), FS für K. H. Friauf, 1996, 197 (202); *K. Stern*, Staatsrecht III/1, 1988, § 72, S. 1230; zuletzt VG Köln, Urt. v. 27.05.2015, Az. 3 K 5625/14 – juris, zu der Frage der Grundrechtsbindung Deutschlands im Zusammenhang mit vom amerikanischen Territorium aus geführten und über die Satelliten-Relais-Station in Ramstein geleiteten Drohnenangriffen im Jemen. Einschränkendes Kriterium sei ein „ausreichender territorialer Bezug“ zur Bundesrepublik Deutschland.

340 S. insgesamt die ausführliche Darstellung des Meinungsstands und die jeweilige Kritik bei *R. Hofmann*, Grenzüberschreitende Sachverhalte, 1994, S. 11 bis 73; *C. P. Kokew*, Auslandsschutz deutscher Staatsangehöriger bei Entführungen, 2012, S. 127 bis 146.

Begründung – wenn überhaupt – knapp die „Leitnorm“ des Art. 1 Abs. 3 GG an. Betreffend das „Wie“ wird ein einzelfallbezogener Ansatz favorisiert;[341] teilweise wird dabei ausdrücklich auf Art. 1 Abs. 3 GG als Kollisionsregel verwiesen.[342] Im Gegensatz zu dieser einzelfallbezogenen Herangehensweise sind in der Literatur unterschiedliche Ansätze eines selbständigen und umfassenden Grundrechtskollisionsrechts erarbeitet worden.[343] Insbesondere in Bezug auf das „Wie“ einer Anwendbarkeit dürften diese Ansätze allerdings im Vergleich zu einer einzelfallbezogenen Betrachtungsweise zu keinen entscheidenden Abweichungen führen.[344]

Der räumliche Anwendungsbereich der Grundrechte entspricht im Ergebnis somit grundsätzlich dem „Wirkbereich“[345] der nach Art. 1 Abs. 3 GG auf sie verpflichteten Hoheitsträger, deren Tätigkeit speziell in Auslandssachverhalten zudem mit der anderer Staaten zu koordinieren ist:[346] Sie muss sich an den allgemeinen

---

341 BVerfGE 31, 58 (72 ff.) – *Spanierbeschluss*; E 100, 313 (362) – *Telekommunikationsüberwachung I*; vgl. auch BVerfGE 6, 290 (295) – *Vermögenswerte in der Schweiz*; E 57, 9 (23) – *Einlieferungsersuchen*; *R. Bernhardt*, DÖV 1977, 455 (462); *H. Dreier*, in: ders. (Hrsg.), Grundgesetz Bd. 1, 3. Aufl. 2013, Art. 1 Abs. 3 Rn. 44 f.; *H. Jarass*, in: ders./B. Pieroth, Grundgesetz, 13. Aufl. 2014, Art. 1 Rn. 44; *W. Kluth*, in: R. Wendt u.a. (Hrsg.), FS für K. H. Friauf, 1996, 197 (202 f.); *C. Starck*, in: H. v. Mangoldt/F. Klein/ders. (Hrsg.), Grundgesetz Bd. 1, 6. Aufl. 2010, Art. 1 Rn. 212.

342 *V. Epping*, Außenwirtschaftsfreiheit, 1998, S. 189 ff., 207 ff.; *R. Hofmann*, Grenzüberschreitende Sachverhalte, 1994, S. 28 ff., 68 ff.; *P. Kunig*, in: I. v. Münch/ders., Grundgesetz Bd. 1, 6. Aufl. 2012, Art. 1 Rn. 53; *M. Schröder*, in: I. v. Münch (Hrsg.), FS für H.-J. Schlochauer, 1981, 137 (138); *K. Stern*, Staatsrecht III/1, 1988, § 72, S. 1230 ff.; gegen eine Verankerung in Art. 1 Abs. 3 GG hingegen *G. Elbing*, Anwendbarkeit der Grundrechte, 1992, S. 72 ff.; *D. Merten*, in: D. Dörr u.a. (Hrsg.), FS für H. Schiedermair, 2001, 331 (340 ff.), der eine „extraterritoriale Grundrechtswirkung als Brückenfunktion“ ansieht.

343 Etwa *G. Elbing*, Anwendbarkeit der Grundrechte, 1992, S. 42 ff., 82 ff., 312 ff.; *M. Heintzen*, Auswärtige Beziehungen privater Verbände, 1988, S. 97 ff., der Art. 1 Abs. 3 GG als „kollisionsrechtliche Grundnorm“ ansieht: Auch wenn die staatliche Pflicht zur Gewährung von Auslandsschutz nicht unmittelbar aus den Grundrechten abgeleitet werden könne, so seien sie und die grundrechtlichen Schutzpflichten „zwei Seiten eines Phänomens“, a.a.O. S. 138; diesbzgl. kritisch *G. Elbing*, Anwendbarkeit der Grundrechte, 1992, S. 72 ff., der selbst eine Anwendbarkeit der Grundrechte in Auslandssachverhalten durch eine „‚Erweiterung‘ der Grundrechte“ erreicht, a.a.O. S. 82 ff., wobei sich der Anspruch auf Auslandsschutz qualitativ von dem sog. grundrechtlichen „Einwirkungsanspruch“ unterscheide, a.a.O. S. 107 f.; kritisch hierzu wiederum *R. Hofmann*, Grenzüberschreitende Sachverhalte, 1994, S. 25 ff.

344 *H. Dreier*, in: ders. (Hrsg.), Grundgesetz Bd. 1, 3. Aufl. 2013, Art. 1 Abs. 3 Rn. 45; *V. Epping*, Außenwirtschaftsfreiheit, 1998, S. 214.

345 *E. Klein*, Bundesverfassungsgericht und Ostverträge, 2. Aufl. 1985, S. 31.

346 Vorgelagert ist bei der Bestimmung der Grundrechtsbindung der Umfang der staatlichen Verantwortlichkeit zu berücksichtigen; sie endet jedenfalls dort, wo

Regeln des Völkerrechts gem. Art. 25 S. 1 GG ausrichten und damit zunächst die völkerrechtlichen Grenzen der Ausübung von Hoheitsgewalt außerhalb des eigenen Staatsgebiets einhalten.[347] Hinsichtlich der „Wirkkraft"[348] des betroffenen Grundrechts können somit „Modifikationen und Differenzierungen zulässig oder geboten sein"[349], die auf einen mehr oder minder intensiven Auslandsbezug des konkreten Sachverhalts zurückzuführen sind.[350] Entsprechende Einschränkungsmöglichkeiten ergeben sich insbesondere aus dem dem Grundgesetz zugrundeliegenden Prinzip der Völkerrechtsfreundlichkeit[351] und sind (im Einzelfall) unter Berücksichtigung der Vorgaben des Art. 25 S. 1 GG sowie unter Rücksichtnahme auf die Rechtsordnungen fremder Staaten durch Auslegung der betroffenen Verfassungsnorm aus dem Grundgesetz selbst zu bestimmen.[352] Das grundrechtliche Schutzniveau kann im konkreten auslandsbezogenen Sachverhalt somit durchaus geringer ausfallen

---

die deutsche Staatsgewalt ohne Einfluss auf einen rechtlichen Vorgang ist, s. BVerfGE 55, 349 (362 f.) – *Rudolf Hess*; E 66, 39 (57 ff.) – *Raketenstationierung*; E 92, 26 (47) – *Zweitregister*; E 100, 313 (362 f.) – *Telekommunikationsüberwachung I*; *V. Epping*, Außenwirtschaftsfreiheit, 1998, S. 193; *C. Starck*, in: H. v. Mangoldt/F. Klein/ders. (Hrsg.), Grundgesetz Bd. 1, 6. Aufl. 2010, Art. 1 Rn. 212.

347 *V. Epping*, Außenwirtschaftsfreiheit, 1998, S. 191; *E. Klein*, Bundesverfassungsgericht und Ostverträge, 2. Aufl. 1985, S. 31; *P. Kunig*, in: I. v. Münch/ders., Grundgesetz Bd. 1, 6. Aufl. 2012, Art. 1 Rn. 53; *M. Sachs*, in: ders. (Hrsg.), Grundgesetz, 7. Aufl. 2014, Vor Art. 1 Rn. 19. Die Überschreitung der völkerrechtlichen Grenzen ist freilich ohne Einfluss auf die Anwendbarkeit der Grundrechte als solche.

348 *M. Schröder*, in: I. v. Münch (Hrsg.), FS für H.-J. Schlochauer, 1981, 137 (142).

349 BVerfGE 100, 313 (363) – *Telekommunikationsüberwachung I.*

350 BVerfGE 31, 58 (77) – *Spanierbeschluss*; E 37, 271 (280) – *Solange I*; E 92, 26 (41 f.) – *Zweitregister*; E 100, 313 (362 f.) – *Telekommunikationsüberwachung I*; *V. Epping*, Außenwirtschaftsfreiheit, 1998, S. 207 ff.; *R. Hofmann*, Grenzüberschreitende Sachverhalte, 1994, S. 31 ff.; *W. Kluth*, in: R. Wendt u.a. (Hrsg.), FS für K. H. Friauf, 1996, 197 (202 f., 209), der hinsichtlich einer Abstufung der grundrechtlichen Wirkkraft drei Fallgruppen herausarbeitet; *D. Merten*, in: D. Dörr u.a. (Hrsg.), FS für H. Schiedermair, 2001, 331 (336 f.); *K. Stern*, Staatsrecht III/1, 1988, § 72, S. 1230 f., 1234; kritisch hingegen etwa *M. Sachs*, in: ders. (Hrsg.), Grundgesetz, 7. Aufl. 2014, Vor Art. 1 Rn. 19.

351 Schon BVerfGE 6, 309 (362 f.) – *Reichskonkordat*; E 18, 112 (121) – *Auslieferung I*; E 31, 58 (75 f.) – *Spanierbeschluss*; E 58, 1 (41) – *Eurocontrol I*; E 63, 343 (379 f.) – *Rechtshilfevertrag*; E 75, 1 (17) – *Völkerrecht.*

352 BVerfGE 31, 58 (74 ff.) – *Spanierbeschluss*; E 100, 313 (363) – *Telekommunikationsüberwachung I*; *H. Dreier*, in: ders. (Hrsg.), Grundgesetz Bd. 1, 3. Aufl. 2013, Art. 1 Abs. 3 Rn. 45; *V. Epping*, Außenwirtschaftsfreiheit, 1998, S. 212 ff.; *H. Jarass*, in: ders./B. Pieroth, Grundgesetz, 13. Aufl. 2014, Art. 1 Rn. 44; *W. Kluth*, in: R. Wendt u.a. (Hrsg.), FS für K. H. Friauf, 1996, 197 (202); *M. Schröder*, in: I. v. Münch (Hrsg.), FS für H.-J. Schlochauer, 1981, 137 (138); *K. Stern*, Staatsrecht III/1, 1988, § 72, S. 1232; ähnlich bereits *F. Gamillscheg*, in: R. Dietz u.a. (Hrsg.), FS für H. C. Nipperdey Bd. 1, 1965, 323 (326 f.). Zu den einzelnen Kriterien, die zu einer Konkretisierung der Wirkkraft des einschlägigen Grundrechts im Einzelfall

als in einem vergleichbaren reinen Inlandssachverhalt. Die äußerste Grenze einer möglichen „Abschwächung“ der grundrechtlichen Wirkkraft bilden jedoch der Wesensgehalt des einschlägigen Grundrechts gem. Art. 19 Abs. 2 GG sowie die menschenrechtlichen Mindeststandards nach Art. 25 S. 1 GG.[353]

(2) Anwendbarkeit der grundrechtlichen Schutzpflichtfunktion auf Auslandssachverhalte im Allgemeinen ...

Unter Zugrundelegung der vorstehend skizzierten verfassungsrechtlichen Vorgaben sind die Grundrechte als solche etwa von deutschen Auslandsvertretungen bei Entscheidungen in Verwaltungsverfahren gegenüber deutschen Staatsangehörigen ebenso zu beachten wie von Behörden im Geltungsbereich des Grundgesetzes.[354] Ähnliches gilt für deutsche Soldaten im Auslandseinsatz.[355] Dabei umfasst die Grundrechtsbindung deutscher Hoheitsträger aus Art. 1 Abs. 3 GG ohne weiteres die Grundrechte in ihrer Funktion als Abwehrrechte, da diese lediglich „zuständigkeitsbeschränkend“[356] und damit gerade nicht „zuständigkeitserweiternd“[357] wirkt.[358]

---

hergezogen werden, s. ausführlich *G. Elbing*, Anwendbarkeit der Grundrechte, 1992, S. 168 ff.; *R. Hofmann*, Grenzüberschreitende Sachverhalte, 1994, S. 69 ff.

353 BVerfGE 31, 58 (72) – *Spanierbeschluss*; E 63, 343 (379) – *Rechtshilfevertrag*; E 73, 339 (376, 386) – *Solange II*; E 89, 155 (174 f.) – *Maastricht*; *R. Hofmann*, Grenzüberschreitende Sachverhalte, 1994, S. 70 f.; *W. Kluth*, in: R. Wendt u.a. (Hrsg.), FS für K. H. Friauf, 1996, 197 (202); *D. Merten*, in: D. Dörr u.a. (Hrsg.), FS für H. Schiedermair, 2001, 331 (337).

354 *M. Heintzen*, Auswärtige Beziehungen privater Verbände, 1988, S. 133; *P. Kunig*, in: I. v. Münch/ders., Grundgesetz Bd. 1, 6. Aufl. 2012, Art. 1 Rn. 53; *K. Stern*, Staatsrecht III/1, 1988, § 72, S. 1232.

355 Die grundsätzliche Bindung der deutschen Bundeswehr bei Einsätzen im Ausland ist im Schrifttum umstritten; wie hier etwa *M. Baldus*, in: H. v. Mangoldt/F. Klein/C. Starck (Hrsg.), Grundgesetz Bd. 3, 6. Aufl. 2010, Art. 87a Rn. 89, 96; *D. Beck*, Auslandseinsätze deutscher Streitkräfte, 2008, S. 271 ff.; *S. Hobe*, in: M. Breuer u.a. (Hrsg.), FS für E. Klein, 2013, 95 (97 ff., insbesondere 100 ff.); *C. Walter*, in: M. Breuer u.a. (Hrsg.), FS für E. Klein, 2013, 351 (353 f.), der sich zudem kritisch mit Einschränkungsmöglichkeiten der grundrechtlichen Wirkkraft auseinandersetzt; anders hingegen *M. Heintzen*, in: D. Merten/H.-J. Papier (Hrsg.), HdBGrundR II, 2006, § 50 Rn. 31; *J. Isensee*, in: ders./P. Kirchhof (Hrsg.), HStR V, 1992, § 115 Rn. 90 mit Fn. 201; *M. Nettesheim*, in: T. Maunz/G. Dürig (Begr.), Grundgesetz, Art. 59 Rn. 230 f. Das BVerfG konnte sich zu dieser Frage bisher nicht direkt äußern, vgl. nur BVerfGE 77, 170 (221) – *C-Waffen*; ausdrücklich eine Grundrechtsbindung bzw. eine Bindung an die grundrechtsgleichen Rechte bejahend allerdings VG Köln, Urt. v. 11.11.2011, Az. 25 K 4280/09, abgedruckt in JZ 2012, 366 ff. mit Anm. *C. Globke*, JZ 2012, 370 ff.; hierzu auch *H. P. Aust*, DVBl. 2012, 484 ff.

356 *C. Walter*, in: M. Breuer u.a. (Hrsg.), FS für E. Klein, 2013, 351 (355).

357 *C. Walter*, in: M. Breuer u.a. (Hrsg.), FS für E. Klein, 2013, 351 (355).

358 *H. Jarass*, in: ders./B. Pieroth, Grundgesetz, 13. Aufl. 2014, Art. 1 Rn. 44; *I. v. Münch/P. Kunig*, in: dies., Grundgesetz Bd. 1, 6. Aufl. 2012, Vorb. Art. 1 bis 19

Problematisch ist jedoch, ob und gegebenenfalls in welchem Umfang auch die grundrechtliche Schutzpflichtfunktion in auslandsbezogenen Sachverhalten Anwendung findet und somit die deutsche Staatsgewalt bindet. So lehnen etwa *M. Kötter/J. Nolte* eine Bindung deutscher Hoheitsträger an die grundrechtlichen Schutzpflichten in Auslandssachverhalten pauschal mit dem Hinweis ab, eine Garantie beispielsweise der Religionsfreiheit durch die Bundesrepublik Deutschland in aller Welt sei undenkbar; nichts anderes könne daher konsequenter Weise für das Grundrecht auf Leben und körperliche Unversehrtheit gelten.[359]

Das Problem des Auslandsbezugs der Schutzpflichtfunktion der Grundrechte muss jedoch differenzierter betrachtet werden. Dabei ist zunächst – ausgehend von der dogmatischen Herleitung der grundrechtlichen Schutzpflichten – festzustellen, dass eine Erstreckung der grundrechtlichen Gewährleistungen über den Geltungsbereich des Grundgesetzes hinaus grundsätzlich erklärbar ist:[360] Eine Begründung aus dem Schutz der Menschenwürde aus Art. 1 Abs. 1 S. 2 GG sowie dem objektivrechtlichen Gehalt der Grundrechte kann ohne weiteres auf Auslandssachverhalte ausgedehnt werden. Wie in reinen Inlandssachverhalten geht es bei Störungen der grundrechtlichen Schutzgüter durch das bzw. im Ausland um einen staatlichen Schutz vor grundrechtsrelevanten Übergriffen durch selbst nicht an die Grundrechte gebundene Dritte. In Ansehung ihrer rechtlichen Konstruktion entsprechen sich somit beide Fälle.[361] Dies gilt auch für eine Herleitung aus dem staatstheoretischen Anknüpfungspunkt des „Staatszweck[s] Sicherheit“[362]. Sie versteht die grundrechtlichen Schutzpflichten gleichsam als Kompensation für das private Gewaltverbot bzw. das ihm korrespondierende staatliche Gewaltmonopol, das jedoch grundsätzlich auf das deutsche Hoheitsgebiet beschränkt ist. Soweit das staatliche Gewaltmonopol im konkreten auslandsbezogenen Sachverhalt daher nicht zur Begründung herangezogen kann, verweisen die Befürworter der Wiederentdeckungsthese auf das auch bei

---

Rn. 14; *P. Kunig*, in: I. v. Münch/ders., Grundgesetz Bd. 1, 6. Aufl. 2012, Art. 1 Rn. 53; *C. Walter*, in: M. Breuer u.a. (Hrsg.), FS für E. Klein, 2013, 351 (355).

359 So nur *M. Kötter/J. Nolte*, DÖV 2007, 186 (190 f.); *C. T. Roth*, Bundeskanzlerermessen, 2009, S. 186; ähnlich schon *H. D. Treviranus*, DÖV 1979, 35 (37 f.).

360 Eine dogmatische Einordnung der grundrechtlichen Schutzpflichten i.S.d. „abwehrrechtlichen Lösungen“ könnte ihre Erstreckung auf Auslandssachverhalte hingegen grundsätzlich nicht ohne weiteres erklären, s. *G. Elbing*, Anwendbarkeit der Grundrechte, 1992, S. 99; *T. Kleinlein/D. Rabenschlag*, ZaöRV 67 (2007), 1277 (1303); *C. P. Kokew*, Auslandsschutz deutscher Staatsangehöriger bei Entführungen, 2012, S. 143; *G. Robbers*, Sicherheit als Menschenrecht, 1987, S. 128.

361 *G. Elbing*, Anwendbarkeit der Grundrechte, 1992, S. 100; *T. Kleinlein/D. Rabenschlag*, ZaöRV 67 (2007), 1277 (1303); *P. Szczekalla*, Grundrechtliche Schutzpflichten, 2002, S. 437.

362 *J. Isensee*, in: ders./P. Kirchhof (Hrsg.), HStR IX, 3. Aufl. 2011, § 191 Rn. 182.

einem Aufenthalt im Ausland (fort-)bestehende Treue- und Schutzverhältnis, das freilich nur hinsichtlich deutscher Staatangehöriger anzunehmen ist.[363]

Im Übrigen bewegt sich eine Ausdehnung der grundrechtlichen Schutzpflichten auf Auslandssachverhalte in einem Spannungsfeld, das auf der einen Seite durch die allgemeine räumliche Unbegrenztheit des grundgesetzlichen Konzepts der Schutzpflichtfunktion der Grundrechte geprägt ist. Auf der anderen Seite steht die nach der völkerrechtlichen Gebietshoheit grundsätzlich auf das eigene Staatsgebiet begrenzte Staatsgewalt der Bundesrepublik Deutschland, die die grundrechtlichen Freiheitssphären der Bürger i.S.d. grundrechtlichen Schutzpflichten koordiniert.[364] Einen ersten Anknüpfungspunkt zur Auflösung dieses Spannungsfeldes bildet die sich aus der Herleitung der grundrechtlichen Schutzpflichten erschließende Prämisse eines grundsätzlichen Gleichlaufs der Anwendungsbereiche von Abwehr- und Schutzpflichtfunktion der Freiheitsgrundrechte in Inlands- sowie Auslandssachverhalten:[365] Wie bereits festgestellt wurde, binden die grundrechtlichen Gewährleistungen die deutsche Staatsgewalt gem. Art. 1 Abs. 3 GG mangels ausdrücklicher Festschreibung ihres räumlichen Anwendungsbereichs auch in auslandsbezogenen Sachverhalten. Dies gilt jedenfalls für ihre klassische Funktion als Abwehrrechte. Die Grundrechtsbindung des Art. 1 Abs. 3 GG bezieht sich jedoch nicht allein auf diese, sondern erfasst auch die Schutzfunktion der Grundrechte. Für sie kann somit nichts von der Abwehrfunktion Abweichendes gelten, sodass grundsätzlich auch die grundrechtlichen Schutzpflichten in Auslandssachverhalten Anwendung finden.[366]

Eine Orientierung am Anwendungsbereich der Abwehrfunktion der Grundrechte muss jedoch auch die tatbestandlichen Strukturen der grundrechtlichen Abwehrrechte und der grundrechtlichen Schutzpflichten beachten: So stellt sich das staatliche Handeln beim Abwehrrecht als Eingriff in die grundrechtlich garantierte Freiheitssphäre und damit tatbestandlich als sein Auslöser dar; es bewirkt zudem die auslandsbezogene Grundrechtsbindung. Bei der Schutzpflicht ist das

---

363 *G. Elbing*, Anwendbarkeit der Grundrechte, 1992, S. 98 f.; *T. Kleinlein/D. Rabenschlag*, ZaöRV 67 (2007), 1277 (1303); i.E. auch *E. Klein*, NJW 1989, 1633 (1636 mit Fn. 25), der eine „Annextheorie“ dort heranzieht, wo „staatstheoretische Erwägungen nicht selbst zum Tragen kommen“.

364 *C. P. Kokew*, Auslandsschutz deutscher Staatsangehöriger bei Entführungen, 2012, S. 148; *G. Krings*, Grund und Grenzen grundrechtlicher Schutzansprüche, 2003, S. 195; zur Abgrenzung der grundrechtlichen Rechtssphären, s. auch *H. H. Klein*, DVBl. 1994, 489 (491).

365 *G. Krings*, Grund und Grenzen grundrechtlicher Schutzansprüche, 2003, S. 195.

366 Eine allgemeine Anwendbarkeit der grundrechtlichen Schutzpflicht im Ausland bejahend *D. Blumenwitz*, in: J. Isensee/P. Kirchhof (Hrsg.), HStR IX, 1997, § 211 Rn. 17; *S. Eilers/M. Heintzen*, RIW 1986, 619 (621); *M. Heintzen*, Auswärtige Beziehungen privater Verbände, 1988, S. 136 f.; *G. Hermes*, Grundrecht auf Schutz, 1987, S. 74 f.; *G. Krings*, Grund und Grenzen grundrechtlicher Schutzansprüche, 2003, S. 195 ff.; *G. Robbers*, Sicherheit als Menschenrecht, 1987, S. 207 f.; wohl auch *H. Maurer*, JZ 1999, 689 (694).

staatliche Handeln als Erfüllung der Verpflichtung zum Schutz der Grundrechte hingegen auf der Rechtsfolgenseite anzusiedeln. Der Wegfall dieses (einschränkenden) Merkmals auf der Tatbestandsseite hätte jedoch grundsätzlich eine staatliche, die gesamte Welt umspannende Verpflichtung zu Schutzhandlungen zugunsten jedermann zur Folge.[367] Eine tatbestandlich derart weite grundrechtliche Schutzpflicht in Auslandssachverhalten ist allerdings insbesondere aus völkerrechtlicher Sicht und – nicht zuletzt aufgrund der völkerrechtsfreundlichen Konzeption des Grundgesetzes – ebenso verfassungsrechtlich bedenklich.[368] Dieser Befund als solcher kann jedoch nicht als alleiniger Grund für eine Beschränkung des auslandsbezogenen Grundrechtsschutzes auf die Abwehrfunktion herangezogen werden, würde sie doch zugleich eine gänzliche Versagung des Schutzes durch die grundrechtliche Schutzpflichtfunktion im Ausland bedeuten.[369]

Im Folgenden sind daher weitere, über eine Orientierung am Anwendungsbereich der grundrechtlichen Abwehrrechte hinausgehende Kriterien für eine Auflösung des angesprochenen Spannungsverhältnisses zu suchen, die die Auslandswirkungen der grundrechtlichen Schutzpflichten in einen angemessenen Ausgleich mit dem Völkerrecht bringen.[370] Dabei ergibt sich eine diesbezügliche erste Einschränkung aus der Unterscheidung des Grundgesetzes zwischen Jedermann- und Deutschengrundrechten, die jedoch allein nicht geeignet ist, das „Thema Auslandsbezug der Grundrechte“[371] angemessen zu erfassen.[372]

(a) Keine Rechtsfolgenlösung

Zu einer erforderlichen Abstimmung der grundrechtlichen Schutzpflichten mit den völkerrechtlichen Grenzen einer Schutzausübung und damit der Ausübung von Staatsgewalt außerhalb des eigenen Staatsgebiets eines Staates schlägt *G. Krings* zunächst eine rechtsfolgenseitige „Abschwächung“ der grundrechtlichen Schutzpflicht vor. Diese soll durch eine Beschränkung der Schutzmaßnahmen im Rahmen des

---

367 *G. Krings*, Grund und Grenzen grundrechtlicher Schutzansprüche, 2003, S. 195 f.; ausführlich auch *C. P. Kokew*, Auslandsschutz deutscher Staatsangehöriger bei Entführungen, 2012, S. 141 f., 145.

368 So *M. Kötter/J. Nolte*, DÖV 2007, 186 (190 f.), die aus diesem Grund eine staatliche Bindung auch an die grundrechtlichen Schutzpflichten ablehnen, ohne jedoch den Versuch ihrer Koordinierung mit dem Völkerrecht zu unternehmen; ebenso *C. T. Roth*, Bundeskanzlerermessen, 2009, S. 186.

369 S. auch *C. P. Kokew*, Auslandsschutz deutscher Staatsangehöriger bei Entführungen, 2012, S. 147.

370 Zu dieser auch verfassungsrechtlich geforderten Notwendigkeit ausdrücklich BVerfGE 100, 313 (362 f.) – *Telekommunikationsüberwachung I*; implizit auch *G. Krings*, Grund und Grenzen grundrechtlicher Schutzansprüche, 2003, S. 195 ff.

371 *K. Stern*, Staatsrecht III/1, 1988, § 72, S. 1227.

372 *T. Kleinlein/D. Rabenschlag*, ZaöRV 67 (2007), 1277 (1303); *K. Stern*, Staatsrecht III/1, 1988, § 72, S. 1227; *H. Quaritsch*, in: J. Isensee/P. Kirchhof (Hrsg.), HStR V, 1992, § 120 Rn. 75.

staatlichen (Auswahl-)Ermessens erreicht werden:[373] So wäre etwa eine Begrenzung der Verpflichtung der deutschen Staatsgewalt zu lediglich indirekten Schutzhandlungen gegenüber anderen Staaten und nicht-deutschen Privatpersonen denkbar. Direkte Schutzhandlungen wie ein unmittelbares Vorgehen der Bundesrepublik Deutschland gegen den Verursacher der Grundrechtsgefährdung bzw. -verletzung könnten demnach insbesondere bei einem Schutz zugunsten ausländischer Staatsangehöriger aufgrund der nationality rule ausgeschlossen sein.[374]

Eine entsprechende Rechtsfolgenlösung bedeutete dennoch eine erhebliche Einschränkung des üblicherweise großzügigen Entscheidungs- und Gestaltungsspielraums der gesamten deutschen Außenpolitik. Darüber hinaus wäre die Bundesrepublik Deutschland in Auslandssachverhalten rechtlich grundsätzlich weiterhin zu einem Schutz verpflichtet, der rechtlich und tatsächlich kaum erfüllbar ist.[375] Diese Diskrepanz von von Verfassungs wegen und tatbestandlich bestehender Schutzpflicht sowie ihrer auch völkerrechtlichen Realisierbarkeit wäre jedoch letztlich geeignet, das gesellschaftliche „Vertrauen in das Grundrechtssystem des Grundgesetzes und damit in die Rechtsstaatlichkeit“[376] im Ganzen gefährden.[377]

(b) Tatbestandslösung[378]

Ist aus den genannten Gründen eine Lösung auf der Rechtsfolgenseite der grundrechtlichen Schutzpflichten abzulehnen, so muss diese tatbestandsseitig gesucht werden.

---

373 S. zum staatlichen (Auswahl-)Ermessen sogleich ausführlich im dritten Teil unter A. I. 2. Eine entsprechende Rechtsfolgenlösung wäre insbesondere bei einer Anwendung der grundrechtlichen Schutzpflichten nach Maßgabe von *E. Klein*, DÖV 1977, 704 (706 ff.); *ders.*, Bundesverfassungsgericht und Ostverträge, 2. Aufl. 1985, S. 36 ff.; *ders.*, in: G. Ress/T. Stein (Hrsg.), Diplomatischer Schutz im Völker- und Europarecht, 1996, 125 (129 ff.) erforderlich; s. hierzu auch *C. P. Kokew*, Auslandsschutz deutscher Staatsangehöriger bei Entführungen, 2012, S. 142.

374 *G. Krings*, Grund und Grenzen grundrechtlicher Schutzansprüche, 2003, S. 196 führt beispielhaft eine Förderung des Schutzes „durch politische Appelle oder völkerrechtliche Verträge einschließlich ihrer Mitgliedschaft und Mitwirkung in internationalen Organisationen“ an.

375 *G. Krings*, Grund und Grenzen grundrechtlicher Schutzansprüche, 2003, S. 196.

376 *G. Krings*, Grund und Grenzen grundrechtlicher Schutzansprüche, 2003, S. 196.

377 *C. P. Kokew*, Auslandsschutz deutscher Staatsangehöriger bei Entführungen, 2012, S. 142; *G. Krings*, Grund und Grenzen grundrechtlicher Schutzansprüche, 2003, S. 196.

378 Hierzu insgesamt auch *C. P. Kokew*, Auslandsschutz deutscher Staatsangehöriger bei Entführungen, 2012, S. 147 ff.

(aa) Beschneidung der grundrechtlichen Schutzpflichten auf das völkerrechtlich zulässige Maß über Art. 25 S. 1 GG

Als diesbezüglicher grundgesetzlicher Anknüpfungspunkt bietet sich der bereits im Rahmen der grundrechtlichen Auslandswirkungen angesprochene Art. 25 S. 1 GG an, den das BVerfG in auslandsbezogenen Sachverhalten für eine Abstimmung des Verfassungsrechts mit dem Völkerrecht heranzieht.[379] In diesem Zusammenhang ist zunächst festzustellen, dass Art. 25 S. 1 GG im Ausgangspunkt geeignet ist, auch das hier untersuchte Spannungsverhältnis der prinzipiell räumlich unbeschränkten Schutzpflichtfunktion der Grundrechte und der nach dem völkerrechtlichen Territorialitätsprinzip auf das eigene Staatsgebiet begrenzten Staatsgewalt der Bundesrepublik Deutschland im Wege einer bereits im Grundgesetz selbst angelegten Beschneidung der Auslandswirkungen der grundrechtlichen Schutzpflichten aufzulösen: Art. 25 GG öffnet die durch das Grundgesetz verfasste innerstaatliche Ordnung im Sinne einer „dynamischen Verweisung"[380] für die allgemeinen Regeln des Völkerrechts und ordnet sie als Teil des über den Gesetzen stehendes Bundesrecht ein, vgl. Art. 25 S. 2 Hs. 1 GG.[381] Aus dem Anwendungsbefehl des Art. 25 GG folgt somit die unmittelbare Geltung der allgemeinen Regeln des Völkerrechts, die die deutsche Staatsgewalt binden und verpflichten. Hieraus folgt, dass „kollidierendes

379 BVerfGE 100, 313 (362 f.) – *Telekommunikationsüberwachung I*: In diesem Fall ging es konkret um Eingriffe in das grundrechtliche Abwehrrecht aus Art. 10 Abs. 1 GG durch die Überwachung des internationalen Fernmeldeverkehrs durch deutsche Sicherheitsbehörden; s. zudem *H. Jarass*, in: ders./B. Pieroth, Grundgesetz, 13. Aufl. 2014, Art. 1 Rn. 44; ähnlich die Lösung von *G. Krings*, Grund und Grenzen grundrechtlicher Schutzansprüche, 2003, S. 196 f., der bei einer Anwendung der grundrechtlichen Schutzpflichten in Auslandssachverhalten die Drei-Elemente-Lehre zur Begrenzung des grundrechtlichen Tatbestands heranzieht: Die Anwendbarkeitsgrenze der grundrechtlichen Schutzpflicht sei erreicht, wenn kein Bezug des zugrundeliegenden Sachverhalts zum deutschen Staatsvolk und/oder Staatsgebiet hergestellt werden kann; dies gelte jedenfalls dann, wenn ein Schutz nicht den – vorliegend nicht einschlägigen – diplomatischen Schutz betreffe, a.a.O. S. 199 ff.; eine Begründung der Heranziehung der Drei-Elemente-Lehre fehlt jedoch, vgl. *C. P. Kokew*, Auslandsschutz deutscher Staatsangehöriger bei Entführungen, 2012, S. 141 f. Kritisch bzgl. einer Lösung über Art. 25 GG grundsätzlich *M. Heintzen*, Auswärtige Beziehungen privater Verbände, 1988, S. 146 ff., der für einen Ausgleich des Verfassungs- und Völkerrechts vielmehr Art. 1 Abs. 3 GG als „verfassungsrechtlichen Adapter" anwendet, ohne dies jedoch näher zu begründen; s. hierzu auch *C. P. Kokew*, Auslandsschutz deutscher Staatsangehöriger bei Entführungen, 2012, S. 145 f.

380 *M. Herdegen*, in: T. Maunz/G. Dürig (Begr.), Grundgesetz, Art. 25 Rn. 12.

381 Zu Definition und Quellen der allgemeinen Regeln des Völkerrechts, s. *W. Heintschel v. Heinegg*, in: V. Epping/C. Hillgruber (Hrsg.), Grundgesetz, 2. Aufl. 2013, Art. 25 Rn. 19 ff.; *M. Herdegen*, in: T. Maunz/G. Dürig (Begr.), Grundgesetz, Art. 25 Rn. 19 ff.; *K. Windthorst*, in: C. Gröpl/ders./C. v. Coelln (Hrsg.), Grundgesetz, 2. Aufl. 2015, Art. 25 Rn. 10 ff.

innerstaatliches Recht [...] [verdrängt] oder seine völkerrechtskonforme Anwendung [...] [bewirkt wird]"[382].[383] In diesem Sinne sucht Art. 25 S. 1 GG einen Ausgleich des nationalen (Verfassungs-)Rechts und damit auch der grundrechtlichen Gewährleistungen des Grundgesetzes mit den allgemeinen Regeln des Völkerrechts.[384] Diesen Vorgaben folgend sind die Auslandswirkungen der Grundrechte – ihre Schutzpflichtfunktion einbezogen – über Art. 25 S. 1 GG auf das völkerrechtlich zulässige Maß zu beschneiden, um einen nahezu gänzlichen Gleichlauf der grundrechtlichen Achtungs- und Schutzpflichten mit ihrer Erfüllbarkeit auf zwischenstaatlicher Ebene zu erreichen.[385]

Unter Anwendung dieser Vorgaben kann eine angemessene Auflösung des eingangs beschriebenen Spannungsfeldes erreicht werden, in dem sich die grundrechtlichen Schutzpflichten in Auslandssachverhalten bewegen: Die „verfassungsimmanente Begrenzung"[386] der Auslandswirkungen der grundrechtlichen Schutzpflichten über Art. 25 S. 1 GG berücksichtigt zunächst, dass die Bundesrepublik Deutschland ausschließlich auf eigenem Staatsgebiet zu einer unbeschränkten Koordination der grundrechtlichen Freiheitssphären der Bürger i.S.d. grundrechtlichen Schutzpflichten berechtigt ist. Im Ausland setzt das Völkerrecht der Ausübung von Staatsgewalt hingegen enge und gem. Art. 25 S. 1 GG auch durch das Grundgesetz akzeptierte Grenzen. Sie ergeben sich insbesondere aus der „Gebietsausschließlichkeit des Staates und des daraus folgenden Verbots der Vornahme staatlicher Hoheitsakte auf fremdem Staatsgebiet"[387].[388] Dies bedeutet zwar freilich nicht, dass eine Anwendung von jedenfalls begünstigenden Rechtssätzen und damit auch der

---

382 BVerfGE 23, 288 (316) – *Kriegsfolgelasten II.*

383 BVerfGE 23, 288 (300, 316 f.) – *Kriegsfolgelasten II*; E 46, 342 (363) – *Philippinische Botschaft*; E 75, 1 (18 f.) – *Völkerrecht*; *W. Heintschel v. Heinegg*, in: V. Epping/C. Hillgruber (Hrsg.), Grundgesetz, 2. Aufl. 2013, Art. 25 Rn. 17; *M. Herdegen*, in: T. Maunz/G. Dürig (Begr.), Grundgesetz, Art. 25 Rn. 1; *K. Windthorst*, in: C. Gröpl/ders./C. v. Coelln (Hrsg.), Grundgesetz, 2. Aufl. 2015, Art. 25 Rn. 1 ff., 16 ff.

384 In diesem Sinne stellt das BVerfG in BVerfGE 100, 313 (363) – *Telekommunikationsüberwachung I* fest: „Ihre [die Grundrechte] Reichweite ist vielmehr unter Berücksichtigung von Art. 25 GG aus dem Grundgesetz selbst zu ermitteln."

385 So auch *C. P. Kokew*, Auslandsschutz deutscher Staatsangehöriger bei Entführungen, 2012, S. 150.

386 *C. P. Kokew*, Auslandsschutz deutscher Staatsangehöriger bei Entführungen, 2012, S. 149.

387 *C. Hillgruber*, in: J. Isensee/P. Kirchhof (Hrsg.), HStR II, 3. Aufl. 2004, § 32 Rn. 63.

388 BVerfGE 63, 343 (372) – *Rechtshilfevertrag*; *W. K Geck*, Hoheitsakte auf fremden Staatsgebiet, in: H.-J. Schlochauer (Hrsg.), Wörterbuch des Völkerrechts Bd. 1, 2. Aufl. 1960, 795 f.; *C. Hillgruber*, in: J. Isensee/P. Kirchhof (Hrsg.), HStR II, 3. Aufl. 2004, § 32 Rn. 63; *A. Randelzhofer*, in: J. Isensee/P. Kirchhof (Hrsg.), HStR II, 3. Aufl. 2004, § 17 Rn. 28; *D. Siegrist*, Hoheitsakte auf fremdem Staatsgebiet, 1987, S. 10 ff. Die Gebietsausschließlichkeit zählt zu den allgemeinen Regeln des Völkerrechts, s. *C. Koenig*, in: H. v. Mangoldt/F. Klein/C. Starck (Hrsg.), Grundgesetz

grundrechtlichen Schutzpflichten im Ausland kategorisch ausgeschlossen ist.[389] Ein entsprechender Ausgleich kann vielmehr dadurch erreicht werden, dass sich der sachliche Schutzbereich des im Einzelfall betroffenen Grundrechts erst dann aktualisiert, wenn die deutsche Staatsgewalt unter Berücksichtigung der völkerrechtlichen Regeln befugt ist, einen auf die grundrechtlichen Schutzpflichten gestützten Schutz im Ausland zu realisieren. Eine Überschreitung der Schwelle zu einem Grundrechtseingriff kommt danach in Betracht, wenn durch die Schutzgewähr nicht in völkerrechtlich unzulässiger Weise, insbesondere in die Gebietshoheit eines fremden Staates, eingegriffen würde – etwa im Falle seiner Einwilligung in die Ausübung deutscher Staatsgewalt auf seinem Staatsgebiet oder bei sonstiger völkerrechtlicher Berechtigung.[390]

Darüber hinaus kann die verfassungsimmanente Beschneidung der grundrechtlichen Schutzpflichten gem. Art. 25 S. 1 GG insbesondere mit Blick auf die vorliegend untersuchten Sachverhalte des konsularischen Schutzes eine Verkürzung bzw. restriktive Auslegung des Schutzbereichs der Grundrechte i.S.d. allgemeinen Regeln des Völkerrechts erfordern. So ist hinsichtlich des personellen Schutzbereichs der grundrechtlichen Schutzpflichten festzustellen, dass die staatliche Gewährung insbesondere von Auslandsschutz aufgrund der nationality rule grundsätzlich nur dann völkerrechtlich zulässig ist, wenn der Schutzsuchende die Staatsangehörigkeit des schutzgewährenden Staates – hier der Bundesrepublik Deutschland – besitzt.[391] Soweit im Einzelfall – wie in Entführungsfällen mit Art. 2 Abs. 2 S. 1 und

---

Bd. 2, 6. Aufl. 2010, Art. 25 Rn. 62; *R. Streinz*, in: M. Sachs (Hrsg.), Grundgesetz, 7. Aufl. 2014, Art. 25 Rn. 51 f.

389 So hinsichtlich der Geltung von Rechtssätzen zugunsten von Ausländern im Ausland, *H. Quaritsch*, in: J. Isensee/P. Kirchhof (Hrsg.), HStR V, 1992, § 120 Rn. 73 unter Verweis auf BSGE 33, 280 (284 ff.). Die Beachtung – insbesondere belastender Rechtssätze – kann im Ausland jedoch nicht erzwungen werden, s. *M. Kau*, in: W. Graf Vitzthum/A. Proelß (Hrsg.), Völkerrecht, 6. Aufl. 2013, 3. Abschn. Rn. 154.

390 I.E. ebenso *C. P. Kokew*, Auslandsschutz deutscher Staatsangehöriger bei Entführungen, 2012, S. 151 f.

391 Die nationality rule ist Bestandteil der allgemeinen Regeln des Völkerrechts, s. *C. Koenig*, in: H. v. Mangoldt/F. Klein/C. Starck (Hrsg.), Grundgesetz Bd. 2, 6. Aufl. 2010, Art. 25 Rn. 63; *R. Streinz*, in: M. Sachs (Hrsg.), Grundgesetz, 7. Aufl. 2014, Art. 25 Rn. 57 f. Mit dieser wäre eine Anwendung der grundrechtlichen Schutzpflichten nach Maßgabe von *G. Elbing*, Anwendbarkeit der Grundrechte, 1992, S. 103 ff.; *E. Klein*, DÖV 1977, 704 (706 ff.); *ders.*, Bundesverfassungsgericht und Ostverträge, 2. Aufl. 1985, S. 36 ff.; *ders.*, in: G. Ress/T. Stein (Hrsg.), Diplomatischer Schutz im Völker- und Europarecht, 1996, 125 (129 ff.) grundsätzlich (wohl) nicht vereinbar; s. hierzu auch *M. Heintzen*, Auswärtige Beziehungen privater Verbände, 1988, S. 140 f.; *C. P. Kokew*, Auslandsschutz deutscher Staatsangehöriger bei Entführungen, 2012, S. 144 f., 151 f.

2 GG – Jedermanngrundrechte einschlägig sind, ist ihr personeller Schutzbereich danach auf Deutsche i.S.v. Art. 116 Abs. 1 GG zu verengen.[392]

(bb) Grundrechtliche Schutzpflichtfunktion gilt in Auslandssachverhalten nur in den völkerrechtlich zulässigen Grenzen – Zwischenfazit

Im Ergebnis trägt die dargestellte Tatbestandslösung zum einen dem räumlich grundsätzlich unbeschränkten Schutzpflichtkonzept der Grundrechte hinreichend Rechnung. Zwar werden die Auslandswirkungen der grundrechtlichen Schutzpflichtfunktion nicht auf sämtliche denkbare Fälle ausgedehnt; ihre Schutzwirkung wird indes auch nicht vollständig aufgehoben. Es wird vielmehr ein ausgleichender Mittelweg beschritten: Mit der Art. 25 S. 1 GG entsprechenden Forderung nach einem personellen Bezug zur Bundesrepublik Deutschland beschränkt bzw. erstreckt sich ihr Schutz auf Auslandssachverhalte, die für die Bundesrepublik Deutschland und ihre völkerrechtsfreundliche Grundrechtsordnung von besonderer Bedeutung sind. Zum anderen aktualisieren sich die grundrechtlichen Schutzpflichten erst im Falle einer völkerrechtlichen Schutzberechtigung der Bundesrepublik Deutschland, sodass auch die Gebietshoheit eines fremden Staates in einem (völkerrechtlich) erforderlichen Maße berücksichtigt wird. Bringt die Tatbestandslösung danach die verfassungsrechtliche Verpflichtung zum Schutz der Grundrechte und die diesbezügliche völkerrechtliche Berechtigung der Bundesrepublik Deutschland in Übereinstimmung, so wird zudem der Gefahr eines „deutschen ‚Grundrechtsoktroi'"[393] begegnet, die mit der grundsätzlichen Bejahung grundrechtlicher Auslandswirkungen stets einhergeht. Eine entsprechende „‚Verabsolutierung' der deutschen

---

392 I.E. ebenso *C. P. Kokew*, Auslandsschutz deutscher Staatsangehöriger bei Entführungen, 2012, S. 151 f. Kann – losgelöst von den hier untersuchten Auslandssachverhalten in Entführungsfällen – in Sachverhalten mit Auslandsbezug ein räumlicher Bezug zur Bundesrepublik Deutschland hergestellt werden, ist diese personelle Beschränkung der Jedermann- auf Deutschengrundrechte gem. Art. 25 S. 1 GG aus Sicht des Völkerrechts nicht erforderlich, wenn die Schutzgewähr nicht die Gebietshoheit eines anderen Staates berührt, ähnlich *G. Krings*, Grund und Grenzen grundrechtlicher Schutzansprüche, 2003, S. 196 f. Der räumliche bzw. personelle Bezug zur Bundesrepublik Deutschland stellt eine völkerrechtlich akzeptierte, vernünftige Anknüpfung für die Ausübung von Staatsgewalt dar, s. *M. Kau*, in: W. Graf Vitzthum/A. Proelß (Hrsg.), Völkerrecht, 6. Aufl. 2013, 3. Abschn. Rn. 154 f.; *T. Schweisfurth*, Völkerrecht, 2006, 1. Teil 9 Kap. Rn. 103 ff.

393 *K. Stern*, Staatsrecht III/1, 1988, § 72, S. 1242. Sie besteht jedoch bei einer Anwendung der grundrechtlichen Schutzpflichten nach Maßgabe von *G. Elbing*, Anwendbarkeit der Grundrechte, 1992, S. 103 ff.; *E. Klein*, DÖV 1977, 704 (706 ff.); *ders.*, Bundesverfassungsgericht und Ostverträge, 2. Aufl. 1985, S. 36 ff.; *ders.*, in: G. Ress/T. Stein (Hrsg.), Diplomatischer Schutz im Völker- und Europarecht, 1996, 125 (129 ff.); *G.* Krings, Grund und Grenzen grundrechtlicher Schutzansprüche, 2003, S. 195 ff.; s. hierzu auch *C. P. Kokew*, Auslandsschutz deutscher Staatsangehöriger bei Entführungen, 2012, S. 144 f.

Verfassungsentscheidungen"[394] wird durch das Grundgesetz somit gerade nicht angestrebt.[395] Eine Korrektur der Auslandswirkungen der grundrechtlichen Schutzpflichten auf der Rechtsfolgenseite ist unter Zugrundelegung der Tatbestandslösung nicht erforderlich.[396]

(3) ... und auf Sachverhalte des Auslandsschutzes bzw. des konsularischen Schutzes im Besonderen

Nachdem die Frage nach der Anwendbarkeit der grundrechtlichen Schutzpflichten auf Auslandssachverhalte im Allgemeinen unter den beschriebenen besonderen Voraussetzungen positiv beantwortet wurde, ist nun auf ihre Anwendbarkeit auf die Sachverhalte des Auslandsschutzes im Besonderen näher einzugehen. Diese werfen spezielle Probleme auf, die noch nicht (abschließend) durch die Gerichte geklärt wurden.[397]

Es ist jedoch zunächst festzustellen, dass die grundrechtlichen Schutzpflichten grundsätzlich sowohl im Hinblick auf ihre Struktur als auch auf ihren Schutzzweck eine im Verhältnis zu den vielgestaltigen Sachverhalten des Auslandsschutzes ähnliche Grundkonzeption aufweisen:[398] Die grundrechtlichen Schutzpflichten auf der einen Seite beziehen sich auf einen staatlichen Schutz grundrechtlich geschützter Rechtspositionen vor rechtswidrigen Eingriffen nicht grundrechtsgebundener

394 *D. Merten*, in: D. Dörr u.a. (Hrsg.), FS für H. Schiedermair, 2001, 331 (338).

395 Zum Problem eines deutschen „Grundrechtsoktroi", s. *V. Epping*, Außenwirtschaftsfreiheit, 1998, S. 191 f.; *C. P. Kokew*, Auslandsschutz deutscher Staatsangehöriger bei Entführungen, 2012, S. 144 f.; *D. Merten*, in: D. Dörr u.a. (Hrsg.), FS für H. Schiedermair, 2001, 331 (337 ff.); *K. Stern*, Staatsrecht III/1, 1988, § 72, S. 1242 ff.; kritisch *V. Epping*, Außenwirtschaftsfreiheit, 1998, S. 142 ff.

396 So auch *C. P. Kokew*, Auslandsschutz deutscher Staatsangehöriger bei Entführungen, 2012, S. 152.

397 So *H.-U. Erichsen*, Jura 1997, 85 (85) m.w.N. Entsprechendes gilt insbesondere für BVerfGE 6, 290 ff. – *Vermögenswerte in der Schweiz*; E 36, 1 ff. – *Grundlagenvertrag*; E 37, 217 ff. – *Staatsangehörigkeit von Abkömmlingen*; E 40, 141 ff. – *Ostverträge*; E 41, 126 ff. – *Reparationsschäden*; E 55, 349 ff. – *Rudolf Hess*; BVerwGE 62, 11 (14 ff.); s. hierzu ausführlich *E. Klein*, DÖV 1977, 704 (706); *ders.*, DÖV 1979, 39 (40); *ders.*, NJW 1989, 1633 (1635); *C. P. Kokew*, Auslandsschutz deutscher Staatsangehöriger bei Entführungen, 2012, S. 134 ff.

398 Umstritten ist zudem die Anwendbarkeit der grundrechtlichen Schutzpflichten auf Sachverhalte einer Grundrechtsgefährdung durch natürliche Störquellen, s. hierzu *J. Dietlein*, Lehre von den grundrechtlichen Schutzpflichten, 2. Aufl. 2005, S. 102 ff.; *L. Jaeckel*, Schutzpflichten im deutschen und europäischen Recht, 2001, S. 80 f.; *P. Szczekalla*, Grundrechtliche Schutzpflichten, 2002, S. 276 ff.; *P. Unruh*, Dogmatik der grundrechtlichen Schutzpflichten, 1996, S. 21 ff. jeweils m.w.N.; gegen ihre Einbeziehung in die grundrechtlichen Schutzpflichten grundsätzlich u.a. *J. Isensee*, in: ders./P. Kirchhof (Hrsg.), HStR IX, 3. Aufl. 2011, § 191 Rn. 206 f.; *D. Merten*, in: K. Stern u.a. (Hrsg.), GS für J. Burmeister, 2005, 227 (237) jeweils m.w.N.

Privatpersonen auf deutschem Staatsgebiet. Ihre Rechtswidrigkeit beurteilt sich nach nationalem Recht.[399] Auf der anderen Seite geht es beim Auslandsschutz allgemein um den Schutz (völker-)rechtlich geschützter Rechte und Interessen durch die Bundesrepublik Deutschland im Ausland. Urheber einer Gefährdung dieser Rechtsgüter ist im Rahmen des diplomatischen Schutzes ein anderes, ebenso wenig an die deutschen Grundrechte gebundenes Völkerrechtssubjekt, etwa ein auswärtiger Staat. Beim konsularischen Schutz wiederum geht sie von sonstiger nichtstaatlicher Seite aus, etwa wie – im Falle der hier interessierenden Entführungssachverhalte – von wiederum selbst nicht grundrechtsgebundenen Privatpersonen. Die Rechtswidrigkeit der Rechtsgefährdung beurteilt sich dabei grundsätzlich anhand völkerrechtlicher Maßstäbe. Sie leiten sich insbesondere aus dem Fremdenrecht her, dessen Mindeststandards wie der Schutz von Leib, Leben und Eigentum allerdings auch den grundrechtlichen Schutzgütern entsprechen (können).[400]

Die sich gleichwohl ergebenden Unterschiede[401] insbesondere hinsichtlich der „Person des Störers"[402] rechtfertigen es nicht, eine Anwendbarkeit der grundrechtlichen Schutzpflichten auf Sachverhalte des Auslandsschutzes auszuschließen. So betreffen beide jeweils einen staatlichen Schutz von grund- bzw. völkerrechtlich geschützten Rechtsgütern vor Gefährdungen, die von anderer Seite als der nach Art. 1 Abs. 3 GG selbst grundrechtsgebundenen deutschen Staatsgewalt ausgehen und gegen die die Bundesrepublik Deutschland in bestimmter Form (etwa strafrechtlich oder völkerrechtlich) vorgehen muss. Die rechtlichen Strukturen beider Sachverhalte decken sich somit.[403] Dabei ist grundsätzlich ohne Belang, wer den

---

399 Speziell im vorliegenden Zusammenhang *S. Eilers/M. Heintzen*, RIW 1986, 619 (621); *M. Heintzen*, Auswärtige Beziehungen privater Verbände, 1988, S. 136; *P. Szczekalla*, Grundrechtliche Schutzpflichten, 2002, S. 284; *J. Ziekow*, Über Freizügigkeit und Aufenthalt, 1997, S. 587 f. mit Fn. 95. Zum Tatbestand der grundrechtlichen Schutzpflichten allgemein statt vieler *C. Calliess*, JZ 2006, 321 (327 f.); *H.-U. Erichsen*, Jura 1997, 85 (85); *E. Klein*, NJW 1989, 1633 (1633); *J. Isensee*, in: ders./P. Kirchhof (Hrsg.), HStR IX, 3. Aufl. 2011, § 191 Rn. 218; *K. Stern*, Staatsrecht III/1, 1988, § 69, S. 946.

400 So bereits im zweiten Teil unter A. II.; ähnlich *J. Isensee*, Grundrecht auf Sicherheit, 1983, S. 31 bzgl. des Rechts auf Asyl; *D. Merten*, in: D. Dörr u.a. (Hrsg.), FS für H. Schiedermair, 2001, 331 (343); *H. D. Treviranus*, DÖV 1979, 35 (38).

401 Nicht näher betrachtet werden hier die Unterschiede – insbesondere konstruktiver Art – zwischen dem Anspruch auf diplomatischen Schutz und dem sich als „Unterfall der allgemeinen Schutzansprüche" darstellenden sog. „Einwirkungsanspruch", s. *G. Elbing*, Anwendbarkeit der Grundrechte, 1992, S. 98 ff., insbesondere 104 ff. Ihre Abgrenzung liefert insofern keinen selbständigen Erkenntniswert, als sie im Grunde lediglich zur Verdeutlichung des Tatbestands des spezielleren diplomatischen Schutzes nützlich ist, so *P. Szczekalla*, Grundrechtliche Schutzpflichten, 2002, S. 284.

402 So die Terminologie von *C. Calliess*, JZ 2006, 321 (326).

403 *G. Elbing*, Anwendbarkeit der Grundrechte, 1992, S. 100; *S. Eilers/M. Heintzen*, RIW 1986, 619 (621); *M. Heintzen*, Auswärtige Beziehungen privater Verbände, 1988,

Übergriff in die grundrechtlichen Schutzgüter zu verantworten hat, denn das Bestehen der grundrechtlichen Schutzpflichten geht auf das „grundrechtliche Statusverhältnis zwischen Staat und Opfer"[404] zurück und steht unabhängig von der Frage, ob „der Störer eine Privatperson ist oder ein ausländischer Staat"[405].[406] Betrachtet man die grundrechtlichen Schutzpflichten schließlich als eine Intensivierung des Schutzes der Grundrechtsgüter über die grundrechtliche Abwehrfunktion hinaus[407], so ist ihre Übertragung oder auch bloße Anwendung auf Sachverhalte des Auslandsschutzes auch hinsichtlich ihres Schutzzwecks nur folgerichtig.[408]

S. 136 f.; *P. Szczekalla*, Grundrechtliche Schutzpflichten, 2002, S. 284 f.; *J. Ziekow*, Über Freizügigkeit und Aufenthalt, 1997, S. 588; implizit auch *E. Klein*, NJW 1989, 1633 (1633); *ders.*, Diplomatischer Schutz im Hinblick auf die Konfiskation deutschen Vermögens, 1992, S. 38.

404 *M. Heintzen*, Auswärtige Beziehungen privater Verbände, 1988, S. 136.

405 *M. Heintzen*, Auswärtige Beziehungen privater Verbände, 1988, S. 136.

406 BVerfGK 14, 192 (199 ff.) – *Schloss Bensberg*; *M. Heintzen*, Auswärtige Beziehungen privater Verbände, 1988, S. 136; *D. Merten*, in: K. Stern u.a. (Hrsg.), GS für J. Burmeister, 2005, 227 (236 f.); anders hingegen *J. Isensee*, in: ders./P. Kirchhof (Hrsg.), HStR IX, 3. Aufl. 2011, § 191 Rn. 218, der ausschließlich rechtswidrige Eingriffe eines selbst grundrechtsfähigen Privaten als schutzpflichtauslösend ansieht und ausdrücklich solche ausländischer Staatsgewalt oder von internationalen Organisationen ausnimmt.

407 *H. Bethge*, VVDStRL 57 (1998), 7 (16 f.); *P. Szczekalla*, Grundrechtliche Schutzpflichten, 2002, S. 286; *J. Ziekow*, Über Freizügigkeit und Aufenthalt, 1997, S. 348 ff.

408 So i.E. *A. Bleckmann*, EWS 1995, 213 (214); *J. Dietlein*, Lehre von den grundrechtlichen Schutzpflichten, 2. Aufl. 2005, S. 122 ff.; *W. Heintschel v. Heinegg/U. Haltern*, JA 1995, 305 (309 f.); *M. Heintzen*, Auswärtige Beziehungen privater Verbände, 1988, S. 136 ff.; *R. Hofmann*, Grenzüberschreitende Sachverhalte, 1994, S. 108 f.; *E. Klein*, DÖV 1977, 704 (706 ff.); *ders.*, Diplomatischer Schutz im Hinblick auf die Konfiskation deutschen Vermögens, 1992, S. 37 ff.; *H. H. Klein*, DVBl. 1994, 489 (490); *D. Merten*, in: D. Dörr u.a. (Hrsg.), FS für H. Schiedermair, 2001, 331 (343); in der Aussprache *I. Pernice*, VVDStRL 56 (1997), 117 f.; *A. Scheidler*, DÖV 2006, 417 (418); *K. Stern*, Staatsrecht III/2, 1994, § 95, S. 1739; *J. Ziekow*, Über Freizügigkeit und Aufenthalt, 1997, S. 588. Dabei sprechen *C. Calliess*, JZ 2006, 321 (322); *M. Ruffert*, AVR 35 (1997), 459 (470) von einer Überformung des Anspruchs auf diplomatischen Schutz durch die grundrechtlichen Schutzpflichten; *S. Eilers/M. Heintzen*, RIW 1986, 619 (621) befürworten eine „grundrechtstheoretische Einkleidung" bzw. sprechen von einer „Ausprägung"; *G. Hermes*, Grundrecht auf Schutz, 1987, S. 56 f. und 74 geht von ihrer ergänzenden Heranziehung aus; *K. Oberthür*, Anspruch des deutschen Staatsbürgers, 1965, S. 23 f. spricht von einer „Umdeutung insbesondere der Freiheitsrechte aus Art. 2 Abs. 2 S. 1 GG und Art. 14 Abs. 1 GG"; a.A. hingegen *J. Isensee*, Grundrecht auf Sicherheit, 1983, S. 30, der wohl eine Analogie zur Pflicht zum diplomatischen Schutz annimmt; dagegen wiederum *G. Hermes*, Grundrecht auf Schutz, 1987, S. 74 mit Fn. 232; *P. Szczekalla*, Grundrechtliche Schutzpflichten, 2002, S. 283 f. mit Fn. 1121 a.E. Eine aus den Grundrechten abgeleitete staatliche Pflicht zur Gewährung von Auslandsschutz hat im Hinblick auf

Der angesprochene Unterschied betreffend den Verursacher der Grundrechtsgefährdung wird dabei erst mit Blick auf das Schutzmittel bzw. die Schutzform bedeutsam.[409] Auf diesen beziehen sich auch die Stimmen in der Literatur, die eine Anwendbarkeit der grundrechtlichen Schutzpflichten auf den Auslandsschutz ablehnen. So verweist insbesondere *J. Isensee* darauf, dass sich letzterer – anders als bei Inlandssachverhalten der grundrechtlichen Schutzpflicht – nicht in einem „staatsrechtlichen Verhältnis der Subordination"[410] bewege. Es gehe somit nicht um einen Schutz vor privaten Grundrechtsgefährdungen, denen mit Mitteln des staatlichen Zwangs begegnet werden könne, sondern um einen Schutz vor einem staatlichen „Störer", der außerhalb der deutschen Verfassungsordnung stehe. Entsprechend seien die Schutzmaßnahmen im Rahmen des Auslandsschutzes somit zum einen ausschließlich durch Rechtsbehelfe auf der „Koordinationsebene des Völkerrechts"[411] zu realisieren, sodass eine dogmatische Einordnung in die Thematik der grundrechtlichen Schutzpflichten schon aus diesem Grund zu verneinen sei.[412] Zum anderen könnten sich deutsche Staatsangehörige gegenüber einem anderem

---

Art. 23 AEUV zudem den Vorteil, dass ihr persönlicher Schutzbereich über die deutschen Staatsangehörigen hinaus ohne weiteres auf Unionsbürger erstreckt werden könnte, vgl. *P. Szczekalla*, Grundrechtliche Schutzpflichten, 2002, S. 287; s. auch in der Aussprache *I. Pernice*, VVDStRL 56 (1997), 118. In diesem Zusammenhang ist jedoch zu beachten, dass eine Begründung der grundrechtlichen Schutzpflichten über eine Wiederentdeckung des Staatszwecks Sicherheit über den Treuegedanken grundsätzlich nur eine grundrechtliche Schutzpflicht zugunsten eigener Staatsangehöriger tragen kann. Eine Anwendung der grundrechtlichen Schutzpflichten auf Auslandssachverhalte nach Maßgabe von *G. Elbing*, Anwendbarkeit der Grundrechte, 1992, S. 103 ff.; *G. Krings*, Grund und Grenzen grundrechtlicher Schutzansprüche, 2003, S. 195 ff. würde dies jedoch verkennen, s. hierzu auch *C. P. Kokew*, Auslandsschutz deutscher Staatsangehöriger bei Entführungen, 2012, S. 142 f. Die Wiederentdeckungsthese ist aber ohnehin in „einer bestimmten Staatszwecklehre verhaftet, die dem Grundgesetz nicht immanent ist", s. hierzu *T. Kleinlein/D. Rabenschlag*, ZaöRV 67 (2007), 1277 (1303). Zum Schutz von Unionsbürgern nach Art. 23 AEUV, s. im fünften Teil.

409 *J. Dietlein*, Lehre von den grundrechtlichen Schutzpflichten, 2. Aufl. 2005, S. 123; *S. Eilers/M. Heintzen*, RIW 1986, 619 (621); *M. Heintzen*, Auswärtige Beziehungen privater Verbände, 1988, S. 137; *P. Szczekalla*, Grundrechtliche Schutzpflichten, 2002, S. 286 f.

410 *J. Isensee*, in: ders./P. Kirchhof (Hrsg.), HStR IX, 3. Aufl. 2011, § 191 Rn. 208.

411 *J. Isensee*, Grundrecht auf Sicherheit, 1983, S. 30.

412 Die Sachverhalte der Gefahren, die vom Ausland ausgehen können, seien zu vielfältig, um sie in „einer einheitlichen auswärtigen Schutzpflicht als das Seitenstück zur staatsinternen grundrechtlichen Schutzpflicht" erfassen zu können. „Sie lassen sich nicht auf einen Begriff bringen und in einem einzigen, konsistenten Tatbestand umschreiben", so *J. Isensee*, in: ders./P. Kirchhof (Hrsg.), HStR IX, 3. Aufl. 2011, § 191 Rn. 209.

als dem deutschen Staat mangels dessen Grundrechtsbindung nicht auf die Grundrechte des Grundgesetzes berufen.[413]

Diese Bedenken beziehen sich ausdrücklich auf einen anderen Staat als „Störer" und betreffen somit in erster Linie den Auslandsschutz in Form des diplomatischen Schutzes (im engeren Sinne). Sie gelten gleichwohl für den Auslandsschutz allgemein und damit auch für den in den vorliegend untersuchten Sachverhalten einschlägigen konsularischen Schutz. Denn als völkerrechtlich geprägtes Institut vollzieht sich seine Ausübung ebenso auf der angesprochenen Koordinationsebene des Völkerrechts, dessen Besonderheiten auch in diesen Fällen zu beachten sind. Der konsularische Schutz ist zwar nicht mit einem direkten Vorgehen der Bundesrepublik Deutschland gegen einen auswärtigen Staat verbunden; insbesondere die vorliegend untersuchten Entführungsfälle zeigen jedoch, dass auch diese Sachverhalte eine mit dem diplomatischen Schutz vergleichbare Komplexität aufweisen (können).[414]

Die Einwände *J. Isensees* greifen im Ergebnis allerdings nicht durch.[415] So spricht etwa *P. Szczekalla* in diesem Zusammenhang ausdrücklich von zwei Rechtsverhältnissen[416]: Dem Grund- und dem Erfüllungsverhältnis, von denen sich allein das zwischen der Bundesrepublik Deutschland und dem auswärtigen Staat bestehende „Erfüllungsverhältnis"[417] auf der völkerrechtlichen Ebene bewegt. Das „Grundverhältnis"[418] bezeichnet dagegen die staatsrechtliche Beziehung zwischen dem deutschen Staat und seinen Bürgern und verläuft in den Bahnen der Subordination.[419] Im Rahmen dieses innerstaatlichen Rechtsverhältnisses kann sich der deutsche Staatsangehörige zum einen auf den Schutz seiner grundrechtlichen

---

413 *J. Isensee*, Grundrecht auf Sicherheit, 1983, S. 30; *ders.*, in: ders./P. Kirchhof (Hrsg.), HStR IX, 3. Aufl. 2011, § 191 Rn. 208 f. Zur mangelnden Grundrechtsbindung der nicht-deutschen Staatsgewalt, s. auch BVerfGE 66, 39 (56 f., 62) – *Raketenstationierung*; vgl. *M. Heintzen*, Auswärtige Beziehungen privater Verbände, 1988, S. 136 f., zur jeweiligen Form der Schutzgewähr.

414 Die Sachverhalte des konsularischen Schutzes werden sich häufig jedoch als unproblematischer darstellen, s. *P. Szczekalla*, Grundrechtliche Schutzpflichten, 2002, S. 287.

415 Eingehend zu dieser Kritik *J. Dietlein*, Lehre von den grundrechtlichen Schutzpflichten, 2. Aufl. 2005, S. 122 ff.; *P. Szczekalla*, Grundrechtliche Schutzpflichten, 2002, S. 285 ff.; *J. Ziekow*, Über Freizügigkeit und Aufenthalt, 1997, S. 588 m.w.N.

416 *P. Szczekalla*, Grundrechtliche Schutzpflichten, 2002, S. 285 f.; ähnlich schon *J. Dietlein*, Lehre von den grundrechtlichen Schutzpflichten, 2. Aufl. 2005, S. 123; *S. Eilers/M. Heintzen*, RIW 1986, 619 (621).

417 *P. Szczekalla*, Grundrechtliche Schutzpflichten, 2002, S. 285.

418 *P. Szczekalla*, Grundrechtliche Schutzpflichten, 2002, S. 285.

419 *P. Szczekalla*, Grundrechtliche Schutzpflichten, 2002, S. 285; implizit auch *J. Dietlein*, Lehre von den grundrechtlichen Schutzpflichten, 2. Aufl. 2005, S. 123; *S. Eilers/M. Heintzen*, RIW 1986, 619 (621); *G. Elbing*, Anwendbarkeit der Grundrechte, 1992, S. 113; *M. Heintzen*, Auswärtige Beziehungen privater Verbände, 1988, S. 137 f.

Schutzgüter berufen. Er ist ausschließlich gegenüber der deutschen Staatsgewalt geltend zu machen und gerade nicht gegenüber einem auswärtigen Staat.[420] Nach dem Grundverhältnis beurteilt sich zum anderen, ob der Bundesrepublik Deutschland eine (grund-)rechtliche Pflicht zum Schutz ihrer Staatsangehörigen im Ausland obliegt; dem Völkerrecht hingegen können diesbezügliche Aussagen nicht entnommen werden.[421]

Das Erfüllungsverhältnis erstreckt sich danach allein auf Fragen der Erfüllung einer durch das nationale Recht begründeten staatlichen Schutzpflicht und damit auf die Durchführung von Maßnahmen des Auslandsschutzes.[422] Entsprechenden (außenpolitischen) Besonderheiten[423] ist im Rahmen dieses völkerrechtlichen Rechtsverhältnisses ausreichend Rechnung zu tragen. So ist insbesondere zu berücksichtigen, dass die Bundesrepublik Deutschland auf dieser Ebene in der Regel nicht in rechtlich bindender und effektiver Weise auf den auswärtigen Staat einwirken kann, um einen Schutz ihrer Staatsangehörigen zu erreichen. Dementsprechend muss die nach deutschem (Verfassungs-)Recht bestehende Schutzpflicht in diesen Fällen unstreitig einen weiten staatlichen Handlungs- und Ermessensspielraum in Bezug auf die Wahl der Schutzmaßnahmen einräumen, der erheblich über den in reinen Inlandssachverhalten zugestandenen hinausgeht.[424]

420 *S. Eilers/M. Heintzen*, RIW 1986, 619 (621); *E. Klein*, Diplomatischer Schutz im Hinblick auf die Konfiskation deutschen Vermögens, 1992, S. 38; *J. Ziekow*, Über Freizügigkeit und Aufenthalt, 1997, S. 588.

421 S. hierzu erneut im zweiten Teil unter A. III.

422 *J. Dietlein*, Lehre von den grundrechtlichen Schutzpflichten, 2. Aufl. 2005, S. 123; *S. Eilers/M. Heintzen*, RIW 1986, 619 (621); *P. Szczekalla*, Grundrechtliche Schutzpflichten, 2002, S. 285.

423 Besonderheiten bestehen etwa auch hinsichtlich der speziellen Schutzmittel des Völkerrechts und des notwendigen Respekts vor der „Andersartigkeit der fremden Rechtsordnung", wobei im Einzelfall eventuelle Einschränkungen in den Wertvorstellungen des Grundgesetzes in Kauf genommen werden müssen. Diese Punkte sind in der Ermessensentscheidung der Bundesrepublik Deutschland betreffend des „Wie" eines Schutzes zu berücksichtigen, s. *P. Szczekalla*, Grundrechtliche Schutzpflichten, 2002, S. 285 f.

424 *J. Dietlein*, Lehre von den grundrechtlichen Schutzpflichten, 2. Aufl. 2005, S. 123; *S. Eilers/M. Heintzen*, RIW 1986, 619 (621); *W. Heintschel v. Heinegg/U. Haltern*, JA 1995, 305 (309); *P. Szczekalla*, Grundrechtliche Schutzpflichten, 2002, S. 285. So ist möglichen Bedenken insbesondere von *H. D. Treviranus*, DÖV 1979, 35 (36 f.) der Boden entzogen, die im Zuge der Anwendung der grundrechtlichen Schutzpflichten eine Beschneidung des weiten außenpolitischen Handlungs- und Beurteilungsspielraums befürchten. Denn die Anwendung der grundrechtlichen Schutzpflichten auf den Auslandsschutz führt nicht automatisch dazu, dass die Interessen des zu schützenden deutschen Staatsangehörigen höher zu bewerten sind als eventuell entgegenstehende Allgemeininteressen. Vielmehr bleibt für einen angemessen Ausgleich der widerstreitenden Interessen im Einzelfall genügend

Vor dem Hintergrund einer Aufspaltung des Auslandsschutzes in ein Grund- und ein Erfüllungsverhältnis stehen jedoch sowohl die durch das Völkerrecht implizierten Einschränkungen der Schutzmöglichkeiten der Bundesrepublik Deutschland als auch das weite staatliche Ermessen dem grundsätzlichen Bestehen einer grundrechtlichen Schutzpflicht in diesen Sachverhalten nicht entgegen. So verläuft zwar ihre Erfüllung gegenüber einem anderen Staat auf der völkerrechtlichen Koordinationsebene. Die sich hieraus ergebende fehlende rechtliche Erzwingbarkeit des Schutzerfolgs, d.h. die Unterlassung einer Grundrechtsgefährdung durch den Störer, seitens der deutschen Staatsgewalt ist für das Bestehen der grundrechtlichen Schutzpflicht nach nationalem (Verfassungs-)Recht allerdings bedeutungslos; der tatsächliche Schutzerfolg ist keines ihrer Wesensmerkmale. Erforderlich sind vielmehr nur solche „Vorkehrungen zum Schutze des Grundrechts [...], die nicht gänzlich ungeeignet oder völlig unzulänglich sind“[425].[426] Im Hinblick auf das weite außenpolitische Ermessen der Bundesrepublik Deutschland in Sachverhalten des Auslandsschutzes stellt *J. Dietlein* zutreffend fest, dass „weite Ermessensspielräume [...] eben nicht Bindungslosigkeit“[427] bedeuten. Zudem ist es so möglich, die nach deutschem (Verfassungs-)Recht bestehende grundrechtliche Schutzpflicht auszuüben, ohne gegen völkerrechtliche Grundsätze zu verstoßen und ohne die Schutzpflicht als solche infrage zu stellen. Eine in diesem Sinne verstandene, sich an den Grenzen des völkerrechtlich Zulässigen orientierende grundrechtliche Schutzpflicht in Sachverhalten des Auslandschutzes ist somit als ein im Lichte des Völkerrechts auszulegendes grundrechtliches Optimierungsgebot anzusehen.[428]

(4) Grundrechtliche Schutzpflichten in Sachverhalten der Entführung deutscher Staatsangehöriger im Ausland – Zwischenergebnis

Zusammenfassend ist festzustellen, dass die Grundrechte auch im bzw. dem Ausland gegenüber von staatlicher Seite zu schützende Werte darstellen und somit über den Geltungsbereich des Grundgesetzes hinaus Wirkung entfalten. Dabei umfasst die Grundrechtsbindung der deutschen öffentlichen Gewalt gem. Art. 1 Abs. 3 GG in Auslandssachverhalten grundsätzlich neben der Abwehr- auch die

Raum, s. *M. Heintzen*, Auswärtige Beziehungen privater Verbände, 1988, S. 137; kritisch auch *K. Hailbronner*, VVDStRL 56 (1997), 7 (16 f.).

425 BVerfGE 77, 170 (215) – *C-Waffen*, in Bezug auf den grundrechtlichen Schutzanspruch des Einzelnen.

426 *J. Ziekow*, Über Freizügigkeit und Aufenthalt, 1997, S. 588; anders hingegen *J. Isensee*, in: ders./P. Kirchhof (Hrsg.), HStR IX, 3. Aufl. 2011, § 191 Rn. 208.

427 *J. Dietlein*, Lehre von den grundrechtlichen Schutzpflichten, 2. Aufl. 2005, S. 123.

428 *P. Szczekalla*, Grundrechtliche Schutzpflichten, 2002, S. 286; ähnlich hinsichtlich der völkerrechtlichen Seite *M. Heintzen*, Auswärtige Beziehungen privater Verbände, 1988, S. 138; anders *M. Möstl*, DÖV 1998, 1029 (1038). Zu den grundrechtlichen Schutzpflichten als Optimierungsgebote, s. auch *J. Isensee*, in: ders./P. Kirchhof (Hrsg.), HStR IX, 3. Aufl. 2011, § 191 Rn. 269.

Schutzpflichtfunktion der Grundrechte als unmittelbar geltendes Recht. Eine staatliche Verpflichtung zum Schutz der Grundrechte ist jedoch nicht weltweit und nicht zugunsten jedermann anzunehmen, denn ihr personeller Schutzbereich sowie die Aktualisierung ihres sachlichen Schutzbereichs sind gem. Art. 25 S. 1 GG auf das völkerrechtlich zulässige Maß zu beschränken. Darüber hinaus sind die grundrechtlichen Schutzpflichten mit Blick auf ihre Struktur und ihren Schutzzweck auch auf Sachverhalte des Auslandsschutzes im Besonderen anwendbar. Das hiergegen vorgebrachte Argument, der Staat könne nicht schützen, was er nicht beherrsche und daher diesbezüglich auch rechtlich nicht verpflichtet werden, verfängt nicht.[429]

Die grundrechtlichen Schutzpflichten können danach als Grundlage einer Pflicht der Bundesrepublik Deutschland speziell in den vorliegend untersuchten Entführungssachverhalten herangezogen werden. Die in diesen Fällen aus völkerrechtlicher Sicht durch die nationality rule und aus verfassungsrechtlicher Sicht gem. Art. 25 S. 1 GG geforderte Beschränkung des personellen Schutzbereichs auf Deutsche i.S.v. Art. 116 Abs. 1 GG wird durch die deutsche Staatsangehörigkeit des Entführungsopfers als Träger der durch die Entführung gefährdeten bzw. verletzten grundrechtlichen Schutzgüter erfüllt. Diese Lösung entspricht den grundlegenden völkerrechtlichen Anforderungen an die Gewährung konsularischen Schutzes, die grundsätzlich nur zugunsten eigener Staatsangehörigen zulässig ist, vgl. Art. 5 lit. a und e WÜK.[430] Die Bundesrepublik Deutschland besitzt somit auch die völkerrechtliche Berechtigung sich für die Beachtung der Grundrechte in den vorliegend untersuchten Sachverhalten und damit für die Beendigung der Entführung einzusetzen. Im Ergebnis besteht somit ein Gleichlauf von verfassungsrechtlicher Verpflichtung zum auslandsbezogenen Schutz der Grundrechte und ihrer Erfüllbarkeit auf völkerrechtlicher Ebene.

Im Folgenden kann demnach auf die eingangs aufgeworfene Frage näher eingegangen werden, welche Einzelgrundrechte die konkrete Grundlage grundrechtlicher Schutzpflichten in den vorliegend untersuchten Entführungsfällen bilden können. Dabei gewinnt die Staatsangehörigkeit des Entführungsopfers im Vergleich zum (nachfolgend zu betrachtenden) verfassungsrechtlichen Auslandsschutz strukturell nicht als Ursprung der Schutzpflicht, sondern allein im Rahmen des persönlichen Schutzbereichs an Bedeutung;[431] bereits an dieser Stelle kann daher die Eröffnung der personellen Schutzbereiche der Art. 2 Abs. 2 S. 2 und S. 1 GG hinsichtlich des betroffenen deutschen Staatsangehörigen als natürliche Person festgestellt werden.[432]

---

429 S. hierzu *P. Szczekalla*, Grundrechtliche Schutzpflichten, 2002, S. 286; anders hingegen *M. Heintzen*, Auswärtige Beziehungen privater Verbände, 1988, S. 208 unter Hinweis auf *J. Isensee*, Wer definiert die Freiheitsrechte?, 1980, S. 35.

430 Zu einer Ausdehnung des Auslandsschutzes zugunsten Nichtstaatsangehöriger, s. *T. Kleinlein/D. Rabenschlag*, ZaöRV 67 (2007), 1277 ff.

431 So ausdrücklich bereits in der Aussprache *I. Pernice*, VVDStRL 56 (1997), 118.

432 Zum personellen Schutzbereich von Art. 2 Abs. 2 S. 1 und 2 GG, s. *U. Di Fabio*, in: T. Maunz/G. Dürig (Begr.), Grundgesetz, Art. 2 Abs. 2 S. 2 Rn. 21; *H. Schulze-Fielitz*,

bb. Schutzpflicht aus Art. 2 Abs. 2 S. 2 GG (i.V.m. Art. 1 Abs. 1 S. 2, 25 S. 1 GG): Freiheit der Person

Eine grundrechtliche Schutzpflicht zugunsten im Ausland entführter deutscher Staatsangehöriger ergibt sich zunächst aus Art. 2 Abs. 2 S. 2 GG (i.V.m. Art. 1 Abs. 1 S. 2, 25 S. 1 GG). Das Grundrecht auf Freiheit der Person schützt tatbestandlich die „im Rahmen der geltenden allgemeinen Rechtsordnung gegebene tatsächliche körperliche Bewegungsfreiheit“[433], die vor dem Hintergrund der (deutschen) Geschichte und bei systematischer Auslegung mit Art. 104 GG grundsätzlich als eine „Freiheit von obrigkeitlicher Festnahme und Gefangenschaft“[434] zu verstehen ist.[435] Art. 2 Abs. 2 S. 2 GG schützt somit in erster Linie zwar vor Freiheitsentziehungen und -beschränkungen vonseiten des Staates.[436] Über die abwehrrechtliche Grundrechtsfunktion hinaus kann Art. 2 Abs. 2 S. 2 GG jedoch zudem eine staatliche Schutzpflicht zugunsten der Freiheit der Person entnommen werden.[437]

Konkret verbürgt Art. 2 Abs. 2 S. 2 GG das Recht, jeden faktisch bzw. rechtlich zugänglichen Ort aufzusuchen, sich an ihm aufzuhalten und ihn zu verlassen.[438] Die

---

in: H. Dreier (Hrsg.), Grundgesetz Bd. 1, 3. Aufl. 2013, Art. 2 Abs. 2 Rn. 39 ff., 100 jeweils m.w.N.

433 BVerfGE 94, 166 (198) – *Flughafenverfahren.*

434 *U. Di Fabio*, in: T. Maunz/G. Dürig (Begr.), Grundgesetz, Art. 2 Abs. 2 S. 2 Rn. 22.

435 BVerfGE 94, 166 (198) – *Flughafenverfahren*; E 96, 10 (21) – *Räumliche Aufenthaltsbeschränkung*; E 105, 239 (247) – *Richtervorbehalt*; *U. Di Fabio*, in: T. Maunz/G. Dürig (Begr.), Grundgesetz, Art. 2 Abs. 2 S. 2 Rn. 16, 22; *F. Wittreck*, in: J. Isensee/P. Kirchhof (Hrsg.), HStR VII, 3. Aufl. 2009, § 151 Rn. 8 f.; *H. Schulze-Fielitz*, in: H. Dreier (Hrsg.), Grundgesetz Bd. 1, 3. Aufl. 2013, Art. 2 Abs. 2 Rn. 98; *C. Starck*, in: H. v. Mangoldt/F. Klein/ders. (Hrsg.), Grundgesetz Bd. 1, 6. Aufl. 2010, Art. 2 Rn. 196.

436 BVerfGE 7, 198 (204 f.) – *Lüth*; *U. Di Fabio*, in: T. Maunz/G. Dürig (Begr.), Grundgesetz, Art. 2 Abs. 2 S. 2 Rn. 16, 18; *H. Schulze-Fielitz*, in: H. Dreier (Hrsg.), Grundgesetz Bd. 1, 3. Aufl. 2013, Art. 2 Abs. 2 Rn. 101 f.

437 BVerfGE 10, 302 (322) – *Vormundschaft*; E 49, 24 (53) – *Kontaktsperre-Gesetz*; bezogen auf Art. 2 Abs. 2 GG im Ganzen, BVerfGE 49, 304 (319 f.) – *Sachverständigenhaftung*; *H. Schulze-Fielitz*, in: H. Dreier (Hrsg.), Grundgesetz Bd. 1, 3. Aufl. 2013, Art. 2 Abs. 2 Rn. 113. Konkretisiert wird die grundrechtliche Schutzpflicht im Inland durch §§ 232 ff. StGB, die nach § 5 Nr. 6a StGB teilweise auch als Auslandstaten strafbar sind.

438 BVerfGE 94, 166 (198) – *Flughafenverfahren*; s. auch *U. Di Fabio*, in: T. Maunz/G. Dürig (Begr.), Grundgesetz, Art. 2 Abs. 2 S. 2 Rn. 26 ff.; *H. Schulze-Fielitz*, in: H. Dreier (Hrsg.), Grundgesetz Bd. 1, 3. Aufl. 2013, Art. 2 Abs. 2 Rn. 99; *C. Starck*, in: H. v. Mangoldt/F. Klein/ders. (Hrsg.), Grundgesetz Bd. 1, 6. Aufl. 2010, Art. 2 Rn. 196. Eine darüber hinausgehende Ausweitung des sachlichen Schutzbereichs auf eine Freiheit, sich an jeden Ort begeben und sich dort aufhalten zu dürfen, ist jedoch aufgrund der Systematik des Art. 2 Abs. 2 GG abzulehnen. Sämtliche dort verbürgte Rechte – insbesondere das Grundrecht auf Leben und körperliche Unversehrtheit – sind Grundlagen der menschlichen Existenz. Ausschließlich im

restriktiv auszulegende körperliche Bewegungsfreiheit des Entführungsopfers wird durch die Entführung beeinträchtigt, denn es muss sich ohne oder gegen seinen Willen an einem durch den Entführer bestimmten Ort aufhalten.[439] Dieser Eingriff in die Freiheit der Person aktualisiert die Art. 2 Abs. 2 S. 2 GG immanente, konkrete grundrechtliche Schutzpflicht zugunsten des deutschen Staatsangehörigen. Sie erlischt wiederum erst im Falle der Auflösung der Zwangslage des Entführungsopfers durch Freilassung, (gewaltsame) Beendigung der Entführung oder mit seinem Tod.[440]

cc. Schutzpflicht aus Art. 2 Abs. 2 S. 1 GG (i.V.m. Art. 1 Abs. 1 S. 2, 25 S. 1 GG): Leben und körperliche Unversehrtheit

Neben die grundrechtliche Schutzpflicht aus Art. 2 Abs. 2 S. 2 GG (i.V.m. Art. 1 Abs. 1 S. 2, 25 S. 1 GG) tritt eine solche zugunsten des Rechts auf Leben und körperlichen Unversehrtheit des Entführungsopfers aus Art. 2 Abs. 2 S. 1 GG (i.V.m. Art. 1 Abs. 1 S. 2, 25 S. 1 GG).[441] Dieser schützt allgemein das „körperliche Dasein des Menschen i.S. einer lebenden, biologisch-physischen Existenz“[442]. Während speziell das Recht auf Leben auf seine Bewahrung vor sämtlichen Fremdeinwirkungen gerichtet ist, gewährleistet das Recht auf körperliche Unversehrtheit die körperliche Gesundheit im biologisch-physiologischen und psychisch-seelischen Sinne sowie die physische Integrität als solche, wobei eine Zufügung jedweder Art von Schmerzen nicht entscheidend ist.[443] Dabei statuiert Art. 2 Abs. 2 GG zunächst ein Abwehrrecht

---

Sinne einer restriktiven Auslegung des Schutzbereichs seines S. 2 gliedert sich dieser ohne weiteres in die in S. 1 gewährleisteten fundamentalen Grundrechte ein, vgl. *U. Di Fabio*, in: T. Maunz/G. Dürig (Begr.), Grundgesetz, Art. 2 Abs. 2 S. 2 Rn. 25.

439 Für das Bestehen einer grundrechtlichen Schutzpflicht in Entführungsfällen auch in Auslandssachverhalten, s. explizit *U. Di Fabio*, in: T. Maunz/G. Dürig (Begr.), Grundgesetz, Art. 2 Abs. 2 S. 2 Rn. 15; *H. Schulze-Fielitz*, in: H. Dreier (Hrsg.), Grundgesetz Bd. 1, 3. Aufl. 2013, Art. 2 Abs. 2 Rn. 113.

440 Statt vieler *J. Dietlein*, Lehre von den grundrechtlichen Schutzpflichten, 2. Aufl. 2005, S. 124 ff.

441 Art. 2 Abs. 2 S. 1 und 2 GG gewährleisten unterschiedliche Schutzgüter, die jedoch alle als unverzichtbare Voraussetzungen der freien Entfaltung menschlicher Personalität anzusehen sind, vgl. *U. Di Fabio*, in: T. Maunz/G. Dürig (Begr.), Grundgesetz, Art. 2 Abs. 2 S. 2 Rn. 1; *H. Schulze-Fielitz*, in: H. Dreier (Hrsg.), Grundgesetz Bd. 1, 3. Aufl. 2013, Art. 2 Abs. 2 Rn. 20.

442 *H. Schulze-Fielitz*, in: H. Dreier (Hrsg.), Grundgesetz Bd. 1, 3. Aufl. 2013, Art. 2 Abs. 2 Rn. 25; s. auch BVerfGE 115, 118 (139) – *Luftsicherheitsgesetz*.

443 Speziell zur biologisch-physiologischen und psychisch-seelischen Gesundheit, BVerfGE 56, 54 (73 ff.) – *Fluglärm*; *J. Berkemann*, ZUR 2002, 202 (204); zur körperlichen Integrität, BVerfGE 52, 131 (168, 174 f.) – *Arzthaftungsprozeß*; s. auch *U. Di Fabio*, in: T. Maunz/G. Dürig (Begr.), Grundgesetz, Art. 2 Abs. 2 S. 1 Rn. 51, 55 ff.; *G. Hermes*, Grundrecht auf Schutz, 1987, S. 222 ff.; *H. Schulze-Fielitz*, in: H. Dreier (Hrsg.), Grundgesetz Bd. 1, 3. Aufl. 2013, Art. 2 Abs. 2 Rn. 25, 33 ff. Gegen eine Einbeziehung der psychisch-seelischen Gesundheit in den Schutzbereich

des Grundrechtsträgers gegen staatliche Eingriffe in die durch ihn geschützten Rechtsgüter. Darüber hinaus kann ihm eine staatliche Pflicht zum Schutz sowohl des Rechts auf Leben[444] als auch des Rechts auf körperliche Unversehrtheit[445] vor Übergriffen Dritter entnommen werden.

(1) Bedrohung des Rechts auf Leben und körperliche Unversehrtheit in Entführungsfällen

Die grundrechtlichen Schutzgüter des Art. 2 Abs. 2 S. 1 GG des Entführungsopfers können in den vorliegend untersuchten Sachverhalten gefährdet sein. Wie die im ersten Teil beschriebenen Entführungssachverhalte verdeutlichen, ist ihre konkrete Betroffenheit – anders als bei Art. 2 Abs. 2 S. 2 GG – jedoch stark einzelfallabhängig; im Folgenden kann somit keine generelle Gefährdung, sondern lediglich eine solche typischerweise bei Entführungsfällen bestehende herausgearbeitet werden. Dabei ist zunächst eine Bedrohung des Rechts auf körperliche Unversehrtheit des Entführungsopfers hinsichtlich der biologisch-physiologischen Gesundheit in Erwägung zu ziehen, die sich auf vielfältige Weise einstellen kann. Zu denken ist beispielsweise an eine Ausübung körperlicher Gewalt durch die Entführer und Verletzung des Entführungsopfers, an Mangelernährung, die klimatischen Verhältnisse am Aufenthaltsort oder körperliche Erschöpfung eventuell infolge häufiger Wechsel des Aufenthaltsortes – wie im Fall der verstorbenen deutschen „Sahara-Geisel". Darüber hinaus kommt eine Gefährdung der Gesundheit im psychisch-seelischen Sinne in Betracht, die anders als die biologisch-physiologischen Gesundheit vor nichtkörperlichen Eingriffen schützt, die in ihren Auswirkungen jedoch körperlichen Eingriffen gleichwertig sind. Dies ist der Fall, wenn sie das menschliche Wohlbefinden ähnlich der Beibringung von Schmerzen beeinträchtigen; abzustellen ist dabei auf

des Art. 2 Abs. 2 S. 1 GG wohl *R. Müller-Terpitz*, in: J. Isensee/P. Kirchhof (Hrsg.), HStR VII, 3. Aufl. 2009, § 147 Rn. 44.

444 BVerfGE 39, 1 (36 ff., 41 f.) – *Schwangerschaftsabbruch I*; E 45, 187 (254 f.) – *Lebenslange Freiheitsstrafe*; E 46, 160 (164 f.) – *Schleyer*; E 49, 89 (132, 140 ff.) – *Kalkar I*; E 53, 30 (57) – *Mülheim-Kärlich*; E 77, 170 (214) – *C-Waffen*; E 77, 381 (402 f.) – *Gorleben*; E 88, 203 (251) – *Schwangerschaftsabbruch II*; E 90, 145 (195) – *Cannabis*; *U. Di Fabio*, in: T. Maunz/G. Dürig (Begr.), Grundgesetz, Art. 2 Abs. 2 S. 1 Rn. 7 f., 41 ff., insbesondere 43; *H. Schulze-Fielitz*, in: H. Dreier (Hrsg.), Grundgesetz Bd. 1, 3. Aufl. 2013, Art. 2 Abs. 2 Rn. 76.

445 BVerfGE 49, 89 (132, 140 ff.) – *Kalkar I*; E 53, 30 (57) – *Mülheim-Kärlich*; E 56, 54 (73) – *Fluglärm*; E 79, 174 (201 f.) – *Straßenverkehrslärm*; E 85, 191 (212) – *Nachtarbeitsverbot*; E 90, 145 (195) – *Cannabis*; implizit auch BVerfGE 39, 1 (38 f.) – *Schwangerschaftsabbruch I*; E 77, 170 (214) – *C-Waffen*; E 88, 203 (251, 254) – *Schwangerschaftsabbruch II*; s. auch *U. Di Fabio*, in: T. Maunz/G. Dürig (Begr.), Grundgesetz, Art. 2 Abs. 2 S. 1 Rn. 43, 51, 81 ff.; *H. Schulze-Fielitz*, in: H. Dreier (Hrsg.), Grundgesetz Bd. 1, 3. Aufl. 2013, Art. 2 Abs. 2 Rn. 77.

einen objektiv-individuellen Maßstab.[446] In Entführungsfällen können etwa die Gefangenschaft selbst, Schlafentzug, ständige bzw. wiederholte Gewaltandrohungen oder Scheinexekutionen Nervositäts- und Angstzustände beim Entführungsopfer auslösen, die als „psychisch-seelische Pathologien“[447] den Tatbestand einer Gesundheitsgefährdung i.S.d. Art. 2 Abs. 2 S. 1 GG erfüllen.[448] Häufig ist schließlich auch das Recht auf Leben des Entführungsopfers bedroht, denn seine Exekution stellt meist eine Kerndrohung der Entführer zur Durchsetzung ihrer im Einzelfall gestellten Forderungen dar. Eine entsprechende Gefährdung kann ferner – bei mangelnder Versorgung mit Nahrungsmitteln oder Medizin bzw. bei unzureichenden hygienischen Verhältnissen – aus vorangegangenen Eingriffen in die körperliche Unversehrtheit oder aus gewaltsamen Befreiungsaktionen resultieren.[449]

(2) Schutzpflichtauslösende Gefährdungslage

Anders als bei der in Entführungssachverhalten bereits eingetretenen Beeinträchtigung des Rechts auf Freiheit der Person begründet die vorstehend umrissene bloße Bedrohung der durch Art. 2 Abs. 2 S. 1 GG geschützten Grundrechte des Entführungsopfers grundsätzlich nicht ohne weiteres eine grundrechtliche Schutzpflicht der Bundesrepublik Deutschland. Erforderlich ist vielmehr, dass die Gefährdungslage für das grundrechtliche Schutzgut – hier das Leben und die körperliche Unversehrtheit – eine gewisse Konkretisierung erlangt hat.[450] Für die Bestimmung des

---

446 BVerfGE 47, 239 (248 f.) – *Zwangsweiser Haarschnitt*; E 56, 54 (73 ff.) – *Fluglärm*; BVerwGE 46, 1 (7); *U. Di Fabio*, in: T. Maunz/G. Dürig (Begr.), Grundgesetz, Art. 2 Abs. 2 S. 1 Rn. 55 ff.; *G. Hermes*, Grundrecht auf Schutz, 1987, S. 224 ff.; *E. Schmidt-Aßmann*, AöR n.F. 106 (1981), 205 (212 ff.); *H. Schulze-Fielitz*, in: H. Dreier (Hrsg.), Grundgesetz Bd. 1, 3. Aufl. 2013, Art. 2 Abs. 2 Rn. 35 f.; *P. Schütz*, JuS 1996, 498 (502).

447 *H. Schulze-Fielitz*, in: H. Dreier (Hrsg.), Grundgesetz Bd. 1, 3. Aufl. 2013, Art. 2 Abs. 2 Rn. 35.

448 Hierzu allgemein statt vieler *G. Hermes*, Grundrecht auf Schutz, 1987, S. 225 f.; *H. Schulze-Fielitz*, in: H. Dreier (Hrsg.), Grundgesetz Bd. 1, 3. Aufl. 2013, Art. 2 Abs. 2 Rn. 35.

449 Vgl. etwa zur Gefährdungslage im Falle des entführten Arbeitsgeberpräsidenten H. M. Schleyer BVerfGE 46, 160 (161 ff.) – *Schleyer*. Bzgl. einer Verletzung der körperlichen Unversehrtheit als „Durchgangsstadium“ hinsichtlich des Rechts auf Leben, s. BVerfGE 51, 324 (346 ff.) – *Verhandlungsunfähigkeit des Angeklagten*; *U. Di Fabio*, in: T. Maunz/G. Dürig (Begr.), Grundgesetz, Art. 2 Abs. 2 S. 1 Rn. 53; *H. Schulze-Fielitz*, in: H. Dreier (Hrsg.), Grundgesetz Bd. 1, 3. Aufl. 2013, Art. 2 Abs. 2 Rn. 21.

450 BVerfGE 49, 89 (137 f., 141 f.) – *Kalkar I*; E 52, 214 (220) – *Vollstreckungsschutz*; E 56, 54 (78) – *Fluglärm*; wobei von der „technischen Zivilisation“, insbesondere der Nutzung der Kernkraft, ausgehende Grundrechtsgefährdungen den zentralen Anwendungsfall darstellen, s. *U. Di Fabio*, in: T. Maunz/G. Dürig (Begr.), Grundgesetz, Art. 2 Abs. 2 S. 1 Rn. 49; *G. Hermes*, Grundrecht auf Schutz, 1987, S. 236; *J. Isensee*, Grundrecht auf Sicherheit, 1983, S. 37 f.; *L. Jaeckel*, Schutzpflichten im

notwendigen Gefährdungsgrads bietet sich als Ausgangspunkt ein Rückgriff auf das aus dem Polizeirecht bekannte Konstrukt der „gegenläufigen Proportionalität"[451] an. Übertragen auf das Verfassungsrecht bedeutet dies, dass die Anforderungen an das Vorliegen einer schutzpflichtauslösenden Gefährdungslage i.S.d. Schadenswahrscheinlichkeit umso geringer sind, je höherwertig das im Einzelfall bedrohte Rechtsgut und damit die mögliche Schadenshöhe ist.[452]

In Bezug auf die vorliegend untersuchten Sachverhalte bedeuteten diese Parameter der Verdichtung einer Grundrechtsgefährdung zu einer grundrechtlichen Schutzpflicht Folgendes: Es ist grundsätzlich nicht erforderlich, dass die Entführung faktisch und notwendig zu einer Verletzung der Schutzgüter des Art. 2 Abs. 2 S. 1 GG führt. Dieser Nachweis einer (fast) hundertprozentigen Schadenswahrscheinlichkeit könnte in Entführungsfällen ohnehin nicht erbracht werden, denn regelmäßig werden aufgrund der „menschlichen Komponente" des Entführers keine ausreichend gesicherten Erkenntnisse bezüglich eines bevorstehenden Kausalverlaufs vorliegen.[453] So befindet sich neben dem Entführungsopfer auch ein „routinierter" Entführer in einer Ausnahmesituation, in der mehrere und von außen nicht erkennbare Gesichtspunkte seine Handlungen bestimmen; man denke an religiöse Überzeugungen, Schlafentzug oder Drogenkonsum als Faktoren, die regelmäßig zu irrationalem und nicht nachvollziehbarem Verhalten führen können. Zu bedenken ist auch, dass sich der Entführer bereits durch das „Sich-Bemächtigen" des Entführungsopfers auf die „Seite des Unrechts" begeben hat und daher rationale Erwägungen, dass etwa die Tötung des Entführungsopfers zugleich den Verlust des Druckmittels bedeutet, in den Hintergrund treten können. Die Schadenswahrscheinlichkeit hinsichtlich des

deutschen und europäischen Recht, 2001, S. 85 f.; *H. Schulze-Fielitz*, in: H. Dreier (Hrsg.), Grundgesetz Bd. 1, 3. Aufl. 2013, Art. 2 Abs. 2 Rn. 80 f.

451 *U. Di Fabio*, in: T. Maunz/G. Dürig (Begr.), Grundgesetz, Art. 2 Abs. 2 S. 1 Rn. 49.

452 BVerfGE 49, 89 (138, 141 f.) – *Kalkar I*; E 53, 30 (57) – *Mülheim-Kärlich*; E 56, 54 (78) – *Fluglärm*; *U. Di Fabio*, in: T. Maunz/G. Dürig (Begr.), Grundgesetz, Art. 2 Abs. 2 S. 1 Rn. 49; *G. Hermes*, Grundrecht auf Schutz, 1987, S. 236 f.; *H. Hofmann*, BayVBl. 1983, 33 (35); *H. Schulze-Fielitz*, in: H. Dreier (Hrsg.), Grundgesetz Bd. 1, 3. Aufl. 2013, Art. 2 Abs. 2 Rn. 80 f. Jedenfalls kritisch gegenüber einer Übertragung der polizeirechtlichen Maßstäbe allerdings *J. Dietlein*, Lehre von den grundrechtlichen Schutzpflichten, 2. Aufl. 2005, S. 105 ff.; *J. Isensee*, Grundrecht auf Sicherheit, 1983, S. 37 f.; *ders.*, in: ders./P. Kirchhof (Hrsg.), HStR IX, 3. Aufl. 2011, § 191 Rn. 235; *P. Unruh*, Dogmatik der grundrechtlichen Schutzpflichten, 1996, S. 76 ff. Einigkeit besteht jedoch insoweit, als bei Vorliegen einer Gefahr i.S.d. polizeirechtlichen Gefahrenbegriffs zugleich der Tatbestand der grundrechtlichen Schutzpflicht erfüllt ist, s. *L. Jaeckel*, Schutzpflichten im deutschen und europäischen Recht, 2001, S. 86. Grundsätzlich kritisch gegenüber einer Klassifizierung der Grundrechte nach Rang- und Wertigkeitsgesichtspunkten *D. Merten*, in: K. Stern u.a. (Hrsg.), GS für J. Burmeister, 2005, 227 (234 f.), der stattdessen auf die Bedeutung des Einzelgrundrechts für den Menschen abstellt.

453 Ähnlich bzgl. einer kernphysikalischen Versuchsreihe des CERN, *A. v. Weschpfennig*, JuS 2011, 61 (64).

Rechts auf Leben darf demnach nicht unterschätzt werden. Diese Gefährdungslage ist in Bezug auf die mögliche Schadenshöhe auch ausreichend, um eine grundrechtliche Schutzpflicht auszulösen;[454] das Rechtsgut Leben ist die „vitale Basis der Menschenwürde“[455] und stellt somit „innerhalb der grundgesetzlichen Ordnung einen Höchstwert“[456] dar.

Auch die von Art. 2 Abs. 2 GG geschützte körperliche Unversehrtheit ist Bestandteil der „physischen Existenz des Menschen“[457], die ihrerseits als Voraussetzung für die Ausübung der Grundrechte gilt. Gleichwohl sind entsprechende Eingriffe meist reversibel, sodass die körperliche Unversehrtheit lediglich ein Minus insbesondere zum grundrechtlichen Schutzgut des Lebens darstellt; ihr kommt verfassungsrechtlich somit konsequenterweise nicht derselbe Wert wie dem Leben zu.[458] Doch wird die insoweit geringere mögliche Schadenshöhe in den hier interessierenden Fällen dadurch aufgewogen, dass die Schadenswahrscheinlichkeit insbesondere hinsichtlich einer Gefährdung der psychisch-seelischen Gesundheit als sehr hoch einzuschätzen ist und damit über die des Rechts auf Leben hinausgeht. Der eine grundrechtliche Schutzpflicht begründende Gefährdungsgrad ist somit auch hinsichtlich des Rechts auf körperliche Unversehrtheit überschritten.[459]

d. Grundrechtliche Pflicht zum Schutz im Ausland entführter deutscher Staatsangehöriger aus Art. 2 Abs. 2 S. 1 und 2 GG (i.V.m. Art. 1 Abs. 1 S. 2, 25 S. 1 GG) – Zwischenergebnis

In Fällen der Entführung deutscher Staatsangehöriger begründet die „sehr handgreifliche […] Bedrohungslage“[460] eine konkrete grundrechtliche Schutzpflicht,

---

454 Vgl. BVerfGE 46, 160 (164 f.) – *Schleyer*; *H. Schulze-Fielitz*, in: H. Dreier (Hrsg.), Grundgesetz Bd. 1, 3. Aufl. 2013, Art. 2 Abs. 2 Rn. 82; i.E. auch *G. Hermes*, Grundrecht auf Schutz, 1987, S. 237.

455 BVerfGE 39, 1 (42) – *Schwangerschaftsabbruch I.*

456 BVerfGE 39, 1 (42) – *Schwangerschaftsabbruch I*; E 49, 24 (53) – *Kontaktsperre-Gesetz*; E 115, 118 (139) – *Luftsicherheitsgesetz*; ähnlich BVerfGE 46, 160 (164) – *Schleyer.*

457 *H. Schulze-Fielitz*, in: H. Dreier (Hrsg.), Grundgesetz Bd. 1, 3. Aufl. 2013, Art. 2 Abs. 2 Rn. 20.

458 *U. Di Fabio*, in: T. Maunz/G. Dürig (Begr.), Grundgesetz, Art. 2 Abs. 2 S. 1 Rn. 1 f., 53; *R. Müller-Terpitz*, in: J. Isensee/P. Kirchhof (Hrsg.), HStR VII, 3. Aufl. 2009, § 147 Rn. 67; *H. Schulze-Fielitz*, in: H. Dreier (Hrsg.), Grundgesetz Bd. 1, 3. Aufl. 2013, Art. 2 Abs. 2 Rn. 20 f.

459 Ebenso *H. Schulze-Fielitz*, in: H. Dreier (Hrsg.), Grundgesetz Bd. 1, 3. Aufl. 2013, Art. 2 Abs. 2 Rn. 82; i.E. auch *G. Hermes*, Grundrecht auf Schutz, 1987, S. 237.

460 *U. Di Fabio*, in: T. Maunz/G. Dürig (Begr.), Grundgesetz, Art. 2 Abs. 2 S. 2 Rn. 15, der konkret feststellt, dass die „Entführung eines Menschen durch Kriminelle […] zuständige staatliche Stellen auch um des Grundrechts aus Art. 2 Abs. 2 S. 2 GG willen nicht unbeteiligt lassen [darf], sondern […] höchste Anstrengungen [verlangt], diesen aus der nichtstaatlichen Sphäre vorgetragenen Angriff auf die Freiheit der

die sich auch auf das Ausland beziehen kann. Die Bundesrepublik Deutschland ist folglich gem. Art. 2 Abs. 2 S. 1 und 2 GG (i.V.m. Art. 1 Abs. 1 S. 2, 25 S. 1 GG) zur Schutzgewähr zugunsten im Ausland entführter deutscher Staatsangehöriger verpflichtet.[461] Diese Schutzpflicht besteht zugunsten aller Deutschen i.S.v. Art. 116 Abs. 1 GG und damit auch zugunsten sog. Status-Deutscher i.S.v. Art. 116 Abs. 1 Alt. 2 GG; sie ist somit nicht auf deutsche Staatsangehörige i.S.v. Art. 116 Abs. 1 Alt. 1 GG beschränkt.[462]

3. *Ableitung der staatlichen Pflicht zur Gewährung von Auslandsschutz aus der deutschen Staatsangehörigkeit – „Verfassungsrechtlicher Auslandsschutz"*[463]

Anders als die aus den Grundrechten abgeleitete Pflicht der Bundesrepublik Deutschland zum Schutz im Ausland entführter deutscher Staatsangehöriger, die erst mit der „juristische[n] Entdeckung"[464] der grundrechtlichen Schutzpflichtfunktion ermöglicht wurde, war das Bestehen einer grundgesetzlichen (zumindest objektiv-rechtlichen) staatlichen Pflicht zum Schutz deutscher Staatsangehöriger im Ausland in Rechtsprechung[465] und Literatur[466] seit langem allgemein anerkannt.

Person zu beenden. Dies gilt auch, wenn eigener Leichtsinn den Verlust der körperlichen Bewegungsfreiheit mit verursacht hat – etwa bei unbedachten Reisen in Krisengebiete oder staatlich unbefriedete Gegenden, wo mit Entführungen gerechnet werden muss. Erst auf der Ebene der Kostenerstattung für gewährten diplomatischen Schutz im Fall einer Entführung im Ausland kann Mitverschulden thematisiert werden."

461 I.E. so nur *C. P. Kokew*, Auslandsschutz deutscher Staatsangehöriger bei Entführungen, 2012, S. 153.

462 In Bezug auf den verfassungsrechtlichen Auslandsschutz, so auch *W. K. Geck*, ZaöRV 17 (1956/57), 476 (518 f.); *C. P. Kokew*, Auslandsschutz deutscher Staatsangehöriger bei Entführungen, 2012, S. 170 f.; *K. Oberthür*, Anspruch des deutschen Staatsbürgers, 1965, S. 70 ff. Die Kategorie des Status-Deutschen ist durch das Gesetz zur Reform des Staatsangehörigkeitsrechts v. 15.07.1999, BGBl. I, S. 1618 jedoch weitgehend aufgelöst worden, da die meisten Status-Deutschen die deutsche Staatsangehörigkeit erworben haben, s. *C. v. Coelln*, in: C. Gröpl/K. Windthorst/ders. (Hrsg.), Grundgesetz, 2. Aufl. 2015, Art. 116 Rn. 5 ff.

463 *M. Kötter/J. Nolte*, DÖV 2007, 186 (191).

464 *K. Stern*, DÖV 2010, 241 (241).

465 S. grundlegend BVerfGE 55, 349 (353 f.) – *Rudolf Hess*; E 4, 299 (304); E 6, 290 (299) – *Vermögenswerte in der Schweiz*; E 29, 183 (189) – *Rücklieferung*; E 36, 1 (30 ff.) – *Grundlagenvertrag*; E 37, 217 (241) – *Staatsangehörigkeit von Abkömmlingen*; E 40, 141 (177 f.) – *Ostverträge*; E 41, 126 (182) – *Reparationsschäden*; BVerwG, Beschl. v. 05.02.1981, Az. 7 B 13/80, Rn. 4 – juris; BVerwGE 62, 11 (14); OVG Münster DVBl. 1962, 139 (139 ff.); VG Köln StV 1981, 33 (34).

466 *U. Becker*, in: H. v. Mangoldt/F. Klein/C. Starck (Hrsg.), Grundgesetz Bd. 1, 6. Aufl. 2010, Art. 16 Rn. 20; *R. Geiger*, Grundgesetz und Völkerrecht, 6. Aufl.

So stellte das BVerfG bereits 1955 fest, dass „die Pflicht des Staates, seine Angehörigen zu schützen, einer Auslieferung eigener Staatsangehöriger an fremde Staaten entgegensteht“[467]. Speziell hinsichtlich der Gewährung diplomatischen Schutzes bemerkte es wenig später, dass die Bundesrepublik durch den Abschluss der deutsch-schweizerischen Vermögensverträge die ihr obliegende Schutzpflicht zugunsten deutscher Eigentümer in der Schweiz nicht vernachlässigt habe.[468] Während das Bestehen einer Schutzpflicht in diesem Fall noch implizit vorausgesetzt wurde, erkannte das BVerfG später ausdrücklich an, dass das Grundgesetz die Organe der Bundesrepublik Deutschland „zum Schutz deutscher Staatsangehöriger und ihrer Interessen gegenüber fremden Staaten“[469] verpflichte. Werde diese Pflicht verletzt, so könne darin „objektiv eine Verfassungsverletzung“[470] gesehen werden.[471]

2013, S. 275 f.; *R. Grawert*, in: J. Isensee/P. Kirchhof (Hrsg.), HStR II, 3. Aufl. 2004, § 16 Rn. 42; *D. Merten*, in: K. Stern u.a. (Hrsg.), GS für J. Burmeister, 2005, 227 (229); *M. Schweitzer/A. Weber*, Handbuch der Völkerrechtspraxis, 2004, Rn. 616; *H. D. Treviranus*, DÖV 1979, 35 (36 f.) leiten eine staatliche Schutzpflicht allgemein aus der Staatsangehörigkeit ab. Speziell auf das gegenseitige Treue- und Schutzverhältnis zwischen Staat und Staatsbürger stellen ab, *L. Bloß*, in: G. Hecker u.a. (Hrsg.), Handbuch der konsularischen Praxis, § 3 C Rn. 2; *M. Dauster*, Jura 1990, 262 (265); *J. Güntert*, Materielle Verfassungsmäßigkeit von unilateralen Evakuierungsoperationen, 2008, S. 149 ff.; *G. Hoffmann*, AVR 19 (1981), 257 (270); *J. Kokott*, in: M. Sachs (Hrsg.), Grundgesetz, 7. Aufl. 2014, Art. 16 Rn. 15; *A. Scheidler*, DÖV 2006, 417 (418); *K. Stern*, DVBl. 1982, 165 (172).

467 BVerfGE 4, 299 (304). Diese Entscheidung befasste sich zwar direkt mit einem Schutz vor dem Ausland durch das Auslieferungsverbot nach Art. 16 Abs. 2 GG, vgl. auch *C. P. Kokew*, Auslandsschutz deutscher Staatsangehöriger bei Entführungen, 2012, S. 98 mit Fn. 454; erstmals stellt das BVerfG hier jedoch die Bedeutung der Staatsangehörigkeit für eine staatliche Schutzpflicht heraus, die sich nicht zuletzt aus Art. 16 Abs. 2 GG ergibt.

468 BVerfGE 6, 290 (299) – *Vermögenswerte in der Schweiz*. Hier ging es um die verfassungsrechtliche Überprüfung des Gesetzes über die drei Abkommen zwischen der Bundesrepublik Deutschland und der Schweizerischen Eidgenossenschaft über die deutschen Vermögenswerte in der Schweiz, über die Regelung der Forderungen der Schweizerischen Eidgenossenschaft gegen das ehemalige Deutsche Reich und zum deutschen Lastenausgleich v. 07.05.1953, BGBl. II, S. 15. Diese Entscheidung kritisch beurteilend u.a. *E. Klein*, in: G. Ress/T. Stein (Hrsg.), Diplomatischer Schutz im Völker- und Europarecht, 1996, 125 (134 ff.).

469 BVerfGE 40, 141 (177) – *Ostverträge*. Ausdrücklich erfasst diese Entscheidung jedoch lediglich den Auslandschutz in Form des diplomatischen Schutzes, wie sich aus der Formulierung „gegenüber fremden Staaten“ ergibt.

470 BVerfGE 40, 141 (177) – *Ostverträge*.

471 S. zur Entwicklung der Rechtsprechung BVerfGE 6, 290 (299) – *Vermögenswerte in der Schweiz*; E 36, 1 (30 ff.) – *Grundlagenvertrag*; E 37, 217 (241) – *Staatsangehörigkeit von Abkömmlingen*; E 40, 141 (177 f.) – *Ostverträge*; E 41, 126 (182) – *Reparationsschäden*; E 55, 349 (364) – *Rudolf Hess*. Eine Darstellung dieser Rechtsprechung findet sich zudem bei *C. Gloria*, Das steuerliche Verständigungsverfahren, 1988,

Als Grundlage einer verfassungsrechtlichen Schutzpflicht der Bundesrepublik Deutschland jedenfalls hinsichtlich des diplomatischen Schutzes[472] wurde vornehmlich – jedoch ohne nähere Erläuterung – die deutsche Staatsangehörigkeit herangezogen: So bringe die Zusammenfassung von Staatsangehörigkeits- und Asylfragen in Art. 16 GG[473] zum Ausdruck, dass „deutsche Bürger in ihrem staatsbürgerlichen Status und gegenüber Verfolgung im Ausland besonders geschützt werden sollten“[474]. Die Bundesrepublik müsse danach „allen Deutschen im Sinne des Art. 116 Abs. 1 GG Schutz und Fürsorge angedeihen [...] lassen“[475]. Entsprechend wurde eine ausdrücklich auf den diplomatischen und konsularischen Schutz bezogene staatliche Pflicht „unmittelbar aus der Grundbeziehung der Staatsangehörigkeit“[476] abgeleitet.[477]

S. 242 f.; *C. P. Kokew*, Auslandsschutz deutscher Staatsangehöriger bei Entführungen, 2012, S. 98 ff.; *M. Kötter/J. Nolte*, DÖV 2007, 186 (192); eingehend auch *W. Rudolf*, in: J. Kokot u.a. (Hrsg.), Staatsangehörigkeit, Soziale Grundrechte, 1976, 61 (76); *K. Stern*, DVBl. 1982, 165 (172 mit Fn. 55).

472 Allein in BVerfGE 37, 217 (241) – *Staatsangehörigkeit von Abkömmlingen* geht das Gericht auch auf den in den vorliegend untersuchten Sachverhalten einschlägigen konsularischen Schutz ein und spricht von einem „Anspruch auf Schutz seitens der Bundesrepublik gegenüber dem Ausland, besonders auf diplomatischen Schutz und konsularische Betreuung durch die deutschen Auslandsvertretungen“. Soweit sich die übrige Rechtsprechung jedoch auf eine staatliche Pflicht hinsichtlich der Gewährung diplomatischen Schutzes bezieht, können die dort entwickelten Grundsätze auch auf den konsularischen Schutz übertragen werden; für ihr Bestehen ist es grundsätzlich unerheblich, ob der schutzpflichtauslösende Eingriff in die Rechte eines deutschen Staatsangehörigen von einem anderen Staat oder einer Privatperson ausgeht, so auch *C. P. Kokew*, Auslandsschutz deutscher Staatsangehöriger bei Entführungen, 2012, S. 111 mit Fn. 526.

473 Bis zum 30.06.1993 lautete *Art. 16 Abs. 2 GG*:
(2) Kein Deutscher darf an das Ausland ausgeliefert werden. *Politisch Verfolgte genießen Asylrecht.* (Hervorhebung durch die Verfasserin).
Art. 16 Abs. 2 S. 2 GG wurde durch Art. 1 Nr. 1 des Gesetzes zur Änderung des Grundgesetzes (Artikel 16 und 18) v. 28.06.1993, BGBl. I, S. 1002, aufgehoben. Das Asylrecht ist nun in Art. 16a GG normiert.

474 BVerfGE 29, 183 (189) – *Rücklieferung*.

475 BVerfGE 36, 1 (31) – *Grundlagenvertrag*; sämtliche Ausführungen der Urteilsbegründung sind als tragende Gründe der Entscheidung anzusehen und somit von der Bindungswirkung des § 31 Abs. 1 BVerfGG erfasst, vgl. BVerfGE 36, 1 (3, 36) – *Grundlagenvertrag*; s. auch *W. Rudolf*, in: J. Kokot u.a. (Hrsg.), Staatsangehörigkeit, Soziale Grundrechte, 1976, 61 (76 f.).

476 BVerfGE 37, 217 (241) – *Staatsangehörigkeit von Abkömmlingen* (obiter dictum); s. zudem BVerfGE 36, 1 (30 ff.) – *Grundlagenvertrag*.

477 I.E. so auch aus der Literatur *U. Becker*, in: H. v. Mangoldt/F. Klein/C. Starck (Hrsg.), Grundgesetz Bd. 1, 6. Aufl. 2010, Art. 16 Rn. 20; *R. Geiger*, Grundgesetz und Völkerrecht, 6. Aufl. 2013, S. 275 f.; *R. Grawert*, in: J. Isensee/P. Kirchhof (Hrsg.), HStR II, 3. Aufl. 2004, § 16 Rn. 42; *J. Isensee*, in: ders./P. Kirchhof (Hrsg.), HStR IX, 3. Aufl.

a. Rechtliche Begründung einer der Grundbeziehung der Staatsangehörigkeit entspringenden Schutzpflicht

Die vorstehend dargestellte Rechtsprechung leitet eine Pflicht der Bundesrepublik Deutschland zur Gewährung von Auslandsschutz aus der deutschen Staatsangehörigkeit ab. Ihr liegt in der Sache eine Verknüpfung von Staatsangehörigkeit und aus ihr herzuleitender Schutzpflicht zugrunde, deren rechtliche Begründung das BVerfG bislang jedoch schuldig blieb.[478] Das Schrifttum versucht diese Lücke durch den Rückgriff auf das unmittelbar der Staatsangehörigkeit entspringende gegenseitige „Treue- und Schutzverhältnis“[479] zwischen Staat und Staatsbürger zu schließen.[480] Bevor dieser Begründungsansatz jedoch näher betrachtet wird, ist auf die Staatsangehörigkeit als solche genauer einzugehen. Ihre Begriffsbestimmung könnte erste Anhaltspunkte für die Möglichkeit einer rechtlichen Begründung einer aus der Staatsangehörigkeit abgeleiteten Schutzpflicht der Bundesrepublik Deutschland enthalten, sollten ihr Rückschlüsse auf mit der Staatsangehörigkeit unmittelbar verknüpfte Rechte und Pflichten des Staates bzw. der Staatsangehörigen zu entnehmen sein.[481]

aa. Begriff der Staatsangehörigkeit

Die durch das BVerfG in Bezug genommene „Grundbeziehung der Staatsangehörigkeit“[482] verweist auf die rechtliche Verbindung einer Person zu ihrem Heimatstaat. Dabei ist der Begriff der Staatsangehörigkeit auch heute nicht abschließend geklärt:[483] Anknüpfend an die verschiedenen Funktionen, die sie im Staats- und Völkerrecht sowie im internationalen Privatrecht erfüllt,[484] wird die Staatsangehörigkeit

---

2011, § 191 Rn. 212; *M. Schweitzer/A. Weber*, Handbuch der Völkerrechtspraxis, 2004, Rn. 616; *H. D. Treviranus*, DÖV 1979, 35 (36 f.).

478 So auch die Bewertung durch *W. K. Geck*, ZaöRV 17 (1956/57), 476 (511).

479 *K. Stern*, Staatsrecht I, 2. Aufl. 1984, § 8, S. 257.

480 Schon im staatsrechtlichen Schrifttum vor 1949 wurde die angehörigkeitsrechtliche Pflicht zu Gehorsam und Treue für einen „Anspruch“ (s. dazu im zweiten Teil unter B. I.) auf Schutz im Ausland herangezogen, vgl. etwa *P. Laband*, Staatsrecht des Deutschen Reiches Bd. 1, 5. Aufl. 1911, S. 140 ff., 152 f.; *P. Zorn*, Staatsrecht des Deutschen Reiches Bd. 1, 1895, S. 369 f., 383.

481 Ähnlich die Fragestellung bei *A. Siehr*, Deutschenrechte des Grundgesetzes, 2001, S. 160.

482 BVerfGE 37, 217 (241) – *Staatsangehörigkeit von Abkömmlingen.*

483 Einen Überblick über die Ansichten bieten etwa *G.-R. de Groot*, Staatsangehörigkeitsrecht im Wandel, 1989, S. 10 ff.; *K. Hailbronner*, in: ders./G. Renner/H.-G. Maaßen (Hrsg.), Staatsangehörigkeitsrecht, 5. Aufl. 2010, Teil I C Rn. 1 ff.; *A. Makarov*, Allgemeine Lehren des Staatsangehörigkeitsrechts, 2. Aufl. 1962, S. 19 ff.; *K. Stern*, Staatsrecht I, 2. Aufl. 1984, § 8, S. 256 f. jeweils m.w.N.

484 Zu den unterschiedlichen Funktionen der Staatsangehörigkeit, s. *P. Badura*, Staatsrecht, 6. Aufl. 2015, Abschn. L Rn. 28, S. 1092; *R. Grawert*, in: J. Isensee/P. Kirchhof (Hrsg.), HStR II, 3. Aufl. 2004, § 16 Rn. 42; *M. Kotzur*, Staatsangehörigkeit, in:

teilweise als „rechtlich relevantes, zumeist rechtlich geregeltes Realverhältnis zwischen Staat und Bürger“[485] oder als die rechtliche Eigenschaft, Mitglied einer Gebietskörperschaft zu sein, und damit als Status[486] qualifiziert. Teilweise wird die Staatsangehörigkeit auch als öffentlich-rechtliches Rechtsverhältnis angesehen, aus dem sich gegenseitige Rechte und Pflichten sowohl des Staates als auch seiner Angehörigen ergeben.[487] Richtigerweise ist sie jedoch ein Rechtsverhältnis, das speziell dadurch gekennzeichnet ist, dass die Eigenschaft des Staatsangehörigen durch den Staat selbst bestimmt werden muss und somit durch einen einseitig vorgegebenen rechtlichen Status bewirkt wird.[488]

Diese terminologische Einordnung führt im Ergebnis jedoch zu keinen relevanten Unterschieden und wird daher häufig als „rechtlich bedeutungslos“[489] angesehen.[490] Hierauf deutet ebenfalls die Rechtsprechung des BVerfG hin, in der abwechselnd das Merkmal des Status‘ und das des Rechtsverhältnisses in den Vordergrund gestellt wird, ohne damit inhaltliche Unterschiede in Bezug auf den Rechtsgehalt

---

W. Heun u.a. (Hrsg.), Evangelisches Staatslexikon, 2006, Sp. 2296; *K. Stern*, DVBl. 1982, 165 (165); speziell zur Funktion der Staatsangehörigkeit im internationalen Privatrecht, *R. Grawert*, Staat und Staatsangehörigkeit, 1973, S. 102 f.

485 *G. Riege*, Staatsbürgerschaft der DDR, 2. Aufl. 1986, S. 16.

486 *P. Badura*, Staatsrecht, 6. Aufl. 2015, Abschn. L Rn. 28, S. 1029 f.; *K. Hailbronner*, JuS 1981, 712; *G. Jellinek*, System der subjektiven öffentlichen Rechte, 2. Aufl. 1919, S. 117 f.; *J. A. Kämmerer*, in: W. Kahl u.a. (Hrsg.), Bonner Kommentar Bd. 4, Art. 16 Rn. 27; *P. Laband*, Staatsrecht des Deutschen Reiches Bd. 1, 5. Aufl. 1911, S. 140 spricht von „Zustand“.

487 *F. Berber*, Lehrbuch des Völkerrechts Bd. 1, 2. Aufl. 1975, S. 374; *R. Grawert*, in: J. Isensee/P. Kirchhof (Hrsg.), HStR II, 3. Aufl. 2004, § 16 Rn. 42; *J. Hatschek/P. Kurtzik*, Deutsches und Preussisches Staatsrecht Bd. 1, 2. Aufl. 1930, S. 194; *G. Hoffmann*, AVR 19 (1981), 257 (270); *E. Isay*, Staatsangehörigkeit der juristischen Personen, 1907, S. 30; *J. Kokott*, in: M. Sachs (Hrsg.), Grundgesetz, 7. Aufl. 2014, Art. 16 Rn. 10. Der IGH spricht von einem „legal bond“, ICJ Rep. 1955, 4 (23) – *Nottebohm*.

488 *U. Becker*, in: H. v. Mangoldt/F. Klein/C. Starck (Hrsg.), Grundgesetz Bd. 1, 6. Aufl. 2010, Art. 16 Rn. 3; *E.-W. Böckenförde*, in: H. Barion u.a. (Hrsg.), FG für C. Schmitt, 2. Aufl. 2002, 423 (430); *G.-R. de Groot*, Staatsangehörigkeitsrecht im Wandel, 1989, S. 12; *A. Makarov*, Allgemeine Lehren des Staatsangehörigkeitsrechts, 2. Aufl. 1962, S. 28; *A. Randelzhofer*, in: T. Maunz/G. Dürig (Begr.), Grundgesetz, Art. 16 Abs. 1 Rn. 8; *H. Rust*, Staatsangehörigkeit, in: R. Herzog u.a. (Hrsg.), Evangelisches Staatslexikon II, 3. Aufl. 1987, Sp. 3391; *A. Siehr*, Deutschenrechte des Grundgesetzes, 2001, S. 160 f. jeweils m.w.N.

489 *K. Hailbronner*, in: ders./G. Renner/H.-G. Maaßen (Hrsg.), Staatsangehörigkeitsrecht, 5. Aufl. 2010, Teil I C Rn. 1.

490 *R. Grawert*, in: J. Isensee/P. Kirchhof (Hrsg.), HStR II, 3. Aufl. 2004, § 16 Rn. 42; *G. Lübbe-Wolff*, in: H. Dreier (Hrsg.), Grundgesetz Bd. 1, 1996, Art. 16 Rn. 54; *A. Randelzhofer*, in: T. Maunz/G. Dürig (Begr.), Grundgesetz, Art. 16 Abs. 1 Rn. 8; *K. Stern*, Staatsrecht I, 2. Aufl. 1984, § 8, S. 257; anders hingegen noch *G. Renner*, in: K. Hailbronner/ders. (Hrsg.), Staatsangehörigkeitsrecht, 2. Aufl. 1998, Teil I C Rn. 4.

der Staatsangehörigkeit auszudrücken.[491] Die Bestimmung der Funktion und des Begriffs der Staatsangehörigkeit als solche lässt daher grundsätzlich noch keine Schlussfolgerungen auf mit ihr unmittelbar verknüpfte Rechte und Pflichten des Staates, aber auch des Bürgers zu. Sie erweist sich somit auch für die rechtliche Begründung einer Schutzpflicht der Bundesrepublik Deutschland zum Schutz ihrer Staatsangehörigen im Ausland als (zunächst) unergiebig.[492]

bb. Das in der Staatsangehörigkeit verwurzelte gegenseitige Treue- und Schutzverhältnis

Anderes gilt für das gegenseitige Treue- und Schutzverhältnis zwischen Staat und Staatsbürger, das im Schrifttum zur rechtlichen Begründung der Verknüpfung von Staatsangehörigkeit und aus ihr abzuleitender Schutzpflicht regelmäßig vorgebracht wird.[493] Dabei reichen seine staatstheoretischen Grundlagen historisch gesehen

---

491 Von einem „umfassenden Rechtsverhältnis" spricht BVerfGE 54, 53 (70) – *Ausbürgerung II*; in anderen Entscheidungen stellt das BVerfG auf den „bedeutsamen Status" der Staatsangehörigkeit ab, vgl. BVerfGE 36, 1 (30) – *Grundlagenvertrag*; E 37, 217 (239) – *Staatsangehörigkeit von Abkömmlingen*; E 77, 137 (153, 165, 168, 169) – *Teso*; E 83, 37 (51) – *Ausländerwahlrecht*. So auch die Beurteilung von *K. Hailbronner*, in: ders./G. Renner/H.-G. Maaßen (Hrsg.), Staatsangehörigkeitsrecht, 5. Aufl. 2010, Teil I C Rn. 3; *A. Randelzhofer*, in: T. Maunz/G. Dürig (Begr.), Grundgesetz, Art. 16 Abs. 1 Rn. 8.

492 *K. Hailbronner*, in: ders./G. Renner/H.-G. Maaßen (Hrsg.), Staatsangehörigkeitsrecht, 5. Aufl. 2010, Teil I C Rn. 1; *G. Lübbe-Wolff*, in: H. Dreier (Hrsg.), Grundgesetz Bd. 1, 1996, Art. 16 Rn. 54 m.w.N.

493 *M. Dauster*, Jura 1990, 262 (265); *K. Doehring*, Pflicht des Staates zur Gewährung diplomatischen Schutzes, 1959, S. 46 f.; *W. K. Geck*, ZaöRV 17 (1956/57), 476 (510 ff.); *J. Güntert*, Materielle Verfassungsmäßigkeit von unilateralen Evakuierungsoperationen, 2008, S. 149 ff.; *G. Hoffmann*, AVR 19 (1981), 257 (270); *E. Klein*, in: G. Ress/T. Stein (Hrsg.), Diplomatischer Schutz im Völker- und Europarecht, 1996, 125 (128); *J. Kokott*, in: M. Sachs (Hrsg.), Grundgesetz, 7. Aufl. 2014, Art. 16 Rn. 15 spricht von „protectio et subjecto"; *W. Rudolf*, in: J. Kokot u.a. (Hrsg.), Staatsangehörigkeit, Soziale Grundrechte, 1976, 61 (76); *A. Scheidler*, DÖV 2006, 417 (418); *K. Stern*, DVBl. 1982, 165 (172); *ders.*, Staatsrecht I, 2. Aufl. 1984, § 11, S. 257 ff. Im Kern geht dieser Begründungsansatz auf den Gedanken zurück, dass der Zweck des Gehorsams der staatliche Schutz ist, s. grundlegend *T. Hobbes*, in: R. Tuck (Hrsg.), Leviathan, 1996, S. 153 bzw. Kap. 21, S. 144 der Originalfassung: „The obligation of subjects to the sovereign is understood to last as long, and no longer, than the power lasteth, by which he is able to protect them." Diese Verknüpfung von Gehorsam, Treue und Schutz ist allerdings kein Charakteristikum des modernen Staates. Vielmehr lassen sich die Pflicht zu Gehorsam und Treue sowie das Recht auf Schutz im In- und Ausland bis in die Karolinger Zeit zurückverfolgen. Sie stellen damit „fast archetypische Strukturmerkmale der politischen Gemeinwesen" dar, auch wenn sie mit der heutigen Rechtsposition der Staatsangehörigen nicht vergleichbar sind, so *R. Grawert*, Staat und Staatsangehörigkeit,

bis ins Mittelalter zurück: Zu dieser Zeit forderte der Landesherr im Gegenzug für seinen Schutz von seinen Untertanen Treue, die in bestimmten Unterlassungs- und Hilfspflichten Ausdruck fand; zu diesen Hilfspflichten zählte insbesondere die „Hilfe im Krieg“[494]. In der Neuzeit fand das gegenseitige Treue- und Schutzverhältnis später in mehreren (Verfassungs-)Urkunden weitere Konkretisierungen.[495] Vor diesem Hintergrund konstituiert sich das gegenseitige Treue- und Schutzverhältnis heute aufseiten des Staates aus der seiner Territorialhoheit entspringenden Pflicht zum (regelmäßig allgemein-polizeilichen) Schutz seiner (Staats-)Angehörigen im Inland, die als „die ursprünglichste, natürlichste und im ganzen auch die wichtigste Seite des Staatsbürgerrechts“[496] angesehen wird. Dieser umfassenden staatlichen Schutzpflicht steht insbesondere aufseiten der Staatsangehörigen eine Gehorsams- und Treuepflicht gegenüber:[497] Sie sind zum einen verpflichtet, die gesetzlichen Ge- und

---

1973, S. 103 unter Verweis auf *P. Laband*, Staatsrecht des Deutschen Reiches Bd. 1, 5. Aufl. 1911, S. 140, 152; vgl. auch *E.-W. Böckenförde*, in: H. Barion u.a. (Hrsg.), FG für C. Schmitt, 2. Aufl. 2002, 423 (434); *A. Siehr*, Deutschenrechte des Grundgesetzes, 2001, S. 168 f. mit Fn. 507 f.

494 *R. Grawert*, Staat und Staatsangehörigkeit, 1973, S. 106.

495 S. hierzu etwa Art. X der Verfassung von Massachusetts: „Each individual of the society has a right to be protected by it in the enjoyment of his life, liberty and property, according to standing laws. He is obliged, consequently, to contribute his share to the expense of this protection; to give his personal service, or an equivalent, when necessary“; § 73 Einleitung ALR: „Ein jedes Mitglied des Staats ist, das Wohl und die Sicherheit des gemeinen Wesens, nach dem Verhaeltniss seines Standes und Vermoegens, zu unterstuetzen verpflichtet“; auch die Präambel der Déclaration des Droits de l’Homme et du Citoyen erwähnt neben den Rechten auch die Pflichten der Mitglieder der Gesellschaft, s. *H. Hofmann*, in: J. Isensee/P. Kirchhof (Hrsg.), HStR IX, 3. Aufl. 2011, § 195 Rn. 8 f.

496 *P. Laband*, Staatsrecht des Deutschen Reiches Bd. 1, 5. Aufl. 1911, S. 153; hierauf verweist *K. Doehring*, Pflicht des Staates zur Gewährung diplomatischen Schutzes, 1959, S. 46.

497 Als ein wichtigstes Beispiel ist der Wehrdienst der Staatsangehörigen anzusehen (vgl. § 1 Abs. 1 S. 2 SG: „Staat und Soldaten sind durch gegenseitige Treue miteinander verbunden“; § 7 SG: „Der Soldat hat die Pflicht, der Bundesrepublik Deutschland treu zu dienen und das Recht und die Freiheit des deutschen Volkes tapfer zu verteidigen“), s. *A. Siehr*, Deutschenrechte des Grundgesetzes, 2001, S. 166 f. Zur Differenzierung zwischen Gehorsam und Treue am Beispiel des Militärdienstes, s. ebenfalls *A. Siehr*, Deutschenrechte des Grundgesetzes, 2001, S. 166 f. mit Fn. 506. Den Staatsangehörigen obliegt aufgrund der Personalhoheit des Heimatstaates eine gegenüber diesem bestehende Gehorsamspflicht. Diese bildet die Grundlage insbesondere für staatliche Rückrufrechte, etwa zur Ableistung des Wehrdienstes im Heimatstaat. Tritt ein Staatsangehöriger hingegen in den Militärdienst eines für ihn fremden Staates ein, so verletzt er damit seine gegenüber dem Heimatstaat bestehende Treuepflicht; in diesem Fall wäre der Heimatstaat berechtigt, ihm die Staatsangehörigkeit zu entziehen, vgl. § 17 Abs. 1 Nr. 5, 28 StAG und Art. 8 Abs. 3 lit. a Nr. i des Übereinkommens zur Verminderung

Verbote ihres Heimatstaates zu befolgen und zum anderen auf die Beschädigung des Heimatstaates ausgerichtete Handlungen zu unterlassen.[498] Jeder Staatsangehörige hat demnach seinen Beitrag zur Ermöglichung des staatlichen Schutzes und damit letztlich zur Sicherung der freiheitlich demokratischen Grundordnung des Grundgesetzes zu leisten.[499]

Das gegenseitige Treue- und Schutzverhältnis setzt sich (jedenfalls in abgeschwächter Form) fort, sollte sich ein Staatsangehöriger vorübergehend im Ausland aufhalten oder sogar seinen Lebensmittelpunkt dorthin verlegen. Auch in diesem Fall nimmt der Staat aufgrund seiner an die Staatsangehörigkeit anknüpfenden Personalhoheit gewisse Rechte gegenüber seinen Staatsangehörigen wahr.[500] Diese aktualisieren sich aus der Perspektive der Staatsangehörigen in einer Pflicht zur Treue gegenüber ihrem Heimatstaat, der infolge der Gegenseitigkeit des Treue- und Schutzverhältnisses wiederum besondere staatliche (Schutz-)Pflichten zugunsten der Staatsangehörigen korrespondieren. Aufgrund der rechtlichen Zuordnung zu

---

der Staatenlosigkeit v. 30.08.1961, BGBl. 1977 II, S. 597. Es handelt sich somit nicht nur um einen Anwendungsfall eines gesteigerten Gehorsams, vgl. auch *E.-W. Böckenförde*, in: H. Barion u.a. (Hrsg.), FG für C. Schmitt, 2. Aufl. 2002, 423 (431 ff.); *J. Hatschek/P. Kurtzik*, Deutsches und Preussisches Staatsrecht Bd. 1, 2. Aufl. 1930, S. 212; eingehend und für eine Selbständigkeit der wesentlicheren Treuepflicht appellierend, *P. Laband*, Staatsrecht des Deutschen Reiches Bd. 1, 5. Aufl. 1911, S. 140 ff.; *P. Zorn*, Staatsrecht des Deutschen Reiches Bd. 1, 1895, S. 369 ff., insbesondere 373 ff. Anders hingegen *R. Grawert*, Staat und Staatsangehörigkeit, 1973, S. 107 f., der die Militärpflicht lediglich als Anwendungsfall des Gehorsams ansieht.

498 Grundlegend zur Treue- und Gehorsamspflicht der Staatsangehörigen, s. *P. Laband*, Staatsrecht des Deutschen Reiches Bd. 1, 5. Aufl. 1911, S. 140 ff.; *A. Siehr*, Deutschenrechte des Grundgesetzes, 2001, S. 166 f. Die Gehorsamspflicht gilt auch für fremde Staatsangehörige, die sich auf deutschem Staatsgebiet aufhalten, s. *P. Laband*, Staatsrecht des Deutschen Reiches Bd. 1, 5. Aufl. 1911, S. 142.

499 S. hierzu BVerfGE 2, 1 (12 f.) – *SRP-Verbot.*

500 *F. Berber*, Lehrbuch des Völkerrechts Bd. 1, 2. Aufl. 1975, S. 387; *M. Dauster*, Jura 1990, 262 (265 mit Fn. 39); *K. Doehring*, Pflicht des Staates zur Gewährung diplomatischen Schutzes, 1959, S. 46; *W. K. Geck*, ZaöRV 17 (1956/57), 476 (511). So ist insbesondere das StGB gem. § 7 Abs. 2 Nr. 1 StGB auch auf von deutschen Staatsangehörigen im Ausland begangene Straftaten anwendbar, die dann gem. § 276 StPO im Inland gegenüber ihm als Abwesenden verfolgt werden können; s. zudem § 5 Nr. 2 StGB i.V.m. §§ 81 ff. StGB, § 5 Nr. 4 StGB i.V.m. §§ 94 ff. StGB. Als weiteres Beispiel kann das staatliche Recht gem. § 1 Abs. 1 Nr. 2 WPflG gelten, aufgrund dessen ein im Ausland lebender deutscher Staatsangehöriger zur Ableistung der Wehrpflicht zurückberufen werden kann; beachte zur Aussetzung der Wehrpflicht jedoch nun das Gesetz zur Änderung wehr- und zivildienstrechtlicher Vorschriften 2011 v. 28.04.2011 (Wehrrechtsänderungsgesetz 2011 – WehrRÄndG 2011), BGBl. I, S. 678. Zur Verknüpfung von Personalhoheit, Treue- und Schutzpflicht allgemein, s. *K. Hailbronner*, JuS 1981, 712 (713); *M. Schweitzer/A. Weber*, Handbuch der Völkerrechtspraxis, 2004, Rn. 635 ff., insbesondere 638; dazu später noch im zweiten Teil unter B. II. 3. d. bb.

ihrem Heimatstaat genießen die Staatsangehörigen somit grundsätzlich eine Privilegierung gegenüber Nichtstaatsangehörigen, wobei die vorliegend infrage stehende staatliche Pflicht zum Schutz der eigenen Staatsangehörigen im Ausland zu den wichtigsten dieser Privilegien zählt, vgl. auch § 7 Abs. 1 StGB.[501] Ihre Erfüllung muss sich freilich an den Grenzen des tatsächlich Möglichen und völkerrechtlich Zulässigen orientieren.[502]

Bezugnehmend auf den eingangs beschriebenen Begriff der Staatsangehörigkeit ist abschließend festzustellen, dass sie nicht lediglich Anknüpfungspunkt gegenseitiger Rechte und Pflichten ist, sondern zu „allgemeinen, typischen Rechtspositionen, die den Angehörigkeitsbeziehungen zum Staat ihre eigentümliche Qualität verleihen“[503], führt.[504] Zu diesen materiellen Mindestrechten zählen auch die dargestellten und das gegenseitige Treue- und Schutzverhältnis konstituierenden Gehorsams- und Treuepflichten sowie das staatliche Schutzrecht und damit auch die staatliche Pflicht zum Schutz eigener Staatsangehöriger im Ausland.[505] Von

---

501 Zur Herleitung des gegenseitigen Treue- und Schutzverhältnisses und der darin wurzelnden staatlichen Schutzpflicht insgesamt *F. Berber*, Lehrbuch des Völkerrechts Bd. 1, 2. Aufl. 1975, S. 386 f.; *M. Dauster*, Jura 1990, 262 (265); *K. Doehring*, Pflicht des Staates zur Gewährung diplomatischen Schutzes, 1959, S. 46 f.; *W. K. Geck*, ZaöRV 17 (1956/57), 476 (510 ff.); *K. Hailbronner*, JuS 1981, 712 (713); *M. Kötter/J. Nolte*, DÖV 2007, 186 (192 f.); *H. Meyer*, JZ 1956, 6 (6); *W. Rudolf*, in: J. Kokot u.a. (Hrsg.), Staatsangehörigkeit, Soziale Grundrechte, 1976, 61 (76); *K. Stern*, Staatsrecht I, 2. Aufl. 1984, § 8, S. 257 jeweils m.w.N.

502 Nur *W. K. Geck*, ZaöRV 17 (1956/57), 476 (511).

503 *R. Grawert*, Staat und Staatsangehörigkeit, 1973, S. 102 f.

504 Die Vertreter der Statuslehre, nach denen die Staatsangehörigkeit eine bloße Anknüpfung für Rechte und Pflichten der Staatsangehörigen ist, müssten folgerichtig eine Verankerung des gegenseitigen Treue- und Schutzpflichtverhältnisses in ihr ablehnen, vgl. *A. Makarov*, Allgemeine Lehren des Staatsangehörigkeitsrechts, 2. Aufl. 1962, S. 30, der etwa auch die Wehrpflicht nicht von dem Wesen der Staatsangehörigkeit ausnimmt; teilweise wird sie dennoch mit bestimmten ihren substantiellen Inhalt ausmachenden Rechtspositionen verbunden, s. *G. Jellinek*, System der subjektiven öffentlichen Rechte, 2. Aufl. 1919, S. 117 f.; *P. Laband*, Staatsrecht des Deutschen Reiches Bd. 1, 5. Aufl. 1911, S. 140 ff.; vgl. hierzu auch *C. P. Kokew*, Auslandsschutz deutscher Staatsangehöriger bei Entführungen, 2012, S. 161 ff.

505 *U. Becker*, in: H. v. Mangoldt/F. Klein/C. Starck (Hrsg.), Grundgesetz Bd. 1, 6. Aufl. 2010, Art. 16 Rn. 20; *R. Grawert*, Staat und Staatsangehörigkeit, 1973, S. 102 f. unter Verweis auf *P. Laband*, Staatsrecht des Deutschen Reiches Bd. 1, 5. Aufl. 1911, S. 140, 152 f.; *J. Kokott*, in: M. Sachs (Hrsg.), Grundgesetz, 7. Aufl. 2014, Art. 16 Rn. 15; *A. Siehr*, Deutschenrechte des Grundgesetzes, 2001, S. 162 f.; *P. Zorn*, Staatsrecht des Deutschen Reiches Bd. 1, 1895, S. 369 f. Ähnlich *A. Randelzhofer*, in: T. Maunz/G. Dürig (Begr.), Grundgesetz, Art. 16 Abs. 1 Rn. 9, der dies zwar lediglich für den „völkerrechtlichen Bereich“ annimmt, d.h. für Rechte und Pflichten der Staaten untereinander, letztlich aber eine staatliche Schutzpflicht auf das Schutz-Treue-Prinzip stützt, a.a.O. Rn. 61; vgl. auch IGH, ICJ Rep. 1955, 4 (23) – *Nottebohm*,

diesen staatsbezogenen, das „Wesen der Staatsangehörigkeit“[506] umschreibenden und ihr somit immanenten gegenseitigen Rechten und Pflichten sind solche abzugrenzen, die lediglich mittelbar an die Staatsangehörigkeit anknüpfen.[507] Als solche sind insbesondere die staatsbürgerlichen (Mitgliedschafts-)Rechte und Pflichten anzusehen, beispielsweise das aktive und passive Wahlrecht.[508] Sie sind bedingt durch eine einfachgesetzliche Ausgestaltung und – über die Staatsangehörigkeit hinaus – von der Erfüllung weiterer Voraussetzungen[509] abhängig; anders als das vorliegend in Rede stehende gegenseitige Treue- und Schutzverhältnis sind sie nicht

---

wonach die Staatsangehörigkeit ein rechtliches Band („legal bond“) sei, das auf einer durch bestimmte Integrationsfaktoren begründeten tatsächlichen Beziehung („genuine connection of existence, interests and sentiments“) beruhe und mit gegenseitigen Rechten und Pflichten („reciprocal rights and duties“) verbunden sei, zu denen auch das staatliche Recht auf Schutz der eigenen Staatsangehörigen im Ausland zähle.

506 *A. Makarov*, Allgemeine Lehren des Staatsangehörigkeitsrechts, 2. Aufl. 1962, S. 30.

507 Zu dieser Differenzierung *G. Hoffmann*, AVR 19 (1981), 257 (267 ff., insbesondere 271); *A. Makarov*, Allgemeine Lehren des Staatsangehörigkeitsrechts, 2. Aufl. 1962, S. 29 ff.; *A. Randelzhofer*, in: T. Maunz/G. Dürig (Begr.), Grundgesetz, Art. 16 Abs. 1 Rn. 9, der zwischen „dem staatsrechtlichen und dem völkerrechtlichen Gehalt der Staatsangehörigkeit“ unterscheidet, m.w.N.; *W. Wengler*, in: E. Brüel u.a. (Hrsg.), FS für W. Schätzel, 1960, 545 (557 f.). Zumindest implizit differenzierend auch BVerfGE 37, 217 (241) – *Staatsangehörigkeit von Abkömmlingen*; *A. Heinzel*, in: W. Schleser (Hrsg.), Deutsche Staatsangehörigkeit, 4. Aufl. 1980, 23 (23 f.) trennt die völkerrechtliche und die inländische Bedeutung der Staatsangehörigkeit, ohne jedoch weitergehend zwischen einer unmittelbaren und einer nur mittelbaren Herleitung gegenseitiger Rechte und Pflichten aus der Staatsangehörigkeit zu unterscheiden.

508 Diese Beispiele führen *P. Badura*, Staatsrecht, 6. Aufl. 2015, Abschn. L Rn. 28, S. 1029; *J. Kokott*, in: M. Sachs (Hrsg.), Grundgesetz, 7. Aufl. 2014, Art. 16 Rn. 14 f.; *A. Makarov*, Allgemeine Lehren des Staatsangehörigkeitsrechts, 2. Aufl. 1962, S. 30 an. Anders noch *G. Dahm*, Völkerrecht Bd. 1, 2. Aufl. 1958, S. 444 f., der die Staatsangehörigkeit als „Quelle“ dieser gegenseitigen Rechte und Pflichten ansieht; so auch *M. Kotzur*, Staatsangehörigkeit, in: W. Heun u.a. (Hrsg.), Evangelisches Staatslexikon, 2006, Sp. 2296; *R. Zippelius/T. Würtenberger*, Deutsches Staatsrecht, 32. Aufl. 2008, § 4 Rn. 1. Eine ähnliche Situation wird auch in Bezug auf die Deutschengrundrechte des Grundgesetzes angenommen: Hier ist die Staatsangehörigkeit nicht Ursprung, sondern lediglich Bedingung ihrer Gewährung. Zudem besteht keine zwingende Verbindung zur deutschen Staatsangehörigkeit, denn die deutsche Staatsangehörigkeit ist restriktiver gefasst als der Begriff des Deutschen i.S.d. Art. 116 GG, vgl. *A. Randelzhofer*, in: T. Maunz/G. Dürig (Begr.), Grundgesetz, Art. 16 Abs. 1 Rn. 9.

509 Vgl. etwa die einfachgesetzlichen Voraussetzungen des § 12 BWahlG für das Wahlrecht und des § 1 WPflG für die Wehrpflicht, *A. Randelzhofer*, in: T. Maunz/G. Dürig (Begr.), Grundgesetz, Art. 16 Abs. 1 Rn. 9.

„automatische Folge“[510] der grundsätzlich „verfassungsneutralen“[511] Staatsangehörigkeit anzusehen.[512]

Die Pflicht der Bundesrepublik Deutschland zur Schutzgewähr zugunsten deutscher Staatsangehöriger findet ihren Ursprung somit traditionell in dem unmittelbar in dem „originären Verfassungsrechtsverhältnis“[513] der Staatsangehörigkeit verwurzelten gegenseitigen Treue- und Schutzverhältnis zwischen Staat und Staatsbürger; sie kann durch eine Änderung der einfachgesetzlichen Rechtslage nicht vollumfänglich aufgehoben werden.[514] Die staatliche Schutzpflicht erstreckt sich dabei auf den diplomatischen und konsularischen Schutz und erfasst damit auch die vorliegend untersuchten Entführungsfälle.[515]

b. Verfassungsrechtliche Verankerung einer aus der Staatsangehörigkeit abgeleiteten staatlichen Pflicht zur Gewährung von Auslandsschutz

In einem weiteren Schritt ist im Folgenden zu klären, ob die traditionell aus der Staatsangehörigkeit abgeleitete staatliche Schutzpflicht eine verfassungsrechtliche Verankerung gefunden hat und gegebenenfalls in welcher verfassungsrechtlichen Norm sie sich wiederfindet.

aa. Keine Verankerung in Art. 16 GG ...[516]

Zu denken ist zunächst an eine verfassungsrechtliche Verankerung einer aus der Staatsangehörigkeit abgeleiteten staatlichen Pflicht zur Gewährung von

---

510 *A. Randelzhofer*, in: T. Maunz/G. Dürig (Begr.), Grundgesetz, Art. 16 Abs. 1 Rn. 9.

511 *M. Kötter/J. Nolte*, DÖV 2007, 186 (192).

512 *P. Badura*, Staatsrecht, 6. Aufl. 2015, Abschn. L Rn. 28, S. 1029; *U. Becker*, in: H. v. Mangoldt/F. Klein/C. Starck (Hrsg.), Grundgesetz Bd. 1, 6. Aufl. 2010, Art. 16 Rn. 20; *A. Makarov*, Allgemeine Lehren des Staatsangehörigkeitsrechts, 2. Aufl. 1962, S. 30; *A. Randelzhofer*, in: T. Maunz/G. Dürig (Begr.), Grundgesetz, Art. 16 Abs. 1 Rn. 9; *W. Wengler*, in: E. Brüel u.a. (Hrsg.), FS für W. Schätzel, 1960, 545 (546), der die Staatsangehörigkeit im Zusammenhang ihrem staatsrechtlichen Gehalt als „Bereitschaftsstatus“ bezeichnet.

513 *M. Kötter/J. Nolte*, DÖV 2007, 186 (193).

514 *E.-W. Böckenförde*, in: H. Barion u.a. (Hrsg.), FG für C. Schmitt, 2. Aufl. 2002, 423 (431 ff.); *R. Grawert*, Staat und Staatsangehörigkeit, 1973, S. 102 f.; *ders.*, Der Staat 23 (1984), 179 (191); *A. Siehr*, Deutschenrechte des Grundgesetzes, 2001, S. 162. Für eine Abstraktion der Staatsangehörigkeit von möglichen Rechtspositionen hingegen *G.-R. de Groot*, Staatsangehörigkeitsrecht im Wandel, 1989, insbesondere S. 10, 13; *A. Makarov*, Allgemeine Lehren des Staatsangehörigkeitsrechts, 2. Aufl. 1962, S. 29 ff. m.w.N.

515 I.E. ebenso *C. P. Kokew*, Auslandsschutz deutscher Staatsangehöriger bei Entführungen, 2012, S. 156 ff. Zur Erfassung des Auslandsschutzes allgemein, s. *K. Oberthür*, Anspruch des deutschen Staatsbürgers, 1965, S. 13.

516 In diesem Zusammenhang ist das Schrifttum mehrdeutig: So ist unklar, ob aus Art. 16 GG eine eigenständige Schutzpflicht abgeleitet werden kann oder ob

Auslandsschutz in Art. 16 GG.[517] Dieser enthält zwar anders als Art. 3 Reichsverfassung von 1871 und Art. 112 WRV keine ausdrückliche staatliche Schutzpflicht;[518] der durch Art. 16 Abs. 1 GG gewährte Schutz vor Ausbürgerung lasse nach *U. Becker* jedoch die Annahme zu, dass er ebenfalls die Gewährleistung der mit der Staatsangehörigkeit verbundenen Rechte und damit auch den Auslandsschutz als Leistungsrecht beinhalte.[519] In diesem Sinne könnte seine Verweigerung durch die Bundesrepublik Deutschland mit einer Entziehung der deutschen Staatsangehörigkeit gleichgestellt werden.[520]

Gegen eine entsprechende Auslegung von Art. 16 Abs. 1 GG und damit zugleich gegen eine verfassungsrechtliche Verortung des verfassungsrechtlichen Auslandsschutzes in dieser Norm können jedoch gewichtige Argumente angeführt

---

dieser lediglich die verfassungsrechtliche Anknüpfung einer aus dem Treue- und Schutzverhältnis abgeleiteten Schutzpflicht bildet. Soweit Autoren aber von einer eigenständigen Schutzpflicht ausgehen, können die gegen eine Verankerung in Art. 16 GG angeführten Argumente auch für die Ablehnung einer Schutzpflicht aus Art. 16 GG gelten; ein Verständnis wie hier wird zugrunde gelegt von *C. Gloria*, Das steuerliche Verständigungsverfahren, 1988, S. 242 mit Fn. 52; *J. Güntert*, Materielle Verfassungsmäßigkeit von unilateralen Evakuierungsoperationen, 2008, S. 148 mit Fn. 577; anders hingegen *C. P. Kokew*, Auslandsschutz deutscher Staatsangehöriger bei Entführungen, 2012, S. 110 ff.

517 So *W. K. Geck*, ZaöRV 17 (1956/57), 476 (516); *K. Hailbronner*, in: ders./G. Renner/H.-G. Maaßen (Hrsg.), Staatsangehörigkeitsrecht, 5. Aufl. 2010, Teil II A Art. 16 Abs. 1 GG Rn. 31; *H. D. Treviranus*, DÖV 1979, 35 (37); für eine Verankerung in Art. 16 Abs. 1 GG: *U. Becker*, in: H. v. Mangoldt/F. Klein/C. Starck (Hrsg.), Grundgesetz Bd. 1, 6. Aufl. 2010, Art. 16 Rn. 23; *M. Dauster*, Jura 1990, 262 (265 f.); *J. Güntert*, Materielle Verfassungsmäßigkeit von unilateralen Evakuierungsoperationen, 2008, S. 151; *J. Isensee*, in: ders./P. Kirchhof (Hrsg.), HStR IX, 3. Aufl. 2011, § 191 Rn. 212; *H. Jarass*, in: ders./B. Pieroth, Grundgesetz, 13. Aufl. 2014, Art. 16 Rn. 7; *D. Merten*, in: D. Dörr u.a. (Hrsg.), FS für H. Schiedermair, 2001, 331 (341). *M. Dauster*, Jura 1990, 262 (265) und *W. K. Geck*, ZaöRV 17 (1956/57), 476 (516) sehen eine aus der Staatsangehörigkeit abgeleitete Schutzpflicht (zudem) in Art. 16 Abs. 2 GG verankert. Einer Verankerung in Art. 16 Abs. 2 GG ist jedoch zum einen entgegenzuhalten, dass seine Entstehungsgeschichte keine Rückschlüsse auf eine in ihm enthaltene Regelung über den Auslandsschutz zulässt; zum anderen können die vorliegend untersuchten Sachverhalte nicht unter den Begriff der Auslieferung subsumiert werden, vgl. ebenso *C. P. Kokew*, Auslandsschutz deutscher Staatsangehöriger bei Entführungen, 2012, S. 115.

518 Auf diesen Zusammenhang weist *W. K. Geck*, ZaöRV 17 (1956/57), 476 (516) hin.

519 *U. Becker*, in: H. v. Mangoldt/F. Klein/C. Starck (Hrsg.), Grundgesetz Bd. 1, 6. Aufl. 2010, Art. 16 Rn. 23.

520 *A. Bleckmann*, Staatsrecht II, 4. Aufl. 1997, § 36 Rn. 11 f., der jedoch in diesem Fall nicht ein in Art. 16 Abs. 1 GG enthaltenes Leistungsrecht, sondern das Abwehrrecht als verletzt ansieht; ähnlich *J. A. Kämmerer*, in: W. Kahl u.a. (Hrsg.), Bonner Kommentar Bd. 4, Art. 16 Rn. 36.

werden.[521] Sie ergeben sich zunächst aus seiner Entstehungsgeschichte und teleologischen Erwägungen: So wurde der Schutz vor Ausbürgerung, der sich weder in der Reichsverfassung von 1871 noch in der Weimarer Reichverfassung wiederfindet[522], zum einen als Reaktion auf die Ausbürgerungspraxis des Dritten Reichs und einiger Staaten des ehemaligen Ostblocks in das Grundgesetz mit dem Ziel aufgenommen, entsprechende Massenausbürgerungen anknüpfend an die politische Gesinnung, rassische bzw. ethnische Wurzeln oder den Glauben in Zukunft auszuschließen; durch Art. 16 Abs. 1 GG soll somit ein abermaliger Missbrauch des Staatsangehörigkeitsrechts als Repressionsinstrument – etwa i.S.d. Einführung eines völkischen Status' und der damit verbundenen (politischen) Verdrängung bestimmter Personen(gruppen) aus dem Staatsverband – verhindert werden.[523] Zum anderen entspricht ein in Art. 16 Abs. 1 GG verankerter Schutz vor Auslieferung den Vorgaben von Art. 15 AEMR[524] und der völkerrechtlichen Entwicklung zur

---

521 Etwas anderes kann auch nicht aus BVerfGE 37, 217 (241) – *Staatsangehörigkeit von Abkömmlingen*, abgeleitet werden. Hier nennt das BVerfG zwar die „Grundbeziehung der Staatsangehörigkeit" als Ursprung eines Anspruchs „auf Schutz seitens der Bundesrepublik gegenüber dem Ausland, besonders auf diplomatischen Schutz und konsularische Betreuung durch die deutschen Auslandsvertretungen"; es geht jedoch nicht darauf ein, ob dieser aus Art. 16 Abs. 1 GG ableitbar ist, so *H. Jarass*, in: ders./B. Pieroth, Grundgesetz, 13. Aufl. 2014, Art. 16 Rn. 7; *C. P. Kokew*, Auslandsschutz deutscher Staatsangehöriger bei Entführungen, 2012, S. 114. In späteren Entscheidungen (etwa BVerfGE 40, 141 [177 f.] – *Ostverträge*; E 55, 349 [364 f.] – *Rudolf Hess*) rückte das Gericht ohnehin von diesem obiter dictum ab, vgl. *J. A. Kämmerer*, in: W. Kahl u.a. (Hrsg.), Bonner Kommentar Bd. 4, Art. 16 Rn. 36.

522 Anders als verfassungsrechtliche Regelungen über den Auslandsschutz jedenfalls in Form des diplomatischen Schutzes, die bereits Eingang in die Reichsverfassung von 1871 und die Weimarer Reichverfassung gefunden hatten, stellt der grundrechtliche Schutz vor Ausbürgerungen eine „Neuheit" dar; dies wäre jedoch nur dann der Fall, wenn Art. 16 Abs. 1 GG und der Auslandsschutz in keiner Beziehung stünden, *C. P. Kokew*, Auslandsschutz deutscher Staatsangehöriger bei Entführungen, 2012, S. 113 f.

523 BVerfGE 113, 273 (294 f.) – *Europäischer Haftbefehl*; *M. Dauster*, Jura 1990, 262 (265 f.) unter Verweis auf G. Leibholz/H. v. Mangoldt (Hrsg.), JöR n.F. 1 (1951), 1 (159 ff.); *R. Grawert*, in: J. Isensee/P. Kirchhof (Hrsg.), HStR II, 3. Aufl. 2004, § 16 Rn. 44; *H. Jarass*, in: ders./B. Pieroth, Grundgesetz, 13. Aufl. 2014, Art. 16 Rn. 1; 11; *A. Randelzhofer*, in: T. Maunz/G. Dürig (Begr.), Grundgesetz, Art. 16 Abs. 1 Rn. 5; *F. Wittreck*, in: H. Dreier (Hrsg.), Grundgesetz Bd. 1, 3. Aufl. 2013, Art. 16 Rn. 6, 11; s. hierzu etwa § 2 RBG, das Gesetz über den Widerruf und die Aberkennung der deutschen Staatsangehörigkeit v. 14.07.1933, RGBl. 1933 I, S. 480 und die Elfte Verordnung zum Reichbürgergesetz v. 25.11.1941, RGBl. 1941 I, S. 722.

524 *Art. 15. Recht auf Staatsangehörigkeit* lautet:
(1) Jeder Mensch hat Anspruch auf Staatsangehörigkeit.
(2) Niemand darf seine Staatsangehörigkeit willkürlich entzogen noch ihm das Recht versagt werden, seine Staatsangehörigkeit zu wechseln.

Vermeidung von Staatenlosigkeit, wie sie beispielsweise im Übereinkommen zur Verminderung der Staatenlosigkeit vom 30. August 1961 sowie im Übereinkommen zur Verringerung der Fälle von Staatenlosigkeit vom 13. September 1973[525] zu sehen ist.[526] Die Schaffung einer spezifischen Regelung über den Auslandsschutz war mit Art. 16 Abs. 1 GG somit gerade nicht bezweckt.[527]

Dies wird bestätigt durch den Wortlaut von Art. 16 Abs. 1 GG, der lediglich einen Schutz vor dem Entzug bzw. sonstigen Verlust der Staatsangehörigkeit gewährleistet. Dabei definiert sich der Begriff des Entzugs als eine „durch einseitigen Staatsakt, gegen den Willen des Betroffenen erfolgende Wegnahme der Staatsangehörigkeit“[528] als solche. Der Schutzbereich des Art. 16 Abs. 1 GG ist zudem berührt, wenn dem deutschen Staatsangehörigen „alle oder fast *alle Rechte genommen* werden, die nach einfachem Recht mit der Staatsangehörigkeit verbunden sind“[529].[530] Die Nichtgewähr von Auslandsschutz ist jedoch nicht unter diese Definitionen subsumierbar, denn zum einen hat sie keine direkte Konsequenz auf den Status des Entführungsopfers als deutschem Staatsangehörigen und zum anderen führt sie nicht zum Verlust aller oder jedenfalls fast aller mit der Staatsangehörigkeit verknüpften Rechte; sie kann somit nicht als ein „konkludentes Entlassen aus der Staatsangehörigkeit“[531] gewertet werden.[532]

Art. 16 Abs. 1 GG ist folglich weder eine (ungeschriebene) Regelung über den Auslandsschutz zu entnehmen, noch kann seine Nichtgewähr mit einer Entziehung bzw. einem Verlust der Staatsangehörigkeit gleichgesetzt werden. Eine auch nur implizite Verankerung einer aus der Staatsangehörigkeit abgeleiteten staatlichen Pflicht zum Schutz im Ausland entführter deutscher Staatsangehöriger in dieser

---

525 S. BGBl. 1977 II, S. 597.

526 Vgl. nur *H. Jarass*, in: ders./B. Pieroth, Grundgesetz, 13. Aufl. 2014, Art. 16 Rn. 1; *A. Randelzhofer*, in: T. Maunz/G. Dürig (Begr.), Grundgesetz, Art. 16 Abs. 1 Rn. 5; *F. Wittreck*, in: H. Dreier (Hrsg.), Grundgesetz Bd. 1, 3. Aufl. 2013, Art. 16 Rn. 11, 19 ff.

527 I.E. ebenso *C. P. Kokew*, Auslandsschutz deutscher Staatsangehöriger bei Entführungen, 2012, S. 113 f.

528 *A. Randelzhofer*, in: T. Maunz/G. Dürig (Begr.), Grundgesetz, Art. 16 Abs. 1 Rn. 49.

529 *H. Jarass*, in: ders./B. Pieroth, Grundgesetz, 13. Aufl. 2014, Art. 16 Rn. 6 (Hervorhebung auch im Original).

530 So etwa *H. Jarass*, in: ders./B. Pieroth, Grundgesetz, 13. Aufl. 2014, Art. 16 Rn. 6. Zwar werden die Begriffe der Entziehung und des sonstiges Verlustes der Staatsangehörigkeit sowie ihr Verhältnis zueinander in Art. 16 GG nicht erläutert; dennoch besteht in Bezug auf die praktisch relevanten Ergebnisse in hohem Maße Einigkeit, *A. Randelzhofer*, in: T. Maunz/G. Dürig (Begr.), Grundgesetz, Art. 16 Abs. 1 Rn. 49 m.w.N.

531 *M. Kötter/J. Nolte*, DÖV 2007, 186 (192).

532 I.E. ebenso *C. P. Kokew*, Auslandsschutz deutscher Staatsangehöriger bei Entführungen, 2012, S. 112 f.; *M. Kötter/J. Nolte*, DÖV 2007, 186 (192).

Norm ist somit abzulehnen.[533] Dieses Ergebnis bedeutet jedoch keinesfalls eine Abkehr von der grundsätzlichen dogmatischen Verankerung der staatlichen Schutzpflicht in der Staatsangehörigkeit, die nach der vorliegend vertretenen Sichtweise lediglich von Art. 16 Abs. 1 GG zu trennen ist.[534] Art. 16 Abs. 1 GG ist jedenfalls nicht geeignet, die – durch das Fehlen einer Art. 3 Reichsverfassung von 1871 und Art. 112 WRV entsprechenden Regelung – entstandene Lücke im Grundgesetz zu schließen.[535]

bb. ... grundsätzlich aber Verfassungsrang des Treue- und Schutzverhältnisses durch das Grundgesetz[536]

Es stellt sich folglich die Frage, ob jedenfalls das die staatliche Pflicht zur Gewährung von Auslandsschutz begründende und in der deutschen Staatsangehörigkeit wurzelnde gegenseitige Treue- und Schutzverhältnis im Grundgesetz verankert ist und damit Verfassungsrang genießt. Diesbezüglich ist zunächst festzustellen, dass es als solches – wie schon in den „Vorgängerverfassungen“ des Grundgesetzes – keine ausdrückliche Regelung erfahren hat. Dieser Mangel führt jedoch nicht zwangsläufig zu einer Verneinung der Eingangsfrage: Auch in der Reichsverfassung von 1871 und der Weimarer Reichverfassung wurden lediglich die mit dem Treue- und

533 *E. Klein*, Diplomatischer Schutz im Hinblick auf die Konfiskation deutschen Vermögens, 1992, S. 37; *C. P. Kokew*, Auslandsschutz deutscher Staatsangehöriger bei Entführungen, 2012, S. 112 ff.; *M. Kötter/J. Nolte*, DÖV 2007, 186 (192); *J. Masing*, in: H. Dreier (Hrsg.), Grundgesetz Bd. 1, 2. Aufl. 2004, Art. 16 Rn. 40; *A. Randelzhofer*, in: T. Maunz/G. Dürig (Begr.), Grundgesetz, Art. 16 Abs. 1 Rn. 60 ff.; einschränkend hingegen *J. A. Kämmerer*, in: W. Kahl u.a. (Hrsg.), Bonner Kommentar Bd. 4, Art. 16 Rn. 36, dem zufolge Art. 16 Abs. 1 GG nur betroffen ist, wenn die deutsche Staatsangehörigkeit durch unterlassene Schutzgewährung faktisch zum „nudum ius“ wird; *F. Wittreck*, in: H. Dreier (Hrsg.), Grundgesetz Bd. 1, 3. Aufl. 2013, Art. 16 Rn. 60.

534 *E. Klein*, Diplomatischer Schutz im Hinblick auf die Konfiskation deutschen Vermögens, 1992, S. 37; *J. Masing*, in: H. Dreier (Hrsg.), Grundgesetz Bd. 1, 2. Aufl. 2004, Art. 16 Rn. 40.

535 *J. A. Kämmerer*, in: W. Kahl u.a. (Hrsg.), Bonner Kommentar Bd. 4, Art. 16 Rn. 36.

536 Ohne Auswirkungen auf diese Frage ist es hingegen, dass die Staatsangehörigkeit als Grundbeziehung des Staates und seinen Angehörigen und mit ihr das Treue- und Schutzverhältnis in der Literatur teilweise als „verfassungsneutral“ angesehen wird und der Bundesrepublik Deutschland damit auch ohne Rücksicht auf einen durch das Grundgesetz begründeten Verfassungsrang eine Pflicht zum Schutz deutscher Staatsangehöriger im Ausland obliege, hierzu *M. Kötter/J. Nolte*, DÖV 2007, 186 (192 f.), die annehmen, dass die Staatsangehörigkeit durch das Grundgesetz nicht selbst geregelt werde; es setze seine Existenz vielmehr voraus, vgl. etwa Art. 116 Abs. 1 GG und die Deutschengrundrechte; s. auch *A. Siehr*, Deutschenrechte des Grundgesetzes, 2001, S. 160; diesbzgl. kritisch hingegen *C. P. Kokew*, Auslandsschutz deutscher Staatsangehöriger bei Entführungen, 2012, S. 167 f.

Schutzverhältnis verbundenen Rechte und Pflichten des Staates und seiner Angehörigen normiert.[537]

In Bezug auf eine mögliche Verankerung des Treue- und Schutzverhältnisses im Grundgesetz deutet die – etwa in dem Ausbürgerungs- und Auslieferungsverbot des Art. 16 GG zum Ausdruck kommende – besondere Verantwortung der Bundesrepublik Deutschland für ihre Staatsangehörigen den Bestand einer staatlichen Schutzpflicht an.[538] Dabei beugt insbesondere Art. 16 Abs. 1 S. 2 GG einer Schutzlosigkeit auf internationaler Ebene vor, die sich regelmäßig aus einer Staatenlosigkeit ergeben würde.[539] Der Schutzaspekt des Treue- und Schutzverhältnisses ist darüber hinaus wiederzufinden in dem Deutschengrundrecht der Berufsfreiheit gem. Art. 12 Abs. 1 GG, die insbesondere als Ausdruck der staatlichen Pflicht zur Sicherung der wirtschaftlichen Existenzgrundlage seiner Staatsangehörigen angesehen wurde.[540] Teilweise wird überdies auf Art. 8 Abs. 1 GG (Versammlungsfreiheit), Art. 9 Abs. 1 GG (Vereinigungsfreiheit) und Art. 11 Abs. 1 GG (Freizügigkeit) hingewiesen.[541]

Im Gegensatz dazu wurde im Hinblick auf den Treueaspekt des gegenseitigen Treue- und Schutzverhältnisses – anders als in der Weimarer Reichverfassung, dessen zweiter Hauptteil mit dem Titel „Grundrechte und Grundpflichten der Deutschen" überschrieben war – auf die Regelung ausdrücklicher, den Grundrechten korrespondierender Grund- bzw. Treuepflichten im Grundgesetz verzichtet. Dieser Umstand ist zu werten als Konsequenz der Erfahrungen des Dritten Reichs, in dem „die jahrelange mißbräuchliche Überanstrengung von Gemeinsinn und Opferbereitschaft [...] im Zeichen [...] vom Pflichtgedanken beherrschter Rechtsverhältnisse

---

537 So etwa Art. 3 Abs. 6 Reichsverfassung von 1871; auch in Art. 112 Abs. 2 WRV kam das gegenseitige Treue- und Schutzverhältnis zum Ausdruck, s. *H. Pohl*, in: H. C. Nipperdey (Hrsg.), Grundrechte und Grundpflichten Bd. 1, 1929, Art. 112, 250 (257): „Die Schutzpflicht, zu der sich das Reich [gem. Art. 3 Abs. 6 Reichsverfassung von 1871] bekannte, stellt eine Gegenleistung für die jedem Deutschen obliegende Treupflicht dar", wobei die „Reichverfassung von 1919 [...] nichts wesentlich Neues gebracht hat".

538 BVerfG E 29, 183 (189) – *Rücklieferung*; E 113, 273 (293) – *Europäischer Haftbefehl*; *W. K. Geck*, ZaöRV 17 (1956/57), 476 (516); *C. P. Kokew*, Auslandsschutz deutscher Staatsangehöriger bei Entführungen, 2012, S. 169; *K. Oberthür*, Anspruch des deutschen Staatsbürgers, 1965, S. 21 f. Diesem Befund widerspricht es nicht, dass die staatliche Pflicht zur Gewährung von Auslandsschutz nicht unmittelbar auf Art. 16 GG gestützt werden kann, s. auch *C. P. Kokew*, Auslandsschutz deutscher Staatsangehöriger bei Entführungen, 2012, S. 169 f.

539 *W. K. Geck*, ZaöRV 17 (1956/57), 476 (516); *K. Oberthür*, Anspruch des deutschen Staatsbürgers, 1965, S. 22.

540 *A. Bleckmann*, DÖV 1988, 437 (440); *C. P. Kokew*, Auslandsschutz deutscher Staatsangehöriger bei Entführungen, 2012, S. 169; *A. Siehr*, Deutschenrechte des Grundgesetzes, 2001, S. 170.

541 So auch *C. P. Kokew*, Auslandsschutz deutscher Staatsangehöriger bei Entführungen, 2012, S. 169.

gestanden"[542] hat. In diesem Sinne war die „öffentlich-rechtliche Rechtsstellung des einzelnen im wesentlichen bloß noch als eine schier grenzenlos vielfältige Pflichtenstellung bestimmbar"[543].[544] Gleichwohl finden sich im Grundgesetz einige Grund- bzw. Treuepflichten: etwa die Sozialpflichtigkeit des Eigentums gem. Art. 14 Abs. 2 GG sowie der zum Ausdruck kommende Treuegedanke in den Schrankenregelungen der Art. 2 Abs. 1 Hs. 2 GG (Allgemeine Handlungsfreiheit), Art. 5 Abs. 3 S. 2 GG (Freiheit der Lehre), Art. 9 Abs. 2 GG (Vereinigungsfreiheit), Art. 18 GG (Grundrechtsverwirkung), Art. 21 Abs. 2 GG (Parteiverbot) und Art. 33 Abs. 4 GG.[545]

Zusammenfassend lässt sich somit feststellen, dass das Grundgesetz mehrere Anknüpfungspunkte ausdrücklich geregelter Rechte und Pflichten enthält, die sowohl den Schutz- als auch den Treueaspekt des gegenseitigen Treue- und Schutzverhältnisses aufgreifen. Auch wenn dieses selbst verfassungsrechtlich nicht ausdrücklich normiert wurde, ist es somit zumindest teilweise im Grundgesetz konkretisiert und genießt damit Verfassungsrang.[546]

c. Mögliche „materiell-rechtliche Fundierung"[547] des verfassungsrechtlichen Auslandsschutzes

Eine aus dem Treue- und Schutzverhältnis von Staat und Staatsangehörigen abgeleitete Schutzpflicht beantwortet jedoch aufgrund der formalen Anknüpfung an der Staatsangehörigkeit der zu schützenden Person allein die Frage nach dem „Wer" eines Schutzes. Die Frage nach seinem „Was" und „Wann" eines Schutzes wird hingegen offengelassen. Insbesondere in der Literatur wird daher versucht, diese Lücke durch einen Rekurs auf einen durch die Grundrechte des Grundgesetzes in ihrem status positivus begründeten Maßstab zu schließen: Schutzgüter des verfassungsrechtlichen Auslandsschutzes sind danach die grundrechtlichen (objektiven) Schutzgüter, deren Verletzung bzw. unmittelbare Gefährdung die staatliche Schutzpflicht aktualisiert.[548] Im Einzelfall begründet somit eine *„Kombination*

542 *H. Hofmann*, in: J. Isensee/P. Kirchhof (Hrsg.), HStR IX, 3. Aufl. 2011, § 195 Rn. 1.

543 *H. Hofmann*, in: J. Isensee/P. Kirchhof (Hrsg.), HStR IX, 3. Aufl. 2011, § 195 Rn. 1.

544 *H. Hofmann*, in: J. Isensee/P. Kirchhof (Hrsg.), HStR IX, 3. Aufl. 2011, § 195 Rn. 1; *C. P. Kokew*, Auslandsschutz deutscher Staatsangehöriger bei Entführungen, 2012, S. 168.

545 *H. Hofmann*, in: J. Isensee/P. Kirchhof (Hrsg.), HStR IX, 3. Aufl. 2011, § 195 Rn. 19, 21; *C. P. Kokew*, Auslandsschutz deutscher Staatsangehöriger bei Entführungen, 2012, S. 168 f.; *K. Oberthür*, Anspruch des deutschen Staatsbürgers, 1965, S. 12.

546 So ausdrücklich nur *C. P. Kokew*, Auslandsschutz deutscher Staatsangehöriger bei Entführungen, 2012, S. 170; s. aber auch *K. Doehring*, Staatsrecht, 3. Aufl. 1984, S. 96.

547 *E. Klein*, Diplomatischer Schutz im Hinblick auf die Konfiskation deutschen Vermögens, 1992, S. 37.

548 *J. Dietlein*, Lehre von den grundrechtlichen Schutzpflichten, 2. Aufl. 2005, S. 122 ff.; *M. Heintzen*, Auswärtige Beziehungen privater Verbände, 1988, S. 138 ff.; *E. Klein*, Diplomatischer Schutz im Hinblick auf die Konfiskation deutschen Vermögens,

statusrechtlicher (Staatsangehörigkeit) *und grundrechtlicher* (rechtsgut-, werthafter) *Überlegungen*"[549] eine aus dem Treue- und Schutzverhältnis abgeleitete staatliche Pflicht zur Gewährung von Auslandsschutz.[550]

d. Dennoch: Zurücktreten einer aus dem Staatsangehörigkeitsverhältnis abgeleiteten staatlichen Pflicht zur Gewährung von Auslandsschutz

Gerade diese grundsätzlich bestehende und erst durch einen Rückgriff auf die grundrechtlichen Gewährleistungen auszuräumende „Konturenlosigkeit"[551] zeigt die Schwächen einer aus dem in der deutschen Staatsangehörigkeit verwurzelten Treue- und Schutzverhältnis abgeleiteten staatlichen Pflicht zur Gewährung von Auslandschutz auf: Ohne diesen hätte die Begründung konkreter Handlungspflichten zum einen an der Frage nach dem „Was" und dem „Wann" scheitern können bzw. müssen.[552] Zum anderen erklärt sich die Möglichkeit einer Konkretisierung des verfassungsrechtlichen Auslandsschutzes durch die grundrechtlichen Gewährleistungen in ihrer Schutzfunktion daraus, dass diese grundsätzlich eine Ausprägung der aus dem Treue- und Schutzverhältnis abzuleitenden Schutzpflicht – wenn auch in modifizierter Form[553] – darstellen. Es stellt sich somit die Frage, ob die staatliche

---

1992, S. 37 f.; *ders.*, in: G. Ress/T. Stein (Hrsg.), Diplomatischer Schutz im Völker- und Europarecht, 1996, 125 (128 f.); kritisch hingegen *H. D. Treviranus*, DÖV 1979, 35 ff. Anders hat das OVG Münster auf die „allgemeinen rechts- und sozialstaatlichen Grundsätze der Verfassung" zurückgegriffen, vgl. OVG Münster DVBl. 1962, 139 (140); *E. Klein*, Diplomatischer Schutz im Hinblick auf die Konfiskation deutschen Vermögens, 1992, S. 37 hält dieser Sichtweise jedoch zu Recht entgegen, dass auch sie nicht begründen kann, „warum die Schutzpflicht in einem konkreten Fall aktualisiert wird."

549 *E. Klein*, Diplomatischer Schutz im Hinblick auf die Konfiskation deutschen Vermögens, 1992, S. 38 (Hervorhebung im Original).

550 *E. Klein*, Diplomatischer Schutz im Hinblick auf die Konfiskation deutschen Vermögens, 1992, S. 38.

551 *C. P. Kokew*, Auslandsschutz deutscher Staatsangehöriger bei Entführungen, 2012, S. 172.

552 S. hierzu ähnlich bereits die Ablehnung einer aus dem Rechtsstaatsprinzip abgeleiteten Schutzpflicht im zweiten Teil unter B. II. 1. c.

553 Diese Modifizierung ist darin zusehen, dass sich die aus dem in der Staatsangehörigkeit wurzelnden Treue- und Schutzverhältnis abzuleitende staatliche Schutzpflicht „auf der Grundlage von Individualgrundrechten wie Art. 2 Abs. 2 GG in eine *verfassungsrechtliche* Schutzpflicht" wandelt. Diese sich aus einem Jedermanngrundrecht ergebende objektive Schutzpflicht besteht im Inland jedoch nicht nur zugunsten deutscher Staatsangehörige, sondern zugunsten aller sich im deutschen Hoheitsgebiet aufhaltenden Menschen, *A. Siehr*, Deutschenrechte des Grundgesetzes, 2001, S. 169; *C. P. Kokew*, Auslandsschutz deutscher Staatsangehöriger bei Entführungen, 2012, S. 169 mit Fn. 870, 172. In Auslandssachverhalten sind somit die völkerrechtlichen Grenzen einer solchen Schutzpflicht zu beachten. Diesbzgl. wurde bereits herausgearbeitet, dass die grundrechtliche Schutzpflicht über Art. 25

Pflicht zur Gewährung von Auslandsschutz nicht allein auf die grundrechtlichen Schutzpflichten gestützt werden sollte, hinter die eine aus dem in der deutschen Staatsangehörigkeit verwurzelten Treue- und Schutzverhältnis abzuleitende Schutzpflicht zurücktritt. Dass die Ableitung einer entsprechenden staatlichen Pflicht aus den grundrechtlichen Schutzpflichten rechtlich jedenfalls möglich ist, wurde in der vorliegenden Untersuchung herausgearbeitet.[554]

aa. Schutzfunktion der Grundrechte als adäquater Anknüpfungspunkt einer staatlichen Pflicht zur Gewährung von Auslandsschutz

Rechtshistorisch gesehen ist es durchaus nachvollziehbar, die staatliche Pflicht zum Auslandsschutz auf verfassungsrechtlicher Ebene traditionell in der Staatsangehörigkeit des Schutzsuchenden zu verankern: Ein staatlicher (Auslands-)Schutz außerhalb des eigenen Staatsgebiets ist – anders als im Inland – grundsätzlich nur zugunsten eigener Staatsangehöriger völkerrechtlich zulässig. Bildet die Staatsangehörigkeit des Schutzsuchenden somit einen maßgeblichen Faktor für die staatliche Schutzgewähr im Ausland, so ist es verständlich diese – „traditionell" und argumentativ unterfüttert durch das gegenseitige Treue- und Schutzverhältnis – als Grundlage der verfassungsrechtlichen Pflicht zum Auslandsschutz anzusehen: Selbst zur Weimarer Zeit bestanden keine rechtlichen Begründungsalternativen, denn insbesondere die Grundrechtsdogmatik hinsichtlich der in Art. 109 bis 165 WRV verbürgten Grundrechte und -pflichten war nicht so weit entwickelt, dass sie überhaupt die Ableitung grundrechtlicher Schutzpflichten hätte tragen können. Ein alternativer verfassungsrechtlicher Anknüpfungspunkt für eine staatliche Pflicht zur Gewährung von Auslandsschutz ergab sich erst mit der „juristische[n] Entdeckung"[555] der (auch in das Ausland reichenden) Schutzpflichtfunktion der Grundrechte in einem nach heutigem Maßstab individuellen und durchsetzbaren Sinne. Räumen die Grundrechte des modernen Verfassungsstaates dem Einzelnen jedoch nun eine eigene, gerichtlich durchsetzbare Rechtsstellung ein, so sollte auch der Auslandsschutz alleinig auf dieses „neue" Fundament gestellt werden.

Dies gilt umso mehr, als eine aus dem Staatsangehörigkeitsverhältnis abzuleitende Pflicht zur Gewährung von Auslandsschutz ohnehin durch einen Rückgriff auf die Schutzfunktion der Grundrechte konkretisiert und materiell-rechtlich fundiert

---

S. 1 GG verfassungsimmanent auf das entsprechend zulässige Maß zu beschränken ist, s. im zweiten Teil unter B. II. 2. c. aa. (2) (b); vgl. auch *M. Kötter/J. Nolte*, DÖV 2007, 186 (193).

554 Anders *C. P. Kokew*, Auslandsschutz deutscher Staatsangehöriger bei Entführungen, 2012, S. 115 ff, 154 ff., der die Pflicht zur Gewährung von Auslandsschutz auf verfassungsrechtlicher Ebene sowohl aus den grundrechtlichen Schutzpflichten als auch aus dem in der Staatsangehörigkeit verwurzelten Treue- und Schutzverhältnis ableitet und beide Begründungsansätze gleichwertig nebeneinander stehen lässt.

555 *K. Stern*, DÖV 2010, 241 (241).

werden müsste. Die Grundrechte rücken somit ihrerseits in den Mittelpunkt der Betrachtung, sodass eine staatliche Schutzpflicht auch primär unmittelbar und ausschließlich über die grundrechtliche Schutzfunktion begründet werden kann. Für die staatliche Pflicht zur Gewährung von Auslandsschutz ist es im Ergebnis zwar unerheblich, ob ihre rechtliche Grundlage in dem in der Staatsangehörigkeit wurzelnden Treue- und Schutzverhältnis gesehen und durch einen Rekurs auf die Grundrechte inhaltlich konkretisiert wird oder ob man sie aus den grundrechtlichen Schutzpflichten herleitet und sie verfassungsimmanent über Art. 25 S. 1 GG auf das völkerrechtlich zulässige Maß eines Schutzes ausschließlich zugunsten deutscher Staatsangehöriger beschränkt.[556]

Letztere Vorgehensweise hätte jedoch mehrere Vorteile: Sie ergeben sich zunächst daraus, dass der Auslandschutz ein vorwiegend völkerrechtlich geprägtes Rechtsinstitut ist. Über eine Einwirkung des Völkerrechts gem. Art. 25 GG kann die staatliche die Pflicht zur Gewährung von Auslandsschutz ohne weiteres verfassungsimmanent an seine Vorgaben und Entwicklungen angepasst werden; zu denken ist hier etwa an eine Aufweichung der nationality rule, die eine aus dem Staatsangehörigkeitsverhältnis abgeleitete Schutzpflicht nicht tragen könnte.[557] Abschließend ist darauf hinzuweisen, dass durch eine vorrangige Begründung der staatlichen Pflicht zum Auslandsschutz aus den Grundrechten grundsätzlichen Vorbehalten begegnet wird. Sie ergeben sich daraus, dass das BVerfG die Herleitung staatlicher Schutzpflichten in Inlandssachverhalten zu keiner Zeit auf die Staatsangehörigkeit des Schutzsuchenden gestützt hat. Es überraschte daher, dass das Gericht in Bezug auf das Ausland von dieser Linie abgerückt ist und die Staatsangehörigkeit als entsprechende verfassungsrechtliche Grundlage gewählt hat.[558] Leitet man die Schutzpflicht im Ausland wie im Inland aus den grundrechtlichen Schutzpflichten ab, so werden diese auf dasselbe Fundament gestellt und ein entsprechender Gleichlauf erreicht; den Besonderheiten des Auslandsschutzes wird verfassungsimmanent durch Art. 25 S. 1 GG Rechnung getragen.

---

556 *G. Elbing*, Anwendbarkeit der Grundrechte, 1992, S. 104 zufolge würden sich beide Begründungsansätze zumindest nicht ausschließen.

557 Eine Begründung der grundrechtlichen Schutzpflichten über eine Wiederentdeckung des Staatszwecks Sicherheit könnte über den Treuegedanken grundsätzlich nur eine grundrechtliche Schutzpflicht zugunsten eigener Staatsangehöriger tragen. Sie ist aber ohnehin in „einer bestimmten Staatszwecklehre verhaftet, die dem Grundgesetz nicht immanent ist“, s. hierzu *T. Kleinlein/D. Rabenschlag*, ZaöRV 67 (2007), 1277 (1303).

558 S. hierzu *J. Dietlein*, Lehre von den grundrechtlichen Schutzpflichten, 2. Aufl. 2005, S. 123.

bb. Reduzierung des Treueaspekts des gegenseitigen Treue- und Schutzverhältnisses im modernen Verfassungsstaat

Wesentliches Argument für ein Zurücktreten des verfassungsrechtlichen Auslandsschutzes gegenüber einer aus der grundrechtlichen Schutzfunktion abgeleiteten Schutzpflicht ist jedoch, dass ersterer im Grundgesetz anders als in seinen Vorgängerverfassungen, vgl. Art. 3 Abs. 6 Reichsverfassung von 1871 bzw. Art. 112 Abs. 2 WRV, nicht ausdrücklich normiert wurde.[559] Zwar findet sich das ihn begründende und in der Staatsangehörigkeit verwurzelte Treue- und Schutzverhältnis zumindest in Teilaspekten und auch in den grundrechtlichen Gewährleistungen des Grundgesetzes wieder. Im Ganzen hat es im modernen Verfassungsstaat jedoch einen zunehmenden Bedeutungsverlust erfahren, wobei gerade der Treueaspekt in der heutigen Zeit immer weiter in den Hintergrund tritt. So besteht zwar allgemeiner Konsens, dass als Ausprägung der Gehorsamspflicht weiterhin die geltenden Gesetze zu beachten sind; sie obliegt sämtlichen Personen, die sich im Hoheitsgebiet der Bundesrepublik Deutschland aufhalten, und nicht ausschließlich den deutschen Staatsangehörigen. Für letztere gelten jedoch weitergehende Straftatbestände auch im Ausland, vgl. § 7 Abs. 2 Nr. 1 StGB, § 5 Nr. 2 StGB i.V.m. §§ 81 ff. StGB bzw. § 5 Nr. 4 StGB i.V.m. §§ 94 ff. StGB. Zu nennen ist darüber hinaus die bereits angesprochene Steuerpflicht. Andere maßgebliche Aspekte des Treueverhältnisses wurden bzw. werden jedoch deutlich abgeschwächt: So bestand seine besondere Ausprägung historisch gesehen in der Pflicht zur Teilnahme an der Kriegsführung – sei es passiv zum Schutz des Territoriums des Landesherren bzw. des Staates vor Angriffen von außen oder aktiv zur Erweiterung seines Herrschaftsbereichs, wenn „der Krieg gerecht ist“[560]. Aufgrund der Gegenseitigkeit des Treue- und Schutzverhältnisses versprach der Landesherr bzw. Staat im Gegenzug den Schutz seiner Untertanen im und dem Ausland gegenüber.[561]

Die allgemeine Wehrpflicht außerhalb des Spannungs- und Verteidigungsfalls wurde jedoch ungeachtet Art. 12a GG ab dem 01. Juli 2011 im Zuge der Strukturreform der Bundeswehr ausgesetzt.[562] Dieser Schritt wurde insbesondere mit „der

559 Im Gegensatz dazu kann die Lücke einer ausdrücklichen Regelung über den Auslandsschutz im Grundgesetz durch eine vorrangige Begründung der entsprechenden staatlichen Pflicht aus den Grundrechten geschlossen werden. Der Rechtsanwender muss somit nicht aus einem selbst nur in Teilen verfassungsrechtlich geregeltem Rechtsverhältnis Rechte und Pflichten herleiten; er kann vielmehr direkt auf die Grundrechte sowie auf die sie konkretisierende und gefestigte Dogmatik zurückgreifen, um auf diese Weise ein auch heutigen Verhältnissen entsprechendes Schutzniveau hinsichtlich des Auslandsschutzes zu gewährleisten.

560 *R. Grawert*, Staat und Staatsangehörigkeit, 1973, S. 106.

561 Vgl. diesbzgl. erneut im zweiten Teil unter B. II. 3. a. bb.

562 S. hierzu das Gesetz zur Änderung wehr- und zivildienstrechtlicher Vorschriften 2011 v. 28.04.2011 (Wehrrechtsänderungsgesetz 2011 – WehrRÄndG 2011), BGBl. I, S. 678.

dauerhaft veränderten sicherheits- und verteidigungspolitischen Lage"[563] begründet, die nicht (mehr) geeignet ist, die „mit gesetzlichen Pflichtdienstzeiten verbundenen Grundrechtseingriffe"[564] zu rechtfertigen. In der Bundeswehr dienen seither allein Berufs- und Zeitsoldaten, sodass mit der faktischen Abschaffung der allgemeinen Wehrpflicht eine tragende Säule des Treueaspekts weggefallen ist. In diesem Zusammenhang ist zudem der durch den Bundesrat eingebrachte Gesetzesantrag über den Entwurf eines Gesetzes über die Aufhebung der Optionsregelung im Staatsangehörigkeitsrecht[565] und die mit ihm angestrebte Anerkennung der Mehrstaatigkeit in Deutschland anzuführen. Sollte die Optionsregelung des § 29 StAG tatsächlich – wie im Koalitionsvertrag der Großen Koalition für die 18. Legislaturperiode vereinbart[566] – aufgehoben werden, so hat dies unabhängig von ihrer integrationspolitischen Zielsetzung einer (bürger-)rechtlichen Gleichstellung die weitere Aufweichung des Treueaspekts der deutschen Staatsangehörigkeit zur Folge.

Diese aktuellen Beispiele zeigen, dass das Verhältnis zwischen der Bundesrepublik Deutschland und ihren Bürgern unter dem Grundgesetz weniger durch ein gegenseitiges Verhältnis von Treue und auf ihr aufbauendem Schutz, als durch seine grundrechtlichen Gewährleistungen geprägt ist. Der staatliche Schutz des Einzelnen wird im modernen Verfassungsstaat danach nicht (ausschließlich) im Austausch für seine Treue dem Staat gegenüber gewährt, sondern um des Einzelnen und seiner grundrechtlich geschützten Freiheiten und Interessen willen. In diesem Sinne regelt das Grundgesetz als erstes die Stellung des Einzelnen im Staat, die sich durch die Gewährleistung eigener (Grund-)Rechte definiert, und erst im Anschluss daran die der Staatsorganisation. Nicht zuletzt durch diese Abstufung werden die Verfassungsgewährleistungen zugunsten eines Schutzes des Einzelnen auf ein Höchstmaß gesteigert, sodass „von Rechts wegen kein letztes Ziel, kein höchstes Gut mehr zu formulieren [ist], dessen Existenz nicht ‚Mensch' heißt"[567, 568]. Selbst wenn Teilausprägungen des Treue- und Schutzverhältnisses der Staatsangehörigkeit auch heute noch im Grundgesetz ihren (verfassungs-)rechtlichen Ausdruck finden, stellt es als solches ein „Relikt obrigkeitsstaatlichen Denkens"[569] zwischen Landesherr und seinen Untertanen dar und wird der Rechtsstellung der Bürger gegenüber dem durch das Grundgesetz konstituierten Staat nicht mehr gerecht; hier verliert die Staatsangehörigkeit immer weiter an Bedeutung. Diese Feststellung gilt besonders für eine

---

563 BT-Drs. 17/4821, S. 1.

564 BT-Drs. 17/4821, S. 1.

565 Vgl. BR-Drs. 90/14.

566 S. Koalitionsvertrag zwischen CDU, CSU und SPD, 18. Legislaturperiode, S. 105 f. Dieser ist abrufbar unter http://www.bundesregierung.de/Content/DE/_Anlagen/2013/2013-12-17-koalitionsvertrag.pdf.

567 *H. Hofmann*, in: J. Isensee/P. Kirchhof (Hrsg.), HStR IX, 3. Aufl. 2011, § 195 Rn. 43.

568 *H. Hofmann*, in: J. Isensee/P. Kirchhof (Hrsg.), HStR IX, 3. Aufl. 2011, § 195 Rn. 1, 43.

569 *H. H. Klein*, DVBl. 1994, 489 (494) im Zusammenhang mit der Herleitung eines subjektiven öffentlichen Rechts aus den eigentlich objektiv-rechtlichen grundrechtlichen Schutzpflichten.

traditionell über das Staatsangehörigkeitsverhältnis begründete staatliche Pflicht zur Gewährung von Auslandsschutz. Sie muss somit aus den genannten Gründen hinter einer aus der grundrechtlichen Schutzfunktion abgeleiteten Schutzpflicht zurücktreten. In der Bundesrepublik Deutschland als einem modernen Verfassungsstaat hat die staatliche Schutzpflicht in den – auch im Ausland bindenden – grundrechtlichen Schutzpflichten somit ihr neues „modernes" Fundament gefunden.

4. *Die verfassungsrechtliche Schutzpflicht in Entführungsfällen – Zwischenergebnis*

Zusammenfassend kann die eingangs des zweiten Teils aufgeworfene Frage nach dem Bestehen einer aus dem Grundgesetz abzuleitenden Pflicht der Bundesrepublik Deutschland zum Schutz im Ausland entführter deutscher Staatsangehöriger positiv beantwortet werden. Die staatliche Pflicht zur Gewährung von Auslandsschutz allgemein bzw. speziell zur Gewährung des im vorliegenden Fall einschlägigen konsularischen Schutzes findet ihre verfassungsunmittelbare Grundlage jedoch weder in den Kompetenzbestimmungen des Grundgesetzes noch im Sozialstaats- oder Rechtsstaatsprinzip. Sie ist vielmehr aus der Schutzfunktion der Grundrechte abzuleiten: Die grundrechtlichen Gewährleistungen des Grundgesetzes binden die deutsche Staatsgewalt über Art. 1 Abs. 3 GG auch im Ausland, soweit Wirkungen ihrer Betätigung dort eintreten. Diese Bindung beschränkt sich nicht auf die klassische Abwehrfunktion der Grundrechte, sondern erfasst auch ihre Schutzpflichtfunktion.

Das sich in letzterem Fall ergebende Spannungsfeld zwischen allgemein räumlicher Unbegrenztheit des grundgesetzlichen Konzepts der Schutzpflichtfunktion der Grundrechte und der aufgrund der völkerrechtlichen Gebietshoheit grundsätzlich auf das eigene Staatsgebiet begrenzten deutschen Staatsgewalt ist dabei über eine verfassungsimmanente Beschränkung der Reichweite der grundrechtlichen Schutzpflichten in Auslandssachverhalten gem. Art. 25 S. 1 GG aufzulösen. Die Auslandswirkungen der Grundrechte – ihre Schutzpflichtfunktion einbezogen – sind über Art. 25 S. 1 GG auf das völkerrechtlich zulässige Maß zu beschneiden, sodass ein nahezu gänzlicher Gleichlauf der grundrechtlichen Achtungs- und Schutzpflichten und ihrer Erfüllbarkeit auf zwischenstaatlicher Ebene erreicht wird: So aktualisiert sich der sachliche Schutzbereich des im Einzelfall betroffenen Grundrechts erst dann, wenn die deutsche Staatsgewalt die völkerrechtliche Befugnis besitzt, einen auf die grundrechtlichen Schutzpflichten gestützten Schutz auch im Ausland zu realisieren. Darüber hinaus kann sich der personelle Schutzbereich des im Einzelfall einschlägigen Grundrechts – soweit es sich um ein Jedermanngrundrecht handelt und eine staatliche Schutzgewähr wie im Falle des Auslandsschutzes völkerrechtlich nur zugunsten deutscher Staatsangehöriger zulässig ist – auf Deutsche i.S.v. Art. 116 Abs. 1 GG verengen. Unter diesen Voraussetzungen sind die grundrechtlichen Schutzpflichten auf Auslandssachverhalte im Allgemeinen anwendbar; ihre Anwendbarkeit ist zudem auf Sachverhalte des Auslandsschutzes im Besonderen nicht ausgeschlossen. Vor diesem Hintergrund ergibt sich die Pflicht der Bundesrepublik Deutschland zum Schutz eines im Ausland entführten Staatsangehörigen somit aus Art. 2 Abs. 2 S. 1 und 2 GG (i.V.m. Art. 1 Abs. 1 S. 2, 25 S. 1 GG).

Als (weitere) Grundlage einer entsprechenden Schutzpflicht scheidet der traditionell als Begründungsansatz herangezogene verfassungsrechtliche Auslandsschutz allerdings aus: Das in der Staatsangehörigkeit verwurzelte Treue- und Schutzverhältnis könnte zwar grundsätzlich als taugliche Grundlage herangezogen werden. Es tritt jedoch hinter den auf die grundrechtlichen Schutzpflichten bezogenen Begründungsansatz zurück, da der verfassungsrechtliche Auslandsschutz zum einen ohnehin durch einen Rückgriff auf die Schutzfunktion der Grundrechte materiellrechtlich fundiert werden müsste. Zum anderen erscheint das Treue- und Schutzverhältnis als Grundlage einer (auf das Ausland gerichteten) staatlichen Schutzpflicht heutzutage als „Relikt obrigkeitsstaatlichen Denkens"[570], das dem staatlichem Schutz des Einzelnen im modernen Verfassungsstaat nicht mehr gerecht wird; räumen seine Grundrechte dem Einzelnen eine eigene, gerichtlich durchsetzbare Rechtsstellung ein, so sollte auch der Auslandsschutz auf dieses „neue" Fundament gestellt werden.

5. *Adressat(en) der grundrechtlichen Pflicht zur Gewährung von Schutz zugunsten im Ausland entführter deutscher Staatsangehöriger*

Die Pflicht der Bundesrepublik Deutschland zur Gewährung von Auslandsschutz und damit zum Schutz im Ausland entführter deutscher Staatsangehöriger ist auf verfassungsrechtlicher Ebene auf die grundrechtliche Schutzpflicht aus Art. 2 Abs. 2 GG (i.V.m. Art. 1 Abs. 1 S. 2, 25 S.1 GG) zu stützen. An diese sind gem. Art. 1 Abs. 3 GG grundsätzlich die Gesetzgebung, die vollziehende Gewalt und die Rechtsprechung als unmittelbar geltendes Recht gebunden.[571] Sie sind jedoch insbesondere aufgrund des Vorbehalts des Gesetzes in erster Linie an die Legislative gerichtet, wenn in Erfüllung der Schutzpflicht in grundrechtlich geschützte Rechtsgüter Dritter eingegriffen wird oder mit ihr wesentliche Entscheidungen getroffen werden. Grundrechtliche Schutzpflichten sind somit im Regelfall „gesetzesmediatisiert"[572]. Demnach hat die Gesetzgebung die grundrechtliche Schutzpflicht aus Art. 2 Abs. 2 GG (i.V.m. Art. 1 Abs. 1 S. 2, 25 S.1 GG) auf der einfachgesetzlichen Ebene zu konkretisieren, wobei ihr von Verfassungs wegen ein beachtlicher Einschätzungs-, Wertungs- und Gestaltungsspielraum zu gestanden wird. Sie hat jedoch eine den „Grundsätze[n] der Sachgerechtigkeit, Geeignetheit und Zumutbarkeit"[573] entsprechende Regelung zu treffen und muss sich dabei insbesondere von einem effektiven Schutz der grundrechtlich

570 *H. H. Klein*, DVBl. 1994, 489 (494) im Zusammenhang mit der Herleitung eines subjektiven öffentlichen Rechts aus den eigentlich objektiv-rechtlichen grundrechtlichen Schutzpflichten.

571 Statt vieler *J. Isensee*, in: ders./P. Kirchhof (Hrsg.), HStR IX, 3. Aufl. 2011, § 191 Rn. 277 f.

572 *K. Stern*, DÖV 2010, 241 (247).

573 BVerfGE 69, 1 (40) – *Kriegsdienstverweigerungs-Neuordnungsgesetz.*

geschützten Rechtsgüter leiten lassen; der Gesetzgeber muss mithin eine dem Untermaßverbot genügende Schutznorm schaffen.[574]

In Bezug auf die konsularische Tätigkeit ist in diesem Zusammenhang insbesondere das KonsG zu beachten. Im nachstehenden Abschnitt ist daher auf der einfachgesetzlichen Ebene zu prüfen, ob dem KonsG eine Pflicht der Bundesrepublik Deutschland zum Schutz im Ausland entführter deutscher Staatsangehöriger entnommen werden kann, in der „die materiellen Bindungen der Verfassung und insbesondere der Grundrechte in angemessener Weise Berücksichtigung finden"[575].

III. Die einfachgesetzliche Ebene

Im Folgenden ist zu überprüfen, inwieweit die aus der Schutzpflichtfunktion der Grundrechte aus Art. 2 Abs. 2 S. 1 und 2 GG (i.V.m. Art. 1 Abs. 1 S. 2, 25 S. 1 GG) abgeleitete staatliche Schutzpflicht zugunsten im Ausland entführter deutscher Staatsangehöriger auf der einfachgesetzlichen Ebene normiert und gegebenenfalls konkretisiert wird.

1. Gesetz über die Konsularbeamten, ihre Aufgaben und Befugnisse vom 11. September 1974[576]

Den Mittelpunkt des deutschen Konsularrechts bezüglich der Aufgaben und Befugnisse der konsularischen Vertretungen der Bundesrepublik Deutschland bildet das KonsG, das das bis ins Jahr 1974 geltende KonsG von 1867 ablöste.[577] Das Auswärtige Amt befasste sich als zuständiges Regierungsressort bereits seit 1957 mit der Entwurfsausarbeitung eines neuen KonsG. Es stützte sich maßgeblich auf die praktischen Erfahrungen der Auslandsvertretungen und deren Stellungnahmen bezüglich der Anforderungen eines den Erfordernissen der Gegenwart entsprechenden KonsG. Ein erster Entwurf wurde 1964 dem Kabinett vorgelegt (BR-Drs. 404/64). Wegen Ablaufs der Legislaturperiode konnte dieser jedoch nicht weiter verfolgt

574 Hierzu insgesamt BVerfGE 39, 1 (44) – *Schwangerschaftsabbruch I*; E 69, 1 (40) – *Kriegsdienstverweigerungs-Neuordnungsgesetz*; *J. Isensee*, in: ders./P. Kirchhof (Hrsg.), HStR IX, 3. Aufl. 2011, § 191 Rn. 281 ff.; *H.-U. Erichsen*, Jura 1997, 85 (87 f.); *E. Klein*, NJW 1989, 1633 (1637 f.); *H. H. Klein*, DVBl. 1994, 489 (494 ff.); *O. Klein*, JuS 2006, 960 (960 f.); *K. Stern*, DÖV 2010, 241 (247).

575 *M. Kötter/J. Nolte*, DÖV 2007, 186 (193).

576 Die überkommene Kurzform „Konsulargesetz" wurde als solche beibehalten. Die Gesetzgebungskompetenz des Bundes ergibt sich aus Art. 73 Abs. 1 Nr. 1 Alt. 1 GG, s. *K. Hoffmann/H. Glietsch*, Konsularrecht I, Einf. KonsG Anm. 2.2.

577 Durch mehrfache punktuelle Änderungen und Ergänzungen in der mehr als hundertjährigen Geltungsdauer als innerstaatliche Rechtsgrundlage für die konsularische Tätigkeit der deutschen Auslandsvertretungen hatte das KonsG von 1867 an Übersichtlichkeit verloren. Zudem wurden zahlreiche Vorschriften als rückständig und gegenstandslos angesehen, BT-Drs. 7/131, S. 9 und BT-Drs. 7/2006, S. 3; es ist abgedruckt bei *K. Hoffmann/H. Glietsch*, Konsularrecht I, Nr. 2.

werden. Erst nach Inkrafttreten des WÜK für die Bundesrepublik Deutschland im Oktober 1971 wurde ein neuer, an die Terminologie und den Inhalt des WÜK angepasster Gesetzesentwurf erarbeitet (BR-Drs. 308/72 und BT-Drs. VI/3763).[578] Seine abschließende Beratung scheiterte allerdings wiederum an der vorzeitigen Auflösung des Bundestages 1972. Im Jahr 1973 wurde er erneut dem Bundestag (BT-Drs. 7/131) und dem Bundesrat (BR-Drs. 26/37) zugeleitet, beraten und überarbeitet (BT-Drs. 7/1490 und 7/2006). Diesem, vor allem in systematischer Hinsicht redigierten, Gesetzesentwurf stimmten sowohl der Bundestag als auch der Bundesrat zu. Das KonsG trat am 15. Dezember 1974 in Kraft. Seitdem wurde es lediglich redaktionell an die innerstaatliche Rechtsentwicklung angepasst.[579]

Das geltende KonsG enthält eine nicht abschließende Aufzählung der maßgebenden konsularischen Aufgaben, denn die konsularische Tätigkeit der Auslandsvertretungen soll nicht durch unflexible gesetzliche Bestimmungen behindert werden. Ihre Normierung wurde daher nur insoweit realisiert, als dies zur Vornahme von Amtshandlungen unbedingt notwendig erschien. Das Ergebnis ist eine vollständige Neugestaltung des konsularischen Ermächtigungswesens, das die konsularischen Aufgaben an die Bedingungen des modernen zwischenstaatlichen Verkehrs angleicht. Diese entsprechen nun weitestgehend den Regelungen des WÜK, vgl. Art. 5 WÜK. Im Vergleich zum KonsG von 1867 wurden sie signifikant in Richtung auf die Funktion diplomatischer Missionen erweitert.[580]

Die Gliederung des KonsG umfasst sechs Abschnitte. Der erste (§§ 1 bis 4 KonsG) beinhaltet zusammenfassend die Vorschriften prinzipiellen Charakters und formuliert klare, für die konsularische Tätigkeit unerlässliche Koordinaten.[581] Zu ihnen sind zum einen die grundsätzlichen konsularischen Aufgaben zu zählen, die das KonsG in allgemeine (§ 1 KonsG) und übertragene Aufgaben (§ 2 KonsG) gliedert. Ihre Normierung beschränkt sich bei ersteren auf die wesentlichsten und bei

---

578 S. auch das Europäische Abkommen über konsularische Aufgaben v. 11.12.1967 des Europarates, das erst am 11.06.2011 in Kraft trat. Von der Bundesrepublik Deutschland wurde es am 11.12.1967 unterzeichnet, jedoch bis heute nicht ratifiziert, vgl. „Gesamtverzeichnis Unterschriften und Ratifikationen des Vertrags 061", im Internet: http://www.conventions.coe.int/Treaty/Commun/ChercheSig.asp?NT=061&CM=8&DF=26/04/2011&CL=GER.

579 Zum Gesetzgebungsverfahren, s. *K. Hoffmann/H. Glietsch*, Konsularrecht I, Einf. KonsG Anm. 3 ff.; *H. Rausch*, Erläut. KonsG, in: J. Kölble (Hrsg.), Das deutsche Bundesrecht Bd. I H 0 – I H 59, H 15, 1 (13 f.); BR-Drs. 404/64, S. 9.

580 *K. Hoffmann/H. Glietsch*, Konsularrecht I, § 1 KonsG Anm. 2.1 f.; *H. Rausch*, Erläut. KonsG, in: J. Kölble (Hrsg.), Das deutsche Bundesrecht Bd. I H 0 – I H 59, H 15, 1 (13); BT-Drs. 7/131, S. 10 f. Die wesentlichste Neuerung besteht in der Verwendung des Begriffs des „Konsularbeamten". Das KonsG wurde damit an die Terminologie des WÜK angepasst und der mit konsularischen Aufgaben betraute Personenkreis auf die Bedürfnisse der konsularischen Praxis neu zugeschnitten, BT-Drs. 7/2006, S. 4; vgl. auch *U. Beyerlin*, ZaöRV 36 (1976), 761 (787 ff.).

581 BT-Drs. 7/2006, S. 5.

letzteren auf die den Schwerpunkt der Praxis bildenden konsularischen Aufgaben. Zum anderen enthält der erste Abschnitt mit § 3 KonsG rechtliche und politische Leitlinien für die Ausübung sowie mit § 4 KonsG einen Hinweis auf die völkerrechtlichen Schranken der konsularischen Amtstätigkeit.[582]

Der zweite Abschnitt (§§ 5 bis 17 KonsG) befasst sich demgegenüber differenzierter mit einer klaren und übersichtlichen Darstellung der einzelnen und die Praxis am häufigsten betreffenden konsularischen Aufgaben der Betreuung hilfsbedürftiger Deutscher im Ausland. Dabei mussten die Bestimmungen über die Gewährung sozialer Hilfen vor allem den Erfordernissen des aufkommenden modernen Massentourismus' – unter Beachtung des grundgesetzlichen Sozialstaatsprinzips – angeglichen werden. Bemerkenswert ist hier die Neugestaltung der sozialen Betreuung in besonderen Notfällen nach §§ 5 bis 7 KonsG, die nun als Ausfluss und Ergänzung der allgemeinen konsularischen Schutz- und Beistandspflicht des § 1 KonsG hervorgehoben werden.[583]

Im Zusammenhang mit dem fünften und sechsten Abschnitt ist abschließend insbesondere auf die grundsätzliche Kostenpflichtigkeit konsularischer Amtshandlungen (§§ 25 und 26 KonsG) und die Bestimmung des Begriffs „Deutscher" (§ 27 KonsG) hinzuweisen.

2. *Schutzpflicht der Bundesrepublik Deutschland in Entführungsfällen als konsularische Aufgabe im Sinne des KonsG*

Die einführenden Erwägungen verdeutlichen, dass der Gesetzgeber die heutige Bedrohungslage der Entführung eines deutschen Staatsangehörigen im Ausland durch nichtstaatliche Gruppierungen in seine Erwägungen weder einbeziehen konnte noch einbezogen hat. Folglich findet sich keine diesbezügliche ausdrückliche Regelung im KonsG; es wurden in den zahlreichen Bundestags- und Bundesratsdrucksachen zum KonsG auch keine entsprechenden Feststellungen getroffen. Es ergeben sich daher Bedenken, ob diese unvorhersehbare Sachverhaltskonstellation in einer Regelung des geltenden KonsG Niederschlag findet.

---

582 *K. Hoffmann/H. Glietsch*, Konsularrecht I, Einf. KonsG Anm. 5.3. und *dies.*, Konsularrecht I, Vorb. zum 2. Abschn. Anm. 4; *H. Rausch*, Erläut. KonsG, in: J. Kölble (Hrsg.), Das deutsche Bundesrecht Bd. I H 0 – I H 59, H 15, 1 (14 ff.); BR-Drs. 404/64, S. 10 ff.; BT-Drs. 7/131, zu §§ 2 und 3 Entwurf des KonsG, S. 12 f.; BT-Drs. 7/2006, S. 4 f.

583 *K. Hoffmann/H. Glietsch*, Konsularrecht I, Einf. KonsG Anm. 5.3 und Vorb. zum 2. Abschn. Anm. 3; *H. Rausch*, Erläut. KonsG, in: J. Kölble (Hrsg.), Das deutsche Bundesrecht Bd. I H 0 – I H 59, H 15, 1 (14, 17); BT-Drs. 7/2006, S. 7. In den Abschnitten drei und vier werden der neu geschaffene Begriff des „Berufskonsularbeamten" in Definition, Bestellungsvoraussetzungen und bestimmten Ermächtigungen (§§ 18 und 19 KonsG) sowie die Rechtsstellung der Honorarkonsularbeamten (§§ 20 bis 24 KonsG) beschrieben.

Für die Annahme einer einfachgesetzlichen Schutzpflicht der Bundesrepublik Deutschland auf Grundlage des KonsG ist daher der Nachweis erforderlich, dass die für einen Entführungsfall charakteristische Gefahr für Leib und Leben des Entführungsopfers durch einen Übergriff von (privater) dritter Seite sowie die zu ergreifenden Hilfsmaßnahmen unter den Anwendungsbereich einer der normierten konsularischen Aufgaben der Betreuung hilfsbedürftiger Deutscher im Ausland subsumierbar ist. Als mögliche Rechtsgrundlagen sind in diesem Zusammenhang die besonderen Bestimmungen über die öffentliche Fürsorge nach § 5 KonsG (b.) und § 6 KonsG (c.) des 2. Abschnitts sowie die allgemeine konsularische Schutz- und Beistandspflicht der Generalklausel des § 1 Sps. 2 KonsG (d.) herauszustellen.[584] Bevor jedoch auf die Subsumierbarkeit der vorliegend untersuchten Entführungsfälle unter die Tatbestände der genannten Normen einzugehen ist, ist die vorgelagerte Frage nach der Anwendbarkeit des KonsG auf eben diese Sachverhalte zu beantworten (a.).[585]

a. *Eröffnung des Anwendungsbereichs des KonsG in Fällen der Entführung deutscher Staatsangehöriger im Ausland*[586]

Das KonsG bildet die rechtliche Grundlage für die konsularische Amtstätigkeit und bezieht sich somit allein auf die Erfüllung konsularischer Aufgaben und Befugnisse

---

584 Die Hilfe für Gefangene gem. § 7 KonsG ist als Grundlage für die staatlichen Hilfsmaßnahmen in Entführungsfällen jedenfalls abzulehnen. Denn Entführungsopfer sind nicht als Untersuchungs- oder Strafgefangene i.S.d. Vorschrift anzusehen, sondern als Personen, die sich in der Gewalt bewaffneter, nichtstaatlicher Gruppierungen befinden, die ihrerseits die Fortbewegungsfreiheit des Entführungsopfers widerrechtlich einschränken; ebenso *U. Göres*, DÖV 2008, 622 (628); *D. Hanschel*, ZaöRV 66 (2006), 789 (798).

585 Diese ist jedenfalls nicht aufgrund § 4 KonsG abzulehnen, der die Einhaltung des nationalen Rechts des Empfangsstaates und des Völkerrechts vorschreibt; insbesondere letztere beziehen sich jedoch auf einen Schutz der Souveränität des Empfangsstaates, die selbst im Falle einer Beendigung der Entführung durch die deutsche Staatsgewalt nicht zwingend verletzt wäre, s. *D. Hanschel*, ZaöRV 66 (2006), 789 (801); *C. P. Kokew*, Auslandsschutz deutscher Staatsangehöriger bei Entführungen, 2012, S. 49 mit Fn. 221.

586 Anders als von *C. P. Kokew*, Auslandsschutz deutscher Staatsangehöriger bei Entführungen, 2012, S. 94 unterstellt, findet das KonsG auch dann Anwendung, wenn die Bundesrepublik Deutschland in dem Empfangsstaat, in dem sich die Entführung ereignet, nicht unmittelbar eine Auslandsvertretung unterhält oder wenn eine Entführung in internationalen Gewässern erfolgt: In Bezug auf den ersten Ausschlusspunkt ist festzuhalten, dass der Konsularbezirk einer Auslandsvertretung nicht zwingend mit den Landesgrenzen des Staates übereinstimmen muss, in dem sie ansässig ist; dies gilt etwa für die deutsche Auslandsvertretung in Australien, deren Konsularbezirk sich über das Gebiet der australischen Bundeshauptstadt (Australian Capital Territory – ACT), der Bundesstaaten Südaustralien und Tasmanien sowie das Northern Territory, Papua-Neuguinea, Nauru, Salomonen und Vanuatu erstreckt, s. „Deutsche Vertretungen Australien", im Internet: http://

im Ausland. Entsprechende Zweifel an seiner Anwendbarkeit ergeben sich in Entführungsfällen daraus, dass in diesen die maßgebenden Entscheidungen und Vorgänge durch das Auswärtige Amt bzw. den Krisenstab in Deutschland getroffen sowie mit der Regierung des Aufenthaltsstaates koordiniert werden. Der Konsularbeamte der Auslandsvertretung vor Ort ist dabei zumeist lediglich Adressat entsprechender Weisungen der ihm übergeordneten Amtsleitung in Berlin.[587]

In diesem Sinne geht das VG Berlin davon aus, dass die staatlichen Bemühungen zur Befreiung eines im Ausland entführten deutschen Staatsangehörigen nicht als konsularische Tätigkeit i.S.d. KonsG eingeordnet werden könnten, denn seine Anwendbarkeit setze – wie sich aus § 4 KonsG[588] und § 18 Abs. 1 KonsG[589] ergebe – eine Handlung im Ausland voraus. Sie seien vielmehr als Amtshandlungen des Auswärtigen Amtes anzusehen, auf die das KonsG nicht anwendbar sei.[590]

Die Ablehnung einer Anwendbarkeit des KonsG auf Entführungsfälle durch das VG Berlin wird allerdings dem durch das GAD geregelten Aufbau des Auswärtigen Dienstes nicht gerecht: So werden gem. § 1 Abs. 4 GAD[591] die im KonsG geregelten

---

www.auswaertiges-amt.de/DE/Laenderinformationen/01-Laender/DeutscheAVen/Australien/DeutscheVertretungen_node.html. Bezüglich der Pirateriefälle ist festzuhalten, dass bspw. die „Hansa Stavanger" und ihre Besatzung zwar in internationalen Gewässern entführt wurden; die Piraten hielten sie jedoch nicht dort, sondern zumeist an der Küste fest, die ohne weiteres einem Staat und damit einem Konsularbezirk zugeordnet werden können (in diesem Fall der Auslandsvertretung in Nairobi, Kenia), s. „Deutsche Vertretungen Somalia", im Internet: http://www.auswaertiges-amt.de/DE/Laenderinformationen/01-Laender/DeutscheAVen/Somalia/DeutscheVertretungen_node.html.

587 S. hierzu OVG Berlin-Brandenburg, Urt. v. 21.02.2007, Az. 11 B 9.06, Rn. 29 – juris; VG Berlin, Urt. v. 04.04.2006, Az. 14 A 12.04, Rn. 36 f. – juris; *R. Geiß*, DÖV 2007, 155 (157); *D. Hanschel*, ZaöRV 66 (2006), 789 (808 ff.); *C. P. Kokew*, Auslandsschutz deutscher Staatsangehöriger bei Entführungen, 2012, S. 41 f.

588 Dieser lautet: *§ 4 KonsG. Schranken der konsularischen Tätigkeit*
Bei ihrer Amtstätigkeit haben die Konsularbeamten die Schranken zu berücksichtigen, die sich aus dem in ihrem Konsularbezirk geltenden Recht ergeben. Sie haben insbesondere das Wiener Übereinkommen vom 24. April 1963 über konsularische Beziehungen (Bundesgesetzbl. II 1969 S. 1585) und sonstige Verträge zu beachten, soweit diese zwischen der Bundesrepublik Deutschland und dem Empfangsstaat in Kraft sind.

589 Dieser lautet: *§ 18 KonsG. Kreis der Berufskonsularbeamten*
(1) Berufskonsularbeamte im Sinne dieses Gesetzes sind die bei den diplomatischen oder berufskonsularischen Vertretungen der Bundesrepublik Deutschland im Ausland mit der Wahrnehmung konsularischer Aufgaben im Sinne der §§ 1 und 2 beauftragten Personen.
(2) und (3) [...].

590 VG Berlin, Urt. v. 04.04.2006, Az. 14 A 12.04, Rn. 36 – juris.

591 Dieser lautet: *§ 1 GAD. Aufgaben*
(1) bis (3) [...]
(4) Der Auswärtige Dienst erfüllt die im Konsulargesetz geregelten Aufgaben.

Aufgaben durch den Auswärtigen Dienst erfüllt, zu denen – § 1 Abs. 2 Sps. 5 GAD[592] folgend – insbesondere die Leistung von Hilfe und Beistand an Deutsche im Ausland zu zählen sind. Dabei besteht der Auswärtige Dienst gem. § 2 GAD[593] aus dem Auswärtigen Amt (Zentrale) und den Auslandsvertretungen, die sich nach § 3 Abs. 1 GAD[594] wiederum in Botschaften, Generalkonsulate und Konsulate sowie ständige Vertretungen bei zwischenstaatlichen und überstaatlichen Organisationen untergliedern. Zusammen mit dem Auswärtigen Amt bilden sie eine einheitliche Bundesbehörde unter Leitung des Bundesministers des Auswärtigen, vgl. § 2 GAD.[595]

Der beschriebene Aufbau des Auswärtigen Dienstes spiegelt sich etwa in der konsularischen Hilfe in Katastrophenfällen nach § 6 Abs. 1 KonsG wider, in denen Hilfsmaßnahmen von beachtlichem Umfang erforderlich werden. Hier arbeiten die Konsularbeamten der Auslandvertretungen stets mit der Zentrale in Berlin zusammen, wobei das Auswärtige Amt bzw. sein Krisenstab etwa den Beschluss über sofortige Evakuierungsmaßnahmen fasst.[596] Die Bedeutung der Tätigkeit des Auswärtigen Amtes ist es somit, die Konsularbeamten vor Ort zu unterstützen,

---

592 Diese Vorschrift entspricht weitestgehend § 1 Sps. 2 KonsG.

593 Dieser lautet: *§ 2 GAD. Auswärtiger Dienst*
Der Auswärtige Dienst besteht aus dem Auswärtigen Amt (Zentrale) und den Auslandsvertretungen, die zusammen eine einheitliche Bundesbehörde unter Leitung des Bundesministers des Auswärtigen bilden.

594 Dieser lautet: *§ 3 GAD. Auslandsvertretungen*
(1) Auslandsvertretungen sind Botschaften, Generalkonsulate und Konsulate sowie ständige Vertretungen bei zwischenstaatlichen und überstaatlichen Organisationen.
(2) und (3) [...].

595 Zum Aufbau des Auswärtigen Dienstes heißt es in der Begründung des GAD in BT-Drs. 11/6547, zu § 2 Entwurf des GAD (Auswärtiger Dienst), S. 14: „Für die Funktionsfähigkeit des Auswärtigen Dienstes ist seine Organisation als einheitliche Behörde eine wesentliche Voraussetzung. Willensbildung und Durchsetzung der Aussenpolitik vollziehen sich in einem fortgesetzten, ein Ganzes bildenden Prozeß, in denen die Funktionen des Auswärtigen Amts und der Vertretungen im Ausland ineinandergreifen. Insbesondere die unter den sich fortwährend ändernden Verhältnissen notwendige Mobilität im Personaleinsatz [...] macht eine zentrale Steuerung unerläßlich. Organisatorisch spiegelt sich dies in der unmittelbaren Angliederung der Missionen an die Zentrale wider. Sie werden auch künftig nicht als selbständige Behörden, sondern als Außenstellen des Auswärtigen Amts geführt mit allen daraus folgenden administrativen, dienstrechtlichen [...] Konsequenzen." Vgl. auch *C. P. Kokew*, Auslandsschutz deutscher Staatsangehöriger bei Entführungen, 2012, S. 43 f.; *K. Oberthür*, Anspruch des deutschen Staatsbürgers, 1965, S. 86.

596 *R. Geiß*, DÖV 2007, 155 (158); *K. Hoffmann/H. Glietsch*, Konsularrecht I, § 6 KonsG Anm. 1.3.2 f.; *C. P. Kokew*, Auslandsschutz deutscher Staatsangehöriger bei Entführungen, 2012, S. 43 mit Fn. 42; *J. Scheller*, in: G. Hecker u.a. (Hrsg.), Handbuch der konsularischen Praxis, § 8 E Rn. 15. Sollte eine Evakuierung (auch) durch Flugzeuge der Bundeswehr erfolgen, so ist hier bereits aus Gründen der Koordinierung

denn nicht zuletzt aufgrund nur begrenzter personeller Ressourcen wäre den Auslandsvertretungen ohne diesen Beitrag eine umfassende, effektive und koordinierte Krisenbewältigung nicht möglich. Selbst wenn die maßgeblichen Entscheidungen daher in rein tatsächlicher Hinsicht häufig durch den Krisenstab in Berlin getroffen werden sollten, entfalten diese ihre Wirkung im Krisenland.[597] Würde man hingegen – wie das VG Berlin – ausschließlich auf den behördeninternen Entscheidungsort über die Hilfeleistungen abstellen, so käme § 6 KonsG kaum zur Anwendung.[598] Anknüpfungspunkt für die Anwendbarkeit des KonsG kann demnach allein ihr Vornahmeort sein.[599]

Vor dem Hintergrund dieser Erwägungen lässt sich somit feststellen, dass der Anwendungsbereich des KonsG grundsätzlich auch in Fällen der Entführung deutscher Staatsangehöriger im Ausland eröffnet ist: Gem. § 3 Abs. 1 KonsG[600] i.V.m. §§ 1 Abs. 4, 2 GAD ist es unerheblich, dass die maßgeblichen Entscheidungen über Art, Form und Maß der erforderlich werdenden Hilfeleistungen nicht von der Auslandsvertretung, sondern durch das Auswärtige Amt in Berlin getroffen werden. Die Tätigkeit der Konsularbeamten in Entführungsfällen ist dennoch als konsularische Tätigkeit i.S.d. KonsG anzusehen. Maßgeblich ist somit allein, dass sich die Sachverhalte der Entführung deutscher Staatsangehöriger im Ausland der Rechtsfigur des konsularischen Schutzes zuordnen lassen.[601] Dies wurde bereits bejaht.[602]

---

eine Abstimmung mit dem Bundesministerium der Verteidigung in Bonn/Berlin sachdienlich.

597 *R. Geiß*, DÖV 2007, 155 (158); *D. Hanschel*, ZaöRV 66 (2006), 789 (810); *C. P. Kokew*, Auslandsschutz deutscher Staatsangehöriger bei Entführungen, 2012, S. 43.

598 Ähnliches träfe auch auf die Kostenerstattung zu, sodass sie in Fällen konsularischer Hilfen nach § 6 Abs. 1 KonsG regelmäßig ausgeschlossen wäre, obwohl § 6 Abs. 2 S. 1 KonsG i.V.m. § 5 Abs. 5 S. 1 KonsG diese ausdrücklich vorsieht, vgl. *C. P. Kokew*, Auslandsschutz deutscher Staatsangehöriger bei Entführungen, 2012, S. 43 mit Fn. 189.

599 BVerwG NJW 2009, 2905 (2906); *R. Geiß*, DÖV 2007, 155 (158); *C. P. Kokew*, Auslandsschutz deutscher Staatsangehöriger bei Entführungen, 2012, S. 43.

600 Dieser lautet: *§ 3 KonsG. Wahrnehmung konsularischer Aufgaben*
(1) Für die Wahrnehmung konsularischer Aufgaben gelten die allgemeinen Rechtsvorschriften, soweit dieses Gesetz keine besonderen Regelungen enthält.
(2) und (3) [...].

601 I.E. ebenso *R. Geiß*, DÖV 2007, 155 (158); *D. Hanschel*, ZaöRV 66 (2006), 789 (809 f.); *C. P. Kokew*, Auslandsschutz deutscher Staatsangehöriger bei Entführungen, 2012, S. 44.

602 S. bereits die begriffliche Einordnung der staatlichen Hilfsmaßnahmen im zweiten Teil unter A. II.

b. Hilfe an einzelne, § 5 Abs. 1 KonsG

Eine einfachgesetzliche Grundlage für eine Schutzpflicht der Bundesrepublik Deutschland könnte zunächst aus der Hilfe an einzelne nach § 5 Abs. 1 KonsG herzuleiten sein. Im Allgemeinen wird die konsularische Einzelfallhilfe als Rechtsgrundlage in sämtlichen Fallgestaltungen der sozialen Hilfe angesehen, die eine schnelle und ohne umständliche Rückfragen oder besondere Ermächtigung zu gewährende individuelle Hilfeleistung der Konsularbeamten ermöglichen soll. Sie gestaltet dementsprechend die Materie des § 26 KonsG von 1867 neu:[603]

> **§ 5. Hilfeleistung an einzelne**
>
> (1) Die Konsularbeamten sollen Deutschen, die in ihrem Konsularbezirk hilfsbedürftig sind, die erforderliche Hilfe leisten, wenn die Notlage auf andere Weise nicht behoben werden kann. Dies gilt nicht für Deutsche, die ihren gewöhnlichen Aufenthalt in einem ausländischen Staat haben, wenn sie gleichzeitig die Staatsangehörigkeit dieses Staates besitzen und auch ihr Vater oder ihre Mutter sie besitzt oder besessen hat sowie für ihre Abkömmlinge; diesen Personen können die Konsularbeamten jedoch Hilfe gewähren, soweit es im Einzelfall der Billigkeit entspricht.
> (2) [...]
> (3) Art, Form und Maß der Hilfe richten sich nach den besonderen Verhältnissen im Empfangsstaat unter Berücksichtigung der notwendigen Lebensbedürfnisse eines dort lebenden Deutschen. Die Hilfe kann auch in der Gewährung von Rechtsschutz bestehen.
> (4) Wenn es sich empfiehlt, können die Konsularbeamten die Hilfe auch dadurch leisten, daß sie dem Hilfesuchenden die Reise an den Ort des gewöhnlichen Aufenthalts oder an einen anderen Ort ermöglichen.
> (5) Der Empfänger ist zum Ersatz der Auslagen verpflichtet. Die Ersatzpflicht trifft neben ihm auch seine Verwandten und seinen Ehegatten im Rahmen ihrer Unterhaltspflicht. Die Verpflichtung zum Ersatz geht auf die Erben über. [...]
> (6) Dauert die Notlage eines Hilfeempfängers, der seinen gewöhnlichen Aufenthalt im Ausland hat oder der im Ausland in Untersuchungshaft ist oder eine Freiheitsstrafe verbüßt, länger als zwei Monate, so ist vom Eintritt der Hilfebedürftigkeit an Hilfe nach dem Zwölften Buch Sozialgesetzbuch oder in entsprechender Anwendung dieses Gesetzes zu gewähren. Absatz 4 bleibt unberührt.
> (7) [...]

Gem. § 5 Abs. 1 S. 1 KonsG sollen die Konsularbeamten Deutschen, die in ihrem Konsularbezirk hilfsbedürftig sind, die erforderliche Hilfe leisten, wenn die Notlage auf andere Weise nicht behoben werden kann. Maßnahmen zur Befreiung von Entführungsopfern unterfallen somit jedenfalls dann dem Anwendungsbereich des § 5 Abs. 1 KonsG, soweit sie sich als eine „erforderliche Hilfe“ darstellen. Maßgebende Vorbedingung ist dementsprechend eine „Hilfsbedürftigkeit“ des

603 BT-Drs. 7/2006, S. 7 f.; BT-Drs. 7/131, S. 18.

Entführungsopfers bzw. eine für es bestehende „Notlage“ im Sinne dieser Vorschrift. Das KonsG selbst enthält allerdings keine Definition der vorerwähnten unbestimmten Begriffe.

aa. Entstehungsgeschichtliche Perspektiven der konsularischen Einzelfallhilfe im Allgemeinen

Im Zusammenhang mit dem sich an dieser Stelle aufwerfenden Definitionsproblem bieten die in den entsprechenden Gesetzesmaterialien exemplarisch genannten Notlagen eine erste Orientierung. Erfasst sind dementsprechend Fallkonstellationen, in denen deutsche Touristen bestohlen wurden, Jugendlichen das Reisegeld ausgegangen ist oder sich andere am Ort ansässige Deutsche in einer vorübergehenden Notlage befinden.[604] Vor diesem Hintergrund wird im Schrifttum teilweise davon ausgegangen, dass in § 5 Abs. 1 KonsG ausschließlich auf vorübergehende soziale oder wirtschaftliche Notlagen Bezug genommen und somit allein eine diesbezügliche finanzielle öffentliche Unterstützung durch die konsularische Einzelfallhilfe erfasst wird.[605]

Diese Sichtweise wird gestützt durch einen Blick auf die Vorgängervorschrift des geltenden § 5 KonsG, den § 26 KonsG von 1867. Dort hieß es:

> **§ 26.**
>
> Hülfsbedürftigen Bundesangehörigen haben die Bundeskonsuln die Mittel zur Milderung augenblicklicher Noth oder zur Rückkehr in die Heimath nach Maaßgabe der ihnen ertheilten Amtsinstruktion zu gewähren.

Bereits im Kontext dieser Vorläufernorm wurden seinerzeit ebenso die offene Formulierung und – mit ihr einhergehend – das Fehlen einer Definition der Begriffe „Hilfsbedürftigkeit“ bzw. „augenblickliche Not“ kritisiert. Im Allgemeinen wurden

---

604 BR-Drs. 404/64, zu § 17 Entwurf des KonsG, S. 26. In Antworten auf kleine Anfragen beziffert die Bundesregierung die Fälle, in denen Hilfen nach § 5 KonsG gewährt wurden. Im gesamten Jahr 1992 wurden 4.211 Fälle gezählt und insgesamt 1.718283 DM zu ihrer Behebung aufgewendet; im Jahr 1993 (bis einschließlich Oktober) waren es 3.365 Fälle, in denen Kosten i.H.v. insgesamt 481.195 DM entstanden sind, s. BT-Drs. 12/6186, S. 1. Im Jahr 2001 etwa waren es dann 1.057 Fälle, für die insgesamt 5.545676,20 € aufgewendet wurden, s. BT-Drs. 15/1529, S. 1.

605 *R. Geiß*, DÖV 2007, 155 ff.; *U. Göres*, NJW 2004, 1909 ff.; *ders.*, DÖV 2008, 622 ff.; *F. Hanschmann*, DVBl. 2009, 1481 ff.; *K. Hoffmann/H. Glietsch*, Konsularrecht I, § 5 KonsG Anm. 1.6; *M. Kötter/J. Nolte*, DÖV 2007, 186 ff.; *H. Rausch*, in: G. Hecker u.a. (Hrsg.), Handbuch der konsularischen Praxis, § 3 B Rn. 7; *ders.*, Erläut. KonsG, in: J. Kölble (Hrsg.), Das deutsche Bundesrecht Bd. I H 0 – I H 59, H 15, 1 (17). Diese Auslegung legt auch das VG Berlin, Urt. v. 04.04.2006, Az. 14 A 12.04, Rn. 21 ff. – juris, im Fall R. Weigel zugrunde und lehnte eine sich aus § 5 Abs. 1 S. 1 KonsG ergebende Schutzpflicht der Bundesrepublik zugunsten im Ausland entführter Deutscher ab.

jedoch lediglich solche Personen als hilfsbedürftig angesehen, die „nicht imstande sind, sich ihren Unterhalt am Orte selbst zu erwerben (z.B. nachgelassene Kinder verstorbener Reichsangehöriger, Arbeitsunfähige)“[606].[607] Der Anwendungsbereich des § 26 KonsG von 1867 galt damit als auf das Gebiet der öffentlichen Fürsorge und damit auf wirtschaftliche Notlagen beschränkt.[608]

Einer Übertragung des Anwendungsbereichs des § 26 KonsG von 1867 auf § 5 KonsG halten das BVerwG sowie das OVG Berlin-Brandenburg im Fall R. Weigel unter Verweis auf die Begründung zum ersten Entwurf eines KonsG allerdings entgegen, dass § 26 KonsG von 1867 als eine für die Praxis der Auslandsvertretungen nicht mehr angemessene Rechtsgrundlage aufgefasst wurde. Dementsprechend sei der Gesetzgeber im Zuge der Neuregelung der konsularischen Einzelfallhilfe bestrebt gewesen, die konsularischen Aufgaben zu erweitern und für diese zeitgemäße gesetzliche Regelungen zu schaffen. Dies spiegle sich nicht zuletzt in dem bewussten Verzicht einer abschließenden Aufzählung der konsularischen Aufgaben wider. § 5 KonsG solle daher die gesetzliche Grundlage in sämtlichen Fällen bilden, in denen sich ein Deutscher in „irgendeiner Notlage“ um Hilfe an die Auslandsvertretung wende.[609] Das BVerwG nahm folglich an, dass der Begriff Notlage dem allgemeinen Wortsinn folgend als ein „Zustand der Bedrängnis, d.h. eine Situation, in der eine Person dringend Hilfe benötigt“[610], zu definieren sei. Die konsularische Hilfe an einzelne gelte somit für „alle denkbaren Arten von Notfällen“[611] – unabhängig von der Ursache der Hilfsbedürftigkeit oder eines Selbstverschuldens der Notlage durch den Hilfsbedürftigen.[612]

---

606 Central-Blatt für das Deutsche Reich 1882, S. 218.

607 *B. W. v. König*, Handbuch des deutschen Konsularwesens, 5. Aufl. 1896, S. 236 ff.; *E. Kraske*, Handbuch des Auswärtigen Dienstes, 1939, S. 196 ff., insbesondere 198 f.; *ders./W. Nöldeke*, Handbuch des Auswärtigen Dienstes, 1957, S. 139 ff., insbesondere 141; hierauf verweist auch *R. Geiß*, DÖV 2007, 155 (156).

608 So jedenfalls implizit *B. W. v. König*, Handbuch des deutschen Konsularwesens, 5. Aufl. 1896, S. 236 ff.; *E. Kraske*, Handbuch des Auswärtigen Dienstes, 1939, S. 198 ff.; *ders./W. Nöldeke*, Handbuch des Auswärtigen Dienstes, 1957, S. 139 ff.; *P. Zorn*, Staatsrecht des Deutschen Reiches Bd. 2, 1897, S. 480 f.; s. auch *R. Geiß*, DÖV 2007, 155 (156). Diese Beschränkung ist zudem niedergelegt in der Allgemeinen Dienstinstruktion für die Konsuln des Deutschen Reichs v. 06.06.1871 bzw. 22.02.1873 zu § 26 KonsG von 1867; sie wurde nicht veröffentlicht und ist abgedruckt bei *P. Zorn*, Konsulargesetzgebung des Deutschen Reichs, 1911, S. 30 (79 ff.).

609 BVerwG NJW 2009, 2905 (2905) und OVG Berlin-Brandenburg, Urt. v. 21.02.2007, Az. 11 B 9.06, Rn. 21 – juris, unter Bezugnahme auf BR-Drs. 404/64, zu § 17 Entwurf des KonsG, S. 25 f. Hierzu auch *R. Geiß*, DÖV 2007, 155 (156); *F. Hanschmann*, DVBl. 2009, 1481 (1482).

610 BVerwG NJW 2009, 2905 (2905).

611 BVerwG NJW 2009, 2905 (2905).

612 BVerwG NJW 2009, 2905 (2905). Ebenso die Klageerwiderung des Auswärtigen Amtes, nach der § 5 KonsG „weit gefasst“ sei. Mit ihm habe der Gesetzgeber

Im Zusammenhang mit der Bezugnahme auf die Textstelle „irgendeine Notlage" der Begründung des ersten Entwurfs eines KonsG aus dem Jahr 1964 und den dort beispielhaft aufgeführten wirtschaftlichen Notlagen gestand das BVerwG jedoch ein, dass der Gesetzgeber bei der Novellierung des KonsG im Jahr 1974 primär die Absicht verfolgt haben wird, mit § 5 KonsG eine Rechtsgrundlage für die Behebung wirtschaftlicher Notlagen zu schaffen. Auch erkannte es, dass – mangels Voraussehbarkeit – die Möglichkeit der Entführung deutscher Staatsangehöriger im Ausland nicht berücksichtigt werden konnte. Hieraus lasse sich nach Ansicht des BVerwG allerdings nicht folgern, dass nicht auch andere Notlagen, in denen unter Umständen auch eine Gefahr für Leib und Leben von Einzelpersonen bestehen kann, unter § 5 Abs. 1 KonsG subsumiert werden könnten; zumal seine allgemein gehaltene Formulierung für ein restriktives Verständnis keinen Rückhalt biete.[613]

An dieser Stelle setzte sich das Gericht allerdings nicht mit der weitergehenden Systematik der fraglichen Entwurfsbegründung auseinander, als die offene Formulierung „irgendeine Notlage" durch die schon im Folgesatz beispielhaft genannten vorübergehenden wirtschaftlichen Notlagen konkretisiert wurde. Der Anwendungsbereich des § 5 Abs. 1 KonsG ist damit auf eben diese Standardfälle zu begrenzen.[614]

„eine Vielzahl von Notfällen erfassen wollen, auch die Notlage, die auf einer gefährlichen Situation beruhe und deren Beseitigung erheblichen Aufwand erfordere", VG Berlin, Urt. v. 04.04.2006, Az. 14 A 12.04, Rn. 15 – juris; i.E. ebenso OVG Berlin-Brandenburg, Urt. v. 21.02.2007, Az. 11 B 9.06, Rn. 16 ff. – juris; *D. Hanschel*, ZaöRV 66 (2006), 789 ff.

613 BVerwG NJW 2009, 2905 (2905); OVG Berlin-Brandenburg, Urt. v. 21.02.2007, Az. 11 B 9.06, Rn. 17 – juris; ähnlich *D. Hanschel*, ZaöRV 66 (2006), 789 (800).

614 Das OVG Berlin-Brandenburg, Urt. v. 21.02.2007, Az. 11 B 9.06, Rn. 21 – juris, führt für die Begründung einer weiten Auslegung des Anwendungsbereichs der konsularischen Einzelfallhilfe zudem § 17 des in der BT-Drs. 404/64 enthaltenen Entwurfs eines Gesetzes über die Rechtsstellung und die Befugnisse der Konsuln der Bundesrepublik Deutschland (Konsulargesetz) an. Dem ist jedoch entgegenzuhalten, dass der Gesetzgeber schon damals von einer Beschränkung auf vorübergehende wirtschaftliche Notlagen ausging, vgl. die genannten Beispielsfälle in BT-Drs. 404/64, S. 26. Doch selbst wenn diesem ein weites Verständnis des Notlagenbegriffs zugrunde liegen sollte, so kann dieses nicht auf das des § 5 KonsG übertragen werden: Der damalige Entwurf eines KonsG enthielt keine dem heutigen § 6 KonsG entsprechende Norm, die auch Gefahren für Leib und Leben erfasst und diese damit dem Anwendungsbereich des § 5 KonsG entzieht, vgl. *C. P. Kokew*, Auslandsschutz deutscher Staatsangehöriger bei Entführungen, 2012, S. 65.

bb. Abgrenzung der konsularischen Hilfe an einzelne zu der Sozialhilfe im Ausland gem. § 119 BSHG – entstehungsgeschichtliche Perspektive im Besonderen

Vorbehalte gegen eine weite Auslegung des § 5 Abs. 1 S. 1 KonsG ergeben sich zudem durch einen Blick auf das am 01. Juni 1962 in Kraft getretene BSHG. Mit ihm bestand für den Gesetzgeber ein vermehrtes Bedürfnis der Neuregelung des damals geltenden KonsG von 1867, als mit § 119 BSHG[615] neben § 26 KonsG von 1867 eine weitere die Notlage von Deutschen im Ausland regelnde Bestimmung geschaffen wurde. Denn aufgrund des prinzipiellen Subsidiaritätscharakters der Sozialhilfe gem. § 2 BSHG konnte § 119 BSHG neben der damaligen Fassung des § 26 KonsG von 1867 nicht zur Anwendung gelangen. Damit wäre die Möglichkeit einer Gewährung einer entsprechenden Unterstützung nach § 119 BSHG an Deutsche, die ihren gewöhnlichen Aufenthalt im Ausland haben und dort der Hilfe bedürfen, entfallen, soweit ebenfalls die Voraussetzungen einer Hilfe nach § 26 KonsG von 1867 gegeben wären.[616] Der primäre Zweck des Gesetzesentwurfs zu § 5 KonsG war es daher, eindeutige Abgrenzungskriterien für die Hilfe auf dem Gebiet der öffentlichen Fürsorge im Ausland zu etablieren.[617]

Die sich andeutende Anspruchskonkurrenz wurde in § 5 Abs. 6 S. 1 KonsG unter expliziter Bezugnahme auf das BSHG bzw. auf das seit 2004 geltende SGB XII[618] dahingehend aufgelöst, dass – soweit die betreffende Notlage länger als zwei

615 Der Wortlaut des *§ 119 BSHG. Sozialhilfe für Deutsche im Ausland* lautete bis zum 31.12.2003:
(1) Deutschen, die ihren gewöhnlichen Aufenthalt im Ausland haben und im Ausland der Hilfe bedürfen, kann in besonderen Notfällen Sozialhilfe gewährt werden.
(2) Soweit es im Einzelfall der Billigkeit entspricht, kann Sozialhilfe unter den Voraussetzungen des Absatzes 1 auch Familienangehörigen von Deutschen gewährt werden, wenn sie mit diesen in Haushaltsgemeinschaft leben.
(3) Hilfe wird nicht gewährt, soweit sie von dem hierzu verpflichteten Aufenthaltsland oder von anderen gewährt wird oder zu erwarten ist. Hilfe wird ferner nicht gewährt, wenn die Heimführung des Hilfesuchenden geboten ist.
(4) Art, Form und Maß der Hilfe sowie der Einsatz des Einkommens und des Vermögens richten sich nach den besonderen Verhältnissen im Aufenthaltsland. [...]
(6) Die Träger der Sozialhilfe arbeiten mit den deutschen Dienststellen im Ausland zusammen. [...].

616 BT-Drs. 7/131, zu § 14 Entwurf des KonsG (Hilfeleistungen an einzelne), S. 19; s. auch OVG Berlin-Brandenburg, Urt. v. 21.02.2007, Az. 11 B 9.06, Rn. 22 – juris.

617 BT-Drs. 7/131, zu § 14 Entwurf des KonsG (Hilfeleistungen an einzelne), S. 18 f.; BR-Drs. 404/64, zu § 17 Entwurf des KonsG, S. 26 f.; ähnlich *R. Geiß*, DÖV 2007, 155 (156).

618 Das BSHG wurde am 01.01.2005 weitestgehend durch das SGB XII abgelöst. Die § 119 BSHG entsprechende Regelung findet sich nun in § 24 SGB XII und ist schon vorzeitig am 01.01.2004 in Kraft getreten, s. auch § 132 Abs. 1 und 2 SGB XII.

Monate andauert – nicht § 5 KonsG, sondern § 119 BSHG bzw. § 24 SGB XII[619] die Grundlage für entsprechende Hilfeleistungen bildet. In diesem Fall kann von einer vorübergehenden Notlage nicht mehr ausgegangen werden. Wurden jedoch zunächst finanzielle Hilfen auf Grundlage des KonsG gewährt, so wandeln sich diese bei Überschreitung der festgeschriebenen Zweimonatsgrenze nachträglich in Vorschusszahlungen auf die möglichen, nach dem BSHG zu gewährenden Leistungen um.[620] Die konsularische Einzelfallhilfe ist demnach eng mit der Sozialhilfe für Deutsche mit gewöhnlichem Aufenthalt im Ausland verflochten. Dabei verwendet § 5 Abs. 6 S. 1 KonsG ebenso wie § 5 Abs. 1 S. 1 KonsG die Begriffe Hilfsbedürftigkeit und Notlage, die durch den ausdrücklichen Verweis auf das BSHG bzw. das SGB XII auch im Rahmen der Hilfe an einzelne eine sozialhilferechtliche Prägung erfahren.[621]

Eine entsprechende Konkurrenzsituation von § 5 KonsG und § 119 BSHG ist freilich lediglich erst dann gegeben, wenn überhaupt die Voraussetzungen für die Gewährung von Sozialhilfe im Ausland vorliegen. So musste der Hilfeempfänger, um den Tatbestand des § 119 BSHG zu erfüllen, seinen gewöhnlichen Aufenthalt im Ausland haben und seine Notlage länger als zwei Monate andauern. Seit

---

619 *§ 24 SGB XII. Sozialhilfe für Deutsche im Ausland* lautet:
(1) Deutsche, die ihren gewöhnlichen Aufenthalt im Ausland haben, erhalten keine Leistungen. Hiervon kann im Einzelfall nur abgewichen werden, soweit dies wegen einer außergewöhnlichen Notlage unabweisbar ist und zugleich nachgewiesen wird, dass eine Rückkehr in das Inland aus folgenden Gründen nicht möglich ist:
1. Pflege und Erziehung eines Kindes, das aus rechtlichen Gründen im Ausland bleiben muss,
2. längerfristige stationäre Betreuung in einer Einrichtung oder Schwere der Pflegebedürftigkeit oder
3. hoheitliche Gewalt.
(2) Leistungen werden nicht erbracht, soweit sie von dem hierzu verpflichteten Aufenthaltsland oder von anderen erbracht werden oder zu erwarten sind.
(3) Art und Maß der Leistungserbringung sowie der Einsatz des Einkommens und des Vermögens richten sich nach den besonderen Verhältnissen im Aufenthaltsland. [...]
(6) Die Träger der Sozialhilfe arbeiten mit den deutschen Dienststellen im Ausland zusammen.

620 BT-Drs. 7/131, zu § 14 Entwurf des KonsG (Hilfeleistungen an einzelne), S. 20 f.; *K. Hoffmann/H. Glietsch*, Konsularrecht I, § 5 KonsG Anm. 6.2.2; *H. Kettering*, in: G. Hecker u.a. (Hrsg.), Handbuch der konsularischen Praxis, § 8 A Rn. 8. Wendet sich somit ein Hilfsbedürftiger mit gewöhnlichem Aufenthalt im Ausland an die Auslandsvertretung, so wird sie in der Regel zunächst Hilfen gem. § 5 KonsG gewähren, unabhängig davon, ob sich schon zu diesem Zeitpunkt eine längerfristige Hilfsbedürftigkeit andeutet oder sich dies erst später herausstellt. In beiden Fällen wird sich der Konsularbeamte an den überörtlichen Träger der Sozialhilfe mit der Bitte um Übernahme des Falls wenden. Die Zweimonatsgrenze hat für letzteren dabei den Vorteil, dass er den Fall eingehend prüfen kann, s. *K. Hoffmann/H. Glietsch*, Konsularrecht I, § 5 KonsG Anm. 6.2.2.

621 *F. Hanschmann*, DVBl. 2009, 1481 (1482).

Inkrafttreten des SGB XII muss sich die Notlage zusätzlich als außergewöhnlich darstellen und eine Rückkehr in das Inland aus einem der in § 24 Abs. 1 SGB XII genannten Gründe unmöglich sein.[622] Diese Voraussetzungen sind allerdings nur in besonderen Ausnahmefällen und nicht bei Touristen oder anderen Hilfeberechtigten erfüllt, die sich nur vorübergehend im Ausland aufhalten. Nach Ansicht des OVG Berlin-Brandenburg könne bereits aus diesem Grund aus dem Zweck der Novellierung des KonsG aufgrund des Inkrafttretens des § 119 BSHG nicht abgeleitet werden, dass sich der Anwendungsbereich des § 5 Abs. 1 KonsG insgesamt auf eine Regelung auf dem Gebiet der öffentlichen Fürsorge begrenze und damit ausschließlich vorübergehende soziale oder wirtschaftliche Notlagen erfasse.[623]

Diese Schlussfolgerung werde schließlich dadurch untermauert, dass für konsularische Hilfen an einzelne in § 5 Abs. 5 KonsG eine Rückzahlungspflicht für von Konsularbeamten verauslagte Kosten normiert sei und im Unterschied dazu Sozialhilfen gem. § 38 SGB XII nur ausnahmsweise als (rückzahlungspflichtige) Darlehen gewährt werden.[624] Diese Annahme trifft zwar im Ansatz zu. Bei genauerer Betrachtung kann jedoch das auf sie bezogene Argument nicht überzeugen, denn anders als noch im Rahmen des § 26 KonsG von 1867 vollzieht sich die Gewährung von Hilfen seit der Novellierung des KonsG gerade nicht wie bisher in Form eines Darlehens. Sie ist nun – dem hoheitlichen Charakter der Hilfe entsprechend – als öffentlich-rechtliche Sozialleistung ausgestaltet.[625] Die Verpflichtung des Hilfeempfängers zum Ersatz der Auslagen nach § 5 Abs. 5 KonsG begründet somit einen entsprechenden gesetzlichen Ersatzanspruch der öffentlichen Hand, dessen Geltendmachung nicht einem behördlichen Ermessen unterliegt. Er ist somit per Kostenbescheid geltend zu machen und kann nach den Vorschriften des Verwaltungsvollstreckungsverfahrens vollstreckt werden. Dies hat für die konsularische Praxis den erheblichen Vorteil, dass die Formalitäten bei der Gewährung der konsularischen Hilfe und die gegebenenfalls notwendige Beitreibung der Forderung auf Rückzahlung vereinfacht und erleichtert werden.[626]

---

622 Hierzu *F. Baur*, NVwZ 2004, 1322 ff.; *M. Hammel*, ZFSH/SGB 2008, 396 ff. Sind die Voraussetzungen für die Gewährung von Sozialhilfe nach § 24 SGB XII nicht gegeben, muss der Hilfsbedürftige nach Deutschland zurückkehren und sich in das im Inland geltende System des Sozialhilferechts eingliedern. Ist ihm allerdings die selbständige Finanzierung der Rückkehr nicht möglich, kann ihm hierfür gem. § 5 Abs. 4 und Abs. 6 S. 2 KonsG wiederum konsularische Hilfe gewährt werden, OVG Berlin-Brandenburg, Urt. v. 21.02.2007, Az. 11 B 9.06, Rn. 23 – juris.

623 OVG Berlin-Brandenburg, Urt. v. 21.02.2007, Az. 11 B 9.06, Rn. 23 – juris.

624 OVG Berlin-Brandenburg, Urt. v. 21.02.2007, Az. 11 B 9.06, Rn. 23 – juris.

625 *K. Hoffmann/H. Glietsch*, Konsularrecht I, § 5 KonsG Anm. 5.1; *K. Hoffmann*, ZblJugR 1978, 284 (294).

626 Zum Rechtscharakter der konsularischen Hilfe gem. § 5 KonsG, *U. Göres*, DÖV 2008, 622 (624); *K. Hoffmann/H. Glietsch*, Konsularrecht I, § 5 KonsG Anm. 1.3, 5.1 ff.

Die zuvor genannte Schlussfolgerung des OVG Berlin-Brandenburg wird darüber hinaus nicht durch die unterschiedlichen Kostenfolgen der Hilfeleistungen nach § 5 KonsG und der Sozialhilfe im Ausland gem. § 24 SGB XII getragen: Sie übersieht die bereits in der Fristenregelung des § 5 Abs. 6 KonsG angelegten verschiedenen Anwendungsfälle beider öffentlicher Hilfen. Während § 24 SGB XII Fälle dauernder Hilfsbedürftigkeit betrifft, bezieht sich § 5 KonsG auf Notlagen, die nicht länger als zwei Monate andauern und somit lediglich vorübergehender Natur sind.[627] Letztgenannte Notlagen können dabei im Regelfall durch kurzfristige finanzielle Hilfen, etwa durch den Kauf eines Rückflugtickets, überwunden werden. Allein diesem Umstand wird durch die grundsätzlich bestehende Rückzahlungsverpflichtung nach § 5 Abs. 5 KonsG Rechnung getragen. Ihr kann somit gerade keine über ein fürsorgerechtliches Verständnis hinausgehende Auslegung der Hilfsbedürftigkeit i.S.v. § 5 Abs. 1 KonsG entnommen werden.[628]

Die Rückzahlungsverpflichtung des § 5 Abs. 5 KonsG veranschaulicht schließlich, dass der Gesetzgeber offenbar vorausgesetzt hat, dass die Höhe finanzieller Hilfen prinzipiell nicht außer Verhältnis zu der (finanziellen) Leistungsfähigkeit eines durchschnittlichen Hilfeempfängers steht und somit ihre vollständige Rückzahlung regelmäßig überhaupt erst möglich ist. Insbesondere in den vorliegend untersuchten Entführungsfällen indes übersteigt das Ausmaß der entstandenen Kosten im Regelfall bei Weitem die finanzielle Leistungsfähigkeit des Einzelnen. Folglich unterstreicht auch dies, dass der damalige Gesetzgeber bei der Neuregelung der konsularischen Einzelfallhilfe Konstellationen einer Entführung deutscher Staatsangehöriger im Ausland nicht bedacht und diese somit nicht in den auf vorübergehende soziale oder wirtschaftliche Notlagen beschränkten Anwendungsbereich des § 5 Abs. 1 KonsG einbeziehen wollte.[629]

---

627 BT-Drs. 7/131, zu § 14 Entwurf des KonsG (Hilfeleistungen an einzelne), S. 20 f.; *K. Hoffmann/H. Glietsch*, Konsularrecht I, § 5 KonsG Anm. 6.2.2; *H. Kettering*, in: G. Hecker u.a. (Hrsg.), Handbuch der konsularischen Praxis, § 8 A Rn. 8.

628 S. auch *C. P. Kokew*, Auslandsschutz deutscher Staatsangehöriger bei Entführungen, 2012, S. 58 f. Er verweist zudem darauf, dass die Rückzahlungsverpflichtung der Verhinderung eines Missbrauchs der konsularischen Einzelfallhilfe dient; diese Gefahr ist gerade bei Auslandsaufenthalten erhöht, wenn Reisende die Auslandsvertretung um Hilfe bitten, allein um ihren Auslandsaufenthalt zu verlängern oder ein weiteres Land bereisen zu können.

629 *U. Göres*, DÖV 2008, 622 (627). Im Rahmen des § 10 AKostG besteht zwar die Möglichkeit, nach Lage des Einzelfalls von der Erhebung der Kosten ganz oder teilweise abzusehen, wenn sich der Kostenschuldner in einer wirtschaftlichen Notlage befindet oder die Kosten für eine wegen einer Notlage erforderlich gewordenen Amtshandlung eine besondere Härte darstellt. Dies kann allerdings lediglich als Korrektiv der Rückzahlungsverpflichtung nach § 5 Abs. 5 KonsG angesehen werden und ist daher nur in Ausnahmefällen möglich, s. *S. Nikolaus*, in: G. Hecker u.a. (Hrsg.), Handbuch der konsularischen Praxis, § 3 K Rn. 30 ff.

cc. Die konsularische Einzelfallhilfe als Regelung auf dem Gebiet des Fürsorgerechts

Das zuvor entstehungsgeschichtlich begründete, auf vorübergehende soziale oder wirtschaftliche Notlagen begrenzte Verständnis des Anwendungsbereichs der konsularischen Einzelfallhilfe rechtfertigt sich überdies aus der normimmanenten Systematik sowie der terminologischen Anlehnung des § 5 KonsG an das Sozialhilferecht.[630]

In diesem Zusammenhang ist einleitend auf den Wortlaut des § 5 Abs. 1 S. 1 KonsG zu verweisen, demzufolge die konsularische Einzelfallhilfe lediglich dann gewährt wird, wenn die Notlage „auf andere Weise nicht behoben werden kann". Die konsularische Hilfe nach § 5 KonsG ist somit an den in § 2 BSHG bzw. § 2 SGB XII formulierten allgemeinen Grundsatz des deutschen Sozialhilferechts vom Prinzip der Nachrangigkeit der Hilfe angelehnt. Den Gesetzesmaterialien zufolge muss einerseits ausgeschlossen sein, dass sich der Hilfesuchende selbst, sei es durch Arbeitsleistung oder durch den Einsatz eigener Mittel, helfen kann. Andererseits kommt auch die Möglichkeit der Unterstützung von dritter Seite in Betracht. Exemplarisch verwiesen wird hier auf Verwandte, Freunde und Bekannte, aber auch auf eine Gewährung von Hilfen durch Fürsorgebehörden des Empfangsstaates oder Stellen der freien Wohlfahrtspflege bzw. Vereine. Soweit somit die Aussicht besteht, dass der Einzelne auf anderem Wege als durch die konsularische Hilfe Beistand erwarten kann, ist seine Hilfsbedürftigkeit zu verneinen.[631]

Dabei ist hervorzuheben, dass ausschließlich solche beispielhaften Alternativen zur konsularischen Einzelfallhilfe genannt wurden, durch die ausschließlich finanzieller Beistand erlangt werden könnte.[632] Die Subsidiarität der Hilfe nach § 5 KonsG ist somit lediglich in Fällen wirtschaftlicher Not sinnvoll, denn sie würde etwa bei einer Entführung deutscher Staatsangehöriger im Ausland stets ausgehebelt. Dieser Befund zusammen mit der vorgenannten Bezugnahme auf das für sämtliche öffentlich-rechtliche Sozialleistungen geltende Prinzip der Nachrangigkeit legen dementsprechend den Schluss nahe, dass die Begriffe der Hilfsbedürftigkeit bzw. Notlage eine sozialhilferechtliche Prägung erfahren haben und somit in einem rein wirtschaftlichen Sinne zu verstehen sind.

Gestützt wird diese Sichtweise zudem durch § 5 Abs. 3 S. 1 KonsG. Ihm zufolge richten sich Art, Form und Maß der Hilfe nach den besonderen Lebensverhältnissen im Empfangsstaat unter Berücksichtigung der notwendigen Lebensbedürfnisse eines dort lebenden Deutschen. Er ist somit teils wörtlich der in § 119 Abs. 4 BSHG bzw. § 26 Abs. 3 SGB XII enthaltenen Bestimmung über die Bemessung der Sozialhilfe

630 In diesem Sinne sollte § 5 KonsG auch nach BT-Drs. 7/2006, S. 7 „alle Fälle der sozialen Hilfe" erfassen. Die danach zu gewährenden „einmaligen finanziellen Hilfen werden als öffentliche Sozialleistungen gewährt".

631 BT-Drs. 7/131, zu § 14 Entwurf des KonsG (Hilfeleistungen an einzelne), S. 19 f. und BR-Drs. 404/64, zu § 17 Entwurf des KonsG, S. 26.

632 *U. Göres*, DÖV 2008, 622 (627); *M. Kötter/J. Nolte*, DÖV 2007, 186 (187).

im Ausland nachgebildet.[633] Nach Ansicht des BVerwG und des OVG Berlin-Brandenburg lasse sich aus dieser Anlehnung des § 5 KonsG an sozialhilferechtliche Grundsätze allerdings nicht ableiten, sein Anwendungsbereich beschränke sich auf Situationen, in denen im Einzelfall der notwendige Lebensunterhalt i.S.d. sozialhilferechtlichen Vorschriften nicht gesichert sei.[634] So solle § 5 Abs. 3 S. 1 KonsG lediglich sicherstellen, dass im Falle der Gewährung finanzieller Hilfen, die Geldmittel oder Sachwerte nicht zu knapp bemessen werden; dies ergebe sich auch aus den zugrundeliegenden Gesetzmaterialien.[635] Daher müsse zwar einerseits zugegeben werden, dass sich die Vorschrift primär auf Standardfälle vorübergehender sozialer oder wirtschaftlicher Notlagen beziehe. Der Gesetzgeber habe andererseits gleichwohl betont, dass die konsularische Hilfe und die Sozialhilfe im Ausland keine gänzlich übereinstimmenden, sich alleinig in zeitlicher Hinsicht ergänzenden, Leistungen darstellten. Die Sozialhilfe im Inland nach dem Sozialhilferecht einerseits und die Unterstützung Hilfsbedürftiger im Ausland andererseits könnten daher nicht gleichgesetzt werden, zumal die Hilfeleistung im Ausland nach dem Konsularrecht im Inland keine Parallele habe.[636]

Dass § 5 Abs. 1 KonsG nicht ausschließlich der Behebung wirtschaftlicher Notlagen diene, lasse sich zudem durch § 5 Abs. 3 S. 2 KonsG belegen, der den Kreis möglicher Hilfeleistungen nach § 5 Abs. 1 KonsG auf die Gewährung von Rechtsschutz durch den Konsularbeamten erweitert.[637] Die konsularische Einzelfallhilfe sei somit nicht auf die bloße Hingabe finanzieller Mittel beschränkt, sodass auch andere seltener eintretende Sachverhalte von ihr erfasst würden. Diese vom BVerwG und dem OVG Berlin-Brandenburg vorgebrachte Schlussfolgerung ist allerdings nicht zwingend, wenngleich das zugrunde liegende systematische Argument im Ansatz zutrifft. So kann zum einen aus § 5 Abs. 3 S. 2 KonsG ebenso abgeleitet werden,

---

633 *R. Geiß*, DÖV 2007, 155 (156); *U. Göres*, DÖV 2008, 622 (627).

634 BVerwG NJW 2009, 2905 (2906); OVG Berlin-Brandenburg, Urt. v. 21.02.2007, Az. 11 B 9.06, Rn. 18 – juris; im Gegensatz dazu jedoch, VG Berlin, Urt. v. 04.04.2006, Az. 14 A 12.04, Rn. 22 – juris.

635 Vgl. BT-Drs. 7/131, zu § 14 Entwurf des KonsG (Hilfe an einzelne), S. 20.

636 BVerwG NJW 2009, 2905 (2906); OVG Berlin-Brandenburg, Urt. v. 21.02.2007, Az. 11 B 9.06, Rn. 18 – juris.

637 Das OVG Berlin-Brandenburg, Urt. v. 21.02.2007, Az. 11 B 9.06, Rn. 18 – juris, führt zu einer Erweiterung möglicher Hilfeleistungen zudem an, dass die Hilfe – soweit die alleinige Hingabe von Geld oder Sachwerten eine Notlage nicht beseitigen kann – auch in einer persönlichen Betreuung bestehen kann, so etwa die Kontaktaufnahme mit Angehörigen, die Vermittlung eines Arztes oder einer Krankenhausaufnahme. Diese Hilfsformen sind jedoch ebenso eine Ausprägung der sozialen Hilfe nach § 5 KonsG, die auch in § 10 Abs. 1 Nr. 1 (Dienstleistungen), Abs. 2 SGB XII Niederschlag gefunden haben, *K. Hoffmann/H. Glietsch*, Konsularrecht I, § 5 KonsG Anm. 3.2 f. Die Ablehnung eines auf wirtschaftliche und soziale Notlage beschränkten Anwendungsbereichs von § 5 KonsG kann aus diesem Einwand somit nicht abgeleitet werden, s. *C. P. Kokew*, Auslandsschutz deutscher Staatsangehöriger bei Entführungen, 2012, S. 54 f.

dass gerade aufgrund der Beschränkung des § 5 Abs. 1 KonsG auf wirtschaftliche Notlagen und damit einhergehend auf finanzielle Hilfeleistungen, die Gewährung von Rechtsschutz erst durch seine ausdrückliche Nennung im Kanon der möglichen Hilfeleistungen nach § 5 Abs. 1 KonsG einbezogen wird. Zum anderen wird eine weitergehende Auseinandersetzung mit § 5 Abs. 3 S. 1 KonsG vermieden, der kraft seiner Bezugnahme auf die notwendigen Lebensverhältnisse auf eine deutlich sozialhilferechtlich gefärbte Terminologie verweist.[638] Eine entsprechende, auf § 5 Abs. 3 S. 2 KonsG bezogene Argumentation würde zudem seine Entstehungsgeschichte außer Acht lassen. Er wurde erst auf Antrag des Rechtsausschusses während der Gesetzberatungen in den Gesetzesentwurf eingefügt; der ursprüngliche Gesetzesentwurf von 1973 sah eine diesbezügliche Regelung hingegen nicht vor. Dabei sollte die Aufnahme von § 5 Abs. 3 S. 2 KonsG verdeutlichen, dass die konsularische Einzelfallhilfe nach § 5 KonsG – anders als die Hilfe für Gefangene gem. § 7 KonsG – über die bloße Vermittlung von Rechtsschutz hinausgeht und auch seine Gewährung erfasst.[639] Aus dieser Differenzierung ergeben sich hinsichtlich der finanziellen Folgen folgende Unterschiede: Im Falle des § 7 KonsG erhält der Gefangene den Rechtsschutz auf eigene Rechnung; im Falle des § 5 KonsG gehen die durch die Rechtsschutzgewährung verursachten Kosten zunächst zulasten der Staatskasse.[640] Dieser Unterscheidung folgend liegt § 5 Abs. 3 S. 2 KonsG somit gleichfalls die Annahme einer finanziellen Notlage zugrunde, sodass – anders als durch das OVG Berlin-Brandenburg unterstellt – aus § 5 Abs. 3 S. 2 KonsG gerade keine Erweiterung möglicher Hilfsmaßnahmen der konsularischen Einzelfallhilfe abgeleitet werden kann.[641]

Zusammenfassend ist somit festzustellen, dass § 5 KonsG teils wörtlich und systematisch in weitem Maße an die Sozialhilfe im Ausland gem. § 119 BSHG angelehnt ist. Es liegt somit nahe, ihn als einen Fall der öffentlich-rechtlichen Sozialleistung anzusehen; dies gilt umso mehr, als auch § 26 KonsG von 1867 – anders als § 5 KonsG – ohne jegliche Bezugnahme auf oder wörtliche Anlehnung an das Sozialhilferecht als eine solche verstanden wurde. Soweit § 5 KonsG daher sozialhilferechtlich geprägte Termini verwendet, erscheint es angeraten, das im Rahmen des

638 *F. Hanschmann*, DVBl. 2009, 1481 (1482).

639 *K. Hoffmann/H. Glietsch*, ZblJugR 1978, 284 (294); *ders.*, Konsularrecht I, § 5 KonsG Anm. 3.6.

640 *K. Hoffmann/H. Glietsch*, Konsularrecht I, § 5 KonsG Anm. 3.6; *H. Rausch*, in: G. Hecker u.a. (Hrsg.), Handbuch der konsularischen Praxis, § 3 B Rn. 7.

641 Vgl. *C. P. Kokew*, Auslandsschutz deutscher Staatsangehöriger bei Entführungen, 2012, S. 55 ff., dem zufolge sich dieses Ergebnis richtigerweise nicht in Widerspruch zu den denkbaren (Einzel-)Hilfen setzt, durch die ein Rechtsschutz im konkreten Fall gewährt werden kann: So etwa Kostenübernahme für eine Rechtsvertretung, Vorsprechen und Vermittlung bei örtlichen Polizei- bzw. Amtsstellen oder vor Gericht, Bezeugung der Identität des Hilfesuchenden, Bestellung eines Übersetzers oder Überwachung eines Strafprozesses, s. *K. Hoffmann/H. Glietsch*, Konsularrecht I, § 5 KonsG Anm. 3.6.1 ff.

BSHG herausgebildete Verständnis der Begriffe der Hilfsbedürftigkeit und Notlage auch auf die konsularische Einzelfallhilfe zu übertragen. Demnach ist als hilfsbedürftig anzusehen, wer „seinen notwendigen Lebensunterhalt nicht oder nicht ausreichend aus eigenen Kräften oder Mitteln beschaffen kann"[642].[643] Dieses Ergebnis spiegelt sich auch in der – neben der Gewährung von Rechtsschutz nach § 5 Abs. 3 S. 2 KonsG – ausdrücklich aufgeführten Hilfeleistungen in Form der Rückführung in § 5 Abs. 4 KonsG wider, der ebenfalls die Annahme einer finanziellen Notlage zugrunde liegt.[644] Bei § 5 KonsG handelt es sich folglich um eine „Norm des materiellen Leistungsrechts, die den Rahmen für individuelle soziale Hilfeleistungen nach dem KonsG abschließend festlegt"[645].

dd. Vergleich mit der Hilfe in Katastrophenfällen

Das restriktive, auf vorübergehende soziale oder wirtschaftliche Notlagen beschränkte Verständnis des Anwendungsbereichs der konsularischen Einzelfallhilfe wird schließlich durch eine vergleichende Auslegung des § 5 KonsG mit der Hilfe in Katastrophenfällen gem. § 6 KonsG bestätigt. Zwar spreche nach Ansicht des OVG Berlin-Brandenburg die Verwendung des Terminus' Hilfe in § 6 Abs. 1 S. 1 KonsG gegen eine Beschränkung des Anwendungsbereichs des § 5 Abs. 1 S. 1 KonsG auf wirtschaftliche Notlagen; so ermögliche es § 6 Abs. 1 S. 1 KonsG den Konsularbeamten, sehr vielgestaltige Hilfeleistungen zu ergreifen, die sich gerade nicht in der Hingabe finanzieller Mittel erschöpften. Soweit diese Maßnahmen allerdings nicht unter die Gewährung von Schutz subsumiert werden könnten, basiere der Begriff Hilfe in § 6 Abs. 1 S. 1 KonsG auf einem Verständnis, das nicht nur auf die Überwindung vorübergehender wirtschaftlicher Notlagen zugeschnitten sei. Aus diesem Grund liege es nahe, denselben Begriff in § 5 Abs. 1 S. 1 KonsG im gleichen Sinne zu verstehen und daher auch die Überwindung von Gefahren für Leib und Leben von Einzelpersonen als von ihm erfasst anzusehen.[646]

Einer entsprechenden Übertragung des Verständnisses des Terminus „Hilfe" in Katastrophenfällen auf die konsularische Einzelfallhilfe steht jedoch entgegen, dass § 6 Abs. 1 S. 1 KonsG die Formulierung „Hilfe und Schutz" und § 5 Abs. 1 S. 1 KonsG lediglich die der „erforderlichen Hilfe"[647] verwendet. Dementsprechend sind bei

---

642 *K. Hoffmann/H. Glietsch*, Konsularrecht I, § 5 KonsG Anm. 1.6.2.

643 *K. Hoffmann/H. Glietsch*, Konsularrecht I, § 5 KonsG Anm. 1.6.2.

644 § 5 Abs. 4 KonsG bezieht sich auf Fälle, in denen ein Hilfesuchender die Kosten seiner Rückreise nicht selbst aufbringen kann, *K. Hoffmann/H. Glietsch*, Konsularrecht I, § 5 KonsG Anm. 4.9.1 ff. Sie war bereits von der konsularischen Hilfe nach § 26 KonsG von 1867 erfasst und auch in § 119 Abs. 3 S. 2 BSHG geregelt, BT-Drs. 7/131, zu § 14 Entwurf des KonsG (Hilfe an einzelne), S. 20.

645 *H. Rausch*, in: G. Hecker u.a. (Hrsg.), Handbuch der konsularischen Praxis, § 3 B Rn. 7.

646 OVG Berlin-Brandenburg, Urt. v. 21.02.2007, Az. 11 B 9.06, Rn. 19 – juris.

647 Wann die Hilfe nach § 5 KonsG erforderlich ist, wird nicht näher bestimmt. Da der Hilfeempfänger die Kosten für die erhaltenen Hilfeleistungen allerdings

der Hilfe in Katastrophenfällen zum einen die möglichen konsularischen Hilfeleistungen, zum anderen auch die von § 6 KonsG erfassten Sachverhalte, in denen sich deutsche Staatsangehörige im Ausland befinden können, ausdrücklich weiter gefasst als bei § 5 Abs. 1 S. 1 KonsG. In diesem Befund lässt sich somit eine Erweiterung der konsularischen Hilfeleistungsregelungen erkennen, die zeigt, dass der Gesetzgeber mit § 6 KonsG – anders als über § 5 KonsG – ebenfalls Gefahren für Leib und Leben erfassen wollte. Im Umkehrschluss bedeutet dies jedoch eine Beschränkung der konsularischen Einzelfallhilfe auf vorübergehende soziale oder wirtschaftliche Notlagen.[648]

Gegen ein übereinstimmendes Verständnis der Termini der Hilfe in § 5 Abs. 1 S. 1 KonsG und § 6 Abs. 1 S. 1 KonsG ist zudem anzuführen, dass der Gesetzgeber in § 6 KonsG die Gefahren für Leib und Leben eigenständig und in Abgrenzung zu § 5 KonsG abschließend normieren wollte.[649] Dies ergibt sich zum einen aus den Gesetzesmaterialien zur konsularischen Hilfe in Katastrophenfällen, in denen die Möglichkeit der Konsularbeamten, in diesen Sachverhalten sofortige Hilfsmaßnahmen einzuleiten, um den Deutschen Schutz und Hilfe zu gewähren, als neu gewertet wurde:[650] Anders als die Unterstützung Hilfsbedürftiger nach § 26 KonsG von 1867, die sich nach der Novellierung des KonsG im Wesentlichen in § 5 KonsG wiederfindet, waren Hilfeleistungen der Konsularbeamten in Katastrophenfällen weder im KonsG von 1867 noch in dem Entwurf der BT-Drs. 404/64 geregelt.[651] Aufgrund der Neuartigkeit der Hilfe in Katastrophenfällen können die Hilfeleistungen nach § 5 KonsG und § 6 KonsG somit nicht gleichgesetzt werden. Gleiches muss danach auch für die Auslegung der Hilfsbegriffe beider Normen gelten.[652]

Beschränkte sich der Anwendungsbereich der konsularischen Einzelfallhilfe zum anderen nicht auf vorübergehende finanzielle Notlagen, so würde diese im Ergebnis als Auffangtatbestand zu einer Hilfe in Katastrophenfällen eingeordnet, denn § 6 Abs. 1 S. 1 KonsG bestimmt mit dem Tatbestandsmerkmal des Katastrophenfalls – anders als § 5 Abs. 1 KonsG, der lediglich das Vorliegen einer Notlage fordert – die

---

rückerstatten muss, erscheint es geboten, die Hilfe auf das unbedingt Notwendige zu beschränken, *K. Hoffmann/H. Glietsch*, Konsularrecht I, § 5 KonsG Anm. 1.9.

648 *R. Geiß*, DÖV 2007, 155 (156 f.); *F. Hanschmann*, DVBl. 2009, 1481 (1482 f.).

649 *R. Geiß*, DÖV 2007, 155 (156 f.); *F. Hanschmann*, DVBl. 2009, 1481 (1482 f.); i.E. ebenso VG Berlin, Urt. v. 04.04.2006, Az. 14 A 12.04, Rn. 30 – juris.

650 BT-Drs. 7/2006, S. 8.

651 Im Gegensatz dazu findet sich § 5 KonsG bereits im Wesentlichen in § 17 des in der BT-Drs. 404/64 enthaltenen Entwurfs eines Gesetzes über die Rechtsstellung und die Befugnisse der Konsuln der Bundesrepublik Deutschland (Konsulargesetz) wieder, vgl. auch *C. P. Kokew*, Auslandsschutz deutscher Staatsangehöriger bei Entführungen, 2012, S. 61 mit Fn. 284.

652 Wären die Hilfsbegriffe in § 5 Abs. 1 S. 1 KonsG und § 6 Abs. 1 S. 1 KonsG hingegen deckungsgleich, so wäre eine eigenständige, ausdrückliche Normierung der Hilfe in Katastrophenfällen entbehrlich, s. *C. P. Kokew*, Auslandsschutz deutscher Staatsangehöriger bei Entführungen, 2012, S. 61 f.

Ursache der zu behebenden Notlage näher.[653] Dass die Hilfe an einzelne jedoch nicht als lex generalis gegenüber der Hilfe in Katastrophenfällen anzusehen ist, lässt sich aus der in § 6 Abs. 2 S. 1 KonsG enthaltenen Regelung über eine entsprechende Anwendung der Rückzahlungsverpflichtung des § 5 Abs. 5 S. 1 KonsG ableiten. Sie verdeutlicht, dass es sich bei der Hilfe nach § 6 Abs. 1 S. 1 KonsG weniger um einen speziell erfassten Unterfall als um eine Erweiterung der konsularischen Einzelfallhilfe handelt. Im Falle eines lex specialis gegenüber § 5 KonsG wäre dieser Verweis hingegen entbehrlich, sodass im Umkehrschluss lediglich wirtschaftliche Notlagen von der Hilfe an Einzelne erfasst sein können.[654]

Zusammenfassend ist somit festzustellen, dass die Begriffe der Hilfe in § 5 Abs. 1 KonsG und § 6 Abs. 1 S. 1 KonsG aus den genannten Gründen nicht als deckungsgleich angesehen werden können: Die Hilfe in Katastrophenfällen erfasst Fälle der sich aus chaotischen Situationen ergebenden und nicht durch bloße Hingabe finanzieller Mittel abzuwendenden Gefahren für Leib und Leben deutscher Staatsangehöriger und regelt diese im Verhältnis zu anderen Vorschriften des 2. Abschnitts des KonsG eigenständig und abschließend. Eine Anwendung der konsularischen Einzelfallhilfe auf andere als vorübergehende soziale oder wirtschaftliche Notlagen ist somit abzulehnen.[655]

---

653 A.A. OVG Berlin-Brandenburg, Urt. v. 21.02.2007, Az. 11 B 9.06, Rn. 24 – juris; *D. Hanschel*, ZaöRV 66 (2006), 789 (802), die darauf verweisen, dass § 5 KonsG und § 6 KonsG bereits bezüglich des von der jeweiligen Notlage betroffenen Personenkreises – bei § 6 KonsG wird eine Gemeingefahr gefordert – eigenständige, sich wechselseitig jedoch ergänzende Regelungsbereiche umfassen.

654 VG Berlin, Urt. v. 04.04.2006, Az. 14 A 12.04, Rn. 30 – juris. Die gem. § 6 Abs. 2 S. 1 KonsG lediglich entsprechende Anwendung der Rückzahlungsverpflichtung des § 5 Abs. 5 S. 1 KonsG rechtfertigt sich aus dem besonderen Umstand, dass im Rahmen der Hilfe in Katastrophenfällen allgemeine Hilfs- und Rettungsaktionen für eine große Zahl unmittelbar gefährdeter Deutscher als Maßnahmen des sozialen Rechtsstaates einzuordnen sind. Hinter diese treten Hilfeleistungen an Einzelne im Regelfall zurück, sodass die Rückzahlungsverpflichtung des Einzelnen ebenfalls gegenüber der gesellschaftlichen Solidaritätshaftung nachrangig ist; insofern kann auch gem. § 6 Abs. 2 S. 2 KonsG von einer Geltendmachung der Ansprüche auf Auslagenersatz abgesehen werden. Eine Rückzahlung der Auslagen kommt allerdings dann in Betracht, soweit Hilfsmaßnahmen zweifelsfrei einzelnen Personen zurechenbar sind, *K. Hoffmann/H. Glietsch* Konsularrecht I, § 6 KonsG Rn. 2 und BR-Drs. 308/72, zu § 15 Entwurf des KonsG (Allgemeine Hilfsmaßnahmen), S. 20.

655 VG Berlin, Urt. v. 04.04.2006, Az. 14 A 12.04, Rn. 30 – juris; *R. Geiß*, DÖV 2007, 155 (156 f.); *F. Hanschmann*, DVBl. 2009, 1481 (1482 f.); *C. P. Kokew*, Auslandsschutz deutscher Staatsangehöriger bei Entführungen, 2012, S. 59 ff. Ob sich hieraus, wie vom OVG Berlin-Brandenburg, Urt. v. 21.02.2007, Az. 11 B 9.06, Rn. 25 – juris, angeführt, eine unerklärbare Regelungslücke für Fälle der Gefahr für Leib und Leben von Einzelpersonen außerhalb der von § 6 KonsG erfassten Sachverhalte ergibt, wird die weitere Untersuchung zeigen; sie ist i.E. aber zu verneinen.

ee. Dennoch: Entführungen als vorübergehende soziale oder wirtschaftliche Notlagen?

Unter Zugrundelegung eines restriktiven Verständnisses der Termini „hilfsbedürftig“ bzw. „Notlage“ können die vorliegend untersuchten Entführungsfälle nicht unter die Hilfe an einzelne subsumiert werden. Das Entführungsopfer befindet sich gerade nicht in einer vorübergehenden sozialen oder wirtschaftlichen Notlage, die durch die bloße Hingabe finanzieller und geldwerter Mittel behoben werden könnte. Das Entführungsopfer ist vielmehr einer durch private Dritte verursachten Gefahr für sein Leib und Leben ausgesetzt. Diese Notlage erfordert umfangreiche strukturelle, auf die einzelne Entführungssituation angepasste Maßnahmen.[656]

Ungeachtet dieses Ergebnisses erkannte das OVG Berlin-Brandenburg gleichwohl eine grundsätzliche Anwendbarkeit des § 5 Abs. 1 KonsG auf Entführungsfälle an. Ihm zufolge könnten zumindest solche Hilfeleistungen ihre Grundlage in der konsularischen Einzelfallhilfe finden, die „nach außen durch die Auslandsvertretung [...] insoweit nicht in dem in Rede stehenden Teil der Rettungsaktion, [...] sondern vielmehr in der Bereitschaft, diesen Teil mitzufinanzieren“, bestehen.[657] In dem zugrunde liegenden Fall der Entführung R. Weigels ging es explizit um die Übernahmeerklärung der anteiligen Charterkosten eines zivilen Hubschraubers durch das Auswärtige Amt gegenüber dem Internationalen Komitee vom Roten Kreuz. Sein Einsatz für die Abholung der spanischen und deutschen Entführungsopfer war eine von der ELN und dem Internationalen Komitee vom Roten Kreuz ausgehandelte Bedingung für ihre Freilassung. Das OVG Berlin-Brandenburg sah in dieser erklärten Bereitschaft des Auswärtigen Amtes eine dem deutschen Entführungsopfer zugutekommende wirtschaftliche Hilfe i.S.v. § 5 Abs. 1 KonsG.[658]

Diese Schlussfolgerung übersieht jedoch zunächst, dass die Anwendbarkeit der konsularischen Einzelfallhilfe primär von der Art der für das Entführungsopfer bestehenden Notlage bzw. Notbedürftigkeit abhängig wäre und nicht – wie vorgebracht – von der Art der Hilfeleistung. Diese lässt allein Rückschlüsse auf die Notsituation und damit auf die Anwendbarkeit des § 5 Abs. 1 KonsG zu.

Darüber hinaus könnte grundsätzlich jede Hilfe zugunsten eines Entführungsopfers faktisch als kostenverursachend angesehen werden. Diese Feststellung steht unabhängig davon, ob sie wie im Fall der Entführung von R. Weigel in Form einer Übernahmeerklärung des Auswärtigen Amtes die erforderlichen Kosten extern exakt beziffert oder in Form eines eigenen Personal- oder Technologieeinsatzes nur intern schätzbar ist. Trotz dieser analogen Eigenschaft stellte hingegen ein vom Auswärtigen Amt intern bzw. selbst organisierter Hubschrauberflug als Teil

---

656 *C. P. Kokew*, Auslandsschutz deutscher Staatsangehöriger bei Entführungen, 2012, S. 51, 68. Möglicherweise können jedoch Maßnahmen im Anschluss an das Entführungsende auf § 5 KonsG gestützt werden, s. hierzu im zweiten Teil unter B. III. 3. b.

657 OVG Berlin-Brandenburg, Urt. v. 21.02.2007, Az. 11 B 9.06, Rn. 26 – juris.

658 OVG Berlin-Brandenburg, Urt. v. 21.02.2007, Az. 11 B 9.06, Rn. 26 – juris.

der Rettungsaktion keine Hilfeleistung i.S.v. § 5 Abs. 1 KonsG dar. Vor diesem Hintergrund verfängt die vom OVG Berlin-Brandenburg implizierte Differenzierung hinsichtlich des Vorliegens wirtschaftlicher Hilfen nicht, als dieses ohne nähere Ausführung für die fragliche Erklärung des Auswärtigen Amtes bejaht wurde. Soweit nämlich Hilfeleistungen letztlich stets als eine dem Entführungsopfer zugutekommende wirtschaftliche Hilfe angesehen und damit auf § 5 Abs. 1 KonsG gestützt werden könnten, erweist sich dieser Einwand des OVG Berlin-Brandenburg als wenig stichhaltig.[659]

Bei genauerer Betrachtung befindet sich das Entführungsopfer demgegenüber in einer „Gefahrenlage für ihr Leib und Leben durch politisch motiviertes, strafbares Handeln Dritter, die auf diese Weise staatliche Organe zu einem bestimmten Verhalten zwingen wollen“[660]. Es liegt somit gerade keine vorübergehende soziale oder wirtschaftliche Notlage vor. Dass sie jedoch für eine Anwendbarkeit des § 5 Abs. 1 KonsG zu fordern ist, lässt sich aus seiner Entstehungsgeschichte, seiner Abgrenzung zu der Sozialhilfe im Ausland gem. § 119 BSHG und aus einem Vergleich zu der Hilfe in Katastrophenfällen ableiten. Entsprechend können Hilfeleistungen der Bundesrepublik Deutschland in Entführungsfällen nicht auf die konsularische Einzelfallhilfe gestützt und eine einfachgesetzliche Schutzpflicht nicht aus § 5 Abs. 1 KonsG abgeleitet werden.

c. *Keine Hilfe in Katastrophenfällen, § 6 KonsG*

Die entsprechende Schutzpflicht der Bundesrepublik könnte sich jedoch als konsularische Aufgabe i.S.d. Hilfe in Katastrophenfällen nach § 6 KonsG darstellen:[661]

659 Als weiteres Argument verweist das OVG Berlin-Brandenburg, Urt. v. 21.02.2007, Az. 11 B 9.06, Rn. 26 – juris, darauf, dass das Internationale Komitee vom Roten Kreuz mutmaßlich ebenso bereit gewesen wäre, den Hubschraubereinsatz zu organisieren, wäre es dem Entführungsopfer möglich gewesen, eine entsprechende Übernahmeerklärung hinsichtlich der Charterkosten gegenüber ihm abzugeben. Dabei würde jedoch unterstellt, dass das Entführungsopfer fraglos eine solche Erklärung getätigt hätte. Im Hinblick auf seine finanzielle Situation zur Zeit der Entführung kann ihm dies jedoch nicht unterstellt werden, was sich nicht zuletzt darin zeigt, dass sich R. Weigel an der Beteiligung an eben diesen Kosten gerichtlich zur Wehr setzte.

660 VG Berlin, Urt. v. 04.04.2006, Az. 14 A 12.04, Rn. 27 – juris; ebenso *U. Göres*, DÖV 2008, 622 (627).

661 Die Hilfe in Katastrophenfällen war im KonsG von 1867 nicht gesondert geregelt, obwohl sie bereits gängige Praxis war. Daher fand sie auch in den Entwurf der BR-Drs. 404/64 noch keinen Eingang. Da jedoch auch diese konsularische Amtstätigkeit Kosten verursacht und zulasten des Bundeshaushalts verbucht wird, wurde diese Lücke im geltenden KonsG durch die Schaffung des jetzigen § 6 KonsG geschlossen, BR-Drs. 308/72, zu § 15 Entwurf des KonsG (Allgemeine Hilfsmaßnahmen), S. 19 f.; BT-Drs. 7/131, zu § 15 Entwurf des KonsG (Allgemeine Hilfsmaßnahmen), S. 21.

§ 6. Hilfe in Katastrophenfällen

(1) Wenn im Konsularbezirk Naturkatastrophen, kriegerische oder revolutionäre Verwicklungen oder vergleichbare Ereignisse, die der Bevölkerung oder Teilen von ihnen Schaden zufügen, eintreten oder einzutreten drohen, sollen die Konsularbeamten die erforderlichen Maßnahmen treffen, um den Geschädigten oder den Bedrohten, soweit sie Deutsche sind, Hilfe und Schutz zu gewähren. [...]
(2) § 5 Abs. 5 gilt entsprechend. Soweit die Entwicklung der Lage im Konsularbezirk, die persönlichen Verhältnisse des Hilfs- oder Schutzbedürftigen oder sonstige besondere Umstände es erfordern, kann von der Geltendmachung der Ansprüche auf Auslagenersatz abgesehen werden.
(3) Um in den in Absatz 1 genannten Fällen sofort wirksam helfen zu können, sollen die Konsularbeamten eine Liste der in ihrem Konsularbezirk ansässigen Deutschen und anderer Schutzbefohlener sowie ihrer Familienangehörigen erstellen und auf dem laufenden halten.

Auf Grundlage von § 6 Abs. 1 S. 1 KonsG sollen die Konsularbeamten, wenn im Konsularbezirk „Naturkatastrophen, kriegerische oder revolutionäre Verwicklungen oder vergleichbare Ereignisse, die der Bevölkerung oder Teilen von ihnen Schaden zufügen, eintreten oder einzutreten drohen", durch Einleitung sofortiger Hilfsmaßnahmen Deutschen Schutz und Hilfe gewähren. Angaben des Auswärtigen Amtes zufolge umfasst der Tatbestand des § 6 Abs. 1 KonsG „Naturkatastrophen, Großschadensereignisse oder Unruhen, die in einzelnen Fällen auch die Evakuierung deutscher Staatsangehöriger aus den betroffenen Gebieten notwendig machen"[662].

Das Merkmal der Naturkatastrophe ist beispielhaft mit einem Ereignis höherer Gewalt wie Erdbeben, Flutkatastrophen oder Vulkanausbrüchen zu umschreiben.[663] Unter kriegerischen oder revolutionären Verwicklungen sind Gewaltzustände zu subsumieren, die die Bevölkerung allgemein gefährden. Ihre geographische Ausbreitung ist unbeachtlich. Es sind danach in erster Linie Auseinandersetzungen erfasst, die von einer Vielzahl von Personen mit Waffengewalt ausgetragen werden.[664]

---

662 „Hilfe von deutschen Auslandsvertretungen" unter „Evakuierung im Katastrophenfall", im Internet: http://www.konsularinfo.diplo.de/Vertretung/konsularinfo/de/04/Hilfe/Auslandsvertretungen/hilfe__wer.html.

663 *K. Hoffmann/H. Glietsch*, Konsularrecht I, § 6 KonsG Anm. 1.2; *J. Scheller*, in: G. Hecker u.a. (Hrsg.), Handbuch der konsularischen Praxis, § 8 E Rn. 11 f.; BT-Drs. 7/2006, zu § 6 Entwurf des KonsG, S. 8.

664 *K. Hoffmann/H. Glietsch*, Konsularrecht I, § 6 KonsG Anm. 1.2; *J. Scheller*, in: G. Hecker u.a. (Hrsg.), Handbuch der konsularischen Praxis, § 8 E Rn. 11 f.; BT-Drs. 7/2006, zu § 6 Entwurf des KonsG, S. 8.

aa. Anwendbarkeit des § 6 Abs. 1 KonsG auch auf sich nur vorübergehend im Ausland aufhaltende Deutsche

Eine Anwendbarkeit des § 6 Abs. 1 KonsG auf die vorliegend untersuchten Entführungsfälle könnte bereits dann scheitern, wenn sich sein personeller Anwendungsbereich auf ortansässige Deutsche beschränken würde. Bislang wurden mehrheitlich sich nur vorübergehend zu touristischen, beruflichen oder humanitären Zwecken im Ausland aufhaltende deutsche Staatsangehörige entführt. Eine entsprechende Beschränkung wird von Teilen der Literatur insbesondere aus § 6 Abs. 3 KonsG abgeleitet, nach dem „die Konsularbeamten eine Liste der in ihrem Konsularbezirk ansässigen Deutschen" führen sollen.[665] Dieser Auslegung des § 6 KonsG widerspricht jedoch zum einen die Zielsetzung der nach § 6 Abs. 3 KonsG zu führenden Residentenlisten: Ihrer Erstellung lag die Erwägung zugrunde, dass gerade ortsansässige Deutsche und ihnen nach § 6 Abs. 1 S. 2 KonsG gleichgestellte Personen von örtlichen Katastrophenfällen betroffen sein können. Ihre Auflistung sollte somit die Arbeit der zuständigen Konsularbeamten im akuten Katastrophenfall erleichtern und eine unverzügliche und wirksame Hilfe ermöglichen; eine Einschränkung des personellen Anwendungsbereichs des § 6 Abs. 1 KonsG auf eben diese war jedoch nicht beabsichtigt.[666] Hierfür spricht zudem, dass die Hilfe in Katastrophenfällen Ausfluss der allgemeinen Schutz- und Beistandspflicht nach § 1 Sps. 2 KonsG ist, der eine entsprechende Beschränkung auf ortsansässige Deutsche nicht kennt.[667]

Im Ergebnis ist somit festzuhalten, dass sich der personelle Anwendungsbereich des § 6 Abs. 1 KonsG nicht auf Deutsche beschränkt, die am Ort des Katastrophenfalls ansässig sind. Er erfasst vielmehr auch solche, die sich nur vorübergehend dort aufhalten und ist daher grundsätzlich auf die vorliegend untersuchten Entführungsfälle anwendbar.[668]

bb. Entführung als Folge kriegerischer oder revolutionärer Verwicklungen?

Die im ersten Teil geschilderten Entführungssachverhalte, insbesondere die Fälle R. Weigel und S. Osthoff, zeigten, dass sich die konkreten Entführungsfälle zumeist vor dem Hintergrund angespannter innenpolitischer Verhältnisse oder sogar

---

665 *U. Göres*, NJW 2004, 1909 (1911); ähnlich auch *P. Dahm*, NVwZ 2005, 172 (173).

666 *K. Hoffmann/H. Glietsch*, Konsularrecht I, § 6 KonsG Anm. 3 f.; *M. Kötter/J. Nolte*, DÖV 2007, 186 (188).

667 *K. Hoffmann/H. Glietsch*, Konsularrecht I, § 6 KonsG Anm. 1.1; *C. P. Kokew*, Auslandsschutz deutscher Staatsangehöriger bei Entführungen, 2012, S. 70.

668 *K. Hoffmann/H. Glietsch*, Konsularrecht I, § 6 KonsG Anm. 1.4; *C. P. Kokew*, Auslandsschutz deutscher Staatsangehöriger bei Entführungen, 2012, S. 71; *M. Kötter/J. Nolte*, DÖV 2007, 186 (188); i.E. ebenso *R. Geiß*, DÖV 2007, 155 (157); auch das Auswärtige Amt beschränkt die Hilfe in Katastrophenfällen nicht in dieser Weise, s. „Hilfe in sonstigen Fällen" unter „Hilfe in Krisensituationen und bei Evakuierungen", im Internet: http://www.konsularinfo.diplo.de/Vertretung/konsularinfo/de/04/Hilfe/Notfaelle/hilfe__gewalt__insolvenz__krise.html.

bürgerkriegsähnlicher Zustände ereigneten.[669] Ihre *Ausgangslage* entspricht insofern regelmäßig einem – wenn auch teils regional begrenzten – Gewaltzustand, der ebenso die Allgemeinheit gefährdet. Eine Ähnlichkeit dieser als instabile Sicherheitslagen zu beschreibenden Situationen mit kriegerischen oder revolutionären Verwicklungen nach obiger Definition kann somit nicht ohne weiteres von der Hand gewiesen werden.[670]

In der Fallgruppe der kriegerischen oder revolutionären Verwicklung realisiert sich jedoch eine spezifische, *durch* die bewaffnete Auseinandersetzung herbeigeführte Gemeingefahrenlage für die Bevölkerung oder Teilen von ihr. Bei genauer Betrachtung ergibt sich die für sie bestehende Gefahr für Leib und Leben somit unmittelbar aus dem sie konstituierenden Gewaltzustand. Für eine Anwendbarkeit der Hilfe in Katastrophenfällen auf die vorliegend untersuchte Fallgruppe müsste die bewirkte Gefahr für Leib und Leben des Entführungsopfers somit ebenfalls direkt aus der ihnen zugrunde liegenden kritischen Sicherheitslage resultieren.

In diesem Zusammenhang ist zunächst festzustellen, dass kritische sicherheitspolitische Umstände das Auftreten einer Entführung durchaus begünstigen (können). So weisen auch die beschriebenen Sachverhalte teils einen inneren Bezug zu dem Konflikt auf, vor dessen Hintergrund sie sich zutrugen.[671] Diese Verflechtung

---

669 So kommt es bspw. in Kolumbien wiederholt zu bewaffneten Auseinandersetzungen zwischen paramilitärisch organisierten Gruppierungen und staatlichen Sicherheitskräften, s. „Kolumbien: Reise- und Sicherheitshinweise" unter „Kriminalität/Terrorismus/Sicherheit", im Internet: http://www.auswaertiges-amt.de/DE/Laenderinformationen/00-SiHi/KolumbienSicherheit.html. Auch im Irak bestand, trotz offizieller Beendigung der von den Vereinigten Staaten geführten Militäraktion im August 2010, eine stete Bedrohung durch terroristische Anschläge fort, vgl. nur *D. Hanschel*, ZaöRV 66 (2006), 789 (798). Seit Juni 2014 hat sich durch den IS die Sicherheitslage im Irak dramatisch verschärft; aktuell gilt eine Reisewarnung mit entsprechendem Ausreiseaufruf für bestimmte Landesteile, vgl. „Irak: Reisewarnung", im Internet: http://www.auswaertiges-amt.de/DE/Laenderinformationen/00-SiHi/IrakSicherheit.html.

670 In diesem Zusammenhang verfängt es nicht, dass in den eingangs beschriebenen Sachverhalten per definitionem die Annahme eines „Krieges" grundsätzlich abzulehnen wäre, als für die Anwendbarkeit des § 6 Abs. 1 KonsG diese (völker-)rechtlichen Begriffe unstreitig als unmaßgeblich erachtet werden. Wesentlich ist dagegen eine durch die bewaffnete Auseinandersetzung herbeigeführte Gefahrenlage für die Bevölkerung, *K. Hoffmann/H. Glietsch*, Konsularrecht I, § 6 Anm. 1.2.

671 Im Fall R. Weigel bestand die Hauptforderung der ELN darin, die behaupteten Menschenrechtsverletzungen und die Lebensverhältnisse in den nordkolumbianischen Bergdörfern von einer unabhängigen Kommission untersuchen zu lassen, vgl. VG Berlin, Urt. v. 04.04.2006, Az. 14 A 12.04, Rn. 2 – juris. Im Fall der Ingenieure R. Bräunlich und T. Nitzschke forderten die Entführer zunächst, die Bundesregierung solle zukünftig nicht mehr mit der neuen irakischen Regierung zusammenarbeiten. Am Ende wurden sie jedoch nach vom Auswärtigen Amt unbestätigten Berichten gegen die Zahlung von Lösegeld freigegeben. Es sollte somit

von Entführung und zugrunde liegender instabiler Sicherheitslage aufgrund des Zusammenbruchs staatlicher Strukturen begründet jedoch ausschließlich eine erhöhte Entführungsgefahr, insbesondere für ausländische Staatsangehörige. Erst aus der Entführung selbst resultiert aber die Gefahr für Leib und Leben für das Entführungsopfer und ist somit als ihr unmittelbarer Ursprung anzusehen. Die ihm zugrunde liegende instabile Sicherheitslage ist dementsprechend lediglich als mittelbare Ursache für die in diesen Konstellationen charakteristische Bedrohungslage einzustufen, die eine Einbeziehung der untersuchten Sachverhalte in die Fallgruppe der kriegerischen oder revolutionären Verwicklung nicht rechtfertigen kann.[672]

In Bestätigung dieses Ergebnisses ist zudem auf potenzielle Entführungsfälle zu verweisen, die weder auf unbeständige innenpolitische Verhältnisse noch auf bürgerkriegsähnliche Zustände zurückzuführen sind. In diesen Fällen scheitert eine Anwendung des Passus' der kriegerischen oder revolutionären Verwicklungen schon an der fehlenden Ähnlichkeit der sie begünstigenden innenpolitischen Verhältnisse. Würden im Gegensatz dazu kritische Sicherheitslagen als lediglich mittelbare Ursache der Gefahr für Leib und Leben des Entführungsopfers für eine Anwendbarkeit des § 6 Abs. 1 KonsG als ausreichend erachtet, entstünde eine Abhängigkeit der Wahl der Rechtsgrundlagen für die konsularische Hilfe von dem Entführungsort und den dort herrschenden sicherheitspolitischen Umständen. Im Sinne des Bedürfnisses an Rechtssicherheit und Transparenz des behördlichen Handelns[673] ist eine Anwendung über den Passus „kriegerische oder revolutionäre Verwicklung" auf die vorliegend untersuchten Sachverhalte somit abzulehnen.[674]

cc. Entführungen als vergleichbare Ereignisse?

Die Herleitung etwaiger Schutzpflichten der Bundesrepublik Deutschland zugunsten entführter deutscher Staatangehöriger aus § 6 Abs. 1 KonsG könnte sich jedoch aus dem Passus des „vergleichbaren Ereignisses" ergeben. An dieser Stelle bildet dann freilich weniger der sicherheitspolitische Hintergrund am Entführungsort als vielmehr die Entführung selbst den Bezugspunkt der Betrachtung.

---

stets ein bestimmtes (politisches) Verhalten oder Geld, welches unter Umständen wiederum der Finanzierung der Auseinandersetzung diente, von der Gegenpartei bzw. Dritten abgepresst werden, vgl. FAZ.NET v. 02.05.2006, „Chronik der Entführung", im Internet: http://www.faz.net/aktuell/politik/freiheit-nach-14-wochen-chronik-der-entfuehrung-1330574.html.

672 A.A. aber *C. P. Kokew*, Auslandsschutz deutscher Staatsangehöriger bei Entführungen, 2012, S. 76 ff., der Entführungsfälle zwar nicht selbst als Katastrophenfall ansieht; es sei jedoch ausreichend, dass sie sich als kausale Folge eines solchen darstellten, soweit der zugrunde liegende Katastrophenfall die geforderte Gemeingefahr begründe und eine Entführungsgefahr auch für die Bevölkerung bestehe.

673 Diesbzgl. *D. Hanschel*, ZaöRV 66 (2006), 789 (799).

674 I.E. ebenso *R. Geiß*, DÖV 2007, 155 (157); *U. Göres*, NJW 2004, 1909 (1911); *ders.*, DÖV 2008, 622 (628); *D. Hanschel*, ZaöRV 66 (2006), 789 (798 f.).

(1) Keine rein präventive Ausrichtung von § 6 Abs. 1 KonsG

Eine Anwendung des § 6 Abs. 1 KonsG auf die vorliegend untersuchten Entführungsfälle als vergleichbare Ereignisse könnte bereits an der von Teilen der Literatur angenommenen präventiven Ausrichtung dieser Vorschrift scheitern.[675] Sie verweisen zur Rechtfertigung dieser Eingrenzung auf die in der Gesetzesbegründung zum Entwurf des § 6 KonsG beispielhaft genannten und als in Katastrophenfällen erforderliche Maßnahmen, wie die Gewährung von Obdach, Speisungen oder auch die Eröffnung der Möglichkeit zum Verlassen des Landes bzw. der betroffenen Region.[676] Bei den genannten Hilfeleistungen handele es sich um eher präventive Maßnahmen, die weniger dazu dienten „eine bereits bestehende Zwangslage aufzulösen"[677] als vielmehr einer Gefahr auszuweichen.[678] Unter Zugrundelegung eines entsprechend einschränkenden Verständnisses könnten Hilfsmaßnahmen in Entführungsfällen und damit diese insgesamt nicht unter die vergleichbaren Ereignisse subsumiert werden, denn die Befreiung des Entführungsopfers durch die Auflösung der durch die Entführung begründeten Gefahr für Leib und Leben für die Zukunft weist zwar auch eine vorbeugende Komponente auf. Ihr Schwerpunkt ist jedoch in der Beendigung der bereits eingetretenen Freiheitsberaubung zu sehen und würde somit keine ausschließlich präventive Zielrichtung verfolgen.

Diesem möglichen Ergebnis ist allerdings zum einen entgegenzuhalten, dass die in der Gesetzesbegründung beispielhaft genannten Hilfsmaßnahmen sämtlich auf die Linderung einer bereits bestehenden Not- bzw. Zwangslage abzielen; ein präventiver Charakter der Hilfe in Katastrophenfällen, der eine Anwendung des § 6 Abs. 1 KonsG auf Entführungsfälle verhindern würde, kann ihnen somit nicht ohne weiteres entnommen werden. Seine Annahme stünde zum anderen mit dem Wortlaut von § 6 Abs. 1 KonsG in Widerspruch: So soll der Konsularbeamte die erforderlichen Maßnahmen treffen, wenn ein Schadensereignis nach § 6 Abs. 1 KonsG *eintritt* oder einzutreten droht, um den *Geschädigten* oder den Bedrohten Hilfe und Schutz zu gewähren. Eine Hilfe des Konsularbeamten ist somit auch dann angezeigt, wenn der Katastrophenfall und die aus ihm begründete Notlage für den Betroffenen

---

675 *U. Göres*, NJW 2004, 1909 (1911); *D. Hanschel*, ZaöRV 66 (2006), 789 (798).

676 BT-Drs. 7/131, zu § 15 Entwurf des KonsG (Allgemeine Hilfsmaßnahmen), S. 21. Weitere Maßnahmen bilden u.a. Rückführung von Betroffenen, Überführung von Todesopfern und Sicherstellung deren Eigentums für die Erben, BR-Drs. 308/72, zu § 15 Entwurf des KonsG (Allgemeine Hilfsmaßnahmen), S. 19.

677 *D. Hanschel*, ZaöRV 66 (2006), 789 (798).

678 *U. Göres*, NJW 2004, 1909 (1911); *D. Hanschel*, ZaöRV 66 (2006), 789 (798). *U. Göres*, DÖV 2008, 622 (628) sieht die präventive Zielrichtung der Katastrophenhilfe auch in § 6 Abs. 3 KonsG bestätigt. Danach ist von den Konsularbeamten eine Liste der im Konsularbezirk ansässigen Deutschen zu führen, um im Ernstfall schnell und wirksam helfen zu können. Für *M. Kötter/J. Nolte*, DÖV 2007, 186 (187) ist diese Unterscheidung allerdings nicht nachvollziehbar, zumal die Beschränkung des personellen Anwendungsbereichs von § 6 KonsG auf Residenten bereits abgelehnt wurde, s. im zweiten Teil unter B. III. 2. c. aa.

bereits bestehen. In diesem Fall sind rein präventive Hilfsmaßnahmen jedoch wenig erfolgversprechend, um die eingetretene Notlage zu beenden. Eine entsprechende Begrenzung der nach der Hilfe in Katastrophenfällen ergreifbaren Maßnahmen ist demnach abzulehnen.[679]

(2) Gemeingefahr als Tatbestandsmerkmal des vergleichbaren Ereignisses

Allerdings erscheint bei einem weiteren Blick auf den konkreten Wortlaut des § 6 Abs. 1 KonsG eine für die Anwendbarkeit erforderliche Ähnlichkeit der vorliegend untersuchten Sachverhalte mit der Fallgruppe der vergleichbaren Ereignisse fraglich.[680] Ihm folgend sind die beschriebenen „Regelkatastrophen" als Geschehen einzuordnen, die „der Bevölkerung oder Teilen von ihnen" Schaden zufügen (können). Sie betreffen somit stets eine größere Anzahl von Menschen.[681] Dass tatbestandlich eine Gemeingefahr vorausgesetzt wird, erschließt sich zudem aus dem systematischen Zusammenhang des § 6 Abs. 1 KonsG mit § 5 KonsG. Beide Normen sind als sich gegenseitig ausschließende Sondervorschriften für die sie betreffenden besonderen Sachverhalte ausgeformt.[682] Neben der Art der abzuwendenden Not- bzw. Gefahrenlage ist weiterhin die Anzahl der Betroffenen als wichtiges Abgrenzungskriterium anzusehen. Erfasst § 5 KonsG dabei die konsularische Hilfe für einzelne im Ausland in Not geratene Deutsche, vermittelt § 6 Abs. 1 KonsG die Handlungsgrundlage des Auswärtigen Amtes für die Hilfe für einen größeren Kreis von Hilfsbedürftigen.

Einzig *M. Kötter*/*J. Nolte* verweisen darauf, dass die Hilfe in Katastrophenfällen ausschließlich auf strukturelle Maßnahmen abzielen müsse, um diese Schlussfolgerung zuzulassen. Als die nach § 6 Abs. 1 KonsG erforderlichen Maßnahmen ebenso zahlreiche Leistungen an individuell Betroffene beinhalteten, sei dies nicht der Fall.[683] Diese Einzelhilfen basierten zwar auf zuvor auf Grundlage von § 6 Abs. 1 KonsG aufgebauten Hilfsstrukturen, die einer Mehrzahl von Personen zugutekämen. Der notwendige Aufwand erschöpfe sich jedoch nicht wie erforderlich in diesen Strukturmaßnahmen. Es erscheine daher nicht zweckmäßig, nach der Anzahl der von der Gefahrenlage Betroffenen zu differenzieren. Vielmehr bestehe die Gemeinsamkeit der in § 6 KonsG beschriebenen Regelkatastrophenfälle darin, dass – über die im

---

679 I.E. ebenso *C. P. Kokew*, Auslandsschutz deutscher Staatsangehöriger bei Entführungen, 2012, S. 71 f.

680 Einer Anwendung des § 6 Abs. 1 KonsG steht jedenfalls nicht entgegen, dass Entführungen auf ein vorsätzliches menschliches Verhalten zurückzuführen sind; denn anders als bei Naturkatastrophen, werden auch kriegerische Auseinandersetzungen von Menschen und damit intentional geführt, hierauf weisen *M. Kötter/J. Nolte*, DÖV 2007, 186 (187) zu Recht hin.

681 BT-Drs. 7/131, zu § 15 Entwurf des KonsG (Allgemeine Hilfsmaßnahmen), S. 21.

682 *K. Hoffmann/H. Glietsch*, Konsularrecht I, § 5 KonsG Anm. 1.1 und § 6 KonsG Anm. 1.1.

683 *M. Kötter/J. Nolte*, DÖV 2007, 186 (187).

Rahmen von Einzelmaßnahmen erbrachten „Vermögensleistungen" hinaus – strukturelle Hilfsmaßnahmen erforderlich seien. Die unbenannten vergleichbaren Ereignisse bestimmten sich daher anhand des Umfangs des Maßnahmenkatalogs und der Art der notwendigen Hilfeleistung. Ein Katastrophenfall liege demzufolge stets vor, wenn dieser umfassendere Rettungsmaßnahmen erfordere oder eine Notlage nur mit erheblichen Anstrengungen abgewendet werden könne.[684] Entführungsfälle seien daher in aller Regel als Katastrophenfälle i.S.v. § 6 Abs. 1 KonsG anzusehen, sodass sich sämtliche Handlungen im Zusammenhang mit der Befreiung des Entführungsopfers auf § 6 KonsG stützen ließen.[685]

Die vorgenommene Einordnung des unbenannten Katastrophenfalls anhand des Ausmaßes und der Art der erforderlichen Hilfen, losgelöst von der Anzahl der Betroffenen, überzeugt jedoch nicht. Zum einen berücksichtigt sie die rechtlich gebotene Trennung der tatbestandlichen Voraussetzungen der Hilfe in Katastrophenfällen und den sich aus ihrem Vorliegen ergebenden Rechtsfolgen nicht ausreichend: Liegt ein Schadensereignis i.S.v. § 6 Abs. 1 KonsG vor, sollen die Konsularbeamten die erforderlichen Maßnahmen treffen, um Hilfe und Schutz zu gewähren. Im Gegensatz dazu schließen *M. Kötter/J. Nolte* vom Umfang des Maßnahmenkatalogs und der Art der notwendigen Hilfeleistungen auf die tatbestandlichen Voraussetzungen des Katastrophenfalls – ungeachtet der Tatsache, dass § 6 Abs. 1 KonsG keine diesbezüglichen Aussagen enthält, sondern lediglich die Erforderlichkeit der im Einzelfall zu ergreifenden Hilfsmaßnahmen fordert.[686] Darüber hinaus bedeutet die von *M. Kötter/J. Nolte* vorgenommene Einordnung im Umkehrschluss die Ablehnung des tatbestandlich geforderten Merkmals der für eine große Anzahl von Menschen bestehenden Gefahr. Dieses wird indes für die Anwendbarkeit der Hilfe in Katastrophenfällen sowohl in den Begründungen zum Entwurf des KonsG[687] als

684 Soweit einem Betroffenen jedoch durch eine schlichte Vermögensleistung geholfen werden könne, sei das Vorliegen eines Katastrophenfalls i.S.v. § 6 Abs. 1 KonsG abzulehnen, so *M. Kötter/J. Nolte*, DÖV 2007, 186 (187 f.).

685 Zu diesem Absatz insgesamt *M. Kötter/J. Nolte*, DÖV 2007, 186 (187 f.). Sie halten einer tatbestandlichen Forderung nach einer Gemeingefahr zusätzlich entgegen, dass durch sie Wertungswidersprüche begründet würden: So stellten ihrer Ansicht nach Entführungen eines Großraumflugzeugs Katastrophenfälle dar, die Entführung von Einzeltouristen indes nicht; sollte sich ihre Entführung wiederum in einem Bürgerkriegsgebiet ereignen, so wäre § 6 Abs. 1 S. 1 KonsG hingegen anwendbar. Diese Schlussfolgerung übersieht teils allerdings, dass das Tatbestandsmerkmal „Gemeingefahr" nicht lediglich zur Folge hat, dass viele deutsche Staatsangehörige betroffen sein müssen; vielmehr muss auch die Bevölkerung der gleichen Gefahr ausgesetzt sein. Dies ist bei Entführungsfällen aber gerade regelmäßig nicht der Fall.

686 Ähnlich *C. P. Kokew*, Auslandsschutz deutscher Staatsangehöriger bei Entführungen, 2012, S. 76.

687 BR-Drs. 308/72, zu § 15 Entwurf des KonsG (Allgemeine Hilfsmaßnahmen), S. 19, spricht von einer größeren Anzahl von Menschen.

auch durch den Wortlaut des § 6 Abs. 1 S. 1 KonsG selbst („der Bevölkerung oder Teil*en* von ihnen“) ausdrücklich gefordert.[688]

Ist folglich für die Hilfe in Katastrophenfällen eine Gemeingefahr entscheidend, so können Entführungsfälle regelmäßig nicht als vergleichbare Ereignisse angesehen werden, denn sie betreffen – wie die Sachverhalte des ersten Teils aufzeigen – gewöhnlich nur Einzelpersonen bzw. Kleingruppen. Die Entführung selbst begründet somit eine individuelle, nicht aber eine kollektive, auch für (Teile der) Bevölkerung bestehende Gefahr für Leib und Leben.[689] So verneinte mangels Vorliegen einer Gemeingefahr auch das VG Berlin im Fall R. Weigel, dass sich ein Handeln des Auswärtigen Amtes in den untersuchten Konstellationen auf die Hilfe in Katastrophenfällen stützen ließe.[690]

d. Allgemeine Schutz- und Beistandspflicht nach § 1 Sps. 2 KonsG

Als verbleibende Rechtsgrundlage für eine mögliche Schutzpflicht der Bundesrepublik Deutschland aus dem KonsG kommt schließlich die Generalklausel des § 1 Sps. 2 KonsG in Betracht. § 1 KonsG stellt jedoch insgesamt weniger eine Befugnis- oder Ermächtigungsnorm als vielmehr eine allgemeine Aufgabenzuweisungsnorm dar.[691] Soweit ein Tätigwerden des Konsularbeamten allerdings nicht in (Grund-) Rechte Einzelner eingreift, kann auch § 1 Sps. 2 KonsG eine für dieses zureichende Handlungsgrundlage bilden.[692]

---

688 Vgl. *C. P. Kokew*, Auslandsschutz deutscher Staatsangehöriger bei Entführungen, 2012, S. 75.

689 *D. Hanschel*, ZaöRV 66 (2006), 789 (799).

690 VG Berlin, Urt. v. 04.04.2006, Az. 14 A 12.04, Rn. 33 – juris. Würde eine Hilfe nach § 6 Abs. 1 KonsG hingegen keine Gemeingefahr fordern, so würde sie – da sie auch Gefahren für Leib und Leben erfasst – auf Entführungsfälle anwendbar sein; es verwundert daher nicht, dass *M. Kötter/J. Nolte*, DÖV 2007, 186 (187 f.) versuchen, durch ihre Ablehnung eine Anwendbarkeit dieser Norm zu erreichen.

691 *K. Hoffmann/H. Glietsch*, Konsularrecht I, § 1 KonsG Anm. 2.3; *M. Kötter/J. Nolte*, DÖV 2007, 186 (188).

692 S. hierzu allgemein *U. Becker/D. Heckmann/B. Kempen/G. Manssen*, Öffentliches Recht, 6. Aufl. 2015, 3. Teil, Rn. 63 ff.; *J. Ipsen*, Allgemeines Verwaltungsrecht, 9. Aufl. 2015, Rn. 235 f. Dass es sich bei § 1 Sps. 2 KonsG nicht um eine Befugnisnorm handelt, ist für die Begründung einer einfachgesetzlichen Schutzpflicht in Entführungsfällen jedenfalls unschädlich. Relevant wird diese Frage zum einen erst im Rahmen der Kostenfrage, s. hierzu im siebten Teil unter B. Sie stellt sich zum anderen im Zusammenhang mit einer möglichen Rechtsgrundlage für eine gewaltsame Befreiung des Entführungsopfers, die in die (Grund-)Rechte der Entführer eingreifen kann: Diese vollzieht sich gegebenenfalls jedoch nicht auf Grundlage des KonsG, sondern gem. § 8 Abs. 2 BPolG für den Einsatz etwa der GSG 9 oder – sollte man die Zulässigkeit der Personalverteidigung und damit die Zuständigkeit der Bundeswehr bzw. des KSK bejahen – auf Grundlage eines Parlamentsbeschlusses, *R. Glawe*, NZWehrR 2009, 221 (222). *§ 8 Abs. 2 BPolG* lautet:

§ 1 KonsG umreißt zusammenfassend den gesamten konsularischen Tätigkeitsbereich und ist angelehnt an § 1 S. 1 KonsG von 1867. Sie lautet in der den modernen Verhältnissen angepassten Fassung:

§ 1. Die konsularischen Aufgaben im allgemeinen

Die Konsularbeamten (Berufskonsularbeamte oder Honorarkonsularbeamte) sind berufen,

- bei der Zusammenarbeit zwischen der Bundesrepublik Deutschland und dem Empfangsstaat, namentlich auf den Gebieten außenwirtschaftlicher und entwicklungspolitischer Beziehungen, des Verkehrs, der Kultur und der Rechtspflege mitzuwirken,
- Deutschen sowie inländischen juristischen Personen nach pflichtgemäßem Ermessen Rat und Beistand zu gewähren.

Damit sind in § 1 KonsG die wichtigsten konsularischen Aufgaben zusammengefasst. § 1 Sps. 1 KonsG hebt die wesentlichsten konsularischen Aufgabenbereiche auf dem Gebiet der zwischenstaatlichen Beziehungen und Rechtspflege hervor. Ihre Aufzählung ist jedoch unter Verweis auf den Terminus „namentlich" als nicht erschöpfend anzusehen. Er berücksichtigt somit die weltweite Tendenz zur Ausdehnung der konsularischen Aufgaben auf neue Bereiche (Wirtschaft, Kultur etc.) sowie die Angleichung der konsularischen an die diplomatische Tätigkeit. Ihre Überschneidung auf den benannten Sachgebieten wird durch die Fassung des § 1 Sps. 1 KonsG demnach nicht ausgeschlossen.[693]

Auch die Gewährung von Rat und Beistand zugunsten eigener Staatsangehöriger bleibt gem. § 1 Sps. 2 KonsG unverändert konsularische Aufgabe. Er beschreibt damit die überkommene allgemeine konsularische Schutzfunktion, die zur Hervorhebung ihrer fundamentalen Bedeutung durch den Gesetzgeber bewusst an den Anfang des KonsG gestellt wurde. Neu ist jedoch die Klarstellung, dass – anders als noch im KonsG von 1867 – nun neben Deutschen (vgl. § 27 KonsG i.V.m. Art. 116 Abs. 1 GG) ausdrücklich auch inländische, d.h. deutsche juristische Personen und Gesellschaften (vgl. Art. 5 lit. e WÜK, Art. 19 Abs. 3 GG) dem Kreis der Schutzberechtigten zuzurechnen sind.

---

(2) Die Bundespolizei kann ferner im Einzelfall zur Rettung von Personen aus einer gegenwärtigen Gefahr für Leib oder Leben im Ausland verwendet werden. Die Verwendung ist nur für humanitäre Zwecke oder zur Wahrnehmung dringender Interessen der Bundesrepublik Deutschland und im Einvernehmen mit dem Staat, auf dessen Hoheitsgebiet die Maßnahme stattfinden soll, zulässig. Die Entscheidung trifft der Bundesminister des Innern im Einvernehmen mit dem Auswärtigen Amt.

693 *H. Rausch*, Erläut. KonsG, in: J. Kölble (Hrsg.), Das deutsche Bundesrecht Bd. I H 0 – I H 59, H 15, 1 (14 f.); BR-Drs. 404/64, zu § 2 Entwurf des KonsG, S. 10 f.; BR-Drs. 308/72, zu § 2 Entwurf des KonsG (Die konsularischen Aufgaben im allgemeinen), S. 10.

Neu ist überdies der Hinweis, dass Rat und Beistand durch die Konsularbeamten nach „pflichtgemäßem Ermessen" zu gewähren sind. Die Einfügung dieses Ermessens in schwächster Form trägt dem Umstand Rechnung, dass ein Auslands- mehr als ein Inlandsbeamter bei der Entscheidung über ein Tätigwerden in an ihn herangetragenen Individualanliegen auf unterschiedlichste Faktoren Rücksicht nehmen muss. So hat ein Konsularbeamter vor allem sicherzustellen, dass seine Amtstätigkeit mit dem Völkerrecht, dem Recht des Empfangsstaates, vgl. § 4 KonsG, und mit übergeordneten politischen Erwägungen der Bundesrepublik Deutschland vereinbar ist, vgl. § 3 KonsG. Letzteres ergibt sich zudem aus dem in § 1 Sps. 1 und Sps. 2 KonsG angelegten Rangverhältnis von Allgemein- und Individualinteressen, aus dem hervorgeht, dass der Schutz und die Förderung der allgemeinen Interessen der Bundesrepublik vornehmliche konsularische Aufgabe sind.[694]

Nach § 1 Sps. 2 KonsG sind die Konsularbeamten berufen, „Deutschen sowie inländischen juristischen Personen nach pflichtgemäßem Ermessen Rat und Beistand zu gewähren". Das KonsG definiert damit den wesentlichen Inhalt der allgemeinen konsularischen Schutzfunktion, ohne jedoch selbst Voraussetzungen und Inhalt möglicher Hilfeleistungen näher zu beschreiben. Anerkannt ist jedoch, dass sowohl ein Tätigwerden des Konsularbeamten zugunsten des Schutzsuchenden gegenüber den zuständigen Behörden des Empfangsstaates (vgl. Art. 5 lit. a WÜK) als auch ihm selbst gegenüber (vgl. Art. 5 lit. e WÜK) umfasst wird. Überdies beschränkt sie sich keineswegs auf die Vornahme solcher Amtshandlungen, die den Konsularbeamten durch das KonsG oder andere Rechts- und Verwaltungsvorschriften ausdrücklich zugewiesen sind. Vielmehr wird allgemein „alles, was ein Deutscher von einer Auslandsvertretung der Bundesrepublik an Auskünften, Rat, Beistand, Förderung und sozialer Hilfe erwarten darf"[695], erfasst. Folglich bestimmt sich auch die Art und Weise der Beistandsleistung durch jeden Einzelfall und ist theoretisch unbegrenzt.[696]

Letztendlich kann somit unter „Rat und Beistand" prinzipiell jedes Verhalten eines Konsularbeamten subsumiert werden, das den Interessen des Hilfesuchenden dient, soweit dieses nicht bereits durch den Anwendungsbereich einer besondere Notfälle regelnden Vorschrift des KonsG erfasst wird.[697] Der Anwendungsbereich des § 1 Sps. 2 KonsG erscheint dementsprechend weder im Hinblick auf eine

---

694 Zu diesem Absatz insgesamt *K. Hoffmann/H. Glietsch*, Konsularrecht I, § 1 KonsG Anm. 2.6.4.4; *H. Rausch*, Erläut. KonsG, in: J. Kölble (Hrsg.), Das deutsche Bundesrecht Bd. I H 0 – I H 59, H 15, 1 (15); BR-Drs. 404/64, zu § 2 Entwurf des KonsG, S. 11 f.; *H. Rausch*, in: G. Hecker u.a. (Hrsg.), Handbuch der konsularischen Praxis, § 3 B Rn. 3 spricht von einem „Zielkonflikt".

695 *K. Hoffmann*, ZblJugR 1978, 284 (290).

696 S. zu diesem Absatz *K. Hoffmann*, ZblJugR 1978, 284 (290); *K. Hoffmann/H. Glietsch*, Konsularrecht I, § 1 KonsG Anm. 2.6 f.; *H. Rausch*, Erläut. KonsG, in: J. Kölble (Hrsg.), Das deutsche Bundesrecht Bd. I H 0 – I H 59, H 15, 1 (15); *H. Rausch*, in: G. Hecker u.a. (Hrsg.), Handbuch der konsularischen Praxis, § 3 B Rn. 3.

697 *K. Hoffmann/H. Glietsch*, Konsularrecht I, § 6 KonsG Anm. 1.1 bzw. § 5 KonsG Anm. 1.1.; *M. Kötter/J. Nolte*, DÖV 2007, 186 (188).

Erfüllung weitergehender Tatbestandsmerkmale noch hinsichtlich eines Rahmens möglicher Hilfs- und Beistandsmaßnahmen beschränkt. Insoweit können grundsätzlich auch Hilfsmaßnahmen in Entführungssachverhalten und damit eine staatliche Schutzpflicht in diesen Fällen ihre Rechtsgrundlage in § 1 Sps. 2 KonsG finden, da sowohl die Hilfe in Katastrophenfällen als auch die Hilfe an einzelne als entsprechende Grundlagen ausscheiden.

Diese Erwägungen dürfen jedoch nicht die Besonderheiten der untersuchten Entführungsfälle überspielen. Sie zeigen sich in der Komplexität und der politischen Bedeutsamkeit der zu bewältigenden (Befreiungs-)Aufgabe, die nach Ansicht des VG Berlin zu einer Aufgabenwahrnehmung außerhalb der konsularischen Aufgaben führe,[698] sowie in einer möglichen „Überdehnung" des Beistandsbegriffs im Falle der Subsumtion möglicher Hilfe- und Beistandsleistungen unter diesen Terminus. Aus diesen Gesichtspunkten könnte sich letztendlich eine Unanwendbarkeit der allgemeinen konsularischen Schutz- und Beistandspflicht auf entsprechende Konstellationen herleiten.[699]

aa. Aufgabenwahrnehmung außerhalb des Gebiets des konsularischen Schutzes?[700]

Die Problematik der Kontrapunkte Komplexität und politische Bedeutsamkeit beziehen sich auf den weitestgehend völkerrechtlich bestimmten Umfang der konsularischen Aufgaben und – damit verbunden – des konsularischen Schutzes.[701] Aufgrund

698 VG Berlin, Urt. v. 04.04.2006, Az. 14 A 12.04, Rn. 38 ff. – juris.

699 Die Anwendbarkeit des § 1 Sps. 2 KonsG auf Entführungsfälle kann daher nicht mit einem bloßen Verweis auf den „Standardfall" der Hilfe für Opfer von Gewaltverbrechen sowie aufgrund eines *argumentum a fortiori* aus §§ 5 und 6 KonsG angenommen werden, so aber *C. P. Kokew*, Auslandsschutz deutscher Staatsangehöriger bei Entführungen, 2012, S. 82. Die von einer entsprechenden Hilfe erfassten Maßnahmen beziehen sich sämtlich auf eine Hilfe infolge des Gewaltverbrechens (etwa Unterstützung bei der Anzeige der Straftat, Entschädigung durch den Empfangsstaat, ärztliche Betreuung) und damit gerade nicht auf eine Hilfe während der Straftat, s. *K. Hoffmann/H. Glietsch*, Konsularrecht I, § 1 KonsG Anm.2.6.4.7; soweit das Entführungsopfer jedoch nach dem Ende seiner Entführung etwa Anzeige erstatten möchte, wird es hierbei durch den zuständigen Konsularbeamten unterstützt.

700 Zu dieser Formulierung *R. Geiß*, DÖV 2007, 155 (158).

701 Daneben führte das VG Berlin, Urt. v. 04.04.2006, Az. 14 A 12.04, Rn. 41 – juris, gegen eine Anwendung von § 1 Sps. 2 KonsG in Entführungsfällen an, dass sie nicht wie konsularische Alltagsgeschäfte im Gebäude der Auslandsvertretung vorgenommen, sondern – wie eventuelle Befreiungsaktionen – auf dem Territorium fremder Staaten abgewickelt würden. Dieser überholten Ansicht kann zum einen jedoch entgegengehalten werden, dass die Auslandsvertretung nicht als Territorium des Entsendestaates (Bundesrepublik Deutschland) anzusehen ist, vgl. hierzu nur *A. Verdross/B. Simma*, Universelles Völkerrecht, 3. Aufl. 1984, § 895.

der engen Bindung des KonsG an völkerrechtliche Grundsätze (vgl. auch § 4 KonsG) erlangt die eingangs beschriebene Abgrenzung zwischen diplomatischem und konsularischem Schutz für die Auslegung der Reichweite des Anwendungsbereichs des § 1 Sps. 2 KonsG eine entscheidende Bedeutung.[702] Dort wurde der Sachverhalt der Entführung deutscher Staatsangehöriger im Ausland der Rechtsfigur des konsularischen Schutzes zugeordnet.

(1) Sachverhaltskomplexität und politische Bedeutung als denkbare Ausschlusskriterien der konsularischen Hilfe in Entführungsfällen

Das VG Berlin lehnte dennoch im Fall R. Weigel in erster Instanz eine Anwendung des § 1 Sps. 2 KonsG als Rechtsgrundlage für Hilfsmaßnahmen in Entführungsfällen ab: Eine entsprechende Amtstätigkeit der Auslandsvertretungen unterscheide sich wegen ihres besonderen Charakters deutlich von den „üblichen" konsularischen Aufgaben und müsse daher „außerhalb der konsularischen Aufgaben"[703] angesiedelt werden. Nach Ansicht des Gerichts seien in ihren Kreis ausschließlich alltägliche Vorkommnisse einzubeziehen, die durch Auslandsbeamte in alleiniger Zuständigkeit, vor Ort und ohne diplomatische Abstimmung mit dem Empfangsstaat erledigt werden könnten. Entführungsfälle hingegen, insbesondere wenn sie politisch motiviert sein sollten, stellten sich als wesentlich komplexer dar: Ihre Bewältigung sei eine „heikle" Aufgabe, an deren Lösung eine große Zahl zu koordinierender Beteiligter mitwirke.[704] Werde zudem eine gewaltsame Befreiungsaktion durch Kräfte der Bundespolizei oder Bundeswehr in Betracht gezogen, erfordere dies eine zusätzliche Verständigung mit dem Empfangsstaat auf höchster politischer Ebene. Denn die völkerrechtliche Rechtmäßigkeit eines solchen Vorhabens bestimme sich nach einer entsprechenden Zustimmung des Staates, auf dessen Territorium sie durchgeführt werden soll. Das VG Berlin stellte folglich fest, dass die in Entführungsfällen erforderlichen Bemühungen weit über eine typische konsularische Problemstellung hinausgingen und ihre Lösung daher nicht (mehr) als konsularische Aufgabe einzuordnen sei. Sie müsse vielmehr parallel zu Situationen des diplomatischen Schutzes bewertet werden, für den jedoch das KonsG und dementsprechend auch § 1 Sps. 1 KonsG keine rechtliche Handlungsgrundlage bildeten.[705]

Zum anderen ergibt sich aus § 4 Abs. 1 KonsG, dass die konsularische Tätigkeit auch außerhalb der Auslandsvertretung vorgenommen werden kann, ohne dass sie ihren Charakter als konsularischer Schutz verliert, s. auch *C. P. Kokew*, Auslandsschutz deutscher Staatsangehöriger bei Entführungen, 2012, S. 45 f.

702 Ähnlich wohl *D. Hanschel*, ZaöRV 66 (2006), 789 (800 f.) in Bezug auf § 5 KonsG.

703 VG Berlin, Urt. v. 04.04.2006, Az. 14 A 12.04, Rn. 38 – juris.

704 Bspw. das Auswärtige Amt, Bundeskriminalamt, eventuell Bundesnachrichtendienst, Verteidigungs- bzw. Innenministerium, (Staats-)Organe des Empfangsstaates, internationale Organisationen und kirchliche Institutionen, VG Berlin, Urt. v. 04.04.2006, Az. 14 A 12.04, Rn. 39 – juris.

705 VG Berlin, Urt. v. 04.04.2006, Az. 14 A 12.04, Rn. 38 ff. – juris.

Zunächst bleibt allerdings zu bemerken, dass das KonsG insgesamt nicht zwischen üblichen konsularischen Aufgaben und solchen besonders vielschichtigen Charakters differenziert. Hinsichtlich ihrer Komplexität lassen sich die möglichen konsularischen Aufgaben somit grundsätzlich nicht auf einen bestimmten gewöhnlichen Bereich beschränken. Dies bewies zuletzt die konsularische Hilfe nach § 6 KonsG in der Tsunamikatastrophe rund um den Indischen Ozean am 26. Dezember 2004. Diese Naturkatastrophe hat gezeigt, dass Katastrophenfälle gleichermaßen eine Abstimmung von Hilfeleistungen einer Vielzahl staatlicher sowie nichtstaatlicher Akteure erforderlich machen und daher einen entsprechend hohen Grad an Komplexität erreichen können. Darüber hinaus fußen die ebenfalls in § 6 Abs. 1 S. 1 KonsG vorgesehenen Hilfsmaßnahmen in Situationen kriegerischer oder revolutionärer Verwicklungen in einem politisch heiklen Umfeld und können demnach eine vorherige Abstimmung mit dem Empfangsstaat erfordern.[706]

Die konsularischen Aufgaben, die unbestritten auf Grundlage von § 6 Abs. 1 KonsG zu bewältigen sind, unterscheiden sich somit in Bezug auf die Komplexität der zu bewältigenden (Hilfs-)Aufgabe sowie ihrer etwaigen „politischen Implikationen" nicht grundlegend von der Fallkonstellation der Entführung deutscher Staatsangehöriger im Ausland.[707] Eine nicht ausschließliche Beteiligung von Konsularbeamten an den Befreiungsbemühungen im einzelnen Entführungsfall ist im Übrigen auch nach Art. 3 Abs. 2 WÜD unschädlich.[708]

(2) Vergleich von Entführungsfällen und „Standardfällen" der internationalen Kindesentführung

Dieser Befund stützt sich indes nicht allein auf einen Vergleich mit anderen Rechtsgrundlagen des KonsG, sondern daneben auch auf die an dieser Stelle in Rede stehende Generalklausel des § 1 Sps. 2 KonsG selbst. Seit seinem Inkrafttreten haben sich im Rahmen der allgemeinen konsularischen Schutzfunktion in der konsularischen Praxis der deutschen Auslandsvertretungen einige „Standardfälle" der allgemeinen Beistandspflicht herausgebildet. Zu diesen zählen unter anderem die Erteilung von Auskünften, Aufbewahrung von Gegenständen, Hilfe bei Verkehrsunfällen, Betreuung deutscher Touristen und Vermittlungen zwischen Deutschen sowie örtlichen Stellen, Hilfe für Opfer von Gewaltverbrechen. Auch die Hilfe bei internationalen Kindesentführungen ist unstreitig auf Grundlage von § 1 Sps. 2 KonsG zu

706 Als Beispiel kann in diesem Zusammenhang die militärische Evakuierungsoperation vom 26.02.2011 bis 03.03.2011 in Libyen angeführt werden: Das dortige Außenministerium musste den Luftraum für die beteiligten deutschen Flugzeuge freigeben. Diese Angelegenheit wurde auf „diplomatischem Wege" mit den zuständigen Behörden geregelt, s. FAZ v. 12.03.2011, S. 4 „Stammesmilizen helfen Bundeswehr"; diesbzgl. kritisch hingegen *M. Payandeh*, DVBl. 2011, 1325 ff.

707 *R. Geiß*, DÖV 2007, 155 (158).

708 *D. Hanschel*, ZaöRV 66 (2006), 789 (794).

gewähren.[709] Dabei erweist sich die konsularische Aufgabe gerade in letztgenannter Fallgestaltung – vergleichbar mit den vorliegend untersuchten Entführungsfällen – häufig als äußerst schwierig.

(a) Internationale Kindesentführung und konsularische Hilfe

Internationalen Kindesentführungen liegen gemeinhin Sachverhalte zugrunde, in denen nach Scheitern einer binationalen Partnerschaft bzw. Scheidung einer solchen Ehe ein Elternteil ein aus dieser Beziehung hervorgegangenes Kind ohne Zustimmung des anderen Elternteils in seinen Heimatstaat verbringt. Bezogen auf die vorliegend interessierenden Fälle, in denen ein nicht-deutsches Elternteil zur „Selbsthilfe"[710] greift, vollzieht sich diese vielfach entgegen einer etwaigen Sorgerechtsentscheidung eines deutschen Familiengerichts und in der Hoffnung einer im Verbringungsland günstigeren Sorgerechtsentscheidung im bestehenden Sorgerechtskonflikt. Das Ziel der konsularischen Hilfe durch die deutschen Konsularbeamten besteht hier in der Wiederherstellung der Sorgerechtsverhältnisse und der Rückführung des Kindes nach Deutschland. Dieses kann allgemein durch die Herausgabe des Kindes und der Zustimmung zu seiner Ausreise nach Deutschland bzw. durch eine Bewirkung der Anerkennung und Vollstreckung der deutschen Sorgerechts- oder Kindesherausgabeentscheidung in dem Staat, in den das Kind verbracht wurde, erreicht werden.[711]

Dabei erweist sich die konsularische Hilfe jedoch als außerordentlich schwierig, sollte weder der Heimatstaat des nicht-deutschen Elternteils noch der Staat, in den das Kind verbracht wurde, Vertragsstaat eines der internationalen Sorgerechtsübereinkommen[712] sein. Denn in diesen Fällen kann, selbst bei Vorliegen einer

---

709 *K. Hoffmann/H. Glietsch*, Konsularrecht I, § 1 KonsG Anm. 2.6.4.

710 *K. Hoffmann/H. Glietsch*, Konsularrecht I, § 1 KonsG Anm. 2.6.4.6. Häufig vollzieht sich die „Entführung" unter Missbrauch des dem nicht-deutschen Elternteils gesetzlich zustehenden Umgangs-/Besuchsrechts gem. § 1684 BGB und geht mit einer Verletzung des (Mit-)Sorgerechts des deutschen Elternteils aus §§ 1626, 1626a ff., 1629, 1631 BGB einher, *P. Thielsen*, in: G. Hecker u.a. (Hrsg.), Handbuch der konsularischen Praxis, § 6 F Rn. 2.

711 Zu diesem Absatz insgesamt *K. Hoffmann/H. Glietsch*, Konsularrecht I, § 1 KonsG Anm. 2.6.4.6.

712 Hierzu zählen insbesondere das Haager Übereinkommen über die zivilrechtlichen Aspekte internationaler Kindesentführung v. 25.10.1980, das Europäische Übereinkommen über die Anerkennung und Vollstreckung von Entscheidungen über das Sorgerecht für Kinder und die Wiederherstellung des Sorgerechtsverhältnisses v. 20.05.1980, BGBl. 1990 II, S. 206 und das Übereinkommen über die Zuständigkeit der Behörden und das anzuwendende Recht auf dem Gebiet des Schutzes von Minderjährigen v. 05.10.1961, BGBl. 1971 II, S. 217. Betreffend die Bundesrepublik Deutschland wurde letzteres am 01.01.2011 durch das Übereinkommen über die Zuständigkeit, das anzuwendende Recht, die Anerkennung, Vollstreckung und Zusammenarbeit auf dem Gebiet der elterlichen Verantwortung und die Maßnahmen

rechtskräftigen deutschen Gerichtsentscheidung, ohne Mitwirkung der zuständigen Behörden und Gerichte des Aufenthaltsstaates des entzogenen Kindes eine Rückführung nicht erreicht werden. Besondere Probleme können sich insbesondere daraus ergeben, dass die Rechtsordnungen zahlreicher Staaten der Mutter in geringerer Weise Rechte hinsichtlich der Personensorge und des Aufenthaltsbestimmungsrechts des Kindes einräumen, als dies nach deutschem Recht üblich ist. So wurde bereits ein der Mutter zugesprochenes Sorgerecht in manchen Ländern gar als Verstoß gegen die Sitte und Moral des betreffenden Landes angesehen oder die Ausreise des Kindes nach Deutschland mit der Begründung abgelehnt, seine religiöse Entwicklung sei gefährdet. Sollte das Kind zudem neben der deutschen auch die Staatsangehörigkeit des nicht-deutschen Elternteils besitzen, so wird in manchen Staaten mit der Einreise des Kindes die deutsche Staatsangehörigkeit nicht mehr anerkannt.[713]

Es kann somit außergewöhnlichen Einsatz des Konsularbeamten erfordern, die zuständigen Gerichte und Behörden des Verbringungsstaates dazu zu veranlassen, ein aus Deutschland verbrachtes Kind wieder ausreisen zu lassen. Im Vordergrund dieser Anstrengungen steht dabei die Hervorhebung des Übereinkommens über die Rechte des Kindes vom 20. November 1989[714], selbst wenn dieses für den Empfangsstaat nicht bindend sein sollte, denn bei jeder Sorgerechtsentscheidung sollte das Wohl des Kindes ausschlaggebend sein.[715] Die Konsularbeamten sind daher ohne Rücksicht auf eine Komplexität des Sachverhalts berufen, beständig bei den zuständigen Behörden und Organen des Empfangsstaates vorstellig zu werden und darauf hinzuweisen, dass im Einzelfall das Wohl des Kindes über (berechtigte) allgemeine, nationale oder religiöse Interessen gestellt werden sollte. In der Tat ist es in der Vergangenheit mehrfach gelungen, selbst islamische Richter von einer Zustimmung zur Rückführung entführter Kinder nach Deutschland unter diesen Gesichtspunkten zu überzeugen. Sollte jedoch ein Gericht ein im Verbringungsland anhängiges Verfahren über das Sorgerecht zum Nachteil des deutschen Elternteils

---

zum Schutz von Kindern ersetzt. Ihre Zuständigkeitsregelungen werden im Verhältnis der Staaten der Europäischen Union untereinander jedoch weitestgehend durch die der VO (EG) Nr. 2201/2003 v. 27.12.2003 über die Zuständigkeit und die Anerkennung und Vollstreckung von Entscheidungen in Ehesachen und in Verfahren betreffend die elterliche Verantwortung (sog. Brüssel IIa VO), ABl. Nr. L 338, S. 1, verdrängt.

713 Zu diesem Absatz insgesamt *K. Hoffmann/H. Glietsch*, Konsularrecht I, § 1 KonsG Anm. 2.6.4.6.; *P. Thielsen*, in: G. Hecker u.a. (Hrsg.), Handbuch der konsularischen Praxis, § 6 F Rn. 7 ff.

714 BGBl. 1992 II, S. 121.

715 Wenn ein Kind unerwartet aus seinem gewohnten familiären und sozialen Umfeld gerissen wird, drohen ihm psychische Schäden: u.a. Trennungsängste, Heimweh, Entwicklungsverzögerungen, Aggressionen, aber auch schwere psychosomatische Störungen bis hin zum Suizid, *K. Hoffmann/H. Glietsch*, Konsularrecht I, § 1 KonsG Anm. 2.6.4.6.

augenscheinlich verzögern, so kann sogar eine hochrangige politische Intervention angezeigt sein.[716]

(b) Fehlende Übertragbarkeit der durch das VG Berlin angeführten Grenzen des konsularischen Schutzes

Die Fälle der internationalen Kindesentführungen weisen somit ein kaum aufzulösendes Spannungsverhältnis auf: Auf der einen Seite besteht für den Konsularbeamten gem. § 1 Sps. 2 KonsG die Pflicht, im Rahmen seines pflichtgemäßen Ermessens dem deutschen Elternteil Beistand zu leisten. Auf der anderen Seite ist er völkerrechtlich aufgrund Art. 41 WÜD, Art. 5 lit. e i.V.m. lit. m, 55 Abs. 1 und 2 WÜK sowie aufgrund § 4 S. 1 KonsG ebenfalls verpflichtet, die Gesetze des Empfangsstaates zu beachten. Dies gilt insbesondere auch dann, wenn dem Familien- und Sorgerecht der betreffenden Rechtsordnung des Verbringungsstaates Wertungen zugrunde liegen, die der Sorgerechtsentscheidung eines deutschen Gerichts und gegebenenfalls eines entsprechenden Kindesherausgabeanspruchs entgegenstehen.[717] Der Konsularbeamte muss sich in diesen kritischen Fällen durch das Verfassungsgebot des Kindeswohls nach Art. 2 Abs. 1 i.V.m. Art. 1 Abs. 1 GG leiten lassen und das in den Grenzen seines pflichtgemäßen Ermessens und bei Abwägung aller Umstände des Einzelfalls Mögliche unternehmen.[718]

Der Konsularbeamte kann sich somit bei internationalen Kindesentführungen durchaus auf einem schmalen Grad bewegen: In kritischen Fällen können seine gebotenen Amtshandlungen – vereinfacht dargestellt – als „Arbeit *gegen* den Empfangsstaat“ angesehen werden. Folgte man der Argumentation des VG Berlin aus dem Fall R. Weigel,[719] überschritten diese Fälle aufgrund ihres nicht alltäglichen Auftretens, der fehlenden alleinigen Zuständigkeit des Konsularbeamten, der erforderlichen Verständigung mit Behörden des Empfangsstaates und der Komplexität ihres Sachverhalts die Grenzen des konsularischen Schutzes. Dementsprechend müssten sie als „unübliche“ konsularische Aufgabe parallel zu Fällen des diplomatischen Schutzes bewertet werden. Dennoch sind sie unstreitig dem konsularischen Schutz zuzuordnen und auf Grundlage von § 1 Sps. 2 KonsG zu lösen.

In den vorliegend untersuchten Fällen der Entführung deutscher Staatsangehöriger im Ausland dagegen ist dem Empfangsstaat zunächst eine Verpflichtung

---

716 Zu diesem Absatz insgesamt *K. Hoffmann/H. Glietsch*, Konsularrecht I, § 1 KonsG Anm. 2.6.4.6; *P. Thielsen*, in: G. Hecker u.a. (Hrsg.), Handbuch der konsularischen Praxis, § 6 F „Internationale, grenzüberschreitende Kindesentziehungen“ insbesondere Rn. 2, 8 f.

717 Diese und die deutschen Gesetze können aber zumindest den gleichen Rang wie die des Empfangsstaates genießen, *P. Thielsen*, in: G. Hecker u.a. (Hrsg.), Handbuch der konsularischen Praxis, § 6 F Rn. 9.

718 *P. Thielsen*, in: G. Hecker u.a. (Hrsg.), Handbuch der konsularischen Praxis, § 6 F Rn. 9.

719 S. hierzu erneut VG Berlin, Urt. v. 04.04.2006, Az. 14 A 12.04, Rn. 38 ff. – juris.

zuzurechnen, „durch seine Organe alle geeigneten Maßnahmen zu treffen", um rechtswidrige Handlungen Privater für die „Zukunft zu verhindern"[720]. Soweit jedoch eine durch nichtstaatliche Akteure begründete und seiner Rechtsordnung widersprechende Zwangssituation bereits besteht, hat der Empfangsstaat grundsätzlich weiterhin ein eigenes Interesse daran, auf eine Befreiung des Entführungsopfers hinzuwirken. In diesen Fällen ist somit durchaus eine Übereinstimmung seiner Interessen mit denen der Bundesrepublik Deutschland anzunehmen. Vereinfacht kann hier somit von einer „Kooperation des Konsularbeamten *mit* dem Empfangsstaat" ausgegangen werden.[721] Es besteht folglich in den vorliegend untersuchten Entführungsfällen kein oder zumindest nicht vergleichbares Spannungsverhältnis zwischen § 1 Sps. 2 KonsG und § 4 KonsG wie in den dargestellten Fällen internationaler Kindesentführungen.

Aus dieser Feststellung folgt, dass sich eine Einordnung der Entführungsfälle außerhalb der durch das VG Berlin angeführten Grenzen des konsularischen Schutzes als wenig stichhaltig erweist. Denn nahezu sämtliche Eigenschaften der Entführungsfälle, die nach Ansicht des Gerichts für ihre Einordnung außerhalb der konsularischen Aufgaben sprechen, sind ebenso charakteristisch für den „Standardfall" internationaler Kindesentführungen. Sind diese gleichwohl auf Grundlage von § 1 Sps. 2 KonsG zu lösen, muss dies erst recht für die Bewältigung von Entführungsfällen gelten, die zudem eine weniger sich widersprechende (rechtliche) Interessenlage aufweisen.

bb. Mögliche „Überdehnung des Beistandsbegriffs"[722] in Entführungsfällen

Eine Unanwendbarkeit der allgemeinen konsularischen Schutz- und Beistandspflicht auf die vorliegend untersuchte Entführungskonstellation könnte sich schließlich aus einer möglichen Überdehnung des Beistandsbegriffs i.S.v. § 1 Sps. 2 KonsG ergeben.[723] Diesbezügliche Besonderheiten ergeben sich in Entführungsfällen zum einen aus der Schwere der Notlage sowie zum anderen aus der Vielfalt, dem Umfang und den sich nicht zuletzt hieraus herleitenden Kosten der Hilfeleistungen. Die Möglichkeit einer Überdehnung ist jedoch ausschließlich dann gegeben, sollten die zwei genannten Gesichtspunkte die Auslegung des Beistandsbegriffs tatsächlich

---

720 *K. Hoffmann/H. Glietsch*, Konsularrecht I, Vorb. zum 1. Abschn. Anm. 8.1.1. Zu dieser „präventiven" Schutzpflicht des Empfangsstaates auch *D. Hanschel*, ZaöRV 66 (2006), 789 (794) und bereits im zweiten Teil unter A. II.

721 Vgl. *R. Geiß*, DÖV 2007, 155 (159), der zusätzlich anführt, dass die Schadensabwendungspflicht zunächst den Staat trifft, auf dessen Hoheitsgebiet die entsprechenden Ereignisse stattfinden; s. auch VG Berlin, Urt. v. 04.04.2006, Az. 14 A 12.04, Rn. 44 – juris; *D. Hanschel*, ZaöRV 66 (2006), 789 (794).

722 Ähnlich VG Berlin, Urt. v. 04.04.2006, Az. 14 A 12.04, Rn. 36 – juris.

723 Entsprechendes wurde in der Urteilsbegründung des VG Berlin – jedoch ohne nähere Ausführung – angedeutet, VG Berlin, Urt. v. 04.04.2006, Az. 14 A 12.04, Rn. 36 – juris.

beeinflussen. Bejahendenfalls müsste entsprechenden Hilfsmaßnahmen der Charakter als Beistandsleistung abgesprochen und ihre Subsumtion unter § 1 Sps. 2 KonsG somit verneint werden.

(1) Schweregrad der drohenden bzw. bestehenden Notlage

In Bezug auf die Schwere der Notlage ist grundsätzlich festzustellen, dass Entführungsopfer einer – für Einzelpersonen bestehenden – Gefahr für Leib und Leben ausgesetzt sind. Die bisherige Untersuchung zeigte allerdings, dass eine spezifisch auf die untersuchte Notlage zugeschnittene Handlungsgrundlage in den Katalog des 2. Abschnitts des KonsG nicht aufgenommen wurde.

Die sich somit auf den ersten Blick ergebende Regelungslücke kann indes durch die Systematik des KonsG geschlossen werden.[724] Ihr folgend vollzieht sich durch die besonders geregelten konsularischen Aufgaben und Befugnisse eingangs des 2. Abschnitts eine Ergänzung und Konkretisierung der im 1. Abschnitt des KonsG angesiedelten allgemeinen konsularischen Schutzfunktion. So können insbesondere die Aufgaben betreffend der sozialen Betreuung hilfsbedürftiger Deutscher in besonderen Notfällen (§§ 5 bis 7 KonsG) als „Ausfluss"[725] der Generalklausel angesehen werden.[726] Im Umkehrschluss bedeutet dies freilich ebenfalls, dass durch § 1 Sps. 2 KonsG selbst ein Bezug zu den im 2. Abschnitt geregelten Notlagen hergestellt wird. Ausgehend von dieser Gesetzeskonzeption ist § 1 Sps. 2 KonsG somit als Auffangvorschrift im Bereich des konsularischen Schutzes anzusehen. Dabei sehen §§ 5 bis 7 KonsG zweifelsohne nur in den konkret bestimmten Notfällen konsularische Hilfeleistungen vor und sind lediglich insoweit als lex specialis anzusehen. Im Umkehrschluss lässt sich allerdings nicht folgern, dass § 1 Sps. 2 KonsG die entsprechend besonders normierten Notsituationen nicht erfassen sollte.[727]

Vor diesem Hintergrund lassen insbesondere die bereits betrachtete Hilfe in Katastrophenfällen und die Hilfe an einzelne Rückschlüsse auf die allgemeine Schutz- und Beistandspflicht bzw. auf die Auslegung des Tatbestandsmerkmals des Beistands zu: Denn einerseits besitzt § 6 Abs. 1 S. 1 KonsG angesichts des wörtlichen Verweises auf das „vergleichbare Ereignis" einen tatbestandlich weit gefassten Anwendungsbereich. Er bezieht sich damit auf eine möglichst große Bandbreite potentieller

---

724 S. zu dieser Systematik *K. Hoffmann/H. Glietsch*, Konsularrecht I, § 1 KonsG Anm. 2.6.

725 *K. Hoffmann/H. Glietsch*, Konsularrecht I, § 6 KonsG Anm. 1.1.

726 *K. Hoffmann/H. Glietsch*, Konsularrecht I, § 5 KonsG Anm. 1.1 und § 6 KonsG Anm. 1.1. Dies erkannte auch das OVG Berlin-Brandenburg, Urt. v. 21.02.2007, Az. 11 B 9.06, Rn. 19 – juris.

727 *K. Hoffmann/H. Glietsch*, Konsularrecht I, § 1 KonsG Anm. 2.6., wonach § 1 KonsG den „wesentlichen Inhalt des allgemeinen konsularischen Schutzes" bestimmt und die §§ 5 bis 7 KonsG „ergänzende Vorschriften über den Inhalt der konsularischen Beistandspflicht in besonderen Notlagen" enthalten. Zu § 1 KonsG von 1867, s. *E. Kraske*, Handbuch des Auswärtigen Dienstes, 1939, S. 234, insbesondere Fn. 4; *ders./W. Nöldeke*, Handbuch des Auswärtigen Dienstes, 1957, S. 139.

Krisensituationen und erfasst gleichermaßen Gefahren für Leib und Leben. Selbiges muss, der Systematik des KonsG folgend, konsequenterweise auch für die Generalklausel gelten. Andererseits regelt § 5 Abs. 1 S. 1 KonsG die konsularische Individualhilfe und damit Leistungen an Einzelpersonen, dessen Anwendungsbereich jedoch auf wirtschaftliche Notlagen beschränkt ist. Sieht die konsularische Hilfe an einzelne allerdings bereits in diesen rein monetären Notfällen Hilfen vor, so muss dies – vor dem Hintergrund der sich auch auf das Entführungsopfer erstreckenden staatlichen Schutzpflicht aus Art. 2 Abs. 2 (i.V.m. Art. 1 Abs. 1 S. 2, 25 S. 1 GG) – nach *R. Geiß* erst recht auf die vorliegend untersuchten schwerwiegenderen Notlagen übertragen werden.[728]

Insgesamt ist demnach eine tatsächliche Beeinflussung der Auslegung des Beistandsbegriffs durch den Schweregrad der drohenden bzw. bestehenden Notlage und damit freilich auch seine Überdehnung abzulehnen.[729]

(2) Vielfältigkeit, Umfang und vor allem Kosten der Hilfe- bzw. Beistandsleistungen in Entführungsfällen

Eine Überdehnung könnte schließlich aus der Vielfalt, dem Umfang und den sich nicht zuletzt aus diesen Faktoren ergebenden Kosten der Hilfeleistungen in Entführungsfällen herzuleiten sein. Denn – unabhängig von einem erhöhten Komplexitätsgrad der Entführungssachverhalte – überschreitet die konsularische Hilfstätigkeit auch hinsichtlich dieser Gesichtspunkte regelmäßig die Dimension typischer, auf Grundlage von § 1 Sps. 2 KonsG zu bewältigender Fälle. Dieses besondere Merkmal der Entführungsfälle ergibt sich daraus, dass mit den Befreiungsbemühungen der Bundesrepublik Deutschland und der Befreiung der Entführungsopfer selbst zwei sehr umfassende Maßnahmenkomplexe in Rahmen der konsularischen Hilfe zusammengefasst werden.

Gleichwohl setzt sich dieser Befund allein noch nicht in Widerspruch zu der anfangs umschriebenen Definition des Beistandsbegriffs. Dort wurde festgestellt, dass Hilfsmaßnahmen in Entführungssachverhalten grundsätzlich unter den Beistandsbegriff subsumierbar erscheinen.[730] Denn § 1 Sps. 2 KonsG spricht allgemein

728 *R. Geiß*, DÖV 2007, 155 (157).

729 I.E. ebenso *R. Geiß*, DÖV 2007, 155 (157).

730 Danach umschließt der Beistandsbegriff allgemein „alles, was ein Deutscher von einer Auslandsvertretung der Bundesrepublik an Auskünften, Rat, Beistand, Förderung und sozialer Hilfe erwarten darf". Die Art und Weise der Beistandsleistung ist durch jeden Einzelfall bestimmt und theoretisch unbegrenzt. Unter „Rat und Beistand" kann somit jedes Verhalten eines Konsularbeamten verstanden werden, das den Interessen des Hilfesuchenden dient, soweit dieses nicht bereits durch den Anwendungsbereich einer besondere Notfälle regelnden Vorschrift des KonsG erfasst wird, *K. Hoffmann/H. Glietsch*, Konsularrecht I, § 1 KonsG Anm. 2.6 f.; *K. Hoffmann*, ZblJugR 1978, 284 (290); *M. Kötter/J. Nolte*, DÖV 2007, 186 (188); *H. Rausch*, Erläut. KonsG, in: J. Kölble (Hrsg.), Das deutsche Bundesrecht Bd. I H 0 –

von der Gewährung von Rat und Beistand nach pflichtgemäßem Ermessen. Die Vorschrift beinhaltet somit grundsätzlich keine textlichen Beschränkungen, die auf einen Ausschluss der konsularischen Hilfe in Entführungssachverhalten aus seinem Anwendungsbereich aufgrund der Vielfalt, des Umfangs und der Kosten schließen ließen.

(a) Kein genereller Ausschluss des § 1 Sps. 2 KonsG als Handlungsgrundlage in Entführungsfällen

Eine Revision des vorgenannten Subsumtionsergebnisses wäre aber angezeigt, sollten die genannten Gesichtspunkte der Hilfsmaßnahmen für die Auslegung des infrage stehenden Tatbestandsmerkmals des Beistands eine zunächst generelle Bedeutung beanspruchen können. In diesem Fall wäre der Charakter als Beistandsleistung der konsularischen Hilfe in Entführungsfällen ohne tatsächliche Betrachtung im Einzelfall von vornherein ausgeschlossen.

In Richtung der Ablehnung dieser unmittelbaren Bedeutung weisen die vorangegangenen Ausführungen zu einer möglichen Wahrnehmung konsularischer Aufgaben auf dem Gebiet des diplomatischen Schutzes und des Schweregrads der drohenden bzw. bestehenden Notlage. Es wurde festgestellt, dass sowohl aus ihrer unüblich hohen Sachverhaltskomplexität als auch aus der Gefahr für Leib und Leben des Entführungsopfers keineswegs eine Unanwendbarkeit des § 1 Sps. 2 KonsG begründet wird. Als Konsequenz der faktisch bestehenden Konnexität zwischen der Komplexität bzw. der Notsituation und den vorliegend in Rede stehenden Faktoren muss dieses Auslegungsergebnis ebenso im Hinblick auf letztere gelten. Denn mit zunehmendem Komplexitätsgrad von (Hilfs-)Aufgabe und Gefahrengrad erreichen auch die genannten Faktoren ein relativ größeres Ausmaß. Sie sind demnach primärer Auslöser für die zugehörige große Vielfalt, den beträchtlichen Umfang und die hohen Kosten der konsularischen Hilfe in Entführungsfällen. Entgegen lautende Schlussfolgerungen verstrickten sich daher in Wertungswidersprüche, würde die Frage nach der Komplexität und der Notlage für die Anwendbarkeit § 1 Sps. 2 KonsG unbeachtlich angesehen, die Frage nach einer möglichen Subsumtion durch sie bedingter Hilfsmaßnahmen besonderer Dimension unter den Beistandsbegriff hingegen negativ beantwortet. Sie stimmten ferner nicht mit der eingangs genannten Definition des Beistands überein, nach der die Art und Weise des Schutzes durch jeden Einzelfall zu bestimmen ist.[731]

I H 59, H 15, 1 (15); *ders.*, in: G. Hecker u.a. (Hrsg.), Handbuch der konsularischen Praxis, § 3 B Rn. 3; s. bereits im zweiten Teil unter B. III. 2. d.

731 S. hierzu erneut *H. Rausch*, in: G. Hecker u.a. (Hrsg.), Handbuch der konsularischen Praxis, § 3 B Rn. 3.

(b) Ausschluss des § 1 Sps. 2 KonsG als Handlungsgrundlage nur im Einzelfall?

Im Folgenden stellt sich daher die Frage nach dem Einfluss der Vielfalt, des Umfangs und den mit diesen Faktoren verbundenen Kosten auf den Beistandscharakter möglicher Hilfeleistungen im Rahmen einer Einzelfallbetrachtung.

Seine Verneinung könnte sich zunächst – wie schon bei der Komplexität der konsularischen (Hilfs-)Aufgabe und dem Schweregrad der drohenden bzw. bestehenden Notlage der Entführungsfälle – aus einem Vergleich mit § 6 Abs. 1 S. 1 KonsG herleiten. Denn auch in Katastrophenfällen erreicht die konsularische Hilfe, nicht zuletzt aufgrund der Betroffenheit einer Vielzahl deutscher Staatsangehöriger, regelmäßig eine den Entführungsfällen entsprechende Dimension. Dies bewiesen die schon genannte Tsunamikatastrophe an Weihnachten 2004 sowie die politischen Umwälzungen in Teilen des Maghreb und Maschrek 2010/2011.[732] Unbestritten wurden

---

732 In der Tsunamikatastrophe rund um den Indischen Ozean an Weihnachten 2004 bestanden die allgemeinen Hilfsmaßnahmen in der Vermisstensuche, in der psychologischen Betreuung und Seelsorge für Angehörige und Opfer sowie in der Kommunikation mit Angehörigen in Deutschland. Die Maßnahmen im Falle der ca. 550 toten deutschen Staatsangehörigen umfassten primär die Identifizierung der Opfer sowie ihre Überführung nach Deutschland. Im Gegensatz dazu gestaltete sich die Hilfe für die überlebenden und verletzten deutschen Urlauber wesentlich umfangreicher: Konkrete Maßnahmen der Krisenreaktionskräfte waren hier Notversorgung mit Essen und Kleidung, Trinkwasseraufbereitung, medizinische Versorgung vor Ort, Evakuierung von Schwerverletzten mit Spezialflugzeugen der Bundeswehr, Ausstellung von Ersatzpässen und Staatsangehörigkeitsnachweisen, Information über Rückflugmöglichkeiten sowie ihre Realisierung für über 7000 deutsche Urlauber durch Maschinen der Bundeswehr, Charterflüge oder den Reiseveranstalter und Organisation bzw. Durchführung von Transporten zum Flughafen, in Auffanglager oder Krankenhäuser, zusätzlich befand sich ein Einsatztruppenversorger der Bundeswehr im Krisengebiet, FAZ v. 30.12.2004, S. 15 „Identifizierungskommission: Ein großes Puzzle zusammensetzen"; FAZ v. 06.01.2005, S. 1 f. „Schröder stolz auf die Deutschen"; FAZ v. 07.01.2005, S. 1 f. „Die internationale Geberkonferenz in Jakarta". In Fällen kriegerischer oder revolutionärer Verwicklungen i.S.v. § 6 Abs. 1 S. 1 KonsG steht hingegen die Verbringung deutscher und europäischer Staatsbürger aus dem Krisengebiet im Fokus der Bemühungen des Auswärtigen Amtes. So hielten sich zu Beginn der landesweiten Unruhen Mitte Februar 2011 über 600 deutsche Staatsangehörige in Libyen auf. Seitdem wurden hunderte auf dem Luftweg mit Flugzeugen von Lufthansa und Bundeswehr bzw. auf dem Land- sowie Seeweg evakuiert. Nachdem sich die Sicherheitslage ab Ende Februar 2011 jedoch zunehmend verschlechterte, wurden 262 Ausländer – darunter 125 Deutsche – im Rahmen einer mehrtägigen militärischen Evakuierungsoperation mit Transall-Maschinen der Bundeswehr ausgeflogen. Insgesamt waren ca. 1000 Bundeswehrsoldaten an diesem Einsatz beteiligt. Zur weiteren Unterstützung kreuzte ein Einsatzverband der deutschen Marine im Mittelmeer, vgl. zu diesen Angaben BVerfG, Urt. v. 23.09.2015, Az. 2

diese schweren Katastrophenfälle auf Grundlage der Hilfe in Katastrophenfällen gelöst.[733] Die genannten Gesichtspunkte sind somit für die Entscheidung über eine Anwendbarkeit der Hilfe in Katastrophenfällen ohne Wirkung; und dies, obwohl § 6 Abs. 1 S. 1 KonsG im Gegensatz zu § 1 Sps. 2 KonsG einschränkend von der Gewährung lediglich erforderlicher Maßnahmen spricht. Vor dem Hintergrund der bereits dargestellten Systematik des KonsG und der staatlichen Schutzpflicht aus Art. 2 Abs. 2 GG (i.V.m. Art. 1 Abs. 1 S. 2, 25 S. 1 GG) muss diese Schlussfolgerung somit auch im Hinblick auf § 1 Sps. 2 KonsG für die vorliegend untersuchten Entführungsfälle gelten.[734]

Durch eine Einzelfallbetrachtung würden weiterhin nicht hinnehmbare rechtliche Unsicherheiten begründet. Diese ergeben sich gerade aus der faktischen Verknüpfung des Beistandscharakters der Hilfsmaßnahmen mit den genannten Gesichtspunkten. Die vorliegend untersuchten Sachverhaltskonstellationen besitzen zwar charakteristische, gemeinsame Grundstrukturen und sind damit als eigenständige Fallgruppe innerhalb des konsularischen Schutzes anzusehen. Diese Erkenntnis kann jedoch nicht isoliert von den Erfahrungen der bisherigen Entführungsfälle stehen: Sie zeigten, dass im Einzelfall eine Vergleichbarkeit hinsichtlich der Vielfalt, des Umfangs und der Kosten der Hilfsmaßnahmen gerade nicht angenommen werden kann. Es entstünde somit eine Abhängigkeit der Wahl der Rechtsgrundlage für ein konsularisches Tätigwerden, in deren Rahmen sich zudem eine Grenze für den Ausschluss des Beistandscharakters der Hilfsmaßnahmen i.S.v. § 1 Sps. 2 KonsG nur schwerlich bestimmen ließe. Eine entsprechende Verknüpfung resultierte darüber hinaus in Unwägbarkeiten in Bezug auf mögliche Auslagenerstattungsansprüche

BvE 6/11, abgedruckt in NVwZ 2015, 1593 (1594 ff.); BT-PlPr. 17/99, S. 11437 ff.; „Operation Pegasus: Bundeswehr hilft bei Ausreise deutscher Staatsbürger aus Libyen", Bericht der Bundeswehr, im Internet: http://www.bundeswehr.de/portal/a/bwde/!ut/p/c4/NYrBCsJADET_aLMLRcVblxbx6kGtt7QNJdBmS4wWxI939-AMvMO8gQfkCr55QuMkOMMduoGP_eb6bSRHLE8k-xDcyjMvQxKyQiMxz-pwULalbk9pczEs1G8cjdD40Mez9P-F7aE_xWld-15zjBdZlqX8dpKfO/; Rede des Staatsministers im Auswärtigen Amt *W. Hoyer* vor dem Deutschen Bundestag am 24.02.2011, abrufbar unter: http://www.auswaertiges-amt.de/DE/Infoservice/Presse/Reden/2011/110224_Hoyer_BT_Libyen.html; s. auch FAZ v. 01.03.2011, S. 4 „100 000 Menschen auf der Flucht"; FAZ v. 12.03.2011, S. 4 „Stammesmilizen helfen Bundeswehr"; *M. Payandeh*, DVBl. 2011, 1325 ff. Zu Evakuierungsmaßnahmen allgemein *J. Scheller*, in: G. Hecker u.a. (Hrsg.), Handbuch der konsularischen Praxis, § 8 E Rn. 15 ff.

733 *H. Rausch*, in: G. Hecker u.a. (Hrsg.), Handbuch der konsularischen Praxis, § 3 B Rn. 8; *K. Hoffmann/H. Glietsch*, Konsularrecht I, § 6 KonsG Anm. 1.3 ff., die selbst die Vielfältigkeit der möglichen Hilfsmaßnahmen hervorheben.

734 Zur Systematik des KonsG, s. erneut etwa im zweiten Teil unter B. III. 2. b. dd. und c. cc. (2).

der Bundesrepublik Deutschland nach erfolgreicher Befreiung gegenüber den Betroffenen.[735]

Mit Blick auf die Vorhersehbarkeit des behördlichen Verhaltens während und auch nach Beendigung der Entführung stünde diese Unsicherheit bezüglich der Erfüllung der tatbestandlichen Voraussetzungen durch die konsularische Hilfe in Entführungsfällen in Widerspruch zu dem rechtsstaatlichen Bedürfnis an Rechtssicherheit.[736] Dieser Widerspruch würde durch die Tatsache verstärkt, dass die Vielfalt sowie der Umfang der Hilfsmaßnahmen als auch die tatsächliche Höhe der anfallenden Kosten erst retrospektiv ermittelbar bzw. bezifferbar sind. Die Wahl der Rechtsgrundlage kann sich hingegen stets nur nach einer prospektiven Betrachtung richten.

Die genannten Aspekte zeigen, dass die Vielfalt, der Umfang und die mit diesen Faktoren verbundenen Kosten auf den Beistandscharakter möglicher Hilfeleistungen auch im Rahmen einer Einzelfallbetrachtung keinen Einfluss haben. Eine Überdehnung des Beistandsbegriffs kann aus ihnen somit nicht abgeleitet werden.

cc. § 1 Sps. 2 KonsG als in Entführungsfällen einschlägige einfachgesetzliche Rechtsgrundlage – Zwischenergebnis

Die allgemeine konsularische Schutzfunktion wird von allen Staaten der Welt anerkannt und von vielen als die wichtigste konsularische Aufgabe überhaupt angesehen.[737] Ihre einfachgesetzliche Abbildung findet sich nicht allein in § 6 Abs. 1 KonsG oder § 5 Abs. 1 KonsG, sondern auch in § 1 Sps. 2 KonsG, der ihren wesentlichen Inhalt indes nicht abschließend konkretisiert. Doch gerade diese Offenheit des Beistandsbegriffs ermöglicht es, Entführungsfälle – unbeschadet der ihnen immanenten tatsächlichen Besonderheiten – durchaus auf Grundlage des KonsG zu lösen.

Die diesbezüglichen Einwendungen des VG Berlin in Bezug auf ihre außergewöhnliche Sachverhaltskomplexität und die durch sie begründete Überdehnung des Beistandsbegriffs verfangen nicht. Vor dem Hintergrund des erstgenanntem Kontrapunktes würde es der Anwendbarkeit des § 1 Sps. 2 KonsG darüber hinaus nicht entgegenstehen, sollten sich im Einzelfall Schnittmengen aus diplomatischem Schutz und konsularischer Aufgabenwahrnehmung bilden. Aus ihr ergäben sich zwar graduelle, nicht aber qualitative Unterschiede zu (Standard-)Fällen des § 1 Sps. 2 KonsG. Sie führten freilich nicht zu einem „Umschlagen" konsularischer Aufgabenwahrnehmung in diplomatischen Schutz.[738] Denn Schnittmengen

735 Die Wahl der Rechtsgrundlage eines möglichen Auslagenerstattungsanspruchs der Bundesrepublik Deutschland – mitsamt anwendbarer Einschränkungen – wird durch die vorangehende Rechtsgrundlagenwahl der konsularischen Hilfe determiniert, s. hierzu eingehend später im siebten Teil.

736 In anderem Zusammenhang wurde dieses Argument von *D. Hanschel*, ZaöRV 66 (2006), 789 (799) vorgebracht.

737 *K. Hoffmann/H. Glietsch*, Konsularrecht I, § 1 KonsG Anm. 2.6.

738 *D. Hanschel*, ZaöRV 66 (2006), 789 (783 f., 801).

solchergestalt sind im KonsG schlichtweg avisiert: Seine Regelungen betreffen weniger die Rechtsbeziehungen zwischen Staaten als vielmehr die zwischen deutschen Auslandsvertretungen und deutschen Staatsangehörigen. Ein gewisses „Verschwimmen" der Grenzen des diplomatischen und konsularischen Schutzes ist ihm somit immanent und wird am Beispiel der internationalen Kindesentführung belegt.[739]

Auch eine vermeintlich begründete „Überdehnung" des Beistandsbegriffs kann widerlegt werden. So ist es wenig überzeugend, grundsätzlich unter die Definition des Beistandsbegriffs subsumierbare Hilfeleistungen in Entführungsfällen allein aufgrund ihrer Vielfältigkeit, ihres Umfangs und der durch sie verursachten Kosten den Charakter als solche (wieder) zu entziehen. Denn diese Gesichtspunkte können weder im Rahmen einer generalisierten Betrachtungsweise noch im Einzelfall eine Relevanz für die Auslegung des Beistandsbegriffs beanspruchen. Der Anwendbarkeit des § 1 Sps. 2 KonsG auf die vorliegend untersuchte Fallgruppe liegt somit zwar eine weite Auslegung des Anwendungsbereichs zugrunde. Als die konsularische Hilfe in Entführungsfällen demnach als Beistandsleistung anzusehen ist, wird die Grenze zu einer „Überdehnung" dieses Terminus' jedoch nicht überschritten.[740]

3. Die konsulargesetzliche Schutzpflicht in Entführungsfällen – Zwischenfazit

Findet die einfachgesetzliche Schutzpflicht in Entführungsfällen nach allem ihre Grundlage in § 1 Sps. 2 KonsG, so erweist sich zudem die Annahme des VG Berlin, dass diese dem Bereich des Unnormierbaren zuzurechnen seien, als nicht zutreffend.[741] Es bezog sich bei dieser Aussage auf die Entscheidung des BVerfG im Fall der Entführung des Arbeitgeberpräsidenten H. M. Schleyer durch die RAF. Hier stellte das Gericht fest, dass das „Wie" eines Schutzes des Entführungsopfers nicht „generell im voraus normiert"[742] werden könnte, weil ansonsten „die Reaktion des Staates für Terroristen von vornherein kalkulierbar würde."[743] Die Untersuchung des KonsG hat jedoch gezeigt, dass der Begriff „Rat und Beistand" im Tatbestand des § 1 Sps. 2 KonsG als Generalklausel der konsularischen Aufgabenwahrnehmung derart offen formuliert ist, dass unter ihn zum einen auch die besonderen Fälle der Entführung deutscher Staatsangehöriger im Ausland subsumiert werden können.[744] Zum anderen eröffnet er der Bundesrepublik Deutschland mit der

---

739 *R. Geiß*, DÖV 2007, 155 (159); *K. Hoffmann/H. Glietsch*, Konsularrecht I, § 1 KonsG Anm. 2.5.2.

740 I.E. ebenso *R. Geiß*, DÖV 2007, 155 (157); *F. Hanschmann*, DVBl. 2009, 1481 (1485); *M. Kötter/J. Nolte*, DÖV 2007, 186 (188).

741 VG Berlin, Urt. v. 04.04.2006, Az. 14 A 12.04, Rn. 42 – juris.

742 BVerfGE 46, 160 (165) – *Schleyer*.

743 BVerfGE 46, 160 (165) – *Schleyer*.

744 In Bezug auf die mögliche Normierbarkeit selbst von Auslandseinsätzen der Bundeswehr in einen „Streitkräfte-Entsendegesetz", s. *S. Hobe*, in: M. Breuer u.a. (Hrsg.), FS für E. Klein, 2013, 95 (102 ff.).

Bindung an das pflichtgemäße Ermessen einen ausreichenden Spielraum, sodass die in der Entscheidung zum Entführungsfall Schleyer angesprochene Gefahr einer Vorhersehbarkeit der staatlichen Reaktion jedenfalls in Bezug auf den Normtext von § 1 Sps. 2 KonsG nicht besteht.[745] Die Annahme des VG Berlin greift folglich nicht durch.[746]

a. „Moderne Auslegung“[747] des KonsG

Darüber hinaus besteht im Hinblick auf eine Entführung deutscher Staatsangehöriger im Ausland keine Notwendigkeit einer „moderne Auslegung“[748] des 30 Jahre alten KonsG – insbesondere des Tatbestandsmerkmals der Hilfsbedürftigkeit in § 5 KonsG – wie sie durch das Auswärtige Amt in dem Verfahren um die Kostenerstattung im Fall der Entführung von R. Weigel vor dem VG Berlin geltend gemacht wurde. Diese Forderung ergibt sich daraus, dass der Gesetzgeber zur Zeit der Neuregelung des KonsG diese Bedrohungslage für deutsche Touristen und Residenten nicht vorhersehen und damit anders als die Hilfe an einzelne und die Hilfe in Katastrophenfällen nicht ausdrücklich im KonsG normieren konnte. Ihr kann jedoch zum einen entgegengehalten werden, dass der Anwendungsbereich des § 5 KonsG entgegen „Entstehungsgeschichte und Systematik des KonsG quasi im Wege freier Rechtsschöpfung [...] auf Fallgestaltungen [...] [nicht erweitert werden kann], für die er [ausweislich der umfangreichen Dokumenten zum KonsG] nicht geschaffen ist“;[749] zumal es sich bei einer modernen Auslegung um keine der „von der juristischen Methodenlehre anerkannte Auslegungsmethode handelt“[750], über die die vorliegend untersuchten Entführungsfälle – unter erheblichen dogmatischen Problemen – auf Grundlage von § 5 KonsG gelöst werden müssten.[751] Zum anderen hat der Gesetzgeber die Bedrohungslage einer Entführung deutscher Staatsangehöriger im Ausland zwar nicht in seine Erwägungen einbezogen. Er hat jedoch mit § 1 Sps. 2 KonsG eine tatbestandlich derart offene Regelung geschaffen, auf die ein

745 S. zum staatlichen Ermessen des KonsG im dritten Teil unter A. II. 2.

746 So i.E. *R. Geiß*, DÖV 2007, 155 (159); *D. Hanschel*, ZaöRV 66 (2006), 789 (807 f.); *C. P. Kokew*, Auslandsschutz deutscher Staatsangehöriger bei Entführungen, 2012, S. 48. Ähnlich auch *J. Isensee*, in: ders./P. Kirchhof (Hrsg.), HStR IX, 3. Aufl. 2011, § 191 Rn. 287, der jedenfalls die polizei- und ordnungsrechtlichen Generalklauseln als für einen dynamischen Grundrechtsschutz erforderlich ansieht. Zu der ähnlichen Problemstellung der Normierbarkeit von Auslandseinsätzen der Bundeswehr in einem „Auslandseinsatzgesetz“, s. *S. Hobe*, in: M. Breuer u.a. (Hrsg.), FS für E. Klein, 2013, 95 (102 ff.).

747 VG Berlin, Urt. v. 04.04.2006, Az. 14 A 12.04, Rn. 32 – juris.

748 VG Berlin, Urt. v. 04.04.2006, Az. 14 A 12.04, Rn. 32 – juris.

749 VG Berlin, Urt. v. 04.04.2006, Az. 14 A 12.04, Rn. 32 – juris.

750 VG Berlin, Urt. v. 04.04.2006, Az. 14 A 12.04, Rn. 32 – juris.

751 *F. Hanschmann*, DVBl. 2009, 1481 (1483, 1485).

Tätigwerden des Konsularbeamten in Entführungsfällen ohne „Außerachtlassung interpretatorischer und methodischer Schwierigkeiten"[752] gestützt werden kann.

b. *Schutzmaßnahmen zugunsten des Entführungsopfers: Trennung zwischen Maßnahmen der eigentlichen Befreiung und solchen im Anschluss an das Entführungsende*[753]

Abschließend ist zu beachten, dass sich die bisherigen Ausführungen allein auf das staatliche Tätigwerden im Hinblick auf die in Entführungsfällen vorrangige Frage einer Befreiung des Entführungsopfers beziehen, das in jedem Fall seine Rechtsgrundlage in § 1 Sps. 2 KonsG findet. Die staatliche Betreuung des Entführungsopfers im Ausland endet jedoch nicht in diesem Zeitpunkt, sondern dauert in der Regel bis zu seiner Rückkehr nach Deutschland fort. Da das ehemalige Entführungsopfer gewöhnlich mittellos sein wird, muss es unter Umständen mit Kleidung und Lebensmitteln versorgt, sicher untergebracht, möglicherweise sogar – wie R. Wallert – medizinisch betreut werden und durch die Bundesrepublik Deutschland selbst oder durch ein privates Flugunternehmen zurück nach Deutschland geflogen werden.[754] Sämtliche dieser Maßnahmen wären grundsätzlich unter die nach § 5 Abs. 1 KonsG erforderlichen Hilfen zur Behebung einer rein wirtschaftlichen Hilfsbedürftigkeit des ehemaligen Entführungsopfers subsumierbar, vgl. insbesondere § 5 Abs. 4 KonsG.[755]

Fraglich ist somit, ob sich die Situation des ehemaligen Entführungsopfers im Anschluss an das Entführungsende als wirtschaftliche Notlage darstellt und die diesbezüglichen konsularischen Hilfeleistungen ihre Rechtsgrundlage in § 5 Abs. 1 KonsG finden oder ob auch hier § 1 Sps. 2 KonsG anzuwenden ist.[756] Erster

752 *F. Hanschmann*, DVBl. 2009, 1481 (1483), der davon ausgeht, dass sich insbesondere das BVerwG allein von der bloßen Notwendigkeit einer Rechtsgrundlage für Entführungsfälle hat leiten lassen.

753 Hierzu jedenfalls in Bezug auf die nachgelagerte Kostenfrage allgemein *U. Göres*, NJW 2004, 1909 (1911); *ders.*, DÖV 2008, 622 (628); *C. P. Kokew*, Auslandsschutz deutscher Staatsangehöriger bei Entführungen, 2012, S. 281 ff., 291 f. Diese Trennung wird im Folgenden erst wieder auf der Kostenebene relevant (s. hierzu im siebten Teil unter B. I. und II. 2. a. aa. bzw. bb.); dennoch wird im dritten Teil unter A. II. 2. mit Fn. 838 bzw. A. III. mit Fn. 841 und B. III. 2. b. aa. mit Fn. 898 kurz auf einen möglichen Anspruch des Entführungsopfers auf staatliche Maßnahmen im Anschluss an das Entführungsende eingegangen.

754 So auch *U. Göres*, NJW 2004, 1909 (1911); *ders.*, DÖV 2008, 622 (628).

755 Im Anschluss an das Entführungsende ist zudem an eine konsularische Hilfe für Opfer von Gewaltverbrechen zu denken, die ebenfalls auf Grundlage von § 1 Sps. 2 KonsG gewährt wird, s. hierzu *K. Hoffmann/H. Glietsch*, Konsularrecht I, § 1 KonsG Anm. 2.6.4.7.

756 Da dem Auswärtigen Amt bzw. den beteiligten Auslandsvertretungen durch die konsularischen Hilfeleistungen im Anschluss an das Entführungsende Kosten entstehen können, ist die Tragweite dieser Frage nicht allein auf die vorliegend

Anknüpfungspunkt zu der Beantwortung dieser Frage ist der zeitliche Abstand zwischen dem Entführungsende und der sich anschließenden Hilfeleistung. Ist dieser gering und stellt sich die konsularische Hilfe während des Entführungsfalls und danach somit als ein „einheitlicher Lebenssachverhalt" (in einem untechnischen Sinne!) dar, so spricht dies für § 1 Sps. 2 KonsG als rechtliche Grundlage von Hilfsleistungen im Anschluss an das Entführungsende. Entscheidend ist darüber hinaus, ob die Notlage des ehemaligen Entführungsopfers vorhersehbar durch die bloße Hingabe finanzieller oder entsprechender Mittel behoben werden kann. Regelmäßig wird das ehemalige Entführungsopfer jedoch auf eine umfangreichere Fürsorge der Auslandsvertretung und persönliche Betreuung angewiesen sein. Diese faktische Abhängigkeit kann sich etwa aus körperlichen und psychischen „Nachwirkungen" der Entführung ergeben, die gänzlich freie und selbständige Entscheidungen des ehemaligen Entführungsopfers unmöglich machen. Darüber hinaus kann es an seinem Aufenthaltsort im Ausland schlicht an technischer, wirtschaftlicher oder sozialer Infrastruktur fehlen, sodass mit den zugewendeten Mitteln die eingangs genannten Versorgungsgüter nicht eigenständig erworben, medizinische Betreuung nicht in Anspruch oder eine Unterkunft nicht gemietet werden können. Dies kann zudem der Fall sein, wenn sich das ehemalige Entführungsopfer – etwa mangels Kenntnis der örtlichen Begebenheiten, Sprache und Kultur – an seinem Aufenthaltsort nicht frei bewegen kann.

Im Ergebnis ist somit festzustellen, dass Hilfsmaßnahmen der Bundesrepublik Deutschland in Entführungsfällen grundsätzlich und in jedem Fall aber solche, die der eigentlichen Befreiung des Entführungsopfers dienen, auf § 1 Sps. 2 KonsG zu stützen sind. Anders ist im Hinblick auf staatliche Hilfen, die im Anschluss an das Entführungsende geleistet werden, zu differenzieren: Im Regelfall sind auch sie aufgrund ihrer Vorprägung durch die Entführung auf § 1 Sps. 2 KonsG zu stützen; in absoluten Ausnahmefällen, in denen sich die Notlage des ehemaligen Entführungsopfers (immer weiter) einer bloß wirtschaftlichen Notlage angleicht bzw. sich von dieser nicht (mehr) unterscheidet, findet hingegen § 5 Abs. 1 KonsG Anwendung.[757]

---

untersuchte Ebene der Schutzpflicht beschränkt. Sie reicht vielmehr auch in die Ebene der möglichen Beteiligung des ehemaligen Entführungsopfers an den Kosten seiner Entführung hinein, denn eine unterschiedliche rechtliche Behandlung von Befreiungs- und Anschlussmaßnahmen könnte hier in einer Kostenerstattung auf Grundlage unterschiedlicher Erstattungsgrundlagen resultieren, s. hierzu im siebten Teil unter B. I. und II. 2. a. aa. bzw. bb.

757 Anders *C. P. Kokew*, Auslandsschutz deutscher Staatsangehöriger bei Entführungen, 2012, S. 281, 291 f., der für Befreiungs- und Anschlussmaßnahmen stets dieselbe Rechtsgrundlage – § 1 Sps. 2 KonsG oder § 6 Abs. 1 KonsG – wählt; a.A. auch *U. Göres*, NJW 2004, 1909 (1911); *ders.*, DÖV 2008, 622 (628), nach dem Anschlussmaßnahmen aufgrund der Mittellosigkeit des befreiten Entführungsopfers in jedem Fall auf § 5 Abs. 1 KonsG zu stützen sind. Beiden Sichtweisen liegt jedoch eine schematische Betrachtung zugrunde, die der tatsächlichen Notlage des Entführungsopfers im Anschluss an das Entführungsende nicht gerecht wird.

C. Die verfassungsrechtliche und konsulargesetzliche Pflicht zum Schutz im Ausland entführter deutscher Staatsangehöriger – Fazit und Ergebnisse des zweiten Teils

Die Ergebnisse des zweiten Teils lassen sich wie folgt zusammenfassen: Der staatliche Schutz in den vorliegend untersuchten und von Privatpersonen durchgeführten Entführungsfällen ist unter das völkerrechtliche Rechtsinstitut des konsularischen Schutzes zu fassen. Dem Völkerrecht selbst kann allerdings lediglich ein Recht, vgl. Art. 5 lit. a WÜK, und damit keine Aussage über eine Pflicht der Bundesrepublik Deutschland zum Schutz im Ausland entführter deutscher Staatsangehöriger oder gar über einen Schutzanspruch des Einzelnen entnommen werden.

Die Pflicht der Bundesrepublik Deutschland zum Schutze im Ausland entführter Staatsangehöriger findet jedoch sowohl im Verfassungs- als auch im einfachen Gesetzesrecht seine Grundlage. Sie lässt sich auf verfassungsrechtlicher Ebene allerdings weder aus der sich seit der Paulskirchenverfassung von 1849 aufgebauten und sich auf den Auslandsschutz beziehenden deutschen Verfassungstradition noch aus den Kompetenzbestimmungen oder dem Sozial- und Rechtsstaatsprinzip des Grundgesetzes ableiten. Den tauglichen Anknüpfungspunkt für eine staatliche Schutzpflicht bietet die gem. Art. 1 Abs. 3 GG auch in das Ausland reichende grundrechtliche Schutzpflichtfunktion der durch die Entführung gefährdeten bzw. verletzten Schutzgüter aus Art. 2 Abs. 2 GG (i.V.m. Art. 1 Abs. 1 S. 2, 25 S. 1 GG). Ihre personellen Schutzbereiche sowie die Aktualisierung ihrer sachlichen Schutzbereiche sind über Art. 25 S. 1 GG verfassungsimmanent auf das völkerrechtlich zulässige Maß zu beschränken. Darüber hinaus sind die grundrechtlichen Schutzpflichten mit Blick auf ihre Struktur und ihren Schutzzweck auch auf Sachverhalte des Auslandsschutzes anwendbar. Demgegenüber kann der „traditionelle" Begründungsansatz einer in dem in der (deutschen) Staatsangehörigkeit verwurzelten gegenseitigen Treue- und Schutzverhältnis zwischen Bürger und Staat abzuleitenden staatlichen Pflicht zur Gewährung von Auslandsschutz im modernen Verfassungsstaat keine Geltung (mehr) beanspruchen; als Grundlage einer Schutzpflicht der Bundesrepublik Deutschland zugunsten im Ausland entführter deutscher Staatsangehöriger scheidet er somit aus.

Die einschlägige grundrechtliche Schutzpflicht aus Art. 2 Abs. 2 GG (i.V.m. Art. 1 Abs. 1 S. 2, 25 S. 1 GG) findet ihre einfachgesetzliche Präzisierung im KonsG, dessen Anwendungsbereich, ungeachtet insbesondere der „Handlungsträgerschaft des Auswärtigen Amtes"[758] in Entführungssachverhalten, eröffnet ist. Der konkrete Anknüpfungspunkt der staatlichen Schutzpflicht ergibt sich in diesen Fällen nicht aus der konsularischen Hilfe an einzelne oder aus der Hilfe in Katastrophenfällen: Zum einen erfasst die in § 5 Abs. 1 KonsG genannte Hilfsbedürftigkeit lediglich vorübergehende soziale oder wirtschaftliche Notlagen, unter die die Notlage des

758 *R. Geiß*, DÖV 2007, 155 (157).

Entführungsopfers nicht subsumiert werden kann. Zum anderen stellen Entführungsfälle keinen Katastrophenfall i.S.v. § 6 Abs. 1 KonsG dar, da eine lediglich mittelbare Ursächlichkeit des Zusammenbruchs staatlicher Strukturen durch kriegerische oder revolutionäre Verwicklungen in diesem Zusammenhang nicht ausreichend ist; sie können mangels begründeter Gemeingefahr auch nicht als ein vergleichbares Ereignis angesehen werden. Die Pflicht der Bundesrepublik Deutschland zum Schutz eines im Ausland entführten deutschen Staatsangehörigen ergibt sich jedoch aus der allgemeinen Schutz- und Beistandspflicht nach § 1 Sps. 2 KonsG. Wie ein Vergleich mit den unzweifelhaft unter § 1 Sps. 2 KonsG fallenden internationalen Kindesentführungen zeigt, scheitert diese Einordnung weder an der Komplexität oder der möglichen politischen Bedeutung entsprechender Sachverhalte noch wird der ihm zugrundeliegende Beistandsbegriff in Entführungsfällen überdehnt.

In der Zusammenschau binden die in den vorliegend untersuchten Sachverhalten einschlägigen grundrechtlichen Schutzpflichten aus Art. 2 Abs. 2 GG (i.V.m. Art. 1 Abs. 1 S. 2, 25 S. 1 GG) gem. Art. 1 Abs. 3 GG und Art. 20 Abs. 1 GG nicht nur den Gesetzgeber, der mit der Neuregelung des KonsG die an ihn adressierte grundrechtliche Schutzpflicht durch die Schaffung insbesondere von § 1 Sps. 2 KonsG in sachlicher und personeller Hinsicht und unter Beachtung des Untermaßverbots in angemessener Weise erfüllt und konkretisiert hat.[759] Darüber hinaus verpflichten sie auch die vollziehende und die (verfassungs-)rechtsprechende Gewalt als unmittelbar geltendes Recht. Sie haben sich in Ausübung ihrer spezifischen Aufgabenstellung an den Geboten der grundrechtlichen Schutzpflicht im Sinne einer „positiven Zweckbindung“[760] auszurichten und verletzten diese, wenn sie „die Bedeutung und Tragweite der Grundrechte bei der Auslegung und Anwendung des Rechts [hier § 1 Sps. 2 KonsG bzw. § 5 Abs. 1 KonsG im Anschluss an das Entführungsende] verkennen“[761].

Der Schutz im Ausland entführter deutscher Staatsangehöriger durch die Bundesrepublik Deutschland richtet sich somit in erster Linie nach dem KonsG, dessen § 1 Sps. 1 die einfachgesetzliche Ausprägung der grundrechtlichen Schutzpflicht in diesen Fällen darstellt.[762] Ein Rückgriff auf die entsprechenden Bestimmungen des Grundgesetzes ist somit regelmäßig nicht erforderlich.[763] Der Inhalt der staatlichen

759 So in Bezug auf die aus dem verfassungsrechtlichen Auslandsschutz hergeleiteten verfassungsrechtlichen Schutzpflicht, *M. Kötter/J. Nolte*, DÖV 2007, 186 (193).

760 *C. T. Roth*, Bundeskanzlerermessen, 2009, S. 185.

761 *H.-U. Erichsen*, Jura 1997, 85 (88).

762 Ähnlich *S. Eilers/M. Heintzen*, RIW 1986, 619 (622) im Hinblick auf die allgemeine Beratungs- und Fürsorgepflicht des § 89 AO.

763 So hinsichtlich der Sicherung der Existenzgrundlage gem. Art. 2 Abs. 2 S. 1 GG aus Art. 1 Abs. 1 GG i.V.m. dem Sozialstaatsprinzip durch § 12 BSHG, *U. Di Fabio*, in: T. Maunz/G. Dürig (Begr.), Grundgesetz, Art. 2 Abs. 2 S. 1 Rn. 45; i.E. stellt sich somit zum einen nicht die Frage, ob die Exekutive auch ohne eine ausdrückliche gesetzliche Ermächtigung zum Schutz eines grundrechtlich geschützten Rechtsguts und damit allein auf Grundlage einer bestehenden grundrechtlichen Schutzpflicht

Schutzpflicht orientiert sich dabei an einem effektiven Schutz der durch die Entführung gefährdeten bzw. verletzten grundrechtlichen Schutzgüter aus Art. 2 Abs. 2 GG, dessen nähere Ausgestaltung hinsichtlich der Frage eines Anspruchs auf Schutz, ihrer Adressaten und gerichtlichen Durchsetzbarkeit im nachfolgenden dritten Teil zu untersuchen ist.[764]

tätig werden dürfte, vgl. hierzu *P. Dahm*, NVwZ 2005, 172 (173); *M. Kötter/J. Nolte*, DÖV 2007, 186 (193); BVerfGE 85, 386 (400 f.) – *Fangschaltungen* m.w.N. Zur verfassungsprozessualen Geltendmachung gesetzgeberischer Schutzpflichten, s. *M. Möstl*, DÖV 1998, 1029 ff.

764 Statt vieler *J. Isensee*, in: ders./P. Kirchhof (Hrsg.), HStR IX, 3. Aufl. 2011, § 191 Rn. 300 ff.; *E. Klein*, NJW 1989, 1633 (1637).

Dritter Teil: Durchsetzung der staatlichen Schutzpflicht: Schutzansprüche des Entführungsopfers

Obliegt der Bundesrepublik Deutschland eine zumindest objektiv-rechtliche Pflicht, einem im Ausland entführten deutschen Staatsangehörigen Schutz zu gewähren, so ist im dritten Teil nun zu untersuchen, ob dieser auch durch das Entführungsopfer im Sinne einer *subjektiv-rechtlichen Schutzpflicht* beansprucht werden kann. Vor dem Hintergrund, dass die Bundesrepublik Deutschland – soweit ersichtlich – bislang in jedem Entführungsfall tätig wurde, erscheint eine Beantwortung dieser Frage zwar auf den ersten Blick verzichtbar: Die staatlichen Organe sind aufgrund ihrer Bindung an Recht und Gesetz auch ohne subjektives öffentliches Recht des Entführungsopfers zu einer Schutzgewähr verpflichtet; ihm würde dann jedoch lediglich eine Stellung als „Objekt staatlichen Handelns"[765] zukommen. Stünde dem Entführungsopfer im Gegensatz dazu ein diesbezüglicher Schutzanspruch zu, so wandelte sich seine Stellung in die eines Rechtssubjekts, das die staatliche Schutzpflicht auch gegen einen möglichen Widerstand der Bundesrepublik Deutschland selbst (verfassungs-)gerichtlich durchsetzen kann. Ihr Bestehen wird für den Schutzsuchenden somit erst in diesem Fall praktisch bedeutsam.[766]

Im Folgenden ist daher zu untersuchen, ob der aus den Grundrechten und dem KonsG abgeleiteten Pflicht der Bundesrepublik Deutschland zum Schutz eines im Ausland entführten deutschen Staatsangehörigen ein Anspruch auf einen entsprechenden Schutz im Sinne eines subjektiven öffentlichen Rechts des Entführungsopfers korrespondiert und wie dieses gegebenenfalls auf verfassungsrechtlicher sowie einfachgesetzlicher Ebene ausgeformt ist (A. I. und II.). Des Weiteren sind der Anspruchsinhaber und -gegner zu benennen (A. III.), bevor im Rahmen einer Prüfung der Zulässigkeit und Begründetheit entsprechender (Verfassungs-)Gerichtsverfahren abschließend auf ihre (verfassungs-)gerichtliche Durchsetzung und die mit ihr einhergehenden besonderen Probleme in Entführungsfällen einzugehen ist (B.).

A. Subjektive öffentliche Rechte des Entführungsopfers

Fraglich ist somit zunächst, ob sich ein im Ausland entführter deutscher Staatsangehöriger auf einen grundrechtlichen Anspruch aus Art. 2 Abs. 2 S. 1 und 2 GG (i.V.m. Art. 1 Abs. 1 S. 2, 25 GG) sowie auf einen sie konkretisierenden konsulargesetzlichen Anspruch gem. § 1 Sps. 2 KonsG auf Schutz durch die Bundesrepublik Deutschland

---

765 *H. Maurer*, Allgemeines Verwaltungsrecht, 18. Aufl. 2011, § 8 Rn. 4.
766 *H. Maurer*, Allgemeines Verwaltungsrecht, 18. Aufl. 2011, § 8 Rn. 4.

berufen kann und wie diese gegebenenfalls hinsichtlich des Entschließungs- und Auswahlermessens auf der Rechtsfolgenseite ausgestaltet sind.

I. Der aus den Grundrechten abgeleitete Schutzanspruch in Entführungsfällen[767]

Das Entführungsopfer kann einen staatlichen Schutz im Ausland aus Art. 2 Abs. 2 S. 1 und 2 GG (i.V.m. Art. 1 Abs. 1 S. 2, 25 S. 1 GG) beanspruchen, wenn die entsprechende grundrechtliche Schutzpflicht über die objektiv-rechtliche staatliche Schutzpflicht hinaus ein subjektives öffentliches Recht des Einzelnen begründet (1.). Sollte dies der Fall sein, ist in Bezug auf die Rechtsfolge des Schutzanspruchs weiter zu klären, ob der Bundesrepublik Deutschland ein diesbezügliches Entschließungs- und/oder Auswahlermessen zugestanden wird (2.).

1. *Grundrechtliche Schutzpflichtfunktion und subjektives öffentliches Recht auf Schutz*

Im Vergleich zu der WRV haben die subjektiven öffentlichen Rechte durch das Grundgesetz und nicht zuletzt aufgrund Art. 19 Abs. 4 GG stark an Bedeutung gewonnen und finden in den Grundrechten ihren besonderen Ausdruck.[768] Während diese Aussage jedenfalls für die Grundrechte in ihrer klassischen Funktion

---

767 *Exkurs:* Auch unter Zugrundelegung einer grundrechtlich fundierten, aus dem in der Staatsangehörigkeit wurzelnden Treue- und Schutzverhältnis abgeleiteten Schutzpflicht könnte das Entführungsopfer einen Schutz beanspruchen, wobei der Bundesrepublik Deutschland (ebenfalls) ein weites Auswahlermessen einzuräumen ist, s. statt vieler *K. Doehring*, Pflicht des Staates zur Gewährung diplomatischen Schutzes, 1959, S. 46 f., 89 ff.; *W. K. Geck*, ZaöRV 17 (1956/57), 476 (510 ff.); *R. Geiger*, Grundgesetz und Völkerrecht, 6. Aufl. 2013, S. 276; *M. Kötter/J. Nolte*, DÖV 2007, 186 (193 f.). Dies wäre bei einer Begründung der staatlichen Schutzpflicht über die deutsche Verfassungstradition hingegen nicht eindeutig: So war bzgl. Art. 3 Abs. 6 Reichsverfassung von 1871 und Art. 112 Abs. 2 WRV umstritten, ob sie ein subjektives öffentliches Recht entweder als gebundenen Anspruch oder als Anspruch auf ermessensfehlerfreie Entscheidung begründen, vgl. hierzu *K. Doehring*, Pflicht des Staates zur Gewährung diplomatischen Schutzes, 1959, S. 29 f., 34 ff.; *W. K. Geck*, ZaöRV 17 (1956/57), 476 (480 ff.); *P. Laband*, Staatsrecht des Deutschen Reiches Bd. 1, 5. Aufl. 1911, S. 152 f. mit Anm. 2.; *K. Oberthür*, Anspruch des deutschen Staatsbürgers, 1965, S. 28 ff.; eine aus diesen Normen abgeleitete staatliche Pflicht zur Gewährung von Auslandsschutz lediglich als bloßen Reflex objektiven Rechts ansehend aber *D. Blumenwitz*, in: A. Heldrich u.a. (Hrsg.), FS für M. Ferid, 1978, 439 (445); *G. Jellinek*, System der subjektiven öffentlichen Rechte, 2. Aufl. 1919, S. 119 f.; *H. Pohl*, in: H. C. Nipperdey (Hrsg.), Grundrechte und Grundpflichten Bd. 1, 1929, Art. 112, 250 (257).

768 Statt vieler *C. v. Coelln*, in: C. Gröpl/K. Windthorst/ders. (Hrsg.), Grundgesetz, 2. Aufl. 2015, Vorb. Grundrechte Rn. 27 ff.; *E. Klein*, NJW 1989, 1633

der Abwehr staatlicher Eingriffe gilt, kann sie jedoch nicht ohne weiteres auf die grundrechtliche Schutzpflichtfunktion erstreckt werden, die insbesondere aus einer *objektiven* Wertentscheidung der Grundrechte abgeleitet wird. Einwände gegen eine „Resubjektivierung“[769] der eigentlich objektiv-rechtlichen grundrechtlichen Schutzpflicht werden vor allem hinsichtlich des in Art. 20 Abs. 3 GG verankerten Prinzips der Gewaltenteilung vorgebracht, das bei Bestehen eines gem. Art. 1 Abs. 3 GG an Gesetzgebung und Exekutive gerichteten grundrechtlichen Schutzanspruchs zugunsten der (Verfassungs-)Rechtsprechung in unzulässiger Weise verschoben würde; er könne daher nicht direkt aus den Grundrechten abgleitet werden, sondern setze stets eine einfachgesetzliche, die objektiv-rechtliche Schutzpflicht konkretisierende Norm voraus.[770]

Diesbezüglich ist jedoch zu bedenken, dass die gesetzgeberische Gestaltungsfreiheit unter dem Grundgesetz ohnehin nicht vollkommen frei von rechtlichen Bindungen ist. So ist auch die Legislative gem. Art. 1 Abs. 3 GG an die Grundrechte gebunden, die „nicht nur das aktive, übermäßig eingreifende Parlament in die Schranken verweisen, sondern [insbesondere in ihrer Schutzpflichtfunktion] auch die zögernde, unpopuläre Entscheidungen scheuende Volksvertretung in die (positive) Plicht nehmen“[771]. Dabei können Defizite in der legislativen Umsetzung der objektiv-rechtlichen Schutzpflichten nach Art. 93 Abs. 1 Nr. 2 GG und Art. 100 Abs. 1 GG im Wege der abstrakten und konkreten Normenkontrolle durch das BVerfG festgestellt werden. Für das funktionelle Verhältnis von Gesetzgebung und Verfassungsrechtsprechung ist die Bejahung eines ihr korrespondierenden subjektiven öffentlichen Rechts folglich ohne entscheidende Bedeutung: Prüfungsmaßstab einer Verfassungsbeschwerde gem. Art. 93 Abs. 1 Nr. 4a GG ist weiterhin die objektiv-rechtliche Schutzpflicht, sodass das BVerfG bei der Formulierung gesetzlicher Maximal- und Minimalstandards auch hier nicht in unzulässiger Weise in

---

(1639); *H. Maurer*, Allgemeines Verwaltungsrecht, 18. Aufl. 2011, § 8 Rn. 4 f.; *B. Pieroth/B. Schlink/T. Kingreen/R. Poscher*, Grundrechte, 31. Aufl. 2015, Rn. 40.

769 *H. Dreier*, Jura 1994, 505 (509).

770 So etwa *J. Ipsen*, Staatsrecht II, 18. Aufl. 2015, Rn. 105 ff.; *C. Starck*, Praxis der Verfassungsauslegung Bd. 1, 1994, S. 70 ff.; *R. Steinberg*, NJW 1984, 457 (461) bzgl. eines Tätigwerdens des Gesetzgebers. Die im Vergleich zu einer aus der grundrechtlichen Abwehrfunktion abzuleitenden Unterlassungs- und Achtungspflicht geringere Konkretheit kann jedenfalls nicht gegen eine Anerkennung eines möglichen grundrechtlichen Schutzanspruchs angeführt werden: Entsprechende Bedenken müssten sich auch auf die jedenfalls über Art. 93 Abs. 1 Nr. 2 GG und Art. 100 Abs. 1 GG justiziable objektiv-rechtliche Schutzpflicht beziehen; es ist daher widersprüchlich, mit diesem Argument allein das subjektive öffentliche Recht zu verneinen, vgl. *G. Hermes*, Grundrecht auf Schutz, 1987, S. 213.

771 *G. Hermes*, Grundrecht auf Schutz, 1987, S. 211 f.; vgl. auch *K. Hesse*, in: K. Eichenberger (Hrsg.), FS für H. Huber, 1981, 261 (265 f.).

die gesetzgeberische Gestaltungsfreiheit eingreift.[772] Eine mit dem Argument einer unzulässigen Ausdehnung der Kompetenzen der Verfassungsrechtsprechung begründete Ablehnung eines grundrechtlichen Schutzanspruchs dient demnach nicht der Sicherung der legislativen Gestaltungsfreiheit, sondern allein „der Drosselung einer befürchteten Prozeßflut“[773]; ähnliche Erwägungen gelten für die Exekutive.[774]

Überzeugen die angeführten Einwände somit nicht, so kann weiter festgehalten werden, dass die grundrechtlichen Schutzpflichten im Ursprung zwar der objektiv-rechtlichen Dimension der Grundrechte zugerechnet werden. Eine entsprechende Feststellung beschreibt jedoch allein die „Funktion des Grundrechts im Verfassungsgefüge“[775] und trifft gerade keine Aussage über seinen eigentlichen Gewährleistungsgehalt:[776] Die Grundrechte des Grundgesetzes werden um des einzelnen Bürgers willen gewährt und weisen daher einen „individualistischen Charakter“[777] auf. In ihrer grundsätzlichen Denkweise stellen sie somit subjektive Rechte dar, die der in Art. 1 Abs. 1 GG und Art. 2 Abs. 1 GG garantierten Würde und Persönlichkeit des Menschen zur Geltung verhelfen.[778]

Diese zeigen sich – wie eingangs erwähnt – besonders in der klassischen Abwehrfunktion der Grundrechte, die jedoch neben einem subjektiven Abwehrrecht des Einzelnen zugleich eine objektiv-rechtliche staatliche Pflicht aufweist, rechtswidrige Eingriffe in den grundrechtlichen Schutzbereich zu unterlassen. Beinhalten die Grundrechte in ihrer Abwehrfunktion somit sowohl eine objektiv-rechtliche als auch eine subjektiv-rechtliche Dimension, so muss dies vor dem Hintergrund einer Prägung des heutigen Verfassungsstaates durch „die Synthese zwischen objektiver Bindung und subjektiver Durchsetzbarkeit“[779] auch für die grundrechtliche Schutzpflichtfunktion gelten.[780] Denn im Ergebnis wird es für den in seinen Grundrechten individuell Betroffenen unerheblich sein, ob die rechtswidrige

---

772 *R. Alexy*, Der Staat 29 (1990), 49 (62); *G. Hermes*, Grundrecht auf Schutz, 1987, S. 211 f.; *H. H. Klein*, DVBl. 1994, 489 (493); *K. Stern*, DÖV 2010, 241 (247 f.); s. zum gesetzgeberischen Gestaltungsspielraum *F.* Dirnberger, DVBl. 1992, 879 ff.; *E. Klein*, NJW 1989, 1633 (1637 f.).

773 *G. Hermes*, Grundrecht auf Schutz, 1987, S. 212.

774 So die Einschätzung von *G. Hermes*, Grundrecht auf Schutz, 1987, S. 212.

775 *G. Hermes*, Grundrecht auf Schutz, 1987, S. 209.

776 S. nur *G. Hermes*, Grundrecht auf Schutz, 1987, S. 209.

777 *J. Isensee*, in: ders./P. Kirchhof (Hrsg.), HStR IX, 3. Aufl. 2011, § 191 Rn. 322. Die Schutznormlehre könne daher lediglich als „Sehhilfe“ dienen, s. *G. Krings*, Grund und Grenzen grundrechtlicher Schutzansprüche, 2003, S. 235.

778 *M. Borowski*, JöR n.F. 50 (2002), 301 (310 f.); *G. Hermes*, Grundrecht auf Schutz, 1987, S. 210; *J. Isensee*, in: ders./P. Kirchhof (Hrsg.), HStR IX, 3. Aufl. 2011, § 191 Rn. 322; *H. Maurer*, Allgemeines Verwaltungsrecht, 18. Aufl. 2011, § 8 Rn. 4; *K. Stern*, DÖV 2010, 241 (249).

779 *G. Hermes*, Grundrecht auf Schutz, 1987, S. 210.

780 *G. Hermes*, Grundrecht auf Schutz, 1987, S. 210; ähnlich *H. H. Klein*, DVBl. 1994, 489 (493); *K. Stern*, DÖV 2010, 241 (248).

Grundrechtsgefährdung bzw. -verletzung von der öffentlichen Gewalt oder von einem nicht grundrechtgebundenen Dritten ausgeht, gegen die er sich aufgrund des staatlichen Gewaltmonopols nur in engen Grenzen zur Wehr setzen kann.[781] In erster Linie muss er sich durch den Staat als Adressaten der grundrechtlichen Schutzpflicht schützen lassen. Es ist somit nur konsequent, dass diese staatliche Verpflichtung „auch Gegenstand der von den Grundrechten verbürgten subjektiven Rechte"[782] ist, zumal die grundrechtlichen Gewährleistungen als solche allein den Interessen des Grundrechtsträgers zu dienen bestimmt sind.[783]

Die danach gebotene Annahme eines subjektiven öffentlichen Rechts auf Schutz entspricht darüber hinaus dem vom Grundgesetz bezweckten umfassenden Grundrechtsschutz, wobei die „Funktion der Grundrechte als objektive Prinzipien [...] in der prinzipiellen Verstärkung ihrer Geltungskraft"[784] besteht. Soll die objektiv-rechtliche Schutzpflicht danach auf der einen Seite ein „Mehr" an Grundrechtsschutz gewähren, so wäre es widersprüchlich auf der anderen Seite ein subjektives öffentliches Recht auf Schutz abzulehnen, das den Durchsetzungscharakter eines Grundrechts bedeutend erhöht.[785] In diesem Sinne hat auch das BVerfG anerkannt,

781 *G. Hermes*, Grundrecht auf Schutz, 1987, S. 210; *E. Klein*, NJW 1989, 1633 (1637 f.); *H. H. Klein*, DVBl. 1994, 489 (493). Die Staatsaufgabe der inneren Sicherheit ist bezogen auf die Grundrechte, die sich als subjektive Rechte zur Geltung bringen und dem Einzelnen einen grundrechtlichen Schutzanspruch gegen alle nach Art. 1 Abs. 3 GG an die Grundrechte gebundenen drei Staatsgewalten einräumen, *J. Isensee*, in: ders./P. Kirchhof (Hrsg.), HStR IX, 3. Aufl. 2011, § 191 Rn. 322. Hier zeigt sich zudem, dass der Staat in Erfüllung der ihm obliegenden Schutzpflicht zugunsten grundrechtlicher Rechtsgüter gegebenenfalls in Grundrechte anderer Personen eingreifen muss. Der Anerkennung eines entsprechenden subjektiven öffentlichen Rechts steht dies jedoch nicht entgegen, da es in jedem Fall „nicht um die Wirkkraft abstrakter, sondern um die der konkreten individuellen Freiheiten" geht, *H. H. Klein*, DVBl. 1994, 489 (493 f.). Entsprechende Grenzen ziehen das Untermaßverbot aufseiten der Schutzpflichtfunktion sowie das Übermaßverbot aufseiten des Abwehrrechts, s. *C. v. Coelln*, in: C. Gröpl/K. Windthorst/ders. (Hrsg.), Grundgesetz, 2. Aufl. 2015, Vorb. Grundrechte Rn. 39 ff.

782 *H. H. Klein*, DVBl. 1994, 489 (493).

783 *M. Borowski*, JöR n.F. 50 (2002), 301 (310 f.); *H. H. Klein*, DVBl. 1994, 489 (493); *K. Stern*, DÖV 2010, 241 (249).

784 BVerfGE 50, 290 (337) – *Mitbestimmung*; s. auch BVerfGE 7, 198 (205) – *Lüth*; *H. H. Klein*, DVBl. 1994, 489 (493). Zu beachten ist jedoch, dass die Funktion der objektiv-rechtlichen Grundrechtsdimension nicht in ihr Gegenteil verkehrt wird, in dem sie sich „verselbständigen und zur staatlichen Aufgabe mutieren, der die grundrechtlich gewährleistete individuelle Freiheit nurmehr zu dienen hat." Um dieser Gefahr entgegen zu wirken, muss sich die objektiv-rechtliche Grundrechtsdimension stets an dem subjektiven Grundrecht orientieren, *H. H. Klein*, DVBl. 1994, 489 (494).

785 *R. Alexy*, Theorie der Grundrechte, 2. Aufl. 1994, S. 414; *H. H. Klein*, DVBl. 1994, 489 (493); *G. Krings*, Grund und Grenzen grundrechtlicher Schutzansprüche, 2003, S. 238 f.

dass sich das „Grundrecht jedoch nicht in einem subjektiven Abwehrrecht [...] [erschöpft]. Aus ihm ist vielmehr auch eine Schutzpflicht des Staates und seiner Organe für das geschützte Rechtsgut abzuleiten, deren Vernachlässigung von dem Betroffenen mit der Verfassungsbeschwerde geltend gemacht werden kann“[786]. Das Gericht hat somit die Existenz eines subjektiven öffentlichen Rechts auf Schutz neben der objektiv-rechtlichen Schutzpflicht des Staates anerkannt.[787] Einem im Ausland entführten deutschen Staatsangehörigen steht folglich ein der grundrechtlichen Schutzpflicht der Bundesrepublik Deutschland aus Art. 2 Abs. 2 S. 1 und 2 GG (i.V.m. Art. 1 Abs. 1 S. 2, 25 S. 1 GG) korrespondierendes subjektives öffentliches Recht zu, sodass er einen entsprechenden Schutz gegenüber der öffentlichen Gewalt auch beanspruchen kann.[788]

In diesem Sinne ist der grundrechtliche Schutzanspruch im Rahmen der Beschwerdebefugnis des Entführungsopfers von Bedeutung, da dieser zugleich „durch Verfassungsbeschwerde bewehrt“[789] ist. Verletzungen der grundrechtlichen Schutzpflicht können somit nicht allein vor den Verwaltungsgerichten – wie es bei ausschließlichem Bestehen eines später zu betrachtenden konsulargesetzlichen Anspruchs der Fall wäre –, sondern grundsätzlich auch vor dem BVerfG geltend gemacht werden.[790]

---

786 BVerfGE 79, 174 (201 f.) – *Straßenverkehrslärm*; ähnlich *H.-U. Erichsen*, Jura 1997, 85 (89).

787 BVerfGE 79, 174 (201 f.) – *Straßenverkehrslärm*; schon zuvor BVerfGE 46, 160 (164) – *Schleyer*; E 53, 30 (48) – *Mülheim-Kärlich*; E 56, 54 (68 ff.) – *Fluglärm*; E 77, 170 (214 f.) – *C-Waffen*; i.E. ebenso *C. Burkiczak*, RdA 2007, 17 (18); *C. v. Coelln*, in: C. Gröpl/K. Windthorst/ders. (Hrsg.), Grundgesetz, 2. Aufl. 2015, Vorb. Grundrechte Rn. 38 ff.; *J. Dietlein*, Lehre von den grundrechtlichen Schutzpflichten, 2. Aufl. 2005, S. 152 ff.; *H.-U. Erichsen*, Jura 1997, 85 (88 f.); *J. Isensee*, in: ders./P. Kirchhof (Hrsg.), HStR IX, 3. Aufl. 2011, § 191 Rn. 321 f.; *E. Klein*, NJW 1989, 1633 (1638 f.); *H. H. Klein*, DVBl. 1994, 489 (493 f.); *K. Stern*, DÖV 2010, 241 (248 f.).

788 Einen grundrechtlichen Schutzanspruch bejahen insbesondere *E. Klein*, DÖV 1977, 704 (706 ff.); *ders.*, Bundesverfassungsgericht und Ostverträge, 2. Aufl. 1985, S. 36 ff.; *ders.*, Diplomatischer Schutz im Hinblick auf die Konfiskation deutschen Vermögens, 1992, S. 40 ff.; *C. P. Kokew*, Auslandsschutz deutscher Staatsangehöriger bei Entführungen, 2012, S. 174; *K. Oberthür*, Anspruch des deutschen Staatsbürgers, 1965, S. 23 f.

789 *H.-U. Erichsen*, Jura 1997, 85 (89).

790 BVerfGE 77, 170 (214) – *C-Waffen*; E 79, 174 (201 f.) – *Straßenverkehrslärm*; *J. Dietlein*, Lehre von den grundrechtlichen Schutzpflichten, 2. Aufl. 2005, S. 133 ff.; *H.-U. Erichsen*, Jura 1997, 85 (88 f.); *J. Isensee*, in: ders./P. Kirchhof (Hrsg.), HStR IX, 3. Aufl. 2011, § 191 Rn. 321 f.; *E. Klein*, NJW 1989, 1633 (1636, 1638).

2. *Rechtsfolge: Grundsätzlich staatliche Ermessensentscheidung hinsichtlich der Schutzgewähr*

In einem weiteren Schritt ist nun zu klären, wie dieser grundrechtliche Schutzanspruch des Entführungsopfers aus Art. 2 Abs. 2 S. 1 und 2 GG (i.V.m. Art. 1 Abs. 1 S. 2, 25 S. 1 GG) in Bezug auf das staatliche Ermessen ausgestaltet ist.

a. Ausgangspunkt: Weiter außenpolitischer Spielraum

Den Ausgangspunkt einer Beantwortung dieser Frage bildet der sehr weite Spielraum der deutschen auswärtigen Gewalt „in der Einschätzung außenpolitisch erheblicher Sachverhalte wie der Zweckmäßigkeit möglichen Verhaltens"[791], der ihr durch das Grundgesetz eingeräumt ist. In diesem Sinne hat bereits das BVerfG erklärt, dass der Bundesregierung „im außenpolitischen Bereich [...] wie allen anderen insoweit zum politischen Handeln berufenen staatlichen Organen allgemein ein breiter Raum politischen Ermessens eingeräumt ist"[792]. Dieses findet seinen Grund darin, dass „die Gestaltung auswärtiger Verhältnisse und Geschehensabläufe nicht allein vom Willen der Bundesrepublik Deutschland bestimmt werden kann, sondern vielfach von Umständen abhängig ist, die sich ihrer Bestimmung entziehen"[793]. „Das Grundgesetz zieht dieser Beurteilungsmacht [der auswärtigen Gewalt] nur die Grenze offensichtlicher Willkür. Das Bundesverfassungsgericht hat innerhalb dieser äußersten Grenze nicht nachzuprüfen, [...] da es insoweit rechtlicher Maßstäbe ermangelt; sie sind politisch zu verantworten"[794]. Das weite außenpolitische Ermessen stimmt demnach mit dem klassischen Prinzip der Gewaltenteilung überein.[795]

Das Grundgesetz räumt der Exekutive – namentlich dem Auswärtigen Amt und seinen Auslandsvertretungen – somit hinsichtlich des „Ob" und des „Wie" der Gewährung von Auslandsschutz bei Ausübung des ihr zugebilligten Ermessensspielraums

---

791 BVerfGE 55, 349 (365) – *Rudolf Hess.*

792 BVerfGE 40, 141 (178) – *Ostverträge*; s. zudem BVerfGE 55, 349 (365) – *Rudolf Hess*; ähnlich *T. Giegerich*, ZaöRV 57 (1997), 409 (551); *R. Hofmann*, Grenzüberschreitende Sachverhalte, 1994, S. 108 f.

793 BVerfGE 55, 349 (365) – *Rudolf Hess*; s. ebenso *T. Giegerich*, ZaöRV 57 (1997), 409 (551); *E. Schmidt-Aßmann*, in: T. Maunz/G. Dürig (Begr.), Grundgesetz, Art. 19 Abs. 4 Rn. 83.

794 BVerfGE 68, 1 (97) – *NATO-Doppelbeschluss*; E 77, 170 (214 f.) – *C-Waffen* unter Verweis auf BVerfGE 50, 290 (332 f.) – *Mitbestimmung*.

795 So jedenfalls implizit BVerfGE 68, 1 (97) – *NATO-Doppelbeschluss* hinsichtlich des Verhältnisses der Exekutive zur Judikative; *D. Blumenwitz*, Offenhalten der Vermögensfrage, 1992, S. 85. Ähnlich ist hinsichtlich des Verhältnisses der Exekutive zur Legislative von einer „grundsätzliche[n] Zuordnung der Akte des auswärtigen Verkehrs zum Kompetenzbereich der Exekutive" auszugehen, BVerfGE 68, 1 (87 f.) – *NATO-Doppelbeschluss*; vgl. auch BVerfGE 90, 286 (387 ff.) – *Out-of-area-Einsätze*; in Bezug auf die einfachgesetzliche Ebene, so auch *C. P. Kokew*, Auslandsschutz deutscher Staatsangehöriger bei Entführungen, 2012, S. 88.

die Möglichkeit ein, betroffene individuelle Interessen und solche der Allgemeinheit zu bewerten und sie gegeneinander abzuwägen. In die vorzunehmende Abwägung der widerstreitenden Interessen können zulässigerweise auch (außen-)politische, wirtschaftliche und militärische Zielsetzungen bzw. Wertungen oder die Erfolgsaussichten denkbarer Schutzmaßnahmen eingestellt werden.[796] Dabei kann ihr Ergebnis gegebenenfalls auch zu einer erheblichen Rechtsverletzung eines deutschen Staatsangehörigen im Ausland führen.[797] Nach alledem wird einem deutschen Staatsbürger somit lediglich ein Anspruch auf fehlerfreie Ermessensausübung hinsichtlich des „Ob" und „Wie" einer Gewährung von Auslandschutz allgemein eingeräumt.[798]

b. Kein Entschließungsermessen...

Speziell in den vorliegend untersuchten Entführungsfällen reduziert sich das grundsätzlich eingeräumte Entschließungsermessen allerdings wiederum auf Null, sodass ausschließlich die Abwägungsentscheidung zugunsten einer Schutzgewähr als rechtmäßig anzusehen ist.[799]

aa. Einwirkung der durch die Entführung betroffenen Grundrechte des Entführungsopfers

Dies ergibt sich zum einen aus der Einwirkung der Grundrechte des Entführungsopfers. Der Bundesrepublik Deutschland obliegt in Entführungsfällen sowohl hinsichtlich des verletzten Rechts auf Freiheit der Person aus Art. 2 Abs. 2 S. 1 GG als auch hinsichtlich des gefährdeten Rechts auf Leben und körperliche Unversehrtheit gem. Art. 2 Abs. 2 S. 2 GG eine durch Art. 25 GG geprägte grundrechtliche Schutzpflicht. Ihre möglichst effektive Erfüllung muss im Rahmen der Ermessensausübung durch den Auswärtigen Dienst berücksichtigt werden mit dem Ziel, einen „angemessene[n]

796 BVerfGE 40, 141 (178 f.) – *Ostverträge*; E 77, 170 (214 f.) – *C-Waffen*; OVG Münster DVBl. 1962, 139 (140); OVG Münster, Urt. v. 14.06.1996, Az. 21 A 753/95, Rn. 5ff. – juris; *T. Giegerich*, ZaöRV 57 (1997), 409 (551); *R. Hofmann*, Grenzüberschreitende Sachverhalte, 1994, S. 110 f.; *C. P. Kokew*, Auslandsschutz deutscher Staatsangehöriger bei Entführungen, 2012, S. 178 f.

797 So ausdrücklich OVG Münster DVBl. 1962, 139 (140); bzgl. einer Entführung im Inland hinsichtlich der grundrechtlichen Schutzpflicht ebenso BVerfGE 46, 160 (165) – *Schleyer*; hinsichtlich des konsulargesetzlichen Auswahlermessens, s. *D. Hanschel*, ZaöRV 66 (2006), 789 (806).

798 BVerfGE 55, 349 (364 f.) – *Rudolf Hess*; *D. Blumenwitz*, Offenhalten der Vermögensfrage, 1992, S. 85; *W. K. Geck*, ZaöRV 17 (1956/57), 476 (523 ff.); *R. Hofmann*, Grenzüberschreitende Sachverhalte, 1994, S. 108 f.

799 Die durch das BVerwG für das Verwaltungsrecht entwickelte Theorie der Ermessensreduzierung auf Null kann auch auf das Verfassungsrecht Anwendung finden, s. nur *A. Bleckmann*, EWS 1995, 213 (214); *G. Hermes*, Grundrecht auf Schutz, 1987, S. 75; ähnlich *R. Hofmann*, Grenzüberschreitende Sachverhalte, 1994, S. 110 f.

und als solche[n] wirksame[n] Schutz"[800] der Grundrechte zu gewährleisteten. Dieser wäre bedroht, wenn sich dieser im Rahmen des ihm grundsätzlich zugebilligten Entschließungsermessens gegen eine Schutzgewährung entschiede: Eine entsprechende Auswahl der grundsätzlich bestehenden Entscheidungsalternativen führte zu einem faktischen Verlust der durch die Entführung berührten Grundrechte des Entführungsopfers und damit zu einer Verletzung der grundrechtlichen Schutzpflicht i.S.d. Untermaßverbots. Einzig eine positive Entscheidung über das „Ob" einer Schutzgewähr kann demnach als ermessenfehlerfrei angesehen werden.[801] Das staatliche Entschließungsermessen reduziert sich somit auf Null, sodass der Auswärtige Dienst zum Schutz des Entführungsopfers im Ausland tätig werden muss.[802]

bb. Anspruch auf Gleichbehandlung mit früheren Entführungsopfern, Art. 3 Abs. 1 GG

Eine entsprechende Reduzierung des staatlichen Entschließungsermessens ergibt sich jedenfalls zum heutigen Zeitpunkt darüber hinaus aus Art. 3 Abs. 1 GG.[803] Grundlage einer entsprechenden Ermessensreduzierung auf Null ist eine bestimmte, gleichmäßige Praxis hinsichtlich der Handhabung einer Ermessensnorm durch die öffentliche Gewalt. Sie führt dazu, dass das Ermessen in künftigen vergleichbaren Sachverhalten in gleicher Weise ausgeübt werden muss, um eine Ungleichbehandlung zwischen einzelnen durch die Ermessensnorm betroffenen bzw. begünstigten Bürgern i.S.v. Art. 3 Abs. 1 GG zu vermeiden.[804] Diese Voraussetzungen einer Ermessensreduzierung auf Null sind in den vorliegend untersuchten Fällen gegeben: Der Auswärtige Dienst hat bislang in sämtlichen Entführungsfällen Schutzmaßnahmen

---

800 BVerfGE 88, 203 (261) – *Schwangerschaftsabbruch II*; ähnlich *R. Hofmann*, Grenzüberschreitende Sachverhalte, 1994, S. 110 f.

801 S. hierzu *M. Möstl*, Staatliche Garantie für die öffentliche Sicherheit und Ordnung, 2002, S. 432: „Die Schutzpflichten i.V.m. dem Untermaßverbot sind insoweit in der Lage, das [...] exekutivische Entschließungsermessen auf Null zu reduzieren".

802 Hinsichtlich der Ermessensreduzierung im Ausnahmefall einer erneuten Entführung, i.E. ebenso *C. P. Kokew*, Auslandsschutz deutscher Staatsangehöriger bei Entführungen, 2012, S. 195 ff.; *D. Hanschel*, ZaöRV 66 (2006), 789 (804). In der Ermessensentscheidung über ein Tätigwerden in Entführungsfällen nicht berücksichtigt werden kann somit grundsätzlich etwa ein „Verschulden" des Entführungsopfers, s. hierzu *M. Kötter/J. Nolte*, DÖV 2007, 186 (190) und später noch im vierten Teil unter E.

803 Auch im Ausland findet Art. 3 Abs. 1 GG innerhalb des Wirkungsbereichs der deutschen Staatsgewalt Anwendung, vgl. statt vieler *H. Jarass*, in: ders./B. Pieroth, Grundgesetz, 13. Aufl. 2014, Art. 1 Rn. 44.

804 Vgl. in Bezug auf die Selbstbindung der Verwaltung BVerwGE 34, 278 (280 ff.); *U. Di Fabio*, VerwArch 1995, 214 (223 f.); *H. Maurer*, Allgemeines Verwaltungsrecht, 18. Aufl. 2011, § 24 Rn. 21; *M. Sachs*, in: P. Stelkens/H. J. Bonk/ders. (Hrsg.), Verwaltungsverfahrensgesetz, 8. Aufl. 2014, § 40 Rn. 104 ff.; *F. Schoch*, Jura 2004, 462 (465).

zugunsten des Entführungsopfers ergriffen, denn das Auswärtige Amt fasst das ihm durch das KonsG auferlegte „Sollen“ eines konsularischen Schutzes als Pflicht zum Tätigwerden auf.[805] In diesem Sinne hat sich der Auswärtige Dienst zu einer bestimmten Verwaltungspraxis bei der Ausübung des eingeräumten Ermessens entschieden und diese weiter durch öffentliche Erklärungen untermauert. Das Entschließungsermessen in Entführungsfällen reduziert sich folglich gem. Art. 3 Abs. 1 GG auf Null, sodass der Auswärtige Dienst entsprechend seiner Verwaltungspraxis tätig werden muss.[806]

c. … aber Bestehen eines Auswahlermessens

Begründet der grundrechtliche Schutzanspruch des Entführungsopfers aus Art. 2 Abs. 2 S. 1 und 2 GG (i.V.m. Art. 1 Abs. 1 S. 2, 25 S. 1 GG) einen grundsätzlich gebundenen Anspruch des Entführungsopfers auf Schutz, so stellt sich die zusätzliche Frage, ob dieser auf ein bestimmtes Schutzmittel – etwa auf Lösegeldzahlung oder gewaltsame Befreiung – gerichtet ist. Diesbezüglich scheidet allerdings zunächst eine entsprechende Reduzierung des Ermessens hinsichtlich des Auswahlermessens auf Null durch Einwirkung der zugunsten eines Entführungsopfers bestehenden grundrechtlichen Schutzpflicht aus: Das durch eine Entführung bedrohte in Art. 2 Abs. 2 S. 1 GG normierte Recht auf Leben stellt innerhalb der verfassungsmäßigen Ordnung des Grundgesetzes zwar einen Höchstwert dar und ist vonseiten des Staates vor rechtswidrigen Eingriffen Dritter zu schützen; diese grundrechtliche Schutzpflicht ist auch umfassend. Die Ausfüllung des „Wie“ eines effektiven Grundrechtsschutzes steht jedoch in der eigenen Verantwortung der staatlichen Organe, wobei sich diese Freiheit allein in besonders gelagerten Sachverhalten auf die Wahl eines bestimmten Schutzmittels reduzieren kann.[807] Dies gilt nicht ausschließlich für das in Entführungsfällen bedrohte Recht auf Leben und körperliche Unversehrtheit nach Art. 2 Abs. 2 S. 1 GG, sondern auch für das verletzte Recht auf Freiheit der Person, Art. 2 Abs. 2 S. 2 GG.[808]

---

805 „Wir begreifen das Sollen als Pflicht“, s. ZEIT v. 05.01.2006, „Hoffentlich beim Auswärtigen Amt versichert“, im Internet: http://www.zeit.de/2006/02/Hoffentlich_beim_Auswaertigen_Amt_versichert/komplettansicht.

806 *C. P. Kokew*, Auslandsschutz deutscher Staatsangehöriger bei Entführungen, 2012, S. 180 f.; hinsichtlich des konsulargesetzlichen Entschließungsermessens, so auch *D. Hanschel*, ZaöRV 66 (2006), 789 (803 f.).

807 BVerfGE 46, 160 (164 f.) – *Schleyer* unter Verweis auf BVerfGE 39, 1 (42 ff.) – *Schwangerschaftsabbruch I*; E 49, 24 (53) – *Kontaktsperre-Gesetz*; zuletzt VG Köln, Urt. v. 27.05.2015, Az. 3 K 5625/14 – juris, das bei Bestehen einer grundrechtlichen Schutzpflicht in Auslandssachverhalten in Bezug auf ihre Ausfüllung und unter Berücksichtigung der Gewaltenteilung auf den weiten Spielraum der auswärtigen staatlichen Gewalt verweist.

808 BVerfGE 49, 24 (53) – *Kontaktsperre-Gesetz*; E 49, 89 (141) – *Kalkar I*; E 49, 304 (319 f.) – *Sachverständigenhaftung*; E 53, 30 (57) – *Mülheim-Kärlich*; E 81, 310 (339) – *Kalkar II*; E 85, 191 (212) – *Nachtarbeitsverbot*; E 87, 363 (386) – *Sonntagsbackverbot*;

Ein entsprechender Fall, der in Ansehung der bedrohten bzw. verletzten Rechtsgüter eine Reduzierung des Auswahlermessens auf Null begründen könnte, ist in den vorliegend untersuchten Entführungssachverhalten allerdings abzulehnen. So muss in der vorzunehmenden Abwägung zwar das grundrechtlich begründete individuelle Interesse des Entführungsopfers an seiner Befreiung berücksichtigt werden. Die staatliche Verantwortung zum Schutz im Ausland entführter deutscher Staatsangehöriger beschränkt sich jedoch nicht auf diesen Einzelfall. Die Bundesrepublik Deutschland muss vielmehr auch in zukünftigen Entführungsfällen einen effektiven Grundrechtsschutz gewährleisten (können). Dies setzt wiederum voraus, dass die staatlichen Schutzmaßnahmen der besonderen Lage des einzelnen Entführungssachverhalts angepasst werden können und nicht auf eine bestimmte, von den Entführern geforderte Maßnahme begrenzt sind. Letzteres würde die staatliche Reaktion für potentielle Entführer zudem vorhersehbar und damit einen staatlichen Schutz der Grundrechte zukünftiger Entführungsopfer unmöglich machen.[809] Durch die Reduzierung des Auswahlermessens auf Null entstünde somit ein „unaufhebbarer Widerspruch"[810] zwischen dem effektiven Grundrechtsschutz in einem konkreten und dem in noch abstrakten zukünftigen Entführungsfällen, sodass eine staatliche Pflicht zum Einsatz eines konkreten Schutzmittels abzulehnen ist. Eine Reduzierung des staatlichen Ermessens hinsichtlich des „Wie" einer Schutzgewähr durch eine Einwirkung der Grundrechte eines Entführungsopfers ist somit abzulehnen.[811]

Gleiches gilt für eine Ermessensreduzierung gem. Art. 3 Abs. 1 GG. So hebt das Auswärtige Amt zum einen im Zusammenhang mit jedem Entführungsfall hervor,

---

speziell hinsichtlich einer Entführung im Inland, BVerfGE 46, 160 (164 f.) – *Schleyer*.

809 Als entsprechendes Beispiel kann die Entführung des Politikers P. Lorenz am 27.02.1975 durch Mitglieder der „Bewegung 2. Juni" angeführt werden: Die Entführer forderten die Freilassung und Ausreise sechs ihrer inhaftierten Mitglieder; diese Forderung wurde von der damaligen Bundesregierung erfüllt und P. Lorenz kam am 04.03.1975 frei. In der Folge wurden zum einen einige der Freigelassenen jedoch erneut strafrechtlich auffällig. Zum anderen wird gemutmaßt, dass die Reaktion der Bundesregierung die RAF in ihrer Motivation für die Entführungen des Arbeitgeberpräsidenten H. M. Schleyer und der Lufthansamaschine „Landshut" bestärkt hat, s. hierzu BVerfGE 46, 160 (162 f.) – *Schleyer*.

810 BVerfGE 46, 160 (165) – *Schleyer*.

811 S. hierzu insgesamt BVerfGE 46, 160 (165) – *Schleyer* bzgl. einer Entführung im Inland. Im Falle einer gewaltsamen Befreiung ist in der vorzunehmenden Abwägungsentscheidung zudem zu berücksichtigen, dass sie ein Risiko nicht nur für das Leben des Entführungsopfers, sondern auch für das der eigenen Sicherheitskräfte begründet. Misslingt die Befreiung, so können sich hieraus ähnlich negative Folgen ergeben wie bei Lösegeldzahlungen: Der „Staat erleidet eine Niederlage, und künftige Täter werden angesichts dieser Schwäche ermutigt", s. *C. F. Buck*, Medien und Geiselnahmen, 2007, S. 249.

dass die Bundesrepublik Deutschland nicht erpressbar sei.[812] Zum anderen ist die Abwägung, welche Schutzmaßnahmen zur Befreiung eines Entführungsopfers konkret ergriffen werden, stark von den besonderen Einzelumständen abhängig: Insbesondere bei politischen Forderungen der Entführer kommt etwa eine gewaltsame Befreiungsaktion wie im Falle der Entführung der „Landshut" in Mogadischu in Betracht. Sie erfordert jedoch eine umfassende Kooperation mit dem Aufenthaltsstaat, denn dieser muss – um eine Verletzung seiner staatlichen Souveränität durch die Bundesrepublik Deutschland und damit ernsthaften diplomatischen Verwerfungen vorzubeugen – einem Einsatz deutscher Einsatzkräfte auf eigenem Staatsgebiet zustimmen. Eine entsprechende Abwägung hat zudem das Risiko eines „Fehlschlags" einzubeziehen, der wiederum politisch zu verantworten wäre.[813] Zu denken ist auch an Lösegeldzahlungen, wobei die Bundesrepublik Deutschland im Regelfall auf Kontakte der Regierung des Aufenthaltsstaates und ihrer Einflussnahme auf die Entführer angewiesen ist. Lösegeldzahlungen werden von öffentlicher Seite indes stets bestritten, um Entführungen deutscher Staatsangehöriger in der Zukunft nicht zu provozieren.[814] Das Spektrum der im konkreten Fall erforderlichen Schutzmaßnahmen bewegt sich damit zwischen diesen beiden Extremen „kompromissloser Härte und einfachem Nachgeben"[815], wobei die im Einzelfall zu berücksichtigenden Aspekte eine „schematisch gleiche Entscheidung"[816] ausschließen. Eine – eine Selbstbindung des Auswärtigen Amtes bzw. seiner Auslandsvertretungen begründende – bestimmte, gleichmäßige Handlungspraxis kann demnach (bislang) nicht angenommen werden, sodass auch ein Anspruch auf Gleichbehandlung mit früheren Entführungsopfern und damit insgesamt auf den Einsatz eines bestimmten Schutzmittels abzulehnen ist.[817]

812 WELT v. 01.12.2005, „Merkel: ‚Wir lassen uns nicht erpressen'", im Internet: www.welt.de/181534; FAZ.NET v. 10.07.2008, „Bundesregierung nicht erpressbar", im Internet: http://www.faz.net/aktuell/politisk/ausland/entfuehrung-deutscher-bergsteiger-bundesregierung-nicht-erpressbar-1665278.html.

813 Vgl. hierzu *C. F. Buck*, Medien und Geiselnahmen, 2007, S. 245 ff.; *C. P. Kokew*, Auslandsschutz deutscher Staatsangehöriger bei Entführungen, 2012, S. 181.

814 *C. F. Buck*, Medien und Geiselnahmen, 2007, S. 249 ff.; *C. P. Kokew*, Auslandsschutz deutscher Staatsangehöriger bei Entführungen, 2012, S. 181 f.; Stern v. 18.08.2003, „Neuer Versuch von Übergabe der Geiseln", im Internet: http://www.stern.de/politik/ausland/sahara-drama-neuer-versuch-von-uebergabe-der-geiseln-511709.html. Hier stellt der ehemalige Staatsminister im Auswärtigen Amt *L. Volmer* klar, „die Bundesrepublik zahlt kein Lösegeld, und wenn sie es tun würde, würde sie es nie zugeben."

815 *C. F. Buck*, Medien und Geiselnahmen, 2007, S. 250.

816 BVerfGE 46, 160 (165) – *Schleyer*.

817 Einen grundrechtlichen Schutzanspruch auf ermessensfehlerfreie Ausübung des Auswahlermessens bejahen insbesondere *E. Klein*, DÖV 1977, 704 (706 ff.); *ders.*, Bundesverfassungsgericht und Ostverträge, 2. Aufl. 1985, S. 36 ff.; *ders.*, Diplomatischer Schutz im Hinblick auf die Konfiskation deutschen Vermögens, 1992, S. 40 ff.; *C. P. Kokew*, Auslandsschutz deutscher Staatsangehöriger bei Entführungen, 2012,

Die Einräumung eines exekutivischen Auswahlermessens stimmt schließlich überein mit den Erwägungen des BVerfG im Falle der Entführung des Arbeitgeberpräsidenten H. M. Schleyer: So könne sich die grundsätzlich bestehende Freiheit der staatlichen Organe in der Wahl der konkret zum Schutz des Lebens erforderlichen Mittel zwar in Einzelfällen auf ein bestimmtes Schutzmittel reduzieren. Gerade in Fällen terroristischer Erpressungen und damit auch in als solchen einzuordnenden Entführungssachverhalten sei ein entsprechender besonders gelagerter Fall allerdings abzulehnen; andernfalls würde die staatliche Reaktion auf eine Entführung vorhersehbar, sodass die Bundesrepublik Deutschland ihrer zugunsten sämtlicher deutscher Staatsangehöriger bestehende Schutzpflicht nicht effektiv nachkommen könnte.[818] Wird danach bereits in reinen Inlandssachverhalten ein Anspruch des Entführungsopfers auf den Schutz durch ein bestimmtes Schutzmittel abgelehnt, so muss dies erst recht in den vorliegend untersuchten Entführungssachverhalten gelten, als in die hier vorzunehmende Abwägungsentscheidung hinsichtlich der Auswahl der Schutzmittel weitergehende außenpolitische Aspekte einzubeziehen sind.[819]

II. Der konsulargesetzliche Anspruch auf Schutz in Entführungsfällen

Vor diesem Hintergrund stellt sich nun die Frage, ob und inwieweit die beschriebenen verfassungsrechtlichen Vorgaben eines grundrechtlichen Schutzanspruchs auf der einfachgesetzlichen Ebene abgebildet und gegebenenfalls ausgefüllt werden. In diesem Sinne könnte § 1 Sps. 1 KonsG einem im Ausland entführten deutschen Staatsangehörigen zur Durchsetzung der bestehenden staatlichen konsulargesetzlichen Schutzpflicht einen ihr korrespondierenden Schutzanspruch einräumen. Dies ist der Fall, wenn die genannte Norm ein diesbezügliches subjektives öffentliches

---

S. 177 ff. Anders wohl *K. Oberthür*, Anspruch des deutschen Staatsbürgers, 1965, S. 27 ff., insbesondere 39 ff., der einen unbedingten Schutzanspruch befürwortet. Soweit im Einzelfall dennoch Interessen der Allgemeinheit in einer Art Ermessensentscheidung der Exekutive einer Schutzgewähr entgegen stünden und eine Schutzversagung somit nach hier vertretener Ansicht rechtmäßig wäre, stünden dem Entführungsopfer gleichwohl haftungsrechtliche Entschädigungsansprüche zu; ansonsten würde der Einzelne zum „Gegenstand staatlichen Handelns". Für einen unbedingten Schutzanspruch im Falle der Betroffenheit des Menschenwürdekerns auch *S. Kursawe*, Beachtung des grundgesetzlichen Eigentumsschutzes, 1990, S. 168 ff., im Übrigen bestehe zwar kein Entschließungs- wohl aber ein Auswahlermessen; vgl. diesbzgl. *E. Klein*, Diplomatischer Schutz im Hinblick auf die Konfiskation deutschen Vermögens, 1992, S. 40 f.

818 BVerfGE 46, 160 (165) – *Schleyer*.

819 Speziell in Bezug auf die vorliegend untersuchten Entführungsfälle, so auch *C. P. Kokew*, Auslandsschutz deutscher Staatsangehöriger bei Entführungen, 2012, S. 182.

Recht begründet (1.). Des Weiteren ist zu untersuchen, wie ein möglicher Schutzanspruch auf der Rechtsfolgenseite insbesondere hinsichtlich eines der schutzgewährenden Behörde eingeräumten Ermessensspielraums ausgestaltet ist (2.)

1. Subjektives öffentliches Recht des Entführungsopfers aus § 1 Sps. 2 KonsG

Zu klären ist somit zunächst, ob § 1 Sps. 2 KonsG ein subjektives öffentliches Recht zugunsten des Entführungsopfers vermittelt und ihm damit die „Rechtsmacht [verleiht], vom Staat zur Verfolgung eigener Interessen ein bestimmtes Verhalten verlangen zu können“[820]. Nach der herrschenden Schutznormtheorie begründet eine öffentlich-rechtliche Norm ein subjektives öffentliches Recht, „wenn eine zwingende Rechtsvorschrift [...] nicht nur dem öffentlichen Interesse, sondern – zumindest auch – dem Interesse einzelner Bürger zu dienen bestimmt ist“[821].

Im Gegensatz zu den Regelungen des KonsG von 1867, aus denen nach der damals herrschenden Lehre kein subjektives Recht auf Auslandsschutz abgeleitet werden konnte,[822] stellen die durch § 1 Sps. 2 KonsG gewährten Vorteile keinen lediglich begünstigenden Reflex des objektiven Rechts dar. So verpflichtet bereits sein Wortlaut[823] die Konsularbeamten zu einem bestimmten Verhalten – namentlich zu konsularischen Hilfeleistungen, die ihrerseits dem Schutz und damit den individuellen Interessen eines hilfsbedürftigen deutschen Staatsangehörigen im Ausland dienen; dies wird auch gesetzlich bezweckt. Der Schutznormtheorie folgend vermittelt § 1 Sps. 2 KonsG somit ein subjektives öffentliches Recht, wobei für dessen Begründung jedenfalls ohne Bedeutung ist, dass er lediglich als Aufgabennorm ausgestaltet ist. Ein Entführungsopfer kann somit gem. § 1 Sps. 2 KonsG einen Schutz durch die Bundesrepublik Deutschland beanspruchen.[824]

---

820 *H. Maurer*, Allgemeines Verwaltungsrecht, 18. Aufl. 2011, § 8 Rn. 2.

821 *H. Maurer*, Allgemeines Verwaltungsrecht, 18. Aufl. 2011, § 8 Rn. 8.

822 Das KonsG von 1867 wurde vielmehr als eine Dienstanweisung an die Konsuln angesehen, s. *K. Doehring*, Pflicht des Staates zur Gewährung diplomatischen Schutzes, 1959, S. 30 f.; *W. K. Geck*, ZaöRV 17 (1956/57), 476 (488 f.); *W. Rudolf*, in: J. Kokot u.a. (Hrsg.), Staatsangehörigkeit, Soziale Grundrechte, 1976, 61 (62 f.).

823 So heißt es in *§ 1 KonsG. Die konsularischen Aufgaben im allgemeinen*: Die Konsularbeamten [...] sind berufen, [...]
– Deutschen sowie inländischen juristischen Personen nach pflichtgemäßem Ermessen Rat und Beistand zu gewähren.

824 *C. P. Kokew*, Auslandsschutz deutscher Staatsangehöriger bei Entführungen, 2012, S. 84; *M. Kötter/J. Nolte*, DÖV 2007, 186 (188 f.); jedenfalls implizit *K. Hoffmann/H. Glietsch*, Konsularrecht I, § 1 KonsG Anm. 2.4.1 f.

2. *Rechtsfolge: Gebundener Anspruch des Entführungsopfers auf Schutz, aber staatliche Ermessensentscheidung hinsichtlich der Wahl des einzusetzenden Schutzmittels*

Im Folgenden ist daher auf die Frage einzugehen, wie dieser konsulargesetzliche Schutzanspruch des im Ausland entführten deutschen Staatsangehörigen in Bezug auf das staatliche Ermessen hinsichtlich des „Ob" und „Wie" einer Schutzgewähr ausgestaltet ist. Diesbezüglich ist zunächst festzustellen, dass § 1 Sps. 2 KonsG in Ansehung seines Wortlauts („sind berufen [...] nach pflichtgemäßem Ermessen Rat und Beistand zu gewähren") in Bezug auf die Entscheidung über das „Ob" einer Schutzgewähr ein sog. intendiertes Ermessen einräumt.[825] Die Konsularbeamten sind somit grundsätzlich an die durch § 1 Sps. 2 KonsG vorgesehene Rechtsfolge zugunsten einer Hilfsgewährung gebunden, soweit sich der zugrundeliegende Sachverhalt „nicht durch besondere Umstände von der Menge gleichliegender Fälle"[826] abhebt. Wird er zwar durch den „abstrakten Rahmen"[827] des § 1 Sps. 2 KonsG, nicht aber durch seine gesetzliche Zweckbestimmung erfasst, so handelt es sich um einen sog. atypischen Sachverhalt.[828] In diesem Fall kann nach pflichtgemäßem Ermessen von der vorgesehenen Rechtsfolge abgewichen werden, wenn seine besonderen Umstände im Einzelfall eine entsprechende Abweichung nahelegen und das „sonst ausschlaggebende Gewicht"[829] der gesetzlichen Regelentscheidung für eine Schutzgewähr beseitigen.[830]

---

825 *C. P. Kokew*, Auslandsschutz deutscher Staatsangehöriger bei Entführungen, 2012, S. 84 f.; *M. Kötter/J. Nolte*, DÖV 2007, 186 (189); *K. Hoffmann/H. Glietsch*, Konsularrecht I, § 1 KonsG Anm. 2.4.2. Dabei räumt § 1 Sps. 2 KonsG den Konsularbeamten mit der Formulierung „sind berufen" ein „Ermessen nur in seiner schwächsten Form" ein; in jedem Fall muss der Konsularbeamte aber sicherstellen, dass sein Tun „mit dem innerstaatlichen (deutschen) Recht, dem Völkerrecht, dem Recht des Empfangsstaates und übergeordneten politischen Erwägungen vereinbar ist", §§ 3 und 4 KonsG, s. *H. Rausch*, in: G. Hecker u.a. (Hrsg.), Handbuch der konsularischen Praxis, § 3 B Rn. 3; vgl. im Übrigen § 5 Abs. 7 KonsG, der das behördliche Entschließungsermessen als „absolute Schranke der Hilfsverweigerung" dahingehend lenkt, dass konsularische Hilfen auch in Fällen eines vorgelagerten Missbrauchs nicht abgelehnt werden dürfen, sollte dies zu erheblichen Nachteilen an Leib, Leben oder Gesundheit des Hilfesuchenden führen, *D. Hanschel*, ZaöRV 66 (2006), 789 (805); *C. P. Kokew*, Auslandsschutz deutscher Staatsangehöriger bei Entführungen, 2012, S. 195 f.; vgl. zu § 5 Abs. 7 KonsG auch im vierten Teil unter B.

826 BVerwGE 94, 35 (43).

827 BVerwGE 119, 17 (20).

828 S. BVerwGE 94, 35 (43 ff.); E 119, 17 (20); *K. Hoffmann/H. Glietsch*, Konsularrecht I, § 1 KonsG Anm. 2.4.2; ähnlich *H. Rausch*, in: G. Hecker u.a. (Hrsg.), Handbuch der konsularischen Praxis, § 3 B Rn. 3.

829 BVerwGE 94, 35 (44).

830 BVerwGE 91, 92 (99 f.); E 94, 35 (43 ff.); vgl. auch *K. Hoffmann/H. Glietsch*, Konsularrecht I, § 1 KonsG Anm. 2.4.2.

Insgesamt betrachtet bewegen sich Entführungsfälle deutscher Staatsangehöriger im Ausland allerdings außerhalb der „Standardfälle" § 1 Sps. 2 KonsG, zu denen unter anderem die Erteilung von Auskünften, Aufbewahrung von Gegenständen, Hilfe bei Verkehrsunfällen, Betreuung deutscher Touristen und Vermittlungen zwischen Deutschen sowie örtlichen Stellen sowie Hilfe für Opfer von Gewaltverbrechen zählen.[831] Ein Regelfall i.S.d. intendierten Ermessens der allgemeinen Beistandspflicht kann in den vorliegend untersuchten Sachverhalten somit nicht angenommen werden. Selbst wenn im konkreten Fall zu ergreifende Einzelmaßnahmen – etwa der Transport mit einem gecharterten Hubschrauber als Teil der Befreiung – durchaus als „Standardmaßnahmen" eingestuft werden könnten, stellt jede Entführung aufgrund der Verschiedenartigkeit möglicher Forderungen der Entführer und ihrer sonstigen Umstände unterschiedliche Anforderungen an die Reaktion der Bundesrepublik Deutschland. Auch in Gebieten mit erhöhtem Entführungsrisiko und ungeachtet der absoluten Zahl von Entführungsfällen stellen sie somit atypische Sachverhalte dar, die nicht ohne weiteres von der Zweckbestimmung des KonsG erfasst sind. Vor dem Hintergrund der beschriebenen Grundsätze des intendierten Ermessens ist der beteiligte Konsularbeamte daher grundsätzlich nicht an die gesetzliche Regelentscheidung zugunsten der Gewährung konsularischer Hilfen gebunden und kann nach pflichtgemäßem Ermessen demnach auch von ihr absehen.[832]

Das danach – besonders vor dem Hintergrund des bereits im Rahmen der Ausgestaltung des grundrechtlichen Schutzanspruchs angesprochenen weiten außenpolitischen Spielraums – prinzipiell eingeräumte Entschließungsermessen reduziert sich allerdings wiederum auf Null. Dies leitet sich zum einen aus der Einwirkung der durch die Entführung bedrohten Grundrechte des Entführungsopfers aus Art. 2 Abs. 2 S. 1 und 2 GG her: Die Ermessensausübung im Zusammenhang mit dem konsulargesetzlichen Schutzanspruch aus § 1 Sps. 2 KonsG hat sich an

---

831 *K. Hoffmann/H. Glietsch*, Konsularrecht I, § 1 KonsG Anm. 2.6.4.

832 So auch *D. Hanschel*, ZaöRV 66 (2006), 789 (803 f.) hinsichtlich § 5 KonsG; *C. P. Kokew*, Auslandsschutz deutscher Staatsangehöriger bei Entführungen, 2012, S. 85 ff. Der Begriff des „pflichtgemäßen Ermessens" wurde durch eine langjährige Verwaltungsrechtsprechung entwickelt. Die Gewährung von Rat und Beistand ist somit davon abhängig, „ob der Konsul nach pflichtgemäßer Prüfung aller Umstände in der Sache tätig werden kann". Er muss erwägen können, ob die „an ihn herangetragene Bitte um Gewährung von Rat und Beistand nicht den Interessen der Bundesrepublik, die er zunächst im Ausland zu vertreten hat, zuwiderläuft und er aus diesen Gründen von der erbetenen Amtshandlung Abstand nehmen muß", BR-Drs. 404/64, zu § 2 Entwurf des KonsG, S. 12. Darüber hinaus weist die Formulierung der Gewährung von Rat und Beistand nach pflichtgemäßem Ermessen auf eine in § 40 VwVfG präzisierte und gem. § 114 S. 1 VwGO gerichtlich überprüfbare Ermessensbindung hin, wobei jedoch zu beachten ist, dass ersteres gem. § 2 Abs. 3 Nr. 3 VwVfG nicht auf die Tätigkeit der Auslandsvertretungen des Bundes anwendbar ist, s. *M. Kötter/J. Nolte*, DÖV 2007, 186 (189).

einer möglichst effektiven Erfüllung der grundrechtlichen Schutzpflicht aus Art. 2 Abs. 2 S. 1 und 2 GG (i.V.m. Art. 1 Abs. 1 S. 2, 25 S. 1 GG) durch den Auswärtigen Dienst auszurichten, wobei die gänzliche Ablehnung einer Schutzgewähr zu einem faktischen Verlust der durch die Entführung berührten Grundrechte des Entführungsopfers und damit zu einer Verletzung der grundrechtlichen Schutzpflicht i.S.d. Untermaßverbots führte.[833] Zum anderen hat das Auswärtige Amt durch die Tatsache, dass es bislang – soweit ersichtlich – in jedem Entführungsfall tätig wurde, eine bestimmte, gleichmäßige Praxis hinsichtlich der Handhabung des durch das KonsG eingeräumten Entschließungsermessens begründet und diese durch öffentliche Erklärungen untermauert; seine Reduzierung auf Null ergibt sich somit jedenfalls zum heutigen Zeitpunkt zudem aus Art. 3 Abs. 1 GG i.V.m. der Selbstbindung der Verwaltung.[834] Im Ergebnis ist in den vorliegend untersuchten Entführungssachverhalten somit ausschließlich eine positive Ermessensentscheidung hinsichtlich des „Ob" einer Schutzgewähr als ermessensfehlerfrei anzusehen, sodass der Auswärtige Dienst zum Schutz eines Entführungsopfers tätig werden muss.[835]

Abweichendes gilt jedoch – wie schon im Falle des grundrechtlichen Schutzanspruchs – für das durch § 1 Sps. 2 KonsG eingeräumte Auswahlermessen. Hier kann eine Ermessensreduzierung auf Null zum einen nicht aus der Einwirkung der durch die Entführung betroffenen Grundrechte des Entführungsopfers aus Art. 2 Abs. 2 S. 1 und 2 GG hergeleitet werden, denn in die vorzunehmende Auswahlentscheidung ist nicht allein sein grundrechtlich geschütztes Interesse an einer Befreiung einzubeziehen. Sie muss darüber hinaus berücksichtigen, dass die Bundesrepublik Deutschland einen effektiven Grundrechtsschutz auch in zukünftigen Entführungsfällen gewährleisten muss und diesen nicht durch eine vorhersehbare Reaktion unmöglich machen darf. Eine Reduzierung des Auswahlermessens auf den Einsatz einer bestimmten Schutzmaßnahme ergibt sich zum anderen nicht aus Art. 3 Abs. 1 GG i.V.m. der Selbstbindung der Verwaltung: Ihre Auswahl ist von der besonderen Lage des konkreten Entführungsfalls abhängig, wobei die im Einzelfall zu berücksichtigen Aspekte eine „schematisch gleiche Entscheidung"[836] verbieten. Eine bestimmte, gleichmäßige Verwaltungspraxis des Auswärtigen Dienstes hinsichtlich des „Wie" einer Schutzgewähr konnte sich somit nicht herausbilden, zumal

833 Ähnlich *D. Hanschel*, ZaöRV 66 (2006), 789 (804 f.) und *C. P. Kokew*, Auslandsschutz deutscher Staatsangehöriger bei Entführungen, 2012, S. 195 ff., die als Anknüpfungspunkt für eine Reduzierung des Entschließungsermessens allerdings nicht die Grundrechte des Entführungsopfers, sondern – insbesondere im Falle einer Schutzgewähr gem. § 5 Abs. 1 KonsG – § 5 Abs. 7 KonsG zu wählen scheinen.

834 So auch *D. Hanschel*, ZaöRV 66 (2006), 789 (803); *C. P. Kokew*, Auslandsschutz deutscher Staatsangehöriger bei Entführungen, 2012, S. 87 f.

835 I.E. ebenso *D. Hanschel*, ZaöRV 66 (2006), 789 (803 ff.); *C. P. Kokew*, Auslandsschutz deutscher Staatsangehöriger bei Entführungen, 2012, S. 87 f.

836 BVerfGE 46, 160 (165) – *Schleyer*.

das Auswärtige Amt im Zusammenhang mit jedem Entführungsfall hervorhebt, dass die Bundesrepublik Deutschland nicht erpressbar sei.[837]

Wie im Zusammenhang mit dem grundrechtlichen Schutzanspruch aus Art. 2 Abs. 2 S. 1 und 2 GG (i.V.m. Art. 1 Abs. 1 S. 2, 25 S. 1 GG) wird dem Entführungsopfer somit auch auf der konsulargesetzlichen Ebene kein Anspruch auf Schutz durch eine bestimmte Schutzmaßnahme, sondern lediglich auf eine diesbezügliche fehlerfreie Ermessensausübung eingeräumt. Der weite außenpolitische Spielraum des Auswärtigen Dienstes bleibt hinsichtlich seines Auswahlermessens (etwa Schutzmittel, Umfang und Zeitpunkt) folglich bestehen. In jedem Fall muss die Bundesrepublik Deutschland jedoch tätig werden, da sich das ihr grundsätzlich eingeräumte Entschließungsermessen auf Null reduziert.[838]

III. Inhaber und Gegner des verfassungsrechtlichen bzw. konsulargesetzlichen Schutzanspruchs

Von Verfassungs wegen und unter Berücksichtigung von Art. 25 GG ist der durch die Entführung in seinen Grundrechten betroffene deutsche Staatsangehörige i.S.v. Art. 116 Abs. 1 GG Inhaber des sich aus der grundrechtlichen Schutzpflicht aus Art. 2 Abs. 2 S. 1 und 2 GG ableitenden verfassungsrechtlichen Schutzanspruchs. Dieser richtet sich gegen die Bundesrepublik Deutschland, der gem. Art. 32 Abs. 1, 73, Nr. 1, 74 Abs. 1 Nr. 7 GG die Aufgabe eines Schutzes deutscher Staatsangehöriger im Ausland übertragen ist. Erfüllt wird diese Schutzaufgabe gem. § 1 Abs. 2 Sps. 5 GAD durch den Auswärtigen Dienst; er wird nach Art. 87 Abs. 1 S. 1 GG in bundeseigener Verwaltung geführt.[839]

---

837 S. zu diesem Absatz insgesamt *D. Hanschel*, ZaöRV 66 (2006), 789 (806 f.); *C. P. Kokew*, Auslandsschutz deutscher Staatsangehöriger bei Entführungen, 2012, S. 88 ff.

838 So ebenfalls *D. Hanschel*, ZaöRV 66 (2006), 789 (803 ff., 806 f.) hinsichtlich § 5 KonsG; *C. P. Kokew*, Auslandsschutz deutscher Staatsangehöriger bei Entführungen, 2012, S. 83 ff., 91. Ähnliches gilt i.E. im Zusammenhang mit einem Anspruch des Entführungsopfers auf Maßnahmen im Anschluss an das Entführungsende gem. § 1 Sps. 2 KonsG bzw. in Ausnahmefällen gem. § 5 Abs. 1 KonsG: Hier sind die zu ergreifenden Schutzmaßnahmen gewöhnlich bereits als Regelfälle i.S.d. intendierten Entschließungsermessens einzuordnen, das beiden Normen zugrunde liegt („sollen [...] die erforderliche Hilfe leisten"), s. hierzu *K. Hoffmann/H. Glietsch*, Konsularrecht I, § 1 KonsG Anm. 2.4.2; *dies.*, Konsularrecht I, § 5 KonsG Anm. 1.1. Der zuständige Konsularbeamte muss im Anschluss an das Entführungsende somit grundsätzlich helfend tätig werden; im Übrigen wird ihm jedoch auch in diesem Zusammenhang ein Auswahlermessen hinsichtlich der konkret zu ergreifenden Schutzmaßnahmen eingeräumt, vgl. *K. Hoffmann/H. Glietsch*, Konsularrecht I, § 1 KonsG Anm. 2.4.1; *dies.*, Konsularrecht I, § 5 KonsG Anm. 1.1; anders als bei staatlichen Schutzmaßnahmen der eigentlichen Befreiung spielt der weite außenpolitische Spielraum hier allerdings eine nur untergeordnete Rolle.

839 *C. P. Kokew*, Auslandsschutz deutscher Staatsangehöriger bei Entführungen, 2012, S. 184; *M. Kötter/J. Nolte*, DÖV 2007, 186 (189).

Ähnliches gilt für den Gegner des konsulargesetzlichen Schutzanspruchs gegenüber dem zuständigen Konsularbeamten; hier ist erneut hervorzuheben, dass das Auswärtige Amt und seine Auslandsvertretungen zusammen gem. § 2 GAD den Auswärtigen Dienst, dessen Mitglied er ist, als eine einheitliche Bundesbehörde unter Leitung des Bundesministers des Auswärtigen bilden. Aus § 1 Sps. 2 KonsG sind gem. § 27 KonsG[840] allein Deutsche i.S.v. Art. 116 Abs. 1 GG anspruchsberechtigt.[841]

IV. Grundrechtlicher und konsulargesetzlicher Anspruch des Entführungsopfers auf fehlerfreie Ermessensausübung hinsichtlich des „Wie" der Schutzgewähr – Zwischenergebnis

Dem Entführungsopfer wird im Ergebnis weder ein grundrechtlicher aus Art. 2 Abs. 2 S. 1 und 2 GG (i.V.m. Art. 1 Abs. 1 S. 2, 25 S. 1 GG) noch ein konsulargesetzlicher Anspruch gem. § 1 Sps. 2 KonsG auf Auslandsschutz durch eine bestimmte Schutzmaßnahme, sondern lediglich ein solcher auf fehlerfreie Ermessensausübung hinsichtlich des einzusetzenden Schutzmittels eingeräumt; der weite außenpolitische Spielraum des Auswärtigen Dienstes bleibt hinsichtlich seines Auswahlermessens somit bestehen. Ein entsprechend gebundener Anspruch wäre ohnehin sowohl

840 *§ 27 KonsG. Begriffsbestimmung* lautet:
Der Begriff „Deutscher" bestimmt sich nach Artikel 116 Abs. 1 des Grundgesetzes.

841 S. *K. Hoffmann/H. Glietsch*, Konsularrecht I, § 1 KonsG Anm. 2.6.1 f.; *C. P. Kokew*, Auslandsschutz deutscher Staatsangehöriger bei Entführungen, 2012, S. 91; *M. Kötter/J. Nolte*, DÖV 2007, 186 (189). Eine Erweiterung des Kreises der nach dem KonsG anspruchsberechtigten Personen ergibt sich auch nicht aus den Vorschriften des WÜK. So beschränken einerseits insbesondere Art. 5 lit. a und e WÜK die konsularische Schutz- und Beistandsfunktion auf die Angehörigen des Entsendestaates. Andererseits ist gem. Art. 8 WÜK bei Zustimmung des Empfangsstaates die Wahrnehmung konsularischer Aufgaben und damit auch die Gewährung konsularischen Schutzes zugunsten Angehöriger eines Drittstaates zulässig; eine entsprechende Verpflichtung des Entsendestaates wird hierdurch allerdings nicht begründet, vgl. *K. Hoffmann/H. Glietsch*, Konsularrecht I, § 1 KonsG Anm. 2.6.1.4; *C. P. Kokew*, Auslandsschutz deutscher Staatsangehöriger bei Entführungen, 2012, S. 91. Im Rahmen der Gewährung von Anschlussmaßnahmen gem. § 5 Abs. 1 KonsG ist gegebenenfalls sein S. 2 zu beachten, demzufolge „dies [d.h. Sollen einer Hilfeleistung] [...] nicht für Deutsche [gilt], die ihren gewöhnlichen Aufenthalt in einem ausländischen Staat haben, wenn sie gleichzeitig die Staatsangehörigkeit dieses Staates besitzen und auch ihr Vater oder ihre Mutter sie besitzt oder besessen hat sowie für ihre Abkömmlinge; diesen Personen können die Konsularbeamten jedoch Hilfe gewähren, soweit es im Einzelfall der Billigkeit entspricht", s. hierzu *K. Hoffmann/H. Glietsch*, Konsularrecht I, § 5 KonsG Anm. 1.5.3 ff.

rechtlich als auch tatsächlich nicht umsetzbar und würde den in Entführungsfällen erforderliche Verhandlungsspielraum enorm einschränken.[842]

B. Gerichtliche Durchsetzung der subjektiven öffentlichen Rechte des Entführungsopfers auf Schutz durch die Bundesrepublik Deutschland

Für den Schutzsuchenden praktisch relevant werden der grundrechtliche Schutzanspruch aus Art. 2 Abs. 2 GG (i.V.m. Art. 1 Abs. 1 S. 2, 25 GG) sowie der ihn konkretisierende konsulargesetzliche Schutzanspruch aus § 1 Sps. 2 KonsG wiederum erst dann, wenn er seinen Schutzanspruch auch gegen einen Widerstand der Bundesrepublik Deutschland gerichtlich durchsetzen kann. Diesbezügliche Begehren des Entführungsopfers könnten sich zum einen auf ein schützendes Tätigwerden der Bundesrepublik Deutschland („Ob") – auch wenn sie sich bislang in sämtlichen Entführungsfällen zugunsten des Betroffenen eingesetzt hat[843] – und zum anderen auf den Einsatz eines bestimmten (von den Entführern geforderten) Schutzmittels („Wie") richten. Ihre prozessuale Durchsetzung wird zweckmäßigerweise nicht über den Klageweg erfolgen, denn das Abwarten einer Entscheidung in der Hauptsache würde der Dringlichkeit des Sachverhalts nicht gerecht. Das Entführungsopfer wird vielmehr ein verfassungs- oder verwaltungsgerichtliches Eilverfahren einleiten.[844]

I. Keine „justizfreien Hoheitsakte"[845] der auswärtigen Gewalt: Bedeutung der Rechtsschutzgarantie des Art. 19 Abs. 4 GG

Bevor jedoch näher auf die formellen und materiellen Anforderungen eines entsprechenden einstweiligen Rechtsschutzes durch die Verwaltungsgerichte bzw. das BVerfG einzugehen ist, stellt sich die vorgelagerte Frage nach der grundsätzlichen Justiziabilität des mit dem gerichtlichen Verfahren angegriffenen/begehrten staatlichen Verhaltens bzw. der ihm zugrundeliegenden Entscheidungen der

---

842 I.E. so auch *D. Hanschel*, ZaöRV 66 (2006), 789 (803 ff.); *C. P. Kokew*, Auslandsschutz deutscher Staatsangehöriger bei Entführungen, 2012, S. 83 ff., 91, 177 ff., 184.

843 Entsprechend etwa der Antrag auf einstweiligen Rechtsschutz im Entführungsfall der „Hansa Stavanger", VG Berlin NVwZ 2009, 1120.

844 *K. Oberthür*, Anspruch des deutschen Staatsbürgers, 1965, S. 74; *C. P. Kokew*, Auslandsschutz deutscher Staatsangehöriger bei Entführungen, 2012, S. 249 f.; vgl. den ähnlich gelagerten Sachverhalt der Entführung des Arbeitgeberpräsidenten H. M. Schleyer durch die RAF im September 1977. Hier forderten seine Entführer die Freilassung inhaftierter Mitglieder der RAF und drohten mit der Tötung Schleyers. Die Bundesregierung gab dieser Forderung jedoch nicht nach, woraufhin der Sohn des Entführungsopfers in einem Eilverfahren das BVerfG anrief und die Bundesregierung zu der geforderten Freilassung der RAF-Mitglieder verpflichten wollte, diesbzgl. BVerfGE 46, 160 ff. – *Schleyer*.

845 *W.-R. Schenke*, Verwaltungsprozessrecht, 14. Aufl. 2014, Rn. 92.

Bundesrepublik Deutschland. So wurde insbesondere in der Zeit kurz nach ihrer Gründung vertreten, dass (hoch-)politische Hoheitsakte der obersten Staatsorgane allgemein und damit speziell auch Fragen des Auslandsschutzes einer gerichtlichen Kontrolle nicht zugänglich seien.[846] Ähnlich der Rechtslage vor 1945, nach der eine diesbezügliche Zuständigkeit der Gerichte nicht vorgesehen war,[847] geht diese Ansicht davon aus, dass entsprechende gerichtliche Verfahren bereits an ihrer Zulässigkeit scheiterten.[848]

Dieses Ergebnis, das zwar der (noch) geltenden Rechtslage etwa in Frankreich und Großbritannien entspricht,[849] kann allerdings mangels Tragfähigkeit der für es angeführten Argumente und mit Blick auf das Grundgesetz nicht überzeugen:[850] Es steht in klarem Widerspruch zu Art. 19 Abs. 4 S. 1 GG, nach dem jedem, der durch die öffentliche Gewalt in seinen Rechten verletzt wird, der Rechtsweg offen steht. In Abweichung zur Rechtslage vor 1945 sollte mit dieser als „Krönung des

---

846 So etwa OVG Münster, Beschl. v. 23.09.1958, Az. VII B 682/58, abgedruckt in DVBl. 1959, 293 (294); *H. Schneider*, Gerichtsfreie Hoheitsakte, 1951, S. 47; *H. Krüger*, DÖV 1950, 536 (540 f.); *H. D. Treviranus*, DÖV 1979, 35 (37); s. auch *F. Klein*, VVDStRL 8 (1950), 67 (108 ff.).

847 S. hierzu *K. Doehring*, Pflicht des Staates zur Gewährung diplomatischen Schutzes, 1959, S. 102; *H. Schneider*, Gerichtsfreie Hoheitsakte, 1951, S. 15 ff.

848 So bspw. OVG Münster DVBl. 1959, 293 (294).

849 Eine diesbzgl. Übersicht findet sich bei *W. K. Geck*, ZaöRV 17 (1956/57), 476 (527 mit Fn. 215); *K. Oberthür*, Anspruch des deutschen Staatsbürgers, 1965, S. 74 mit Fn. 1; *H. Schneider*, Gerichtsfreie Hoheitsakte, 1951, S. 47 ff. In Frankreich wird auf die Frage eines Anspruchs auf diplomatischen Schutz kaum eingegangen. Grund hierfür ist, dass die mit dem staatlichen Schutz verbundenen sog. „actes rattachables", d.h. untrennbar mit der Ausübung auswärtiger Gewalt verbundenen Regierungsakte (sog. „acte de gouvernement"), – anders als hiervon trennbare sog. „actes détachables" – einer gerichtlichen Überprüfung nicht zugänglich sind. Erstere bewegen sich in einem gerichtsfreien Raum, da entsprechende Klagen bereits an ihrer Unzulässigkeit scheitern, s. *G. Ress*, ZaöRV 32 (1972), 420 (432 ff.); *C. Storost*, Diplomatischer Schutz durch EG und EU?, 2005, S. 194 ff. m.w.N. Die Rechtslage in Großbritannien ist mit der in Frankreich grundsätzlich vergleichbar, wobei seit den 1980er Jahren allerdings vermehrt Kritik an der fehlenden Justiziabilität der sog. „act of state" geübt wurde. Sie wird auch zunehmend durch die Gerichte hinterfragt; eine gefestigte Rechtsprechung, die einen gerichtsfreien Raum für Hoheitsakte der auswärtigen Gewalt ablehnt, ist jedoch (noch) nicht zu erkennen, s. a.a.O. S. 199 ff. m.w.N. Betreffen diese Ausführungen vornehmlich den diplomatischen Schutz, so können sie aufgrund der dargestellten Parallelen der als konsularischer Schutz einzuordnende Hilfe in Entführungsfällen zu dem diplomatischen Schutz auch auf die vorliegend untersuchten Sachverhalte übertragen werden.

850 S. die ausführliche Darstellung bei *K. Doehring*, Pflicht des Staates zur Gewährung diplomatischen Schutzes, 1959, S. 101 ff.; *W. K. Geck*, ZaöRV 17 (1956/57), 476 (526 ff.); *K. Oberthür*, Anspruch des deutschen Staatsbürgers, 1965, S. 75 ff.

Rechtsstaats"[851] angesehenen Regelung ein lückenloser Rechtsschutz gegen Akte der öffentlichen Gewalt gewährleitstet werden, zu der auch die Exekutive zu zählen ist. Sie unterliegt – selbst wenn sie politische Aufgaben wahrnimmt – gem. Art. 1 Abs. 3 GG einer umfassenden Bindung an die Grundrechte bzw. gem. Art. 20 Abs. 3 Hs. 2 GG an „Gesetz und Recht", deren Einhaltung gerichtlich überprüfbar sein muss.[852] Diesbezügliche Ausnahmen und Einschränkungen werden lediglich in Einzelfällen gem. Art. 10 Abs. 2 S. 2 GG, vgl. Art. 19 Abs. 4 S. 3 GG, Art. 44 Abs. 4 S. 1 GG sowie Art. 16a Abs. 3 S. 3 und Abs. 4 GG akzeptiert, deren analoge Anwendung auf die vorliegend untersuchte Frage der gerichtlichen Überprüfbarkeit von Exekutiventscheidungen über die Gewährung von Auslandsschutz jedoch nicht in Betracht kommt.[853] Die Existenz justizfreier Bereiche für politische Hoheitsakte ist unter dem Grundgesetz demnach abzulehnen.[854]

Dieser Befund bedeutet im Umkehrschluss allerdings nicht, dass fragliche politische Hoheitsakte der obersten Staatsorgane vollumfänglich gerichtlich überprüfbar wären. Die Rechtsschutzgarantie des Art. 19 Abs. 4 GG und damit die Kontrolle durch Gerichte greift lediglich so weit, als entsprechende rechtliche Maßstäbe vorhanden sind: Sie können eine staatliche Maßnahme somit allein einer Rechtmäßigkeits-, nicht aber einer Zweckmäßigkeitsprüfung unterziehen.[855] Hat der

---

851 *K. Doehring*, Pflicht des Staates zur Gewährung diplomatischen Schutzes, 1959, S. 103.

852 *D. Blumenwitz*, Offenhalten der Vermögensfrage, 1992, S. 101; *K. Doehring*, Pflicht des Staates zur Gewährung diplomatischen Schutzes, 1959, S. 103; *W.-R. Schenke*, Verwaltungsprozessrecht, 14. Aufl. 2014, Rn. 93; *C. Storost*, Diplomatischer Schutz durch EG und EU?, 2005, S. 189 ff.

853 *C. P. Kokew*, Auslandsschutz deutscher Staatsangehöriger bei Entführungen, 2012, S. 252; *E. Schmidt-Aßmann*, in: T. Maunz/G. Dürig (Begr.), Grundgesetz, Art. 19 Abs. 4 Rn. 77.

854 I.E. ebenso *K. Doehring*, Pflicht des Staates zur Gewährung diplomatischen Schutzes, 1959, S. 103; *W. K. Geck*, ZaöRV 17 (1956/57), 527 f.; *C. P. Kokew*, Auslandsschutz deutscher Staatsangehöriger bei Entführungen, 2012, S. 253; *K. Oberthür*, Anspruch des deutschen Staatsbürgers, 1965, S. 79 f.; *W.-R. Schenke*, Verwaltungsprozessrecht, 14. Aufl. 2014, Rn. 92 f.; *E. Schmidt-Aßmann*, in: T. Maunz/G. Dürig (Begr.), Grundgesetz, Art. 19 Abs. 4 Rn. 77; *C. Storost*, Diplomatischer Schutz durch EG und EU?, 2005, S. 190. Im Übrigen wird bei rein politischen, staatslenkenden Hoheitsakten regelmäßig die unmittelbare Betroffenheit des Einzelnen fehlen, sodass das Problem ihrer Justiziabilität in diesen Fällen lediglich theoretischer Natur sein wird, vgl. *K. Oberthür*, Anspruch des deutschen Staatsbürgers, 1965, S. 80.

855 So könne durch das Gericht insbesondere bei der Gewährung diplomatischen Schutzes lediglich überprüft werden, ob die Ablehnung bestimmter Schutzmittel auf einem „offensichtlichen Rechtsirrtum oder einer willkürlichen Einschätzung der politischen Wirkung rechtlicher Argumente" beruhten, BVerwGE 62, 11 (16); s. auch OVG Münster NJW 1989, 2209 (2211); *T. Giegerich*, ZaöRV 57 (1997), 409 (551).

Gesetzgeber der Verwaltung – wie im Falle der Gewährung von Auslandsschutz – einen Beurteilungs- oder Ermessensspielraum eröffnet, so beschränkt sich die gerichtliche Prüfung auf seine Einhaltung.[856] Dies betrifft jedoch die Frage der Begründetheit eines Antrags auf einstweilige Anordnung eines Entführungsopfers, auf die erst an späterer Stelle einzugehen ist.[857]

II. Einleitung eines gerichtlichen (Eil-)Verfahrens: Antragstellung durch das Entführungsopfer selbst tatsächlich nicht möglich

Darüber hinaus ist zu beachten, dass für die Einleitung eines gerichtlichen Verfahrens ein schriftlicher Antrag bei dem angerufenen Gericht erforderlich ist. Dies ergibt sich für das verwaltungsgerichtliche (Eil-)Verfahren aus § 81 Abs. 1 S. 1 VwGO (analog) sowie für das verfassungsgerichtliche Verfahren aus § 23 Abs. 1 S. 1 BVerfGG und ist einem im Ausland entführten deutschen Staatsangehörigen allerdings selbst tatsächlich nicht möglich. Zu untersuchen ist somit, ob dieses rein tatsächliche Hindernis durch die rechtliche Möglichkeit überwunden werden kann, dass auch eine andere Person einen entsprechenden Antrag stellen kann, um so die Rechte des Entführungsopfers zu schützen.

1. Minderjähriges Entführungsopfer

Die rein faktische Unmöglichkeit einer Antragstellung durch das in seinen Rechten betroffene Entführungsopfer stellt sich im Falle der Entführung eines minderjährigen und damit nach Maßgabe des § 62 VwGO[858] prozessunfähigen deutschen Staatsangehörigen als rechtlich unproblematisch dar. Hat er das siebente Lebensjahr noch

---

856 *C. P. Kokew*, Auslandsschutz deutscher Staatsangehöriger bei Entführungen, 2012, S. 253; *B. Pieroth/B. Schlink/T. Kingreen/R. Poscher*, Grundrechte, 31. Aufl. 2015, Rn. 1137; *E. Schmidt-Aßmann*, in: T. Maunz/G. Dürig (Begr.), Grundgesetz, Art. 19 Abs. 4 Rn. 78, 82; *C. Storost*, Diplomatischer Schutz durch EG und EU?, 2005, S. 190. Das BVerfG hat die Existenz von Gestaltungs-, Ermessens- und Beurteilungsspielräumen der Verwaltung als grundsätzlich mit Art. 19 Abs. 4 GG vereinbar anerkannt, vgl. BVerfGE 61, 82 (111) – *Sasbach*; E 84, 34 (49 f.) – *Gerichtliche Prüfungskontrolle*; E 88, 40 (56 ff.) – *Private Grundschule.*

857 S. hierzu im dritten Teil unter B. III. 2. und IV. 2.

858 *§ 62 VwGO* lautet:
(1) Fähig zur Vornahme von Verfahrenshandlungen sind
1. die nach bürgerlichem Recht Geschäftsfähigen,
2. die nach bürgerlichem Recht in der Geschäftsfähigkeit Beschränkten, soweit sie durch Vorschriften des bürgerlichen oder öffentlichen Rechts für den Gegenstand des Verfahrens als geschäftsfähig anerkannt sind.
(2) Betrifft ein Einwilligungsvorbehalt nach § 1903 des Bürgerlichen Gesetzbuchs den Gegenstand des Verfahrens, so ist ein geschäftsfähiger Betreuer nur insoweit zur Vornahme von Verfahrenshandlungen fähig, als er nach den Vorschriften des

nicht vollendet, so ist er gem. § 104 Nr. 1 BGB geschäfts- und damit zugleich nach § 62 Abs. 1 Nr. 1 VwGO prozessunfähig. Im Regelfall kann das Entführungsopfer somit durch seine Eltern als seine gesetzlichen Vertreter gem. § 1629 Abs. 1 S. 1 BGB auch bezüglich der Einleitung eines gerichtlichen Verfahrens vertreten werden. Gleiches ist gem. § 106 BGB für beschränkt Geschäftsfähige anzunehmen, denn eine Vorschrift des bürgerlichen oder öffentlichen Rechts i.S.v. § 62 Abs. 1 Nr. 2 VwGO, die seine Geschäftsfähigkeit für den Gegenstand des Verfahrens anerkennt, ist in Entführungsfällen nicht ersichtlich.[859]

Auch für das verfassungsrechtliche (Eil-)Verfahren gilt dieses Ergebnis. Zwar sieht das BVerfGG eine § 62 VwGO entsprechende Regelung über die Prozessfähigkeit nicht vor. Dennoch wurde die Vertretung eines minderjährigen Beschwerdeführers durch seine Eltern nach § 1629 Abs. 1 S. 1 BGB durch das BVerfG gebilligt, wenn es diesbezüglich feststellte, dass die elterliche Sorge grundsätzlich auch „die Befugnis [...] [einschließt], für die minderjährigen Kinder Verfassungsbeschwerde einzulegen"[860].

2. *Volljähriges Entführungsopfer*

Im Regelfall wird das Entführungsopfer jedoch volljährig und damit nach den Vorschriften des BGB geschäftsfähig sein. Es ist folglich gem. § 62 Abs. 1 Nr. 1 VwGO i.V.m. § 2 BGB prozessfähig, sodass seine Vertretung nach § 1629 Abs. 1 S. 1 BGB nicht in Betracht kommt. Mangels entsprechender Regelung scheidet zudem gewöhnlich eine sonstige gesetzliche Vertretung aus. Weitere rechtliche Möglichkeiten einer Vertretung des in seinen Rechten Betroffenen durch eine andere Person sind begrenzt: Insbesondere eine unmittelbare Prozessbevollmächtigung nach § 67 Abs. 2 S. 1 VwGO bzw. § 22 Abs. 1 S. 1 BVerfGG scheitert am Schriftformerfordernis der Vollmachterteilung;[861] auch die Voraussetzungen einer Vertretung durch einen

---

bürgerlichen Rechts ohne Einwilligung des Betreuers handeln kann oder durch Vorschriften des öffentlichen Rechts als handlungsfähig anerkannt ist.
(3) Für Vereinigungen sowie für Behörden handeln ihre gesetzlichen Vertreter und Vorstände.
(4) §§ 53 bis 58 der Zivilprozeßordnung gelten entsprechend.

859 Statt vieler *W. Bier*, in: F. Schoch/J.-P. Schneider/ders. (Hrsg.), Verwaltungsgerichtsordnung, § 62 Rn. 8 ff., 16; *R. Kintz*, in: H. Posser/H. A. Wolff (Hrsg.), VwGO, § 62 Rn. 6 f., 11 ff.

860 S. ausdrücklich nur BVerfGE 72, 122 (133) – *Sorgerechtsentzug*; *H. Bethge*, in: T. Maunz (Begr.), Bundesverfassungsgerichtsgesetz, § 90 Rn. 171; *C. Hillgruber/C. Goos*, Verfassungsprozessrecht, 4. Aufl. 2015, Rn. 133 f.

861 Für das verwaltungsgerichtliche Verfahren ergibt sich das Erfordernis einer schriftlichen Bevollmächtigung des Vertreters aus § 67 Abs. 6 S. 1 VwGO. Sie kann zwar gem. § 67 Abs. 6 S. 2 VwGO nachgereicht werden und so erst nach dem Ende der Entführung unterschrieben und eingereicht werden. Nach *C. P. Kokew*, Auslandsschutz deutscher Staatsangehöriger bei Entführungen, 2012, S. 259 mit Fn. 1312 sei dieser Gedanke jedoch zu verwerfen, da die Vollmacht gerade „die

Betreuer bzw. Ergänzungspfleger gem. § 62 Abs. 4 VwGO i.V.m. § 53 ZPO oder einen Prozesspfleger gem. § 62 Abs. 4 VwGO i.V.m. § 57 ZPO liegen nicht vor.[862] Darüber hinaus ist – mit Blick auf § 42 Abs. 2 VwGO (analog) bzw. Art. 93 Abs. 1 Nr. 4a GG, § 90 BVerfGG, die eine (behauptete) Verletzung in eigenen (Grund-)Rechten fordern – eine gewillkürte Prozessstandschaft sowohl im verwaltungsgerichtlichen Verfahren als auch bei Verfahren vor dem BVerfG grundsätzlich ausgeschlossen.[863]

Bevollmächtigung durch den angeblich Vertretenen beweisen soll und ein Entführungsopfer offensichtlich niemanden bevollmächtigen kann". Darüber hinaus könnte die in Entführungsfällen nicht völlig ausgeschlossene Situation eintreten, dass das Gericht den vollmachtlosen Vertreter vorbehaltlich einer späteren Vorlage seiner Vollmacht jedenfalls nach § 173 S. 1 VwGO i.V.m. § 89 Abs. 1 ZPO vorläufig zulässt, der potentiell Vertretene jedoch während seiner Entführung und damit vor ihrer Nachreichung gem. § 67 Abs. 6 S. 2 VwGO verstirbt. In diesem Fall wären sämtliche Prozesshandlungen des vollmachtlosen Vertreters unwirksam, zumal im einstweiligen Rechtsschutz das Verfahren selbst im Falle der Befreiung des Entführungsopfers zum Zeitpunkt der Nachreichung beendet sein wird, vgl. hierzu allgemein *A. Hartung*, in: H. Posser/H. A. Wolff (Hrsg.), VwGO, § 67 Rn. 71; *C. Meissner/W. Schenk*, in: F. Schoch/J.-P. Schneider/W. Bier (Hrsg.), Verwaltungsgerichtsordnung, § 67 Rn. 98 f. Eine Vertretung des Entführungsopfers durch einen Prozessbevollmächtigten ist somit abzulehnen. Ähnliche Erwägungen gelten i.E. auch für das verfassungsgerichtliche Verfahren, vgl. § 22 Abs. 2 S. 1 BVerfGG, s. diesbzgl. *F. Klein*, in: T. Maunz (Begr.), Bundesverfassungsgerichtsgesetz, § 22 Rn. 14. In diesem Zusammenhang ist jedoch zu beachten, dass sich das Entführungsopfer in der mündlichen Verhandlung vor dem BVerfG gem. § 22 Abs. 1 S. 1 Hs. 2 BVerfGG vertreten lassen müsste; eine entsprechend gem. § 22 Abs. 2 S. 1 BVerfGG schriftlich zu erteilende Vollmacht könnte jedoch durch einen Vertreter erteilt werden, soweit im Folgenden eine Vertretungsbefugnis seiner Angehörigen bejaht wird.

862 So scheitert eine Vertretung durch einen Betreuer oder Ergänzungspfleger nach § 62 Abs. 4 VwGO i.V.m. § 53 ZPO, da weder die Voraussetzungen für die Bestellung eines Betreuers nach §§ 1896 ff. BGB noch für die der Ergänzungspflegschaft gem. §§ 1909 ff. BGB vorliegen. Auch der Tatbestand der Vertretung durch einen Prozesspfleger gem. § 62 Abs. 4 VwGO i.V.m. § 57 ZPO ist nicht erfüllt, denn in direkter Anwendung gilt diese Vertretungsregelung allein für einen prozessunfähigen Beklagten, der ohne gesetzlichen Vertreter ist, vgl. hierzu insgesamt *W. Bier*, in: F. Schoch/J.-P. Schneider/ders. (Hrsg.), Verwaltungsgerichtsordnung, § 62 Rn. 11 ff., 16; *R. Kintz*, in: H. Posser/H. A. Wolff (Hrsg.), VwGO, § 62 Rn. 8 ff., 18 f.; i.E. ebenso *C. P. Kokew*, Auslandsschutz deutscher Staatsangehöriger bei Entführungen, 2012, S. 259 f.

863 Hinsichtlich des verwaltungsgerichtlichen Verfahrens, s. BVerwG, Urt. v. 26.10.1995, Az. 3 C 27/94, abgedruckt in NVwZ-RR 1996, 537 (537 f.); *T. Schmidt-Kötters*, in: H. Posser/H. A. Wolff (Hrsg.), VwGO, § 42 Rn. 114; *R. Wahl/P. Schütz*, in: F. Schoch/J.-P. Schneider/W. Bier (Hrsg.), Verwaltungsgerichtsordnung, § 42 Abs. 2 Rn. 37; hinsichtlich der Verfassungsbeschwerde, s. BVerfGE 25, 256 (263) – *Blinkfüer*, E 31, 275 (280) – *Bearbeiter-Urheberrechte*; E 72, 122 (131) – *Sorgerechtsentzug* jeweils m.w.N.; s. auch *H. Bethge*, in: T. Maunz (Begr.),

Zusammenfassend kann somit festgestellt werden, dass weder die VwGO noch das BVerfGG eine in den vorliegend untersuchten Sachverhalten einschlägige Vertretungsvorschrift enthalten.[864]

Die gerichtliche Durchsetzung des durch das Grundgesetz verbürgten und in § 1 Sps. 2 KonsG geregelten Anspruchs auf staatlichen Schutz würde danach an dem Umstand scheitern, dass dem Entführungsopfer aus rein tatsächlichen und einer anderen Person mangels Vertretungsbefugnis, d.h. aus rechtlichen Gründen, die Einleitung entsprechender Verfahren nicht möglich ist.[865]

Dieses Ergebnis kann jedoch vor dem Hintergrund der Rechtsschutzgarantie des Art. 19 Abs. 4 GG, die „einen lückenlosen, tatsächlich wirksamen und möglichst wirkungsvollen Rechtsschutz“[866] gewährleistet, nicht überzeugen. Dem Entführungsopfer würde der grundsätzlich eröffnete Zugang zu den Gerichten und damit ein Schutz seiner (Grund-)Rechte allein deshalb verwehrt, weil die Verfahrensordnungen „hinsichtlich der Prozessfähigkeit durchweg an die Geschäftsfähigkeit nach den

---

Bundesverfassungsgerichtsgesetz, Vorb. § 17 Rn. 23; *ders.*, in: T. Maunz (Begr.), Bundesverfassungsgerichtsgesetz, § 90 Rn. 360; *O. Klein/C. Sennekamp*, NJW 2007, 945 (949); *R. Zuck*, Recht der Verfassungsbeschwerde, 4. Aufl. 2013, Rn. 671 ff. Ein Fall der gesetzlichen Prozessstandschaft ist in Entführungsfällen nicht ersichtlich, vgl. auch *C. P. Kokew*, Auslandsschutz deutscher Staatsangehöriger bei Entführungen, 2012, S. 258.

864 Zu denken wäre allenfalls an eine doppelt analoge Anwendung der Vorschriften über eine Vertretung durch einen Prozesspfleger nach § 62 Abs. 4 VwGO i.V.m. § 57 ZPO in Bezug auf die Stellung des Antragstellers und seine Prozessfähigkeit. Diese würde jedoch in Entführungsfällen dem Sinn und Zweck von § 57 ZPO widersprechen, denn die Bestellung eines Prozesspflegers ist eine im Interesse des Klägers bzw. Antragstellers stehende Maßnahme, um nicht die Geltendmachung seiner Rechte an der Vertretungslosigkeit der prozessunfähigen Gegenpartei scheitern zu lassen, vgl. *W. F. Lindacher*, in: T. Rauscher u.a. (Hrsg.), Münchener Kommentar zur ZPO Bd. 1, 4. Aufl. 2013, § 57 Rn. 1; i.E. ebenso aber ohne eingehende Erwägungen *C. P. Kokew*, Auslandsschutz deutscher Staatsangehöriger bei Entführungen, 2012, S. 260.

865 Eine Regelung, die einen den vorliegend untersuchten Sachverhalten entsprechenden Gedanken enthält, ist § 16 Abs. 1 Nr. 2 VwVfG. Danach kann das Betreuungsgericht auf Ersuchen der Behörde einen geeigneten Vertreter bestellen, wenn u.a. ein Vertreter nicht vorhanden ist und der Aufenthaltsort eines abwesenden Beteiligten unbekannt ist, vgl. hierzu *H. Schmitz*, in: P. Stelkens/H. J. Bonk/M. Sachs (Hrsg.), Verwaltungsverfahrensgesetz, 8. Aufl. 2014, § 16 Rn. 16 ff. § 16 Abs. 1 Nr. 2 VwVfG ist zwar als Verfahrensregelung nicht auf das Prozessrecht direkt anwendbar, doch auch seine analoge Anwendung bietet sich in Entführungsfällen nicht an: Aufgrund der allein behördlichen Antragsberechtigung würde ein zu langer Zeitraum verstreichen bis ein Vertreter des Entführungsopfers das Verfahren des einstweiligen Rechtsschutzes einleiten könnte, vgl. *C. P. Kokew*, Auslandsschutz deutscher Staatsangehöriger bei Entführungen, 2012, S. 261 f.

866 *K. Windthorst*, in: C. Gröpl/ders./C. v. Coelln (Hrsg.), Grundgesetz, 2. Aufl. 2015, Art. 19 Rn. 84.

Vorschriften des bürgerlichen Rechts an[knüpfen]"[867]. Die bestehenden rechtlichen Möglichkeiten der Vertretung eines prozessfähigen Beteiligten sind folglich lückenhaft, was im Ergebnis jedoch zu einer nicht zu rechtfertigenden Beeinträchtigung seines Grundrechts aus Art. 19 Abs. 4 S. 1 GG führen würde.[868]

Aus diesem Grund haben beispielsweise das BVerfG im Fall der Entführung des Arbeitgeberpräsidenten H. M. Schleyer[869] und das VG Berlin im Fall der Entführung der „Hansa Stavanger" [870] gerichtliche Verfahren zum Schutz der Rechte der jeweiligen Entführungsopfer jedenfalls nicht aufgrund einer fehlenden Vertretungsbefugnis des tatsächlichen Antragstellers im Zusammenhang mit ihrer Einleitung als unzulässig abgewiesen. Zwar wurde die vorliegend untersuchte Fragestellung in diesen Entscheidungen nicht näher thematisiert. Das gefundene Ergebnis lässt sich jedoch durch folgende Erwägungen begründen: Es obliegt grundsätzlich dem Gesetzgeber durch die Schaffung gesetzlicher Vertretungsregelungen – und in Ansehung von Art. 19 Abs. 4 S. 1 GG – Defizite im Rahmen des Rechtsschutzes zu vermeiden.[871] Treten solche allerdings aufgrund der besonderen Umstände des Einzelfalls wie in den vorliegend untersuchten Entführungssachverhalten zu Tage, so rechtfertigen nicht zuletzt die zugunsten eines Entführungsopfers bestehende grundrechtliche Schutzpflicht aus Art. 2 Abs. 2 GG (i.V.m. Art. 1 Abs. 1 S. 2, 25 S. 1 GG) und der hohe Rang der durch die Entführung bedrohten Rechtsgüter ausnahmsweise eine Zulassung von Vertretern, die in den lückenhaften Prozessordnungen nicht vorgesehen sind.[872] Eine auf diese Weise begründete Vertretungsmöglichkeit ist allerdings beschränkt auf Personen, die ein berechtigtes Interesse an der Wahrnehmung der Angelegenheiten des Entführungsopfers haben. Voraussetzung ist somit, dass der potentielle Vertreter „wegen der persönlichen Beziehung zu dem [Vertretenen] [...] verständlichen Anlass hat, für dessen persönliches Wohl einzutreten"[873].[874] Danach

---

867 BVerfGE 72, 122 (133) – *Sorgerechtsentzug*.

868 So auch *C. P. Kokew*, Auslandsschutz deutscher Staatsangehöriger bei Entführungen, 2012, S. 261.

869 BVerfGE 46, 160 ff. – *Schleyer*.

870 VG Berlin NVwZ 2009, 1120.

871 S. hierzu BVerfGE 72, 122 (135 f.) – *Sorgerechtsentzug* in Bezug auf die Vertretung eines minderjährigen und damit prozessunfähigen Beschwerdeführers, dessen gesetzlich vertretungsberechtigte Eltern nicht willens oder in der Lage waren, für diesen Verfassungsbeschwerde zu erheben. Hier stellte das Gericht fest, dass der Gesetzgeber zum Schutz der Interessen des Kindes – im Unterscheid zum vorliegend untersuchten Fall – die Bestellung eines Ergänzungspflegers i.S.v. § 1909 Abs. 1 S. 1 BGB vorgesehen hat; diese wurde jedoch in dem der Entscheidung zugrunde liegenden Sachverhalt möglicherweise aus Unkenntnis versäumt.

872 Vgl. BVerfGE 72, 122 (136 f.) – *Sorgerechtsentzug*, das als Gründe für eine möglicherweise gerechtfertigte Zulassung förmlich nicht bestellter Vertreter in dem zugrunde liegenden Fall insbesondere die Vermeidung unbefriedigender Ergebnisse und Art. 6 Abs. 2 S. 2 GG angeführt hat.

873 BVerfGE 72, 122 (137) – *Sorgerechtsentzug*.

874 BVerfGE 72, 122 (136 f.) – *Sorgerechtsentzug*.

vertretungsbefugt sind jedenfalls die Angehörigen eines im Ausland entführten deutschen Staatsangehörigen (etwa sein Ehepartner bzw. Lebensgefährte sowie seine Eltern, Kinder und Geschwister). Sie können das Entführungsopfer folglich auch in Bezug auf die Einleitung eines gerichtlichen Verfahrens zum Schutz seiner Rechte wirksam vertreten.[875]

3. *Sonstige Anforderungen: Bestimmtheit des Antrags*

Der Antrag muss zudem einen erforderlichen Mindestinhalt aufweisen. Für das verwaltungsgerichtliche Verfahren ergibt sich dies aus § 82 Abs. 1 VwGO (analog), nach dessen S. 2 insbesondere ein bestimmter Antrag gestellt werden soll;[876] Ähnliches gilt für das verfassungsgerichtliche Verfahren, vgl. §§ 23, 92 BVerfGG.[877] Unabhängig von seiner Begründetheit kommt ein Antrag auf Verpflichtung der Bundesrepublik Deutschland hinsichtlich des „Ob" einer Schutzgewähr in Betracht. Er kann jedoch auch auf eine Verpflichtung in Bezug auf das „Wie" eines Schutzes gerichtet sein; hier ist zu beachten, dass es für die Bestimmtheit des Antrags nicht ausreicht zu fordern, dass die Antragsgegnerin „alles in ihrer Macht Stehende [...] tun [solle], um das Leben und die körperliche Unversehrtheit des Antragstellers zu schützen und zu retten."[878] Es müssen vielmehr die konkreten, zur Erreichung des Antragsziels erforderlichen Handlungen oder Unterlassungen bezeichnet werden, damit die Zulässigkeit des Antrags nicht bereits an seiner fehlenden Bestimmtheit scheitert.[879]

---

875 I.E. ebenso *C. P. Kokew*, Auslandsschutz deutscher Staatsangehöriger bei Entführungen, 2012, S. 262 f., der für den Fall einer fehlenden Möglichkeit der Begründung einer Vertretungsbefugnis für die Angehörigen des Entführungsopfers zudem die Zulassung einer gewillkürten Prozessstandschaft angenommen hat. Diese hätte jedoch gegen den eindeutigen Wortlaut von § 42 Abs. 2 VwGO (analog) für das verwaltungsgerichtliche Verfahren bzw. von Art. 93 Abs. 1 Nr. 4a GG, § 90 BVerfGG für die Verfassungsbeschwerde verstoßen und wäre somit auch in diesem Fall abzulehnen gewesen, s. hierzu erneut die Nachweise im dritten Teil unter B. II. 2. mit Fn. 861.

876 *J. Pietzcker*, in: F. Schoch/J.-P. Schneider/W. Bier (Hrsg.), Verwaltungsgerichtsordnung, § 42 Abs. 1 Rn. 161; s. hierzu auch OVG Münster, Urt. v. 30.08.1990, Az. 1 A 2327/87, abgedruckt in NVwZ-RR 1991, 331 (331 f.); VGH Mannheim, Beschl. v. 14.03.1994, Az. 5 S 254/94, abgedruckt in NVwZ-RR 1995, 126.

877 Statt vieler *C. v. Coelln*, in: T. Maunz (Begr.), Bundesverfassungsgerichtsgesetz, § 23 Rn. 17; *R. Zuck*, Recht der Verfassungsbeschwerde, 4. Aufl. 2013, Rn. 801.

878 VG Berlin NVwZ 2009, 1120, zu dem nicht ausreichend bestimmten Antrag im Fall der Entführung der „Hansa Stavanger".

879 VG Berlin NVwZ 2009, 1120, wonach der „gestellte Antrag so bestimmt sein muss, dass der ihm entsprechende Entscheidungstenor vollstreckungsfähig ist". *T. Giegerich*, ZaöRV 57 (1997), 409 (552) führt diesbezüglich aus: Es müsse schlüssig dargelegt werden, dass „die öffentliche Gewalt Schutzvorkehrungen entweder überhaupt nicht getroffen hat" oder dass die „getroffenen Regelungen und Maßnahmen gänzlich ungeeignet oder völlig unzureichend sind, um das Schutzziel

III. Verwaltungsgerichtliches (Eil-)Verfahren

Das Entführungsopfer kann zunächst einen Antrag auf einstweiligen Rechtsschutz vor den Verwaltungsgerichten stellen. Dieser hat Aussicht auf Erfolg, wenn die Sachentscheidungsvoraussetzungen vorliegen und er begründet ist.

1. Vorliegen der Sachentscheidungsvoraussetzungen[880]

a. Eröffnung des Verwaltungsrechtswegs, § 40 Abs. 1 VwGO

Der Verwaltungsrechtsweg ist für Fragen über die Pflicht der Bundesrepublik Deutschland zur Gewährung von Schutz zugunsten im Ausland entführter deutscher Staatsangehöriger gem. § 40 Abs. 1 VwGO eröffnet. Die danach geforderte öffentlich-rechtliche Streitigkeit nichtverfassungsrechtlicher Art liegt in den vorliegend untersuchten Entführungsfällen vor, denn zwischen dem Entführungsopfer und dem Konsularbeamten herrscht ein Über-/Unterordnungsverhältnis. Die streitentscheidende Norm ist § 1 Sps. 2 KonsG, die mit dem Konsularbeamten einen Hoheitsträger zum Handeln berechtigt und verpflichtet; bei ihr handelt es sich um eine solche des öffentlichen Rechts.[881]

b. Statthafte Verfahrensart

In den untersuchten Entführungssachverhalten ist der Antrag auf Erlass einer einstweiligen Anordnung nach § 123 Abs. 1 VwGO statthafte Verfahrensart. Aufgrund ihrer in § 123 Abs. 5 VwGO zum Ausdruck kommenden Subsidiarität wäre ihre Statthaftigkeit freilich zu verneinen, wenn das vorläufige und nach Maßgabe von § 88 VwGO (analog) auszulegende Rechtsschutzbegehren nicht über eine Anordnung oder Wiederherstellung der aufschiebenden Wirkung eines angefochtenen Verwaltungsakts nach §§ 80, 80a VwGO hinausgeht und im Hauptsacheverfahren mithin eine Anfechtungsklage gem. § 42 Abs. 1 Alt. 1 VwGO statthafte Klageart ist. Das Entführungsopfer wehrt sich vorliegend allerdings nicht gegen einen (belastenden) Verwaltungsakt; es begehrt vielmehr einen Schutz durch die Bundesrepublik Deutschland.[882]

---

zu erreichen"; werde darüber hinaus das Ergreifen einer bestimmten Maßnahme begehrt, so müsse der Antragsteller „auch dies und die Art der zu ergreifenden Maßnahme schlüssig darlegen". Diese bereits in reinen Inlandssachverhalten geltende Darlegungslast werde in Fällen der Durchsetzung des konsularischen Schutzanspruchs zusätzlich erhöht, dass der Exekutive hier grundsätzlich ein weiter außenpolitischer Spielraum eingeräumt sei.

880 Vgl. hierzu insgesamt auch *C. P. Kokew*, Auslandsschutz deutscher Staatsangehöriger bei Entführungen, 2012, S. 253 ff.

881 S. nur *K. Oberthür*, Anspruch des deutschen Staatsbürgers, 1965, S. 81.

882 Statt vieler *W.-R. Schenke*, Verwaltungsprozessrecht, 14. Aufl. 2014, Rn. 935 ff.

Statthafte Klageart im Hauptsacheverfahren ist somit entweder eine Verpflichtungsklage gem. § 42 Abs. 1 Alt. 2 VwGO oder eine allgemeine Leistungsklage.[883] Die beanspruchte staatliche Schutzgewähr ist dabei nicht als Verwaltungsakt i.S.v. § 35 S. 1 VwVfG zu qualifizieren.[884] Bei ihr handelt es sich zwar um eine unmittelbar nach außen wirkende hoheitliche Maßnahme auf dem Gebiet des öffentlichen Rechts. Sie weist jedoch mangels rechtsverbindlicher Anordnung einer Begründung, Änderung, Aufhebung oder verbindlichen Feststellung von Rechten bzw. Pflichten keine Regelung auf.[885] Die Gewährung von Schutz zugunsten eines im Ausland entführten deutschen Staatsangehörigen ist vielmehr als ein rein tatsächliches Verwaltungshandeln einzuordnen. Statthafte Klageart in der Hauptsache ist somit nicht die Verpflichtungsklage, sondern vielmehr die allgemeine Leistungsklage.[886] Im einstweiligen Rechtsschutz ist folglich – da es dem Entführungsopfer nicht um die Abwendung einer „Veränderung eines bestehenden Zustandes", sondern um die „Regelung eines vorläufigen Zustands" und damit um eine Erweiterung seines

883 Teilweise wird diese Entscheidung offengelassen, so etwa in BVerwGE 62, 11 (14); *E. Klein*, in: G. Ress/T. Stein (Hrsg.), Diplomatischer Schutz im Völker- und Europarecht, 1996, 125 (131). Dabei ist die allgemeine Leistungsklage als eigene Klageart in der VwGO nicht ausdrücklich geregelt. Sie wird von ihr indes bspw. in §§ 43 Abs. 2 S. 1, 111, 113 Abs. 4, 169 Abs. 2 und 170 VwGO vorausgesetzt, s. *W.-R. Schenke*, Verwaltungsprozessrecht, 14. Aufl. 2014, Rn. 345 f.

884 Anders hingegen OVG Münster DVBl. 1962, 139 (139); wohl auch *K. Oberthür*, Anspruch des deutschen Staatsbürgers, 1965, S. 85.

885 S. hierzu allgemein *H. Maurer*, Allgemeines Verwaltungsrecht, 18. Aufl. 2011, § 9 Rn. 1 ff. Der Regelungscharakter kann regelmäßig auch nicht dadurch begründet werden, dass vorgelagert oder zeitgleich mit der Vornahme oder Ablehnung eines rein tatsächlichen Verwaltungshandelns eine Entscheidung über das Bestehen oder Nichtbestehen des diesbzgl. Anspruchs durch die Behörde getroffen wird, vgl. *P. Stelkens*, in: ders./H. J. Bonk/M. Sachs (Hrsg.), Verwaltungsverfahrensgesetz, 8. Aufl. 2014, § 35 Rn. 99; *C. P. Kokew*, Auslandsschutz deutscher Staatsangehöriger bei Entführungen, 2012, S. 255.

886 Für eine Statthaftigkeit der Verpflichtungsklage hingegen ohne nähere Erläuterung *G. Ress*, ZaöRV 32 (1972), 420 (451). So auch *K. Oberthür*, Anspruch des deutschen Staatsbürgers, 1965, S. 81 ff., der jedoch eine Statthaftigkeit der allgemeinen Leistungsklage aus dem Grund ablehnt, dass sie „nach der Systematik der VwGO [...] bei öffentlich-rechtlichen Streitigkeiten zwischen gleichgeordneten Rechtsträger" Anwendung findet. Vor dem Hintergrund von Art. 19 Abs. 4 GG kommt der von ihm favorisierten Verpflichtungsklage somit allein eine Auffangfunktion in den Fällen des diplomatischen Schutzes zu. I.E. ergäben sich auch bei der Annahme ihrer Statthaftigkeit keine Unterschiede, denn eines bei einer Verpflichtungsklage nach § 68 Abs. 2 i.V.m. Abs. 1 VwGO grundsätzlich durchzuführenden Vorverfahrens bedarf es im Falle einer Verpflichtung des Auswärtigen Amtes als oberster Bundesbehörde nach § 68 Abs. 1 S. 2 Nr. 1 Alt. 1 VwGO nicht, so auch *C. P. Kokew*, Auslandsschutz deutscher Staatsangehöriger bei Entführungen, 2012, S. 254 mit Fn. 1288.

Rechtskreises geht[887] – ein Antrag auf Erlass einer Regelungsanordnung i.S.v. § 123 Abs. 1 S. 2 VwGO statthafte Verfahrensart.[888] Dieser ist gem. § 123 Abs. 1 S. 1 VwGO zudem bereits vor Anhängigkeit eines Hauptsacheverfahrens statthaft.[889]

c. *Beteiligten-, Prozessfähigkeit und Postulationsfähigkeit, §§ 61 ff. VwGO, § 67 VwGO*

Ein nach Maßgabe von §§ 104 Nr. 1 bzw. 106 BGB geschäftsunfähiges bzw. beschränkt geschäftsfähiges minderjähriges Entführungsopfer ist gem. § 61 Nr. 1 Alt. 1 VwGO beteiligtenfähig und nach § 62 Abs. 1 Nr. 1 bzw. 2 VwGO prozessunfähig; es wird gem. § 1629 Abs. 1 S. 1 BGB durch seine Eltern vertreten. Ein volljähriges und damit voll geschäftsfähiges Entführungsopfer ist nach § 61 Nr. 1 Alt. 1 VwGO beteiligtenfähig und nach § 62 Abs. 1 Nr. 1 VwGO prozessfähig. Da es zur Vornahme von Verfahrenshandlungen tatsächlich gehindert ist, kann es in Ansehung von Art. 19 Abs. 4 S. 1 GG jedenfalls durch seine Angehörigen (etwa Ehepartner bzw. Lebensgefährte sowie Eltern, Kinder und Geschwister) vertreten werden. Vor dem Verwaltungsgericht kann das Verfahren gem. § 67 Abs. 1 VwGO durch die Beteiligten selbst geführt werden, sodass das Entführungsopfer bzw. sein Angehöriger auch postulationsfähig sind.[890]

d. *Antragsbefugnis, § 42 Abs. 2 VwGO (entsprechend)*

Der einstweilige Rechtsschutz kann grundsätzlich nicht weiter gehen als der endgültige, sodass das Entführungsopfer auch entsprechend § 42 Abs. 2 VwGO antragsbefugt sein muss. Es muss eine mögliche Verletzung in eigenen subjektiven Rechten geltend machen können, wobei jedoch die Besonderheiten des vorläufigen Rechtsschutzes zu beachten sind. Für die vorliegend untersuchten Sachverhalte bedeutet dies, dass das Entführungsopfer plausibel behaupten, d.h. Tatsachen vortragen muss, die sowohl das Bestehen eines Anordnungsanspruchs als auch eines Anordnungsgrundes zumindest als möglich erscheinen lassen.[891]

---

887 S. zur Abgrenzung von Sicherungs- und Regelungsanordnung statt vieler *W.-R. Schenke*, Verwaltungsprozessrecht, 14. Aufl. 2014, Rn. 1025 ff.

888 I.E. ebenso *C. P. Kokew*, Auslandsschutz deutscher Staatsangehöriger bei Entführungen, 2012, S. 254 f.

889 OVG Koblenz, Beschl. v. 27.11.1987, Az. 2 B 28/87, abgedruckt in ZBR 1988, 390 (390); *R. Brühl*, JuS 1995, 916 (917); *F. Schoch*, in: ders./J.-P. Schneider/W. Bier (Hrsg.), Verwaltungsgerichtsordnung, § 123 Rn. 106.

890 Zum Selbstvertretungsrecht allgemein, s. *A. Hartung*, in: H. Posser/H. A. Wolff (Hrsg.), VwGO, § 67 Rn. 7; *C. Meissner/W. Schenk*, in: F. Schoch/J.-P. Schneider/W. Bier (Hrsg.), Verwaltungsgerichtsordnung, § 67 Rn. 29; *W.-R. Schenke*, Verwaltungsprozessrecht, 14. Aufl. 2014, Rn. 483.

891 BVerwGE 100, 262 (271 f.); E 101, 157 (159); *W.-R. Schenke*, Verwaltungsprozessrecht, 14. Aufl. 2014, Rn. 491 f., 494, 1031; *W. Kuhla*, in: H. Posser/H. A. Wolff (Hrsg.), VwGO, § 123 Rn. 35; *T. Schmidt-Kötters*, in: H. Posser/H. A. Wolff (Hrsg.),

In Bezug auf den Anordnungsanspruch kann festgestellt werden, dass einem im Ausland entführten deutschen Staatsangehörigen gem. § 1 Sps. 2 KonsG ein einfachgesetzlicher Anspruch auf fehlerfreie Ermessensausübung betreffend des „Wie" einer Schutzgewähr durch die Bundesrepublik Deutschland zusteht. Ein entsprechendes subjektives Recht konkretisiert die aus Art. 2 Abs. 2 S. 1 und 2 GG (i.V.m. Art. 1 Abs. 1 S. 2, 25 S. 1 GG) herzuleitende grundrechtliche Schutzpflicht. Diese Rechte könnten möglicherweise verletzt sein, wenn sich die Bundesrepublik Deutschland ihrer Schutzpflicht vollständig entzieht („Ob") oder ein bestimmtes Schutzmittel nicht anwendet („Wie"). Die besondere Eilbedürftigkeit lässt sich in diesen Fällen daraus ableiten, dass sich die durch die Entführung begründete Gefahr insbesondere für das Leben und die körperliche Unversehrtheit des Antragstellers bis zum Abwarten einer Entscheidung in einem Hauptsacheverfahren bereits realisiert haben könnte; eine einstweilige Regelung nach § 123 Abs. 1 S. 2 VwGO erscheint somit erforderlich, „um wesentliche Nachteile abzuwenden oder drohende Gewalt zu verhindern" (Anordnungsgrund). Das Entführungsopfer ist mithin gem. § 42 Abs. 2 VwGO (entsprechend) antragsbefugt.[892]

e. Allgemeines Rechtsschutzbedürfnis

Dem Antrag des Entführungsopfers könnte schließlich jedoch das allgemeine Rechtsschutzbedürfnis fehlen. Dies gilt insbesondere für einen Antrag auf Erlass einer einstweiligen Anordnung in Bezug die Verpflichtung der Bundesrepublik Deutschland über das „Ob" einer Schutzgewähr. Hier ist Folgendes zu beachten: Bekundet die Bundesrepublik Deutschland glaubhaft, dass sie bereits alles in ihrer Macht Stehende veranlasst hat, um „das Leben und die körperliche Unversehrtheit [...] [des Antragstellers] zu schützen und auf [...] seine Freilassung hinzuwirken"[893], so ist das Begehrte bereits erreicht.[894]

f. Zuständigkeit des VG Berlin

Für gerichtliche Verfahren im Zusammenhang mit der beanspruchten Schutzgewähr zugunsten im Ausland entführter deutscher Staatsangehöriger ist das VG Berlin

VwGO, § 42 Rn. 175 ff.; *F. Schoch*, in: ders./J.-P. Schneider/W. Bier (Hrsg.), Verwaltungsgerichtsordnung, § 123 Rn. 107. Der Anordnungsanspruch verweist dabei auf das materielle Recht und der Anordnungsgrund auf die Eilbedürftigkeit der Entscheidung, vgl. *W.-R. Schenke*, Verwaltungsprozessrecht, 14. Aufl. 2014, Rn. 1032; *F. Schoch*, in: ders./J.-P. Schneider/W. Bier (Hrsg.), Verwaltungsgerichtsordnung, § 123 Rn. 69 ff., 76 ff.

892 Ebenso *C. P. Kokew*, Auslandsschutz deutscher Staatsangehöriger bei Entführungen, 2012, S. 256.

893 VG Berlin NVwZ 2009, 1120.

894 VG Berlin NVwZ 2009, 1120.

sachlich sowie örtlich zuständig, vgl. § 123 Abs. 2 VwGO i.V.m. § 52 Nr. 2 S. 4 VwGO i.V.m. § 3 Abs. 1 Berlin/Bonn-Gesetz[895].

2. *Begründetheit des Antrags auf Erlass einer einstweiligen Anordnung i.S.v. § 123 Abs. 1 S. 2 VwGO*

Der Antrag auf Erlass einer einstweiligen Regelungsanordnung ist begründet, wenn er sich gegen den richtigen Antragsgegner richtet und soweit die Voraussetzungen des § 123 Abs. 1 S. 2 VwGO vorliegen. Dies ist der Fall, wenn das Entführungsopfer sowohl das Bestehen eines Anordnungsanspruchs als auch eines Anordnungsgrundes gem. § 123 Abs. 3 VwGO i.V.m. §§ 920 Abs. 2, 294 ZPO glaubhaft machen kann.

a. Antragsgegner, § 78 Abs. 1 Nr. 1 VwGO analog

Der Antrag des Entführungsopfers ist gem. § 78 Abs. 1 Nr. 1 VwGO gegen die Bundesrepublik Deutschland als Rechtsträgerin des Auswärtigen Dienstes zu richten, vgl. Art. 87 Abs. 1 S. 1 GG und § 1 Abs. 1 S. 1 GAD.[896]

b. Glaubhaftmachung eines Anordnungsanspruchs

Das Vorliegen eines Anordnungsanspruchs setzt im Falle der Anordnung nach § 123 Abs. 1 S. 2 VwGO die Existenz eines streitigen Rechtsverhältnisses voraus, aus dem der Antragsteller ein eigenes subjektives öffentliches Recht ableiten kann. Dieses ist im einstweiligen Rechtsschutz gem. § 123 Abs. 3 VwGO i.V.m. §§ 920 Abs. 2, 294 ZPO glaubhaft zu machen und besteht, wenn bei summarischer Prüfung der Sach- und Rechtslage in aller Voraussicht von einem Obsiegen des Antragsstellers in einer diesbezüglichen Hauptsache auszugehen ist.[897] Hinsichtlich der danach ausschlaggebenden Erfolgsaussichten des Hauptsacheverfahrens ergibt sich für die vorliegend untersuchten Entführungsfälle Folgendes: Sie wäre offensichtlich zulässig. Für das Bestehen eines Anordnungsanspruchs kommt es somit maßgeblich auf die offensichtliche Begründetheit der Hauptsache und damit auf die Frage an, ob dem Entführungsopfer ein Anspruch auf Schutz („Ob“) bzw. auf Schutz durch ein bestimmtes Schutzmittel gegen die Bundesrepublik Deutschland („Wie“) zusteht.

---

895 Gesetz zur Umsetzung des Beschlusses des Deutschen Bundestages vom 20. Juni 1991 zur Vollendung der Einheit Deutschlands (Berlin/Bonn-Gesetz) v. 26.04.1994, BGBl. I, S. 918; zuletzt geändert durch Art. 1 Verordnung v. 21.09.1997, BGBl. I, S. 2390.

896 S. auch *C. P. Kokew*, Auslandsschutz deutscher Staatsangehöriger bei Entführungen, 2012, S. 184.

897 Statt vieler *W.-R. Schenke*, Verwaltungsprozessrecht, 14. Aufl. 2014, Rn. 1032.

aa. Formelle Anordnungsvoraussetzungen: kein Antragserfordernis, Zuständigkeit

Für die Gewährung konsularischer Hilfen nach § 1 Sps. 2 KonsG ist kein entsprechender Antrag auf Schutzgewähr erforderlich. In Entführungsfällen schreitet der Auswärtige Dienst somit zugunsten eines im Ausland entführten deutschen Staatsangehörigen von Amts wegen ein, da in diesem Zusammenhang in jedem Fall unterstellt werden kann, dass es hiermit nicht gegen den Willen des Entführungsopfers handelt.[898]

Darüber hinaus ist in den vorliegend untersuchten Sachverhalten nach dem Wortlaut des § 1 Sps. 2 KonsG grundsätzlich der Konsularbeamte, in dessen Konsularbezirk sich die Entführung ereignet, für die Gewährung konsularischen Beistands sachlich und örtlich zuständig. Seine örtliche Zuständigkeit ist allerdings auf den ihn zugeteilten Bezirk beschränkt, sodass bei einer Verbringung des entführten deutschen Staatsangehörigen in einen anderen Konsularbezirk auch die örtliche Zuständigkeit des Konsularbeamten wechselt. Insbesondere für den Fall, dass die Bundesrepublik Deutschland in einem Staat, in dem sich die Entführung ereignet oder in den das Entführungsopfer verbracht wurde, keine konsularische Vertretung, sondern „nur" eine Botschaft unterhält, ist diese in Wahrnehmung konsularischer Aufgaben und nach Maßgabe des § 1 Sps. 2 KonsG für die Schutzgewähr in Entführungssachverhalten sachlich und örtlich zuständig, vgl. Art. 3 Abs. 2 WÜD und Art. 3 S. 2 WÜK; auch hier beschränkt sich die örtliche Zuständigkeit auf den Amtsbezirk der Botschaft, der sich jedoch aufgrund Mehrfachakkreditierung auf das Gebiet mehrerer Staaten erstrecken kann.[899]

---

898 Hinsichtlich konsularischer Hilfen nach § 5 Abs. 1 KonsG und § 6 Abs. 1 KonsG ebenso *M. Kötter/J. Nolte*, DÖV 2007, 186 (188 f.). Gleiches gilt i.E. für Maßnahmen im Anschluss an das Entführungsende, die im Ausnahmefall gem. § 5 Abs. 1 KonsG gewährt werden. Sie werden zwar als Hilfe*leistung* grundsätzlich nur auf (mündlichen) Antrag gewährt; sollte der Hilfsbedürftige jedoch zu einer Antragstellung nicht in der Lage sein, können Hilfen auch ohne diese gewährt werden, wenn anzunehmen ist, dass der Hilfeempfänger mit diesen einverstanden ist, s. hierzu *K. Hoffmann/H. Glietsch*, Konsularrecht I, § 5 KonsG Anm. 1.12; *H. Kettering*, in: G. Hecker u.a. (Hrsg.), Handbuch der konsularischen Praxis, § 8 A Rn. 20 sowie *H. Rausch*, in: G. Hecker u.a. (Hrsg.), Handbuch der konsularischen Praxis, § 3 B Rn. 8, hinsichtlich des Grundsatzes des Einverständnisses in die Hilfsgewährung bei der konsularischen Katastrophenhilfe, in der der Konsularbeamte von Amts wegen tätig wird; i.E. ebenso *M. Kötter/J. Nolte*, DÖV 2007, 186 (188 f.).

899 Vgl. bspw. die deutsche Botschaft in Neuseeland, deren Amtsbezirk sich über Neuseeland hinaus auf die Cookinseln, Niue, Fidschi, Kiribati, Samoa, Tokelau, Tonga, Tuvalu, das amerikanische Außengebiet Amerikanisch-Samoa und das britische Überseegebiet Pitcairn erstreckt, s. „Deutsche Vertretungen Neuseeland", im Internet: http://www.auswaertiges-amt.de/DE/Laenderinformationen/01-Laender/DeutscheAVen/Neuseeland/DeutscheVertretungen_node.html; ähnlich die deutsche Botschaft in Trinidad und Tobago, deren Amtsbezirk auch Antigua

Darüber hinaus sind zu Entscheidungen in Entführungsfällen sachlich auch das Auswärtige Amt berufen, das gem. § 2 GAD zusammen mit der grundsätzlich sachlich und örtlich zuständigen Auslandsvertretung den Auswärtigen Dienst eine einheitliche Behörde bildet, sowie die Ministerialebene – soweit die Koordination einzelner Maßnahmen zugunsten des Entführungsopfers zwischen den Ministerien betroffen ist. Auch kann sich die Bundesregierung gegebenenfalls für einen konsularischen Schutz einsetzen.[900]

bb. Materielle Anordnungsvoraussetzungen und Rechtsfolgen

Hinsichtlich eines Antrags auf Verpflichtung der Bundesrepublik Deutschland zur Schutzgewähr („Ob") kann der im Ausland entführte Deutsche i.S.v. § 27 KonsG i.V.m. Art. 116 Abs. 1 GG einen Schutzanspruch gem. § 1 Sps. 2 KonsG geltend machen. Das grundsätzlich bestehende staatliche Entschließungsermessen reduziert sich aufgrund der Einwirkung seiner Grundrechte bzw. über Art. 3 Abs. 1 GG i.V.m. der Selbstbindung der Verwaltung auf Null. Die Sache ist folglich auch spruchreif, vgl. § 113 Abs. 5 S. 1 VwGO (entsprechend), sodass das betreffende Hauptsacheverfahren offensichtlich begründet wäre. Ein Anordnungsanspruch hinsichtlich des „Ob" eines Schutzes kann somit glaubhaft gemacht werden.[901]

In Bezug auf einen weitergehenden Antrag auf Verpflichtung der Bundesrepublik Deutschland im Hinblick auf das „Wie" einer Schutzgewähr steht dem Entführungsopfer indes lediglich ein Anspruch auf fehlerfreie Ausübung des insoweit eingeräumten Auswahlermessens zu. Die Ermessensentscheidung des Auswärtigen Dienstes für oder gegen den Einsatz eines bestimmten Schutzmittels ist gerichtlich dabei – nicht zuletzt aufgrund des weiten außenpolitischen Spielraums – nur eingeschränkt überprüfbar, vgl. § 114 S. 1 VwGO (analog). Demzufolge ist die getroffene Entscheidung rechtswidrig, wenn das Ermessen nicht in einer dem Zweck der Ermächtigung entsprechenden Weise ausgeübt wurde oder die gesetzlichen Grenzen des Ermessens überschritten wurden. Diese ergeben sich insbesondere aus den Grundrechten des Entführungsopfers aus Art. 2 Abs. 2 GG, dem Rechtsstaatsprinzip und dem Willkürverbot gem. Art. 3 Abs. 1 GG. Das VG Berlin kann

---

und Barbuda, Barbados, Dominica, Grenada, Guyana, Suriname, St. Kitts und Nevis, St. Lucia, St. Vincent und die Grenadinen, Anguilla, Britische Jungferninseln, Montserrat umfasst, s. „Deutsche Vertretungen Trinidad und Tobago", im Internet: http://www.auswaertiges-amt.de/DE/Laenderinformationen/01-Laender/DeutscheAVen/TrinidadundTobago/DeutscheVertretungen_node.html.

900 Zu diesem Absatz insgesamt auch *C. P. Kokew*, Auslandsschutz deutscher Staatsangehöriger bei Entführungen, 2012, S. 264 f.

901 I.E. ebenso *C. P. Kokew*, Auslandsschutz deutscher Staatsangehöriger bei Entführungen, 2012, S. 266.

die Entscheidung somit nur einer Rechtmäßigkeits-, nicht aber einer Zweckmäßigkeitskontrolle unterziehen.[902]

In Entführungssachverhalten wird sich der Auswärtige Dienst in Ausübung des ihm hinsichtlich der Wahl eines einzusetzenden Schutzmittels eingeräumten Ermessens insbesondere von einem wirksamen Schutz der Grundrechte des Entführungsopfers auf der einen Seite sowie vom Allgemeinwohl sowie den Interessen und dem internationalen Ansehen der Bundesrepublik Deutschland auf der anderen Seite leiten lassen. Zu berücksichtigen sind darüber hinaus die konkrete Entführungssituation, die Beziehungen zum Aufenthaltsstaat und zu der Staatengemeinschaft sowie die außenpolitischen und geopolitischen Verhältnisse, die einer eingehenden (vorgelagerten) Gesamtanalyse bedürfen.[903]

Der Antwort auf die Frage, welche Schutzmaßnahme(n) im konkreten Entführungsfall zu treffen ist bzw. sind, liegen somit in erster Linie gerichtlich nicht überprüfbare Zweckmäßigkeitserwägungen zugrunde. Soweit demnach keine Ermessensfehler aus der Begründung einer Unterlassung der begehrten Schutzmaßnahme bzw. des Einsatzes eines anderen als des begehrten Schutzmittels ersichtlich sind, etwa weil jegliche Abwägung unterlassen wurde (Ermessensnichtgebrauch), die Wahl des eingesetzten Schutzmittels willkürlich erscheint (Ermessensüberschreitung) oder relevante Aspekte nicht bzw. sachfremde Erwägungen berücksichtigt wurden (Ermessensfehlgebrauch), ist diese Auswahlentscheidung rechtlich nicht zu beanstanden.[904] Das Entführungsopfer kann – sofern im Einzelfall keine Ermessensfehler vorliegen – somit keinen Schutz der Bundesrepublik Deutschland durch ein bestimmtes Mittel beanspruchen; eine diesbezügliche Ermessenreduzierung kommt grundsätzlich nicht in Betracht. Das entsprechende Hauptsacheverfahren wäre daher offensichtlich unbegründet, sodass ein Anordnungsanspruch des Entführungsopfers hinsichtlich des „Wie“ einer Schutzgewähr ausscheidet.[905]

c. *Glaubhaftmachung eines Anordnungsgrundes*

In Bezug auf einen möglichen Antrag zur Verpflichtung der Bundesrepublik Deutschland, einem im Ausland entführten deutschen Staatsangehörigen betreffend

---

902 Statt vieler *A. Decker*, in: H. Posser/H. A. Wolff (Hrsg.), VwGO, § 114 Rn. 26; *W.-R. Schenke*, Verwaltungsprozessrecht, 14. Aufl. 2014, Rn. 735 ff.

903 *L. Bloß*, in: G. Hecker u.a. (Hrsg.), Handbuch der konsularischen Praxis, § 3 C Rn. 2; *C. P. Kokew*, Auslandsschutz deutscher Staatsangehöriger bei Entführungen, 2012, S. 267.

904 Zu den Ermessensfehlern, s. statt vieler *A. Decker*, in: H. Posser/H. A. Wolff (Hrsg.), VwGO, § 114 Rn. 13 ff.; *W.-R. Schenke*, Verwaltungsprozessrecht, 14. Aufl. 2014, Rn. 738 ff. jeweils m.w.N.

905 Ebenso *K. Doehring*, Pflicht des Staates zur Gewährung diplomatischen Schutzes, 1959, S. 100 f.; *W. K. Geck*, ZaöRV 17 (1956/57), 476 (536 ff.); *C. P. Kokew*, Auslandsschutz deutscher Staatsangehöriger bei Entführungen, 2012, S. 266 ff.

des „Ob“ einer Schutzgewähr, liegt ein Anordnungsgrund vor.[906] In die in diesem Zusammenhang vorzunehmende umfassende Abwägung ist auf der einen Seite das Interesse des Entführungsopfers an einem Schutz insbesondere seines Rechts auf Leben und körperliche Unversehrtheit einzustellen; entgegenstehende private oder öffentliche Interessen sind auf der anderen Seite nicht ersichtlich. Hinsichtlich der Rechtsgüter des entführten deutschen Staatsangehörigen besteht weiterhin tatsächlich zu befürchten, dass sich seine durch die Entführung begründete Gefährdung bis zu einer Entscheidung in einem Hauptsacheverfahren bereits realisiert hat. Ein durch die Hauptsache gewährter Rechtsschutz würde folglich zu spät kommen und wäre damit ohne Nutzen, sodass ein Abwarten ihres Ausgangs dem Entführungsopfer auch aufgrund des hohen Rangs der bedrohten oder bereits beeinträchtigten Grundrechte innerhalb der grundgesetzlichen Ordnung nicht zugemutet werden kann. Die Interessenabwägung wird demnach zugunsten des Entführungsopfers ausgehen, sodass das VG Berlin die Bundesrepublik Deutschland in diesem Fall zu einer Schutzgewähr (einstweilig) verpflichten wird, sollte diese versagt werden.[907]

Die entsprechend korrespondierende Eilbedürftigkeit einer Entscheidung wird im Regelfall zudem getragen durch substantiierte Tatsachen – vor allem aus den Angaben des Auswärtigen Dienstes – und kann daher gem. § 123 Abs. 3 VwGO i.V.m. §§ 920 Abs. 2, 294 ZPO glaubhaft gemacht werden. Eine vorläufige Regelung des Sachverhalts durch einstweilige Anordnung des VG Berlin erscheint somit zur Abwendung wesentlicher Nachteile für das Entführungsopfer als nötig, vgl. § 123 Abs. 1 S. 2 VwGO.[908]

Anderes gilt jedoch für einen möglichen Antrag zur Verpflichtung der Bundesrepublik Deutschland zur Schutzgewähr durch ein bestimmtes Schutzmittel („Wie“), denn ein diesbezüglicher Anordnungsanspruch besteht bereits nicht; das Entführungsopfer kann somit auch kein schützenswertes Interesse an der Regelung eines gerade nicht bestehenden vorläufigen Zustands haben.[909]

d. (Keine) Vorwegnahme der Hauptsache

Soweit das Entführungsopfer das Bestehen eines Anordnungsanspruchs sowie eines Anordnungsgrundes glaubhaft machen kann, ist zu beachten, dass eine einstweilige Anordnung grundsätzlich nicht zu einer Vorwegnahme der Hauptsache

---

906 Hinsichtlich der Anforderungen an den Anordnungsgrund allgemein, s. *W.-R. Schenke*, Verwaltungsprozessrecht, 14. Aufl. 2014, Rn. 1032.

907 So auch *C. P. Kokew*, Auslandsschutz deutscher Staatsangehöriger bei Entführungen, 2012, S. 263.

908 Ebenso *C. P. Kokew*, Auslandsschutz deutscher Staatsangehöriger bei Entführungen, 2012, S. 263.

909 *W.-R. Schenke*, Verwaltungsprozessrecht, 14. Aufl. 2014, Rn. 1033. Anders hingegen *C. P. Kokew*, Auslandsschutz deutscher Staatsangehöriger bei Entführungen, 2012, S. 263, der jedoch nicht zwischen einem Antrag hinsichtlich des „Ob“ und des „Wie“ einer Schutzgewähr unterscheidet.

führen darf. Sie widerspräche grundsätzlich der Funktion des vorläufigen Rechtsschutzes.[910] Dabei kämen sowohl ein Antrag auf Verpflichtung der Bundesrepublik Deutschland hinsichtlich des „Ob" als auch ein solcher in Bezug auf das „Wie" einer Schutzgewähr dieser in jedem Fall jedoch sehr nahe; sie wären sogar deckungsgleich mit dem Klagebegehren in einem Hauptsacheverfahren. Eine Vorwegnahme der Hauptsache kommt jedoch „ausnahmsweise in Betracht, wenn der verfolgte Anspruch mit hoher Wahrscheinlichkeit besteht und das Abwarten in der Hauptsache für den Antragsteller schwere und unzumutbare, nachträglich nicht mehr zu beseitigende Nachteile zur Folge hätte. Dabei ist dem jeweils betroffenen Grundrecht und den Erfordernissen eines effektiven Rechtsschutzes [nach Art. 19 Abs. 4 GG] Rechnung zu tragen"[911].[912] Das grundsätzliche Verbot der Vorwegnahme der Hauptsache steht der Begründetheit eines Antrags des Entführungsopfers hinsichtlich des „Ob" einer Schutzgewähr somit – sollte die Bundesrepublik Deutschland bislang nicht tätig geworden sein – regelmäßig ausnahmsweise nicht entgegen: So wäre sein Obsiegen in der Hauptsache zum einen hinreichend wahrscheinlich; zum anderen könnten die durch die Entführung drohenden Nachteile für das Entführungsopfer selbst durch eine erfolgreiche Leistungsklage nicht mehr ausgeglichen werden. In Bezug auf einen Antrag hinsichtlich des „Wie" einer Schutzgewähr fehlt es jedoch in der Regel bereits an einem wahrscheinlichen Obsiegen in der Hauptsache.[913]

IV. Verfassungsgerichtliches (Eil-)Verfahren

Das Entführungsopfer kann darüber hinaus – insbesondere wenn ein Antrag nach § 123 Abs. 1 S. 2 VwGO keinen Erfolg hat[914] – zum Schutz seiner durch die Entführung verletzten bzw. bedrohten Grundrechte einen Antrag auf Erlass einer

---

910 Statt vieler nur OVG Berlin-Brandenburg, Beschl. v. 28.06.2010, Az. 4 S 98/09, abgedruckt in NVwZ-RR 2010, 990 (990); OVG Berlin-Brandenburg, Beschl. v. 23.05.2014, Az. OVG 12 S 26.14, Rn. 8 – juris. Zum Verbot der Vorwegnahme der Hauptsache und seinen Ausnahmen, s. statt vieler *W.-R. Schenke*, Verwaltungsprozessrecht, 14. Aufl. 2014, Rn. 1034 ff., der dieses jedoch dem allgemeinen Rechtsschutzbedürfnis im Rahmen der Sachentscheidungsvoraussetzungen zuordnet.

911 OVG Berlin-Brandenburg, Beschl. v. 01.04.2014, Az. OVG 12 S 77.13, Rn. 3 – juris.

912 BVerfGE 79, 69 (74 ff.) – *Eidespflicht*; OVG Berlin-Brandenburg NVwZ-RR, 990 (990); OVG Berlin-Brandenburg, Beschl. v 01.04.2014, Az. OVG 12 S 77.13, Rn. 3 – juris; OVG Berlin-Brandenburg, Beschl. v. 23.05.2014, Az. OVG 12 S 26.14, Rn. 8 – juris.

913 BVerfGE 46, 160 (164) – *Schleyer*; *C. P. Kokew*, Auslandsschutz deutscher Staatsangehöriger bei Entführungen, 2012, S. 256.

914 S. hierzu sogleich im dritten Teil unter B. IV. 1. e.

einstweiligen Anordnung nach § 32 Abs. 1 BVerfGG durch das BVerfG stellen.[915] Dieser hat wiederum Aussicht auf Erfolg, wenn er zulässig und begründet ist.[916]

1. *Zulässigkeit*

a. *Statthaftigkeit des Antrags nach § 32 Abs. 1 BVerfGG: (Potentielle) Zuständigkeit des BVerfG in der Hauptsache*

Der Rechtsweg zum BVerfG ist infolge seiner Zuständigkeit für Verfassungsbeschwerden gem. Art. 93 Abs. 1 Nr. 4a GG, §§ 13 Nr. 8a, 90 ff. BVerfGG gegeben. Dabei ist ein Antrag auf Erlass einer einstweiligen Anordnung nach § 32 Abs. 1 BVerfGG nicht auf bestimmte verfassungsgerichtliche Verfahren beschränkt und daher auch bei der Verfassungsbeschwerde möglich;[917] er ist zudem bereits vor Anhängigkeit eines Hauptsacheverfahrens statthaft.[918]

b. *Antragsberechtigung*

Die Berechtigung, den Erlass einer einstweiligen Anordnung nach § 32 Abs. 1 BVerfGG zu beantragen, richtet sich nach der Beteiligtenfähigkeit in einem Hauptsacheverfahren, die wiederum – im vorliegenden Fall der Verfassungsbeschwerde – an der Grundrechtsfähigkeit des Beschwerdeführers anknüpft:[919] So ist gem. Art. 90 Abs. 1 Nr. 4a GG, § 90 Abs. 1 BVerfGG „jedermann" beteiligtenfähig, der Träger einer der dort genannten Grundrechte oder grundrechtsgleichen Rechte ist.[920] Als natürliche Person kann sich das Entführungsopfer ohne weiteres auf die durch Art. 2 Abs. 2 GG

---

915 Sollte eine mündliche Verhandlung erforderlich sein, so muss sich das Entführungsopfer gem. § 22 Abs. 1 S. 1 Hs. 2 BVerfGG durch einen Rechtsbeistand vertreten lassen; die schriftliche Vollmacht gem. § 22 Abs. 2 S. 1 BVerfGG kann dabei durch seinen Vertreter erteilt werden.

916 Das BVerfG nimmt in den meisten Entscheidungen allerdings keine klare Abgrenzung von Zulässigkeit und Begründetheit eines Antrags auf Erlass einer einstweiligen Anordnung nach § 32 BVerfGG vor, vgl. *K. Graßhof*, in: T. Maunz (Begr.), Bundesverfassungsgerichtsgesetz, § 32 Rn. 37.

917 BVerfGE 3, 267 (277) – *Verhältnis von einstweiliger Anordnung und Hauptsacheverfahren*; *K. Graßhof*, in: T. Maunz (Begr.), Bundesverfassungsgerichtsgesetz, § 32 Rn. 43; *C. Hillgruber/C. Goos*, Verfassungsprozessrecht, 4. Aufl. 2015, Rn. 809 f.; *R. Zuck*, Recht der Verfassungsbeschwerde, 4. Aufl. 2013, Rn. 1121.

918 Statt vieler BVerfGE 11, 339 (342); E 27, 152 (156) – *Wahlkampfkostenpauschale*; E 105, 235 (238) – *LER Vergleichsvorschlag*; *R. Zuck*, Recht der Verfassungsbeschwerde, 4. Aufl. 2013, Rn. 1121.

919 Zur „Annexität" des verfassungsprozessualen einstweiligen Rechtsschutzes, s. BVerfGE 31, 87 (90); *C. Hillgruber/C. Goos*, Verfassungsprozessrecht, 4. Aufl. 2015, Rn. 818.

920 BVerfGE 115, 205 (227) – *Geheimnisschutz*; *H. Bethge*, in: T. Maunz (Begr.), Bundesverfassungsgerichtsgesetz, § 90 Rn. 125 ff.; *C. Hillgruber/C. Goos*, Verfassungsprozessrecht, 4. Aufl. 2015, Rn. 104 ff.

verbürgten Rechte auf Leben und körperliche Unversehrtheit sowie auf Freiheit der Person auch in ihrem objektiv-rechtlichen Gehalt berufen. Es ist bzw. wäre somit im Rahmen einer Verfassungsbeschwerde beteiligtenfähig und antragsberechtigt.

c. *Antragsbefugnis*

Das Entführungsopfer ist zudem hinsichtlich des begehrten Erlasses einer einstweiligen Anordnung durch das BVerfG antragsbefugt, wobei diese der Beschwerdebefugnis im Hauptsacheverfahren der Verfassungsbeschwerde entspricht. Wie schon bei einem Antrag nach § 123 Abs. 1 S. 2 VwGO muss das Entführungsopfer auch bei einem Antrag nach § 32 Abs. 1 BVerfGG die Möglichkeit des Bestehens eines Anordnungsanspruchs substantiiert geltend machen und einen Anordnungsgrund darlegen: Betreffend des zu sichernden Anordnungsanspruchs kann zumindest nicht von vornherein ausgeschlossen werden, dass die Bundesrepublik Deutschland durch die gänzliche Unterlassung einer Schutzgewähr zugunsten eines im Ausland entführten deutschen Staatsangehörigen („Ob") bzw. der Nichtanwendung eines bestimmten Schutzmittels („Wie") – hier etwa eine Lösegeldzahlung – die ihr obliegende grundrechtliche Schutzpflicht aus Art. 2 Abs. 2 GG (i.V.m. Art. 1 Abs. 1 S. 2, 25 S. 1 GG) und damit zugleich das Entführungsopfer möglicherweise in seinem subjektiven öffentlichen Recht verletzt; dieses ist insoweit auch selbst, gegenwärtig und unmittelbar betroffen.[921]

Die besondere Dringlichkeit einer Entscheidung durch das BVerfG ergibt sich vorliegend daraus, dass sich die durch die Entführung begründete Gefahr besonders für das Leben und die körperliche Unversehrtheit des Antragstellers bis zum Abwarten einer Entscheidung in einem Hauptsacheverfahren bereits realisiert haben könnte. Eine einstweilige Regelung nach § 32 Abs. 1 BVerfGG ist somit „zur Abwehr schwerer Nachteile" für das Entführungsopfer dringend geboten (Anordnungsgrund).

d. *(Keine) Vorwegnahme der Hauptsache*

Nach der Rechtsprechung des BVerfG darf die einstweilige Anordnung seine Entscheidung in der Hauptsache nicht vorwegnehmen.[922] Gleichwohl sind sowohl ein Antrag auf Verpflichtung der Bundesrepublik Deutschland hinsichtlich des „Ob" als auch ein solcher in Bezug auf das „Wie" einer Schutzgewähr, obwohl sie sogar deckungsgleich mit dem Hauptsachebegehren wären, nicht unzulässig: So hat das BVerfG die Zulässigkeit eines Erlasses einer einstweiligen Anordnung ausnahmsweise anerkannt, wenn „unter den obwaltenden Umständen eine Ent-

921 Statt vieler *C. Hillgruber/C. Goos*, Verfassungsprozessrecht, 4. Aufl. 2015, Rn. 825 ff., 166 ff.

922 BVerfGE 12, 276 (279) – *Haushaltsgesetze*; E 15, 77 (78 f.) – *Spiegelaffäre*; E 46, 160 (163 f.) – *Schleyer*, *K. Graßhof*, in: T. Maunz (Begr.), Bundesverfassungsgerichtsgesetz, § 32 Rn. 48; *C. Hillgruber/C. Goos*, Verfassungsprozessrecht, 4. Aufl. 2015, Rn. 837 f.

scheidung in der Hauptsache zu spät kommen würde und [...] [dem Antragsteller] in anderer Weise ausreichender Rechtsschutz nicht mehr gewährt werden könnte"[923], sodass diesem ein schwerwiegender, irreparabler Schaden entstehen würde.[924] In den vorliegend untersuchten Entführungsfällen sind die genannten Voraussetzungen erfüllt; das grundsätzliche Verbot einer Vorwegnahme steht der Zulässigkeit des Antrags des Entführungsopfers somit ausnahmsweise nicht entgegen.[925]

e. Rechtsschutzbedürfnis

Einem Antrag auf Erlass einer einstweiligen Anordnung durch das BVerfG fehlt allerdings das Rechtsschutzbedürfnis, wenn der Antragsteller nicht bereits einen fachgerichtlichen (vorläufigen) Rechtsschutz ersucht hat. Dies entspricht dem „allgemeine[n] Grundsatz der Subsidiarität der Verfassungsbeschwerde"[926], der auch im einstweiligen Rechtsschutz einzuhalten ist.[927] Ähnlich des prinzipiellen Verbots der Vorwegnahme der Hauptsache hat das BVerfG allerdings seine direkte Anrufung ohne vorherige fachgerichtliche Prüfung ausnahmsweise zugelassen, wenn der Erlass einer einstweiligen Anordnung „im Hinblick auf die besondere verfassungsrechtliche Bedeutung [...] [der Grundrechte] und die Dringlichkeit der Sache"[928] geboten erscheint; dabei könnten im Falle der Verfassungsbeschwerde als Hauptsacheverfahren die Anforderungen von § 90 Abs. 2 S. 2 BVerfGG entsprechend herangezogen werden.[929]

---

923 BVerfGE 67, 149 (151) – *Wahlwerbesendung WDR.*

924 BVerfGE 67, 149 (151) – *Wahlwerbesendung WDR*; s. bereits BVerfGE 34, 160 (162 f.) – *Wahlsendung NPD*; E 46, 160 (163 f.) – *Schleyer*, *K. Graßhof*, in: T. Maunz (Begr.), Bundesverfassungsgerichtsgesetz, § 32 Rn. 48; *C. Hillgruber/C. Goos*, Verfassungsprozessrecht, 4. Aufl. 2015, Rn. 839.

925 Das BVerfG weist jedoch darauf hin, dass „in Fällen dieser Art die Prüfung des Antrages nicht auf die üblicherweise gebotene Abwägung der Folgen [...] beschränkt werden [kann]. Vielmehr muß bei der summarischen Prüfung darauf abgestellt werden, wie die Entscheidung in der Hauptsache ausfallen würde", BVerfGE 46, 160 (164) – *Schleyer*, i.E. so auch *C. P. Kokew*, Auslandsschutz deutscher Staatsangehöriger bei Entführungen, 2012, S. 259 f.

926 BVerfGE 73, 322 (325) – *Subsidiarität.*

927 *C. Hillgruber/C. Goos*, Verfassungsprozessrecht, 4. Aufl. 2015, Rn. 842 ff.; teilweise wird die Subsidiarität im einstweiligen Rechtsschutz auch als Begründetheitsvoraussetzung angesehen, wonach eine Sicherungsmaßnahme „dringend geboten" sein muss, vgl. *K. Graßhof*, in: T. Maunz (Begr.), Bundesverfassungsgerichtsgesetz, § 32 Rn. 51.

928 BVerfGE 15, 77 (78) – *Spiegelaffäre.*

929 BVerfGE 15, 77 (78 f.) – *Spiegelaffäre*; *C. Hillgruber/C. Goos*, Verfassungsprozessrecht, 4. Aufl. 2015, Rn. 845. Die „Pflicht zur Anrufung der Fachgerichte besteht ausnahmsweise [auch] dann nicht, wenn die angegriffene Regelung den Beschwerdeführer zu Dispositionen zwingt, die später nicht mehr korrigiert werden können [...], oder wenn die Anrufung der Fachgerichte dem Beschwerdeführer nicht zuzumuten ist, etwa weil das offensichtlich sinn- und aussichtslos wäre [...]. Kann

Diese Voraussetzungen sind in den vorliegend untersuchten Entführungssachverhalten erfüllt: Insbesondere das Recht auf Leben und körperliche Unversehrtheit aus Art. 2 Abs. 2 GG stellt innerhalb der verfassungsrechtlichen Ordnung einen Höchstwert dar, der durch die Entführung unmittelbar bedroht ist. Ein Verweis auf den Rechtsweg könnte bis zu einer Letztentscheidung des BVerfG somit zu schweren und irreparablen Schäden für das Entführungsopfer führen; in diesen Ausnahmefällen ist zur Erreichung eines (einstweiligen) Schutzes seiner Rechte grundsätzlich eine direkte Anrufung des BVerfG zulässig.[930]

2. *Begründetheit*

Ein Antrag auf Erlass einer einstweiligen Anordnung durch das BVerfG ist begründet, wenn die Voraussetzungen von § 32 Abs. 1 BVerfGG erfüllt sind. Dies ist der Fall, wenn die Hauptsache weder unzulässig noch offensichtlich unbegründet[931] ist und die vorzunehmende Folgenabwägung ergibt, dass der Erlass der einstweiligen Anordnung „zur Abwehr schwerer Nachteile, zur Verhinderung drohender Gewalt oder aus einem sonstigen wichtigen Grund" dringend geboten ist.[932] Anders als im vorläufigen Rechtsschutz nach der VwGO findet in diesem Zusammenhang zwar grundsätzlich keine summarische Prüfung der Erfolgsaussichten in der Hauptsache statt. Kommen die vom Antragsteller begehrten Maßnahmen allerdings einer Vorwegnahme der Hauptsache – wie vorliegend – zumindest sehr nahe, so beschränkt sich das BVerfG ausnahmsweise nicht auf eine Folgenabwägung; vielmehr wird auch hier eine summarische Prüfung der Erfolgsaussichten in der Hauptsache vorgenommen.[933]

---

der mit dem Subsidiaritätsgrundsatz insbesondere verfolgte Zweck, eine fachgerichtliche Klärung der verfassungsrechtlich relevanten Sach- und Rechtsfragen herbeizuführen, nicht erreicht werden, ist die vorherige Anrufung der Fachgerichte gleichfalls entbehrlich", so BVerfGE 79, 1 (20) – *Urheberrechtliche Vergütung*; s. hierzu auch *C. Hillgruber/C. Goos*, Verfassungsprozessrecht, 4. Aufl. 2015, Rn. 846.

930 In diesem Zusammenhang könnte zwar argumentiert werden, dass das Bestehen einer verfassungsrechtlichen Pflicht der Bundesrepublik Deutschland zum Schutz entführter Bürger – jedenfalls im Grundsatz – allgemein unbestritten ist. Die Verhinderung von (Grund-)Rechtsverletzungen könne danach im Grunde auch durch die Fachgerichte erreicht werden. Diese Einwände können jedoch mit Blick auf den grundgesetzlichen Rang des Rechts auf Leben und körperliche Unversehrtheit und Art. 19 Abs. 4 GG nicht durchgreifen; a.A. *T. Giegerich*, ZaöRV 57 (1997), 409 (551) hinsichtlich der Verfassungsbeschwerde bzgl. der Gewährung diplomatischen Schutzes.

931 Ist die Hauptsache jedoch offensichtlich begründet, so ergeht die einstweilige Anordnung ohne Folgenabwägung, s. *C. Hillgruber/C. Goos*, Verfassungsprozessrecht, 4. Aufl. 2015, Rn. 862.

932 Statt vieler *C. Hillgruber/C. Goos*, Verfassungsprozessrecht, 4. Aufl. 2015, Rn. 860, 865; *R. Zuck*, Recht der Verfassungsbeschwerde, 4. Aufl. 2013, Rn. 1146 f.

933 So ausdrücklich BVerfGE 46, 160 (164) – *Schleyer*.

a. Antrag hinsichtlich des „Ob“ einer Schutzgewähr

In Bezug auf einen Antrag des Entführungsopfers zur Verpflichtung der Bundesrepublik Deutschland zur Schutzgewähr ist zunächst festzustellen, dass ein entsprechendes Hauptsacheverfahren in Form der Verfassungsbeschwerde gem. Art. 93 Abs. 1 Nr. 4a GG, §§ 13 Nr. 8a, 90 ff. BVerfGG zulässig ist. Selbst vor dem Hintergrund des vom BVerfG in außenpolitischen Angelegenheiten angelegten „besonders strengen Maßstabs“ [934] an die Prüfung der Voraussetzungen des Erlasses einer einstweiligen Anordnung nach § 32 Abs. 1 BVerfGG erscheint die Hauptsache zudem nicht (offensichtlich) unbegründet: Der Bundesrepublik Deutschland obliegt eine aus Art. 2 Abs. 2 GG (i.V.m. Art. 1 Abs. 1 S. 2, 25 S. 1 GG) herzuleitende grundrechtliche Pflicht zum Schutz eines im Ausland entführten deutschen Staatsangehörigen; ihr korrespondiert ein subjektives öffentliches Recht des Entführungsopfers. Das dem Auswärtigen Dienst mit Blick auf den weiten außenpolitischen Spielraum und im Zusammenhang mit der Gewährung von Auslandsschutz eingeräumte Entschließungsermessen reduziert sich in den vorliegend untersuchten Sachverhalten aufgrund der Einwirkung der durch die Entführung betroffenen Grundrechte des Entführungsopfers aus Art. 2 Abs. 2 GG und aufgrund Art. 3 Abs. 1 GG i.V.m. der Selbstbindung der Verwaltung auf Null. Trifft der Auswärtige Dienst danach keine Maßnahmen zum Schutz des Entführungsopfers, so bedeutet diese gänzliche Untätigkeit eine Verletzung der Grundrechte des Entführungsopfers i.S.d. Untermaßverbots. Ein Antrag hinsichtlich des „Ob“ einer Schutzgewähr hat somit in aller Regel Aussicht auf Erfolg.[935]

934 Hierzu BVerfGE 83, 162 (171) – *Einigungsvertrag*; E 89, 38 (43) – *UNOSOM II*; E 108, 34 (41) – *Bewaffnete Bundeswehreinsätze*; *C. Hillgruber/C. Goos*, Verfassungsprozessrecht, 4. Aufl. 2015, Rn. 855. Dieser Maßstab rechtfertigt sich daraus, dass der Erlass einer einstweiligen Anordnung immer auch einen Eingriff in die Regierungsfunktion und politische Verantwortung darstellt, von dem nur mit größter Zurückhaltung Gebrauch gemacht werden darf, kritisch *R. Zuck*, Recht der Verfassungsbeschwerde, 4. Aufl. 2013, Rn. 1142 f.

935 Eine eigenständige Folgenabwägung ist somit grundsätzlich nicht mehr vorzunehmen. Sie würde jedoch zugunsten des Erlasses einer einstweiligen Anordnung hinsichtlich des „Ob“ einer Schutzgewähr ausgehen, denn die für das Entführungsopfer nachteiligen Folgen ihres unberechtigten Nichterlasses überwiegen die ihres unberechtigten Erlasses: Würde eine einstweilige Anordnung nicht ergehen und sich die Ablehnung einer Schutzgewähr als verfassungswidrig darstellen, so droht eine irreparable Verletzung des Entführungsopfers in seinen Grundrechten aus Art. 2 Abs. 2 GG; im Gegensatz dazu hätte der unberechtigte Erlass einer einstweiligen Anordnung keine ersichtlichen Nachteile auf die Interessen der Allgemeinheit und das internationalen Ansehen der Bundesrepublik Deutschland; s. zu dieser Folgenabwägung allgemein BVerfGE 83, 162 (171 f.) – *Einigungsvertrag*; *C. Hillgruber/C. Goos*, Verfassungsprozessrecht, 4. Aufl. 2015, Rn. 865 ff.; *R. Zuck*, Recht der Verfassungsbeschwerde, 4. Aufl. 2013, Rn. 1148 ff.

b. *Antrag hinsichtlich des „Wie" einer Schutzgewähr*

Anders stellt sich der Fall eines weitergehenden Antrags auf Verpflichtung der Bundesrepublik Deutschland zum Einsatz eines bestimmten Schutzmittels dar. Eine entsprechende Individualverfassungsbeschwerde ist zulässig, aber (offensichtlich) unbegründet: Dem Entführungsopfer steht diesbezüglich lediglich ein grundrechtlicher Anspruch auf fehlerfreie Ermessensausübung hinsichtlich der Auswahl der einzusetzenden Schutzmaßnahme zu. Danach ist die Bundesrepublik Deutschland gem. Art. 2 Abs. 2 GG (i.V.m. Art. 1 Abs. 1 S. 2, 25 S. 1 GG) zwar verpflichtet, insbesondere das Leben und die körperliche Unversehrtheit eines im Ausland entführten deutschen Staatsangehörigen zu schützen und vor rechtswidrigen Eingriffen Dritter zu bewahren.[936] Ihre Erfüllung, d.h. das „Wie" eines effektiven Grundrechtsschutzes, steht jedoch in der eigenen Verantwortung der zuständigen staatlichen Organe. Diese Freiheit kann sich allein in besonders gelagerten Fällen auf die Wahl eines bestimmten Schutzmittels verengen, wenn „ein effektiver Lebensschutz auf andere Weise nicht zu erreichen ist"[937]. Eine Reduzierung des Auswahlermessens auf Null ist in den vorliegenden Sachverhalten terroristischer Erpressungen allerdings aufgrund der auch zugunsten der Gesamtheit der deutschen Staatsangehörigen im Ausland bestehenden grundrechtlichen Schutzpflicht gem. Art. 2 Abs. 2 GG (i.V.m. Art. 1 Abs. 1 S. 2, 25 S. 1 GG) und der in Entführungsfällen nicht gebotenen schematisch gleichen Auswahlentscheidung, vgl. Art. 3 Abs. 1 GG, abzulehnen.[938]

Die grundrechtlichen Schutzrechte des Entführungsopfers aus Art. 2 Abs. 2 GG können darüber hinaus ausschließlich dann verletzt sein, wenn die Nichtanwendung des beanspruchten bzw. der Einsatz eines anderen als des begehrten (und auch von den Entführern geforderten) Schutzmittels „gänzlich ungeeignet und völlig unzulänglich sind, das gebotene Schutzziel zu erreichen, oder erheblich dahinter zurückbleiben"[939]. Dies wird in den vorliegend untersuchten Entführungsfällen allerdings regelmäßig nicht der Fall sein, denn die Auswahl der zu treffenden Schutzmaßnahmen wird sich einerseits von einem wirksamen Schutz der Grundrechte des Entführungsopfers und andererseits vom Allgemeinwohl sowie den Interessen und dem internationalen Ansehen der Bundesrepublik Deutschland leiten lassen. Sie wird darüber hinaus auf einer sorgfältigen und vertretbaren Gesamtanalyse der konkreten Entführungssituation, der Beziehungen zum Aufenthaltsstaat und zu der Staatengemeinschaft sowie den außenpolitischen und geopolitischen Verhältnissen beruhen.[940]

---

936 BVerfGE 46, 160 (164) – *Schleyer* zu einer Entführung im Inland.
937 BVerfGE 46, 160 (164 f.) – *Schleyer.*
938 Ähnlich BVerfGE 46, 160 (164 f.) – *Schleyer.*
939 BVerfGE 92, 26 (46) – *Zweitregister.*
940 In Bezug auf die einstweilige Anordnung nach § 123 Abs. 1 S. 2 VwGO, s. *C. P. Kokew*, Auslandsschutz deutscher Staatsangehöriger bei Entführungen, 2012,

Unter diesen Voraussetzungen kann das BVerfG dem Auswärtigen Dienst den Einsatz eines bestimmten Schutzmittels zur Erfüllung der der Bundesrepublik Deutschland obliegenden Schutzpflicht durch den Elass einer einstweiligen Anordnung nicht vorschreiben.[941] Ein Antrag hinsichtlich des „Wie" einer Schutzgewähr hat somit in aller Regel keine Aussicht auf Erfolg.[942]

V. Durchsetzbarkeit des Schutzanspruchs vor dem VG Berlin und dem BVerfG – Zwischenergebnis

Die gerichtliche Durchsetzbarkeit des grundrechtlichen und des ihn konkretisierenden konsulargesetzlichen Anspruchs des im Ausland entführten deutschen Staatsangehörigen aus Art. 2 Abs. 2 GG (i.V.m. Art. 1 Abs. 1 S. 2, 25 S. 1 GG) und § 1 Sps. 2 KonsG scheitert nicht daran, dass es sich bei den diesbezüglichen Schutzmaßnahmen der auswärtigen Gewalt um „justizfreie Hoheitsakte" handeln würde; eine entsprechende Sichtweise kann mit Blick auf Art. 19 Abs. 4 GG nicht überzeugen. Zu beachten ist jedoch, dass sowohl für die Einleitung eines verwaltungs- als auch eines verfassungsrechtlichen Verfahrens ein Antrag des Entführungsopfers gem. § 23 Abs. 1 S. 1 BVerfGG bzw. § 81 Abs. 1 S. 1 VwGO (analog) erforderlich und dem Antragsteller die Stellung eines solchen selbst tatsächlich nicht möglich ist. In diesem Zusammenhang kann sich ein minderjähriges Entführungsopfer jedoch

von seinen Eltern vertreten lassen. In Bezug auf ein volljähriges Entführungsopfer kommt eine Vertretung durch eine Person in Betracht, die „wegen der persönlichen Beziehung zu dem [Vertretenen] […] verständlichen Anlass hat, für dessen persön-

S. 267; zu den allgemein in die Abwägung einzustellenden Kriterien, vgl. erneut *L. Bloß*, in: G. Hecker u.a. (Hrsg.), Handbuch der konsularischen Praxis, § 3 C Rn. 2.

941 Vgl. BVerfGE 46, 160 (165.) – *Schleyer*.

942 I.E. ebenso *C. P. Kokew*, Auslandsschutz deutscher Staatsangehöriger bei Entführungen, 2012, S. 270. Eine Folgenabwägung ist somit grundsätzlich nicht mehr vorzunehmen. Sie würde jedoch zulasten des Erlasses einer einstweiligen Anordnung hinsichtlich des „Wie" einer Schutzgewähr ausgehen, denn die nachteiligen Folgen ihres unberechtigten Nichterlasses überwiegen die ihres unberechtigten Erlasses nicht: Würde eine einstweilige Anordnung nicht ergehen und sich die Ablehnung des Einsatzes eines bestimmten Schutzmittels als verfassungswidrig darstellen, so droht zwar auf der einen Seite eine irreparable Verletzung des Entführungsopfers in seinen Grundrechten aus Art. 2 Abs. 2 GG, da auf die Forderungen der Entführer nicht eingegangen wird; die Bundesrepublik Deutschland würde sich aber auf der anderen Seite erpressbar machen, wenn ihre Reaktion auf Entführungsfälle von vornherein kalkulierbar würde. Im Gegensatz dazu könnte der unberechtigte Erlass einer einstweiligen Anordnung erhebliche Nachteile auf die Interessen der Allgemeinheit und das internationalen Ansehen der Bundesrepublik Deutschland auch in Form ernsthafter bilateraler Verwerfungen haben, s. hierzu erneut die Nachweise im dritten Teil unter B. IV. 2. a. mit Fn. 935.

liches Wohl einzutreten“[943] und damit insbesondere durch seine Angehörigen (etwa sein Ehepartner bzw. Lebensgefährte sowie seine Eltern, Kinder und Geschwister). Dabei fehlt es zwar an einer diesbezüglichen Regelung in den einschlägigen Prozess- und Verfahrensordnungen; in Ansehung der nicht zuletzt zugunsten eines Entführungsopfers bestehenden grundrechtlichen Schutzpflicht aus Art. 2 Abs. 2 GG (i.V.m. Art. 1 Abs. 1 S. 2, 25 S. 1 GG) und des hohen Rangs der durch die Entführung bedrohten Rechtsgüter sind entsprechende Defizite im Rahmen des Rechtsschutzes gem. Art. 19 Abs. 4 S. 1 GG jedoch zu vermeiden.

Schließlich wird der Antrag auf Erlass einer einstweiligen Anordnung sowohl vor dem VG Berlin nach § 123 Abs. 1 S. 2 VwGO als auch vor dem BVerfG nach § 32 Abs. 1 BVerfGG in der Regel zulässig sein, wobei in Bezug auf das verfassungsgerichtliche Eilverfahren der „allgemeine Grundsatz der Subsidiarität der Verfassungsbeschwerde“[944] ausnahmsweise nicht zu beachten ist. Hinsichtlich ihrer weiteren Erfolgsaussichten ist zu unterscheiden: Ein Antrag auf einstweilige Verpflichtung der Bundesrepublik Deutschland zum Schutz eines im Ausland entführten deutschen Staatsangehörigen durch ein bestimmtes Schutzmittel ist in Entführungsfällen nicht begründet; das diesbezügliche staatliche Auswahlermessen ist gerichtlich nur in eingeschränktem Maße überprüfbar.[945] Im Gegensatz dazu ist ein Antrag auf Erlass einer einstweiligen Anordnung hinsichtlich des Schutzes als solchem begründet, da sich das entsprechende Entschließungsermessen auf Null reduziert. Liegen diese Voraussetzungen vor, so sind die Gerichte mit Blick auf die durch Art. 19 Abs. 4 GG gewährleistete Effektivität des Rechtsschutzes zum Erlass einer einstweiligen Anordnung zum Schutz des Entführungsopfers durch die Bundesrepublik Deutschland verpflichtet. Ein gerichtliches Ermessen besteht allein hinsichtlich des Inhalts der einstweiligen Anordnung und bezieht sich darauf, wie das Antragsziel am besten verwirklicht werden kann; dabei ist in Entführungsfällen in beiden Verfahren ausnahmsweise auch eine Vorwegnahme der Hauptsache zulässig. In jedem Fall muss insbesondere das BVerfG jedoch den „Grundsatz des Interventionsminimums“[946] beachten.

943 BVerfGE 72, 122 (137) – *Sorgerechtsentzug.*

944 BVerfGE 73, 322 (325) – *Subsidiarität.*

945 In diesem Sinne hat *K. Hailbronner*, VVDStRL 56 (1997), 7 (22) festgestellt, dass „in allen Fällen, in denen bisher eine diplomatische Schutzausübung eingefordert worden ist, die Klage am Einschätzungs- und Beurteilungsspielraum der Bundesregierung gescheitert“ ist; ebenso *T. Giegerich*, ZaöRV 57 (1997), 409 (551) in Bezug auf die Verfassungsbeschwerden hinsichtlich des „Ob“ und „Wie“ der diplomatischen Schutzausübung.

946 *C. Hillgruber/C. Goos*, Verfassungsprozessrecht, 4. Aufl. 2015, Rn. 892.

C. Schutzanspruch des Entführungsopfers und seine gerichtliche Durchsetzbarkeit – Ergebnisse des dritten Teils

Den im zweiten Teil herausgearbeiteten staatlichen Schutzpflichten aus Art. 2 Abs. 2 GG (i.V.m. Art. 1 Abs. 1 S. 2, 25 S. 1 GG) und nach § 1 Sps. 2 KonsG korrespondieren Ansprüche des Entführungsopfers auf Schutz durch die Bundesrepublik Deutschland. Der grundsätzlich bestehende weite außenpolitische Spielraum reduziert sich jedoch aufgrund der Einwirkung der durch die Entführung gefährdeten bzw. verletzten Grundrechte aus Art. 2 Abs. 2 GG sowie Art. 3 Abs. 1 GG hinsichtlich des Entschließungsermessens auf Null, da die Bundesrepublik bislang in jedem Entführungsfall tätig wurde; das Auswahlermessen bleibt jedoch bestehen. Das Entführungsopfer kann sich somit gegenüber dem Auswärtigen Dienst bzw. dem ihm angehörigen Konsularbeamten auf einen in Bezug auf das „Ob" eines Schutzes gebundenen Anspruch berufen, wobei die Wahl des im Einzelfall einzusetzenden Schutzmittels weiterhin im staatlichen Ermessen steht.

Bei der Gewährung von Schutzmaßnahmen in Entführungsfällen durch die auswärtige Gewalt handelt es sich mit Blick auf Art. 19 Abs. 4 GG nicht um „justizfreie Hoheitsakte". Das Entführungsopfer kann seine Schutzansprüche somit im einstweiligen Rechtsschutz gerichtlich vor dem VG Berlin nach § 123 Abs. 1 S. 2 VwGO und dem BVerfG nach § 32 Abs. 1 BVerfGG durchsetzen; es kann sich dabei im Falle seiner Minderjährigkeit von seinen Eltern oder im Falle eines volljährigen Entführungsopfers durch eine Person vertreten lassen, die „wegen der persönlichen Beziehung zu dem [Vertretenen] [...] verständlichen Anlass hat, für dessen persönliches Wohl einzutreten"[947] und damit insbesondere durch seine Angehörigen (etwa sein Ehepartner bzw. Lebensgefährte sowie seine Eltern, Kinder und Geschwister). Hinsichtlich der Erfolgsaussichten der Anträge auf Erlass einer einstweiligen Anordnung ist zu unterscheiden: Ein Antrag auf einstweilige Verpflichtung zum Schutz durch ein bestimmtes Schutzmittel wird zwar regelmäßig zulässig, aber nicht begründet sein. Im Gegensatz dazu ist ein Antrag auf Erlass einer einstweiligen Anordnung hinsichtlich des Schutzes als solchem begründet. Sollte die Bundesrepublik Deutschland jedoch bereits alles in ihrer Macht Stehende zum Schutz veranlasst haben, so sind das allgemeine Rechtsschutzbedürfnis und damit bereits die Zulässigkeit des Antrags zu verneinen.

Trotz der im Ergebnis als gering anzusehenden Erfolgsaussichten entsprechender Anträge des einstweiligen Rechtsschutzes ist das Bestehen eines Schutzanspruchs rechtlich nicht bedeutungslos, da bereits der Möglichkeit einer (verfassungs-)gerichtlichen Überprüfung ein „kontrollierender, willkürliches Verhalten ausschließender Effekt"[948] zukommt: Sie legt den zuständigen Stellen

947 BVerfGE 72, 122 (137) – *Sorgerechtsentzug.*

948 *E. Klein*, in: G. Ress/T. Stein (Hrsg.), Diplomatischer Schutz im Völker- und Europarecht, 1996, 125 (136).

einen erhöhten Begründungsaufwand für den Nachweis einer fehlerfreien Ermessensausübung auf; es ist somit zu wünschen, dass durch die mögliche Rechtmäßigkeitskontrolle durch die Gerichte – mit Blick auf die Bedeutung des Auslandsschutzes – die Genauigkeit der dem gerichtlichen Verfahren vorgelagerten Abwägung der Interessen des Entführungsopfers gegen die der Allgemeinheit abgesichert und eventuell sogar erhöht wird.[949]

949 Ähnlich mit Blick auf die staatliche Haftung auch *E. Klein*, in: G. Ress/T. Stein (Hrsg.), Diplomatischer Schutz im Völker- und Europarecht, 1996, 125 (135 f.).

Vierter Teil: Einschränkung der Schutzbedürftigkeit im Falle eines „Verschuldens“ des Entführungsopfers?

Die vorangegangene Untersuchung des zweiten und dritten Teils zeigte, dass die Bundesrepublik Deutschland sowohl verfassungsrechtlich als auch durch das einfache Gesetzesrecht zum Schutz im Ausland entführter Staatsangehöriger verpflichtet ist. Zur Durchsetzung dieser Schutzpflicht wird dem Entführungsopfer wiederum ein verfassungsrechtlich und einfachgesetzlich konkretisierter Anspruch auf staatlichen Schutz, nicht aber auf eine bestimmte Schutzmaßnahme eingeräumt. Dieses Ergebnis und eine ihm entsprechende uneingeschränkte Schutzbedürftigkeit des Entführungsopfers stehen jedenfalls in Bezug auf solche (Regel-)Entführungssachverhalte außer Zweifel, in denen sich durch die Entführung kein spezifisches Risiko, Opfer einer Entführung zu werden, realisiert.

Reist ein Entführungsopfer allerdings in ein Land, für das durch das Auswärtige Amt in landesspezifischen Sicherheitshinweisen auf eine erhöhte Entführungsgefahr aufmerksam gemacht oder aufgrund einer sehr hohen Entführungsgefahr für westliche Staatsangehörige gar eine Reisewarnung ausgegeben wurden, so geht es mit dem Aufenthalt ein grundsätzlich vermeidbares Risiko ein. Es begibt sich dann zumindest fahrlässig in die Gefahr einer Entführung, sodass sich die Frage stellt, ob das Entführungsopfer im Falle ihres Eintritts Einschränkungen hinsichtlich seiner Schutzbedürftigkeit und damit der staatlichen Schutzpflicht bzw. des ihr korrespondierenden Schutzanspruchs in Kauf nehmen muss.

Entsprechende Zweifel an einer uneingeschränkten Schutzbedürftigkeit verstärken sich, wenn ein in der Vergangenheit befreites Entführungsopfer erneut in ein Land reist, für das ein erhöhtes Entführungsrisiko festgestellt wurde, und ein weiteres Mal entführt wird. Exemplarisch für diese bislang rein theoretische Konstellation steht der Sachverhalt um die Entführung von S. Osthoff im Irak 2005, die nach ihrer Freilassung im Dezember 2005 ankündigte, in den Irak zurückkehren zu wollen; im Februar 2006 begab sie sich ungeachtet der nach wie vor prekären Sicherheitslage erstmals wieder dorthin.[950] Wäre Frau Osthoff bei diesem Aufenthalt abermals entführt worden, so hätte sich auch hier die Frage gestellt, ob sie in vollem Umfang schutzbedürftig gewesen wäre. Sollte die folgende Untersuchung die bestehenden Zweifel an einer jeweils uneingeschränkten Schutzbedürftigkeit bestätigen,

950 ZEIT ONLINE v. 22.02.2006, „Osthoff wieder im Irak“, im Internet: http://www.zeit.de/online/2006/08/Osthoff.

sind in beiden besonderen Entführungssachverhalten zudem Differenzierungen hinsichtlich des Grundes des Auslandsaufenthalts denkbar.[951]

Dabei kann bereits an dieser Stelle festgestellt werden, dass weder für die grundrechtlichen Schutzpflichten als verfassungsrechtliche noch § 1 Sps. 2 KonsG als einfachgesetzliche Grundlage der staatlichen Pflicht zum Schutz im Ausland entführter deutscher Staatsangehöriger bzw. des ihr korrespondierenden Anspruchs des Einzelnen die Ursache der sie auslösenden Notlage oder der Verantwortungsgrad des Entführungsopfers von Einfluss ist. Die Voraussetzungen für ihr Entstehen sind somit grundsätzlich auch dann erfüllt, sollte das Entführungsopfer (wiederholt) in Länder reisen, in denen nach Angaben des Auswärtige Amtes gerade westliche Staatsangehörige einer erhöhten Entführungsgefahr ausgesetzt sind.[952]

A. Bestehen landesspezifischer Sicherheitshinweise oder Reisewarnungen des Auswärtigen Amtes[953]

Eine Einschränkung der Schutzbedürftigkeit eines Entführungsopfers in den genannten besonderen Fällen könnte sich zunächst aus der (wiederholten) Nichtbeachtung bestehender Sicherheitshinweise oder Reisewarnungen selbst, die allgemein auf ein Sicherheits- oder speziell auf ein Entführungsrisiko aufmerksam machen, und der sich anschließenden Reise herleiten. Diesbezügliche Rückschlüsse könnte die Bestimmung ihrer Rechtsnatur liefern, für die eine Definition der beiden Begriffe durch das Auswärtige Amt eine erste Annäherung bietet.[954] Ihm zufolge machen „Sicherheitshinweise [...] auf besondere Risiken für Reisende und im Ausland lebende Deutsche aufmerksam. Sie können die Empfehlung enthalten, auf Reisen zu verzichten oder sie einzuschränken. Gegebenenfalls wird von nicht unbedingt

---

951 Zu diesen Erwägungen, s. auch *C. P. Kokew*, Auslandsschutz deutscher Staatsangehöriger bei Entführungen, 2012, S. 189 f.

952 So bzgl. der grundrechtlich geschützten Fortbewegungsfreiheit ausdrücklich, *U. Di Fabio*, in: T. Maunz/G. Dürig (Begr.), Grundgesetz, Art. 2 Abs. 2 S. 2 Rn. 15; s. auch *C. P. Kokew*, Auslandsschutz deutscher Staatsangehöriger bei Entführungen, 2012, S. 191.

953 Durch das Auswärtige Amt ausgegebene landesspezifische Sicherheitshinweise und Reisewarnungen finden sich im Internet unter: http://www.auswaertiges-amt.de/DE/Laenderinformationen/SicherheitshinweiseA-Z-Laenderauswahlseite_node.html bzw. http://www.auswaertiges-amt.de/DE/Laenderinformationen/01-Reisewarnungen-Liste_node.html. Es wird etwa u.a. für die Länder Afghanistan, Algerien, Irak, Jemen, Kamerun, Libyen, Mali, Mauretanien, Nigeria, Pakistan, Somalia und Tschad explizit auf ein sehr hohes Entführungsrisiko hingewiesen, s. „Aktuelle Reisewarnungen", im Internet: http://www.auswaertiges-amt.de/DE/Laenderinformationen/01-Reisewarnungen-Liste_node.html.

954 Die Definitionen sind zudem aufrufbar unter „Was sind Reise- und Sicherheitshinweise?", im Internet: http://www.auswaertiges-amt.de/DE/Laenderinformationen/02-Hinweise/WasSindSicherheitshinweise_node.html.

erforderlichen oder allen Reisen abgeraten."[955] Noch weitergehend enthalten „Reisewarnungen [...] einen dringenden Appell des Auswärtigen Amts, Reisen in ein Land oder in eine Region eines Landes zu unterlassen. Sie werden nur dann ausgesprochen, wenn aufgrund einer akuten Gefahr für Leib und Leben vor Reisen in ein Land oder in eine bestimmte Region eines Landes gewarnt werden muss. Eine Reisewarnung wird nur selten ausgesprochen. Deutsche, die in diesem Land leben, werden gegebenenfalls zur Ausreise aufgefordert."[956]

Die in diesen Definitionen verwendeten Termini der „Empfehlung" und des „dringenden Appells" lassen auf einen rechtlich unverbindlichen Charakter schließen. Er wird unterstrichen durch den dringenden Rat des Auswärtigen Amtes, die von ihm ausgesprochenen Empfehlungen zu beachten.[957] Auf diese Aufforderung könnte im Falle ihrer Rechtsverbindlichkeit verzichtet werden. Dann müsste sich der Reisende allerdings auch auf die Richtigkeit und Vollständigkeit bestehender und nicht bestehender Sicherheitshinweise und Reisewarnungen berufen können. Dies ist jedoch abzulehnen, denn eine entsprechende Gewähr und darüber hinaus eine Haftung für gegebenenfalls eintretende Schäden werden durch das Auswärtige Amt ausdrücklich ausgeschlossen.[958]

Sicherheitshinweise und Reisewarnungen besitzen demnach einen rein informatorischen Charakter. Ihre (wiederholte) Nichtbeachtung stellt somit keinen Verstoß gegen rechtlich verbindliche und damit zwingend zu beachtende Vorgaben des Auswärtigen Amtes dar, der zu einer Einschränkung der Schutzbedürftigkeit des Entführungsopfers ipso iure führen könnte. Das Bestehen von Sicherheitshinweisen oder Reisewarnungen als solche hat somit grundsätzlich keinen Einfluss auf seine Schutzbedürftigkeit, selbst wenn sich dieses leichtsinnig bzw. selbst verschuldet in die Gefahr einer Entführung begeben hat.[959]

---

955 BT-Drs. 17/5357, S. 2, Antwort der Bundesregierung auf die Frage 2 der Kleinen Anfrage der Abgeordneten M. Tressel, T. Koenigs, V. v. Cramon-Taubadel und der Fraktion BÜNDNIS 90/DIE GRÜNEN, BT-Drs. 17/5156.

956 BT-Drs. 17/5357, S. 2, Antwort der Bundesregierung auf die Frage 1 der Kleinen Anfrage der Abgeordneten M. Tressel, T. Koenigs, V. v. Cramon-Taubadel und der Fraktion BÜNDNIS 90/DIE GRÜNEN, BT-Drs. 17/5156.

957 „Was sind Reise- und Sicherheitshinweise?", im Internet: http://www.auswaertiges-amt.de/DE/Laenderinformationen/02-Hinweise/WasSindSicherheitshinweise_node.html.

958 „Was sind Reise- und Sicherheitshinweise?", im Internet: http://www.auswaertiges-amt.de/DE/Laenderinformationen/02-Hinweise/WasSindSicherheitshinweise_node.html.

959 Ähnlich *M. Kötter/J. Nolte*, DÖV 2007, 186 (195); i.E. wie hier in Bezug auf die Schweiz *M. Caroni/R. Pedretti/N. Schreiber*, in: M. Caroni u.a. (Hrsg.), FS für P. Richli, 2011, S. 237 (249).

B. Missbrauch staatlicher Hilfen, § 5 Abs. 7 KonsG (analog) durch das Entführungsopfer?

Eine Einschränkung der Schutzbedürftigkeit des Entführungsopfers könnte sich in den untersuchten besonderen Fallkonstellationen aus einem Ausschluss seines konsulargesetzlichen Schutzanspruchs nach § 5 Abs. 7 KonsG (analog) ergeben.[960] Dieser lautet:

> **§ 5. Hilfeleistung an einzelne**
>
> (1) bis (6) [...]
> (7) Die Hilfeleistung kann abgelehnt werden, wenn festgestellt wird, daß der Hilfesuchende frühere Hilfen mißbraucht hat, es sei denn, daß er im Falle der Ablehnung einen ernsten Nachteil an Leib, Leben oder Gesundheit erleiden würde.

Seinem Wortlaut und der Gesetzessystematik folgend bezieht sich der Ablehnungsgrund des § 5 Abs. 7 KonsG ausschließlich auf die Hilfeleistung an einzelne. Demnach müsste es sich sowohl bei den in der Vergangenheit missbrauchten Hilfen als auch den ersuchten Hilfen um Hilfen i.S.v. § 5 Abs. 1 bzw. 4 KonsG handeln.[961] Vorliegend kommen jedoch zum einen als mögliche missbrauchte Hilfen ausschließlich die durch das Auswärtige Amt ausgegebenen und durch das Entführungsopfer nicht befolgten Sicherheitshinweise bzw. Reisewarnungen sowie – wie im Fall Osthoff – die frühere Befreiung in Betracht. Zum anderen werden Hilfen nach § 1 Sps. 2 KonsG ersucht, sodass eine direkte Anwendung dieses Ausschlusstatbestands ausscheidet.

Eine Ablehnung konsularischer Hilfen kommt somit lediglich bei einer analogen Anwendung des § 5 Abs. 7 KonsG in Betracht: Im Rahmen der allgemeinen Schutz- und Beistandspflicht nach § 1 Sps. 2 KonsG ist gesetzlich keine Möglichkeit vorgesehen, nach der entsprechende Hilfen im Falle eines früheren Missbrauchs durch den Konsularbeamten abgelehnt werden können; eine Regelungslücke liegt somit vor. Sie müsste darüber hinaus planwidrig und damit vom Gesetzgeber bei der gesetzlichen Regelung eines Rechtsbereichs unbeabsichtigt sein. Die ursprünglichen Entwürfe des neuen KonsG (BR-Drs. 404/64 bis BT-Drs. 7/131) enthielten keine § 5 Abs. 7 KonsG entsprechende Vorschrift über den Missbrauch von Hilfen, vielmehr wurde diese erst 1974 auf Antrag des Rechtsausschusses des deutschen Bundestages eingefügt (BT-Drs. 7/2006).[962] Dieser Umstand spricht zunächst dafür, dass der Gesetzgeber das Problem eines Missbrauchs konsularischer Hilfen im Allgemeinen erkannte, eine Ablehnungsmöglichkeit allerdings ausschließlich für die Hilfe an einzelne gem. § 5 KonsG ermöglichen und damit bewusst eine abschließende (Ausnahme-)Regelung schaffen wollte. Allerdings konnte der damalige Gesetzgeber die heutige hohe (Auslands-)Reisetätigkeit der Deutschen und die mit

960 Vgl. hierzu *C. P. Kokew*, Auslandsschutz deutscher Staatsangehöriger bei Entführungen, 2012, S. 191, 194.
961 *K. Hoffmann/H. Glietsch*, Konsularrecht I, § 5 KonsG Anm. 7.5.
962 *K. Hoffmann/H. Glietsch*, Konsularrecht I, § 5 KonsG Anm. 7.2.

ihr einhergehende Bedrohungslage der Entführung eines deutschen Staatsangehörigen im Ausland durch nichtstaatliche Gruppierungen nicht voraussehen. Dementsprechend konnte der Gesetzgeber sie nicht in seine Erwägungen einbeziehen und eine ausdrückliche Regelung für diese Fallkonstellation schaffen, die auch eine Ablehnungsmöglichkeit hätte vorsehen können. Insoweit ist grundsätzlich auch die Planwidrigkeit der Regelungslücke denkbar.

Darüber hinaus müsste eine vergleichbare Interessenlage zwischen der Ablehnung der Hilfen i.S.v. § 5 Abs. 1 und 4 KonsG und der Hilfe in Entführungsfällen nach § 1 Sps. 2 KonsG bestehen, d.h. beide Sachverhalte müssten sich in allen wesentlichen Merkmalen gleichen. Die Vorschrift des § 5 Abs. 7 KonsG räumt den deutschen Konsularbeamten die Möglichkeit ein, einem offensichtlichen Missbrauch konsularischer Hilfen durch „Unterstützungsschwindler"[963] wirksam vorbeugen zu können. So wird im Rahmen der Hilfe nach § 5 KonsG durch ihren Missbrauch häufig eine Verlängerung des Auslandsaufenthalts oder eine Fortsetzung der Reise in andere Länder angestrebt, die aus Geldhilfen der Konsularbeamten bestritten werden sollen; teilweise werden diese bereits in die Reiseplanung einkalkuliert.[964] Eine ähnliche Missbrauchsgefahr kann auch in den besonderen Entführungsfällen angenommen werden. Zu denken ist hier etwa an den Antritt von (Abenteuer-) Reisen in dem Wissen, dass – wenn sich ein bekanntes Entführungsrisiko realisieren sollte – die Bundesrepublik Deutschland ihren Staatsangehörigen helfen wird („Vollkaskomentalität"[965]). Dies muss wirksam eingedämmt werden können, sodass auch eine vergleichbare Interessenlage zu Hilfen i.S.v. § 5 Abs. 1 und 4 KonsG gegeben ist.

Sind die Voraussetzungen einer Analogie des § 5 Abs. 7 KonsG somit – unabhängig von der Frage der Zulässigkeit seiner analogen Anwendung[966] – grundsätzlich zu bejahen, so müsste des Weiteren der Tatbestand dieses Ablehnungsgrundes erfüllt sein. Ein Missbrauch staatlicher Hilfen liegt danach vor, wenn der Hilfesuchende die erhaltenen Hilfen nicht zu dem von ihm angegebenen oder von den Konsularbeamten bestimmten Zweck verwendet oder wenn jemand unter Vorspiegelung einer in Wirklichkeit nicht bestehenden Notlage eine Leistung erschleicht.[967] In den untersuchten Entführungsfällen könnte sich ein entsprechender Missbrauch früherer konsularischer Hilfen zunächst aus den vom Auswärtigen Amt ausgegebenen Sicherheitshinweisen und Reisewarnungen ergeben. Sie haben den Zweck, über die Sicherheitslage im Zielland der Reise zu informieren und diesbezügliche

963 *H. Rausch*, in: G. Hecker u.a. (Hrsg.), Handbuch der konsularischen Praxis, § 3 B Rn. 7.

964 *K. Hoffmann/H. Glietsch*, Konsularrecht I, § 5 KonsG Anm. 7.2.

965 Sueddeutsche.de v. 17.05.2010, „Die Geiseln und das Geld", im Internet: http://sz.de/1.451731.

966 So herrscht jedenfalls in der Eingriffsverwaltung aufgrund des Vorbehalts des Gesetzes ein allgemeines Verbot analoger Rechtsanwendung, *C. Gusy*, DÖV 1992, 461 (464); *O. Konzak*, NVwZ 1997, 872 (873) jeweils m.w.N.

967 *K. Hoffmann/H. Glietsch*, Konsularrecht I, § 5 KonsG Anm. 7.3.

Empfehlungen auszusprechen; dieses Ziel wird auch verfehlt, sollte das spätere Entführungsopfer infolge ihrer Nichtbeachtung trotzdem ins Ausland reisen. Wie bereits herausgearbeitet wurde, sind Sicherheitshinweise und Reisewarnungen allerdings ausschließlich als allgemein zugängliche Informationsquellen anzusehen und kommen – anders als im Hinblick auf § 5 Abs. 1 und 4 KonsG erforderlich – nicht einer einzelnen Person zugute. Sie stellen somit keine Hilfen i.S.d. KonsG bzw. gem. § 1 Sps. 2 KonsG dar, die i.S.v. § 5 Abs. 7 KonsG (analog) missbraucht werden könnten. Im Falle einer erneuten Entführung könnte ein entsprechender Missbrauch früherer konsularischer Hilfen zudem in der erfolgreichen Befreiung in der Vergangenheit gesehen werden. Diese hat jedoch mit der Befreiung des Entführungsopfers ihren eigentlichen Zweck erfüllt, sodass, selbst wenn das Entführungsopfer wiederholt entführt werden sollte, auch ihr Missbrauch ausscheiden muss.[968]

Abschließend ist zu beachten, dass in Entführungsfällen der Vorbehalt des § 5 Abs. 7 Hs. 2 KonsG, demzufolge eine Ablehnung der konsularischen Hilfen ausgeschlossen ist, wenn der Hilfesuchende in diesem Fall einen ernsten Nachteil an Leib, Leben oder Gesundheit erleidet, in jedem Fall erfüllt ist.[969] Diese Einschränkung der Ablehnungsmöglichkeit schützt den Hilfesuchenden vor elementaren Bedrohungen und trägt somit dem Sozialstaatsprinzip sowie dem Grundsatz einer losgelöst von einem möglichen Verschulden des Hilfesuchenden zu gewährende Hilfe Rechnung. Eine Ablehnung der Hilfe unter den Voraussetzungen des § 5 Abs. 7 KonsG verstößt somit weder gegen die Grundsätze des sozialen Rechtsstaates noch gegen die Grundrechte des Hilfesuchenden.[970] Dabei erfordert die Erfüllung der Voraussetzungen des § 5 Abs. 7 Hs. 2 KonsG zwar mehr als nur die Möglichkeit eines Nachteils und ist grundsätzlich für den konkreten Einzelfall zu bestimmen.[971] Es ist jedoch allgemein festzustellen, dass ein Entführungsopfer typischerweise einer ernsten Gefährdung sowohl seiner körperlichen Unversehrtheit i.S.d. biologisch-physiologischen und psychisch-seelischen Gesundheit als auch seines Lebens ausgesetzt ist. Es würde somit ohne die Hilfe der Bundesrepublik Deutschland mit hinreichender Wahrscheinlichkeit einen Nachteil an Leib, Leben und Gesundheit erleiden. Eine Ablehnung der konsularischen Hilfe nach § 5 Abs. 7 KonsG (analog) und damit ein Ausschluss des einfachgesetzlichen Schutzanspruchs sind somit nicht möglich.[972]

968 Denkbar sind rein theoretische Missbrauchsfälle, in denen die Entführungssituation lediglich vorgespielt ist und das „Entführungsopfer" mit den Entführern zusammenarbeitet, um sich etwa im Falle einer Lösegeldzahlung den erhaltenen Geldbetrag zu teilen. Eine Ablehnung käme darüber hinaus erst bei der dritten Entführung in Betracht, wenn der „Unterstützungsschwindler" in mindestens zwei Fällen zuvor Hilfen missbraucht hat, *K. Hoffmann/H. Glietsch*, Konsularrecht I, § 5 KonsG Anm. 7.3.

969 *K. Hoffmann/H. Glietsch*, Konsularrecht I, § 5 KonsG Anm. 7.4.

970 *K. Hoffmann/H. Glietsch*, Konsularrecht I, § 5 KonsG Anm. 7.4.

971 *K. Hoffmann/H. Glietsch*, Konsularrecht I, § 5 KonsG Anm. 7.4.

972 I.E. so auch *C. P. Kokew*, Auslandsschutz deutscher Staatsangehöriger bei Entführungen, 2012, S. 191, 194. Eine Einschränkung der Schutzbedürftigkeit des Entfüh-

C. Keine Verwirkung des konsulargesetzlichen Schutzanspruchs

In Betracht kommt ferner eine Einschränkung der Schutzbedürftigkeit unter dem Gesichtspunkt der Verwirkung einer öffentlich-rechtlichen Rechtsposition. Sie könnte dazu führen, dass das Entführungsopfer seinen aus dem KonsG fließenden Schutzanspruch nicht mehr wirksam geltend machen kann.[973] Diese einem

---

rungsopfers ergibt sich ebenfalls nicht aus einem vor Inkrafttreten des geltenden KonsG möglichen Ausschluss der Unterstützung an offenbar unwürdige Individuen. Dieser Ablehnungsgrund hat weder im heutigen KonsG noch im KonsG von 1867 eine ausdrückliche Normierung erfahren. Nach der Allgemeinen Dienstinstruktion für die Konsuln des Deutschen Reichs v. 06.06.1871 bzw. 22.02.1873 zum KonsG von 1867 konnte eine Unterstützung „offenbar unwürdiger Individuen" allerdings abgelehnt werden; diese Allgemeine Dienstinstruktion wurde nicht veröffentlicht und ist abgedruckt bei *P. Zorn*, Konsulargesetzgebung des Deutschen Reichs, 1911, S. 30 (81); vgl. auch *K. Hoffmann/H. Glietsch*, Konsularrecht I, Vorb. zu § 5 KonsG Anm. 1.1.1. mit Fn. 1. Konkretisiert wurde dieser Passus später durch eine Verordnung des Reichskanzlers betreffend die von den Kaiserlichen Konsuln zu gewährenden Unterstützungen v. 01.04.1882, nach der eine „Beihülfe aus öffentlichen Fonds nur in Fällen wirklicher und unverschuldeter Noth, bei Krankheit, Arbeitsunfähigkeit [etc.] gewährt werden soll, und vor allem nur an Personen, die der Unterstützung nicht nur bedürftig, sondern auch würdig sind [...]", s. Central-Blatt für das Deutsche Reich 1882, S. 218. Aus der Formulierung der Beihilfe aus öffentlichen Fonds sowie aus den genannten Beispielsnotlagen lässt sich jedoch schließen, dass eine Ablehnung konsularischer Hilfen an „offenbar unwürdige Individuen" allein einen Missbrauch finanzieller Hilfeleistungen insbesondere gem. § 26 KonsG von 1867 durch Unterstützungsschwindler verhindern sollte; Entführungsfälle und damit auch ein konsulargesetzlicher Anspruch des Entführungsopfers auf Schutz wären hiervon nicht erfasst. Darüber hinaus wurde das Kriterium des „offenbar unwürdigen Individuums" i.S.d. Allgemeinen Dienstinstruktion zum KonsG von 1867 nicht in das 1974 neugefasste KonsG übernommen; eine Ablehnung konsularischer Hilfen aus diesem Grund wäre nicht mit dem Sozialstaatsprinzip und dem Grundsatz einer losgelöst von einem möglichen Verschulden des Hilfesuchenden zu gewährende Hilfe vereinbar gewesen, ähnlich *K. Hoffmann/H. Glietsch*, Konsularrecht I, § 5 KonsG Anm. 7.4. Der Rechtsgedanke des Missbrauchs früherer Hilfen findet sich hier vielmehr in § 5 Abs. 7 KonsG, sodass auch eine analoge Anwendung des Ablehnungsgrundes „offenbar unwürdiges Individuum" mangels Regelungslücke ausscheiden muss, i.E. so auch *C. P. Kokew*, Auslandsschutz deutscher Staatsangehöriger bei Entführungen, 2012, S. 193 f.

973 S. hierzu *C. P. Kokew*, Auslandsschutz deutscher Staatsangehöriger bei Entführungen, 2012, S. 192 f. Eine Einschränkung der Schutzbedürftigkeit eines Entführungsopfers infolge der Verwirkung seines grundrechtlichen Schutzes nach Art. 18 GG scheidet offensichtlich aus: In Betracht kommt eine Grundrechtsverwirkung allein für die dort grundsätzlich abschließend aufgezählten Grundrechte, *G. Dürig/H. H. Klein*, in: T. Maunz/G. Dürig (Begr.), Grundgesetz, Art. 18 Rn. 29;

Rechtsverlust gleichzusetzende Rechtsfolge tritt ipso iure ein und muss – anders als eine Grundrechtsverwirkung – nicht besonders (gerichtlich) festgestellt werden. Wie auch im bürgerlichen Recht wurde die Verwirkung im Verwaltungsrecht nicht ausdrücklich gesetzlich geregelt; sie leitet sich jedoch als ein Unterfall der unzulässigen Rechtsausübung infolge widersprüchlichen Verhaltens aus dem Prinzip von Treu und Glauben i.S.v. § 242 BGB ab. Ihr Tatbestand ist demnach erfüllt, wenn der Rechtsinhaber das betroffene Recht über einen längeren Zeitraum nicht ausgeübt hat, obwohl er die Möglichkeit dazu hatte. Dieses sog. Zeitmoment allein reicht jedoch nicht aus, um einen schutzwürdigen Vertrauenstatbestand des Rechtsgegners zu begründen. Hinzutreten müssen vielmehr besondere Umstände, die die verspätete Rechtsausübung als treuwidrig erscheinen lassen (sog. Umstandsmoment).[974]

Die zu Beginn dieses Abschnitts beschriebenen besonderen Fallkonstellationen erfüllen diese Voraussetzungen allerdings nicht. So ist zu beachten, dass der von einer Verwirkung betroffene Schutzanspruch erst mit der Entführung entsteht, sodass sowohl für die Beurteilung des Zeit- als auch des Umstandsmoments allein das Verhalten des Entführungsopfers nach diesem Zeitpunkt ausschlaggebend ist.[975]

K. Stern, Staatsrecht III/2, 1994, § 87, S. 957 ff. und unter den dort genannten Tatbestands- und Verfahrensvoraussetzungen. In den vorliegend untersuchten Entführungsfällen ist jedoch mit dem Recht auf Freiheit der Person sowie dem Recht auf Leben und körperliche Unversehrtheit weder eines der verwirkungsfähigen Grundrechte betroffen noch sind die ausdrücklichen Tatbestandsvoraussetzungen eines Grundrechtsmissbrauchs zum Kampf gegen die freiheitliche demokratische Grundordnung sowie das ungeschriebene Tastbestandsmerkmal der Wiederholungsgefahr erfüllt, vgl. hierzu BVerfGE 38, 23 (24 f.) – *Herausgeber der Deutschen National-Zeitung* unter Bezugnahme auf BVerfGE 11, 282 (282 f.) – *Zweiter Vorsitzender der SRP*; *K. Stern*, Staatsrecht III/2, 1994, § 87, S. 952 ff. Darüber hinaus tritt eine Grundrechtsverwirkung gem. Art. 18 S. 2 GG erst durch die konstitutive und ex nunc wirkende Aberkennungsentscheidung des BVerfG aufgrund eines in Art. 93 Abs. 1 Nr. 5 GG i.V.m. §§ 13 Nr. 1, 36 ff. BVerfGG besonders geregelten Verfahrens ein; s. zu diesem Verfahren *K. Stern*, Staatsrecht III/2, 1994, § 87, S. 970 ff.

974 Zu den Voraussetzungen eines öffentlich-rechtlichen Verzichts und seiner Rechtsfolgen, s. *H.-P. Mansel*, in: R. Stürner (Hrsg.), Jauernig Bürgerliches Gesetzbuch, 16. Aufl. 2015, § 242 Rn. 53 ff., 59 ff., 63; *M. Sachs*, in: P. Stelkens/H. J. Bonk/ders. (Hrsg.), Verwaltungsverfahrensgesetz, 8. Aufl. 2014, § 53 Rn. 21 ff.

975 Das Recht, das von einer Verwirkung betroffen sein kann, muss jedenfalls bestehen; dies ergibt sich bereits aus dem sog. Zeitmoment. Nicht maßgeblich ist somit ein Verhalten des späteren Entführungsopfers vor dem Zeitpunkt seiner Entführung: Ohne Einfluss bleibt insbesondere, dass es sich unter Missachtung der durch das Auswärtige Amt ausgegebenen Sicherheitshinweise und Reisewarnungen und durch den Antritt seiner Reise (wiederholt) in die Gefahr einer Entführung begeben hat. Demnach kann eine Verwirkung des konsulargesetzlichen Schutzanspruchs hieraus nicht hergeleitet werden – auch wenn sich seine spätere tatsächliche Geltendmachung in diesem Fall objektiv als zumindest widersprüchlich darstellen könnte.

Während der Entführung ist es dem Entführungsopfer jedoch weder tatsächlich möglich, seinen Schutzanspruch selbst auszuüben, noch kann es durch sein Verhalten einen schutzwürdigen Vertrauenstatbestand der Bundesrepublik Deutschland dahingehend schaffen, dass es seinen Schutzanspruch nicht mehr ausüben wird; ein (durch den Entführer erzwungenes) Schweigen oder Nichtstun ist diesbezüglich nicht ausreichend.[976] Eine Einschränkung der Schutzbedürftigkeit auch unter dem Gesichtspunkt der Verwirkung des konsulargesetzlichen Schutzanspruchs des Entführungsopfers scheidet somit aus.[977]

D. Verzicht auf den grundrechtlichen und konsulargesetzlichen Schutzanspruch durch das spätere Entführungsopfer?

Schließlich ist zu beachten, dass die Entscheidung über den Antritt einer Auslandsreise durch das spätere Entführungsopfer alleinverantwortlich zu treffen ist. Das Auswärtige Amt kann ihm diese nicht abnehmen.[978] In den ausgegebenen Sicherheitshinweisen und Reisewarnungen stellt es jedoch Informationen zur Verfügung und spricht Empfehlungen aus, die im Rahmen der eigenen Entscheidungsfindung relevant werden. Entscheidet sich das spätere Entführungsopfer infolge einer bewussten (wiederholten) Nichtbeachtung bestehender Sicherheitshinweise oder Reisewarnungen für eine Reise oder kündigt diese – wie S. Osthoff im Dezember 2005 – zuvor sogar öffentlich an, so könnte sich hieraus eine Einschränkung seiner

976 Etwas anderes gilt insbesondere nur dann, wenn eine Rechtspflicht zum Handeln besteht, *M. Sachs*, in: P. Stelkens/H. J. Bonk/ders. (Hrsg.), Verwaltungsverfahrensgesetz, 8. Aufl. 2014, § 53 Rn. 24.

977 I.E. ebenso *C. P. Kokew*, Auslandsschutz deutscher Staatsangehöriger bei Entführungen, 2012, S. 192 f. Eine Verwirkung des konsulargesetzlichen Schutzanspruchs wäre in rein theoretischen Fallkonstellationen denkbar, in denen das Entführungsopfer zunächst staatliche Schutzbemühungen ausdrücklich ablehnt bzw. sich gegen eine Befreiung wehrt und – ungeachtet dieses Verhaltens – nach dem Verstreichen eines längeren (Entführungs-)Zeitraums einen Schutz selbst beanspruchen würde, ähnlich *C. P. Kokew*, Auslandsschutz deutscher Staatsangehöriger bei Entführungen, 2012, S. 193. Es ist jedoch zu beachten, dass sich das Entführungsopfer in einer Ausnahmesituation befindet, die ein freiwilliges und rationales Verhalten u.U. unmöglich macht. Zudem würde sich die Verwirkung des Schutzanspruchs ausschließlich auf den konkreten Entführungssachverhalt beziehen und hätte daher keine Auswirkungen auf die Schutzbedürftigkeit des Entführungsopfers im Falle einer wiederholten Entführung, bei der eine Verwirkung erneut festgestellt werden müsste.

978 „Was sind Reise- und Sicherheitshinweise?", im Internet: http://www.auswaertiges-amt.de/DE/Laenderinformationen/02-Hinweise/WasSindSicherheitshinweise_node.html.

Schutzbedürftigkeit unter dem Gesichtspunkt eines zumindest stillschweigenden Verzichts auf seinen Schutzanspruch herleiten lassen.[979]

Der Verzicht auf eine öffentlich-rechtliche Rechtsposition durch eine Privatperson ist eine „einseitige, empfangsbedürftige [...] Willenserklärung“[980], die im Zeitpunkt ihres Zugangs bei der zuständigen Behörde wirksam wird und einen Rechtsvorteil entfallen lässt;[981] Ähnliches gilt unter Berücksichtigung der grundrechtlichen Strukturen grundsätzlich auch für den Grundrechtsverzicht.[982] Eine diesbezügliche allgemeine Rechtsgrundlage wurde zwar – wie im bürgerlichen Recht – weder in das Staats- noch in das Verwaltungsrecht aufgenommen.[983] Gleichwohl ist die Möglichkeit eines Verzichts im öffentlichen Recht in der Rechtsprechung und Literatur im Grunde anerkannt.[984] Sie besteht jedoch in beiden Fällen zunächst ausschließlich dann, wenn der Verzichtende zur Disposition über die durch den Verzicht betroffene (Grund-)Rechtsposition befugt ist.[985] Eine entsprechende Dispositionsbefugnis des späteren Entführungsopfers ist allerdings jedenfalls hinsichtlich des im Falle einer Entführung entstehenden grundrechtlichen Schutzanspruchs aus Art. 2 Abs. 2 S. 1 Alt. 1 GG (i.V.m. Art. 1 Abs. 1 S. 2, 25 S. 1 GG) aufgrund des engen Zusammenhangs des Rechts auf Leben mit der Menschwürdegarantie des Art. 1 Abs. 1 GG und seiner damit auch objektiven Funktion zu bezweifeln.[986]

Im Übrigen müsste der Verzicht wirksam erklärt werden. Die erforderliche Verzichtserklärung ist als einseitige, empfangsbedürftige Willenserklärung gegenüber

---

979 S. auch *C. P. Kokew*, Auslandsschutz deutscher Staatsangehöriger bei Entführungen, 2012, S. 193.

980 *H. Quaritsch*, in: P. Selmer u.a. (Hrsg.), GS für W. Martens, 1987, 407 (408).

981 *H. Quaritsch*, in: P. Selmer u.a. (Hrsg.), GS für W. Martens, 1987, 407 (408); *J. Seifert*, Jura 2007, 99 (100).

982 S. hinsichtlich des Definitionsproblems und der konkreten Rechtsfolgen des Grundrechtsverzichts *D. Merten*, in: H.-D. Horn (Hrsg.), FS für W. Schmitt Glaeser, 2003, 53 (53 ff.); *J. Seifert*, Jura 2007, 99 (100 f.); *G. Sturm*, in: G. Leibholz u.a. (Hrsg.), FS für W. Geiger, 1974, 173 (183 ff.);

983 Statt vieler *H. Quaritsch*, in: P. Selmer u.a. (Hrsg.), GS für W. Martens, 1987, 407 (407); *J. Seifert*, Jura 2007, 99 (100).

984 BVerwGE 20, 304 (305 ff.); VGH Mannheim, Urt. v. 01.04.1982, Az. 5 S 278/82, abgedruckt in NVwZ 1983, 229 f.; OVG Münster, Urt. v. 19.05.1971, Az. IV A 1240/69, abgedruckt in VerwRspr. 23 (1972), 358 ff.; *M. Nebendahl/T. Rönnau*, NVwZ 1988, 873 (875); *H. Quaritsch*, in: P. Selmer u.a. (Hrsg.), GS für W. Martens, 1987, 407 (407 ff.).

985 *M. Nebendahl/T. Rönnau*, NVwZ 1988, 873 (875 f.); *J. Seifert*, Jura 2007, 99 (103); *G. Sturm*, in: G. Leibholz u.a. (Hrsg.), FS für W. Geiger, 1974, 173 (188 ff.).

986 *A. Bleckmann*, JZ 1988, 57 (62); *P. S. Fischinger*, JuS 2007, 808 (810 f.); *G. Robbers*, JuS 1985, 925 (929 f.); *K. Stern*, Staatsrecht III/2, 1994, § 86, S. 923 ff.; so auch in Bezug auf das Grundrecht am eigenen genetischen Code, *A. Fisahn*, ZRP 2001, 49 (53 ff.); in Bezug auf die Menschenwürde, BVerfGE 87, 209 (228) – *Tanz der Teufel*; BVerwGE 64, 274 (279); E 115, 189 ff.; anders hingegen OVG Lüneburg, Urt. v. 18.02.2010, Az. 1 LC 244/07, abgedruckt in DVBl. 2010, 526 ff.

der zuständigen Behörde abzugeben und wird mit ihrem Zugang wirksam; bestimmte Formanforderungen sind, soweit gesetzlich nicht abweichend geregelt, nicht zu beachten.[987] Die Verzichtserklärung muss nicht zwingend ausdrücklich erfolgen, sondern kann sich auch aus dem schlüssigen Verhalten des Verzichtenden ergeben, wobei der Verzichtswille allerdings stets zweifelsfrei und unzweideutig hervortreten muss.[988] Diesen Maßstäben folgend können prinzipiell sowohl der Antritt einer Auslandsreise als auch seine öffentliche Ankündigung zwar formal als stillschweigender konkludenter Verzicht zu werten sein. Entsprechende Handlungen des späteren Entführungsopfers sowie die ihnen vorgelagerte Entscheidung über die bewusste (wiederholte) Nichtbeachtung bestehender Sicherheitshinweise oder Reisewarnungen lassen jedoch weder den Willen erkennen, dass es im Falle einer Entführung auf seinen zukünftigen Schutzanspruch verzichten möchte, noch kann von ihrem Zugang an das Auswärtige Amt bzw. seine Auslandsvertretungen ausgegangen werden. In diesem Zusammenhang ist zudem zu beachten, dass auf ein Recht grundsätzlich frühestens ab seinem Entstehen verzichtet werden kann.[989] In der vorliegend untersuchten Fallgestaltung entstehen die Schutzansprüche des späteren Entführungsopfers allerdings erst mit seiner Entführung, sodass ein Verzicht vor diesem Zeitpunkt ohnehin rechtlich unzulässig ist.

Die empfindliche Folge einer Schutzlosstellung des späteren Entführungsopfers ließe sich schließlich allein dann rechtfertigen, wenn sein Verzicht insbesondere in Kenntnis der gesamten Tragweite seiner Entscheidung erfolgt.[990] Es muss sich nicht nur in Kenntnis des für sein Reiseziel bestehenden Sicherheits- bzw. Entführungsrisikos, sondern auch der rechtlichen Konsequenzen ihrer Nichtbeachtung für seine Reise entschieden haben; über letztere müsste das Auswärtige Amt somit außerdem informieren. In diesem Zusammenhang ist zu bemerken, dass dieses im Rahmen der Definition der Sicherheitshinweise und Reisewarnungen explizit darauf aufmerksam macht, dass – unabhängig vom jeweiligen Reiseziel sowie etwaigen Sicherheitsbedenken – die Kosten für im Ausland erforderlich werdende Schutz- bzw. Hilfsmaßnahmen nach Maßgabe des KonsG vom Reisenden selbst zu tragen sind.[991] Ein Hinweis auf

---

987 *H. Quaritsch*, in: P. Selmer u.a. (Hrsg.), GS für W. Martens, 1987, 407 (408, 413); *J. Seifert*, Jura 2007, 99 (100).

988 BVerwG, Urt. v. 05.11.1998, Az. 2 A 8-97, abgedruckt in NVwZ-RR 1999, 454 (454); *M. Sachs*, in: P. Stelkens/H. J. Bonk/ders. (Hrsg.), Verwaltungsverfahrensgesetz, 8. Aufl. 2014, § 53 Rn. 33; *J. Seifert*, Jura 2007, 99 (102); *H. Quaritsch*, in: P. Selmer u.a. (Hrsg.), GS für W. Martens, 1987, 407 (413).

989 S. *H. Quaritsch*, in: P. Selmer u.a. Hrsg.), GS für W. Martens, 1987, 407 (413 f.), der auch auf mögliche Ausnahmen von dem „Verbot des Vorausverzichts“ eingeht, die in den vorliegend untersuchten Sachverhalten allerdings nicht einschlägig sind.

990 Hierzu allgemein *H. Quaritsch*, in: P. Selmer u.a. (Hrsg.), GS für W. Martens, 1987, 407 (413); *J. Seifert*, Jura 2007, 99 (100, 103).

991 „Was sind Reise- und Sicherheitshinweise?“, im Internet: http://www.auswaertiges-amt.de/DE/Laenderinformationen/02-Hinweise/WasSindSicherheitshinweise_node.html.

eine Einschränkung seiner Schutzbedürftigkeit im Falle der Nichtbeachtung bestehender Sicherheitshinweise oder Reisewarnungen findet sich dort hingegen nicht. Im Hinblick auf die Folgen einer Auslandsreise kann das spätere Entführungsopfer seine Entscheidung über den Reiseantritt somit allein im Wissen um die mögliche Kostenfolge, nicht aber um die im Einzelfall existentiellere und weitaus schwerwiegendere Folge einer Einschränkung seiner Schutzbedürftigkeit treffen.

Entsprechend geht auch das Auswärtige Amt in diesen Konstellationen – zumindest implizit – von ihrem Fortbestand aus: Wäre die Schutzbedürftigkeit infolge der bewussten Nichtbeachtung bestehender Sicherheitshinweise oder Reisewarnungen eingeschränkt, so müssten bei Eintritt der von ihm aufgezeigten Gefahren keine kostenverursachenden Schutz- bzw. Hilfsmaßnahmen ergriffen werden. Die Kostenfrage würde sich folglich gar nicht stellen. Eine Einschränkung der Schutzbedürftigkeit des Entführungsopfers unter dem Gesichtspunkt eines Verzichts auf seinen Schutzanspruch scheitert somit zudem am Fehlen einer wirksamen Verzichtserklärung.[992]

E. Kein Einfluss auf das staatliche Ermessen

Einschränkungen der Schutzbedürftigkeit des Entführungsopfers sind schließlich nicht allein infolge einer Beschränkung des verfassungsrechtlichen bzw. des ihn konkretisierenden konsulargesetzlichen Schutzanspruchs denkbar. Sie könnten sich auch aus einer „Erweiterung“ des staatlichen Ermessens im Vergleich zu den Regelentführungsfällen ergeben. Diesbezüglich wurde im Zusammenhang mit der Durchsetzung der staatlichen Schutzpflicht herausgearbeitet, dass sich das staatliche Entschließungsermessen auf Null reduziert. Entsprechendes gilt allerdings nicht hinsichtlich des bestehenden staatlichen Auswahlermessens, sodass das Entführungsopfer keine bestimmte Befreiungsmaßnahme beanspruchen kann; grundsätzlich steht ihm somit ein grundrechtlicher bzw. konsulargesetzlicher Anspruch auf fehlerfreie Ermessensentscheidung hinsichtlich des „Wie“ der Schutzgewähr zu.

Fraglich ist jedoch, ob die Voraussetzungen der anzunehmenden Reduzierung des staatlichen Ermessens auf Null hinsichtlich des „Ob“ der Schutzgewährung auch in den vorliegend untersuchten besonderen Entführungssachverhalten erfüllt sind, in denen das Entführungsopfer vom Auswärtigen Amt ausgegebene Sicherheitshinweise und Reisewarnungen (wiederholt) übergeht und in der Folge während seiner Reise (erneut) entführt wird.

I. Erstmalige Entführung

Im Falle einer erstmaligen Entführung schrumpft das staatliche Entschließungsermessen jedenfalls im Wege der Selbstbindung gem. Art. 3 Abs. 1 GG i.V.m. der bisherigen Verwaltungspraxis des Auswärtigen Dienstes auf Null: Ohne danach

992 Im Hinblick auf den Fall Osthoff, i.E. ebenso *C. P. Kokew*, Auslandsschutz deutscher Staatsangehöriger bei Entführungen, 2012, S. 193.

zu differenzieren, ob das Entführungsopfer die durch das Auswärtige Amt ausgegebenen Sicherheitshinweise und Reisewarnungen missachtet hat, sieht er sich auch hier in der Pflicht, sich um die Befreiung des deutschen Entführungsopfers zu bemühen. Ein mögliches „Verschulden" des Entführungsopfers bleibt somit unberücksichtigt;[993] der Auswärtige Dienst behält vielmehr seine im Hinblick auf die Regelentführungsfälle dargestellte Verwaltungspraxis bei. Wie in diesen steht dem Entführungsopfer folglich ein grundrechtlicher bzw. konsulargesetzlicher Anspruch auf fehlerfreie Ermessensentscheidung hinsichtlich des „Wie" der Schutzgewähr zu.[994]

II. Erneute Entführung – „potentieller Fall Osthoff"

Anderes gilt jedoch im Falle des bislang als rein theoretisch zu betrachtenden besonderen Entführungssachverhalts einer erneuten Entführung. Eine Verwaltungspraxis, durch die sich der Auswärtige Dienst für vergleichbare zukünftige Fälle selbst hätte binden können, konnte sich mangels Präzedenzfall bisher nicht herausbilden. Eine Reduzierung des Entschließungsermessens auf Null aufgrund einer Selbstbindung gem. Art. 3 Abs. 1 GG i.V.m. der bisherigen Verwaltungspraxis scheidet somit aus.[995]

Sie lässt sich jedoch aus einer Einwirkung der Grundrechte des Entführungsopfers herleiten, denn der Bundesrepublik Deutschland obliegt in Entführungsfällen sowohl hinsichtlich des verletzten Rechts auf Freiheit der Person aus Art. 2 Abs. 2 S. 1 als auch hinsichtlich des gefährdeten Rechts auf Leben und körperliche Unversehrtheit gem. Art. 2 Abs. 2 S. 2 GG grundrechtlicher Schutzpflichten. Wie in den Regelentführungsfällen schrumpft das grundsätzlich eingeräumte staatliche Entschließungsermessen somit auch im Falle einer erneuten Entführung auf Null; ein „Verschulden" des Entführungsopfers bleibt somit auch hier unberücksichtigt. Das Auswahlermessen des Auswärtigen Dienstes bleibt jedoch bestehen, sodass dem Entführungsopfer weiterhin ein grundrechtlicher bzw. konsulargesetzlicher Anspruch auf fehlerfreie Ermessensentscheidung hinsichtlich des „Wie" der Schutzgewähr zusteht.[996]

---

993 Die Berücksichtigung eines Verschuldens des Entführungsopfers stellte mit Blick auf § 5 Abs. 7 KonsG eine sachfremde Erwägung i.S.d. Ermessensfehlgebrauchs dar und führte zu einer ermessenfehlerhaften Entscheidung, s. *M. Kötter/J. Nolte*, DÖV 2007, 186 (190).

994 Ebenso *C. P. Kokew*, Auslandsschutz deutscher Staatsangehöriger bei Entführungen, 2012, S. 191.

995 S. *D. Hanschel*, ZaöRV 66 (2006), 789 (804); *C. P. Kokew*, Auslandsschutz deutscher Staatsangehöriger bei Entführungen, 2012, S. 195.

996 So auch *U. Göres*, DÖV 2008, 622 (623); *C. P. Kokew*, Auslandsschutz deutscher Staatsangehöriger bei Entführungen, 2012, S. 195 ff., die dieses Ergebnis allerdings in erster Linie aus dem Rechtsgedanken des Vorbehalts gem. § 5 Abs. 7 Hs. 2 KonsG ableiten.

F. Möglichkeit „präventiver“ staatlicher Schutzmaßnahmen bei Bestehen eines erhöhten Entführungsrisikos

Besteht nach den vorstehenden Ausführungen keine rechtliche Möglichkeit einer Einschränkung der Schutzbedürftigkeit des Entführungsopfers in den beschriebenen Fallkonstellationen, so fragt sich weiter, ob die Bundesrepublik Deutschland in Ausübung ihrer Schutzpflicht im Vorfeld einer Entführung „präventiv“ tätig werden kann.[997]

I. Sicherheitshinweise und Reisewarnungen des Auswärtigen Amtes

In diesem Sinne wirken zunächst die als reine Aufklärungsmaßnahmen anzusehenden Sicherheitshinweise und Reisewarnungen des Auswärtigen Amtes. Ihr „präventiver“ Schutzzweck erfüllt sich allerdings allein dann, wenn sie in die Entscheidungsfindung über den Antritt einer Auslandsreise bzw. eines Auslandsaufenthalts im Einzelfall tatsächlich beachtet werden. Dies ist in den vorliegend untersuchten Sachverhalten jedoch gerade nicht der Fall, in denen das spätere Entführungsopfer bestehende Sicherheitshinweise oder Reisewarnungen bewusst (und wiederholt) missachtet und sich trotz eines eventuell bestehenden erhöhten

997 In diesem Zusammenhang käme grundsätzlich auch eine Streichung finanzieller Unterstützungen für Hilfsprojekte in Betracht, die durch deutsche Staatangehörige in Ländern durchgeführt werden, für die das Auswärtige Amt Sicherheitshinweise oder Reisewarnungen ausgegeben hat. So wurde nach der Freilassung von S. Osthoff gemeldet, dass das Auswärtige Amt bereits bewilligte öffentliche Finanzhilfen für den Erhalt einer osmanischen Karawanserei in Mossul aus dem Jahr 1796 im Falle ihrer Rückkehr in den Irak nicht auszahlen würde; ihr sollte kein Anlass zu einem erneuten Aufenthalt im Irak gegeben werden. Entsprechende Berichte wurden durch das Auswärtige Amt allerdings zurückgewiesen: S. Osthoff selbst habe keine finanzielle Unterstützung des Auswärtigen Amtes erhalten; Empfänger der fraglichen Leistungen war vielmehr die irakische Antikenverwaltung, in deren Auftrag sie gehandelt habe. Zudem sei die letzte Rate der Hilfen bereits vor ihrer Entführung ausgezahlt worden. Andere von S. Osthoff selbst im Irak betriebene Projekte würden durch das Auswärtige Amt finanziell nicht unterstützt. Mutmaßungen, dass das Auswärtige Amt mit einer Streichung öffentlicher Hilfen versuche, eine Rückkehr S. Osthoffs in den Irak zu verhindern, seien daher unzutreffend, s. hierzu insgesamt FAZ.NET v. 27.12.2005, „Appelle an Osthoff: ‚Nehmen Sie Abstand von ihren Plänen‘“, im Internet: http://www.faz.net/aktuell/politik/rueckkehr-in-den-irak-appelle-an-osthoff-nehmen-sie-abstand-von-ihren-plaenen-1294084.html.

Entführungsrisikos für westliche Staatsangehörige zugunsten einer Reise in die fragliche Region entschließt.[998]

II. Passbeschränkende Maßnahmen gem. § 8 PassG und Ausreiseuntersagungen gem. § 10 Abs. 1 PassG

Darüber hinaus kommen im Einzelfall Vorsorgemaßnahmen in Betracht, die auf eine Verhinderung der Ausreise in Länder abzielen, für die das Auswärtige Amt Sicherheitshinweise oder Reisewarnungen ausgegeben hat. Diese Maßnahmen stellen allerdings einen schwerwiegenden Eingriff in die durch die allgemeine Handlungsfreiheit gem. Art. 2 Abs. 1 GG gewährleistete Ausreisefreiheit des Betroffenen dar. Dieser kann jedoch gem. Art. 2 Abs. 1 Hs. 2 GG durch entgegenstehende Rechte anderer, die verfassungsmäßige Ordnung oder das Sittengesetz gerechtfertigt werden.[999] Eine entsprechende Schranke i.S.d. verfassungsmäßigen Ordnung[1000] könnte sich vorliegend aus § 8 PassG i.V.m. § 7 Abs. 1, 2 PassG für einen Passentzug bzw. eine Beschränkung seines Geltungsbereichs hinsichtlich einzelner Länder sowie aus § 10 Abs. 1 PassG für eine Untersagung der Ausreise ergeben.[1001] Bezüglich ihrer

---

998 Denkbar wären jedoch völkerrechtliche Vereinbarungen der Bundesrepublik Deutschland mit anderen Staaten, dass ein Einreisevisum in diese nur mit Zustimmung der Bundesrepublik erteilt und im Falle des Bestehens von Reisewarnungen verweigert wird, vgl. *U. Göres*, DÖV 2008, 622 (623 f.); ob diese Vereinbarungen jedoch verfassungsrechtlich nicht zu beanstanden sind, sei dahingestellt.

999 Zur Gewährleistung der Ausreisefreiheit durch Art. 2 Abs. 1 GG, s. BVerfGE 6, 32 Leitsatz 1 (34 ff.) – *Elfes*; E 72, 200 (245) – *Einkommensteuerrecht*; *W. Durner*, in: T. Maunz/G. Dürig (Begr.), Grundgesetz, Art. 11 Rn. 98 ff.; *B. Pieroth/B. Schlink/T. Kingreen/R. Poscher*, Grundrechte, 31. Aufl. 2015, Rn. 426 ff.; *F. Wollenschläger*, in: H. Dreier (Hrsg.), Grundgesetz Bd. 1, 3. Aufl. 2013, Art. 11 Rn. 31 jeweils m.w.N.; a.A. aber *M. Pagenkopf*, in: M. Sachs (Hrsg.), Grundgesetz, 7. Aufl. 2014, Art. 11 Rn. 18, 29; *I. Pernice*, in: H. Dreier (Hrsg.), Grundgesetz Bd. 1, 2. Aufl. 2004, Art. 11 Rn. 15; hierzu auch *A. Bleckmann/B. Busse*, DVBl. 1977, 794 ff.

1000 Der Begriff der verfassungsmäßigen Ordnung ist in einem weiten Sinne zu verstehen und verweist auf die allgemeine verfassungsmäßige Rechtsordnung; erfasst sind somit sämtliche verfassungsmäßigen formellen und materiellen Rechtssätze, s. BVerfGE 6, 32 (38 f.) – *Elfes*; *K. Windthorst*, in: C. Gröpl/ders./C. v. Coelln (Hrsg.), Grundgesetz, 2. Aufl. 2015, Art. 2 Rn. 59 ff.

1001 So bereits BVerfGE 6, 32 (42 f.) – *Elfes*. *§ 7 PassG. Paßversagung* lautet in Auszügen:
(1) Der Paß ist zu versagen, wenn bestimmte Tatsachen die Annahme begründen, daß der Paßbewerber
1. die innere oder äußere Sicherheit oder sonstige erhebliche Belange der Bundesrepublik Deutschland gefährdet;
2. bis 10. [...]
(2) Von der Paßversagung ist abzusehen, wenn sie unverhältnismäßig ist, insbesondere wenn es genügt, den Geltungsbereich oder die Gültigkeitsdauer des Passes zu beschränken. Die Beschränkung ist im Paß zu vermerken. Fallen die Voraussetzungen für die Beschränkung fort, wird auf Antrag ein neuer Paß ausgestellt.

Voraussetzungen verweisen beide Normen auf den Tatbestand des § 7 Abs. 1 PassG, wobei in den vorliegend untersuchten Entführungssachverhalten allein § 7 Abs. 1 Nr. 1 PassG in Betracht kommt. Danach ist ein Pass zu versagen, wenn bestimmte Tatsachen die Annahme begründen, dass der von der Maßnahme Betroffene die innere oder äußere Sicherheit oder sonstige erhebliche Belange der Bundesrepublik Deutschland gefährdet.[1002] Verfassungsrechtliche Bedenken gegen diese Norm bestehen insbesondere im Hinblick auf die grundrechtlich geschützte Ausreisefreiheit nicht.[1003]

Als sonstige erhebliche Belange sind solche wirtschaftlicher, politischer oder finanzieller Art anzusehen, die das internationale Ansehen der Bundesrepublik Deutschland prägen können.[1004] In ihrer „Erheblichkeit [müssen sie] den beiden

---

(3) Die Absätze 1 und 2 gelten auch für die Versagung eines ausschließlich als Paßersatz bestimmten amtlichen Ausweises.
(4) Ein Paß oder Paßersatz zur Einreise in den Geltungsbereich dieses Gesetzes darf nicht versagt werden.
(5) (weggefallen)
§ 8 PassG. Paßentziehung lautet:
Ein Paß oder ein ausschließlich als Paßersatz bestimmter amtlicher Ausweis kann dem Inhaber entzogen werden, wenn Tatsachen bekanntwerden, die nach § 7 Abs. 1 die Paßversagung rechtfertigen würden.
§ 10 PassG. Untersagung der Ausreise lautet:
(1) Die für die polizeiliche Kontrolle des grenzüberschreitenden Verkehrs zuständigen Behörden haben einem Deutschen, dem nach § 7 Abs. 1 ein Paß versagt oder nach § 8 ein Paß entzogen worden ist oder gegen den eine Anordnung nach § 6 Abs. 7 des Personalausweisgesetzes ergangen ist, die Ausreise in das Ausland zu untersagen. Sie können einem Deutschen die Ausreise in das Ausland untersagen, wenn Tatsachen die Annahme rechtfertigen, daß bei ihm die Voraussetzungen nach § 7 Abs. 1 vorliegen oder wenn er keinen zum Grenzübertritt gültigen Paß oder Paßersatz mitführt. Sie können einem Deutschen die Ausreise in das Ausland auch untersagen, wenn Tatsachen die Annahme rechtfertigen, daß der Geltungsbereich oder die Gültigkeitsdauer seines Passes nach § 7 Abs. 2 Satz 1 zu beschränken ist.
(2) Die für die polizeiliche Kontrolle des grenzüberschreitenden Verkehrs zuständigen Behörden können einem Deutschen, dem gemäß Absatz 1 Satz 1 die Ausreise in das Ausland zu untersagen ist, in Ausnahmefällen die Ausreise gestatten, wenn er glaubhaft macht, daß er aus einem dringenden Grund in das Ausland reisen muß.
(3) Die Einreise in den Geltungsbereich dieses Gesetzes darf einem Deutschen nicht versagt werden.

1002 Hinsichtlich des sich hieraus ergebenden, vergleichbar geringen grundrechtlichen Schutzstandards der Ausreisefreiheit, s. *W. Durner*, in: T. Maunz/G. Dürig (Begr.), Grundgesetz, Art. 11 Rn. 105.

1003 Statt vieler BVerfGE 6, 32 (42 f.) – *Elfes*.

1004 S. nur BVerfGE 6, 32 (41 ff.) – *Elfes*; BVerwG, Urt. v. 29.08.1968, Az. I C 67.67, abgedruckt in DÖV 1969, 74 (75); *K. M. Medert/W. Süßmuth*, Pass- und Personalausweisrecht Bd. 2, 2. Aufl. 1992, § 7 PassG Rn. 13.

anderen Tatbeständen wenn nicht auch gleich, so doch nahekommen"[1005], sodass sie „der freiheitlichen Entwicklung [des Passwesens] in der Bundesrepublik aus zwingenden staatspolitischen Gründen vorangestellt werden müssen".[1006] Dies ist regelmäßig erst dann anzunehmen, wenn eine Gefährdung der freiheitlichen Entwicklung durch einen Missbrauch dieser Freiheit zu befürchten ist.[1007] In jedem Fall muss eine objektive Gefährdung – dem Wortlaut des § 7 Abs. 1 PassG folgend – durch bestimmte Tatsachen begründet sein, d.h. ihre bloße Möglichkeit, eine Vermutung oder ein nicht belegbarer Verdacht sind nicht ausreichend.[1008] Das Vorliegen dieser Voraussetzungen wurde bislang insbesondere bei zu befürchtenden Ausschreitungen deutscher Fußball-„Hooligans" anlässlich internationaler Fußballwettbewerbe im Ausland[1009] sowie bei Terrorismusverdacht[1010] angenommen. Im Gegensatz zu diesen Fallgruppen werden sie in den untersuchten Entführungssachverhalten selbst bei einem offensichtlich fahrlässigen Verhalten des potentiellen Entführungsopfers nicht gegeben sein, sodass passbeschränkende Maßnahmen gem. § 8 PassG i.V.m. § 7 Abs. 1 PassG oder Ausreiseverbote gem. § 10 PassG i.V.m. § 7 Abs. 1 PassG in diesen grundsätzlich unzulässig sind.[1011]

Einen entsprechenden absoluten Ausnahmefall hat jedoch das VG Stuttgart angenommen, in dem die Antragstellerin – eine deutsche Staatsangehörige – durch eine Anti-Terror-Einheit der kenianischen Polizei an der Grenze zu Somalia festgenommen und nach Deutschland abgeschoben wurde. Es stand zu befürchten, dass die Deutsche weiter nach Somalia reist, um dort Kontakt zu der radikal-islamischen Miliz al-Shabaab aufzunehmen. Bei der Ankunft in Deutschland kündigte sie an, sobald als möglich (erneut) in das von den Milizen kontrollierte somalische Staatsgebiet aufbrechen zu wollen. Aus diesem Grund wurde der Antragstellerin gem. § 8 PassG i.V.m. § 7 Abs. 1 PassG der Pass entzogen.[1012]

1005 BVerwGE 3, 171 (176).

1006 BVerwGE 3, 171 (176).

1007 BVerwGE 3, 171 (176 f.).

1008 *K. M. Medert/W. Süßmuth*, Pass- und Personalausweisrecht Bd. 2, 2. Aufl. 1992, § 7 PassG Rn. 11 f.

1009 Zur Fallgruppe der Gefährdung sonstiger erheblicher Belange der Bundesrepublik Deutschland i.S.v. § 7 Abs. 1 Nr. 1 PassG durch „Hooligans" („Schaden für das internationale Ansehen"), s. OVG Bremen, Beschl. v. 28.06.2000, Az. 1 B 240/00 – juris; VG Schleswig-Holstein, Urt. v. 23.04.2004, Az. 1 A 219/02 – juris; VG Stuttgart, Urt. v. 17.08.2009, Az. 11 K 237/09 – juris.

1010 S. zu Fällen eines Passentzugs und einer Untersagung der Ausreise wegen der Gefahr einer Teilnahme am bewaffneten Djihad VG Braunschweig, Beschl. v. 27.10.2011, Az. 5 B 164/11 – juris; VG Berlin, Urt. v. 06.03.2012, Az. 23 K 58.10 – juris; VG Berlin, Urt. v. 06.03.2012, Az. 23 K 59.10 – juris; VG Bremen, Urt. v. 30.03.2015, Az. 4 K 944/14 – juris; OVG Münster, Urt. v. 04.05.2015, Az. 19 A 2097/14 – juris.

1011 *K. M. Medert/W. Süßmuth*, Pass- und Personalausweisrecht Bd. 2, 2. Aufl. 1992, § 7 PassG Rn. 14; i.E. so auch *M. Kötter/J. Nolte*, DÖV 2007, 186 (195).

1012 VG Stuttgart, Beschl. v. 08.03.2010, Az. 11 K 67/10, Rn. 2 – juris.

Zwar lehnte das Gericht jedenfalls zum Zeitpunkt seiner Entscheidung eine Gefährdung der inneren oder äußeren Sicherheit mangels terroristischen Bezugs dieses Sachverhalts ab; nach eigenen Angaben wollte sie lediglich ihre „wirtschaftswissenschaftliche Theorie zu einem gewaltlosen Kampf gegen das westliche Wirtschaftssystem propagieren“[1013].[1014] Es bejahte jedoch eine Gefährdung sonstiger erheblicher Belange der Bundesrepublik Deutschland. Diesbezüglich stellte das Gericht fest, dass das Auswärtige Amt für Somalia eine Reisewarnung ausgegeben habe, in der es für westliche Staatsangehörige ein sehr hohes Entführungsrisiko feststellte. Belegt werde dieses zudem durch die zahlreichen Entführungsfälle in den letzten Jahren. Dennoch wollte sich die deutsche Staatsangehörige auf eigene Faust und uneskortiert dorthin begeben, sodass ihre Entführung einerseits konkret zu befürchten war; für die Bundesrepublik Deutschland bestünde andererseits die Gefahr, „entweder Lösegeldzahlungen zu leisten oder anderweitig nachgeben zu müssen“[1015] und damit zum Opfer einer Nötigung von Verfassungsorganen (§ 105 Abs. 1 StGB) zu werden.[1016]

Passbeschränkende Maßnahmen nach §§ 7 Abs. 1, 8 PassG griffen jedoch generell in schwerwiegender Weise in die durch Art. 2 Abs. 1 GG gewährleistete Ausreisefreiheit ein, sodass nicht jedes „unerwünschte Ergebnis im Falle der Reise eines Deutschen ins Ausland“[1017] durch dieses „Disziplinierungsmittel“[1018] verhindert werden könne. So genüge es keinesfalls, dass „es in dem fraglichen Gebiet immer einmal wieder zu Entführungen kommt (vgl. etwa die Republik Jemen). So liegt der Fall aber nicht. Ausweislich der vorliegenden Meldungen und der Reisewarnung des Auswärtigen Amtes [...] muss von einer nahezu 100%-igen Entführungswahrscheinlichkeit ausgegangen werden.“[1019] Eine durch bestimmte Tatsachen begründete Annahme einer Gefährdung erheblicher Belange der Bundesrepublik Deutschland liege somit grundsätzlich vor. Dennoch sei die Verhältnismäßigkeit der passbeschränkenden Maßnahme zu wahren, vgl. § 7 Abs. 2 S. 1 PassG. Danach sei von einer Passentziehung abzusehen, wenn es zur Abwendung der Gefahr für erhebliche Belange der Bundesrepublik Deutschland ausreichend sei, den Geltungsbereich des Passes zu beschränken.[1020]

Diese Entscheidung des VG Stuttgart kann allerdings nicht als „Präzedenzfall“ für eine Abkehr von der grundsätzlichen Unzulässigkeit passbeschränkender

---

1013 VG Stuttgart, Beschl. v. 08.03.2010, Az. 11 K 67/10, Rn. 19 – juris.

1014 Auch eine Passversagung nach § 7 Abs. 1 Nr. 10 PassG (Vorbereitung einer schweren staatsgefährdenden Straftat gem. § 89a StGB im Ausland) wurde abgelehnt, vgl. VG Stuttgart, Beschl. v. 08.03.2010, Az. 11 K 67/10, Rn. 12 ff. – juris.

1015 VG Stuttgart, Beschl. v. 08.03.2010, Az. 11 K 67/10, Rn. 27 – juris.

1016 VG Stuttgart, Beschl. v. 08.03.2010, Az. 11 K 67/10, Rn. 25 ff. – juris.

1017 VG Stuttgart, Beschl. v. 08.03.2010, Az. 11 K 67/10, Rn. 28 – juris.

1018 VG Stuttgart, Beschl. v. 08.03.2010, Az. 11 K 67/10, Rn. 28 – juris.

1019 VG Stuttgart, Beschl. v. 08.03.2010, Az. 11 K 67/10, Rn. 28 – juris.

1020 VG Stuttgart, Beschl. v. 08.03.2010, Az. 11 K 67/10, Rn. 31 f. – juris.

Maßnahmen zur Verhinderung von Entführungen gewertet werden. Der ihr zugrunde liegende Sachverhalt weist mehrere Besonderheiten auf, die ihn zu einem einmaligen Ausnahmefall machen: Sie ergeben sich zum einen aus der durch das Gericht gefolgerten nahezu hundertprozentigen Entführungswahrscheinlichkeit, deren Bestehen nach der Lage des Einzelfalls durchaus zu rechtfertigen ist.[1021] Für die Zulässigkeit einer passbeschränkenden Maßnahme entscheidend ist zum anderen, dass die Annahmen, die das höchste Entführungsrisiko und damit die Gefahr der Begehung einer Straftat gem. § 105 Abs. 1 StGB zulasten der Bundesrepublik Deutschland begründen, nicht auf Prognosen, sondern auf gesicherten Erkenntnissen beruhen; diese wurden in den Befragungen nach der Wiedereinreise nach Deutschland durch die Antragstellerin selbst angeführt.[1022] Das bloße Bestehen von Sicherheitshinweisen und Reisewarnungen des Auswärtigen Amtes ist somit auch im Falle ihrer wiederholten Missachtung weiterhin nicht ausreichend, eine Gefährdung erheblicher Belange der Bundesrepublik Deutschland i.S.v. § 7 Abs. 1 Nr. 1 Alt. 3 PassG anzunehmen. Die bloße Existenz eines Entführungsrisikos als solches rechtfertigt folglich weiterhin keine Beschränkung der Ausreisefreiheit gem. Art. 2 Abs. 1 GG durch passbeschränkende Maßnahmen nach § 8 PassG oder die Verhängung eines Ausreiseverbots gem. § 10 PassG.[1023]

1021 So wird Somalia durch das Auswärtige Amt weiterhin als eines der gefährlichsten Länder der Welt eingestuft, in dem zudem ein sehr hohes Entführungsrisiko für ausländische Staatsangehörige besteht, s. hierzu „Somalia: Reisewarnung", im Internet: http://www.auswaertiges-amt.de/DE/Laenderinformationen/00-SiHi/Nodes/SomaliaSicherheit_node.html. Insbesondere zu den von den Milizen kontrollierten somalischen Gebieten, in die die Deutsche auf eigene Faust und ohne Sicherheitskonzept gelangen wollte, haben selbst Hilfsorganisationen nur einen beschränkten Zugang. So hat sich etwa „Ärzte ohne Grenzen" 2013 aus Somalia zurückgezogen, s. Pressemitteilung v. 14.08.2013, im Internet: http://www.aerzte-ohne-grenzen.de/presse/aerzte-ohne-grenzen-verlaesst-somalia-missbrauch-und-manipulation-humanitaerer-hilfe-machen; vgl. „Humanitäre Hilfe Somalia", Informationen des Auswärtigen Amtes, im Internet: http://www.auswaertiges-amt.de/DE/Aussenpolitik/HumanitaereHilfe/Somalia_node.html.

1022 VG Stuttgart, Beschl. v. 08.03.2010, Az. 11 K 67/10, Rn. 23 – juris. Die Antragstellerin wollte bei ihrem ersten – durch die kenianischen Sicherheitskräfte verhinderten – Einreiseversuch unmittelbaren Kontakt zu al-Shabaab aufnehmen und dies auch bei einer erneuten Einreise versuchen. Sie hätte sich somit direkt in die Hände ihrer (potentiellen) Entführer begeben und wäre damit ein leichtes Entführungsziel gewesen.

1023 Eine unzulässige Diskriminierung kann in einer Ausreiseuntersagung bzw. einer passbeschränkenden Maßnahme auch dann nicht gesehen werden, wenn die Gefährdung wie im Irak für jedermann besteht, so aber *M. Kötter/J. Nolte*, DÖV 2007, 186 (195).

G. Keine Einschränkbarkeit der Schutzbedürftigkeit eines Entführungsopfers – Ergebnisse des vierten Teils

Zusammenfassend ist festzuhalten, dass keine rechtliche Möglichkeit besteht, die Schutzbedürftigkeit des Entführungsopfers infolge der Nichtbeachtung der vom Auswärtigen Amt ausgegebenen Sicherheitshinweise und Reisewarnungen einzuschränken; dies gilt auch dann, sollte das spätere Entführungsopfer wiederholt entführt werden. So kann eine entsprechende Einschränkbarkeit weder unmittelbar aus dem Bestehen von Sicherheitshinweisen und Reisewarnungen abgeleitet werden, denn diese weisen einen rein informatorischen Charakter auf, noch kann ihre Übergehung bzw. der sich anschließende Reiseantritt als Missbrauch staatlicher Hilfen gem. § 5 Abs. 7 KonsG (analog) angesehen werden. Mangels wirksamer Verzichtserklärung scheidet auch ein stillschweigender Verzicht auf den grundrechtlichen bzw. den ihn konkretisierenden konsulargesetzlichen Schutzanspruch aus. Gleiches gilt für eine Verwirkung des aus dem KonsG fließenden Schutzanspruchs.

Wie in den Regelentführungsfällen kann sich das Entführungsopfer ferner auf einen Anspruch auf fehlerfreie Ermessensausübung hinsichtlich des „Wie" der Schutzgewähr berufen. Die hiermit verbundene Reduzierung des staatlichen Entschließungsermessens ergibt sich im Falle der erstmaligen Entführung aus der Selbstbindung des Auswärtigen Amtes gem. Art. 3 Abs. 1 GG i.V.m. seiner bisherigen Verwaltungspraxis. Bei einer wiederholten Entführung schrumpft es aufgrund der Einwirkung der durch die Entführung betroffenen bzw. gefährdeten Grundrechte des Entführungsopfers auf Null.

Die im zweiten und dritten Teil herausgearbeiteten Ergebnisse gelten folglich auch für Fälle, in denen das Entführungsopfer zuvor bestehende Sicherheitshinweise bzw. Reisewarnungen des Auswärtigen Amtes missachtet und/oder wiederholt entführt wird. Im Vergleich zu den Regelentführungsfällen muss ein Entführungsopfer folglich keine Einschränkungen seiner Schutzbedürftigkeit in Kauf nehmen, denn die Bundesrepublik Deutschland ist in jedem Fall verpflichtet, sich um seine Befreiung zu bemühen. Dies gilt unabhängig davon, ob das Entführungsopfer aus humanitären, familiären, beruflichen oder gar touristischen Gründen in ein Land gereist ist, für das das Auswärtige Amt eventuell sogar eine Reisewarnung ausgegeben hat. Diesbezüglich gebotene Ausnahmen für Entwicklungshelfer und vergleichbare Personenkreise, die sich im Rahmen von Hilfs- und Wiederaufbauprogrammen dort aufhalten, oder Familienangehörige sind somit nicht erforderlich;[1024] entsprechende

1024 Es wäre denkbar gewesen, die Standards einer Einschränkung der Schutzbedürftigkeit eines touristischen Entführungsopfers, das sich aus bloßer Abenteuerlust in ein solches Land begibt, niedriger anzusiedeln als bei der Entführung eines Entwicklungshelfers. Diesbzgl. wäre eventuell weitergehend zu differenzieren gewesen, ob ein Entführungsopfer wie die 2006 im Irak entführten Ingenieure R. Bräunlich und T. Nitzschke beim rein wirtschaftlichen Wiederaufbau helfen oder wie der 2012 in Ostpakistan entführte deutsche Mitarbeiter der Welthungerhilfe aus humanitären Gründen dorthin reist.

Unterschiede könnten sich somit allenfalls im Rahmen der Beteiligung des ehemaligen Entführungsopfers an den Kosten seiner Befreiung niederschlagen.[1025]

Schließlich kann die Bundesrepublik Deutschland in diesen Fällen über die Ausgabe von Sicherheitshinweisen bzw. Reisewarnungen durch das Auswärtige Amt hinaus nicht „präventiv“ durch passbeschränkende Maßnahmen gem. § 8 PassG oder Ausreiseuntersagungen gem. § 10 Abs. 1 PassG tätig werden.

1025 In diesem Sinne stellt *U. Di Fabio*, in: T. Maunz/G. Dürig (Begr.), Grundgesetz, Art. 2 Abs. 2 S. 2 Rn. 15 fest, dass „die Entführung eines Menschen durch Kriminelle zuständige staatliche Stellen auch um des Grundrechts aus Art. 2 Abs. 2 Satz 2 GG willen nicht unbeteiligt lassen [darf], sondern [...] höchste Anstrengungen [verlangt], diesen aus der nichtstaatlichen Sphäre vorgetragenen Angriff auf die Freiheit der Person zu beenden. Dies gilt auch, wenn eigener Leichtsinn den Verlust der körperlichen Bewegungsfreiheit mit verursacht hat – etwa bei unbedachten Reisen in Krisengebiete oder staatlich unbefriedete Gegenden, wo mit Entführungen gerechnet werden muss. Erst auf der Ebene der Kostenerstattung für gewährten diplomatischen Schutz im Fall einer Entführung im Ausland kann Mitverschulden thematisiert werden“; s. hierzu im siebten Teil unter B. II. 2. b. aa. (2).

Fünfter Teil: Exkurs: Die Schutzverpflichtung der Bundesrepublik Deutschland zugunsten eines im Ausland entführten Unionsbürgers gem. Art. 23 AEUV[1026]

Beschäftigten sich die bereits betrachteten Teile zwei bis vier im Kern mit der staatlichen Pflicht zum Schutz im Ausland entführter deutscher Staatsangehöriger bzw. dem ihr korrespondierenden Schutzanspruch des Einzelnen, so wird im fünften Teil in einem Exkurs untersucht, ob sich die herausgearbeitete Schutzpflicht der Bundesrepublik Deutschland auch auf im Ausland entführte Unionsbürger i.S.v. Art. 20 Abs. 1 S. 2 AEUV erstreckt. Eine entsprechende rechtliche Grundlage könnte sich aus Art. 23 AEUV ergeben.[1027] Dieser lautet:

1026 Der fünfte Teil wurde zum Teil einem an der Universität Bayreuth im WS 2009/2010 von der Verfasserin eingereichten Seminar zum Thema „Verpflichtung der Bundesrepublik Deutschland nach Art. 20 EGV" entnommen.

1027 Ein Anspruch eines im Ausland entführten Unionsbürgers ergibt sich jedenfalls nicht aus Art. 20 Abs. 2 S. 2 lit. c AEUV, in dem zwar das Recht auf Schutz durch die diplomatischen und konsularischen Behörden eines jeden Mitgliedstaates als Ausfluss der durch Art. 20 Abs. 1 S. 1 AEUV eingeführten Unionsbürgerschaft festgeschrieben wird. Art. 20 AEUV selbst begründet die mit der Unionsbürgerschaft verknüpften Rechte und Pflichten jedoch nicht; in Art. 20 Abs. 2 S. 1 AEUV verweist er diesbezüglich vielmehr auf die in den Verträgen vorgesehenen Rechte und Pflichten, die gem. Art. 20 Abs. 2 S. 3 AEUV unter den dort genannten Bedingungen und Grenzen ausgeübt werden, *S. Magiera*, in: R. Streinz (Hrsg.), EUV/AEUV, 2. Aufl. 2012, Art. 23 Rn. 2; *C. Schönberger*, in: E. Grabitz/M. Hilf/M. Nettesheim (Hrsg.), Recht der Europäischen Union, Art. 20 AEUV Rn. 49. Nichts anderes ergibt sich i.E. aus Art. 46 GRCh, denn ihm liegt eine sog. institutionelle Deutung zugrunde. Dies bedeutet, dass auf ihrer Grundlage nur solche Schutzmaßnahmen gewährt werden können, die ohne Einschaltung der einheimischen Staatsorgane unmittelbar durch die diplomatischen und konsularischen Behörden im Empfangsstaat realisierbar sind; hierzu zählt etwa die Hilfe bei Todesfällen bzgl. Nachlassfragen sowie in Pass-, Visa- und Personenstandsangelegenheiten. Im Gegensatz hierzu werden in den vorliegend untersuchten Entführungssachverhalten wesentliche Teile eines Schutzes durch die Bundesrepublik Deutschland durch den Krisenstab beim Auswärtigem Amt in Berlin koordiniert und damit gerade nicht durch die örtlich zuständige Auslandsvertretung; die konsularische Hilfe stellt in diesen Fällen somit gerade keine Schutzmaßnahme i.S.d. nach Art. 46 GRCh zu fordernden institutionellen Deutung seines Tatbestands dar, so auch *C. P. Kokew*, Auslandsschutz deutscher Staatsangehöriger bei Entführungen, 2012, S. 316 f. mit Fn. 1583; zum institutionellen Bezug von Art. 46 GRCh, s.

Art. 23

> Jeder Unionsbürger genießt im Hoheitsgebiet eines dritten Landes, in dem der Mitgliedstaat, dessen Staatsangehörigkeit er besitzt, nicht vertreten ist, den diplomatischen und konsularischen Schutz eines jeden Mitgliedstaats unter denselben Bedingungen wie Staatsangehörige dieses Staates. Die Mitgliedstaaten treffen die notwendigen Vorkehrungen und leiten die für diesen Schutz erforderlichen internationalen Verhandlungen ein. Der Rat kann gemäß einem besonderen Gesetzgebungsverfahren und nach Anhörung des Europäischen Parlaments Richtlinien zur Festlegung der notwendigen Koordinierungs- und Kooperationsmaßnahmen zur Erleichterung dieses Schutzes erlassen.

Bevor allerdings auf den Rechtsgehalt des Art. 23 AEUV und damit auf die Frage nach einem durch ihn begründeten Schutzanspruch eines im Ausland entführten Unionsbürgers gegen die Bundesrepublik Deutschland (C.) eingegangen wird, soll im Folgenden zur Verdeutlichung kurz seine praktische Bedeutung dargestellt (A.) und er selbst im völkerrechtlichen Regelungsgefüge verortet werden (B.).

A. Praktische Bedeutung des Art. 23 AEUV

Anknüpfend an die Unionsbürgerschaft des Art. 20 Abs. 1 S. 2 AEUV begründet Art. 23 AEUV „eine gemeinsame Verantwortung der Mitgliedstaaten“[1028] der EU, die von der Weltgemeinschaft nicht allein als wirtschaftlicher Zweckverband ihrer Mitgliedstaaten, sondern als Solidargemeinschaft und als Gemeinschaft für ihre Bürger wahrgenommen werden soll, vgl. auch Art. 3 Abs. 5 EUV und Präambel Abs. 11 EUV.[1029] Daneben darf jedoch die praxisrelevante Seite des Art. 23 AEUV

---

nur *H. Jarass*, Charta der Grundrechte der EU, 2. Aufl. 2013, Art. 46 GRCh Rn. 5; *H.-W. Rengeling/P. Szczekalla*, Grundrechte in der Europäischen Union, 2004, § 42 Rn. 1147. Ähnliches muss für einen aus Art. 1 i.V.m. Art. 5 Beschluss 95/553/EG (ABl. Nr. L 314, S. 73) ableitbaren Schutzanspruch gelten: Auch dieser als sog. uneigentlicher Ratschluss einzuordnenden Rechtsgrundlage liegt gem. Art. 1 ein entsprechendes institutionelles Verständnis zugrunde. Sein Art. 5 Abs. 1 beschränkt die berücksichtigten Hilfen zusätzlich auf solche in Todesfällen, bei schweren Unfällen oder schweren Erkrankungen, bei Festnahmen oder Haft, für Opfer von Gewaltverbrechen sowie auf Hilfeleistungen für Unionsbürger in Not und ihrer Rückführung; Schutzmaßnahmen in Entführungsfällen sind nicht erfasst; zum „restriktiven Konzept“ dieses Beschlusses, s. *M. Ruffert*, AVR 35 (1997), 459 (466 f.). Vgl. zum institutionellen Verständnis auch nachfolgend im fünften Teil unter C. I.

1028 *A. Hatje*, in: J. Schwarze u.a. (Hrsg.), EU-Kommentar, 3. Aufl. 2012, Art. 23 AEUV Rn. 2.

1029 *A. Hatje*, in: J. Schwarze u.a. (Hrsg.), EU-Kommentar, 3. Aufl. 2012, Art. 23 AEUV Rn. 1; *M. Haag*, in: H. v.d. Groeben u.a. (Hrsg.), EUV/AEUV/GRC Bd. 1, 7. Aufl. 2015, Art. 23 AEUV Rn. 3; *W. Kluth*, in: C. Calliess/M. Ruffert (Hrsg.), EUV/AEUV, 4. Aufl. 2011, Art. 20 AEUV Rn. 2; *M. Ruffert*, AVR 35 (1997), 459 (463) ; *P. Szczekalla*, EuR 1999, 325 (332); bzgl. einer Integrationswirkung kritisch *C. Storost*, ZEuS 2010, 241 (242).

nicht unterschätzt werden: Sie erschließt sich aus dem von der Kommission vorgelegten Grünbuch über den diplomatischen und konsularischen Schutz des Unionsbürgers in Drittstaaten: So waren im Jahr 2006 sämtliche Mitgliedstaaten lediglich in der Volksrepublik China, den Vereinigten Staaten von Amerika und der Russischen Föderation mit einer Auslandsmission vertreten. Das Netz der mitgliedstaatlichen diplomatischen und konsularischen Vertretungen in Mittelamerika, in der Karibik, in Zentralasien sowie in Zentral- und Westafrika fällt dagegen weitaus grobmaschiger aus.[1030] Regelungsziel des Art. 23 AEUV ist es somit, den diplomatischen und konsularischen Schutz der Unionsbürger in Drittstaaten durch eine ergänzende unionale Schutzverpflichtung der Mitgliedstaaten zu verbessern, wenn sein Schutz durch heimatstaatliche Auslandsvertretungen aufgrund der bisweilen großflächigen Amts- bzw. Konsularbezirke mitunter nicht effektiv gewährleistet werden kann.[1031] Diesem Ergebnis stehen eine steigende Reisetätigkeit der Unionsbürger und eine global agierende europäische Wirtschaft gegenüber.[1032] Eine Charakterisierung des Art. 23 AEUV als „gadget juridique"[1033] wird der Bedeutung dieses Unionsbürgerrechts auf diplomatischen und konsularischen Schutz für die Unionsbürger somit nicht gerecht.[1034]

B. Verortung des Art. 23 Abs. 1 S. 1 AEUV im völkerrechtlichen Regelungsgefüge

Art. 23 AEUV bezieht sich seinem Wortlaut nach ausdrücklich auf das weitestgehend völkerrechtlich geregelte Rechtsinstitut des diplomatischen und konsularischen Schutzes. Bei der Untersuchung seines Rechtsgehalts ist somit gleichfalls an

---

1030 Grünbuch: Der diplomatische und konsularische Schutz des Unionsbürgers in Drittländern, KOM (2006) 712 endg., S. 4 mit Fn. 7; im Jahr 1995 waren immerhin zwei Mitgliedstaaten in 17 Ländern vertreten, s. *W. Kluth*, in: C. Calliess/M. Ruffert (Hrsg.), EUV/AEUV, 4. Aufl. 2011, Art. 20 AEUV Rn. 2; *T. Stein*, in: G. Ress/ders. (Hrsg.), Diplomatischer Schutz im Völker- und Europarecht, 1996, 97 (101); s. auch *C. Storost*, ZEuS 2010, 241 (242).

1031 *M. Haag*, in: H. v.d. Groeben u.a. (Hrsg.), EUV/AEUV/GRC Bd. 1, 7. Aufl. 2015, Art. 23 AEUV Rn. 5; *W. Kluth*, in: C. Calliess/M. Ruffert (Hrsg.), EUV/AEUV, 4. Aufl. 2011, Art. 23 AEUV Rn. 2.

1032 Grünbuch: Der diplomatische und konsularische Schutz des Unionsbürgers in Drittländern, KOM (2006) 712 endg., S. 4 mit Fn. 6: Im April 2006 wird die Zahl der Reisen in Drittländer vor der Arbeitsgruppe Konsularische Zusammenarbeit auf rund 180.000.000 jährlich beziffert.

1033 Zit. nach *M. Haag*, in: H. v.d. Groeben u.a. (Hrsg.), EUV/AEUV/GRC Bd. 1, 7. Aufl. 2015, Art. 23 AEUV Rn. 5.

1034 *M. Haag*, in: H. v.d. Groeben u.a. (Hrsg.), EUV/AEUV/GRC Bd. 1, 7. Aufl. 2015, Art. 23 AEUV Rn. 5; *W. Kluth*, in: C. Calliess/M. Ruffert (Hrsg.), EUV/AEUV, 4. Aufl. 2011, Art. 23 AEUV Rn. 2; *P. Szczekalla*, EuR 1999, 325 (332).

völkerrechtliche Gesichtspunkte anzuknüpfen.[1035] Demgemäß gilt es zudem, die durch ihn berührten Bereiche des Völkerrechts ihrerseits in dieses einzuordnen. Die Befugnis eines Staates zur Ausübung diplomatischen und konsularischen Schutzes ist nach geltendem Völkerrecht auf den Kreis seiner eigenen Staatsangehörigen beschränkt, vgl. Art. 3 Abs. 1 lit. b WÜD bzw. Art. 5 lit. a WÜK. Bei konsequenter Anwendung der in diesen Regelungen zum Ausdruck kommenden nationality rule ist beispielsweise die Bundesrepublik Deutschland nicht zur Schutzgewährung zugunsten eines fremden Staatsangehörigen oder auch eines Unionsbürgers berechtigt; dieser ist aufgrund seiner Staatsangehörigkeit der Personalhoheit des anderen (Mitglied-)Staates zugeordnet.[1036]

Die nationality rule kann jedoch durch völkerrechtliche Vereinbarungen zwischen Drittstaat (Mitgliedstaat i.S.v. Art. 23 AEUV), Entsendestaat (schutzgewährender Mitgliedstaat i.S.v. Art. 23 AEUV) und Empfangsstaat (Drittstaat i.S.v. Art. 23 AEUV) aufgeweicht werden. Entsprechende Regelungen haben betreffend den diplomatischen Schutz in Art. 45 lit. b und c WÜD[1037] und 46 WÜD[1038] sowie – betreffend den konsularischen Schutz – in Art. 8 WÜK[1039] Eingang gefunden.

1035 *W. Kluth*, in: C. Calliess/M. Ruffert (Hrsg.), EUV/AEUV, 4. Aufl. 2011, Art. 23 AEUV Rn. 5; *W. Obwexer*, Ecolex 1996, 323 (325); *M. Ruffert*, AVR 35 (1997), 459 (459 f.); *T. Stein*, in: G. Ress/ders. (Hrsg.), Diplomatischer Schutz im Völker- und Europarecht, 1996, 97 (102).

1036 *E. Götzepe-Çelebi*, Unionsbürgerschaft, 2003, S. 132 f.; *M. Haag*, in: H. v.d. Groeben u.a. (Hrsg.), EUV/AEUV/GRC Bd. 1, 7. Aufl. 2015, Art. 23 AEUV Rn. 6 f.; *K. Hailbronner*, in: G. Ress/T. Stein (Hrsg.), Diplomatischer Schutz im Völker- und Europarecht, 1996, 27 (27 f.); *M. Kau*, in: W. Graf Vitzthum/A. Proelß (Hrsg.), Völkerrecht, 6. Aufl. 2013, 3. Abschn. Rn. 100 ff., 117; *W. Obwexer*, Ecolex 1996, 323 (325); *V. Epping*, in: K. Ipsen (Hrsg.), Völkerrecht, 6. Aufl. 2014, § 5 Rn. 116 ff.; s. hierzu bereits im zweiten Teil unter A.

1037 *Art. 45 WÜD* lautet:
Werden die diplomatischen Beziehungen zwischen zwei Staaten abgebrochen oder wird eine Mission endgültig oder vorübergehend abberufen,
a) [...]
b) so kann der Entsendestaat einem dem Empfangsstaat genehmen dritten Staat die Obhut der Räumlichkeiten, des Vermögens und der Archive der Mission übertragen;
c) so kann der Entsendestaat einem dem Empfangsstaat genehmen dritten Staat den Schutz seiner Interessen und derjenigen seiner Angehörigen übertragen.

1038 *Art. 46 WÜD* lautet:
Ein Entsendestaat kann mit vorheriger Zustimmung des Empfangsstaats auf Ersuchen eines im Empfangsstaat nicht vertretenen dritten Staates den zeitweiligen Schutz der Interessen des dritten Staates und seiner Angehörigen übernehmen.

1039 Dort heißt es: *Art. 8 WÜK. Wahrnehmung konsularischer Aufgaben für einen dritten Staat*
Nach einer angemessenen Notifikation an den Empfangsstaat kann, sofern dieser keinen Einspruch erhebt, eine konsularische Vertretung des Entsendestaats im Empfangsstaat konsularische Aufgaben auch für einen dritten Staat wahrnehmen.

Erforderlich ist dementsprechend zum einen eine Absprache zwischen Entsendestaat und Drittstaat – insbesondere über den Umfang der Wahrnehmung der fremden Interessen durch den Entsendestaat.[1040] Zum anderen muss gem. Art. 46 WÜK für die Ausübung diplomatischen Schutzes vorab die Zustimmung des Empfangsstaates eingeholt oder gem. Art. 8 WÜK über die Ausübung konsularischen Schutzes eine angemessene Notifizierung an den Empfangsstaat ausgegeben werden. Der Empfangsstaat kann jedoch, da er die Ausübung von Auslandsschutz für fremde Staatsangehörige auf seinem Staatsgebiet völkerrechtlich grundsätzlich nicht zu dulden braucht, seine Zustimmung verweigern oder gegen die Notifizierung ausdrücklich Einspruch erheben.[1041]

Art. 23 AEUV betrifft in diesem Zusammenhang die Absprache zwischen Entsendestaat (schutzgewährender Mitgliedstaat i.S.v. Art. 23 AEUV) und Drittstaat (Mitgliedstaat i.S.v. Art. 23 AEUV), nicht aber die völkerrechtlich erforderliche Zustimmung bzw. Notifizierung des Empfangsstaates (Drittstaat i.S.v. Art. 23 AEUV). Die Mitgliedstaaten leiten die pauschale Berechtigung ihrer Schutzpflicht zugunsten von Unionsbürgern somit weder aus einem völkerrechtlich verankerten genuinen Recht noch aus reinen völkerrechtlichen Vereinbarungen, sondern ausschließlich aus einer durch das Unionsrecht begründeten gemeinsamen Verantwortung für alle Unionsbürger her.[1042]

1040 Es handelt sich hierbei um ein vom Drittstaat abgeleitetes Recht des Entsendestaates, s. *V. Epping*, in: K. Ipsen (Hrsg.), Völkerrecht, 6. Aufl. 2014, § 5 Rn. 120 ff.

1041 *M. Haag*, in: H. v.d. Groeben u.a. (Hrsg.), EUV/AEUV/GRC Bd. 1, 7. Aufl. 2015, Art. 23 AEUV Rn. 6 f.; *W. Obwexer*, Ecolex 1996, 323 (325 f.); *T. Stein*, in: G. Ress/ders. (Hrsg.), Diplomatischer Schutz im Völker- und Europarecht, 1996, 97 (99 ff.). Die mitgliedstaatlichen Auslandsvertretungen haben den betroffenen Empfangsstaat (Drittstaat i.S.v. Art. 23 AEUV), über eine Verbalnote entsprechend Art. 8 WÜK unterrichtet, dass sich Unionsbürger „in Notfällen wie Tod, Unfall, gewaltsamer Angriff, schwerer Krankheit oder Festnahme zwecks Unterstützung und möglicher Repatriierung an die Vertretung jedes anderen Mitgliedstaats wenden können", sollte der Mitgliedstaat, dessen Staatsangehörigkeit besitzen, dort nicht repräsentiert sein, s. 1. Bericht der Kommission über die Unionsbürgerschaft, KOM (93) 702 endg., S. 7; Einsprüche seitens der Empfangsstaaten wurden nicht erhoben, s. *T. Stein*, in: G. Ress/ders. (Hrsg.), Diplomatischer Schutz im Völker- und Europarecht, 1996, 97 (100). Demgegenüber liegen nach Art. 46 WÜD erforderliche Zustimmungen der betroffenen Empfangsstaaten (Drittstaat i.S.v. Art. 23 AEUV) nicht vor, a.a.O. S. 97 (99 ff.).

1042 *E. Götzepe-Çelebi*, Die Unionsbürgerschaft, 2003, S. 132 f.; *M. Haag*, in: H. v.d. Groeben u.a. (Hrsg.), EUV/AEUV/GRC Bd. 1, 7. Aufl. 2015, Art. 23 AEUV Rn. 7; *S. Magiera*, in: R. Streinz (Hrsg.), EUV/AEUV, 2. Aufl. 2012, Art. 23 AEUV Rn. 10.

C. Anspruch eines im Ausland entführten Unionsbürgers auf eine Schutzgewähr durch die Bundesrepublik Deutschland aus Art. 23 Abs. 1 S. 1 AEUV

In einem weiteren Schritt ist nun die zu Beginn aufgeworfene Frage zu beantworten, ob ein im Ausland entführter Unionsbürger eine Schutzgewähr anstelle seines Heimatstaates über Art. 23 AEUV auch von der Bundesrepublik Deutschland beanspruchen kann. Art. 23 Abs. 1 S. 1 AEUV zufolge genießt ein Unionsbürger im Hoheitsgebiet eines dritten Landes, in dem der Mitgliedstaat, dessen Staatsangehörigkeit er besitzt, nicht vertreten ist, den diplomatischen und konsularischen Schutz eines jeden Mitgliedstaates unter denselben Bedingungen wie Staatsangehörige dieses Staates. Art. 23 Abs. 1 S. 1 AEUV begründet seinem Wortlaut folgend einen Individualanspruch des Unionsbürgers auf konsularischen und diplomatischen Schutz durch den Mitgliedstaat, an den er sich im Einzelfall wendet. Seinem Inhalt nach ist er jedoch auf eine Inländergleichbehandlung gerichtet; er stellt lediglich ein formales Gleichbehandlungsrecht dar. Hinsichtlich des Bestehens eines Anspruchs auf die eigentliche Schutzgewähr und gegebenenfalls seines Inhalts sowie Umfangs ist somit die mitgliedstaatliche Rechtsordnung des angerufenen Mitgliedstaates zu befragen ist, ob sie einen Schutzanspruch im Ausland entführter eigener Staatsangehöriger vorsieht.[1043] In der Bundesrepublik Deutschland wurde der konsulargesetzliche Anspruch eines im Ausland entführten deutschen Staatsangehörigen auf Schutz in § 1 Sps. 2 KonsG normiert. Insofern könnte sich ein entsprechender Schutzanspruch eines Unionsbürgers aus Art. 23 Abs. 1 S. 1 AEUV i.V.m. § 1 Sps. 2 KonsG ergeben.[1044]

1043 *M. Haag*, in: H. v.d. Groeben u.a. (Hrsg.), EUV/AEUV/GRC Bd. 1, 7. Aufl. 2015, Art. 23 AEUV Rn. 11 f.; *A. Hatje*, in: J. Schwarze u.a. (Hrsg.), EU-Kommentar, 3. Aufl. 2012, Art. 23 AEUV Rn. 8, 12 f.; *H. Jarass*, Charta der Grundrechte der EU, 2. Aufl. 2013, Art. 46 GRCh Rn. 8; *W. Kluth*, in: C. Calliess/M. Ruffert (Hrsg.), EUV/AEUV, 4. Aufl. 2011, Art. 23 AEUV Rn. 2, 17; *M. Ruffert*, JuS 1999, 54 (56); *ders.*, AVR 35 (1997) 459 (472); so hinsichtlich Art. 46 GRCh auch *H.-W. Rengeling/P. Szczekalla*, Grundrechte in der Europäischen Union, 2004, § 42 Rn. 1152. Dementsprechend teilt *C. Storost*, AVR 42 (2004), 411 (419 ff.) die von den Mitgliedstaat an seine Staatsangehörigen gewährten Schutzrechte in drei Gruppen auf:
1) französisches Modell: keine gerichtliche Überprüfbarkeit der „actes rattachables",
2) deutsches Modell: klagbares subjektives Recht auf fehlerfreie Ermessensausübung,
3) keine unmittelbare Klagbarkeit von Schutzansprüchen, aber u.U. Gewährung verschuldensunabhängiger Ausgleichsansprüche.

1044 Das Tatbestandsmerkmal des „Deutschen" in § 1 Sps. 2 KonsG wäre in diesem Fall aufgrund der unmittelbaren Anwendbarkeit des Art. 23 Abs. 1 S. 1 AEUV außer Anwendung zu lassen, *M. Ruffert*, JuS 1999, 54 (56); *ders.*, AVR 35 (1997) 459 (475).

I. „Institutionelle Deutung“[1045] des Tatbestands von Art. 23 Abs. 1 S. 1 AEUV

Dies ist jedoch ausschließlich dann der Fall, wenn die in Entführungssachverhalten erforderlichen und durch die Bundesrepublik Deutschland zu ergreifenden Schutzmaßnahmen durch Art. 23 Abs. 1 AEUV erfasst wären. Entsprechende Zweifel ergeben sich zunächst aus einem Blick in die englische und französische Fassung des Art. 23 AEUV. Dort heißt es:

> **Art. 23**
>
> Every citizen of the Union shall, in the territory of a third country in which the Member State of which he is a national is not represented, be entitled to protection *by the diplomatic or consular authorities* of any Member State, on the same conditions as the nationals of that State. Member States shall adopt the necessary provisions and start the international negotiations required to secure this protection.
> [...]
>
> **Art. 23**
>
> Tout citoyen de l'Union bénéficie, sur le territoire d'un pays tiers où l'État membre dont il est ressortissant n'est pas représenté, de la protection *de la part des autorités diplomatiques et consulaires* de tout État membre, dans les mêmes conditions que les nationaux de cet État. Les États membres prennent les dispositions nécessaires et engagent les négociations internationales requises en vue d'assurer cette protection.
> [...]

Anders als seine deutsche Sprachfassung verweisen diese nicht auf einen diplomatischen und konsularischen Schutz, sondern auf einen Schutz durch die diplomatischen und konsularischen (öffentlichen) *Behörden* eines jeden Mitgliedstaates; ähnliche Formulierungen finden sich zudem in der italienischen, spanischen und niederländischen Fassung.[1046] Ihnen liegt folglich ein sog. institutionelles Tatbestandsverständnis von Art. 23 Abs. 1 S. 1 AEUV zugrunde, d.h. er bezieht sich allein auf solche Maßnahmen des diplomatischen und konsularischen Schutzes, die vor Ort und ohne Einschaltung der innerstaatlichen Organe des angerufenen Mitgliedstaates durch die Auslandsvertretung selbst im jeweiligen Land gewährt

---

1045 *W. Kluth*, in: C. Calliess/M. Ruffert (Hrsg.), EUV/AEUV, 4. Aufl. 2011, Art. 23 AEUV Rn. 7.

1046 *E. Götzepe-Çelebi*, Unionsbürgerschaft, 2003, S. 133; *W. Kluth*, in: C. Calliess/M. Ruffert (Hrsg.), EUV/AEUV, 4. Aufl. 2011, Art. 23 AEUV Rn. 7; *H.-W. Rengeling/P. Szczekalla*, Grundrechte in der Europäischen Union, 2004, § 42 Rn. 1146; *M. Ruffert*, AVR 35 (1997), 459 (464); *T. Stein*, in: G. Ress/ders. (Hrsg.), Diplomatischer Schutz im Völker- und Europarecht, 1996, 97 (98), der den ersten Eindruck hat, „eine vielleicht etwas eilig gefertigte deutsche Übersetzung gebe dem Art. 8 EGV eine Bedeutung, die nicht beabsichtigt war“.

werden können.[1047] Hierzu zählt insbesondere die Hilfe bei Todesfällen bezüglich Nachlassfragen, bei Festnahmen bzw. Inhaftierungen, für Opfer von Gewaltverbrechen sowie in Pass-, Visa- und Personenstandsangelegenheiten;[1048] ihre Übernahme auch durch diplomatische Vertretungen ist nach Art. 3 Abs. 2 WÜD bzw. Art. 3 S. 2 WÜK völkerrechtlich zulässig.[1049]

Wendet man den Blick nun zurück auf die deutsche Fassung von Art. 23 Abs. 1 S. 1 AEUV, so legt auch hier – selbst ohne Bezugnahme auf die schutzgewährenden Stellen – die Formulierung „im Hoheitsgebiet eines dritten Landes, in dem der Mitgliedstaat [...] nicht vertreten ist" ein institutionelles Verständnis seines Tatbestands nahe.[1050] Einer entsprechenden Auslegung steht somit jedenfalls sein Wortlaut nicht entgegen, zumal auch die deutschen Fassungen von Art. 20 Abs. 2 S. 2 lit. c AEUV[1051], Art. 46 GRCh[1052]

1047 *W. Kluth*, in: C. Calliess/M. Ruffert (Hrsg.), EUV/AEUV, 4. Aufl. 2011, Art. 23 AEUV Rn. 7; *H.-W. Rengeling/P. Szczekalla*, Grundrechte in der Europäischen Union, 2004, § 42 Rn. 1146; *M. Ruffert*, AVR 35 (1997), 459 (465).

1048 *W. Kluth*, in: C. Calliess/M. Ruffert (Hrsg.), EUV/AEUV, 4. Aufl. 2011, Art. 23 AEUV Rn. 6; *C. P. Kokew*, Auslandsschutz deutscher Staatsangehöriger bei Entführungen, 2012, S. 312; 1. Bericht der Kommission über die Unionsbürgerschaft, KOM (93) 702 endg., S. 7; 4. Bericht der Kommission über die Unionsbürgerschaft, KOM (2004) 695 endg., S. 9 f.; vgl. auch Art. 5 Beschluss 95/553/EG.

1049 *W. Kluth*, in: C. Calliess/M. Ruffert (Hrsg.), EUV/AEUV, 4. Aufl. 2011, Art. 23 AEUV Rn. 8; *T. Stein*, in: G. Ress/ders. (Hrsg.), Diplomatischer Schutz im Völker- und Europarecht, 1996, 97 (98 f.).

1050 Nur *W. Kluth*, in: C. Calliess/M. Ruffert (Hrsg.), EUV/AEUV, 4. Aufl. 2011, Art. 23 AEUV Rn. 7.

1051 Dort heißt es: *Art. 20 AEUV*
(1) [...]
(2) Die Unionsbürgerinnen und Unionsbürger haben die in den Verträgen vorgesehenen Rechte und Pflichten. Sie haben unter anderem
a) und b) [...]
c) im Hoheitsgebiet eines Drittlands, in dem der Mitgliedstaat, dessen Staatsangehörigkeit sie besitzen, nicht vertreten ist, Recht auf Schutz durch die diplomatischen und konsularischen Behörden eines jeden Mitgliedstaats unter denselben Bedingungen wie Staatsangehörige dieses Staates;
d) [...]
Diese Rechte werden unter den Bedingungen und innerhalb der Grenzen ausgeübt, die in den Verträgen und durch die in Anwendung der Verträge erlassenen Maßnahmen festgelegt sind.

1052 Dieser lautet: *Art. 46 GRCh. Diplomatischer und konsularischer Schutz*
Die Unionsbürgerinnen und Unionsbürger genießen im Hoheitsgebiet eines Drittlandes, in dem der Mitgliedstaat, dessen Staatsangehörigkeit sie besitzen, nicht vertreten ist, den Schutz der diplomatischen und konsularischen Stellen eines jeden Mitgliedstaats unter denselben Bedingungen wie Staatsangehörige dieses Staates.

und Art. 1 Beschluss 95/553/EG[1053] von einem Schutz durch diplomatische und konsularische Behörden, Stellen bzw. Vertretungen sprechen.[1054] Abweichendes kann zudem nicht aus Art. 23 Abs. 1 S. 2 AEUV abgeleitet werden: Er verpflichte die Mitgliedstaaten, „die für diesen Schutz erforderlichen Verhandlungen" einzuleiten und beziehe damit – da für den konsularischen Schutz nach Art. 8 WÜK lediglich eine Notifizierung notwendig sei – auch den diplomatischen Schutz mit ein.[1055] Dieses Argument greift jedoch nicht durch, denn unter entsprechenden Verhandlungen kann zum einen auch die nicht ausdrücklich genannte Notifizierung nach Art. 8 WÜK verstanden werden; zum anderen können Verhandlungen auch dann erforderlich werden, wenn der Empfangsstaat einer (konsularischen) Schutzausübung durch einen anderen Mitgliedstaat widersprochen hat.[1056]

Diese nach dem Wortlautbefund zu favorisierende Auslegung im Sinne einer institutionellen Deutung von Art. 23 Abs. 1 S. 1 AEUV stimmt schließlich mit seiner eingangs dargestellten praktischen Bedeutung überein:[1057] Zwar findet in Art. 23

1053 ABl. 1995 Nr. L 314, S. 73. Bei diesem handelt es sich um auf Grundlage von Art. 23 Abs. 1 S. 2 AEUV erlassene Ausführungsbestimmungen. *Art. 1 Beschluss 95/553/ EG* lautet:
Jeder Bürger der Europäischen Union genießt den konsularischen Schutz jeder diplomatischen oder konsularischen Vertretung eines Mitgliedstaats, wenn es in dem Hoheitsgebiet, in dem er sich befindet,
– weder eine erreichbare ständige Vertretung
– noch einen erreichbaren zuständigen Honorarkonsul
seines Mitgliedstaats oder eines anderen Staates gibt, der die ständige Vertretung für seinen Mitgliedstaat wahrnimmt.

1054 *W. Kluth*, in: C. Calliess/M. Ruffert (Hrsg.), EUV/AEUV, 4. Aufl. 2011, Art. 23 AEUV Rn. 7, 10; *H.-W. Rengeling/P. Szczekalla*, Grundrechte in der Europäischen Union, 2004, § 42 Rn. 1147 f.

1055 So *E. Götzepe-Çelebi*, Unionsbürgerschaft, 2003, S. 134; *T. Stein*, in: G. Ress/ders. (Hrsg.), Diplomatischer Schutz im Völker- und Europarecht, 1996, 97 (99).

1056 Nur *W. Kluth*, in: C. Calliess/M. Ruffert (Hrsg.), EUV/AEUV, 4. Aufl. 2011, Art. 23 AEUV Rn. 8; i.E. so auch *S. Magiera*, in: R. Streinz (Hrsg.), EUV/AEUV, 2. Aufl. 2012, Art. 23 Rn. 6, der zwar eine institutionelle Deutung ablehnt, den zu gewährenden Schutz aber auf einen solchen „vor Ort" begrenzt.

1057 I.E. ebenso *S. Kadelbach*, in: D. Ehlers (Hrsg.), Europäische Grundrechte und Grundfreiheiten, 4. Aufl. 2014, § 26 Rn. 80 ff.; *W. Kluth*, in: C. Calliess/M. Ruffert (Hrsg.), EUV/AEUV, 4. Aufl. 2011, Art. 23 AEUV Rn. 7; *H.-W. Rengeling/P. Szczekalla*, Grundrechte in der Europäischen Union, 2004, § 42 Rn. 1146 f.; *M. Ruffert*, AVR 35 (1997), 459 (465) ; *E. Tichy-Fisslberger*, EuR 2012, 217 (217); *A. Vermeer-Künzli*, ICLQ 60 (2011), 965 (967 f.), die darauf verweist, dass ein diplomatischer Schutz für Nicht-Staatsangehörige nach dem geltenden Völkerrecht nicht akzeptiert würde; 1. Bericht der Kommission über die Unionsbürgerschaft, KOM (93) 702 endg., S. 7; 2. Bericht der Kommission über die Unionsbürgerschaft, KOM (97) 230 endg., S. 12; 3. Bericht der Kommission über die Unionsbürgerschaft, KOM (2001) 506 endg., S. 19; 5. Bericht der Kommission über die Unionsbürgerschaft, KOM (2008) 85 endg., S. 9; s. auch Art. 1 Beschluss 95/553/EG; a.A. *E. Götzepe-Çelebi*,

Abs. 1 S. 1 AEUV die „personale völkerrechtliche Verantwortung [der Mitgliedstaaten] für alle Unionsbürger"[1058] ihren Ausdruck; ihr kommt jedoch ausweislich des Wortlauts von Art. 23 Abs. 1 S. 1 AEUV lediglich eine Auffangfunktion zu. In diesem Zusammenhang hat eine komplementäre mitgliedstaatliche Schutzpflicht einen echten Vorteil für den schutzsuchenden Unionsbürger in den Fällen, die an Ort und Stelle gelöst werden können, etwa in den bereits erwähnten Pass- und Visaangelegenheiten. In anderen Fällen, die einer Gewährung von Hilfen vorgelagerte Rücksprachen mit den innerstaatlichen Behörden des angerufenen Mitgliedstaates bzw. seiner Regierung oder langwierigere Verhandlungen erfordern, sind entsprechende zeitliche oder örtliche Vorteile für den schutzsuchenden Unionsbürger hingegen nicht ersichtlich; sind diese – wie in den vorliegend untersuchten Entführungsfällen – jedoch unverzichtbar, so kann sich dieser ohne wahrnehmbar nachteilige Auswirkungen weiterhin an die nächstgelegene eigene Auslandsvertretung oder gar seine Regierung wenden.

II. Kein Schutzanspruch eines im Ausland entführten Unionsbürgers gem. Art. 23 Abs. 1 S. 1 AEUV i.V.m. § 1 Sps. 2 KonsG – Ergebnis des fünften Teils

Unter Zugrundelegung des Art. 23 Abs. 1 S. 1 AEUV immanenten institutionellen Tatbestandsverständnisses können die in Entführungsfällen erforderlichen Schutzmaßnahmen nicht unter diesen gefasst werden. Bei ihnen handelt es sich zwar nicht um solche des grundsätzlich nicht vor Ort zu gewährenden diplomatischen Schutzes;[1059] in den vorliegend untersuchten Entführungssachverhalten wird jedoch über wesentliche Teile der durch die Bundesrepublik Deutschland gewährten (konsularischen) Schutzmaßnahmen nicht *ausschließlich* durch die örtlich zuständige Auslandsvertretung, sondern *auch* durch den Krisenstab beim Auswärtigen Amt in Berlin entschieden, vgl. § 3 Abs. 1 KonsG i.V.m. §§ 1 Abs. 4, 2 GAD. Ein Anspruch eines im Ausland entführten Unionsbürgers gegen die Bundesrepublik Deutschland gem. Art. 23 Abs. 1 S. 1 AEUV i.V.m. § 1 Sps. 2 KonsG besteht folglich nicht.[1060]

Unionsbürgerschaft, 2003, S. 133 ff.; *M. Haag*, in: H. v.d. Groeben u.a. (Hrsg.), EUV/AEUV/GRC Bd. 1, 7. Aufl. 2015, Art. 23 AEUV Rn. 11; *M. Ruffert*, AVR 35 (1997), 459 (463 ff.); *T. Stein*, in: G. Ress/ders. (Hrsg.), Diplomatischer Schutz im Völker- und Europarecht, 1996, 97 (97 ff.)

1058 *M. Ruffert*, AVR 35 (1997), 459 (464).

1059 Dies sieht *T. Stein*, in: G. Ress/ders. (Hrsg.), Diplomatischer Schutz im Völker- und Europarecht, 1996, 97 (99) ähnlich.

1060 A.A. *C. P. Kokew*, Auslandsschutz deutscher Staatsangehöriger bei Entführungen, 2012, S. 316.

Sechster Teil: Haftung der Bundesrepublik Deutschland

Die Untersuchung der Trias von Schutzpflicht, Schutzanspruch und staatlicher Haftung wird im sechsten Teil mit der Untersuchung der Haftung der Bundesrepublik Deutschland in Entführungsfällen abgeschlossen. Dabei ist bereits an dieser Stelle festzustellen, dass Akte der auswärtigen Gewalt nicht per se – wie auch nicht von einer (verfassungs-)gerichtlichen Rechtskontrolle – von haftungsrechtlichen Folgen entbunden sind.[1061]

In den untersuchten Entführungsfällen kommen Haftungsansprüche insbesondere in Bezug auf eine unterlassene oder fehlerhafte Schutzgewähr zugunsten eines im Ausland entführten deutschen Staatsangehörigen in Betracht: Vorstellbar sind Sachverhaltskonstellationen, in denen es die Bundesrepublik Deutschland gänzlich unterlässt, zugunsten des Entführungsopfers tätig zu werden, oder sie nicht auf Forderungen der Entführer eingeht (Lösegeldzahlungen oder politische Forderungen) und ein Entführungsopfer dadurch einen Schaden erleidet, d.h. insbesondere verletzt wird oder zu Tode kommt. Als mögliche haftungsrechtliche Grundlagen sind hier die Amtshaftung gem. § 839 BGB i.V.m. Art. 34 S. 1 GG (A.) sowie eine Aufopferungsentschädigung zu untersuchen (B.).[1062] Neben diesen staatlichen (Schaden-)Ersatzleistungen ist zudem auf sonstige staatliche Hilfen bzw. Unterstützungen für ein Entführungsopfer bzw. seine Hinterbliebenen nach dem KonsG und dem OEG einzugehen (C.).

A. Amtshaftung gem. § 839 BGB i.V.m. Art. 34 S. 1 GG

Zunächst könnte sich eine staatliche Haftung aus § 839 BGB i.V.m. Art. 34 S. 1 GG[1063] ergeben. Die Voraussetzungen der Amtshaftung sind in den beispielhaft genannten Sachverhaltskonstellationen erfüllt, wenn der zuständige Beamte des Auswärtigen

1061 So auch *E. Klein*, in: G. Ress/T. Stein (Hrsg.), Diplomatischer Schutz im Völker- und Europarecht, 1996, 125 (132), der davon spricht, dass „beide Aspekte […] Seiten derselben Medaille" seien.

1062 Zumindest denkbare Ansprüche aufgrund einer allgemeinen staatlichen Gefährdungshaftung scheiden hingegen aus, denn es fehlt bereits an einer diesbezüglichen – in den vorliegend untersuchten Fallkonstellationen einschlägigen – gesetzlichen Grundlage, vgl. zum diplomatischen Schutz aber *G. Ress*, ZaöRV 32 (1972), 420 (467).

1063 Diese lauten: *Art. 34 GG*
Verletzt jemand in Ausübung eines ihm anvertrauten öffentlichen Amtes die ihm einem Dritten gegenüber obliegende Amtspflicht, so trifft die Verantwortlichkeit grundsätzlich den Staat oder die Körperschaft, in deren Dienst er steht. Bei Vorsatz oder grober Fahrlässigkeit bleibt der Rückgriff vorbehalten. Für den Anspruch

Dienstes in Ausübung eines öffentlichen Amtes schuldhaft eine drittbezogene Amtspflicht verletzt hat, dadurch einem Entführungsopfer ein kausaler Schaden entstanden ist und eine Haftung nicht ausgeschlossen ist.[1064]

I. Erfüllung des Tatbestands der Amtshaftung

In den vorliegend untersuchten Entführungsfällen werden die Beamten des Auswärtigen Dienstes hoheitlich tätig und üben damit ein öffentliches Amt i.S.v. Art. 34 S. 1 GG aus.[1065] Dabei obliegt den Amtsträgern insbesondere die Pflicht zu einem rechtmäßigen Verhalten, vgl. Art. 20 Abs. 3 GG, bzw. zu fehlerfreier Ermessensausübung.[1066] Diese vorliegend auch drittbezogene Amtspflicht[1067] würde verletzt, wenn die Bundesrepublik Deutschland in den untersuchten Entführungsfällen überhaupt nicht tätig würde: Das Entführungsopfer kann sich insoweit auf einen gebundenen Schutzanspruch hinsichtlich des „Ob" einer staatlichen Schutzgewähr gem. Art. 2

---

auf Schadenersatz und für den Rückgriff darf der ordentliche Rechtsweg nicht ausgeschlossen werden.
§ 839 BGB. Haftung bei Amtspflichtverletzung
(1) Verletzt ein Beamter vorsätzlich oder fahrlässig die ihm einem Dritten gegenüber obliegende Amtspflicht, so hat er dem Dritten den daraus entstehenden Schaden zu ersetzen. Fällt dem Beamten nur Fahrlässigkeit zur Last, so kann er nur dann in Anspruch genommen werden, wenn der Verletzte nicht auf andere Weise Ersatz zu erlangen vermag.
(2) Verletzt ein Beamter bei dem Urteil in einer Rechtssache seine Amtspflicht, so ist er für den daraus entstehenden Schaden nur dann verantwortlich, wenn die Pflichtverletzung in einer Straftat besteht. Auf eine pflichtwidrige Verweigerung oder Verzögerung der Ausübung des Amts findet diese Vorschrift keine Anwendung.
(3) Die Ersatzpflicht tritt nicht ein, wenn der Verletzte vorsätzlich oder fahrlässig unterlassen hat, den Schaden durch Gebrauch eines Rechtsmittels abzuwenden.

1064 Statt vieler *F. Ossenbühl/M. Cornils*, Staatshaftungsrecht, 6. Aufl. 2013, S. 14; *C. Stein/P. Itzel/K. Schwall*, Praxishandbuch des Amts- und Staatshaftungsrechts, 2. Aufl. 2012, Rn. 7; *K. Windthorst*, in: S. Detterbeck/ders./H.-D. Sproll, Staatshaftungsrecht, 2000, § 9.

1065 Hierzu allgemein *F. Ossenbühl/M. Cornils*, Staatshaftungsrecht, 6. Aufl. 2013, S. 14 ff.; *C. Stein/P. Itzel/K. Schwall*, Praxishandbuch des Amts- und Staatshaftungsrechts, 2. Aufl. 2012, Rn. 15 ff.; *K. Windthorst*, in: S. Detterbeck/ders./H.-D. Sproll, Staatshaftungsrecht, 2000, § 9 Rn. 2 ff.

1066 S. diesbzgl. *F. Ossenbühl/M. Cornils*, Staatshaftungsrecht, 6. Aufl. 2013, S. 46 f., 48 f.; *C. Stein/P. Itzel/K. Schwall*, Praxishandbuch des Amts- und Staatshaftungsrechts, 2. Aufl. 2012, Rn. 39, 43 ff.; *K. Windthorst*, in: S. Detterbeck/ders./H.-D. Sproll, Staatshaftungsrecht, 2000, § 9 Rn. 65 ff., 71.

1067 Zur Drittbezogenheit, vgl. *F. Ossenbühl/M. Cornils*, Staatshaftungsrecht, 6. Aufl. 2013, S. 59 ff.; *C. Stein/P. Itzel/K. Schwall*, Praxishandbuch des Amts- und Staatshaftungsrechts, 2. Aufl. 2012, Rn. 85 ff.; *K. Windthorst*, in: S. Detterbeck/ders./H.-D. Sproll, Staatshaftungsrecht, 2000, § 9 Rn. 94 ff.

Abs. 2 GG (i.V.m. Art. 1 Abs. 1 S. 2, 25 S. 1 GG) und § 1 Sps. 2 KonsG berufen. Dabei reduziert sich das diesbezügliche Entschließungsermessen aufgrund der Einwirkung seiner durch die Entführung betroffenen Grundrechte und – soweit kein „Verschulden" des Entführungsopfers vorliegt – gem. Art. 3 Abs. 1 GG auf Null, sodass der Auswärtige Dienst von einem grundsätzlich schützenden Tätigwerden in Entführungssachverhalten keinesfalls in rechtmäßiger Weise absehen kann. Diese Sachverhaltskonstellation ist jedoch relativ unwahrscheinlich, da die Bundesrepublik Deutschland – soweit ersichtlich – bislang in jedem Entführungsfall tätig geworden ist; eine aus einer entsprechenden Amtspflichtverletzung abzuleitende Amtshaftung scheidet somit regelmäßig aus.[1068]

Ähnliches gilt im Ergebnis auch dann, wenn die Bundesrepublik Deutschland nicht auf Forderungen der Entführer eingeht: Gem. Art. 2 Abs. 2 GG (i.V.m. Art. 1 Abs. 1 S. 2, 25 S. 1 GG) und § 1 Sps. 2 KonsG kann sich das Entführungsopfer hier lediglich auf einen Anspruch auf ermessensfehlerfreie Entscheidung hinsichtlich des „Wie" einer staatlichen Schutzgewähr berufen. Eine diesbezügliche Amtspflichtverletzung durch den Auswärtigen Dienst kommt somit nur dann in Betracht, wenn es das bestehende Auswahlermessen fehlerhaft ausübt. Dagegen kann in der Versagung bestimmter und von einem Entführungsopfer begehrter Schutzmittel, die auf einer ermessensfehlerfreien Entscheidung beruht, keine Amtspflichtverletzung (durch Unterlassung) gesehen werden; sie ist rechtmäßig und hat somit gem. § 839 BGB i.V.m. Art. 34 S. 1 GG keine haftungsrechtlichen Konsequenzen.[1069]

Eine Verletzung der Amtspflicht zu einem rechtmäßigen Verhalten müsste in den genannten Sachverhaltskonstellationen im konkreten Einzelfall zudem auf einem schuldhaften Verhalten des Amtswalters beruhen[1070] und einen Schaden[1071],

---

1068 So hinsichtlich der (Nicht-)Gewähr von Auslandsschutz *K. Doehring*, Pflicht des Staates zur Gewährung diplomatischen Schutzes, 1959, S. 113 f.; *W. K. Geck*, ZaöRV 17 (1956/57), 476 (538); *E. Klein*, in: G. Ress/T. Stein (Hrsg.), Diplomatischer Schutz im Völker- und Europarecht, 1996, 125 (132 f.); *R. Hofmann*, Grenzüberschreitende Sachverhalte, 1994, S. 110 f.

1069 In Bezug auf die rechtmäßige Ermessensausübung und damit die Rechtmäßigkeit der Ermessensentscheidung ebenso *K. Doehring*, Pflicht des Staates zur Gewährung diplomatischen Schutzes, 1959, S. 113 f.; *W. K. Geck*, ZaöRV 17 (1956/57), 476 (538); *E. Klein*, in: G. Ress/T. Stein (Hrsg.), Diplomatischer Schutz im Völker- und Europarecht, 1996, 125 (132 f.); *R. Hofmann*, Grenzüberschreitende Sachverhalte, 1994, S. 110 f.

1070 Der Konsularbeamte handelt im Zusammenhang mit der Amtspflichtverletzung bei Vorsatz und Fahrlässigkeit i.S.v. § 276 Abs. 1 BGB schuldhaft, s. hierzu *F. Ossenbühl/M. Cornils*, Staatshaftungsrecht, 6. Aufl. 2013, S. 74 f.; *C. Stein/P. Itzel/K. Schwall*, Praxishandbuch des Amts- und Staatshaftungsrechts, 2. Aufl. 2012, Rn. 137 ff.; *K. Windthorst*, in: S. Detterbeck/ders./H.-D. Sproll, Staatshaftungsrecht, 2000, § 9 Rn. 171 ff.

1071 Die Art und der Umfang des Schadenersatzes richten sich nach §§ 249 ff. BGB. Danach ist für Verletzungen des Körpers oder der Gesundheit etc. eine billige Entschädigung in Geld zu gewähren, vgl. *C. Stein/P. Itzel/K. Schwall*, Praxishandbuch

d.h. vorliegend eine Verletzung von Leib und Leben des Entführungsopfers, verursachen. Dabei ist im Rahmen der Ursächlichkeit der Amtspflichtverletzung für den entstandenen Schaden zu beachten, dass es sich sowohl bei der gänzlichen Versagung einer staatlichen Schutzgewähr als auch bei der Versagung eines durch ein Entführungsopfer begehrten Schutzmittels um eine Unterlassung handelt. Sie kann nur dann als kausal für den entstandenen Schaden angesehen werden, wenn „mit einer gewissen Wahrscheinlichkeit anzunehmen war, daß bei Vornahme der unterlassenen Handlung auch der Schaden abgewendet worden wäre“[1072]. Es müsste somit feststellbar sein, dass der Auswärtige Dienst den Schaden durch das (begehrte) Tätigwerden somit überhaupt hätte abwenden können.[1073] Insbesondere aufgrund des notwendigen Dazwischentretens der Schädigungshandlung der Entführer sowie ihre unmittelbare Ursächlichkeit für den Schaden des Entführungsopfers ist die Möglichkeit dieser Feststellung in Entführungsfällen allerdings regelmäßig ausgeschlossen.[1074]

Zu beachten ist, dass über Amtshaftungsansprüche gem. Art. 34 S. 3 GG i.V.m. § 13 GVG und § 40 Abs. 2 S. 1 VwGO nicht durch die Verwaltungs-, sondern die ordentlichen Gerichte entschieden wird, sodass der Amtsermittlungsgrundsatz keine Anwendung findet. Das Entführungsopfer muss somit aufgrund der ihm als Anspruchsteller und Kläger grundsätzlich obliegenden Darlegungs- und Beweislast das Vorliegen der beschriebenen Tatbestandsvoraussetzungen nachweisen.[1075] Dieser Nachweis dürfte insbesondere in Bezug auf eine fehlerhafte Ausübung des Auswahlermessens und die Ursächlichkeit der Amtspflichtverletzung für den behaupteten Schaden kaum zu erbringen sein. Vor diesem Hintergrund dürfte die gerichtliche Geltendmachung eines Amtshaftungsanspruchs in Entführungsfällen

---

des Amts- und Staatshaftungsrechts, 2. Aufl. 2012, Rn. 174; ähnlich auch *F. Ossenbühl/M. Cornils*, Staatshaftungsrecht, 6. Aufl. 2013, S. 73.

1072 *K. Doehring*, Pflicht des Staates zur Gewährung diplomatischen Schutzes, 1959, S. 118.

1073 Diesbzgl. allgemein *F. Ossenbühl/M. Cornils*, Staatshaftungsrecht, 6. Aufl. 2013, S. 73 f.; *K. Windthorst*, in: S. Detterbeck/ders./H.-D. Sproll, Staatshaftungsrecht, 2000, § 9 Rn. 167; *C. Stein/P. Itzel/K. Schwall*, Praxishandbuch des Amts- und Staatshaftungsrechts, 2. Aufl. 2012, Rn. 159 f. fordern sogar eine an Sicherheit grenzende Wahrscheinlichkeit. Jedenfalls leichtfertige Amtshaftungsklagen werden durch dieses Tatbestandsmerkmal ausgeschlossen, *K. Doehring*, Pflicht des Staates zur Gewährung diplomatischen Schutzes, 1959, S. 119.

1074 In diesem Zusammenhang ist etwa an die an einem Hitzschlag verstorbene Sahara-Geisel zu denken; dieser war auf die Strapazen der Verlegung der Entführungsopfer von Algerien nach Mali durch die Sahara zurückzuführen. Darüber hinaus sind Entführungsfälle in einem hohen Maße geprägt durch wenig überschaubare und vorhersehbare Handlungsabläufe, die nicht zuletzt auf einem möglicherweise irrationalen Verhalten der Entführer etc. beruhen können.

1075 *C. Stein/P. Itzel/K. Schwall*, Praxishandbuch des Amts- und Staatshaftungsrechts, 2. Aufl. 2012, Rn. 254 ff.; s. dort auch bzgl. wichtiger Beweiserleichterungen.

generell kaum Erfolg versprechen; für Extremfälle kann dies jedoch nicht von vornherein ausgeschlossen werden.[1076]

II. Ausschluss der Amtshaftung

Fraglich ist jedoch, ob eine staatliche Haftung gem. § 839 BGB i.V.m. Art. 34 S. 1 GG – selbst wenn ihre Voraussetzungen erfüllt sein sollten – in den untersuchten Entführungssachverhalten generell zu verneinen ist.[1077]

1. Kein Haftungsausschluss gem. § 5 Nr. 2 RBHG

Ein entsprechender Haftungsausschluss könnte sich zunächst aus § 5 Nr. 2 RBHG ergeben.[1078] Dieser lautet:

> **§ 5.**
>
> Die Vorschriften dieses Gesetzes finden keine Anwendung:
> 1. soweit es sich um das Verhalten solcher Beamten handelt, die, abgesehen von der Entschädigung für Dienstaufwand, auf den Bezug von Gebühren angewiesen sind;
> 2. soweit es sich um das Verhalten eines mit Angelegenheiten des auswärtigen Dienstes befassten Beamten handelt und dieses Verhalten nach einer amtlichen Erklärung des Reichskanzlers politischen oder internationalen Rücksichten entsprochen hat.

§ 5 Nr. 2 RBHG zählt (zumindest formal) weiterhin zum geltenden Recht.[1079] Daher geht ein Teil der Literatur auch heute noch und (meist) ohne nähere Begründung

---

1076 So *E. Klein*, in: G. Ress/T. Stein (Hrsg.), Diplomatischer Schutz im Völker- und Europarecht, 1996, 125 (135) in Bezug auf die Aufopferung.

1077 Eine Erfüllung des Verweisungsprivilegs im Falle einer lediglich fahrlässigen Amtspflichtverletzung durch den Amtswalter gem. § 839 Abs. 1 S. 2 BGB bleibt vorliegend unberücksichtigt, s. hierzu aber allgemein *F. Ossenbühl/M. Cornils*, Staatshaftungsrecht, 6. Aufl. 2013, S. 80 ff.; *C. Stein/P. Itzel/K. Schwall*, Praxishandbuch des Amts- und Staatshaftungsrechts, 2. Aufl. 2012, Rn. 176 ff.; *K. Windthorst*, in: S. Detterbeck/ders./H.-D. Sproll, Staatshaftungsrecht, 2000, § 10 Rn. 7 ff.

1078 Neben einer Haftung des Staates würde dieser auch eine Eigenhaftung des Amtswalters ausschließen, so *K. Doehring*, Pflicht des Staates zur Gewährung diplomatischen Schutzes, 1959, S. 119; *F. Ossenbühl/M. Cornils*, Staatshaftungsrecht, 6. Aufl. 2013, S. 98 f.; *G. Ress*, ZaöRV 32 (1972), 420 (465 f.); *C. Stein/P. Itzel/K. Schwall*, Praxishandbuch des Amts- und Staatshaftungsrechts, 2. Aufl. 2012, Rn. 227.

1079 Das RBHG und damit auch sein § 5 sollten nach Maßgabe des § 36 durch § 34 Abs. 1 Nr. 5 des Staatshaftungsgesetzes vom 26.06.1981, BGBl. I, S. 553, mit Wirkung zum 01.01.1982 außer Kraft gesetzt werden. Dieses war jedoch laut BVerfGE 61, 149 – *Amtshaftung* mit Art. 70 GG unvereinbar und daher nichtig, s. hierzu BGBl. 1982 I, S. 1493; so auch *K. Doehring*, Pflicht des Staates zur Gewährung diplomatischen Schutzes, 1959, S. 114 ff.; *W. K. Geck*, ZaöRV 17 (1956/57), 476 (539); *K. Oberthür*, Anspruch des deutschen Staatsbürgers, 1965, S. 88 ff.; *F. Ossenbühl/M. Cornils*, Staatshaftungsrecht, 6. Aufl. 2013, S. 98 f.; *G. Ress*, ZaöRV 32 (1972), 420 (460 ff.);

davon aus, dass § 5 Nr. 2 RBHG eine Pflichtwidrigkeit des Verhaltens eines Amtswalters und damit eine staatliche Haftung ausschließe, wenn das verfassungsrechtlich zuständige Organ amtlich erkläre, dass das Verhalten eines mit Angelegenheiten des auswärtigen Dienstes befassten Beamten politischen oder internationalen Rücksichten entsprochen habe.[1080]

Grundsätzliche Zweifel an der Vereinbarkeit des § 5 Nr. 2 RBHG mit dem Grundgesetz ergeben sich jedoch mit Blick auf Art. 34 GG selbst sowie die Rechtsschutzgarantie aus Art. 19 Abs. 4 GG.[1081] In diesem Zusammenhang ist zunächst zu bemerken, dass bereits hinsichtlich Art. 131 WRV[1082] Bedenken an der Verfassungsmäßigkeit von § 5 Nr. 2 RBHG bestanden. Mit einem Verweis auf Art. 131 Abs. 2 WRV, der die nähere Regelung der Staats- bzw. Amtshaftung der zuständigen Gesetzgebung übertrug, wurde jedoch seine Fortgeltung begründet.[1083] Ein entsprechender Passus wurde allerdings in den mit Art. 131 WRV im Wesentlichen übereinstimmenden Art. 34 GG nicht übernommen: Vielmehr heißt es dort, dass die Verantwortlichkeit

---

W. Rudolf, in: J. Kokot u.a. (Hrsg.), Staatsangehörigkeit, Soziale Grundrechte, 1976, 61 (81); *C. Stein/P. Itzel/K. Schwall*, Praxishandbuch des Amts- und Staatshaftungsrechts, 2. Aufl. 2012, Rn. 227. Auch der BGH scheint von einer Weitergeltung des RBHG auszugehen; zwar ist eine speziell § 5 RBHG betreffende Entscheidung bislang nicht ergangen; in einem obiter dictum hat er hierauf allerdings hingedeutet, vgl. BGHZ 9, 289 (290); ähnlich BGHZ 12, 89 (90 ff).

1080 *K. Oberthür*, Anspruch des deutschen Staatsbürgers, 1965, S. 90 f.; *F. Ossenbühl/M. Cornils*, Staatshaftungsrecht, 6. Aufl. 2013, S. 98 f; *C. Stein/P. Itzel/K. Schwall*, Praxishandbuch des Amts- und Staatshaftungsrechts, 2. Aufl. 2012, Rn. 227 m.w.N. Infolge der Wirksamkeit des Haftungsausschlusses würde eine Klage nicht unzulässig, sondern müsste mangels Passivlegitimation des Staates als unbegründet abgewiesen werden, so *G. Ress*, ZaöRV 32 (1972), 420 (463). Nach Ansicht von *F. Ossenbühl/M. Cornils*, Staatshaftungsrecht, 6. Aufl. 2013, S. 98 f. mit Fn. 602 ist nun nicht mehr der Reichskanzler, sondern der Bundeskanzler für die Abgabe der Erklärung nach § 5 Nr. 2 RBHG zuständig, vgl. Art. 112 GG. Ähnlich auch *W. K. Geck*, ZaöRV 17 (1956/57), 476 (540) und *K. Oberthür*, Anspruch des deutschen Staatsbürgers, 1965, S. 92 ff., die die Zuständigkeit des Bundeskanzlers allerdings nur dann bejahen, wenn die Abgabe der Erklärung in seine Richtlinienkompetenz gem. Art. 65 GG fallen sollte; im Übrigen sei der Bundesaußenminister zuständig; diesbzgl. kritisch auch *E. Klein*, in: G. Ress/T. Stein (Hrsg.), Diplomatischer Schutz im Völker- und Europarecht, 1996, 125 (133).

1081 Statt vieler *K. Doehring*, Pflicht des Staates zur Gewährung diplomatischen Schutzes, 1959, S. 115; *G. Ress*, ZaöRV 32 (1972), 420 (460 ff.).

1082 *Art. 131 WRV* lautete:
(1) Verletzt ein Beamter in Ausübung der ihm anvertrauten öffentlichen Gewalt die ihm einem Dritten gegenüber obliegende Amtspflicht, so trifft die Verantwortlichkeit grundsätzlich den Staat oder die Körperschaft, in deren Dienste der Beamte steht. Der Rückgriff gegen den Beamten bleibt vorbehalten. Der ordentliche Rechtsweg darf nicht ausgeschlossen werden.
(2) Die nähere Regelung liegt der zuständigen Gesetzgebung ob.

1083 S. nur *G. Ress*, ZaöRV 32 (1972), 420 (460).

für eine Amtspflichtverletzung grundsätzlich den Staat oder die Körperschaft trifft, in deren Dienst der Amtswalter steht. Vor diesem Hintergrund mehren sich zwar die Zweifel an der Verfassungsmäßigkeit eines Ausschlusses der Amtshaftung durch § 5 Nr. 2 RBHG unter dem Grundgesetz; seine verfassungsrechtliche Zulässigkeit kann jedoch durch eine Wortlautinterpretation („grundsätzlich") und die Entstehungsgeschichte des Art. 34 GG nicht völlig ausgeschlossen werden.[1084]

Darüber hinaus ist jedoch zu beachten, dass sich die zum Zeitpunkt des Erlasses von § 5 Nr. 2 RBHG bestehende Rechtsordnung mit Blick auf den Rechtsschutz grundlegend von der des Grundgesetzes unterscheidet.[1085] Bedenken gegen die Begrenzung der Amtshaftung aufgrund vorkonstitutioneller Gesetzgebung sind somit berechtigt, zumal ein Haftungsausschluss zu Art. 34 S. 3 GG, nach dem für den Anspruch auf Schadenersatz der Rechtsweg nicht ausgeschlossen werden darf, in Widerspruch stünde. Gleiches gilt für Art. 19 Abs. 4 GG, der bestimmt, dass für jede Rechtsverletzung durch die öffentliche Gewalt der Rechtsweg offen stehen muss.[1086] Zur Auflösung dieses Spannungsverhältnisses eines verfassungsrechtlich gebotenen Rechtsschutzes und des nach Ansicht *K. Doehrings* „richtigen Grundgedankens"[1087] des § 5 Nr. 2 RBHG schlägt dieser eine verfassungskonforme Synthese beider Gegenpole vor: Wird im Vorfeld oder Laufe eines Amtshaftungsprozesses die amtliche Erklärung nach § 5 Nr. 2 RBHG abgegeben und damit eine Haftung ausgeschlossen, so bestehe zunächst die Möglichkeit, dass der Geschädigte die Rechtmäßigkeit der Erklärung als selbständig anfechtbarem Verwaltungsakt i.S.v. § 35 S. 1 VwVfG im Wege der Anfechtungsklage verwaltungsgerichtlich überprüfen könne; § 5 Nr. 2 RBHG schließe diese gerichtliche Kontrolle nicht aus. Komme das Verwaltungsgericht zu dem Ergebnis, dass die amtliche Erklärung an Ermessensfehlern leide und daher aufgehoben werden müsse, so stehe sie einem Amtshaftungsprozess vor den ordentlichen Gerichten nicht (mehr) entgegen.[1088]

Die beschriebene Ausgleichslösung übersieht allerdings, dass zunächst nicht die Rechtmäßigkeit des eventuell haftungsauslösenden Handelns bzw. Unterlassens der auswärtigen Gewalt überprüft würde, sondern lediglich die der amtlichen Erklärung nach § 5 Nr. 2 RBHG, bei der die Prüfung der politischen oder internationalen

1084 Insbesondere *K. Doehring*, Pflicht des Staates zur Gewährung diplomatischen Schutzes, 1959, S. 114; *W. K. Geck*, ZaöRV 17 (1956/57), 476 (539); *G. Ress*, ZaöRV 32 (1972), 420 (461).

1085 So bei *G. Ress*, ZaöRV 32 (1972), 420 (462).

1086 *K. Doehring*, Pflicht des Staates zur Gewährung diplomatischen Schutzes, 1959, S. 114 f.; *J. Papier*, in: T. Maunz/G. Dürig (Begr.), Grundgesetz, Art. 34 Rn. 281; *G. Ress*, ZaöRV 32 (1972), 420 (460 ff.).

1087 *K. Doehring*, Pflicht des Staates zur Gewährung diplomatischen Schutzes, 1959, S. 115.

1088 *K. Doehring*, Pflicht des Staates zur Gewährung diplomatischen Schutzes, 1959, S. 115 ff.; *G. Ress*, ZaöRV 32 (1972), 420 (462 ff.); ähnlich bereits *W. K. Geck*, ZaöRV 17 (1956/57), 476 (541 ff.).

Rücksichtnahme im Vordergrund steht.[1089] Diese beruht indes – ebenso wie die eigentlich relevante Ermessensentscheidung über das „Ob" bzw. das „Wie" einer konsularischen Schutzgewähr – auf einer Ermessensentscheidung, sodass aufgrund des auch in diesem Fall bestehenden weiten außenpolitischen Ermessensspielraums ein Nachweis ihrer Rechtswidrigkeit durch den Geschädigten nur schwerlich zu erbringen ist.[1090] Im Ergebnis führt demnach selbst die Synthese des verfassungsrechtlich gebotenen Rechtsschutzes sowie des Grundgedankens des § 5 Nr. 2 RBHG zu einer verfassungsrechtlich unbefriedigenden Konsequenz: Wird die amtliche Erklärung nach § 5 Nr. 2 RBHG abgegeben, so ist durch sie rein faktisch der Rechtsweg entgegen Art. 34 S. 3 GG bzw. Art. 19 Abs. 4 GG ausgeschlossen. Im Ergebnis wird der Weg zu einer gerichtlichen Rechtmäßigkeitskontrolle der eigentlichen Ermessensentscheidung der auswärtigen Gewalt über die Gewähr konsularischen Schutzes – bis auf eklatante Ausnahme- und Missbrauchsfälle – versperrt sein.[1091]

Wird somit bereits die von *K. Doehring* vorgeschlagene Ausgleichslösung den rechtlichen Vorgaben des Grundgesetzes nicht gerecht, so kann nichts anderes für den Haftungsausschluss gem. § 5 Nr. 2 RBHG als solchen gelten. Auch das zu seinen Gunsten angeführte Argument des Schutzes des Primats der „hohen Politik" kann nicht überzeugen,[1092] denn eines solchen bedarf es – wie bereits im dritten Teil hinsichtlich des Primärrechtsschutzes festgestellt – im Rahmen einer reinen gerichtlichen Rechtmäßigkeitskontrolle des Handelns bzw. Unterlassens der auswärtigen Gewalt nicht. Im Übrigen könnte ihre Rechtswidrigkeit nach dem Grundgesetz ohnehin nicht durch die Berufung auf politische oder internationale Rücksichten gerechtfertigt werden.[1093] Vor diesem Hintergrund fehlt dem Ausschluss der Amtshaftung gem. § 5 Nr. 2 RBHG somit der ihn vor Art. 34 GG legitimierende sachliche Grund.[1094] Er ist somit nicht mit Art. 34 S. 1 GG vereinbar und kann daher nicht mehr als geltendes Recht angesehen werden.[1095]

1089 So bei *G. Ress*, ZaöRV 32 (1972), 420 (463).

1090 Dies erkennen auch *K. Doehring*, Pflicht des Staates zur Gewährung diplomatischen Schutzes, 1959, S. 117; *G. Ress*, ZaöRV 32 (1972), 420 (462).

1091 A.A. allerdings *G. Ress*, ZaöRV 32 (1972), 420 (465), der die „Kontrollmöglichkeit der Kanzlererklärung im verwaltungsgerichtlichen Verfahren" als im Lichte des Art. 19 Abs. 4 GG ausreichenden Rechtsschutz ansieht.

1092 So aber *F. Ossenbühl/M. Cornils*, Staatshaftungsrecht, 6. Aufl. 2013, S. 98 f.

1093 Ausdrücklich *J. Papier*, in: T. Maunz/G. Dürig (Begr.), Grundgesetz, Art. 34 Rn. 281.

1094 *J. Papier*, in: T. Maunz/G. Dürig (Begr.), Grundgesetz, Art. 34 Rn. 281; anders allerdings *G. Ress*, ZaöRV 32 (1972), 420 (461 f.).

1095 *D. Blumenwitz*, Offenhalten der Vermögensfrage, 1992, S. 93 ff.; *E. Klein*, in: G. Ress/T. Stein (Hrsg.), Diplomatischer Schutz im Völker- und Europarecht, 1996, 125 (132 f.); *J. Papier*, in: T. Maunz/G. Dürig (Begr.), Grundgesetz, Art. 34 Rn. 281.

2. *(Teilweiser) Haftungsausschluss aufgrund eines „Verschuldens" des Entführungsopfers?*

Anzudenken ist zudem ein (teilweiser) Ausschluss der Amtshaftung im Falle einer schuldhaften (Mit-)Verursachung der Entstehung des behaupteten Schadens seitens des Entführungsopfers entsprechend § 245 BGB[1096]. Dieser kommt in Betracht, wenn das Entführungsopfer selbst die Sorgfalt außer Acht gelassen hat, die „im eigenen Interesse des Geschädigten geboten war und ihm nach seinen individuellen Interessen auch zugemutet werden kann."[1097] Einzig denkbarer Anknüpfungspunkt für einen entsprechenden und dem Entführungsopfer zu machenden Vorwurf bildet – wie im Rahmen der untersuchten Einschränkung der Schutzbedürftigkeit – der Antritt einer Reise in ein Land, für das das Auswärtige Amt eine Reisewarnung ausgegeben hat, bzw. die Missachtung bestehender Sicherheitshinweise. Diese eigenverantwortliche Entscheidung des später Geschädigten, sich durch eine Auslandsreise in eine erhöhte Entführungsgefahr zu begeben, ist allerdings – ebenso wie bei der Frage nach staatlicher Schutzpflicht und individuellem Schutzanspruch – an dieser Stelle nicht zulasten des Entführungsopfers zu berücksichtigen: Das ihm vorwerfbare Verhalten hat zwar eventuell seine Entführung begünstigt. Selbst bei Bestehen eines sehr hohen Entführungsrisikos kann dieser (Verantwortungs-) Beitrag für den Schaden des Entführungsopfers aber als nicht mehr ursächlich angesehen werden: Mit der Entführung selbst und der späteren Schädigung durch die Entführer werden durch diese mehrere mittelbar und unmittelbar ursächliche Schädigungsbeiträge gesetzt, die ein entsprechendes Verschulden des Entführungsopfers in den Hintergrund treten lassen. Es ist somit nicht gerechtfertigt, dieses als haftungsausschließendes (Mit-)Verschulden i.S.v. § 254 BGB anzusehen und aus ihm einen (teilweisen) Ausschluss der Amtshaftung abzuleiten.

1096 Dieser lautet: *§ 254 BGB. Mitverschulden*
(1) Hat bei der Entstehung des Schadens ein Verschulden des Beschädigten mitgewirkt, so hängt die Verpflichtung zum Ersatz sowie der Umfang des zu leistenden Ersatzes von den Umständen, insbesondere davon ab, inwieweit der Schaden vorwiegend von dem einen oder dem anderen Teil verursacht worden ist.
(2) Dies gilt auch dann, wenn sich das Verschulden des Beschädigten darauf beschränkt, dass er unterlassen hat, den Schuldner auf die Gefahr eines ungewöhnlich hohen Schadens aufmerksam zu machen, die der Schuldner weder kannte noch kennen musste, oder dass er unterlassen hat, den Schaden abzuwenden oder zu mindern. Die Vorschrift des § 278 findet entsprechende Anwendung.

1097 *F. Ossenbühl/M. Cornils*, Staatshaftungsrecht, 6. Aufl. 2013, S. 90; s. hierzu auch *C. Stein/P. Itzel/K. Schwall*, Praxishandbuch des Amts- und Staatshaftungsrechts, 2. Aufl. 2012, Rn. 203 f.; *K. Windthorst*, in: S. Detterbeck/ders./H.-D. Sproll, Staatshaftungsrecht, 2000, § 10 Rn. 72 ff.

B. Entschädigung nach den Grundsätzen der allgemeinen Aufopferung

Erscheint vor diesem Hintergrund eine Haftung der Bundesrepublik Deutschland gem. § 839 BGB i.V.m. Art. 34 S. 1 GG in Entführungsfällen wenig wahrscheinlich, so ist – insbesondere im Falle einer rechtmäßigen Ermessensausübung – schließlich eine Entschädigung nach den Grundsätzen der Aufopferung in Betracht zu ziehen. Der gewohnheitsrechtlich anerkannte Entschädigungsanspruch ist bereits in den §§ 74, 75 Einleitung ALR[1098] positiv-rechtlich zum Ausdruck gekommen. Ihm liegt ein allgemeiner, auf dem Prinzip der Lastengleichheit beruhender Aufopferungsgedanke in seiner richterrechtlich geprägten Ausformung zugrunde.[1099] Diesen Grundsätzen folgend besteht ein allgemeiner Aufopferungsanspruch des Entführungsopfers, wenn durch eine im Gemeinwohl erfolgende hoheitliche Maßnahme unmittelbar eines seiner immateriellen Rechte verletzt und ihm durch diesen Eingriff ein Sonderopfer auferlegt wird. Anders als bei der Amtshaftung ist der Aufopferungsanspruch nicht allein bei einem rechtswidrigen, sondern – mit Blick auf Art. 3 GG – auch bei einem rechtmäßigen Handeln anwendbar.[1100]

Der allgemeine Aufopferungsanspruch setzt zunächst einen unmittelbaren hoheitlichen Eingriff in ein immaterielles Recht voraus, zu denen insbesondere die Rechte auf Leben, Gesundheit und Freiheit zählen.[1101] Bereits diese Tatbestandsvoraussetzung wurde in der Vergangenheit in Bezug auf den Auslandsschutz allgemein

---

1098 Diese lauten: *§ 74 Einleitung ALR*
Einzelne Rechte und Vortheile der Mitglieder des Staats müssen den Rechten und Pflichten zur Beförderung des gemeinschaftlichen Wohls, wenn zwischen beyden ein wirklicher Widerspruch (Collision) eintritt, nachstehn.
§ 75 Einleitung ALR
Dagegen ist der Staat denjenigen, welcher seine besondern Rechte und Vortheile dem Wohle des gemeinen Wesens aufzuopfern genöthigt wird, zu entschädigen gehalten.

1099 *F. Ossenbühl/M. Cornils*, Staatshaftungsrecht, 6. Aufl. 2013, S. 124 ff.; *C. Stein/P. Itzel/K. Schwall*, Praxishandbuch des Amts- und Staatshaftungsrechts, 2. Aufl. 2012, Rn. 356 ff.; *H.-D. Sproll*, in: S. Detterbeck/K. Windthorst/ders., Staatshaftungsrecht, 2000, § 16 Rn. 52 ff.

1100 *F. Ossenbühl/M. Cornils*, Staatshaftungsrecht, 6. Aufl. 2013, S. 135 ff.; *C. Stein/P. Itzel/K. Schwall*, Praxishandbuch des Amts- und Staatshaftungsrechts, 2. Aufl. 2012, Rn. 356.

1101 S. nur BGHZ 65, 196 (206); *F. Ossenbühl/M. Cornils*, Staatshaftungsrecht, 6. Aufl. 2013, S. 138; *C. Stein/P. Itzel/K. Schwall*, Praxishandbuch des Amts- und Staatshaftungsrechts, 2. Aufl. 2012, Rn. 359. Zu beachten ist, dass der Aufopferungsanspruch als subsidiärer Auffangtatbestand anzusehen ist; denkbare, ihn konkretisierende Spezialvorschriften sind vorliegend jedoch nicht einschlägig. Soweit das Eigentum Eingriffsobjekt ist, wäre der enteignende bzw. enteignungsgleiche Eingriff vorrangig, vgl. *H.-D. Sproll*, in: S. Detterbeck/K. Windthorst/ders., Staatshaftungsrecht, 2000, § 18 Rn. 7.

regelmäßig verneint: So wurde argumentiert, dass der den Aufopferungsanspruch auslösende Rechtseingriff im Falle der Versagung eines entsprechenden Schutzes seitens der Bundesrepublik Deutschland nicht von dieser ausgehe und daher nicht als „Ausfluß deutscher Staatsgewalt"[1102] anzusehen sei.[1103] Hier wird jedoch übersehen, dass der Betroffene die Entschädigung nach den Grundsätzen der Aufopferung nicht für die Verletzung seiner Rechte durch einen Dritten bzw. einen anderen Staat verlangt, sondern für den Verlust seines Schutzanspruchs durch die Unterlassung einer Schutzgewähr seitens der Bundesrepublik Deutschland. Als entscheidender Anknüpfungspunkt für die Frage des Bestehens des Aufopferungsanspruchs ist somit nicht der eigentliche Rechtseingriff anzusehen, sondern die Versagung geeigneter Schutzmaßnahmen durch die Bundesrepublik Deutschland.[1104]

Ob diese Unterlassung jedoch einen Eingriff i.S.d. Aufopferungsgedankens darstellt, ist nur vom Charakter des Rechts her bestimmbar, welches „aufgeopfert" wird. Ist es – wie die Grundrechte in ihrem klassischen status negativus – auf ein staatliches Unterlassen gerichtet, so wird in dieses durch positives Handeln eingegriffen; gebietet es hingegen – wie die grundrechtliche Schutzpflichtfunktion – ein staatliches Handeln bzw. eine staatliche Leistung, so greift ihre Unterlassung in das Recht ein. Demzufolge kann auch die Versagung geeigneter Maßnahmen des Auslandsschutzes die Merkmale eines Rechtseingriffs erfüllen, wenn der entsprechende Schutzanspruch des Entführungsopfers der Bundesrepublik Deutschland eine Rechtspflicht zum Tätigwerden auferlegt und somit eine eingriffsfähige Rechtsposition darstellt.[1105]

In diesem Sinne wurde in der Vergangenheit eine Verletzung des aus der Staatsangehörigkeit abgeleiteten Anspruchs des Einzelnen auf Schutzgewähr seitens der Bundesrepublik Deutschland abgelehnt, da es sich bei diesem nicht um ein entsprechendes immaterielles und unbedingtes Recht handele, das zum Wohle der Allgemeinheit „aufgeopfert" werden könne.[1106] Zu einem zunächst anderen Ergebnis gelangt man jedoch, wenn der Schutzanspruch seine rechtliche Grundlage nicht in der Staatsangehörigkeit, sondern in den Grundrechten des Grundgesetzes findet: So leitet sich der Schutzanspruch speziell in den vorliegend untersuchten Entführungssachverhalten auf verfassungsrechtlicher Ebene aus Art. 2 Abs. 2 S. 1 und

---

1102 *K. Doehring*, Pflicht des Staates zur Gewährung diplomatischen Schutzes, 1959, S. 120.

1103 So bei *K. Doehring*, Pflicht des Staates zur Gewährung diplomatischen Schutzes, 1959, S. 120 m.w.N.

1104 *K. Doehring*, Pflicht des Staates zur Gewährung diplomatischen Schutzes, 1959, S. 121; *E. Klein*, in: G. Ress/T. Stein (Hrsg.), Diplomatischer Schutz im Völker- und Europarecht, 1996, 125 (133); *K. Oberthür*, Anspruch des deutschen Staatsbürgers, 1965, S. 97; *G. Ress*, ZaöRV 32 (1972), 420 (467 f.).

1105 *E. Klein*, in: G. Ress/T. Stein (Hrsg.), Diplomatischer Schutz im Völker- und Europarecht, 1996, 125 (133); *G. Ress*, ZaöRV 32 (1972), 420 (468).

1106 *K. Doehring*, Pflicht des Staates zur Gewährung diplomatischen Schutzes, 1959, S. 122 f.; *G. Ress*, ZaöRV 32 (1972), 420 (468 f.).

2 GG (i.V.m. Art. 1 Abs. 1 S. 2, 25 S. 1 GG) ab. Er wird somit – anders als bei einer (isolierten) Herleitung aus der Staatsangehörigkeit – durch die staatlicherseits zu schützenden Rechtsposition getragen, wobei insbesondere die Grundrechte auf Leben, Gesundheit und Freiheit „aufopferungsfähige“ Rechte i.S.d. des allgemeinen Aufopferungsgedankens darstellen. Sie können folglich durch die gänzliche Versagung einer Schutzgewähr bzw. des Einsatzes eines bestimmten Schutzmittels zugunsten der Allgemeinheit beeinträchtigt werden.[1107]

Zu beachten ist allerdings, dass der grundrechtliche Anspruch des Einzelnen auf Gewährung von Auslandsschutz im Allgemeinen grundsätzlich nicht auf einen Schutz bzw. eine Schutzgewähr durch ein bestimmtes Schutzmittel, sondern lediglich auf eine entsprechende ermessensfehlerfreie Entscheidung gerichtet ist. Er steht folglich unter „dem Vorbehalt, daß die Abwägung zwischen Allgemeininteresse und Individualinteresse nicht etwas anderes gebietet“[1108], und kann bei fehlerfreier Ermessensausübung zum Wohle der Allgemeinheit verweigert werden. In diesem Fall wird den betroffenen Grundrechten in der vorzunehmenden Interessenabwägung (ausreichend) Rechnung getragen, sodass diese jedenfalls aus rechtlicher Sicht nicht verletzt und damit zugunsten der Allgemeinheit aufgeopfert werden.[1109] Im Gegensatz dazu tritt sowohl im Falle einer Ablehnung eines gebundenen Schutzanspruchs als auch bei einer fehlerhaften Ermessensausübung eine staatliche Entschädigungspflicht nach den Grundsätzen der allgemeinen Aufopferung ein; zumindest mittelbar verletzen sie die Grundrechte, die den Anspruch auf Auslandsschutz im Einzelfall vermitteln, da hier dem Einzelnen ein an sich bestehender Schutzanspruch versagt wird.[1110]

Speziell in den vorliegend untersuchten Entführungssachverhalten führen die vorgenannten Grundsätze zu einem Ergebnis, das im Wesentlichen dem der Amtshaftung entspricht: In Bezug auf den Anspruch über das „Ob“ einer Schutzgewähr aus Art. 2 Abs. 2 GG (i.V.m. Art. 1 Abs. 1 S. 2, 25 S. 1 GG) und § 1 Sps. 2 KonsG reduziert sich das grundsätzlich bestehende staatliche Entschließungsermessen

1107 *E. Klein*, Bundesverfassungsgericht und Ostverträge, 2. Aufl. 1985, S. 40 f.; *ders.*, in: G. Ress/T. Stein (Hrsg.), Diplomatischer Schutz im Völker- und Europarecht, 1996, 125 (133).

1108 *K. Doehring*, Pflicht des Staates zur Gewährung diplomatischen Schutzes, 1959, S. 123.

1109 *E. Klein*, Bundesverfassungsgericht und Ostverträge, 2. Aufl. 1985, S. 40 f.; *ders.*, Diplomatischer Schutz im Hinblick auf die Konfiskation deutschen Vermögens, 1992, S. 43; *ders.*, in: G. Ress/T. Stein (Hrsg.), Diplomatischer Schutz im Völker- und Europarecht, 1996, 125 (133); a.A. lediglich *K. Oberthür*, Anspruch des deutschen Staatsbürgers, 1965, S. 102 f., der einen Aufopferungsanspruch auch im Falle einer ermessensfehlerfreien Entscheidung über die Schutzgewähr bejaht.

1110 So ausdrücklich nur *E. Klein*, Bundesverfassungsgericht und Ostverträge, 2. Aufl. 1985, S. 41; *ders.*, Diplomatischer Schutz im Hinblick auf die Konfiskation deutschen Vermögens, 1992, S. 43; ähnlich *R. Hofmann*, Grenzüberschreitende Sachverhalte, 1994, S. 111.

auf Null, sodass dem Entführungsopfer ein gebundener Schutzanspruch zusteht. Die Bundesrepublik Deutschland kann somit keinesfalls in rechtmäßiger Weise von einer Schutzgewähr absehen; andernfalls stünde dem Entführungsopfer ein Aufopferungsanspruch zu, wobei diese Sachverhaltskonstellation jedoch relativ unwahrscheinlich ist. Im Hinblick auf das „Wie" der Schutzgewähr kann sich das Entführungsopfer lediglich auf einen Anspruch auf fehlerfreie Auswahl des konkret einzusetzenden Schutzmittels berufen. Üben die zuständigen Stellen das bestehende Auswahlermessen fehlerfrei und damit pflichtgemäß aus, so bleibt selbst dann für eine Entschädigung nach dem Aufopferungsgedanken kein Raum, wenn das Entführungsopfer im Anschluss an die Ablehnung eines begehrten Schutzmittels geschädigt wird; die Auferlegung eines Sonderopfers ist in diesem Falle ausgeschlossen.[1111]

Anderes gilt im Falle der fehlerhaften Ausübung des Auswahlermessens, als hier die rechtswidrige Entscheidung in die Rechte des Entführungsopfers aus Art. 2 Abs. 2 GG (i.V.m. Art. 1 Abs. 1 S. 2, 25 S. 1 GG) eingreift. Da – wie bei der Amtshaftung – für die prozessuale Geltendmachung immaterieller Schäden im Wege der Aufopferung gem. § 40 Abs. 2 VwGO grundsätzlich der Rechtsweg zu den ordentlichen Gerichten eröffnet ist, müsste das Entführungsopfer nach den geltenden Grundsätzen der Darlegungs- und Beweislast auch hier das Vorliegen eines hoheitlichen Rechtseingriffs und damit das eines Ermessensfehlers belegen.[1112]

Das Entführungsopfer muss in diesem Prozess schließlich nachweisen, dass die Unterlassung geeigneter Schutzmaßnahmen durch die Bundesrepublik Deutschland die Verletzung des immateriellen Rechts unmittelbar begründet. Es müsste somit mit hinreichender Sicherheit feststehen, „daß bei Ausübung des Schutzes eine Schädigung zu vermeiden gewesen wäre"[1113]. Ähnlich der Ursächlichkeit der Amtspflichtverletzung für den entstandenen Schaden wird ein entsprechender Nachweis auch

---

1111 Das Fehlen eines Sonderopfers ergibt sich in diesem Fall daraus, dass die rechtliche Möglichkeit der Verweigerung eines Schutzes bei pflichtgemäßer Ermessensausübung eine „allen Staatsbürgern gleichermaßen auferlegte Beschränkung" sei, *K. Doehring*, Pflicht des Staates zur Gewährung diplomatischen Schutzes, 1959, S. 123 f.

1112 Der Nachweis eines Ermessensfehlers dürfte allerdings nur selten gelingen, so ausdrücklich *G. Ress*, ZaöRV 32 (1972), 420 (462) – allerdings in Bezug auf die Erklärung nach § 5 Nr. 2 RBHG. In diesem Fall ist jedenfalls auch ein Sonderopfer des Entführungsopfers gegeben. Sollte die Bundesrepublik Deutschland dennoch für sich reklamieren, dass sie aus der rechtswidrigen Schutzversagung keinen Vorteil für die Allgemeinheit gezogen hat, so dringt dieser Einwand nicht durch: Im Rahmen des Aufopferungsanspruchs ist lediglich das Anstreben eines Vorteils für die Allgemeinheit maßgeblich; unerheblich ist dagegen seine Effektivität, s. *K. Doehring*, Pflicht des Staates zur Gewährung diplomatischen Schutzes, 1959, S. 121. Eine Anspruchskürzung aufgrund eines „Verschuldens" des Entführungsopfers entsprechend § 254 BGB scheidet ebenfalls aus, vgl. bereits im sechsten Teil unter A. II. 2.

1113 *K. Doehring*, Pflicht des Staates zur Gewährung diplomatischen Schutzes, 1959, S. 121 f.

im Rahmen der Geltendmachung eines Aufopferungsanspruchs nur schwerlich zu erbringen sein.[1114] Aus diesen Gründen hat die gerichtliche Geltendmachung einer Entschädigung nach den Grundsätzen der allgemeinen Aufopferung in Entführungsfällen regelmäßig kaum Aussicht auf Erfolg.[1115]

C. Sonstige staatliche Hilfen für ein Entführungsopfer bzw. seine Hinterbliebenen

Unabhängig von der Rechtmäßig- bzw. -widrigkeit des staatlichen Handelns sowie der Problematik ihrer Nachweisbarkeit kommen schließlich noch weitere staatliche Hilfen an ein geschädigtes Entführungsopfer bzw. seine Hinterbliebenen in Betracht. Zu nennen ist an dieser Stelle zuvörderst die konsularische Hilfe gem. § 1 Sps. 2 KonsG in Form der Hilfe für Opfer von Gewaltverbrechen. In diesem Zusammenhang muss der zuständige Konsularbeamte den Geschädigten zum einen darüber informieren, bei welcher Behörde des Empfangsstaates die gegen ihn gerichtete kriminelle Handlung anzuzeigen ist; er hat das Entführungsopfer zudem bei der Anzeigenstellung zu unterstützen. Stünden ihm zum anderen nach dem innerstaatlichen Recht des Empfangsstaates Entschädigungsansprüche zu, so muss der Konsularbeamte den Geschädigten bzw. seine Hinterbliebenen auf entsprechende Möglichkeiten hinweisen und gegebenenfalls auch hier bei der Abfassung erforderlicher Anträge unterstützen. Ähnliches gilt für die Geltendmachung zivilrechtlicher Schadenersatzansprüche.[1116]

Insbesondere für den Fall, dass das innerstaatliche Recht des Empfangsstaates keine Leistungen aufgrund von Sicherungs- oder Versorgungssystemen vorsieht, ist zudem eine Entschädigung nach dem OEG – speziell gem. § 3a OEG – zu erwägen. Dieser lautet:

> **§ 3a. Leistungen bei Gewalttaten im Ausland**
>
> (1) Erleiden Deutsche oder Ausländer nach § 1 Absatz 4 oder 5 Nummer 1 im Ausland infolge einer Gewalttat nach § 1 Absatz 1 oder 2 eine gesundheitliche Schädigung im Sinne von § 1 Absatz 1, erhalten sie wegen der gesundheitlichen und wirtschaftlichen Folgen auf Antrag einen Ausgleich nach Absatz 2, wenn sie
> 1. ihren gewöhnlichen und rechtmäßigen Aufenthalt im Geltungsbereich dieses Gesetzes haben und
> 2. sich zum Tatzeitpunkt für einen vorübergehenden Zeitraum von längstens sechs Monaten außerhalb des Geltungsbereichs dieses Gesetzes aufgehalten haben.

1114 *K. Doehring*, Pflicht des Staates zur Gewährung diplomatischen Schutzes, 1959, S. 121 f.; *E. Klein*, Bundesverfassungsgericht und Ostverträge, 2. Aufl. 1985, S. 41.

1115 *E. Klein*, in: G. Ress/T. Stein (Hrsg.), Diplomatischer Schutz im Völker- und Europarecht, 1996, 125 (135).

1116 *K. Hoffmann/H. Glietsch*, Konsularrecht I, § 1 KonsG Anm. 2.6.4.7.

(2) Geschädigte erhalten die auf Grund der Schädigungsfolgen notwendigen Maßnahmen der Heilbehandlung und der medizinischen Rehabilitation einschließlich psychotherapeutischer Angebote. Darüber hinaus erhalten Geschädigte
ab einem Grad der Schädigungsfolgen (GdS) von 10 bis zu einem GdS von 20 eine Einmalzahlung von 714 Euro,
bei einem GdS von 30 und 40 eine Einmalzahlung von 1.428 Euro,
bei einem GdS von 50 und 60 eine Einmalzahlung von 5.256 Euro,
bei einem GdS von 70 bis 90 eine Einmalzahlung von 9.192 Euro
und bei einem GdS von 100 eine Einmalzahlung von 14.976 Euro.
Bei Verlust mehrerer Gliedmaßen, bei Verlust von Gliedmaßen in Kombination mit einer Schädigung von Sinnesorganen oder in Kombination mit einer Hirnschädigung oder bei schweren Verbrennungen beträgt die Einmalzahlung 25.632 Euro [...].
(3) Ist eine Person, bei der die Voraussetzungen nach Absatz 1 vorliegen, an den Folgen der Schädigung gestorben, erhalten Hinterbliebene im Sinne von § 38 des Bundesversorgungsgesetzes mit Ausnahme der Verwandten der aufsteigenden Linie sowie Betreuungsunterhaltsberechtigte eine Einmalzahlung. Diese beträgt bei Vollwaisen 2.364 Euro, bei Halbwaisen 1.272 Euro und ansonsten 4.488 Euro. Darüber hinaus haben Hinterbliebene einschließlich der Eltern, deren minderjährige Kinder an den Folgen einer Gewalttat im Ausland verstorben sind, Anspruch auf die notwendigen psychotherapeutischen Maßnahmen. Zu den Überführungs- und Beerdigungskosten wird ein Zuschuss bis zu 1.506 Euro gewährt, soweit nicht Dritte die Kosten übernehmen.
(4) Leistungsansprüche aus anderen öffentlichen oder privaten Sicherungs- oder Versorgungssystemen sind auf die Leistungen nach den Absätzen 2 und 3 anzurechnen. Hierzu können auch Leistungsansprüche aus Sicherungs- oder Versorgungssystemen des Staates zählen, in dem sich die Gewalttat ereignet hat [...].
(5) Von Ansprüchen nach Absatz 2 sind Geschädigte ausgeschlossen, die es grob fahrlässig unterlassen haben, einen nach den Umständen des Einzelfalles gebotenen Versicherungsschutz zu begründen. Ansprüche nach Absatz 2 sind außerdem ausgeschlossen, wenn bei der geschädigten Person ein Versagungsgrund nach § 2 Absatz 1 Satz 1 oder Absatz 2 vorliegt.
(6) Hinterbliebene sind von Ansprüchen nach Absatz 3 ausgeschlossen, wenn ein Ausschlussgrund nach Absatz 5 in ihrer Person oder bei der getöteten Person vorliegt.

Danach kann ein deutscher Staatsangehöriger auf Antrag einen Ausgleich der gesundheitlichen und wirtschaftlichen Schädigungsfolgen gem. § 3a Abs. 1 OEG verlangen, wenn er infolge einer Gewalttat i.S.v. § 1 Abs. 1 oder 2 OEG[1117] eine

1117 *§ 1 Abs. 1 und 2 OEG. Anspruch auf Versorgung* lauten:
(1) Wer im Geltungsbereich dieses Gesetzes oder auf einem deutschen Schiff oder Luftfahrzeug infolge eines vorsätzlichen, rechtswidrigen tätlichen Angriffs gegen seine oder eine andere Person oder durch dessen rechtmäßige Abwehr eine gesundheitliche Schädigung erlitten hat, erhält wegen der gesundheitlichen und wirtschaftlichen Folgen auf Antrag Versorgung in entsprechender Anwendung der Vorschriften des Bundesversorgungsgesetzes. Die Anwendung dieser Vor-

gesundheitliche Schädigung i.S.v. § 1 Abs. 1 OEG erlitten hat. Erforderlich ist somit zunächst ein vorsätzlicher tätlicher Angriff gegen die körperliche Integrität des Opfers;[1118] auch eine Freiheitsberaubung oder ein Schockschaden können als tätlicher Angriff zu werten sein.[1119] Diese Voraussetzung ist in der Person des Entführungsopfers, das infolge der Entführung einen Körperschaden erleidet, erfüllt. Entsprechendes gilt auch, wenn es die Zwangssituation zwar körperlich unversehrt überstanden hat, in der Folge allerdings – insbesondere aufgrund der mit der Entführung verbundenen Freiheitsberaubung – psychische Schäden davon trägt. Darüber hinaus muss das Entführungsopfer seinen gewöhnlichen oder rechtmäßigen Aufenthalt im Bundesgebiet und sich zum Tatzeitpunkt für einen vorübergehenden Zeitraum von maximal sechs Monaten im Ausland aufgehalten haben.

Der Geschädigte selbst erhält gem. § 3a Abs. 2 OEG die aufgrund der Schädigungsfolgen notwendigen Maßnahmen der Heilbehandlung und der medizinischen Rehabilitation einschließlich psychotherapeutischer Angebote sowie Einmalzahlungen, deren Höhe vom Grad der Schädigungsfolgen abhängig sind; Rentenleistungen ähnlich § 1 Abs. 1 OEG sind nicht vorgesehen.[1120] Stirbt der Geschädigte infolge der Schädigung durch den tätlichen Angriff, so erhalten seine Hinterbliebenen i.S.v. § 3a Abs. 3 OEG Einmalzahlungen, notwendige psychotherapeutische Maßnahmen sowie einen Zuschuss zu den Überführungs- und Beerdigungskosten, soweit nicht Dritte diese Kosten übernehmen.[1121] Gem. § 3a Abs. 4 OEG müssen sich beide Gruppen von Anspruchsberechtigten allerdings Leistungsansprüche aus anderen öffentlichen oder privaten Sicherungs- oder Versorgungssystemen anrechnen lassen.

Schließlich dürfen keine Versagungsgründe i.S.v. § 3a Abs. 5 und 6 OEG, die wiederum auf § 2 Abs. 1 S. 1 und Abs. 2 OEG[1122] verweisen, vorliegen. Hier ist

---

schrift wird nicht dadurch ausgeschlossen, daß der Angreifer in der irrtümlichen Annahme von Voraussetzungen eines Rechtfertigungsgrundes gehandelt hat.
(2) Einem tätlichen Angriff im Sinne des Absatzes 1 stehen gleich
1. die vorsätzliche Beibringung von Gift,
2. die wenigstens fahrlässige Herbeiführung einer Gefahr für Leib und Leben eines anderen durch ein mit gemeingefährlichen Mitteln begangenes Verbrechen.

1118 BSGE 77, 7 (8 ff.); E 77, 11 (13 f.); E 77, 18 (19 f.); *C. Petri-Kramer*, in: H. Plagemann (Hrsg.), Sozialrecht, 4. Aufl. 2013, § 35 Rn. 54 f.

1119 BSG, Urt. v. 30.11.2006, Az. B 9 a VG 4/05 R, Rn. 11 ff. – juris; BSG, Urt. v. 08.08.2001, Az. B 9 VG 1/00 R, abgedruckt in NJW-RR 2002, 957 (958 f.); *C. Petri-Kramer*, in: H. Plagemann (Hrsg.), Sozialrecht, 4. Aufl. 2013, § 35 Rn. 58, 61.

1120 S. hierzu BT-Drs. 16/12273, zu Nummer 2 (§ 3a), S. 6.

1121 Vgl. BT-Drs. 16/12273, zu Nummer 2 (§ 3a), S. 7.

1122 *§ 2 OEG. Versagungsgründe* lautet:
(1) Leistungen sind zu versagen, wenn der Geschädigte die Schädigung verursacht hat oder wenn es aus sonstigen, insbesondere in dem eigenen Verhalten des Anspruchstellers liegenden Gründen unbillig wäre, Entschädigung zu gewähren. Leistungen sind auch zu versagen, wenn der Geschädigte oder Antragsteller
1. an politischen Auseinandersetzungen in seinem Heimatstaat aktiv beteiligt ist oder war und die Schädigung darauf beruht oder

insbesondere an die Erfüllung von § 2 Abs. 1 S. 1 OEG zu denken, wenn „der Geschädigte sich über bestehende Reise- oder Sicherheitshinweise oder Reisewarnungen des Auswärtigen Amtes hinweggesetzt“[1123] hat. Eine Leistungsversagung ist jedoch nach den Umständen des Einzelfalls zu beurteilen, sodass ein entsprechendes Verhalten nicht zwingend als Versagungsgrund anzusehen ist.[1124] In Betracht kommt zudem ein Ausschluss des Anspruchs nach § 3a Abs. 1 und 2 OEG, sollten der Geschädigte oder seine Hinterbliebenen es grob fahrlässig unterlassen haben, einen nach den Umständen des Einzelfalls gebotenen Versicherungsschutz (etwa eine Risikolebensversicherung) zu begründen. Der Abschluss einer sog. Kidnap & Ransom Versicherung, die auch Köperschäden oder den Tod der versicherten Person abdeckt, kann jedenfalls von Privatpersonen, die sich zu einem privaten Zweck im Ausland aufhalten, nicht verlangt werden; diese Spezialversicherungen richten sich in erster Linie an Unternehmen und internationale (Hilfs-)Organisationen.[1125]

D. Regelmäßig keine staatliche Entschädigung für eine unterlassene oder fehlerhafte Schutzgewähr – Ergebnisse des sechsten Teils

Als Ergebnis des sechsten Teils ist festzustellen, dass die Erfolgsaussichten von Klagen wegen unterlassener oder fehlerhafter Schutzgewähr regelmäßig als gering anzusehen sind. So kommt zwar ein Schadenersatz gem. § 839 BGB i.V.m. Art. 34 S. 1 GG sowie eine Entschädigung nach den Grundsätzen der allgemeinen Aufopferung grundsätzlich in Betracht. Aufgrund der dem Entführungsopfer obliegenden Darlegungs- und Beweislast wird ihm der Nachweis einer Verletzung der Amtspflicht zu einem rechtmäßigen Verhalten bzw. des Eingriffs in eines seiner immateriellen Rechte in Form des grundsätzlich „aufopferungsfähigen“ Anspruchs auf die Gewährung von Auslandsschutz gem. Art. 2 Abs. 2 GG (i.V.m. Art. 1 Abs. 1 S. 2, 25 S. 1 GG) und § 1 Sps. 2 KonsG allerdings kaum gelingen: Der Bundesrepublik Deutschland müsste hier jeweils eine fehlerhafte Ermessensausübung nachgewiesen

---

2. an kriegerischen Auseinandersetzungen in seinem Heimatstaat aktiv beteiligt ist oder war und Anhaltspunkte dafür vorhanden sind, daß die Schädigung hiermit in Zusammenhang steht, es sei denn, er weist nach, daß dies nicht der Fall ist oder
3. in die organisierte Kriminalität verwickelt ist oder war oder einer Organisation, die Gewalttaten begeht, angehört oder angehört hat, es sei denn, er weist nach, daß die Schädigung hiermit nicht in Zusammenhang steht.

(2) Leistungen können versagt werden, wenn der Geschädigte es unterlassen hat, das ihm Mögliche zur Aufklärung des Sachverhalts und zur Verfolgung des Täters beizutragen, insbesondere unverzüglich Anzeige bei einer für die Strafverfolgung zuständigen Behörde zu erstatten.

1123 BT-Drs. 16/12273, zu Nummer 2 (§ 3a), S. 7.

1124 BT-Drs. 16/12273, zu Nummer 2 (§ 3a), S. 7.

1125 Sueddeutsche.de v. 11.05.2010, „Das Geschäft mit der Angst“, im Internet: http://sz.de/1.282123.

werden. Ähnliches gilt aufgrund der Anknüpfung an ein staatliches Unterlassen für die Kausalität von Amtspflichtverletzung und behauptetem Schaden bzw. die Unmittelbarkeit des Eingriffs in ein immaterielles Recht. Gelänge dem Entführungsopfer ein entsprechender Nachweis jedoch, so würde eine Amtshaftung jedenfalls zum einen nicht an § 5 Nr. 2 RBHG scheitern, da der entsprechende Haftungsausschluss heute keine Geltung mehr beanspruchen kann; zum anderen läge auch kein haftungsausschließendes (Mit-)Verschulden des Entführungsopfers gem. § 254 BGB vor.

Vor diesem Hintergrund stellt sich somit die Frage, inwieweit die Ableitung des Anspruchs auf Gewährung von Auslandsschutz aus den Grundrechten gegenüber seiner Herleitung aus der Staatsangehörigkeit tatsächlich praktische Vorteile bietet: Ein entsprechender Nutzen zeigt sich in der dirigistischen Kraft einer Rechtmäßigkeitskontrolle durch die Gerichte, die – selbst wenn eine gerichtliche Geltendmachung des Aufopferungsanspruchs bzw. ein Amtshaftungsprozess in der Regel wenig Aussicht auf Erfolg hat – nicht zu unterschätzen ist; von ihr geht ein „kontrollierender, willkürliches Verhalten ausschließender Effekt“[1126] aus, da den zuständigen Stellen ein erhöhter Begründungsaufwand für den Nachweis einer fehlerfreien Ermessensausübung auferlegt wird.[1127]

Schließlich kommen neben der Amtshaftung und einer Entschädigung nach den Grundsätzen der Aufopferung noch weitere staatliche Hilfen in Betracht. Dies ist zum einen die konsularische Hilfe gem. § 1 Sps. 2 KonsG in Form der Hilfe für Opfer von Gewaltverbrechen. Zum anderen können ein an der Gesundheit geschädigtes Entführungsopfer bzw. bei seinem Tod die Hinterbliebenen eine Entschädigung gem. § 3a OEG beantragen, soweit die dort genannten Voraussetzungen vorliegen.

1126 *E. Klein*, in: G. Ress/T. Stein (Hrsg.), Diplomatischer Schutz im Völker- und Europarecht, 1996, 125 (136).

1127 Ähnlich *E. Klein*, in: G. Ress/T. Stein (Hrsg.), Diplomatischer Schutz im Völker- und Europarecht, 1996, 125 (135 f.).

Siebter Teil: Der Kostenerstattungsanspruch der Bundesrepublik Deutschland

Nachdem in den vorangegangenen Teilen die Herleitung und die Reichweite der staatlichen Schutzpflicht zugunsten im Ausland entführter deutscher Staatsangehöriger sowie des ihr korrespondierenden Schutzanspruchs und eine denkbare staatliche Haftung näher betrachtet wurden, stellt sich nun die abschließende Frage des „finanziellen Nachspiels“ einer erfolgreich beendeten Entführung. Das Thema der Beteiligung des ehemaligen Entführungsopfers an den Kosten seiner Entführung (bestehend aus den Kosten der eigentlichen Befreiung und solchen, die im Anschluss an die Entführung entstehen) ist – insbesondere bei Bestehen einer erhöhten Entführungsgefahr oder einer kritische Sicherheitslage am Reiseziel – wiederholt Gegenstand öffentlicher Diskussionen, in der häufig die „Vollkaskomentalität“[1128] einiger deutscher (Abenteuer-)Urlauber gerügt wird.[1129] Für das ehemalige Entführungsopfer kann sie hingegen, über die physische und psychische Belastung der Entführung hinaus, zu einer erheblichen finanziellen Belastung führen, als sich die im Zusammenhang mit seiner Entführung entstandenen Gesamtkosten nicht selten auf einen Millionenbetrag belaufen.[1130]

Bevor jedoch der rechtliche Rahmen eines entsprechenden Kostenerstattungsanspruchs der Bundesrepublik Deutschland gegen das ehemalige Entführungsopfer näher betrachtet wird, soll vorab ein Überblick über die Praxis des Auswärtigen Amtes hinsichtlich der Beteiligung an den Kosten seiner Entführung gegeben werden.

A. Praxis des Auswärtigen Amtes hinsichtlich der Kostenbeteiligung des ehemaligen Entführungsopfers

Wie aus Zeitungsberichten bekannt wurde, stellte das Auswärtige Amt den im Jahr 2000 auf die philippinische Insel Jolo entführten drei Mitgliedern der Familie Wallert von den geschätzten „einigen hunderttausend“ DM (Entführungs-)Gesamtkosten einen Anteil von insgesamt 12.887 DM (umgerechnet ca. 6590,- €) als „Erstattung von Auslagen“ in Rechnung, von denen rund 5.000 DM auf den Krankenflug von

1128 Sueddeutsche.de v. 17.05.2010, „Die Geiseln und das Geld“, im Internet: http://sz.de/1.451731.

1129 S. WELT v. 19.08.2003, „Haftet der Staat für Extrem-Urlauber?“, im Internet: http://www.welt.de/254040; Der Spiegel 15/2006 v. 10.04.2006, S. 46 „Vollkasko ins Abenteuer“; Sueddeutsche.de v. 17.05.2010, „Die Geiseln und das Geld“, im Internet: http://sz.de/1.451731.

1130 So bezifferte das Auswärtige Amt etwa die Gesamtkosten der Befreiung der „Sahara-Geiseln“ auf 20.000.000 €, vgl. Focus 40/2003 v. 29.09.2003, S. 12 „Der hohe Preis der Freiheit – für jeden“.

Frau Wallert sowie „persönlich zurechenbare" Kosten für Lebensmittel, Medikamente und Kleidung entfielen; nach Ansicht des Auswärtigen Amtes handele es sich um einen „angemessenen" Betrag.[1131] Im Fall der 15 befreiten bzw. freigelassenen deutschen „Sahara-Geiseln"[1132] forderte das Auswärtige Amt jeweils zwischen 1.092,- und 2.301,- € als „bezifferbare Kosten"[1133] für Telekommunikation, Dienstfahrten und die Rückflüge nach Deutschland zurück. Nach Aussage eines Entführungsopfers wurde der an ihn gerichtete Kostenbescheid mit dem Bestehen einer erheblichen öffentlichen und politischen Erwartungshaltung begründet, denn zum einen seien die entführten Reisegruppen trotz erheblicher Sicherheitsbedenken in die Region gereist. Zum anderen sollen sich die Gesamtkosten der Befreiung auf insgesamt rund 20.000.000 € belaufen;[1134] allein die Flugkosten betragen nach offiziellen Angaben 419.422,60 €,[1135] sodass ihr finanzieller Beitrag als rein symbolisch angesehen wird.[1136] Auch der 2005 im Jemen entführte ehemalige Staatsminister im Auswärtigen Amt J. Chrobog und seine Familie mussten im Ganzen 2297,60 € für den Rückflug nach Deutschland zahlen. Dies sei ein Betrag, der dem üblichen Preis für vergleichbare Flugtickets der Lufthansa entspreche.[1137] Zwar sollen sich die Kosten dieses Rückfluges mit einer Challenger-Maschine der Flugbereitschaft des Bundesministeriums der Verteidigung auf rund 14.000 € belaufen. Diese befand sich jedoch ohnehin im Jemen, um Unterhändler, Nachrichtentechnik etc. dorthin

---

1131 Focus 4/2001 v. 22.01.2001, S. 11 „Rechnung an Familie Wallert"; Der Spiegel 15/2006 v. 10.04.2006, S. 46 „Vollkasko ins Abenteuer".

1132 Insgesamt wurden 16 Deutsche im Februar/März 2003 in der algerischen Sahara entführt. Eine Deutsche starb jedoch an den Folgen eines Hitzschlags, s. FAZ.NET v. 16.09.2003, „Obduktion ergibt: Frau starb an Hitzschlag", im Internet: http://www.faz.net/aktuell/gesellschaft/sahara-geiseln-obduktion-ergibt-frau-starb-an-hitzschlag-1119139.html.

1133 VG Berlin, Urt. v. 04.04.2006, Az. 14 A 12.04, Rn. 16 – juris.

1134 Handelsblatt v. 20.10.2003, „Sahara-Geiseln müssen zahlen", im Internet: http://www.handelsblatt.com/panorama/aus-aller-welt/geiselbefreiung-kostete-insgesamt-20-millionen-euro-sahara-geiseln-muessen-zahlen/2280250.html; WELT v. 04.05.2006, „Wer trägt die Kosten?", im Internet: http://www.welt.de/214404. Eine offizielle Reisewarnung bestand zum Zeitpunkt der Entführung im Februar/Mär 2003 nicht. In den Sicherheitshinweisen wurde jedoch auf ein erhöhtes Sicherheitsrisiko für Reisende durch Banden-, Schleuser- und Schmugglerkriminalität an den Grenzen Algeriens zu Niger und Mali aufmerksam gemacht, vgl. WELT v. 19.08.2003, „Haftet der Staat für Extrem-Urlauber?", im Internet: http://www.welt.de/254040.

1135 BT-Drs. 15/1556, S. 3.

1136 Spiegel Online v. 24.10.2003, „Lösegeld von der Versicherung", im Internet: http://www.spiegel.de/reise/aktuell/geiselnahme-loesegeld-von-der-versicherung-a-270689.html. Im Gegensatz dazu musste sich das ebenfalls entführte schweizerische Ehepaar mit je 20.000 Franken beteiligen, *M. Caroni/R. Pedretti/N. Schreiber*, in: M. Caroni u.a. (Hrsg.), FS für P. Richli, 2011, 237 (244 f.).

1137 VG Berlin, Urt. v. 04.04.2006, Az. 14 A 12.04, Rn. 16 – juris.

zu bringen, sodass der Familie Chrobog nicht die gesamten Flugkosten angerechnet werden könnten.[1138]

Im Vergleich zu diesen Fällen stellte das Auswärtige Amt der 2003 in Kolumbien entführten R. Weigel – bei Gesamtkosten i.H.v. ca. 39.000 € – eine wesentlich höhere Summe von 12.640,05 € in Rechnung. Diese entfielen allein auf die individuell zuzuordnenden, anteiligen Charterkosten des Hubschraubers, der sie und ein weiteres spanisches Entführungsopfer vom Übergabeort nach Bogotá brachte.[1139] R. Weigel erhob im Februar 2004 als bisher einziges ehemaliges Entführungsopfer Klage gegen den entsprechenden Kostenbescheid des Auswärtigen Amtes vom 23. Januar 2004, woraufhin dieser durch das VG Berlin aufgehoben wurde. Zur Begründung führte dieses an, dass es an einer entsprechenden Rechtsgrundlage sowohl bezüglich eines Kostenanspruchs als auch hinsichtlich seiner Durchsetzung durch Verwaltungsakt fehle.[1140] Diese Auffassung teilte das OVG Berlin-Brandenburg allerdings nicht und hob das Urteil des VG Berlin auf; darüber hinaus sei der angefochtene Bescheid auch hinsichtlich seiner Höhe rechtlich nicht zu beanstanden.[1141] Das BVerwG bestätigte dieses Urteil im Ergebnis.[1142]

Als einziges bekannteres ehemaliges Entführungsopfer erhielt die 2005 im Irak entführte S. Osthoff keinen Kostenbescheid des Auswärtigen Amtes. Zwar wurde sie nach ihrer Freilassung auf staatliche Kosten zurück nach Deutschland geflogen. Da sie diese Rückführung allerdings nicht begehrt hat und grundsätzlich im Irak verbleiben wollte, seien rückforderbare „individuell zuzuordnende Kosten“[1143] nicht entstanden.[1144]

In den übrigen Entführungsfällen sind keine Informationen über Forderungen des Auswärtigen Amtes gegen ehemalige Entführungsopfer bekannt. Dies gilt insbesondere für den Fall der 2006 im Irak entführten R. Bräunlich und T. Nitzschke, obwohl Politiker noch während der Entführung eine Kostenbeteiligung insbesondere

1138 Der Spiegel 15/2006 v. 10.04.2006, S. 46 „Vollkasko ins Abenteuer“; FAZ v. 29.05.2009, S. 2 „Leipziger Reisewarnung“. Dabei wäre J. Chrobog durchaus bereit gewesen, die Gesamtkosten des Rückflugs zu tragen, vgl. Sueddeutsche.de v. 17.05.2010, „Die Geiseln und das Geld“, im Internet: http://sz.de/1.451731.

1139 VG Berlin, Urt. v. 04.04.2006, Az. 14 A 12.04, Rn. 4 f. – juris; OVG Berlin-Brandenburg, Urt. v. 21.02.2007, Az. 11 B 9.06, Rn. 45 – juris.

1140 VG Berlin, Urt. v. 04.04.2006, Az. 14 A 12.04, Rn. 20 ff. – juris.

1141 OVG Berlin-Brandenburg, Urt. v. 21.02.2007, Az. 11 B 9.06, Rn. 13 ff., 41 ff. – juris, das als Rechtgrundlage für den Kostenbescheid §§ 5 Abs. 5 S. 1, 25 KonsG i.V.m. §§ 7 Abs. 1, 10 ff. AKostG heranzieht.

1142 BVerwG NJW 2009, 2905 (2905 ff.), das – anders als das OVG Berlin-Brandenburg – die Rechtsgrundlage für eine Kostenerstattung allein in § 5 Abs. 5 S. 1 KonsG sieht.

1143 VG Berlin, Urt. v. 04.04.2006, Az. 14 A 12.04, Rn. 16 – juris.

1144 Der Spiegel 15/2006 v. 10.04.2006, S. 46 „Vollkasko ins Abenteuer“; Sueddeutsche.de v. 17.05.2010, „Die Geiseln und das Geld“, im Internet: http://sz.de/1.451731.

ihres Arbeitgebers gefordert hatten, auf dessen Veranlassung sich die beiden Ingenieure im Irak aufhielten.[1145]

Erwähnenswert bleibt an dieser Stelle abschließend, dass den beschriebenen Ausgaben für das ehemalige Entführungsopfer in manchen Fällen auch eigene Einnahmen oder Einnahmen der Familie gegenüber stehen, die aus ihrer Entführungsgeschichte resultieren.[1146] So verkaufte etwa Herr Wallert die „Entführungschronik“ seiner Familie noch im Jahr 2000 an den Stern und erhielt zudem für die Veröffentlichung seines Buches „Horror im Tropenparadies – Tagebuch einer Entführung“ ein Honorar; darüber hinaus „vermarktete“ sein nicht mit auf die Philippinen gereister Sohn die Entführung seiner Eltern und seines Bruders an den Fernsehsender Sat. 1.[1147] In ähnlicher Weise äußerte der Sohn einer der deutschen „Sahara-Geiseln“, er werde Interviews geben – aber „nur gegen Bezahlung“.[1148] R. Weigel wirkte gegen Vergütung an der Veröffentlichung eines Berichts über ihre Entführung im Stern mit,[1149] ebenso wie S. Osthoff, die diesem Magazin ein längeres Interview gab.[1150] Schließlich sind hier das von H. Ickler zusammen mit S. Längsfeld verfasste Buch „Entführt in der Wüste – Tagebuch einer Sahara-Geisel“, das noch im Jahr 2003 veröffentlicht wurde, sowie die

1145 Stern v. 26.01.2006, „Firma der Ingenieure soll zahlen“, im Internet: http://www.stern.de/politik/ausland/entfuehrung-im-irak-firma-der-ingenieure-soll-zahlen-554311.html; Berliner Zeitung v. 27.01.2006, „Keine Spur zu Entführten im Irak“, im Internet: http://www.berliner-zeitung.de/archiv/politiker-fordern-kostenbeteiligung-des-arbeitgebersder-beiden-ingenieure-keine-spur-zu-entfuehrten-im-irak,10810590,10357238.html.

1146 SZ v. 21.08.2003, „Geschäfte mit der Gefangenschaft“, im Internet: http://sz.de/1.683067.

1147 *U. Göres*, DÖV 2008, 622 (622 f. mit Fn. 11); Taz.de v. 20.08.2003, „Neiddebatte um zu Gold gesponnene Gefühle“, im Internet: http://www.taz.de/1/archiv/archiv/?dig=2003/08/20/a0115; WELT v. 23.09.2000, „Familie Wallert soll zur Kasse gebeten werden“, im Internet: http://www.welt.de/534923.

1148 Taz.de v. 20.08.2003, „Neiddebatte um zu Gold gesponnene Gefühle“, im Internet: http://www.taz.de/1/archiv/archiv/?dig=2003/08/20/a0115; SZ v. 21.08.2003, „Geschäfte mit der Gefangenschaft“, im Internet: http://sz.de/1.683067.

1149 Der Bericht wurde unter dem Titel „Entführt“ im Stern v. 06.02.2004 (Heft 7/2004) veröffentlicht und ist im Internet abrufbar unter: http://www.stern.de/politik/deutschland/kolumbien-entfuehrt-519762.html; s. OVG Berlin-Brandenburg, Urt. v. 21.02.2007, Az. 11 B 9.06, Rn. 3 – juris; VG Berlin, Urt. v. 04.04.2006, Az. 14 A 12.04, Rn. 8 – juris; FAZ v. 29.05.2009, S. 2 „Leipziger Reisewarnung“.

1150 Das Interview wurde unter dem Titel „Ich glaube, die Deutschen hassen mich“ im Stern v. 15.01.2006 (Heft 2/2006), S. 24 ff. veröffentlicht und ist im Internet abrufbar unter: http://www.stern.de/politik/deutschland/susanne-osthoff-ich-glaube-die-deutschen-hassen-mich-552671.html; s. auch *U. Göres*, DÖV 2008, 622 (622 f. mit Fn. 10).

Veröffentlichung des Tagebuchs der Entführung von Felix Chrobog in der Zeit Nr. 2/2006 zu nennen.[1151]

B. Rechtlicher Rahmen des Kostenersatzanspruchs der Bundesrepublik Deutschland gegen das ehemalige Entführungsopfer[1152]

Die dargestellte Praxis des Auswärtigen Amtes zeigt, dass ein ehemaliges Entführungsopfer im Regelfall zumindest anteilig die Kosten seiner Entführung tragen muss. Ein entsprechender staatlicher Erstattungsanspruch sowie seine Durchsetzung durch Verwaltungsakt können jedoch nicht – wie die Pflicht der Bundesrepublik Deutschland zum Schutz im Ausland entführter deutscher Staatsangehöriger bzw. der ihr korrespondierende Schutzanspruch – allein auf § 1 Sps. 2 KonsG gestützt werden: Dieser normiert zum einen keine ausdrückliche Kostenregelung. Zum anderen handelt es sich bei § 1 Sps. 2 KonsG um eine allgemeine Aufgabenzuweisungsnorm, die zwar auf der Ebene von Schutzpflicht und Schutzanspruch im Rahmen der Leistungsverwaltung als ausreichend bestimmte Handlungsgrundlage für den Schutz des Entführungsopfers herangezogen werden kann.[1153] Dies gilt allerdings nicht für die Frage der Kostenerstattung, denn ein entsprechender Kostenbescheid

---

1151 ZEIT v. 05.01.2006, „Tagebuch einer Entführung“, im Internet: http://www.zeit.de/2006/02/Tagbuch.

1152 *Exkurs:* Im Ausland entführte schweizerische Staatsangehörige müssen sich grundsätzlich an den Kosten ihrer Befreiung beteiligen. Die Grundlage eines entsprechenden Erstattungsanspruchs der Schweizerischen Eidgenossenschaft findet sich in Art. 2 der Verordnung über die Gebühren der diplomatischen und konsularischen Vertretungen der Schweiz v. 29.11.2006 (SR 191.11). Die Möglichkeit eines Verzichts auf die Gebührenerhebung ergibt sich insbesondere aus Art. 1 Abs. 4, 3 Abs. 2 lit. a der allgemeinen Gebührenverordnung v. 08.09.2004 (SR 172.041.1) i.V.m. Art. 3 Abs. 4 der Verordnung über die Gebühren der diplomatischen und konsularischen Vertretungen der Schweiz. In diesem Zusammenhang sind die individuelle wirtschaftliche Leistungsfähigkeit, der Grund des Auslandsaufenthalts sowie eine Missachtung von Reiswarnungen zu berücksichtigen. Auch eine Stundung, Herabsetzung und ein Erlass kommen im Falle der Bedürftigkeit des Gebührenschuldners oder aus anderen wichtigen Gründen nach Art. 13 der allgemeinen Gebührenverordnung i.V.m. Art. 10 lit. a der Verordnung über die Gebühren der diplomatischen und konsularischen Vertretungen der Schweiz in Betracht, s. hierzu insgesamt *M. Caroni/R. Pedretti/N. Schreiber*, in: M. Caroni u.a. (Hrsg.), FS für P. Richli, 2011, S. 237 ff. *Art. 2 der Verordnung über die Gebühren der diplomatischen und konsularischen Vertretungen der Schweiz v. 29.11.2006. Gebührenpflicht für konsularischen Schutz* lautet:
In Fällen des konsularischen Schutzes entsteht eine Gebührenpflicht beim Tätigwerden der Verwaltungseinheiten im wohlverstandenen Interesse einer Person, auch wenn diese keinen Antrag auf konsularischen Schutz gestellt hat.

1153 S. hierzu bereits im zweiten Teil unter B. III. 2. d.

berührt als belastender Verwaltungsakt die allgemeine Handlungsfreiheit und das Eigentum des ehemaligen Entführungsopfers. Sie bewegt sich somit im Rahmen der Eingriffsverwaltung, sodass aufgrund des in Art. 20 Abs. 3 GG verfassungsrechtlich verankerten allgemeinen Grundsatzes des Vorbehalts des Gesetzes strengere Anforderungen an eine „nach Inhalt, Gegenstand, Zweck und Ausmaß"[1154] hinreichend bestimmte gesetzliche Ermächtigung für die Erhebung eben dieser Kosten durch Verwaltungsakt zu stellen sind.[1155]

Eine entsprechende Ermächtigungsnorm könnte sich zunächst aus dem KonsG i.V.m. dem AKostG[1156] ergeben, das für die Erhebung von Kosten des Auswärtigen Amtes und der Vertretungen des Bundes im Ausland eine gesetzliche Spezialregelung zum VwKostG darstellt.[1157] Letzteres wurde zum 15. August 2013 aufgehoben und durch das BGebG ersetzt,[1158] mit dem eine Modernisierung, Bereinigung und Vereinheitlichung des gesamten Kostenrechts des Bundes angestrebt wurde.[1159] Einer entsprechenden Zielsetzung folgend bezieht das BGebG auch die Auslandskosten in seinen Anwendungsbereich mit ein. Dies gilt allerdings erst nach Auslaufen der in § 23 Abs. 7 und Abs. 8 S. 1 Nr. 2 BGebG[1160] getroffenen Übergangsregelung ab dem 15. August 2018; zu diesem Zeitprunkt tritt das AKostG außer Kraft.[1161]

1154 *H. Maurer*, Allgemeines Verwaltungsrecht, 18. Aufl. 2011, § 6 Rn. 18.

1155 BVerfGE 8, 274 (325) – *Preisgesetz*; E 49, 89 (133 ff.) – *Kalkar I*; E 52, 1 (41) – *Kleingarten*; E 78, 214 (226) – *Unterhaltsleistung ins Ausland*; E 84, 34 (49 f.) – *Gerichtliche Prüfungskontrolle*; *H. Maurer*, Allgemeines Verwaltungsrecht, 18. Aufl. 2011, § 6 Rn. 16 ff.

1156 Das AKostG hat das bis zum 01.01.1980 geltende Gebührengesetz für das Auswärtige Amt und die Auslandsbehörden nebst Tarif v. 08.03.1936 abgelöst. Das AKostG und die AKostV werden am 14.08.2018 gem. Art. 5 Abs. 3 i.V.m. Art. 4 Abs. 43 und 44 des Gesetzes zur Strukturreform des Gebührenrechts des Bundes v. 07.08.2013, BGBl. I, S. 3154, außer Kraft treten.

1157 So lautete *§ 1 Abs. 3 Nr. 1 VwKostG. Anwendungsbereich:*
(3) Dieses Gesetz gilt nicht für die Kosten
1. des Auswärtigen Amtes und der Vertretungen des Bundes im Ausland.

1158 Vgl. Art. 5 Abs. 1 des Gesetzes zur Strukturreform des Gebührenrechts des Bundes.

1159 BT-Drs. 17/10422, S. 78; BR-Drs. 305/12, S. 1.

1160 § 23 Abs. 7 und 8 BGebG lauten: *§ 23 BGebG. Übergangsregelung*
(7) Die §§ 1 bis 22 sowie die Absätze 1 bis 6 gelten nicht für Gebühren und Auslagen des Auswärtigen Amts und der Vertretungen des Bundes im Ausland.
(8) [1]Die Absätze 2 bis 7 finden keine Anwendung
1. [...]
2. für die in Artikel 4 des Gesetzes zur Strukturreform des Gebührenrechts des Bundes vom 7. August 2013 (BGBl. I S. 3154) geänderten Regelungen nach dem 14. August 2018. [...].

1161 Vgl. auch Art. 5 Abs. 3 i.V.m. Art. 4 Abs. 43 des Gesetzes zur Strukturreform des Gebührenrechts des Bundes. Diese lauten: *Artikel 5 Abs. 3. Inkrafttreten, Außerkrafttreten*
(3) Artikel 4 tritt am 14. August 2018 in Kraft.

Im Folgenden muss die Frage nach einem Anspruch der Bundesrepublik Deutschland auf (zumindest anteilige) Erstattung der Kosten einer Entführung gegen das ehemalige Entführungsopfer sowie seine Durchsetzung durch Verwaltungsakt demnach aus zwei Perspektiven betrachtet werden: So ist in einem ersten Schritt die bis zum 14. August 2018 geltende Rechtslage mit einer Kostenerstattung nach den Vorschriften des KonsG i.V.m. dem AKostG zu untersuchen (II.). Dabei wird zum einen erörtert, aus welcher rechtlichen Grundlage sich ein entsprechender Erstattungsanspruch ergeben könnte. Zum anderen ist auf seine Höhe einzugehen, wobei sich insbesondere die im Rahmen der Schutzbedürftigkeit verneinte Frage stellt, ob ein fahrlässiges Verhalten des Entführungsopfers oder der Grund des Auslandsaufenthalts die Anspruchshöhe beeinflussen können; anzusprechen sind hier auch eigene Einnahmen durch die Vermarktung der Entführungsgeschichte. Zu klären ist zudem, ob – wie im Falle der Entführung der Ingenieure R. Bräunlich und T. Nitzschke öffentlich gefordert – nicht nur das ehemalige Entführungsopfer, sondern auch sein Arbeitgeber als möglicher Kostenschuldner herangezogen werden kann. Im Anschluss ist in einem zweiten Schritt die ab dem 15. August 2018 geltende Kostenerstattung nach den Vorschriften des KonsG i.V.m. dem BGebG zu betrachten und zu untersuchen, inwieweit die geänderte Rechtslage auch Änderungen hinsichtlich der Beteiligung des ehemaligen Entführungsopfers an den Kosten seiner Entführung nach sich ziehen wird (III.).

I. Kosten der Entführung: Trennung zwischen Befreiungskosten und Anschlusskosten

Bevor jedoch auf die dargestellten Fragestellungen eingegangen wird, sind zuvor die möglichen Kosten näher zu benennen, die dem Auswärtigen Amt bzw. den jeweils beteiligten Auslandsvertretungen im Zusammenhang mit einem Entführungsfall

---

Artikel 4 Abs. 43. Anpassung an das Bundesgebührengesetz im Zuständigkeitsbereich der übrigen Bundesministerien sowie Änderung von Regelungen für die Gebührenerhebung der Länder
(43) Das Auslandskostengesetz vom 21. Februar 1978 (BGBl. I S. 301), das zuletzt durch Artikel 12 des Gesetzes vom 23. Juli 2013 (BGBl. I S. 2586) geändert worden ist, wird aufgehoben.
Diese fünfjährige Übergangsfrist wurde getroffen, um die „Umsetzung der Strukturreform des Gebührenrechts des Bundes so verwaltungsökonomisch wie möglich zu gestalten, [...] das Auslandskostenrecht, das nach dem bisherigen Recht nicht in den Anwendungsbereich des Verwaltungskostengesetzes fällt, [besteht] in der Übergangszeit bis zur vollständigen Umsetzung der Strukturreform materiell fort [...]. Die Regelungen des Auslandskostenrechts, die mit Abschluss der Strukturreform des Gebührenrechts des Bundes weitgehend durch das Bundesgebührengesetz, zum Teil ergänzt durch das KonsG, abgelöst werden, sind Gegenstand des Artikels 4, der zu einem späteren Zeitpunkt in Kraft tritt", BT-Drs. 17/10422, zu Art. 1 zu § 23 zu Abs. 7 (Übergangsregelung) des Gesetzes zur Strukturreform des Gebührenrechts des Bundes, S. 120.

entstehen (können). Diese variieren zwar im Einzelfall; in jedem Fall ergeben sich jedoch Kosten etwa aus der Errichtung und Arbeit des Krisenstabs mit Sach-, Personal- und Unterbringungs- bzw. Übernachtungskosten sowie eventuell vergüteten Überstunden. Regelmäßig fallen auch Ausgaben für Dienstfahrten und -flüge des Personals, von Sicherheitskräften und Unterhändlern sowie für Telekommunikation an. Abhängig vom Verlauf der Befreiungsverhandlungen mit den Entführern können sich Kosten zudem aus dem Einsatz von Personal- und Sachmitteln für die Bestimmung des Aufenthaltsortes des Entführungsopfers oder gar für eine gewaltsame Befreiungsaktion ergeben (Kosten der Befreiung bzw. Entführungsbeendigung). Ausgaben entstehen zudem regelmäßig daraus, dass das Entführungsopfer *nach* seiner Befreiung mit Lebensmitteln und Kleidung versorgt sowie möglicherweise medizinisch betreut und sicher untergebracht werden muss. Schließlich fallen häufig Kosten für Flüge des Entführungsopfers an, etwa wie im Entführungsfall R. Weigel als Teil seiner Befreiung oder als bloße Rückführung des befreiten Entführungsopfers nach Deutschland (Anschlusskosten).[1162]

Im Gegensatz zu den genannten Ausgaben kann die Betrachtung einer Erstattung eines unter Umständen gezahlten Lösegeldes unterbleiben, obwohl dieses gegebenenfalls einen Großteil der Kosten der Entführung ausmachen wird. So hat die Bundesrepublik Deutschland bislang, unabhängig von Spekulationen in den Medien, in keinem Entführungsfall entsprechende Zahlungen offiziell bestätigt, da andernfalls weitere Entführungen provoziert werden könnten.[1163] Das Auswärtige Amtes wird mögliche Ausgaben für eine Lösegeldzahlung somit in keinem Fall gegenüber einem ehemaligen Entführungsopfer geltend machen.[1164]

1162 S. hierzu *U. Göres*, DÖV 2008, 622 (622 f.); *D. Hanschel*, ZaöRV 66 (2006), 789 (799); *M. Kötter/J. Nolte*, DÖV 2007, 186 (187).

1163 Als einzige Ausnahme ist wohl die Entführung S. Osthoffs anzusehen: Hier wurde über die Zahlung von Lösegeld eingehend in den Medien berichtet, s. nur FAZ.NET v. 22.01.2006, „Bares in Bündeln", im Internet: http://www.faz.net/aktuell/politik/ausland/loesegeld-fuer-osthoff-bares-in-buendeln-1303463.html; ZEIT ONLINE v. 25.01.2006, „Osthoff trug angeblich Lösegeld-Scheine bei sich", im Internet: http://www.zeit.de/online/2006/04/Osthoff; FAZ v. 23.01.2006, S. 38 „Der Fall Osthoff". Dabei sei die Bezeichnung als „Lösegeld" jedoch grundsätzlich falsch; richtigerweise müsste es „Aufwandsentschädigung" heißen, so FAS v. 29.01.2006, „Sie hat keine Fehler gemacht", im Internet: http://www.faz.net/aktuell/politik/ausland/susanne-osthoff-sie-hat-keine-fehler-gemacht-1282185.html.

1164 So die Einschätzung von *D. Hanschel*, ZaöRV 66 (2006), 789 (813); *C. P. Kokew*, Auslandsschutz deutscher Staatsangehöriger bei Entführungen, 2012, S. 275. Anders hingen in der Schweiz: Dort hatte sich das Bundesgericht mit der Frage zu befassen, ob ein unter der Bezeichnung „Kaution" gezahltes Lösegeld von einem ehemaligen schweizerische Entführungsopfer auf Grundlage von Art. 2, 6 Abs. 2 der bis 2002 geltenden Verordnung über die Gebühren der diplomatischen und konsularischen Vertretungen der Schweiz v. 30.01.1985 bzw. Art. 2, 6 Abs. 2 der bis 2007 geltenden Verordnung über die Gebühren der diplomatischen und konsularischen Vertretungen der Schweiz v. 28.01.2004 zurückgefordert werden konnte,

Dabei lassen sich die genannten Kosten, deren Aufzählung aufgrund der Vielgestaltigkeit von Entführungsfällen als nicht abschließend betrachtet werden kann, unterteilen in die Kosten der Befreiungsbemühungen bzw. der eigentlichen Befreiung (etwa die Kosten für die Arbeit des Krisenstabs sowie Dienstfahrten und -flüge) sowie solchen, die im Anschluss an die Befreiung anfallen (beispielsweise Kosten für Versorgungsgüter und Rückführung). Eine solche Unterscheidung wurde zwar in der Vergangenheit in den an die ehemaligen Entführungsopfer gerichteten Kostenbescheiden nicht vorgenommen. Diese Praxis hat jedoch zur Folge, dass es teilweise nicht nachvollziehbar ist, aus welchem Grund die Bundesrepublik Deutschland in den verschiedenen Entführungsfällen jeweils unterschiedliche Kosten in unterschiedlicher Höhe erstattet verlangt hat.[1165] Über diesen Gesichtspunkt einer verbesserten Transparenz hinaus ergibt sich die Notwendigkeit einer Trennung der Kosten der Entführung in Befreiungs- und Anschlusskosten zudem aus der auf der Ebene der staatlichen konsulargesetzlichen Schutzpflicht bzw. des ihr korrespondierenden Schutzanspruchs des Entführungsopfers bereits angesprochenen Unterscheidung von Befreiungs- und Anschlussmaßnahmen zugunsten des Entführungsopfers. Entstehen durch diese Hilfeleistungen Kosten für das Auswärtige Amt bzw. für die beteiligten Auslandsvertretungen, so ist eine entsprechende Trennung auch auf der Ebene der Kostenerstattung zu berücksichtigen.[1166]

II. Kostenerhebung nach den Vorschriften des KonsG und des AKostG

In einem ersten Schritt ist nun die Kostenerstattung an die Bundesrepublik Deutschland auf Grundlage der bis zum 14. August 2018 geltenden Rechtslage zu untersuchen. Ausgehend vom KonsG ist festzustellen, dass dieses im Grundsatz von einer Kostenpflichtigkeit sämtlicher konsularischer Amtshandlungen ausgeht.[1167] Dies ergibt sich speziell für Auslagen im Zusammenhang mit der Hilfe an einzelne aus

s. hierzu Schweizerisches Bundesgericht, Urt. v. 14.08.2000, Az. 2A.212/2000; Schweizerisches Bundesgericht, Urt. v. 10.07.2008, Az. 4A_174/2008 (beide Urteile können über die Suchmaske abgerufen werden unter: http://www.bger.ch/index/juridiction/jurisdiction-inherit-template/jurisdiction-recht/jurisdiction-recht-urteile2000.htm); vgl. auch *M. Caroni/R. Pedretti/N. Schreiber*, in: M. Caroni u.a. (Hrsg.), FS für P. Richli, 2011, S. 237 (251 ff.).

1165 S. *C. P. Kokew*, Auslandsschutz deutscher Staatsangehöriger bei Entführungen, 2012, S. 274 f. mit Fn. 1390.

1166 Vgl. hierzu erneut im zweiten Teil unter B. III. 3. b. Dort wurde herausgearbeitet, dass Hilfeleistungen im Zusammenhang mit der eigentlichen Befreiung stets auf § 1 Sps. 2 KonsG gestützt werden können, während für Hilfeleistungen im Anschluss an die Befreiung – abhängig von den Umständen des konkreten Einzelfalls – entweder § 1 Sps. 2 KonsG oder § 5 KonsG einschlägige Rechtsgrundlage ist.

1167 *K. Hoffmann/H. Glietsch*, Konsularrecht I, § 25 KonsG Anm. 2; *S. Nikolaus*, in: G. Hecker u.a. (Hrsg.), Handbuch der konsularischen Praxis, § 3 K Rn. 1.

§ 5 Abs. 5 S. 1 KonsG, der eine ausdrücklich normierte Erstattungspflicht für Auslagen vorsieht, die einem Konsularbeamten durch Hilfeleistungen nach § 5 Abs. 1 KonsG entstanden sind;[1168] er gilt über § 6 Abs. 2 S. 1 KonsG zudem entsprechend für angefallene Auslagen für Hilfen in Katastrophenfällen i.S.v. § 6 Abs. 1 KonsG.[1169] Im Übrigen sieht § 25 KonsG vor:

> **§ 25. Besondere gesetzliche Regelung**
>
> Für konsularische Amtshandlungen werden Kosten (Gebühren und Auslagen) nach besonderer gesetzlicher Regelung erhoben.

Die eigentliche Kostenerhebung richtet sich demnach grundsätzlich nicht nach dem KonsG, sondern nach dem – speziell für die Auslandskosten geschaffenen – AKostG, dessen Anwendungsbereich § 1 AKostG näher umschreibt:

> **§ 1. Anwendungsbereich**
>
> (1) Für Amtshandlungen nach den §§ 1 bis 17 des Konsulargesetzes vom 11. September 1974 (BGBl. I S. 2317) werden von den Vertretungen des Bundes im Ausland (Auslandsvertretungen) und den Honorarkonsularbeamten Kosten (Gebühren und Auslagen) erhoben.
> (2) Für Amtshandlungen des Auswärtigen Amtes werden ebenfalls Kosten erhoben.
> (3) [...]

Er umfasst die Erhebung von Kosten für Amtshandlungen der Auslandsvertretungen nach den §§ 1 bis 17 KonsG und der Honorarkonsularbeamten (Abs. 1) sowie für Amtshandlungen des Auswärtigen Amtes (Abs. 2), auf die das KonsG keine Anwendung findet. § 1 Abs. 1 AKostG enthält zudem – wie auch § 25 KonsG – eine mit dem allgemeinen Kostenrecht übereinstimmende Legaldefinition des Kostenbegriffs, der Gebühren und Auslagen umfasst.[1170] Das AKostG ist somit gem. § 1 AKostG

1168 S. zu § 5 Abs. 1 KonsG allgemein *K. Hoffmann/H. Glietsch*, Konsularrecht I, § 5 KonsG Anm. 5 ff.; *H. Rausch*, in: G. Hecker u.a. (Hrsg.), Handbuch der konsularischen Praxis, § 3 B Rn. 7. § 5 Abs. 5 KonsG lautet: *§ 5 KonsG. Hilfeleistung an einzelne*
(5) Der Empfänger ist zum Ersatz der Auslagen verpflichtet. Die Ersatzpflicht trifft neben ihm auch seine Verwandten und seinen Ehegatten im Rahmen ihrer Unterhaltspflicht. Die Verpflichtung zum Ersatz geht auf die Erben über. Die Haftung der Erben beschränkt sich auf den Nachlaß.

1169 S. zu § 6 Abs. 2 KonsG allgemein *K. Hoffmann/H. Glietsch*, Konsularrecht I, § 6 KonsG Anm. 2; *H. Rausch*, in: G. Hecker u.a. (Hrsg.), Handbuch der konsularischen Praxis, § 3 B Rn. 8. *§ 6 Abs. 2 KonsG. Hilfe in Katastrophenfällen* lautet:
(2) § 5 Abs. 5 gilt entsprechend. Soweit die Entwicklung der Lage im Konsularbezirk, die persönlichen Verhältnisse des Hilfs- oder Schutzbedürftigen oder sonstige besondere Umstände es erfordern, kann von der Geltendmachung der Ansprüche auf Auslagenersatz abgesehen werden.

1170 Vgl. BT-Drs. 8/176, zu § 1 Entwurf des AKostG, S. 8.

grundsätzlich auf die Erstattung der in Entführungsfällen angefallenen Kosten der Entführung anwendbar. Dies gilt unabhängig von der im Rahmen der Bestimmung der konkreten Anspruchsgrundlage zu klärenden Frage, ob diese der beteiligten Auslandsvertretung oder dem Auswärtigen Amt entstanden sind.

Des Weiteren fallen die (überwiegenden) Kosten der Entführung nicht unter einen der im Gebührenverzeichnis genannten Tatbestände (vgl. § 2 Abs. 1 AKostG i.V.m. § 1 AKostV), sodass es sich bei ihnen nicht um Gebühren, sondern um Auslagen des Auswärtigen Dienstes handelt.[1171] Ihre Erstattung auf Grundlage des AKostG richtet sich, losgelöst von ihrer tatsächlichen Erstattungsfähigkeit nach dem KonsG und dem AKostG, nach § 7 AKostG:

§ 7. Auslagen

(1) Auslagen der Auslandsvertretungen und der Honorarkonsularbeamten, die im Zusammenhang mit den in § 1 Abs. 1 genannten Amtshandlungen entstehen, sind zu erstatten.
(2) Für Amtshandlungen des Auswärtigen Amtes werden folgende Auslagen erhoben:
1. Fernsprechgebühren im Fernverkehr, Telegrafen- und Fernschreibgebühren,
2. Schreibauslagen für Ausfertigungen, Abschriften und Auszüge, die auf besonderen Antrag erteilt werden; [...]
3. Aufwendungen für Übersetzungen, die auf besonderen Antrag gefertigt werden,
4. Kosten, die durch öffentliche Bekanntmachung entstehen, mit Ausnahme der hierbei erwachsenden Postgebühren,
5. [...]
6. die bei Geschäften außerhalb der Dienststelle den Verwaltungsangehörigen auf Grund gesetzlicher oder vertraglicher Bestimmungen gewährten Vergütungen (Reisekostenvergütung, Auslagenersatz) und die Kosten für die Bereitstellung von Räumen,
7. die Beträge, die anderen in- und ausländischen Behörden, öffentlichen Einrichtungen oder Beamten zustehen; und zwar auch dann, wenn aus Gründen der Gegenseitigkeit, der Verwaltungsvereinfachung und dergleichen an die Behörden, Einrichtungen oder Beamten keine Zahlungen zu leisten sind,
8. die Kosten für die Beförderung von Sachen, mit Ausnahme der hierbei erwachsenden Postgebühren, und die Verwahrung von Sachen.
(3) Die Erstattung von Auslagen kann auch verlangt werden, wenn für eine Amtshandlung eine Gebühr nicht vorgesehen ist, Gebührenfreiheit besteht oder von der Gebührenerhebung abgesehen wird.
(4) Auslagen werden nicht erhoben, soweit sie bereits in die Gebühr einbezogen sind.

1171 Die Auslandsvertretungen und die Honorarkonsularbeamten können gem. §§ 1 Abs. 1, 2 Abs. 1 AKostG i.V.m. dem AKostV und der GebV Kosten für gebührenpflichtige Amtshandlungen erheben. Gleiches gilt für das Auswärtige Amt nach §§ 1 Abs. 2, 2 Abs. 1 AKostG i.V.m. der AKostV und dem GebV, vgl. *C. P. Kokew*, Auslandsschutz deutscher Staatsangehöriger bei Entführungen, 2012, S. 280 f. mit Fn. 1421 und S. 278 mit Fn. 1408. So hinsichtlich §§ 7 Abs. 1, 1 Abs. 1 AKostG auch OVG Berlin-Brandenburg, Urt. v. 21.02.2007, Az. 11 B 9.06, Rn. 35 – juris.

§ 1 AKostG entsprechend differenziert § 7 AKostG zwischen Auslagen, die den Auslandsvertretungen und den Honorarkonsularbeamten im Zusammenhang mit konsularischen Amtshandlungen i.S.v. § 1 Abs. 1 AKostG, der auf die §§ 1 bis 17 KonsG verweist, entstanden sind (Abs. 1), und Auslagen des Auswärtigen Amtes (Abs. 2). Während dieses gem. § 7 Abs. 2 AKostG ausschließlich die in den Nr. 1 bis 8 aufgezählten Auslagen erstattet verlangen kann,[1172] sieht § 7 Abs. 1 AKostG einen grundsätzlich unbeschränkten Erstattungsanspruch für Auslagen der Auslandsvertretungen und Honorarkonsularbeamten vor. Zu beachten ist jedoch, dass gem. § 7 Abs. 4 AKostG Auslagen allein dann erhoben werden können, soweit sie nicht bereits in eine Gebühr einbezogen sind. Nach Art. 7 Abs. 3 Alt. 1 AKostG kann eine Auslagenerstattung jedoch auch dann verlangt werden, wenn für Amtshandlungen Gebühren nicht vorgesehen sind. Entsprechendes wird in den vorliegend untersuchten Entführungssachverhalten regelmäßig der Fall sein.

Vor diesem Hintergrund sind im Folgenden verschiedene Grundlagen für die Erstattung der im Rahmen der *Befreiung* entstandenen Auslagen in Entführungsfällen zu diskutieren.

1. *Kein Auslagenerstattungsanspruch aus §§ 7 Abs. 2 i.V.m. 1 Abs. 2 AKostG für bestimmte Amtshandlungen des Auswärtigen Amtes*

Dabei ergibt sich ein entsprechender Auslagenerstattungsanspruch der Bundesrepublik Deutschland jedenfalls nicht aus §§ 7 Abs. 2 Nr. 1 bis 8, 1 Abs. 2 AKostG[1173], denn dieser gilt – ausweislich der gesetzlichen Systematik des AKostG und des (alten) VwKostG sowie der Gesetzesmaterialien zum AKostG[1174] – allein für Amtshandlungen des Auswärtigen Amtes, die unmittelbare Außenwirkung entfalten. Ihre Wirkung außerhalb der Verwaltung kann in der Regel jedoch nur für das Inland

1172 Dieser beschränkte Erstattungsanspruch der Bundesrepublik entsprach weitgehend § 10 Abs. 1 VwKostG, s. BT-Drs. 8/176, zu § 7 Entwurf des AKostG, S. 8 f.

1173 So *U. Göres*, NJW 2004, 1909 (1911 f.); *ders.*, DÖV 2008, 622 (628 ff.), der §§ 7 Abs. 2 i.V.m. 1 Abs. 2 AKostG – aufgrund der fehlenden Anwendbarkeit der §§ 1, 5 und 6 KonsG auf Entführungsfälle – als einzig denkbare Anspruchsgrundlage des AKostG zur Erstattung entstandener Auslagen ansieht und dabei insbesondere auf § 7 Abs. 2 Nr. 1 AKostG (Fernsprechgebühren) und § 7 Abs. 2 Nr. 8 AKostG (Kosten für die Beförderung und Verwahrung von Sachen) verweist; sollte eine umfassendere Beteiligung eines ehemaligen Entführungsopfers jedoch politisch gewünscht sein, seien Änderungen des KonsG notwendig. Dass diese Sichtweise allerdings nicht den einfachgesetzlichen Rahmenbedingungen eines Entführungssachverhalts im Ausland entspricht, wurde bereits im zweiten Teil unter B. III. 2. d. herausgearbeitet und § 1 Sps. 2 KonsG als einschlägige einfachgesetzliche Grundlage für Hilfsmaßnahmen in Entführungsfällen bestätigt.

1174 S. hierzu BT-Drs. 8/176; BT-Drs. 8/1160.

bejaht werden.[1175] Diese Begrenzung des § 7 Abs. 2 AKostG auf die Erstattung von Auslagen, die durch eine „originäre Tätigkeit des Auswärtigen Amtes"[1176] entstanden sind, erschließt sich aus einer Zusammenschau mit § 7 Abs. 1 AKostG und § 10 VwKostG: Mit dem AKostG sollte – in der Tradition des bis 1978 geltenden Gebührengesetzes für das Auswärtige Amt und die Auslandsbehörden nebst Tarif vom 08. März 1936 – ein eigenes Kostenrecht des Auswärtigen Amtes sowie der Auslandsvertretungen und Honorarkonsularbeamten geschaffen werden, auf das das VwKostG nicht anwendbar sein sollte, vgl. § 1 Abs. 3 Nr. 1 VwKostG.[1177] Hintergrund dieser gesetzlichen Spezialregelung war, dass das VwKostG der Vielfältigkeit der im Ausland vorgenommenen kostenverursachenden Amtshandlungen nach Auffassung des Gesetzgebers nicht ausreichend Rechnung trug.[1178] Diese Einschätzung betraf insbesondere angefallene Auslagen, für die in § 10 Abs. 1 VwKostG[1179] lediglich eine beschränkte Erstattungspflicht vorgesehen war und für die im Rahmen des AKostG

1175 OVG Berlin-Brandenburg, Urt. v. 21.02.2007, Az. 11 B 9.06, Rn. 39 – juris; *R. Geiß*, DÖV 2007, 155 (158); *D. Hanschel*, ZaöRV 66 (2006), 789 (810 f.); *C. P. Kokew*, Auslandsschutz deutscher Staatsangehöriger bei Entführungen, 2012, S. 278 f.

1176 *D. Hanschel*, ZaöRV 66 (2006), 789 (811).

1177 BT-Drs. 8/176, S. 1; BT-Drs. 8/1160, S. 1; BVerwG NJW 2009, 2905 (2906); *K. Hoffmann/H. Glietsch*, Konsularrecht I, § 25 KonsG Anm. 4.1; *C. P. Kokew*, Auslandsschutz deutscher Staatsangehöriger bei Entführungen, 2012, S. 279; *S. Nikolaus*, in: G. Hecker u.a. (Hrsg.), Handbuch der konsularischen Praxis, § 3 K Rn. 1.

1178 BT-Drs. 8/176, zu § 7 Entwurf des AKostG, S. 8 f.; BT-Drs. 8/1160, S. 4.

1179 Dieser lautete: *§ 10 VwKostG. Auslagen*
(1) Soweit die Auslagen nicht bereits in die Gebühr einbezogen sind und die Erstattung von Auslagen vorgesehen ist, die im Zusammenhang mit einer Amtshandlung entstehen, werden vom Gebührenschuldner folgende Auslagen erhoben:
1. Fernsprechgebühren im Fernverkehr, Telegrafen- und Fernschreibgebühren,
2. Aufwendungen für weitere Ausfertigungen, Abschriften und Auszüge, die auf besonderen Antrag erteilt werden; [...]
3. Aufwendungen für Übersetzungen, die auf besonderen Antrag gefertigt werden,
4. Kosten, die durch öffentliche Bekanntmachung entstehen, mit Ausnahme der hierbei erwachsenden Postgebühren,
5. die in entsprechender Anwendung des Justizvergütungs- und -entschädigungsgesetzes zu zahlenden Beträge; erhält ein Sachverständiger auf Grund des § 1 Abs. 2 Satz 2 jenes Gesetzes keine Vergütung, so ist der Betrag zu erheben, der ohne diese Vorschrift nach dem Gesetz zu zahlen wäre,
6. die bei Geschäften außerhalb der Dienststelle den Verwaltungsangehörigen auf Grund gesetzlicher oder vertraglicher Bestimmungen gewährten Vergütungen (Reisekostenvergütung, Auslagenersatz) und die Kosten für die Bereitstellung von Räumen,
7. die Beträge, die anderen in- und ausländischen Behörden, öffentlichen Einrichtungen oder Beamten zustehen; und zwar auch dann, wenn aus Gründen der Gegenseitigkeit, der Verwaltungsvereinfachung und dergleichen an die Behörden, Einrichtungen oder Beamten keine Zahlungen zu leisten sind,

in § 7 Abs. 1 AKostG eine uneingeschränkte Erstattungspflicht normiert wurde.[1180] Sie betrifft allerdings nur die auswärtige Verwaltung durch die Auslandsvertretungen und Honorarkonsularbeamten. Nicht erfasst sind hingegen Amtshandlungen des Auswärtigen Amtes, für die in § 7 Abs. 2 Nr. 1 bis 8 AKostG eine gleichfalls nur beschränkte Auslagenerstattungspflicht normiert wurde. Der Gesetzgeber sah in diesem Zusammenhang keinen Anlass, von einer § 10 Abs. 1 VwKostG weitgehend entsprechenden Enumeration erstattungsfähiger Auslagen abzuweichen und hat das Auswärtige Amt im Rahmen der Auslagenerstattung demnach den sonstigen Bundesbehörden im Inland gleichgestellt.[1181] Ausgehend von diesen Erwägungen ist der Begriff „Amtshandlung" in § 7 Abs. 2 AKostG somit sinnvollerweise nicht weiter zufassen als derjenige in § 10 Abs. 1 VwKostG, der hierunter lediglich solche mit unmittelbarer Außenwirkung verstand.[1182]

In Fällen der Entführung deutscher Staatsangehöriger im Ausland wird das Auswärtige Amt hingegen gem. § 3 Abs. 1 KonsG i.V.m. §§ 1 Abs. 4, 2 GAD grundsätzlich über seine Konsulate oder Botschaften tätig – auch wenn die maßgeblichen Entscheidungen in rein tatsächlicher Hinsicht häufig durch den Krisenstab in der Zentrale des Auswärtigen Amtes in Berlin getroffen werden sollten.[1183] Eine entsprechend unterstützende Amtstätigkeit des Auswärtigen Amtes entfaltet somit regelmäßig keine unmittelbare Außenwirkung im Inland, sodass §§ 7 Abs. 2 Nr. 1 bis 8, 1 Abs. 2 AKostG als Grundlage einer Auslagenerstattung ausscheiden.[1184] Die mit der Befreiung eines Entführungsopfers verbundenen Auslagen sind folglich nicht ihm, sondern den beteiligten Auslandsvertretungen zuzurechnen. Dieses Ergebnis

---

8. die Kosten für die Beförderung von Sachen, mit Ausnahme der hierbei erwachsenden Postgebühren, und die Verwahrung von Sachen.

(2) Die Erstattung der in Absatz 1 aufgeführten Auslagen kann auch verlangt werden, wenn für eine Amtshandlung Gebührenfreiheit besteht oder von der Gebührenerhebung abgesehen wird.

1180 BT-Drs. 8/1160, S. 4.

1181 Vgl. *R. Geiß*, DÖV 2007, 155 (158); *C. P. Kokew*, Auslandsschutz deutscher Staatsangehöriger bei Entführungen, 2012, S. 279 f.; angedeutet in BT-Drs. 8/176, zu § 7 Entwurf des AKostG, S. 9.

1182 So OVG Berlin-Brandenburg, Urt. v. 21.02.2007, Az. 11 B 9.06, Rn. 39 – juris; *R. Geiß*, DÖV 2007, 155 (158); so ausdrücklich allerdings betreffend den Begriff der Amtshandlung i.S.d VwKostG M-V, OVG Greifswald, Urt. v. 30.01.2013, Az. 3 L 93/09, Rn. 76 – juris; s. hierzu auch § 3 Abs. 1 BGebG a.E.

1183 S. zum Problem der „konsularischen Aufgabenwahrnehmung bei maßgeblicher Beteiligung des Auswärtigen Amtes" in Entführungsfällen bereits die ausführliche Betrachtung im Rahmen der Prüfung der Anwendbarkeit des KonsG im zweiten Teil unter B. III. 2. a.; vgl. auch BVerwG NJW 2009, 2905 (2906); OVG Berlin-Brandenburg, Urt. v. 21.02.2007, Az. 11 B 9.06, Rn. 39 – juris; *D. Hanschel*, ZaöRV 66 (2006), 789 (811).

1184 So *D. Hanschel*, ZaöRV 66 (2006), 789 (811); *C. P. Kokew*, Auslandsschutz deutscher Staatsangehöriger bei Entführungen, 2012, S. 278 f.; zur Außenwirkung auch *R. Geiß*, DÖV 2007, 155 (158).

bestätigt zudem die durch den Gesetzgeber bei der Schaffung des § 7 Abs. 1 AKostG vorausgesetzte Vielfältigkeit des Tätigkeitsbereichs der deutschen Auslandsvertretungen nach den §§ 1 bis 17 KonsG, der nach § 1 Sps. 2 KonsG auch die konsularische Hilfe in Entführungsfällen einschließt.[1185]

2. *Auslagenerstattungsanspruch für Amtshandlungen der Auslandsvertretungen*

Ein Anspruch der Bundesrepublik Deutschland auf Erstattung der im Zusammenhang mit einer Entführung angefallenen Auslagen könnte sich folglich aus §§ 7 Abs. 1, 1 Abs. 1 AKostG i.V.m. §§ 1 Sps. 2, 25 KonsG bzw. §§ 5 Abs. 5 S. 1, Abs. 1, 25 KonsG ergeben.[1186]

a. *Vorliegen der Anspruchsvoraussetzungen*

Dabei ist zunächst das Vorliegen der Anspruchsvoraussetzungen zu prüfen, wobei sich die Untersuchung an der bereits angesprochenen notwendigen Trennung der Kosten der Entführung in Auslagen für die eigentliche Befreiung (aa.) und solchen, die im Anschluss an die Beendigung der Entführung anfallen (bb.), orientiert.

aa. Auslagen für die eigentliche Befreiung: Erstattungsanspruch aus §§ 7 Abs. 1, 1 Abs. 1 AKostG i.V.m. §§ 1 Sps. 2, 25 KonsG

Die Auslagen der eigentlichen Befreiung könnten über §§ 7 Abs. 1, 1 Abs. 1 AKostG i.V.m. §§ 1 Sps. 2, 25 KonsG ersetzt verlangt werden. Dieser Anspruch der Bundesrepublik Deutschland ist zu bejahen, wenn der in einem Entführungsfall beteiligten deutschen Auslandsvertretung durch Amtshandlungen nach § 1 Sps. 2 KonsG erstattungsfähige Auslagen i.S.v. § 7 Abs. 1 AKostG entstanden sind. Es wurde bereits ausführlich dargelegt, dass Hilfsmaßnahmen in Entführungsfällen grundsätzlich und in jedem Fall aber solche, die der eigentlichen Befreiung des Entführungsopfers dienen, auf § 1 Sps. 2 KonsG zu stützen sind. Eine gem. §§ 7 Abs. 1, 1 Abs. 1 AKostG geforderte Amtshandlung mit Außenwirkung nach den §§ 1 bis 17 KonsG liegt somit vor. Problematisch ist jedoch, ob es sich bei den durch sie verursachten Kosten um Auslagen i.S.v. § 7 Abs. 1 AKostG handelt, denn sie wurden zwar durch

---

1185 *R. Geiß*, DÖV 2007, 155 (158); *C. P. Kokew*, Auslandsschutz deutscher Staatsangehöriger bei Entführungen, 2012, S. 280.

1186 Je nachdem welche Grundlage für die Hilfsmaßnahmen in Entführungsfällen gewählt wurden, werden folgende Rechtsgrundlagen für den Kostenersatz herangezogen: §§ 7 Abs. 1, 1 Abs. 1 AKostG i.V.m. §§ 1 Sps. 2, 25 KonsG, s. *R. Geiß*, DÖV 2007, 155 (156); *F. Hanschmann*, DVBl. 2009, 1481 (1483); §§ 7 Abs. 1, 1 Abs. 1 AKostG i.V.m. §§ 5 Abs. 5 S. 1, 25 KonsG, vgl. OVG Berlin-Brandenburg, Urt. v. 21.02.2007, Az. 11 B 9.06, Rn. 36 – juris; *D. Hanschel*, ZaöRV 66 (2006), 789 (810); §§ 6 Abs. 2 i.V.m. 5 Abs. 5 S. 1 KonsG, s. *M. Kötter/J. Nolte*, DÖV 2007, 186 (194); § 5 Abs. 5 S. 1 KonsG, s. BVerwG NJW 2009, 2905 (2906).

die involvierte Auslandsvertretung für die Befreiungsbemühungen und damit zu einer Hilfe für das Entführungsopfer auf-, diesem im Regelfall aber nicht direkt zugewendet.

(1) Grundsätzlich extensives Verständnis des Auslagenbegriffs in § 7 Abs. 1 AKostG

In diesem Sinne versteht das BVerwG als Auslagen i.S.v. § 7 Abs. 1 AKostG lediglich „die mit der Amtsausübung verbundenen Aufwendungen, nicht aber die unmittelbar zur Behebung der Notlage erbrachten finanziellen Hilfen oder geldwerten Sachleistungen."[1187] Das Gericht begründet diese restriktive Auslegung des Auslagenbegriffs in § 7 Abs. 1 AKostG mit dem Argument, dass dieser „hinsichtlich der §§ 5, 6 KonsG [leerliefe] bzw. die speziellen Erstattungsregelungen in § 5 Abs. 5 S. 1 KonsG und § 6 Abs. 2 S. 1 KonsG [...] überflüssig"[1188] wären, stimmte ihr Auslagenbegriff mit dem des § 7 Abs. 1 AKostG überein. Die dem AKostG und § 5 Abs. 5 S. 1 KonsG jeweils zugrunde zulegenden Auslagenbegriffe müssten sich demnach unterscheiden,[1189] wobei als Auslagen i.S.v. § 5 Abs. 5 S. 1 KonsG „nicht nur die dem Hilfsbedürftigen unmittelbar zugewandten Sach- oder Geldmittel [anzusehen seien], sondern auch diejenigen finanziellen Mittel, die [...] unmittelbar zur Behebung der Notlage bestimmt sind und zu diesem Zweck einem Dritten zugewandt werden"[1190]. Der Auslagenbegriff des § 7 Abs. 1 AKostG könne folglich nur erstere erfassen mit der Folge, dass die Auslagen für die eigentliche Befreiung in Entführungsfällen nicht unter diesen subsumierbar seien.[1191]

1187 BVerwG NJW 2009, 2905 (2906).

1188 BVerwG NJW 2009, 2905 (2906).

1189 BVerwG NJW 2009, 2905 (2906): „Auslagen nach § 5 Abs. 5 S. 1 KonsG sind keine Auslagen im Sinne [des AKostG]". S. zum hierauf aufbauenden Problem der Anwendbarkeit des AKostG auf die Auslagenerstattungspflicht nach § 5 Abs. 1 S. 1 KonsG im siebten Teil unter B. II. 2. a. bb. (2) (a).

1190 BVerwG NJW 2009, 2905 (2906). In Betracht käme auch eine restriktive Auslegung des Auslagenbegriffs in § 5 Abs. 5 S. 1 KonsG: Danach könnten als Auslagen „finanzielle Leistungen [angesehen werden], die dem Hilfsbedürftigen selbst entstehen und ihm mangels eigener Leistungsfähigkeit vom Konsularbeamten unter dem Vorbehalt der Rückzahlbarkeit auf eigenen Antrag hin zugewendet werden". Unter ihn könnten insbesondere die im Zusammenhang mit der Befreiung des Entführungsopfers entstandenen Auslagen der Auslandsvertretung nicht subsumiert werden, sodass § 5 Abs. 5 S. 1 KonsG im Falle einer (vorliegend abgelehnten) Schutzgewähr nach § 5 Abs. 1 KonsG als Erstattungsgrundlage ausscheiden würde. Dem Normzweck des § 5 Abs. 5 S. 1 KonsG würde jedoch allein eine weite Auslegung seines Auslagenbegriffs gerecht, s. hierzu ausführlich *D. Hanschel*, ZaöRV 66 (2006), 789 (811 f.), wobei im Kern dieselben Argumente für sein extensives Verständnis sprechen wie bei § 7 Abs. 1 AKostG.

1191 BVerwG NJW 2009, 2905 (2906).

Diese Argumentation des BVerwG kann jedoch nicht überzeugen: Sie lässt zum einen den in den Gesetzesmaterialien zum AKostG ausdrücklich artikulierten Willen des Gesetzgebers außer Acht, nach dem die allgemeine Erstattungspflicht zugunsten der deutschen Auslandsvertretungen gem. §§ 7 Abs. 1, 1 Abs. 1 AKostG explizit auch Auslagen für konsularische Amtshandlungen einbeziehen soll, die auf Grundlage der §§ 5 bis 7 KonsG ergriffen werden.[1192] Insbesondere die danach erfassten und Entführungsfällen nicht unähnlichen auslagenverursachenden konsularischen Hilfen in Katastrophenfällen nach § 6 Abs. 1 KonsG beschränken sich jedoch nicht auf solche, die dem Hilfeempfänger direkt zugewendet werden. Sie können vielmehr auch in an Dritte geleistete finanzielle oder sachliche Aufwendungen bestehen, die der Behebung oder Linderung einer Notsituation dienen – zu denken ist hier etwa an Ausgleichzahlungen der Auslandsvertretung an eine private Fluggesellschaft, die an einer Evakuierungsaktion von Urlaubern aus einem Katastrophengebiet beteiligt ist.[1193] Der Auslagenbegriff in § 7 Abs. 1 AKostG soll somit sämtliche Auslagen für Amtshandlungen der deutschen Auslandsvertretungen erfassen, die ihnen durch die Gewährung konsularischer Hilfen entstehen; dies gilt unabhängig davon, ob diese ihrem Empfänger direkt zugewendet oder lediglich für diesen aufgewendet werden. Entgegen der Ansicht des BVerwG sind die umfassend zu verstehenden Auslagenbegriffe in § 7 Abs. 1 AKostG und § 5 Abs. 5 S. 1 KonsG somit deckungsgleich. Es erhellt sich folglich nicht, warum in diesem Fall – wie vom BVerwG als fast unwiderlegbar unterstellt – § 7 Abs. 1 AKostG im Hinblick auf die §§ 5 und 6 KonsG leerlaufen und sich hieraus ein restriktives Verständnis seines Auslagenbegriffs ableiten könnte.[1194]

Diese – § 7 Abs. 1 AKostG zugrunde zu legende – weite Auslegung seines Auslagenbegriffs bezieht sich nicht nur auf die angesprochenen, in der Gesetzesbegründung beispielhaft genannten Amtshandlungen nach den §§ 5 bis 7 KonsG. Sie gilt ausweislich des gesetzlichen Verweises in § 7 Abs. 1 AKostG auf § 1 Abs. 1 AKostG für jegliche konsularische Hilfen nach den §§ 1 bis 17 KonsG. Erfasst sind somit auch Auslagen, die im Zusammenhang mit Hilfsmaßnahmen auf Grundlage von § 1 Sps. 2 KonsG und der eigentlichen Befreiung in Entführungsfällen

1192 BT-Drs. 8/176, zu § 7 Entwurf des AKostG, S. 9; BT-Drs. 8/1160, S. 4. Das BVerwG geht zwar in der Urteilsbegründung auf dieses Argument aus den Gesetzesmaterialien ein. Es zieht hieraus allerdings lediglich den Schluss, dass „auch im Zusammenhang mit konsularischen Hilfeleistungen nach den §§ 5 bis 7 KonsG verwaltungsmäßige Auslagen im Sinne des Auslandskostengesetzes anfallen können. § 25 KonsG stellt lediglich klar, dass die Erstattung dieser verwaltungsmäßigen Kosten sich nach dem Auslandskostengesetz richtet“, s. BVerwG NJW 2009, 2905 (2906). Wie es hieraus allerdings eine restriktive Auslegung des Auslagenbegriffs in § 7 Abs. 1 AKostG herleitet werden kann, bleibt offen, so *F. Hanschmann*, DVBl. 2009, 1481 (1485).

1193 Ähnlich auch *C. P. Kokew*, Auslandsschutz deutscher Staatsangehöriger bei Entführungen, 2012, S. 283.

1194 So die Einschätzung von *F. Hanschmann*, DVBl. 2009, 1481 (1485).

entstehen – zumal sich diese in Bezug auf den Umfang der jeweils zu ergreifenden Maßnahmen sowie die Höhe der daraus resultierenden Kosten regelmäßig nicht gravierend von denen für die bereits angesprochenen Hilfsmaßnahmen in Katastrophenfällen nach § 6 Abs. 1 KonsG unterscheiden werden.[1195]

Das extensive Verständnis erstattungsfähiger Auslagen wird zum anderen bestätigt durch das Regelungsziel der §§ 7 Abs. 1, 1 Abs. 1 AKostG, auf der Kostenebene die Vielfältigkeit des Tätigkeitsbereichs der Auslandsvertretungen auf der Ebene von Schutzpflicht und Schutzanspruch – gleichsam spiegelbildlich – abzubilden; dies zeigt sich nicht zuletzt auch in der in Entführungsfällen einschlägigen Generalklausel des § 1 Sps. 2 KonsG.[1196] Aus diesem Grund hat der Gesetzgeber im Rahmen des § 7 Abs. 1 AKostG auf eine § 7 Abs. 2 AKostG und § 10 Abs. 1 VwKostG entsprechende Enumeration der möglichen erstattungsfähigen Auslagearten verzichtet und so den Auslagenbegriff des § 7 Abs. 1 AKostG willentlich unbestimmt gelassen: Es sollte eine Regelung geschaffen werden, die eine grundsätzlich uneingeschränkte Erstattungspflicht von Auslagen vorsieht, die durch Amtshandlungen der Auslandsvertretungen nach den §§ 1 bis 17 KonsG entstanden sind.[1197] Diese

---

1195 Entsprechend *F. Hanschmann*, DVBl. 2009, 1481 (1485).

1196 Hinsichtlich der Spiegelbildlichkeit im Zusammenhang mit der Auslagenerstattung gem. § 5 Abs. 5 S. 1 KonsG, so *D. Hanschel*, ZaöRV 66 (2006), 789 (812). Dabei greift zudem das Argument, der Gesetzgeber habe zum Zeitpunkt der Neuregelung des Auslandskostenrechts durch das AKostG im Jahr 1978 die heutige Bedrohungslage der Entführungen deutscher Staatsangehöriger im Ausland durch nichtstaatliche Gruppierungen nicht in seine Erwägungen einbezogen und daher auch keine diesbezüglichen Erstattungsregelungen vorgesehen, nicht durch, vgl. *C. P. Kokew*, Auslandsschutz deutscher Staatsangehöriger bei Entführungen, 2012, S. 282. Eine vergleichbare Argumentation wurde bereits im Rahmen der Betrachtung der einfachgesetzlichen staatlichen Schutzpflicht abgelehnt, als diese trotz der in den 1970er Jahren rein theoretischen Problemstellung der untersuchten Entführungsfälle gleichwohl unter die Generalklausel des § 1 Sps. 2 KonsG gefasst werden können und eine Schutzpflicht bzw. ein Schutzanspruch somit zu bejahen ist.

1197 *K. Hoffmann/H. Glietsch*, Konsularrecht I, § 25 KonsG Anm. 4.3 zu § 7; *C. P. Kokew*, Auslandsschutz deutscher Staatsangehöriger bei Entführungen, 2012, S. 283. In diesem Sinne heißt es zudem in BT-Drs. 8/176, zu § 7 Entwurf des AKostG, S. 8 f.: „Im Rahmen der auswärtigen Verwaltung [durch die Auslandsvertretungen wird] von einer grundsätzlichen Erstattungspflicht ausgegangen, sofern Auslagen nicht bereits in eine Gebühr einbezogen sind (Abs. 4)." Ihr Korrektiv ist in den später noch zu prüfenden §§ 10, 19 und 2 Abs. 2 AKostG vorgesehen; letzterer ist in den vorliegend untersuchten Entführungsfällen jedoch nicht einschlägig und lautet:
§ 2 Abs. 2 AKostG. Kostenverordnung
(2) In der Rechtsverordnung können auch die Fälle bestimmt werden, in denen Auslagen nicht erhoben werden, weil der mit der Erhebung verbundene Verwaltungsaufwand außer Verhältnis zur Höhe der Auslagen steht.

Zielsetzung würde eine enge Auslegung des Auslagenbegriffs in § 7 Abs. 1 AKostG, die ausschließlich direkt dem Hilfsbedürftigen zugewendeten, nicht aber auch die zur unmittelbaren Behebung einer Notlage an Dritte geleisteten Sach- oder Finanzmittel als Auslagen erfasst, verfehlen. Mit ihr würde die durch den Gesetzgeber angestrebte unbeschränkte Erstattungspflicht zugunsten der Auslandsvertretungen über den Umweg der Frage nach dem „Was" der Erstattung wiederum nicht unerheblich eingeschränkt; sie kann allein durch eine weite Auslegung seines Auslagenbegriffs erreicht werden, die die Vielfältigkeit des Tätigkeitsbereichs der Auslandsvertretungen in angemessener Weise auf die Kostenebene überträgt. Unter das dementsprechend zugrunde zulegende extensive Verständnis der nach § 7 Abs. 1 AKostG erstattungsfähigen Auslagen können somit prinzipiell sämtliche Auslagen gefasst werden, die durch auf § 1 Sps. 2 KonsG gestützte und unmittelbar zur Beendigung der Entführung dienende Hilfsmaßnahmen verursacht werden – auch wenn sie dem Entführungsopfer nicht direkt zugewendet wurden.[1198]

(2) Eingrenzung auf „bezifferbare und individuell zurechenbare Kosten"[1199]

Als Korrektiv[1200] der gefundenen weiten Auslegung des Auslagenbegriffs in § 7 Abs. 1 AKostG grenzt das Auswärtige Amt den Kreis der danach erstattungsfähigen Auslagen auf solche ein, die bezifferbar und dem (ehemaligen) Entführungsopfer individuell zurechenbar sind.[1201] Es sucht – anders als das BVerwG – eine mögliche Einschränkung des § 7 AKostG somit nicht allein in dem Kriterium ihres unmittelbaren Empfängers. Vielmehr stellt die zum einen geforderte Bezifferbarkeit der zu erstattenden Auslagen zwar faktisch eine für jegliche finanzielle Kompensation notwendige Vorbedingung dar. Sie ist in den vorliegend untersuchten Entführungsfällen allerdings besonders hervorzuheben, als sich der hier erforderliche Hilfsaufwand nicht auf einzelne – meist unschwer bezifferbare – konsularische „Standardmaßnahmen" beschränkt. Er umfasst vielmehr eine Vielzahl von (Hilfe-)

Entsprechend sieht die AKostV vor: *§ 3 AKostV. Auslagen*

(1) Auslagen von weniger als 5 Euro werden nur erhoben, wenn der damit verbundene Verwaltungsaufwand gering ist. Eine Pauschalierung ist zulässig.

(2) Auslagen für die Übermittlung fernmündlicher, fernschriftlicher und einfacher schriftlicher Auskünfte oder Mitteilungen von weniger als 10 Euro werden nicht erhoben.

(3) Kosten für Ferngespräche und Fernschreiben in Visaangelegenheiten gelten nicht als Auslagen im Sinne des Absatzes 2.

1198 Eine weite Auslegung des Auslagenbegriffs in § 7 Abs. 1 KonsG befürworten etwa *R. Geiß*, DÖV 2007, 155 (159); *D. Hanschel*, ZaöRV 66 (2006), 789 (812); *C. P. Kokew*, Auslandsschutz deutscher Staatsangehöriger bei Entführungen, 2012, S. 282 f.; *M. Kötter/J. Nolte*, DÖV 2007, 186 (194).

1199 OVG Berlin-Brandenburg, Urt. v. 21.02.2007, Az. 11 B 9.06, Rn. 47 – juris.

1200 So die Einordnung durch *D. Hanschel*, ZaöRV 66 (2006), 789 (813).

1201 OVG Berlin-Brandenburg, Urt. v. 21.02.2007, Az. 11 B 9.06, Rn. 47 – juris; VG Berlin, Urt. v. 04.04.2006, Az. 14 A 12.04, Rn. 16 – juris.

Leistungen, die zusammen mit einem nicht unbedeutenden Einsatz von Personal und Sachmitteln ein komplexes und umfangreiches Bündel von Hilfsmaßnahmen bilden. Die für den konkreten Entführungsfall aufzubringenden Kosten lassen sich demnach im Voraus kaum abschätzen; auch im Nachhinein kann ihre Bezifferbarkeit nicht ohne weiteres unterstellt werden, sondern ist konkret nachzuweisen.

Mit der weitergehenden Forderung nach einer individuellen Zurechenbarkeit der konsularischen Hilfeleistung bzw. der durch sie verursachten Auslagen orientiert sich das Auswärtige Amt zum anderen an der Rechtsprechung des BVerfG, das für die Kostenerhebung allgemein eine „individuell zurechenbare öffentliche Leistung"[1202] voraussetzt.[1203] Sie dient der „Abgrenzung von Hoheitsmaßnahmen, die ausschließlich aus allgemeinen Steuereinnahmen zu finanzieren sind, gegenüber denjenigen, die durch ein besonderes Leistungsverhältnis ausgestaltet sind und deshalb durch Erhebung von Gebühren und Auslagen finanziert werden dürfen"[1204], da der Kostenschuldner der „Leistung näher steht als die Allgemeinheit"[1205]. Die individuelle Zurechenbarkeit bildet demnach (auch) in den vorliegend untersuchten Entführungsfällen die Rechtfertigung dafür, dass die durch konsularische Hilfeleistungen verursachten Auslagen in Gänze oder jedenfalls zum Teil durch das ehemalige Entführungsopfer zu tragen sind, und stellt daher eine sinnvolle Eingrenzung eines grundsätzlich weit zu verstehenden Auslagenbegriffs in § 7 Abs. 1 AKostG dar.[1206]

(3) Erstattungsfähigkeit von Auslagen für die eigentliche Befreiung

Mit Blick auf die vorliegend untersuchte Erstattungsfähigkeit von Auslagen für die eigentliche Befreiung ergibt sich aus den beschriebenen Vorgaben Folgendes: Der weit zu verstehende Auslagenbegriff in § 7 Abs. 1 AKostG erfasst wie § 5 Abs. 5 S. 1 KonsG sämtliche Auslagen der deutschen Auslandsvertretungen, die ihnen durch die Gewährung konsularischer Hilfen in Form von Sach- oder Geldmitteln entstehen – unabhängig davon, ob sie ihrem eigentlichen Empfänger direkt zugewendet oder zu diesem Zweck lediglich für diesen aufgewendet werden.[1207] Hierunter lassen sich zunächst sämtliche Auslagen der beteiligten Auslandsvertretung subsumieren, die ihr im Zusammenhang mit den Befreiungsbemühungen als Amtshandlungen mit Außenwirkung entstanden sind. Hierzu können etwa Auslagen für Evakuierungsflüge, Telekommunikation, Dienstfahrten und -flüge des Personals sowie von Sicherheitskräften oder Unterhändlern sowie die Bestimmung des Aufenthaltsortes des Entführungsopfers oder gar für eine gewaltsame Befreiungsaktion

1202 BVerfGE 50, 217 (226) – *Widerspruchsgebühr.*
1203 BVerfGE 50, 217 (226) – *Widerspruchsgebühr*; E 91, 207 (223 ff.) – *Hafengebühr.*
1204 BT-Drs. 17/10422, zu Art. 1 zu § 3 Abs. 2 (Begriffsbestimmungen) des Gesetzes zur Strukturreform des Gebührenrechts des Bundes, S. 95.
1205 BVerfGE 91, 207 (223) – *Hafengebühr.*
1206 *D. Hanschel*, ZaöRV 66 (2006), 789 (813).
1207 S. hierzu im siebten Teil unter B. II. 2. a. aa. (1).

zählen[1208], soweit sie bzw. die sie verursachten konsularischen Hilfsmaßnahme im konkreten Einzelfall unmittelbar zu der Befreiung des Entführungsopfers und damit der Beendigung der Entführung bestimmt sind.[1209] Die danach prinzipiell erstattungsfähigen Auslagen müssen darüber hinaus konkret bezifferbar[1210] – etwa durch interne Abrechnungsmechanismen oder Ausweis in externen Rechnungen – und dem Entführungsopfer individuell zurechenbar sein. Letzteres ist der Fall, wenn sie bzw. die verursachende konsularische Hilfsmaßnahme im Interesse des Entführungsopfers erbracht wurde, sodass die individuelle Zurechenbarkeit für die im Rahmen einer Entführung erforderlichen Befreiungsbemühungen grundsätzlich unterstellt werden kann.[1211]

Es ist jedoch zu beachten, dass die nach diesen Vorgaben des § 7 Abs. 1 AKostG erstattungsfähigen, bezifferbaren und dem Entführungsopfer individuell zurechenbaren Auslagen im konkreten Entführungsfall stark variieren können, als sie eng mit den Umständen des Einzelfalls und dem Umfang der erforderlichen Befreiungsbemühungen verbunden sind. So musste sich etwa R. Weigel mit 12.640,05 € an den individuell zurechenbaren, anteiligen Charterkosten des Hubschraubers für ihre Befreiung beteiligen, im Gegensatz zum Entführungsfall S. Osthoff, in dem

---

1208 *C. P. Kokew*, Auslandsschutz deutscher Staatsangehöriger bei Entführungen, 2012, S. 283.

1209 Nicht erstattungsfähig sind danach jedenfalls solche Auslagen, die auch ohne den konkreten Entführungsfall entstanden wären, so etwa die die Personalkosten für die Arbeit des Krisenstabs als „Vorhaltekosten“. Ausgenommen seien jedoch eventuell bezahlte Überstunden, s. *C. P. Kokew*, Auslandsschutz deutscher Staatsangehöriger bei Entführungen, 2012, S. 283. Hinsichtlich dieser konkreten Kostenpositionen muss allerdings im Einzelfall geprüft werden, ob sie zum einen durch eine konsularische Hilfsmaßnahme mit Außenwirkung verursacht wurden; sie müssten zum anderen unmittelbar zu einer Befreiung des Entführungsopfers bestimmt, bezifferbar und ihm individuell zurechenbar sein; beides ist im Regelfall allerdings abzulehnen, i.E. ebenso *U. Göres*, NJW 2004, 1909 (1912).

1210 Aus der Erforderlichkeit der Bezifferbarkeit der grundsätzlich erstattungsfähigen Auslagen erklärt sich beispielsweise, dass die Kostenbeteiligung im Fall der 15 befreiten bzw. freigelassenen deutschen „Sahara-Geiseln“ i.H.v. jeweils zwischen 1.092,- und 2.301,- € im Vergleich zu den Gesamtkosten der Befreiung von insgesamt rund 20.000.000 € relativ gering ausfiel, vgl. OVG Berlin-Brandenburg, Urt. v. 21.02.2007, Az. 11 B 9.06, Rn. 16 – juris.

1211 S. zur individuellen Zurechenbarkeit nach dem BGebG die in § 3 Abs. 2 BGebG enthaltenen Begriffsbestimmungen: *§ 3 BGebG. Begriffsbestimmungen*
(2) Individuell zurechenbar ist eine Leistung,
1. die beantragt oder sonst willentlich in Anspruch genommen wird,
2. die zugunsten des von der Leistung Betroffenen erbracht wird,
3. die durch den von der Leistung Betroffenen veranlasst wurde oder
4. [...].

keine erstattungsfähigen, bezifferbaren und ihr individuell zurechenbaren Auslagen entstanden sind.[1212]

(4) Kein Verstoß gegen die Wesentlichkeitstheorie

Diskussionswürdig ist allerdings, ob § 7 Abs. 1 AKostG unter Zugrundelegung eines weiten Verständnisses seines Auslagenbegriffs die bereits angedeuteten strengeren Anforderungen der – aus dem in Art. 20 Abs. 3 GG verfassungsrechtlich verankerten allgemeinen Grundsatz des Vorbehalts des Gesetzes herzuleitenden – Wesentlichkeitstheorie im Hinblick auf die Ermächtigungsnorm im Rahmen der staatlichen Eingriffsverwaltung erfüllt.[1213] Dies ist im Allgemeinen zu bejahen, wenn der Gesetzgeber selbst „Anlass, Zweck und Grenzen des [durch eine Norm veranlassten] Eingriffs hinreichend bereichsspezifisch, präzise und normenklar“[1214] festgelegt hat, wobei als Beurteilungskriterien der Wesentlichkeit die betroffenen Rechtsgüter, der Umfang der Beeinträchtigung, ihre Reversibilität sowie die Anzahl der Betroffenen herangezogen werden können. Die Anforderungen an eine Norm steigen dabei mit der Intensität des durch sie bewirkten Eingriffs; aus einer Gesamtwürdigung der Regelungsmaterie kann sich allerdings auch ihre Reduktion ergeben.[1215]

Speziell mit Blick auf § 7 Abs. 1 AKostG bedeutet dies Folgendes: Ein auf seiner Grundlage ergangener Kostenbescheid führt allein zu einer Beeinträchtigung der durch Art. 2 Abs. 1 GG verbürgten allgemeinen Handlungsfreiheit des im KonsG und im AKostG gesetzlich genannten Kostenschuldners, die zudem im Rahmen eines Verwaltungs- bzw. Gerichtsverfahrens durch Aufhebung des Kostenbescheids beendet und durch die Erstattung eventuell gezahlter Beträge nebst Zinsen vollständig rückgängig gemacht werden kann. Die Auslagenerstattungspflicht des § 7 Abs. 1 AKostG betrifft nach Art. 1 Abs. 1 AKostG darüber hinaus – selbst bei Zugrundelegung eines extensiven Auslagenverständnisses – im Vergleich zu der

1212 S. hierzu auch OVG Berlin-Brandenburg, Urt. v. 21.02.2007, Az. 11 B 9.06, Rn. 16 – juris. Zu nennen ist auch die Entführung der „Sahara-Geiseln“, bei der sich die Kosten der Bundesrepublik Deutschland auf rund 20.000.000 € belaufen sollen, an denen sich die ehemaligen deutschen Entführungsopfer mit „lediglich“ zwischen 1.092 und 2.301 € beteiligen mussten, vgl. Handelsblatt v. 20.10.2003, „Sahara-Geiseln müssen zahlen“, im Internet: http://www.handelsblatt.com/panorama/aus-aller-welt/geiselbefreiung-kostete-insgesamt-20-millionen-euro-sahara-geiseln-muessen-zahlen/2280250.html; WELT v. 04.05.2006, „Wer trägt die Kosten?“, im Internet: http://www.welt.de/214404.

1213 Zur Herleitung der Wesentlichkeitstheorie, vgl. *H. Maurer*, Allgemeines Verwaltungsrecht, 18. Aufl. 2011, § 6 Rn. 10 ff.

1214 BVerfGE 120, 378 (408) – *Automatisierte Kennzeichenerfassung* mit Verweis auf E 100, 313 (359 f., 372) – *Telekommunikationsüberwachung I*; E 110, 33 (53) – *Zollkriminalamt*; E 113, 348 (375) – *Vorbeugende Telekommunikationsüberwachung*; E 118, 168 (186 f.) – *Kontostammdaten*.

1215 Statt vieler *K. Windthorst*, in: C. Gröpl/ders./C. v. Coelln (Hrsg.), Grundgesetz, 2. Aufl. 2015, Art. 20 Rn. 181 ff.

Gesamtzahl nur einen relativ kleinen Teil deutscher Auslandstouristen, die die in den §§ 1 bis 17 KonsG fest umrissenen auslagenpflichtigen konsularischen Hilfeleistungen in Anspruch nehmen.[1216] Die Anforderungen an die Bestimmtheit von § 7 Abs. 1 AKostG sollten daher grundsätzlich nicht überspannt werden. Überdies sind die Eigenarten des Auslandskostenrechts zu berücksichtigen, die jedenfalls hinsichtlich der Auslagenerstattung aufgrund der Vielfältigkeit des Tätigkeitsbereichs der Auslandsvertretungen eine größere Flexibilität erfordert als ein auf das Inland bezogenes Kostenrecht.

Dabei ist bezogen auf die vorliegend untersuchten Entführungsfälle zudem die Besonderheit zu beachten, dass eine konkretere Regelung der Auslagenerstattung die verschiedenen Formen der im Einzelfall geleisteten konsularischen Hilfen (einschließlich einer möglichen Lösegeldzahlung) kategorisieren müsste. Hierdurch erhöhte sich zwar die Normbestimmtheit des § 7 Abs. 1 AKostG; zugleich würden Entführungssachverhalte jedoch zu alltäglichen Fällen herabgestuft, was das staatliche Verhalten in Entführungsfällen berechenbar und die Bundesrepublik Deutschland über den Umweg der Kostenebene erpressbar machen könnte. Dies hätte nicht zuletzt für deutsche Staatsangehörige im Ausland, die in der Zukunft Opfer einer Entführung werden, erhebliche negative Konsequenzen.[1217] Aus diesem Grund ist die Verwendung des unbestimmten und weit zu verstehenden Auslagenbegriffs in § 7 Abs. 1 AKostG durch den Gesetzsetzgeber nicht zuletzt i.S.d. Einzelfallgerechtigkeit gerechtfertigt, zumal das Ziel einer Erkennbarkeit des vom Gesetzgeber Gewollten im Rahmen des Möglichen (noch) erfüllt wird.[1218] Vor diesem Hintergrund ist § 7 Abs. 1 AKostG auch in einer weiten Auslegung seines Auslagenbegriffs als mit der Wesentlichkeitstheorie vereinbar anzusehen.[1219]

bb. Auslagen, die im Anschluss an das Ende einer Entführung entstehen

Nachdem das Vorliegen eines Anspruchs der Bundesrepublik Deutschland auf Erstattung der Auslagen für die eigentliche Befreiung bejaht wurde, ist nun selbiges für die Auslagen zu prüfen, die im Anschluss an das Ende einer Entführung entstehen. In diesem Zusammenhang ist allerdings zu beachten, dass für die sie verursachenden konsularischen Hilfsmaßnahmen prinzipiell sowohl § 1 Sps. 2 KonsG als auch § 5 Abs. 1 KonsG als mögliche alternative Handlungsgrundlagen in Betracht kommen: Im Regelfall sind sie auf § 1 Sps. 2 KonsG zu stützen; in absoluten Ausnahmefällen, in denen sich die Notlage des ehemaligen Entführungsopfers (immer weiter) einer rein wirtschaftlichen Notlage angleicht bzw. sich von dieser nicht

1216 BT-Drs. 8/176, zu § 1 Entwurf des AKostG, S. 8.

1217 *D. Hanschel*, ZaöRV 66 (2006), 789 (812 f.); *C. P. Kokew*, Auslandsschutz deutscher Staatsangehöriger bei Entführungen, 2012, S. 284.

1218 *K. Windthorst*, in: C. Gröpl/ders./C. v. Coelln (Hrsg.), Grundgesetz, 2. Aufl. 2015, Art. 20 Rn. 177 f.

1219 So i.E. auch *D. Hanschel*, ZaöRV 66 (2006), 789 (812 f.); *C. P. Kokew*, Auslandsschutz deutscher Staatsangehöriger bei Entführungen, 2012, S. 284.

(mehr) unterscheidet, findet hingegen § 5 Abs. 1 KonsG Anwendung. Diese bereits im Rahmen der Untersuchung der einfachgesetzlichen Schutzpflicht herausgearbeitete Differenzierung setzt sich auf der Kostenebene fort.[1220]

(1) Auslagen für konsularische Hilfeleistungen gem. § 1 Sps. 2 KonsG: Erstattungsanspruch aus §§ 7 Abs. 1, 1 Abs. 1 AKostG i.V.m. §§ 1 Sps. 2, 25 KonsG

Im Hinblick auf die Erstattung der Auslagen, die im Anschluss an das Ende einer Entführung entstehen, kommt zunächst ein Anspruch der Bundesrepublik Deutschland aus §§ 7 Abs. 1, 1 Abs. 1 AKostG i.V.m. §§ 1 Sps. 2, 25 KonsG in Betracht. Dieser ist anzunehmen, wenn der in einem Entführungsfall beteiligten deutschen Auslandsvertretung durch Amtshandlungen mit Außenwirkung nach § 1 Sps. 2 KonsG erstattungsfähige Auslagen i.S.v. § 7 Abs. 1 AKostG angefallen sind. Dabei wurde bereits dargelegt, dass Hilfsmaßnahmen in Entführungsfällen grundsätzlich und im Regelfall auch solche, die im Anschluss an das Entführungsende gewährt werden, auf § 1 Sps. 2 KonsG zu stützen sind. Ein entsprechender Regelfall liegt vor, wenn zwischen der auslagenverursachenden konsularischen Hilfe und der vorausgehenden eigentlichen Entführungssituation ein Zusammenhang hergestellt werden kann, was – abgesehen von absoluten Ausnahmefällen – grundsätzlich ohne größere Schwierigkeiten möglich sein sollte, und sich das ehemalige Entführungsopfer mangels Kenntnis der örtlichen Begebenheiten nach seiner Befreiung vor Ort nicht frei bewegen kann: So sprechen für das Vorliegen eines solchen gegenseitigen Bezugs beispielsweise ein geringer zeitlicher Abstand zwischen dem Entführungsende und der sich anschließenden Hilfeleistung. Ausschlaggebend ist zudem die fehlende Möglichkeit des ehemaligen Entführungsopfers zu gänzlich freien und selbständigen Entscheidungen bzw. seine faktische Abhängigkeit von der Fürsorge der ihn betreuenden Auslandsvertretung – etwa aufgrund körperlicher und psychischer „Nachwirkungen" der Entführung oder vorhersehbarer Unwirksamkeit potentieller Hilfen in Form rein finanzieller Zuwendungen an das ehemalige Entführungsopfer angesichts fehlender technischer, wirtschaftlicher oder sozialer Infrastruktur an seinem Aufenthaltsort. In diesem Regelfall auslagenverursachender konsularischer Hilfeleistungen nach § 1 Sps. 2 KonsG liegt eine gem. §§ 7 Abs. 1, 1 Abs. 1 AKostG geforderte Amtshandlung nach den §§ 1 bis 17 KonsG vor.

Die im Anschluss an das Entführungsende entstehenden Auslagen fallen zudem unter den Auslagenbegriff des § 7 Abs. 1 AKostG:[1221] Sie werden von der Auslandsvertretung zu einer Hilfe für das Entführungsopfer auf- und diesem mit Blick auf eine Versorgung mit Kleidung, Lebensmitteln und Unterkunft sowie auf eine

1220 S. zur notwendigen Trennung der eigentlichen Befreiungs- und Anschlussmaßnahmen sowie zur nachgehenden Differenzierung hinsichtlich der Handlungsgrundlage im Zusammenhang mit Anschlussmaßnahmen erneut im zweiten Teil unter B. III. 3. b.

1221 S. hierzu bereits im siebten Teil unter B. II. 2. a. aa.

medizinische Betreuung regelmäßig sogar unmittelbar zugewendet, sodass letztere bereits bei einem restriktiven Verständnis des Auslagenbegriffs in § 7 Abs. 1 AKostG erfasst wären. Danach auslagefähig sind zudem entstandene Kosten etwa für eine Rückführung des ehemaligen Entführungsopfers durch die Bundesrepublik Deutschland selbst oder durch ein privates Flugunternehmen. Sämtliche der beispielhaft genannten Kostenpositionen dienen dabei unmittelbar der Behebung der „Notlage" des ehemaligen Entführungsopfers und sind darüber hinaus in der Regel bezifferbar sowie individuell zurechenbar; etwas anderes kann nur dann angenommen werden, wenn eine konsularische Hilfeleistung im Anschluss an das Entführungsende von ihm nicht willentlich in Anspruch genommen wurde, wie beispielsweise die Rückführung von S. Osthoff nach Deutschland, die nach ihrer Freilassung grundsätzlich im Irak verbleiben wollte.[1222]

(2) Auslagen für konsularische Hilfeleistungen gem. § 5 Abs. 1 KonsG

Liegt hingegen ein Regelfall konsularischer Hilfe nach § 1 Sps. 2 KonsG im Anschluss an das Entführungsende nicht vor, so kann ausnahmsweise § 5 Abs. 1 KonsG als entsprechende Handlungsgrundlage herangezogen werden, wobei besonders hinsichtlich der Erstattung entstandener Auslagen § 5 Abs. 5 S. 1 KonsG zu beachten ist. Dieser lautet:

> **§ 5. Hilfeleistung an einzelne**
>
> (1) bis (4) [...]
> (5) Der Empfänger ist zum Ersatz der Auslagen verpflichtet. Die Ersatzpflicht trifft neben ihm auch seine Verwandten und seinen Ehegatten im Rahmen ihrer Unterhaltspflicht. Die Verpflichtung zum Ersatz geht auf die Erben über. Die Haftung der Erben beschränkt sich auf den Nachlaß.
> (6) und (7) [...]

Danach hat der Gesetzgeber für die Hilfe an einzelne eine ausdrückliche Auslagenerstattungspflicht vorgesehen, sodass mit Blick auf die Auslagenerstattungspflicht nach §§ 7 Abs. 1, 1 Abs. 1 AKostG i.V.m. §§ 1 bis 17, 25 KonsG zunächst das rechtliche Verhältnis beider Regelungen zu klären ist (a). Erst im Anschluss an diese Bestimmung der konkret einschlägigen Anspruchsgrundlage kann das Vorliegen der Tatbestandsvoraussetzungen eines Anspruchs der Bundesrepublik Deutschland auf Erstattung der im Anschluss an das Entführungsende entstandenen Auslagen in diesen Ausnahmefällen näher betrachtet werden (b).

(a) Anwendbarkeit der Vorschriften des AKostG

Das BVerwG geht unter Zugrundlegung seines bereits angesprochenen unterschiedlichen Verständnisses der Auslagenbegriffe in § 5 Abs. 5 S. 1 KonsG und § 7

1222 Der Spiegel 15/2006 v. 10.04.2006, S. 46 „Vollkasko ins Abenteuer"; Sueddeutsche.de v. 17.05.2010, „Die Geiseln und das Geld", im Internet: http://sz.de/1.451731.

Abs. 1 AKostG davon aus, dass eine Anwendbarkeit der Vorschriften des AKostG insgesamt und auch der allgemeinen Auslagenerstattungspflicht nach §§ 7 Abs. 1, 1 Abs. 1 AKostG auf den Auslagenersatz nach § 5 Abs. 5 S. 1 KonsG ausgeschlossen sei. Seine speziellen Auslagen könnten nach Ansicht des Gerichts nicht als solche i.S.d. AKostG angesehen werden und seien somit nicht von der Verweisung des § 25 KonsG auf das AKostG erfasst. Dies ergebe sich wiederum aus einem Leerlaufen des § 7 Abs. 1 AKostG hinsichtlich §§ 5 und 6 KonsG bzw. aus einer Überflüssigkeit der besonderen Erstattungsregelung in § 5 Abs. 5 S. 1 KonsG und § 6 Abs. 2 S. 1 KonsG könnten auf ihrer Grundlagen dieselben Auslagen erstattet verlangt werden wie über § 7 Abs. 1 AKostG. § 5 Abs. 5 S. 1 KonsG normiere daher selbst eine spezielle Anspruchsgrundlage für die Erstattung der einer Auslandsvertretung durch Hilfen an einzelne entstandenen Auslagen, auf die die Regelungen des AKostG insgesamt nicht anwendbar seien.[1223]

Vor dem Hintergrund der Untersuchung des extensiven Verständnisses des Auslagenbegriffs in § 7 Abs. 1 AKostG verfängt diese Argumentation allerdings nicht. Dort wurde bereits ein unterschiedliches Verständnis der Auslagenbegriffe in § 5 Abs. 5 S. 1 KonsG und § 7 Abs. 1 AKostG zurückgewiesen und ihre Deckungsgleichheit herausgearbeitet.[1224] Damit wurde der Kernthese des BVerwG, dass Auslagen nach § 5 Abs. 1 KonsG keine Auslagen i.S.d. AKostG seien und daher eine Anwendbarkeit des AKostG auf die Erstattung durch Hilfen an einzelne entstandene Auslagen ausscheide, der Boden entzogen.

Es sprechen freilich noch weitere Argumente zugunsten einer Anwendbarkeit des AKostG in diesen Fällen. Sie ergeben sich zum einen aus Sicht des AKostG aus § 7 Abs. 1 AKostG, der eine allgemeine Auslagenerstattungspflicht zugunsten der Auslandsvertretungen normiert. Hinsichtlich des „Was" der Erstattung verweist er auf die in § 1 Abs. 1 AKostG genannten Amtshandlungen, der seinerseits bestimmt, dass für Amtshandlungen nach den §§ 1 bis 17 KonsG Kosten (Gebühren und Auslagen) erhoben werden; Ausnahmen für die Hilfe an einzelne und die Hilfe in Katastrophenfälle hinsichtlich § 5 Abs. 5 S. 1 KonsG und § 6 Abs. 2 S. 1 KonsG hat der Gesetzgeber nicht vorgesehen.[1225]

Aus Sicht des KonsG kann zum anderen § 25 KonsG[1226] angeführt werden, wonach für konsularische Amtshandlungen Kosten (Gebühren und Auslagen) nach besonderer gesetzlicher Regelung erhoben werden. Auch er nimmt wie § 7

1223 BVerwG NJW 2009, 2905 (2906); im Anschluss daran *C. P. Kokew*, Auslandsschutz deutscher Staatsangehöriger bei Entführungen, 2012, S. 291 f.

1224 S. hierzu im siebten Teil unter B. II. 2. a. aa. (1).

1225 *F. Hanschmann*, DVBl. 2009, 1481 (1485).

1226 Eine vergleichbare Regelung war bereits in *§ 38 KonsG von 1867* enthalten:
Die von den Bundeskonsuln zu erhebenden Gebühren werden durch Bundesgesetz festgestellt. Bis zum Inkrafttreten eines solchen Gesetzes erfolgt die Gebührenerhebung nach einem von dem Bundeskanzler im Einvernehmen mit dem Ausschusse des Bundesrathes für Handel und Verkehr zu erlassenden provisorischen Tarife.

Abs. 1 AKostG und ohne Rücksicht auf §§ 5 Abs. 5 S. 1 und 6 Abs. 2 S. 1 KonsG die im Zusammenhang mit Hilfen gem. §§ 5 Abs. 1 und 6 Abs. 1 KonsG entstandenen Kosten nicht von der Verweisung auf die (das gesamte Auslandskostenrecht betreffende) besondere gesetzliche Regelung des AKostG aus, dessen § 7 AKostG die Auslagenerstattung weiter präzisiert.[1227] Dass dennoch für die Hilfen an einzelne und in Katastrophenfällen eine ausdrückliche Auslagenerstattungspflicht vorgesehen ist, könnte entstehungshistorische Gründe haben: Das Auslandskostenrecht war bis zu seiner Neuregelung durch das AKostG im Jahr 1978 im Gebührengesetz für das Auswärtige Amt und die Auslandsbehörden nebst Tarif vom 08. März 1936 geregelt, das seit langem, besonders jedoch mit Inkrafttreten des neuen KonsG im Jahr 1974, als überholt angesehen wurde.[1228] Zu diesem Zeitpunkt sind auch die eine Erstattung der gewährten Hilfen vorsehende Allgemeine Dienstinstruktion für die Konsuln des Deutschen Reichs vom 06. Juni 1871 bzw. 22. Februar 1873 und die zu § 26 KonsG von 1867 ergangenen Dienstanweisungen außer Kraft getreten,[1229] sodass §§ 5 Abs. 5 S. 1 und 6 Abs. 2 S. 1 KonsG in der Übergangszeit von 1974 bis 1978 die Funktion zugekommen sein könnte, mögliche rechtliche Unklarheiten insbesondere hinsichtlich des Bestehens einer Erstattungspflicht und der Feststellung ihrer öffentlich-rechtlichen Rechtsnatur im Hinblick auf die in der Praxis häufigsten Fälle konsularischer Hilfen zu überwinden. Dieser Zweck könnte unter der Rechtslage nach dem KonsG und dem AKostG zumindest in abgeschwächter Form insofern angenommen werden, als § 5 KonsG zwar zu den Regelungen auf dem Gebiet des Fürsorgerechts zu zählen ist, gewährte Hilfen jedoch anders als bei der Sozialhilfe im In- und Ausland nach dem SGB XII[1230] grundsätzlich erstattungspflichtig sind.

Darüber hinaus würde § 5 Abs. 5 S. 1 KonsG die Auslagenerstattung nur partiell regeln. Er bestimmt zwar den bzw. die Kostenschuldner der Erstattungspflicht und enthält nach Ansicht des BVerwG auch eine Regelung über die Befugnis der Auslandsvertretungen und des Auswärtigen Amtes, vgl. §§ 1 Abs. 2, 3 und 2 GAD,

1227 *F. Hanschmann*, DVBl. 2009, 1481 (1485).

1228 *K. Hoffmann/H. Glietsch*, Konsularrecht I, § 25 KonsG Anm. 1 und 4.1.

1229 § 26 KonsG von 1867 sah als Vorgängerregelung des § 5 KonsG selbst keine Kostenregelung vor. Sie ergab sich jedoch aus der Allgemeinen Dienstinstruktion für die Konsuln des Deutschen Reichs v. 06.06.1871 bzw. 22.02.1873 und den später zu § 26 KonsG von 1867 ergangenen Dienstanweisungen. Bestand danach Aussicht, dass die gegebene Summe wieder eingezogen werden kann, „so hat der Konsul von dem Unterstützten das schriftliche Versprechen unterzeichnen zu lassen, daß er die erhaltene Summe, sobald er dazu imstande sein werde, zurückerstatten wolle", *P. Zorn*, Konsulargesetzgebung des Deutschen Reichs, 1911, S. 30 (81). Die Hilfsgewährung vollzog sich folglich – anders als nach der geltenden Rechtslage – in Form eines Darlehens, vgl. *K. Hoffmann/H. Glietsch*, Konsularrecht I, § 5 KonsG Anm. 5.1.

1230 Bestimmungen über den Kostenersatz des SGB XII finden sich in §§ 102 ff. SGB XII; s. auch die Vorgängerregelungen des §§ 92 bis c BSHG, vgl. hierzu *K. Hoffmann/H. Glietsch*, Konsularrecht I, § 5 KonsG Anm. 5.2.

ihre Forderung durch Kostenbescheid geltend zu machen.[1231] Im Gegensatz zum AKostG sieht er jedoch keine – insbesondere in den vorliegend untersuchten Entführungsfällen bedeutende – rechtliche Möglichkeit einer Einschränkung des Auslagenerstattungsanspruchs der Bundesrepublik Deutschland vor.[1232] Dieser Umstand zeigt sich deutlich in der Entscheidung des BVerwG im Fall R. Weigel: Aufgrund der Ablehnung einer Anwendbarkeit des AKostG konnte das Gericht nach Bejahung der Tatbestandsvoraussetzungen des § 5 Abs. 5 S. 1 KonsG unmittelbar auf eine (recht kurz ausgefallene) Prüfung der Verhältnismäßigkeit der Höhe des auf seiner Grundlage erlassenen Kostenbescheids des Auswärtigen Amtes eingehen.[1233] Dabei stellt es allerdings ähnliche Erwägungen an, die bei der Prüfung einer Kostenermäßigung und -befreiung nach § 10 AKostG[1234] hätten berücksichtigt werden müssen. Die Entscheidung des BVerwG erscheint hinsichtlich der von ihm abgelehnten Anwendbarkeit des AKostG somit in erster Linie durch die Prozess- bzw. Entscheidungsökonomie geleitet. Sie führt in der Sache indes zu keinen grundlegenden Abweichungen von einem nach § 10 AKostG zu findenden Ergebnis, sodass insbesondere mit Blick auf die Rechtssicherheit vieles dafür spricht, diese Prüfung der Höhe des Erstattungsanspruchs im positiven Recht und damit im AKostG zu verorten.[1235]

Bedenkt man schließlich, dass der Gesetzgeber im Zusammenhang mit der in § 5 Abs. 5 S. 1 KonsG normierten Auslagenerstattungspflicht eine Anwendung des AKostG und insbesondere des § 7 Abs. 1 AKostG nicht ausgeschlossen, sondern in der Gesetzesbegründung zu § 7 AKostG sogar explizit auch Hilfeleitungen i.S.d. §§ 5 und 6 KonsG einbezogen hat[1236], so entspricht eine Anwendbarkeit des AKostG und

---

1231 BVerwG NJW 2009, 2905 (2906); anders allerdings OVG Berlin-Brandenburg, Urt. v. 21.02.2007, Az. 11 B 9.06, Rn. 35 – juris.

1232 Es fehlen zudem etwa Regelungen über die Fälligkeit und die Verjährung des Erstattungsanspruchs, die in §§ 17 und 20 AKostG normiert wurden; auch der Zeitpunkt der Entstehung der Kostenschuld und der Kostengläubiger sind nicht ausdrücklich bestimmt, vgl. aber §§ 11 f. AKostG.

1233 BVerwG NJW 2009, 2905 (2906 f.).

1234 Dieser lautet: *§ 10 AKostG. Kostenermäßigung und -befreiung*
(1) Befindet sich der Kostenschuldner in einer wirtschaftlichen Notlage oder stellen die Kosten für eine wegen einer Notlage erforderlich gewordenen Amtshandlung eine besondere Härte dar, können der Bundesminister des Auswärtigen, die Leiter der Auslandsvertretungen und die Honorarkonsularbeamten nach Lage des Einzelfalls von der Erhebung der Kosten ganz oder teilweise absehen.
(2) Soweit es zur Wahrung außenpolitischer oder sonstiger erheblicher Belange der Bundesrepublik Deutschland erforderlich ist, kann der Bundesminister des Auswärtigen über die Fälle des Absatzes 1 hinaus von der Erhebung der Kosten ganz oder teilweise absehen.
(3) Anderweitige gesetzliche Vorschriften, die eine Kostenermäßigung oder -befreiung vorsehen, bleiben unberührt.

1235 *F. Hanschmann*, DVBl. 2009, 1481 (1483 und 1485).

1236 BT-Drs. 8/176, zu § 7 Entwurf des AKostG, S. 9.

damit eine Erstattung der in diesem Kontext entstandenen Auslagen auf Grundlage von §§ 7 Abs. 1, 1 Abs. 1 AKostG dem gesetzgeberischen Willen und ist damit vorzugswürdig.[1237] Im Ergebnis kommt § 5 Abs. 5 S. 1 KonsG daher grundsätzlich eine rein deklaratorische Wirkung zu, wobei § 5 Abs. 5 S. 2 und 3 KonsG eine gesetzliche Haftungsregelung enthalten, die im Rahmen der Untersuchung des Kostenschuldners gem. § 13 Abs. 1 Nr. 3 AKostG Bedeutung erlangt.[1238]

(b) Vorliegen der Voraussetzungen eines Auslagenerstattungsanspruchs nach §§ 7 Abs. 1, 1 Abs. 1 AKostG i.V.m. §§ 5 Abs. 5 S. 1, Abs. 1, 25 KonsG

Die Voraussetzungen des Anspruchs der Bundesrepublik Deutschland auf Auslagenerstattung gem. §§ 7 Abs. 1, 1 Abs. 1 AKostG i.V.m. §§ 5 Abs. 5 S. 1, Abs. 1, 25 KonsG sind erfüllt, wenn der in einem Entführungsfall beteiligten deutschen Auslandsvertretung durch Amtshandlungen mit Außenwirkung nach § 5 Abs. 1 KonsG im Anschluss an das Ende der Entführung erstattungsfähige Auslagen i.S.v. § 7 Abs. 1 AKostG entstanden sind. Es wurde bereits ausgeführt, dass Hilfsmaßnahmen im Anschluss an das Entführungsende in Entführungsfällen im Ausnahmefall auf § 5 Abs. 1 KonsG gestützt werden können.[1239] Ein solcher Ausnahmefall liegt vor, wenn zwischen der auslagenverursachenden konsularischen Hilfe und der vorausgehenden eigentlichen Entführungssituation keinerlei Zusammenhang hergestellt werden und sich das ehemalige Entführungsopfer aufgrund guter Kenntnissen der örtlichen Begebenheiten frei bewegen kann. Gegen das Vorliegen eines gegenseitigen Bezugs spricht zudem etwa ein größerer zeitlicher Abstand zwischen dem Entführungsende und der sich anschließenden Hilfeleistung, die Möglichkeit des ehemaligen Entführungsopfers zu gänzlich freien und selbständigen Entscheidungen bzw. seine faktische Unabhängigkeit von der Fürsorge der ihn betreuenden Auslandsvertretung sowie der Umstand, dass die Zuwendung finanzieller Hilfen die Notlage des ehemaligen Entführungsopfers angesichts vorhandener technischer, wirtschaftlicher oder sozialer Infrastruktur an seinem Aufenthaltsort wirksam beheben kann. In diesem Ausnahmefall auslagenverursachender konsularischer Hilfeleistungen nach § 5 Abs. 1 KonsG liegt eine gem. §§ 7 Abs. 1, 1 Abs. 1 AKostG geforderte Amtshandlung nach den §§ 1 bis 17 KonsG vor.

Wie bereits in Bezug auf § 1 Sps. 2 KonsG festgestellt wurde, fallen die durch Hilfen nach § 5 Abs. 1 KonsG im Anschluss an das Entführungsende entstehenden Auslagen, etwa für eine Versorgung mit Kleidung, Lebensmitteln und Unterkunft, für eine medizinische Betreuung und Rückführung des ehemaligen Entführungsopfers

---

1237 I.E. so auch *R. Geiß*, DÖV 2007, 155 (156 mit Fn. 7); *F. Hanschmann*, DVBl. 2009, 1481 (1485).

1238 *K. Hoffmann/H. Glietsch*, Konsularrecht I, § 6 KonsG Anm. 5.5 f.; *H. Kettering*, in: G. Hecker u.a. (Hrsg.), Handbuch der konsularischen Praxis, § 8 A Rn. 27; *H. Rausch*, in: G. Hecker u.a. (Hrsg.), Handbuch der konsularischen Praxis, § 3 B Rn. 7.

1239 Vgl. hierzu im zweiten Teil unter B. III. 3. b.

zudem unter den extensiv auszulegenden Auslagenbegriff nach § 7 Abs. 1 AKostG, der mit dem des § 5 Abs. 5 S. 1 KonsG deckungsgleich ist; sämtliche der bespielhaft erwähnten Kostenpositionen dienen unmittelbar der Behebung der „Notlage“ des ehemaligen Entführungsopfers und können darüber hinaus regelmäßig beziffert sowie ihm individuell zugerechnet werden.[1240]

cc. Kein Kostenersatz aufgrund anderer öffentlich-rechtlicher Rechtsinstitute

Die Voraussetzungen eines Anspruchs der Bundesrepublik Deutschland auf Erstattung der im Zusammenhang mit der eigentlichen Entführung und im Anschluss an das Entführungsende entstandenen Auslagen nach §§ 7 Abs. 1, 1 Abs. 1 AKostG i.V.m. §§ 1 Sps. 2, 25 KonsG bzw. §§ 7 Abs. 1, 1 Abs. 1 AKostG i.V.m. §§ 5 Abs. 5 S. 1, Abs. 1, 25 KonsG liegen vor.[1241]

(1) Kein Rückgriff auf eine öffentlich-rechtliche Geschäftsführung ohne Auftrag

Für einen in der Literatur[1242] vorgeschlagenen Rückgriff auf einen Aufwendungsersatz nach den Grundsätzen der öffentlich-rechtlichen Geschäftsführung ohne Auftrag gem. §§ 670, 683 S. 1, 670 BGB (analog) bleibt kein Raum.[1243] Dieser käme ausschließlich dann in Betracht, wenn die Kostenfrage weder durch das KonsG selbst bzw. durch einen Verweis auf eine entsprechende Regelung beantwortet werden würde, vgl. § 3 KonsG, oder das KonsG auf Entführungsfälle nicht anwendbar wäre; beides ist vorliegend jedoch nicht der Fall.[1244] Doch selbst, wenn in

---

1240 S. hierzu im siebten Teil unter B. II. 2. a. aa. (1) und (2).

1241 Aus diesem Grund müssen auch Grundlagen eines Erstattungsanspruchs ausscheiden, die sich aus einer Analogie herleiten, etwa §§ 7 Abs. 1, 1 Abs. 1 AKostG i.V.m. § 5 KonsG analog bzw. § 6 KonsG analog, vgl. hierzu VG Berlin, Urt. v. 04.04.2006, Az. 14 A 12.04, Rn. 44 – juris; *R. Geiß*, DÖV 2007, 155 (159 f.).

1242 *P. Dahm*, NVwZ 2005, 172 ff.; *R. Geiß*, DÖV 2007, 155 (160); *U. Göres*, DÖV 2008, 622 (629); *D. Hanschel*, ZaöRV 66 (2006), 789 (811 f.); *C. P. Kokew*, Auslandsschutz deutscher Staatsangehöriger bei Entführungen, 2012, S. 301 ff.; *M. Kötter/J. Nolte*, DÖV 2007, 186 (194), wobei teilweise eine Anwendbarkeit des KonsG in Entführungssachverhalten abgelehnt wurde; offengelassen in VG Berlin, Urt. v. 04.04.2006, Az. 14 A 12.04, Rn. 47 – juris.

1243 Das im bürgerlichen Recht normierte Rechtsinstitut der Geschäftsführung ohne Auftrag kann vorliegend nicht direkt angewendet werden, denn die Bundesrepublik Deutschland wird durch die beteiligte Auslandsvertretung in Entführungsfällen nicht privatrechtlich, sondern hoheitlich tätig, vgl. *D. Hanschel*, ZaöRV 66 (2006), 789 (811); *C. P. Kokew*, Auslandsschutz deutscher Staatsangehöriger bei Entführungen, 2012, S. 301; offengelassen in VG Berlin, Urt. v. 04.04.2006, Az. 14 A 12.04, Rn. 47 – juris.

1244 *R. Geiß*, DÖV 2007, 155 (160); implizit *D. Hanschel*, ZaöRV 66 (2006), 789 (811); *C. P. Kokew*, Auslandsschutz deutscher Staatsangehöriger bei Entführungen, 2012, S. 293.

Entführungsfällen die Anspruchsvoraussetzungen des §§ 7 Abs. 1, 1 Abs. 1 AKostG i.V.m. §§ 1 Sps. 2, 25 KonsG bzw. §§ 7 Abs. 1, 1 Abs. 1 AKostG i.V.m. §§ 5 Abs. 5 S. 1, Abs. 1, 25 KonsG nicht erfüllt wären und somit eine Kostenerstattung nach dem AKostG scheitern würde, könnte diesbezüglich nicht auf die Geschäftsführung ohne Auftrag zurückgegriffen werden: So ist zwar die Voraussetzung der Besorgung eines für den Geschäftsführer (auch) fremden Geschäfts mit Fremdgeschäftsführungswillen vorliegend regelmäßig erfüllt; die getroffenen Befreiungs- und Anschlussmaßnahmen entsprechen darüber hinaus dem Interesse, jedenfalls aber dem wirklichen oder mutmaßlichem Willen des (ehemaligen) Entführungsopfers, vgl. § 683 S. 1 BGB (analog).[1245] Dabei müsste die beteiligte Auslandsvertretung jedoch ohne Auftrag oder sonstige Berechtigung gehandelt haben, d.h. sie dürfte ihr Handeln nicht auf eine gesetzliche Grundlage stützen können.[1246] Diese Voraussetzung ist in den untersuchten Entführungsfällen allerdings nicht erfüllt, denn sowohl die im Zusammenhang mit der Befreiung als auch die nach dem Entführungsende durch die Auslandsvertretung gewährten Hilfen finden ihre Grundlage in § 1 Sps. 2 KonsG bzw. in absoluten Ausnahmefällen in § 5 Abs. 1 KonsG. Sie handelt daher mit Geschäftsführungsberechtigung, sodass ein Anspruch der Bundesrepublik Deutschland auf Aufwendungsersatz gem. § 3 KonsG i.V.m. §§ 683 S. 1, 670 BGB (analog) ausgeschlossen ist.[1247]

1245 *R. Geiß*, DÖV 2007, 155 (160); *D. Hanschel*, ZaöRV 66 (2006), 789 (811); *C. P. Kokew*, Auslandsschutz deutscher Staatsangehöriger bei Entführungen, 2012, S. 293. Zum weiten Begriff der Geschäftsführung, vgl. etwa BGHZ 38, 270 (275). Ausführlich zur Anwendbarkeit des deutschen Rechts sowie zu Zulässigkeit und Voraussetzungen der öffentlich-rechtlichen Geschäftsführung ohne Auftrag gem. (§ 3 KonsG i.V.m.) §§ 683 S. 1, 670 BGB (analog), s. *P. Dahm*, NVwZ 2005, 172 ff.; *C. P. Kokew*, Auslandsschutz deutscher Staatsangehöriger bei Entführungen, 2012, S. 293 f. und 301 ff.; i.E. jedoch ablehnend *R. Geiß*, DÖV 2007, 155 (160).

1246 *R. Geiß*, DÖV 2007, 155 (160); *U. Göres*, DÖV 2008, 622 (629); *H. Maurer*, Allgemeines Verwaltungsrecht, 18. Aufl. 2011, § 29 Rn. 11; *F.-J. Peine*, Allgemeines Verwaltungsrecht, 11. Aufl. 2014, Rn. 1054 ff.; bereits die Fremdheit des Geschäfts wird häufig offengelassen, vgl. etwa BGHZ 156, 394 (397 f.).

1247 *R. Geiß*, DÖV 2007, 155 (160); *U. Göres*, DÖV 2008, 622 (629) bezüglich des verfassungsrechtlichen Schutzauftrags; *C. P. Kokew*, Auslandsschutz deutscher Staatsangehöriger bei Entführungen, 2012, S. 293 f. Dass § 1 Sps. 2 KonsG lediglich eine Aufgabenzuweisungsnorm darstellt, wäre für das Bestehen einer Geschäftsführungsberechtigung der Auslandsvertretung unerheblich, i.E. ebenso *C. P. Kokew*, Auslandsschutz deutscher Staatsangehöriger bei Entführungen, 2012, S. 294. Anders in Bezug auf die grundrechtliche Schutzpflicht aus Art. 2 Abs. 2 S. 1 GG (i.V.m. Art. 1 Abs. 1 S. 2, 25 S. 1 GG) als verfassungsrechtlicher Schutzauftrag hingegen, *P. Dahm*, NVwZ 2005, 172 (173 f.), der davon ausgeht, dass das KonsG und insbesondere § 1 Sps. 2 KonsG als Handlungsgrundlage in Entführungsfällen nicht anwendbar seien. Der verfassungsrechtliche Schutzauftrag begründe zwar als lediglich nach „innen wirkende“ Aufgabenzuweisung eine Verpflichtung der Exekutive, auch ohne konkrete einfachgesetzliche Ermächtigungsgrundlage im

(2) Keine Rückforderung aufgrund eines öffentlich-rechtlichen Erstattungsanspruchs

Ähnliches gilt für einen Kostenersatz der Bundesrepublik Deutschland auf Grundlage des öffentlich-rechtlichen Erstattungsanspruchs, der als eigenständiges Rechtsinstitut des Öffentlichen Rechts anerkannt ist. Er leitet sich aus dem Grundsatz der Gesetzmäßigkeit der Verwaltung ab, vgl. Art. 20 Abs. 3 GG, und ist danach auf die Rückgängigmachung einer nicht (mehr) der materiell-rechtlichen Rechtslage entsprechenden und damit rechtsgrundlosen Vermögensverschiebung gerichtet.[1248] Diese Voraussetzungen liegen in den vorliegend untersuchten Entführungssachverhalten allerdings nicht vor: So können die der Auslandsvertretung im Zusammenhang mit der Befreiung und im Anschluss an das Entführungsende entstandenen Auslagen zwar durchaus als Vermögensverschiebung zugunsten des (ehemaligen) Entführungsopfers angesehen werden. Sie bzw. die sie verursachenden konsularischen Hilfsmaßnahmen erfolgen indes nicht ohne Rechtsgrund, sondern sind auf § 1 Sps. 2 KonsG bzw. § 5 Abs. 1 KonsG zu stützen, sodass ein entsprechender Kostenersatz über den öffentlich-rechtlichen Erstattungsanspruch ausscheidet.[1249]

Ausland entführten deutschen Staatsangehörigen Schutz zu gewähren. Er konstruiere jedoch keine nach „außen wirkende behördliche Einsatzermächtigungen und damit Berechtigungen i.S. von § 677 BGB“, denn die grundrechtliche Schutzpflicht aus Art. 2 Abs. 2 S. 1 GG richte sich aufgrund des in Art. 20 Abs. 1 GG verankerten Demokratieprinzips zunächst an die Legislative. Sollte sie die ihr obliegende „positive Gestaltungsaufgabe“ nicht erfüllen, so handele die Exekutive mangels einfachgesetzlicher Ermächtigung und trotz Vorliegens eines verfassungsrechtliches Schutzauftrags ohne Geschäftsführungsberechtigung i.S.d. Geschäftsführung ohne Auftrag; ähnlich *M. Kötter/J. Nolte*, DÖV 2007, 186 (194). Dabei wird allerdings übersehen, dass in rechtmäßiger Weise auf der Ebene von Schutzpflicht und Schutzanspruch im Rahmen der Leistungsverwaltung – anders als bei der Eingriffsverwaltung – eine Aufgabenzuweisung als Handlungsgrundlage für den Schutz des Entführungsopfers herangezogen werden kann; weshalb daher allein eine Befugnisnorm einen Auftrag i.S.v. § 677 BGB begründen könne, bleibt offen. I.E. würde dieser Ansatz zudem den Vorbehalt des Gesetzes, Art. 20 Abs. 3 GG, umgehen: Die Kostenfrage bewegt sich im Rahmen der Eingriffsverwaltung, sodass eine nach Inhalt, Gegenstand, Zweck und Ausmaß hinreichend bestimmte gesetzliche Ermächtigung für eine Kostenerhebung durch die Exekutive erforderlich ist. Wurde eine solche durch die Legislative nicht geschaffen, so dürfen die genannten Anforderungen nicht durch einen Rückgriff auf die öffentlich-rechtliche Geschäftsführung ohne Auftrag unterlaufen werden, als hierdurch eine allgemeine Kostenersatzpflicht begründet würde, s. zu dieser Kritik *R. Geiß*, DÖV 2007, 155 (160); *U. Göres*, DÖV 2008, 622 (629); *C. P. Kokew*, Auslandsschutz deutscher Staatsangehöriger bei Entführungen, 2012, S. 306 f.

1248 Statt vieler *U. Göres*, DÖV 2008, 622 (629); *H. Maurer*, Allgemeines Verwaltungsrecht, 18. Aufl. 2011, § 29 Rn. 20 ff.

1249 *U. Göres*, DÖV 2008, 622 (629).

b. *Höhe des Auslagenerstattungsanspruchs der Bundesrepublik Deutschland und dessen Einschränkungsmöglichkeiten*

Das ehemalige Entführungsopfer muss die im Zusammenhang mit seiner Entführung entstandenen Auslagen der beteiligten Auslandsvertretung i.S.v. § 7 Abs. 1 AKostG grundsätzlich in voller Höhe erstatten, wobei weder § 25 KonsG, § 5 Abs. 5 KonsG noch §§ 7 Abs. 1, 1 Abs. 1 AKostG ein Entschließungsermessen der Auslandsvertretung bzw. des Auswärtigen Amtes hinsichtlich der Geltendmachung dieser Auslagen vorsehen.[1250] Eine unbegrenzte Erstattungspflicht dieses Gesamtbetrags kann jedoch im Einzelfall die finanzielle Leistungsfähigkeit des ehemaligen Entführungsopfers (deutlich) übersteigen und es damit in seiner wirtschaftlichen Existenz bedrohen.[1251]

Über diese sozialstaatliche Problemstellung hinaus haben die Gesamtumstände des einzelnen Entführungsfalls bislang weder im Rahmen der staatlichen Schutzverpflichtung sowie des Schutzanspruchs des Einzelnen noch bei einer grundsätzlich möglichen staatlichen Haftung oder bei der Entstehung des Auslagenerstattungsanspruchs der Bundesrepublik Deutschland auf der Kostenebene Berücksichtigung gefunden. Gerade im Rahmen der Kostenerstattung erschiene es allerdings unbillig, sollte ihnen keinerlei Einfluss auf die Anspruchshöhe zukommen: Im Ergebnis würde damit beispielsweise die Entführung eines deutschen Entwicklungshelfers der eines bloßen Abenteuertouristen im Ergebnis gänzlich gleichgestellt, sodass sich die weitere Frage stellt, ob und inwieweit insbesondere die (wiederholte) Missachtung von Reisewarnungen und Sicherheitshinweisen des Auswärtigen Amtes durch das ehemalige Entführungsopfer oder der Grund des Auslandsaufenthalts an dieser Stelle an Bedeutung gewinnen können.

aa. Begrenzung der Kostenbeteiligung durch Kostenermäßigung und -befreiung, § 10 AKostG

Ein erster gesetzlicher Anknüpfungspunkt zur Beantwortung dieser Fragestellungen ergibt sich aus § 10 AKostG. Dieser lautet insgesamt:

> **§ 10. Kostenermäßigung und -befreiung**
>
> (1) Befindet sich der Kostenschuldner in einer wirtschaftlichen Notlage oder stellen die Kosten für eine wegen einer Notlage erforderlich gewordenen Amtshandlung eine besondere Härte dar, können der Bundesminister des Auswärtigen, die Leiter der Auslandsvertretungen und die Honorarkonsularbeamten nach Lage des Einzelfalls von der Erhebung der Kosten ganz oder teilweise absehen.

1250 *K. Hoffmann/H. Glietsch*, Konsularrecht I, § 25 KonsG Anm. 2; *S. Nikolaus*, in: G. Hecker u.a. (Hrsg.), Handbuch der konsularischen Praxis, § 3 K Rn. 3.

1251 R. Weigel etwa klagte gegen den an sie gerichteten Kostenbescheid des Auswärtigen Amtes, weil dieser sie nach ihrer Ansicht finanziell in unzumutbarer Weise belastete, vgl. VG Berlin, Urt. v. 04.04.2006, Az. 14 A 12.04, Rn. 9 – juris.

> (2) Soweit es zur Wahrung außenpolitischer oder sonstiger erheblicher Belange der Bundesrepublik Deutschland erforderlich ist, kann der Bundesminister des Auswärtigen über die Fälle des Absatzes 1 hinaus von der Erhebung der Kosten ganz oder teilweise absehen.
> (3) Anderweitige gesetzliche Vorschriften, die eine Kostenermäßigung oder -befreiung vorsehen, bleiben unberührt.

§ 10 Abs. 1 AKostG eröffnet dem Bundesminister des Auswärtigen als Leiter des Auswärtigen Amtes, den Leitern der Auslandsvertretungen sowie den Honorarkonsularbeamten allgemein die Möglichkeit, im Einzelfall von der Erhebung der Kosten ganz oder teilweise abzusehen, wenn sich der Kostenschuldner in einer wirtschaftlichen Notlage befindet (Alt. 1) oder wenn die Kostenerhebung für den Kostenschuldner eine besondere Härte darstellen würde, weil die kostenverursachenden Amtshandlungen wegen einer Notlage erforderlich wurden (Alt. 2).[1252]

(1) Regelmäßig keine wirtschaftliche Notlage i.S.v. § 10 Abs. 1 Alt. 1 AKostG

Speziell in den vorliegend untersuchten Entführungsfällen wird die erste Alternative des § 10 Abs. 1 AKostG in der Regel nicht in Betracht kommen, denn die eine Kostenermäßigung oder -befreiung rechtfertigende wirtschaftliche Notlage des Kostenschuldners muss ohne Berücksichtigung der bevorstehenden Erhebung der Kosten der Befreiung bereits bei Erlass des Kostenbescheids bestehen; es ist somit gerade nicht ausreichend, dass die wirtschaftliche Notlage erst durch die Kostenerhebung ausgelöst wird. Diese Einschränkung ergibt sich zum einen aus der Abgrenzung zur zweiten Alternative § 10 Abs. 1 AKostG, bei der die Kostenerhebung selbst in Verbindung zu der durch sie begründeten besonderen Härte gesetzt wird. Sie erschließt sich zum anderen aus dem auf die Gegenwart gerichteten Wortlaut des § 10 Abs. 1 Alt. 1 AKostG, nach dem sich der Kostenschuldner in einer wirtschaftlichen Notlage befinden muss.[1253]

1252 Hierzu allgemein *K. Hoffmann/H. Glietsch*, Konsularrecht I, § 25 KonsG Anm. 4.3 zu § 10; *S. Nikolaus*, in: G. Hecker u.a. (Hrsg.), Handbuch der konsularischen Praxis, § 3 K Rn. 30. Eine Kostenermäßigung oder -befreiung nach § 10 Abs. 2 oder 3 AKostG in den vorliegend untersuchten Entführungsfällen kommt nicht in Betracht: Die Frage der Kostenermäßigung oder -befreiung zugunsten des ehemaligen deutschen Entführungsopfers und zulasten der Bundesrepublik Deutschland birgt regelmäßig keine außenpolitischen Implikationen; auch sonstige erhebliche (außenpolitische) Belange der Bundesrepublik Deutschland werden nicht berührt (Abs. 2); eine Kostenermäßigung oder -befreiung nach anderen gesetzlichen Vorschriften scheidet aus (Abs. 3), s. zu diesen *S. Nikolaus*, in: G. Hecker u.a. (Hrsg.), Handbuch der konsularischen Praxis, § 3 K Rn. 31 f.

1253 *C. P. Kokew*, Auslandsschutz deutscher Staatsangehöriger bei Entführungen, 2012, S. 287 mit Fn. 1452; anders OVG Berlin-Brandenburg, Urt. v. 21.02.2007, Az. 11 B 9.06, Rn. 44 – juris; hierzu allgemein auch *S. Nikolaus*, in: G. Hecker u.a. (Hrsg.), Handbuch der konsularischen Praxis, § 3 K Rn. 30.

(2) Bestehen einer besonderen Härte i.S.v. § 10 Abs. 1 Alt. 2 AKostG

Eine Begrenzung hinsichtlich der Höhe der Beteiligung des ehemaligen Entführungsopfers an den Kosten seiner Entführung könnte sich jedoch aus § 10 Abs. 1 Alt. 2 AKostG ergeben. Hier ist zunächst festzustellen, dass die nach §§ 7 Abs. 1, 1 Abs. 1 AKostG i.V.m. §§ 1 Sps. 2, 25 KonsG bzw. §§ 5 Abs. 5 S. 1, Abs. 1, 25 KonsG erstattungsfähigen, individuell zurechenbaren Auslagen der Auslandsvertretung im Zusammenhang mit der Entführung erforderlich waren. Ihre Erhebung müsste darüber hinaus eine besondere Härte für das ehemalige Entführungsopfer als Kostenschuldner darstellen, wobei der Gesetzgeber zwar eine Legaldefinition dieses Tatbestandsmerkmals nicht vorgesehen hat. Seine Bedeutung lässt sich jedoch aus dem Sinn und Zweck des § 10 Abs. 1 Alt. 2 AKostG erschließen, der als einfachgesetzlicher Niederschlag des in Art. 20 Abs. 1, 28 Abs. 1 S. 1 GG festgeschriebenen Sozialstaatsprinzips anzusehen ist. Dieses verpflichtet die staatliche Gemeinschaft, die in den Grundrechten enthaltenen Freiheiten und Rechte des einzelnen Bürgers unabhängig von seiner finanziellen Leistungsfähigkeit zu gewährleisten und zu schützen; entstehende Kosten sind prinzipiell von der Allgemeinheit zu übernehmen.[1254]

Anderes gilt allein für erstattungsfähige, individuell zurechenbare Kosten, die durch den Empfänger der sie verursachenden (konsularischen) Leistung grundsätzlich auch dann zu tragen sind, wenn sie seine finanzielle Leistungsfähigkeit übersteigen. Die diesbezügliche Belastungsgrenze ist allerdings dort überschritten, wo die Durchsetzung der staatlichen Kostenforderung mit Blick auf das Sozialstaatsprinzip zu gänzlich untragbaren Ergebnissen führen würde.[1255] Vor diesem Hintergrund ist es jedenfalls nicht ausreichend, dass der Kostenschuldner sein (gesamtes) Vermögen zur Begleichung seiner Kostenschuld aufbringen muss, als dieser Umstand auch in anderen als den vorliegend untersuchten Entführungsfällen nicht als Rechtfertigung für den Verzicht des Staates auf ihm zustehende Einkünfte dient. Ein untragbares Ergebnis liegt vielmehr erst dann vor, wenn der Kostenschuldner in seiner wirtschaftlichen Existenz als solcher bedroht würde. Diese absolute Belastungsgrenze bildet zugleich den Maßstab für eine Beurteilung der besonderen Härte i.S.v. § 10 Abs. 1 Alt. 2 AKostG, bei deren Vorliegen die Exekutive ausnahmsweise von der Kostenerhebung ganz oder teilweise absehen kann.[1256]

1254 Zu diesem Absatz insgesamt *P. Dahm*, NVwZ 2005, 172 (174); *C. P. Kokew*, Auslandsschutz deutscher Staatsangehöriger bei Entführungen, 2012, S. 288; allgemein hierzu *H. Jarass*, in: ders./B. Pieroth, Grundgesetz, 13. Aufl. 2014, Art. 20 Rn. 115 f.

1255 So ausdrücklich *M. Kötter/J. Nolte*, DÖV 2007, 186 (194); im Anschluss daran *C. P. Kokew*, Auslandsschutz deutscher Staatsangehöriger bei Entführungen, 2012, S. 287 f.; ähnlich *P. Dahm*, NVwZ 2005, 172 (174); *D. Hanschel*, ZaöRV 66 (2006), 789 (813 f.).

1256 S. nur *M. Kötter/J. Nolte*, DÖV 2007, 186 (194); im Anschluss daran *C. P. Kokew*, Auslandsschutz deutscher Staatsangehöriger bei Entführungen, 2012, S. 287 f.

Für das Bestehen der rechtlichen Möglichkeit eines (Teil-)Erlasses nach § 10 Abs. 1 Alt. 2 AKostG ist die individuelle besondere Härte für den Kostenschuldner maßgebend, sodass – bezogen auf die vorliegend untersuchte Kostenerstattung in Entführungsfällen – auch die Gesamtumstände der Entführung berücksichtigt werden können.[1257] In die Beurteilung einzubeziehen sind somit nicht nur sämtliche, die finanzielle Leistungsfähigkeit des ehemaligen Entführungsopfers positiv wie negativ beeinflussenden Aspekte, so etwa ein weiterhin geregeltes Einkommen nach der Entführung und eigene abschöpfbare Einnahmen aus der Vermarktung der Entführungsgeschichte[1258] bzw. ein Verdienstausfall während der Entführung sowie eine Arbeitsunfähigkeit aufgrund physischer oder psychischer Nachwirkungen der Entführung[1259]; es können vielmehr auch ein mögliches Verschulden an seiner Entführung[1260] sowie das Motiv des Auslandsaufenthalts berücksichtigt werden.[1261]

Dabei wirkt die Einstellung des Verschuldens des ehemaligen Entführungsopfers wie eine „Begrenzung der Begrenzung"[1262] der Möglichkeit eines (Teil-)Erlasses der Kostenschuld gem. § 10 Abs. 1 Alt. 2 AKostG, als mit einem steigenden Verschuldensgrad eine größere finanzielle Anstrengung des ehemaligen Entführungsopfers zur Begleichung der individuell zurechenbaren Kosten seiner Befreiung erwartet werden darf – beginnend bei einer Außerachtlassung von Sicherheitshinweisen

---

1257 Ähnlich *D. Hanschel*, ZaöRV 66 (2006), 789 (814); *C. P. Kokew*, Auslandsschutz deutscher Staatsangehöriger bei Entführungen, 2012, S. 288 f.; *M. Kötter/J. Nolte*, DÖV 2007, 186 (194); vgl. auch den Wortlaut von § 10 Abs. 1 AKostG: „[…] können der Bundesminister des Auswärtigen, die Leiter der Auslandsvertretungen und die Honorarkonsularbeamten nach *Lage des Einzelfalls* von der Erhebung der Kosten ganz oder teilweise absehen."

1258 Einnahmen aus der Vermarktung der Entführungsgeschichte können freilich nur insoweit berücksichtigt werden, als sie bereits bei Erlass des Kostenbescheids generiert wurden, vgl. *M. Caroni/R. Pedretti/N. Schreiber*, in: M. Caroni u.a. (Hrsg.), FS für P. Richli, 2011, S. 237 (251). Hier ist jedoch zu bemerken, dass für einen erfolgreichen Verkauf das bestehende mediale Interesse zu nutzen ist, welches mit zunehmendem zeitlichen Abstand zur Entführung regelmäßig abnehmen wird.

1259 Zu denken ist auch an eine Entwendung von Gegenständen, die in Deutschland zur Bestreitung des Lebensunterhalts notwendig sind und neu erworben werden müssten (etwa PKW oder Motorrad), vgl. *U. Göres*, NJW 2004, 1909 (1912); *ders.*, DÖV 2008, 622 (629).

1260 Die fehlende Übernahme des Ablehnungsgrundes des „offenbar unwürdigen Individuums" i.S.d. Allgemeinen Dienstinstruktion zum KonsG von 1867 in das geltende KonsG bzw. AKostG steht einer Berücksichtigung des Verschuldens des ehemaligen Entführungsopfers im Rahmen der Kostenerstattung nicht entgegen, s. *D. Hanschel*, ZaöRV 66 (2006), 789 (814).

1261 *D. Hanschel*, ZaöRV 66 (2006), 789 (814); *C. P. Kokew*, Auslandsschutz deutscher Staatsangehöriger bei Entführungen, 2012, S. 288 f.; zu diesen Kriterien, s. insgesamt aus schweizerischer Sicht *M. Caroni/R. Pedretti/N. Schreiber*, in: M. Caroni u.a. (Hrsg.), FS für P. Richli, 2011, S. 237 (244 ff.).

1262 *D. Hanschel*, ZaöRV 66 (2006), 789 (814).

über eine Missachtung von Reisewarnungen bis zu einer Nichtbeachtung persönlich von einem Mitarbeiter des Auswärtigen Amtes erteilten Mahnung an ein in der Vergangenheit befreites Entführungsopfer, sich nicht erneut in eine vorhersehbare Entführungsgefahr zu begeben.[1263] In eklatanten Missbrauchsfällen kann auch eine Verschuldung des ehemaligen Entführungsopfers als zumutbar erachtet werden.[1264]

In diesem Zusammenhang kann zudem zu einem gewissen Maße der Grund des Auslandsaufenthalts des ehemaligen Entführungsopfers in Ansatz gebracht werden, wobei das denkbare Spektrum von rein touristischen und beruflichen bis hin zu familiären sowie humanitären oder öffentlichen Gründen reicht. Die hiermit implizierte und sich verstärkende Verringerung insbesondere des Verschuldensgrads von Entwicklungshelfern oder verwandten Personengruppen ist elementar für die Tätigkeit von Hilfsorganisationen: Ihr Aktionsradius erfasst auch bzw. vor allem Gebiete, für die das Auswärtige Amt teilweise sogar Reisewarnungen ausgegeben hat. Ihr dem öffentlichen Interesse dienender, wichtiger und für die Betroffenen häufig lebensnotwendiger Entwicklungsbeitrag würde daher erheblich erschwert, könnte von ihnen eine vergleichbare finanzielle Anstrengung auf der Kostenebene eines Entführungsfalls erwartet werden wie von einem Abenteuertouristen, der aus rein privaten, individuellen Interessen in dieselbe Region gereist ist und dort entführt wurde.[1265] Ähnliches gilt für den Verschuldensgrad eines ehemaligen Entführungsopfers, das aufgrund familiärer Bindungen in ein Land mit kritischer Sicherheitslage gereist ist, denn vor dem Hintergrund des Art. 6 Abs. 1 GG wirkt

---

1263 *D. Hanschel*, ZaöRV 66 (2006), 789 (814); *C. P. Kokew*, Auslandsschutz deutscher Staatsangehöriger bei Entführungen, 2012, S. 288 f.; ähnlich *P. Dahm*, NVwZ 2005, 172 (174). Eine entsprechende Abstufung ist rechtlich abgebildet in § 1 Abs. 3 des österreichischen Konsulargebührengesetzes (BGBl. Nr. 100/1992). Dieser lautet:
§ 1 Abs. 3. Gegenstand
(3) Darüber hinaus sind Auslagen bis zu einer Höhe von 10 000 Euro pro Person zu ersetzen, die den Vertretungsbehörden oder sonstigen Dienststellen des Bundes im Zusammenhang mit Maßnahmen zum Schutz österreichischer Staatsbürger im Ausland erwachsen, die sich zu anderen als humanitären oder sonstigen im öffentlichen Interesse liegenden Zwecken schuldhaft in eine Situation begeben haben, die diese Maßnahmen nach Einschätzung des Bundesministers für europäische und internationale Angelegenheiten erforderlich gemacht hat. Auslagenersatz von mehr als 10 000 Euro bis maximal 50 000 Euro pro Person ist nur zu leisten, wenn sich die betroffene Person grob schuldhaft in die genannte Situation begeben hat. Als grob schuldhaft gilt in diesem Zusammenhang insbesondere die unzureichende Berücksichtigung allgemein zugänglicher Informationen über Gefahrensituationen.

1264 *D. Hanschel*, ZaöRV 66 (2006), 789 (814).

1265 *D. Hanschel*, ZaöRV 66 (2006), 789 (814); *C. P. Kokew*, Auslandsschutz deutscher Staatsangehöriger bei Entführungen, 2012, S. 289. Hinsichtlich beruflicher und touristischer Gründe kommt allenfalls eine „grundrechtliche Rechtfertigung“ des Auslandsaufenthalts durch die Berufsfreiheit nach Art. 12 Abs. 1 GG bzw. durch die allgemeine Handlungsfreiheit gem. Art. 2 Abs. 1 GG in Betracht.

auch hier der rechtliche Vorwurf, sich zumindest fahrlässig in eine (Entführungs-) Gefahr gebracht zu haben, nicht so schwer.[1266]

Eine anhand der beschriebenen, klaren Kriterien zu bestimmende besondere Härte i.S.v. § 10 Abs. 1 Alt. 2 AKostG für das ehemalige Entführungsopfer führt dabei zu einem angemessen Ausgleich der widerstreitenden Interessen des Einzelnen und der Allgemeinheit – soweit sie transparent und für den Einzelnen vorhersehbar angewendet werden:[1267] Einerseits führt die Berücksichtigung der Gesamtumstände der Entführung und damit auch eines Verschuldens auf der Ebene der Kostenerstattung – anders als auf der Ebene der Schutzverpflichtung – zu einer größtmöglichen Schonung der Rechtgüter des ehemaligen Entführungsopfers; andererseits wird mit ihr eine möglichst umfassende Abwälzung der erstattungsfähigen, individuell zurechenbaren Kosten erreicht, die insoweit grundsätzlich nicht von der Allgemeinheit zu tragen sind.[1268]

Der hiermit begründete „Abschreckungseffekt" finanzieller Art vor Reisen in Länder, für die das Auswärtige Amt auf eine kritische Sicherheitslage oder ein erhöhtes Entführungsrisiko für westliche Staatsangehörige hinweist, ist dabei ohne weiteres zu befürworten.[1269] In jedem Fall ist jedoch die absolute Grenze einer sozialstaatlich noch zulässigen finanziellen Belastung des ehemaligen Entführungsopfers durch die Beteiligung an den Kosten seiner Befreiung einzuhalten, d.h. sie darf nicht zu einer Bedrohung seiner wirtschaftlichen Existenz als solcher führen. Bis zu dieser absoluten Belastungsgrenze des Kostenschuldners steht die Feststellung der besonderen Härte i.S.v. § 10 Abs. 1 Alt. 2 AKostG und der aus ihr resultierenden Möglichkeit eines (Teil-)Erlasses der Kostenschuld im Ermessen des Leiters der Auslandsvertretung bzw. des Auswärtigen Amtes.[1270] Wird sie allerdings erreicht, so

---

1266 Dies spiegelt sich auch in einer n-tv-Umfrage aus dem Jahr 2006 wider, nach der 56 % der Bundesbürger Verständnis dafür zeigen, wenn Deutsche mit familiären Bindungen in den Irak weiterhin dort verbleiben, vgl. Stern v. 26.01.2006, „Cryotec-Chef wehrt sich gegen Vorwürfe", im Internet: http://www.stern.de/politik/ausland/entfuehrung-im-irak-cryotec-chef-wehrt-sich-gegen-vorwuerfe-554379.html.

1267 Zu der Forderung einer ermessensfehlerfreien, transparenten und vorhersehbaren Handhabung dieser Kriterien, s. *D. Hanschel*, ZaöRV 66 (2006), 789 (813 f.), der damit ein größeres Verständnis des ehemaligen Entführungsopfers für eine unterschiedlich hohe Kostenbeteiligung in unterschiedlichen Entführungsfällen erreichen möchte. Auf diesem Wege soll Klagen gegen den zugrunde liegenden Kostenbescheid – wie der im Fall R. Weigel – entgegengewirkt werden.

1268 OVG Berlin-Brandenburg, Urt. v. 21.02.2007, Az. 11 B 9.06, Rn. 45 – juris; *D. Hanschel*, ZaöRV 66 (2006), 789 (814).

1269 *D. Hanschel*, ZaöRV 66 (2006), 789 (814).

1270 Jedenfalls implizit so *S. Nikolaus*, in: G. Hecker u.a. (Hrsg.), Handbuch der konsularischen Praxis, § 3 K Rn. 30; s. hierzu auch den Wortlaut des § 10 Abs. 1 AKostG: „[...] *können* der Bundesminister des Auswärtigen, die Leiter der Auslandsvertretungen und die Honorarkonsularbeamten nach Lage des Einzelfalls von der Erhebung der Kosten ganz oder teilweise absehen."

kommt eine Ermessensreduzierung auf Null in Betracht, wobei jedoch zu beachten ist, dass eine entsprechende Wirkung nicht allein durch einen (Teil-)Erlass, sondern auch durch Stundung, ratenweise Tilgung oder Niederschlagung der Forderung nach § 19 AKostG i.V.m. § 59 Abs. 1 S. 1 Nr. 1 BHO vermieden werden kann, auf die im Folgenden näher einzugehen ist.[1271]

bb. Begrenzung durch Stundung, Niederschlagung und Erlass gem. § 19 AKostG i.V.m. § 59 Abs. 1 BHO

Ein weiterer gesetzlicher Anknüpfungspunkt zur Beantwortung der eingangs aufgeworfenen Fragestellungen ergibt sich aus § 19 AKostG i.V.m. § 59 Abs. 1 BHO. Diese lauten:

> **§ 19. Stundung, Niederschlagung und Erlaß**
>
> Für die Stundung, die Niederschlagung und den Erlaß von Forderungen auf Zahlung von Gebühren, Auslagen und sonstigen Nebenleistungen gelten die Vorschriften der Bundeshaushaltsordnung.
>
> **§ 59. Veränderung von Ansprüchen**
>
> (1) Das zuständige Bundesministerium darf Ansprüche nur
> 1. stunden, wenn die sofortige Einziehung mit erheblichen Härten für den Anspruchsgegner verbunden wäre und der Anspruch durch die Stundung nicht gefährdet wird. Die Stundung soll gegen angemessene Verzinsung und in der Regel nur gegen Sicherheitsleistung gewährt werden,
> 2. niederschlagen, wenn feststeht, daß die Einziehung keinen Erfolg haben wird, oder wenn die Kosten der Einziehung außer Verhältnis zur Höhe des Anspruchs stehen,
> 3. erlassen, wenn die Einziehung nach Lage des einzelnen Falles für den Anspruchsgegner eine besondere Härte bedeuten würde. Das gleiche gilt für die Erstattung oder Anrechnung von geleisteten Beträgen und für die Freigabe von Sicherheiten.
> Das zuständige Bundesministerium kann seine Befugnisse übertragen.
> (2) Maßnahmen nach Absatz 1 bedürfen der Einwilligung des Bundesministeriums der Finanzen, soweit es nicht darauf verzichtet.
> (3) Andere Regelungen in Rechtsvorschriften bleiben unberührt.

Nach § 19 AKostG i.V.m. § 59 Abs. 1 S. 1 BHO kann das zuständige Bundesministerium, d.h. vorliegend das Auswärtige Amt, die Kostenschuld des ehemaligen Entführungsopfers stunden (Nr. 1), niederschlagen (Nr. 2) oder erlassen (Nr. 3),[1272]

1271 OVG Berlin-Brandenburg, Urt. v. 21.02.2007, Az. 11 B 9.06, Rn. 44 – juris; *C. P. Kokew*, Auslandsschutz deutscher Staatsangehöriger bei Entführungen, 2012, S. 288.

1272 Zuständig sind der Beauftragte für den Haushalt im Auswärtigen Amt oder das Bundesverwaltungsamt; Stundungen können auch durch die Leiter einer Auslandsvertretung genehmigt werden, vgl. *S. Nikolaus*, in: G. Hecker u.a. (Hrsg.),

wobei nach Abs. 2 in Fällen von grundsätzlicher oder erheblicher finanzieller Bedeutung die Einwilligung des Bundesministeriums der Finanzen einzuholen ist.[1273]

Eine Stundung ist in Erwägung zu ziehen, wenn sich der Kostenschuldner aufgrund ungünstiger wirtschaftlicher Verhältnisse vorübergehend in ernsthaften Zahlungsschwierigkeiten befindet oder im Falle der sofortigen Einziehung in diese geraten würde, vgl. Nr. 1.1 f. VV-BHO zu § 59; sie kann auch durch die Einräumung von Ratenzahlungen gewährt werden, vgl. Nr. 1.3 VV-BHO zu § 59. Mit der Voraussetzung einer „erheblichen Härte“ der Kostenerhebung werden im Vergleich zu einem (Teil-)Erlass nach § 10 Abs. 1 Alt. 1 AKostG vergleichbare, zu einem (Teil-)Erlass nach § 10 Abs. 1 Alt. 2 AKostG geringere Anforderungen gestellt. Eine befristete oder unbefristete Niederschlagung eines fälligen Anspruchs nach Nr. 2 kommt ausschließlich dann in Betracht, wenn eine Stundung ausscheidet und die Erhebung im Einzelfall aufgrund der wirtschaftlichen Verhältnisse des ehemaligen Entführungsopfers oder aus anderen Gründen keinen Erfolg verspricht (Alt. 1); die Kosten der Einziehung werden in der untersuchten Frage einer Begrenzung der Kostenbeteiligung in Entführungsfällen regelmäßig nicht außer Verhältnis zur Höhe des Anspruchs der Bundesrepublik Deutschland stehen (Alt. 2).[1274] Schließlich besteht die Möglichkeit eines Erlasses der fälligen Kostenschuld (Nr. 3), wenn sich der Kostenschuldner in einer „unverschuldeten wirtschaftlichen Notlage befindet und zu besorgen ist, dass die Weiterverfolgung des Anspruchs zu einer Existenzgefährdung führen würde“, vgl. Nr. 3.4 VV-BHO zu § 59. Mit der Voraussetzung einer im Einzelfall bestehenden besonderen Härte werden hier im Kern somit dieselben Anforderungen gestellt wie für einen (Teil-)Erlasses nach § 10 Abs. 1 Alt. 1 AKostG, sodass auf die entsprechenden Ausführungen verwiesen werden kann.[1275]

c. *Kostengläubiger und -schuldner, §§ 12 f. AKostG*

Gläubiger des Anspruchs auf Erstattung der Auslagen nach §§ 7 Abs. 1, 1 Abs. 1 AKostG i.V.m. §§ 1 Sps. 2, 25 KonsG bzw. §§ 5 Abs. 5 S. 1, Abs. 1, 25 KonsG, die einer Auslandsvertretung im Zusammenhang mit einem Entführungsfall entstandenen sind, ist die Bundesrepublik Deutschland, vgl. § 12 S. 1 AKostG. Gleiches

Handbuch der konsularischen Praxis, § 3 K Rn. 38; s. zu den teilweise geltenden Antragserfordernissen Nr. 1.1, 2.2 und 3.3 VV-BHO zu § 59.

1273 Eine grundsätzliche Bedeutung ist anzunehmen, wenn eine Entscheidung über den Einzelfall hinaus eine präjudizielle Wirkung haben kann, s. Nr. 1.6.1, 2.3.2, 2.4 und 3.5 VV-BHO zu § 59. Eine erhebliche finanzielle Bedeutung ist bei einer Stundung abhängig von ihrer Dauer ab 500.000 €, bei einer Niederschlagung abhängig davon, ob sie befristet oder unbefristet ist, ab 150.000 € und bei einem Erlass ab 100.000 € gegeben, wobei Ausnahmen vorgesehen werden können, vgl. 1.6.2 ff., 1.7, 2.3.2 f., 2.8, 3.5 und 3.7 VV-BHO zu § 59.

1274 Vgl. hierzu Nr. 2.3 f. und 2.4 VV-BHO zu § 59.

1275 S. hierzu im siebten Teil unter B. II. 2. b. aa. (2); i.E. ebenso *C. P. Kokew*, Auslandsschutz deutscher Staatsangehöriger bei Entführungen, 2012, S. 289.

würde ebenso bei einem Erstattungsanspruch gem. §§ 7 Abs. 2, 1 Abs. 2 AKostG für Auslagen des Auswärtigen Amtes gelten. § 12 AKostG lautet:

§ 12. Kostengläubiger

Kostengläubiger ist die Bundesrepublik Deutschland. Wird die Amtshandlung von einem Honorarkonsularbeamten vorgenommen, so ist dieser der Kostengläubiger.

Im nachfolgenden § 13 AKostG ist der Kostenschuldner geregelt. Dieser lautet:

§ 13. Kostenschuldner

(1) Zur Zahlung der Kosten ist verpflichtet,

1. wer die Amtshandlung veranlaßt oder zu wessen Gunsten sie vorgenommen wird,
2. wer die Kosten durch eine vor der zuständigen Behörde abgegebene oder ihr mitgeteilte Erklärung übernommen hat,
3. wer für die Kostenschuld eines anderen kraft Gesetzes haftet.[1276]

(2) Mehrere Kostenschuldner haften als Gesamtschuldner.

Als Kostenschuldner kommt danach gem. § 13 Abs. 1 Nr. 1 AKostG jedenfalls das ehemalige Entführungsopfer in Betracht, denn die im Zusammenhang mit einem Entführungsfall (Befreiungsbemühungen bzw. Anschlussmaßnahmen) erforderlichen Amtshandlungen der beteiligten Auslandsvertretung wurden in jedem Fall zu seinen Gunsten vorgenommen.[1277]

Fraglich ist jedoch, ob daneben auch der Arbeitgeber als Kostenschuldner von der Bundesrepublik Deutschland in Anspruch genommen werden kann, wenn dieser seine (deutschen) Mitarbeiter zur Durchführung von Aufträgen in Regionen mit instabiler Sicherheitslage entsendet und diese dort entführt werden; entsprechende Forderungen kamen im Laufe der Entführung von R. Bräunlich und T. Nitzschke auf.[1278] Die beiden Ingenieure wurden von ihrem Arbeitgeber am 22. Januar 2006 zum Aufbau einer Erweiterungsanlage der Ölraffinerie von Baidschi in den Irak

---

1276 Eine solche gesetzliche Haftungsregelung ist etwa (klarstellend) in § 5 Abs. 5 S. 2 und 3 KonsG enthalten: Die Ersatzpflicht trifft neben dem Empfänger von Hilfen nach § 5 Abs. 1 KonsG auch seine Verwandten (§§ 1601 ff. BGB), seinen Ehegatten (§§ 1360 f. BGB) und mögliche Erben (§ 1967 BGB), wobei sich die Haftung des Erben auf den Nachlass beschränkt, vgl. § 5 Abs. 5 S. 4 KonsG; es handelt sich um einen Rechtsgrundverweis auf die entsprechenden Regelungen des BGB, vgl. OVG Münster, Urt. v. 19.06.2013, Az. 4 A 1128/11, abgedruckt in FamRZ 2014, 700. Weitere Regelungen gelten für den Nießbrauch (§ 1086 BGB), Gesellschafter einer OHG, persönlich haftende Gesellschafter und Kommanditisten (§§ 128, 171 HGB), Erwerber eines Handelsgeschäfts (§§ 25, 27 HGB), s. hierzu *E. Birkner/H. Rott*, Verwaltungskostenrecht, Teil I, Art. 2 KG, S. I/74.2.

1277 So *C. P. Kokew*, Auslandsschutz deutscher Staatsangehöriger bei Entführungen, 2012, S. 285.

1278 Eine Beteiligung des Arbeitgebers wurde etwa vom damaligen stellvertretenden Vorsitzenden der CDU/CSU-Bundestagsfraktion *W. Bosbach* gefordert, s. Stern v. 26.01.2006, „Firma der Ingenieure soll zahlen“, im Internet: http://www.stern.

geschickt und bereits zwei Tage nach ihrer Ankunft dort auf dem Weg zur Arbeit entführt. Die ca. 200 km nördlich von Bagdad gelegene Stadt zählte zu dieser Zeit zu einem der gefährlichsten Orte im Irak, an den das Unternehmen seine Mitarbeiter völlig unvorbereitet geschickt und sie damit fahrlässig in Gefahr gebracht habe. Unter diesen Umständen habe sich der Arbeitgeber mit der Entsendung der Ingenieure höchst unverantwortlich verhalten.[1279]

Vor dem Hintergrund einer möglichen Begrenzung der Kostenbeteiligung des ehemaligen Entführungsopfers nach § 10 Abs. 1 AKostG oder § 19 AKostG i.V.m. § 59 Abs. 1 S. 1 BHO wäre ein Unternehmen als (weiterer) Kostenschuldner eines Erstattungsanspruchs der Bundesrepublik Deutschland zudem besonders attraktiv, denn die in diesem Zusammenhang noch zulässige finanzielle Belastungsgrenze kann im Regelfall wesentlich höher angesetzt werden als bei einer natürlichen Privatperson.

aa. Keine Haftung des Arbeitgebers kraft Gesetzes, § 13 Abs. 1 Nr. 3 AKostG

Der Arbeitgeber eines von ihm ins Ausland entsendeten und dort entführten (deutschen) Arbeitnehmers kann jedenfalls nicht gem. § 13 Abs. 1 Nr. 3 AKostG durch die Bundesrepublik Deutschland als Kostenschuldner in Anspruch genommen werden. Entsprechendes wäre allein dann anzunehmen, wenn dieser für den staatlichen Anspruch auf Erstattung der im Rahmen der Entführung seines Mitarbeiters entstandenen Kosten kraft Gesetzes haften würde. Dies ist jedoch nicht der Fall.[1280] Auch die Abtretung eines eventuell bestehenden Schadenersatzanspruchs des Arbeitnehmers gegen seinen Arbeitgeber wegen Verletzung seiner sich aus dem Arbeitsvertrag ergebenden Fürsorgepflicht[1281] gem. § 398 BGB erfüllt diese Voraussetzung nicht:

---

de/politik/ausland/entfuehrung-im-irak-firma-der-ingenieure-soll-zahlen-554311.html.

1279 FAZ v. 24.01.2006, „Seit langem Ziel der Aufständischen“, im Internet: http://www.faz.net/aktuell/politik/ausland/baidschi-im-irak-seit-langem-ziel-der-aufstaendischen-1303058.html; Spiegel Online v. 24.01.2006, „Verschollen im Entführungs-Dreieck“, im Internet: http://www.spiegel.de/politik/ausland/geiselnahme-im-irak-verschollen-im-entfuehrungs-dreieck-a-397136.html; Stern v. 26.01.2006, „Cryotec-Chef wehrt sich gegen Vorwürfe“, im Internet: http://www.stern.de/politik/ausland/entfuehrung-im-irak-cryotec-chef-wehrt-sich-gegen-vorwuerfe-554379.html; Stern v. 27.01.2006, „Mitarbeiter wurden in eine riesige Gefahr geschickt“, im Internet: http://www.stern.de/politik/ausland/entfuehrung-im-irak-mitarbeiter-wurden-in-eine-riesige-gefahr-geschickt-554386.html; FAS v. 29.01.2006, „Sie hat keine Fehler gemacht“, im Internet: http://www.faz.net/aktuell/politik/ausland/susanne-osthoff-sie-hat-keine-fehler-gemacht-1282185.html.

1280 *C. P. Kokew*, Auslandsschutz deutscher Staatsangehöriger bei Entführungen, 2012, S. 296 mit Fn. 1491.

1281 Ein entsprechender Schadenersatzanspruch leitet sich im Fall der entführten Ingenieure R. Bräunlich und T. Nitzschke aus §§ 280 Abs. 1, 241 Abs. 2, 618 Abs. 1 Alt. 2 BGB i.V.m. dem Arbeitsvertrag her: Die vorausgesetzte Verletzung einer

Die Haftung des Arbeitgebers ergäbe sich in diesem Fall nicht kraft Gesetzes, sondern aus dem Zessionsvertrag zwischen dem ehemaligen Entführungsopfer und der Bundesrepublik Deutschland.[1282]

bb. Freiwillige Übernahme der Kostenschuld gem. § 13 Abs. 1 Nr. 2 AKostG

Die Kostenschuldnerschaft des Arbeitgebers könnte sich jedoch aus § 13 Abs. 1 Nr. 2 AKostG ergeben, wenn er die Kostenschuld seines Arbeitnehmers „übernommen" hat. Eine entsprechende formlose und einseitige Erklärung kann er vor der zuständigen Behörde abgeben oder ihr lediglich mitteilen. Eine Genehmigung des Kostengläubigers – also Bundesrepublik Deutschland – gem. § 415 BGB (analog)

---

aus dem Arbeitsvertrag resultierenden (Neben-)Pflicht durch den Arbeitgeber ergibt aus seiner in § 618 Abs. 1 Alt. 2 BGB konkretisierten Fürsorgepflicht i.S.v. § 241 Abs. 2 BGB, nach der der Dienstberechtigte Dienstleistungen, die unter seiner Anordnung oder seiner Leitung vorzunehmen sind, so zu regeln hat, dass der Verpflichtete gegen Gefahren für Leben und Gesundheit soweit geschützt ist, als die Natur der Dienstleistung es gestattet, vgl. hierzu allgemein *U. Preis*, in: T. Dieterich u.a. (Begr.), Erfurter Kommentar zum Arbeitsrecht, 16. Aufl. 2016, § 611 BGB Rn. 618; *R. Wank*, in: T. Dieterich u.a. (Begr.), Erfurter Kommentar zum Arbeitsrecht, 16. Aufl. 2016, § 618 BGB Rn. 12. Diese Pflichtverletzung ist zum einen zurückzuführen auf eine fehlende oder zumindest unzureichende Information der Mitarbeiter über die Gefahren im Irak durch ihren Arbeitgeber, s. zur Aufklärungspflicht des Arbeitgebers *U. Preis*, in: T. Dieterich u.a. (Begr.), Erfurter Kommentar zum Arbeitsrecht, 16. Aufl. 2016, § 611 BGB Rn. 633 ff. Nach Angaben des Auswärtigen Amtes Anfang 2014 (s. http://www.auswaertiges-amt.de/DE/Laenderinformationen/00-SiHi/IrakSicherheit.html [aufgerufen März 2014]) konnten zum anderen „nichttouristische Aufenthalte [...] [im Irak] in Betracht gezogen werden, wenn bereits bei der Planung die zum Reisezeitpunkt vorherrschende Sicherheitslage in den zu bereisenden Regionen beachtet" wird. Dies ist nicht geschehen, denn die Cryotec Anlagenbau GmbH hat ihre beiden Mitarbeiter zum Aufbau einer Erweiterungsanlage der Ölraffinerie in Baidschi an einen der gefährlichsten Orte im Irak geschickt. Ein erforderliches und „tragfähiges professionelles Sicherheitskonzept" bestand nicht; i.E. ist es daher unerheblich, dass die Ingenieure nicht an ihrem Arbeitsplatz, sondern auf dem Weg dorthin entführt wurden. Der Arbeitgeber hat die Pflichtverletzung auch i.S.v. § 280 S. 2 BGB zu vertreten und damit sämtliche aus der Verletzung seiner Fürsorgepflicht resultierenden Schäden sowie die vom ehemaligen Entführungsopfer zu tragenden Kosten seiner Entführung zu ersetzen, s. zum Umfang des Schadenersatzes *R. Wank*, in: T. Dieterich u.a. (Begr.), Erfurter Kommentar zum Arbeitsrecht, 16. Aufl. 2016, § 618 BGB Rn. 29 ff.; vgl. zu einem Schadenersatzanspruch des Arbeitnehmers ausführlich und i.E. ebenso *C. P. Kokew*, Auslandsschutz deutscher Staatsangehöriger bei Entführungen, 2012, S. 296 f.

1282 Eine erweiternde Auslegung des § 13 Abs. 1 Nr. 3 AKostG in dem Sinne, dass auch eine vertragliche Haftung eine Kostenschuldnerschaft begründen würde, ist mit dem Vorbehalt des Gesetzes nicht vereinbar, *C. P. Kokew*, Auslandsschutz deutscher Staatsangehöriger bei Entführungen, 2012, S. 297 f.

ist nicht erforderlich, da es sich bei der „Übernahme" der Kostenschuld nicht um eine (den Altschuldner befreiende) Schuldübernahme i.S.d. §§ 415 ff. BGB analog handelt.[1283] Sollte der Arbeitgeber danach die Kostenschuld seines Arbeitnehmers freiwillig „übernommen" haben, haften beide gem. § 13 Abs. 2 AKostG als Gesamtschuldner. Die Bundesrepublik Deutschland kann somit die Begleichung der Kostenschuld von beiden verlangen, aber lediglich ein einziges Mal einziehen.[1284]

d. *Entstehen der Kostenschuld, Geltendmachung durch Verwaltungsakt, Fälligkeit sowie Verjährung, §§ 11, 14, 17 und 20 AKostG*

Die Kostenschuld in Entführungsfällen entsteht gem. § 11 Abs. 2 Hs. 1 AKostG mit der Aufwendung der zu erstattenden Beträge.[1285] Die Befugnis, sie durch Verwaltungsakt geltend zu machen, folgt aus § 14 Abs. 1 S. 1 AKostG, wonach die Kosten von Amts wegen festgesetzt werden;[1286] ein diesbezügliches Ermessen ist

---

1283 *C. P. Kokew*, Auslandsschutz deutscher Staatsangehöriger bei Entführungen, 2012, S. 295 f.

1284 *E. Birkner/H. Rott*, Verwaltungskostenrecht, Teil I, Art. 2 KG, S. I/74.1 f.; ein Erlass der Kostenschuld ist in diesem Fall nur möglich, wenn die entsprechenden Voraussetzungen bei beiden Kostenschuldnern vorliegen, *E. Birkner/H. Rott*, Verwaltungskostenrecht, Teil I, Art. 2 KG, S. I/74.6.

1285 *C. P. Kokew*, Auslandsschutz deutscher Staatsangehöriger bei Entführungen, 2012, S. 285. § 11 AKostG lautet: *§ 11 AKostG. Entstehung der Kostenschuld*
(1) Die Gebührenschuld entsteht, soweit ein Antrag notwendig ist, mit dessen Eingang bei der zuständigen Behörde, im übrigen mit der Beendigung der gebührenpflichtigen Amtshandlung.
(2) Die Verpflichtung zur Erstattung von Auslagen entsteht mit der Aufwendung des zu erstattenden Betrages, in den Fällen des § 7 Abs. 2 Nr. 5 zweiter Halbsatz und Nummer 7 zweiter Halbsatz mit der Beendigung der kostenpflichtigen Amtshandlung.

1286 OVG Berlin-Brandenburg, Urt. v. 21.02.2007, Az. 11 B 9.06, Rn. 36 – juris; *S. Nikolaus*, in: G. Hecker u.a. (Hrsg.), Handbuch der konsularischen Praxis, § 3 K Rn. 33. Die Rückzahlungspflicht entsteht somit kraft Gesetzes und wird im Verwaltungsvollstreckungsverfahren nach §§ 1 ff. VwVG beigetrieben, vgl. *K. Hoffmann/H. Glietsch*, Konsularrecht I, § 5 KonsG Anm. 5.3. Dabei genießt das Entführungsopfer – wie auch in Inlandssachverhalten – bzgl. unpfändbarer Gegenstände und Forderungen allgemeinen Vollstreckungsschutz gem. § 5 VwVG i.V.m. §§ 295, 319 AO und den entsprechenden Regelungen der ZPO; auch eine Insolvenz kommt zum Schutz des Entführungsopfers gem. §§ 286 ff. InsO in Betracht, s. *M. Kötter/J. Nolte*, DÖV 2007, 186 (194). § 14 AKostG lautet: *§ 14 AKostG. Kostenentscheidung*
(1) Die Kosten werden von Amts wegen festgesetzt. Die Entscheidung über die Kosten soll, soweit möglich, zusammen mit der Sachentscheidung ergehen. Aus der Kostenentscheidung müssen mindestens hervorgehen
1. die kostenerhebende Behörde,
2. der Kostenschuldner,

in § 7 Abs. 1 AKostG („sind zu erstatten") nicht vorgesehen.[1287] Der Kostenbescheid kann auch bei Auslagen der Auslandsvertretungen – nicht zuletzt aus Zweckmäßigkeitserwägungen – durch das Auswärtige Amt erlassen werden, die zusammen den Auswärtigen Dienst eine einheitliche Bundesbehörde bilden, vgl. §§ 1 Abs. 4, 2 GAD.[1288]

Der Anspruch der Bundesrepublik Deutschland auf Erstattung der Befreiungs- und Anschlusskosten nach §§ 7 Abs. 1, 1 Abs. 1 AKostG i.V.m. §§ 1 Sps. 2, 25 KonsG bzw. §§ 5 Abs. 5 S. 1, Abs. 1, 25 KonsG wird gem. § 17 AKostG mit der Bekanntgabe der Kostenentscheidung an das ehemalige Entführungsopfer fällig, wenn nicht ein späterer Zeitpunkt bestimmt wird; seine Verjährung ergibt sich aus § 20 AKostG und beträgt in der Regel drei Jahre.[1289]

---

3. die kostenpflichtige Amtshandlung,
4. die als Gebühren und Auslagen zu zahlenden Beträge sowie
5. wo, wann und wie die Gebühren und die Auslagen zu zahlen sind.

Die Kostenentscheidung kann mündlich ergehen; sie ist auf Antrag schriftlich zu bestätigen. Soweit sie schriftlich ergeht oder schriftlich bestätigt wird, ist auch die Rechtsgrundlage für die Erhebung der Kosten sowie deren Berechnung anzugeben.

(2) Kosten, die bei richtiger Behandlung der Sache durch die Behörde nicht entstanden wären, werden nicht erhoben. Das gleiche gilt für Auslagen, die durch eine von Amts wegen veranlaßte Verlegung eines Termins oder Vertagung einer Verhandlung entstanden sind.

1287 *K. Hoffmann/H. Glietsch*, Konsularrecht I, § 25 KonsG Anm. 4.3 zu § 7.

1288 VG Köln, Beschl. v. 14.06.2013, Az. 2 K 2255/13, Rn. 4 – juris, das jedoch eine Befugnis zur Festsetzung der Kostenschuld aus § 5 Abs. 5 KonsG ableitet.

1289 Dieser lautet: *§ 20 AKostG. Verjährung*

(1) Der Anspruch auf Zahlung von Kosten verjährt nach drei Jahren, spätestens mit dem Ablauf des vierten Jahres nach der Entstehung. Die Verjährung beginnt mit Ablauf des Kalenderjahres, in dem der Anspruch fällig geworden ist. Mit dem Ablauf dieser Frist erlischt der Anspruch.

(2) Die Verjährung ist gehemmt, solange der Anspruch innerhalb der letzten sechs Monate der Frist wegen höherer Gewalt nicht verfolgt werden kann.

(3) Die Verjährung wird unterbrochen durch schriftliche Zahlungsaufforderung, durch Zahlungsaufschub, durch Stundung, durch Aussetzen der Vollziehung, durch Sicherheitsleistung, durch eine Vollstreckungsmaßnahme, durch Vollstreckungsaufschub, durch Anmeldung im Insolvenzverfahren und durch Ermittlungen des Kostengläubigers über Wohnsitz oder Aufenthalt des Zahlungspflichtigen.

(4) Mit Ablauf des Kalenderjahres, in dem die Unterbrechung endet, beginnt eine neue Verjährung.

(5) Die Verjährung wird nur in Höhe des Betrages unterbrochen, auf den sich die Unterbrechungshandlung bezieht.

(6) Wird eine Kostenentscheidung angefochten, so erlöschen Ansprüche aus ihr nicht vor Ablauf von sechs Monaten, nachdem die Kostenentscheidung unanfechtbar geworden ist oder das Verfahren sich auf andere Weise erledigt hat.

3. *Rechtmäßigkeit der bereits ergangenen Kostenbescheide des Auswärtigen Amtes – Zwischenfazit*

Die Frage des „finanziellen Nachspiels" einer erfolgreich beendeten Entführung ist unter Zugrundelegung der Vorschriften von KonsG und AKostG wie folgt zu beantworten: Das ehemalige Entführungsopfer muss sich nach den Vorschriften des KonsG und des AKostG grundsätzlich an den Kosten seiner Entführung beteiligen. Entsprechende mit der Aufwendung der zu erstattenden Auslagen entstehende Ansprüche der Bundesrepublik Deutschland als Kostengläubigerin ergeben sich zum einen aus §§ 7 Abs. 1, 1 Abs. 1 AKostG i.V.m. §§ 1 Sps. 2, 25 KonsG hinsichtlich der Erstattung der Auslagen der beteiligten Auslandsvertretung für die Entführungsbeendigung. In Bezug auf die im Anschluss an das Entführungsende entstandenen Auslagen ist wie auf der Ebene von Schutzpflicht und Schutzanspruch zu differenzieren: Im Regelfall einer Hilfeleistung der deutschen Auslandsvertretung nach § 1 Sps. 2 KonsG können die entstandenen Auslagen über §§ 7 Abs. 1, 1 Abs. 1 AKostG i.V.m. §§ 1 Sps. 2, 25 KonsG zurück gefordert werden. Sollten sie jedoch im absoluten Ausnahmefall auf § 5 KonsG gestützt werden, so ergibt sich der Erstattungsanspruch der Bundesrepublik Deutschland aus §§ 7 Abs. 1, 1 Abs. 1 AKostG i.V.m. §§ 5 Abs. 5 S. 1, Abs. 1, 25 KonsG. Die Befugnis, diese Ansprüche durch Verwaltungsakt geltend zu machen, folgt aus § 14 Abs. 1 S. 1 AKostG.

Der Auslagenbegriff des § 7 Abs. 1 AKostG ist extensiv zu verstehen und erfasst somit „nicht nur die dem Hilfsbedürftigen unmittelbar zugewandten Sach- oder Geldmittel, sondern auch diejenigen finanziellen Mittel, die [...] unmittelbar zur Behebung der Notlage bestimmt sind und zu diesem Zweck einem Dritten zugewandt werden"[1290]. Die erstattungsfähigen Auslagen beschränken sich jedoch auf solche, die bezifferbar sind und dem ehemaligen Entführungsopfer individuell zugerechnet werden können. Diese müssen grundsätzlich in voller Höhe erstattet werden. Es besteht jedoch zunächst die Möglichkeit die Kostenforderung der Bundesrepublik Deutschland bei Vorliegen einer erheblichen Härte im Falle der sofortigen Einziehung gem. § 19 AKostG i.V.m. § 59 Abs. 1 S. 1 Nr. 1 BHO zu stunden. Sollte feststehen, dass die Geltendmachung aufgrund der wirtschaftlichen Verhältnisse des ehemaligen Entführungsopfers oder aus anderen Gründen keinen Erfolg verspricht, so kommt ihre (befristete oder unbefristete) Niederschlagung nach § 19 AKostG i.V.m. § 59 Abs. 1 S. 1 Nr. 2 Alt. 1 BHO in Betracht; ausgeschlossen ist jedoch regelmäßig eine Niederschlagung gem. § 19 AKostG i.V.m. § 59 Abs. 1 S. 1 Nr. 2 Alt. 2 BHO.

Gem. § 10 Abs. 1 Alt. 1 AKostG kann die Kostenschuld des ehemaligen Entführungsopfers darüber hinaus ganz oder teilweise erlassen werden, wenn es sich in einer wirtschaftlichen Notlage befindet; diese Voraussetzung wird im Regelfall jedoch abzulehnen sein. Ein (Teil-)Erlass kommt nach § 10 Abs. 1 Alt. 2 AKostG allerdings auch dann in Betracht, sollten die Kosten für das konkrete ehemalige

1290 BVerwG NJW 2009, 2905 (2906).

Entführungsopfer eine besondere Härte darstellen. Unter vergleichbaren Anforderungen eröffnet zudem § 19 AKostG i.V.m. § 59 Abs. 1 S. 1 Nr. 3 BHO die rechtliche Möglichkeit eines Erlasses der Kostenschuld. Bei der Bestimmung der individuellen besonderen Härte können zum einen die Einnahmen des ehemaligen Entführungsopfers aus der Vermarktung seiner Entführungsgeschichte und – anders als auf der Ebene von Schutzpflicht und Schutzanspruch – auch sein Verschulden sowie der Grund seines Auslandsaufenthalts berücksichtigt werden. Im Ergebnis sind mit einem steigenden Verschuldensgrad folglich größere finanzielle Anstrengungen zur Begleichung der individuell zurechenbaren Kosten seiner Entführung zu erwarten.

Schuldner des Anspruchs auf Erstattung der im Zusammenhang mit einer Entführung entstandenen Auslagen ist in jedem Fall das ehemalige Entführungsopfer, vgl. § 13 Abs. 1 Nr. 1 AKostG. Sein Arbeitgeber kann im Falle einer berufsbedingten Entsendung in Regionen mit instabiler Sicherheitslage von der Bundesrepublik Deutschland ausschließlich dann als Kostenschuldner Anspruch genommen werden, wenn er die Kostenschuld seines Arbeitsnehmers freiwillig gem. § 13 Abs. 1 Nr. 2 AKostG „übernommen" hat; in diesem Fall haften beide nach § 13 Abs. 2 AKostG als Gesamtschuldner. Eine gesetzliche Haftung nach § 13 Abs. 1 Nr. 3 AKostG besteht allerdings nicht.

Für einen Rückgriff auf einen Aufwendungsersatz nach den Grundsätzen der öffentlich-rechtlichen Geschäftsführung ohne Auftrag gem. §§ 670, 683 S. 1, 670 BGB (analog) bleibt damit ebenso wenig Raum wie für eine Erstattung über das Rechtsinstitut des öffentlich-rechtlichen Erstattungsanspruchs, als die im Zusammenhang mit der Entführung entstandenen Auslagen nicht ohne Rechtsgrund erfolgten.

Unter Zugrundelegung der dargestellten Ergebnisse einer finanziellen Beteiligung eines ehemaligen Entführungsopfers an den Kosten seiner Entführung sind die in der Vergangenheit erlassenen Kostenbescheide des Auswärtigen Amtes in den eingangs beschriebenen Fällen in Ansehung ihrer Höhe[1291] rechtlich nicht zu beanstanden. Dabei stellt sich seine Erstattungspraxis zwar als sehr intransparent dar, da es weder zwischen den entstandenen Befreiungs- und Anschlusskosten differenziert, noch ist ersichtlich, ob und in welchem Umfang von den Begrenzungsmöglichkeit nach § 10 AKostG und § 19 AKostG i.V.m. § 59 BHO Gebrauch gemacht wird.[1292] In keinem der eingangs beschriebenen Entführungsfälle wurden jedoch die Gesamtkosten, die die wirtschaftliche Existenz des ehemaligen Entführungsopfers gefährden könnten, sondern „lediglich" die bezifferbaren und ihm individuell zurechenbaren Kosten durch das Auswärtige Amt in Rechnung gestellt. Allerdings sind „die Umstände von Entführungsfällen, der Umfang der erforderlichen Bemühungen

1291 Dabei hat das Auswärtige Amt den Anspruch auf Erstattung der Befreiungskosten – allerdings anders als vorliegend herausgearbeitet – insgesamt auf §§ 5 Abs. 5 S. 1, 25 KonsG i.V.m. §§ 7 Abs. 1, 10 ff. AKostG stützt, vgl. diesbzgl. OVG Berlin-Brandenburg, Urt. v. 21.02.2007, Az. 11 B 9.06, Rn. 3 – juris; VG Berlin, Urt. v. 04.04.2006, Az. 14 A 12.04, Rn. 7 – juris.

1292 So auch die Einschätzung von *C. P. Kokew*, Auslandsschutz deutscher Staatsangehöriger bei Entführungen, 2012, S. 298.

der Beklagten zur Freilassung der Betroffenen und damit einhergehend die Höhe der [...] [erstattungsfähigen] Kosten [...] naturgemäß höchst unterschiedlich"[1293]. Es stellt daher keinen Verstoß gegen den allgemeinen Gleichheitssatz des Art. 3 Abs. 1 GG dar, wenn R. Weigel 12.640,05 € für die anteiligen Charterkosten des Hubschraubers im Rahmen der Befreiung, aber keine Kosten für Kleidung und Lebensmittel, die Familie Wallert insgesamt 12.887 DM (umgerechnet ca. 6590,- €) für den Krankenflug von Frau Wallert und für Lebensmittel, Medikamente sowie Kleidung, die „Sahara-Geiseln" jeweils zwischen 1.092,- und 2.301,- € für Telekommunikation, Dienstfahrten und die Rückführung nach Deutschland und S. Osthoff keine Kosten erstatten mussten.

Einzig im Entführungsfall J. Chrobog und seiner Familie bestehen auf den ersten Blick Zweifel an einer Beachtung der beschriebenen Praxis: Obwohl die ehemaligen Entführungsopfer mit der Flugbereitschaft des Bundesministeriums der Verteidigung nach Deutschland zurück geflogen wurden und sich die Kosten dieses Fluges auf rund 14.000 € beliefen, forderte das Auswärtigen Amt von ihnen insgesamt lediglich 2297,60 € für ihre Rückreise nach Deutschland zurück. Die Challenger-Maschine befand sich allerdings ohnehin im Jemen, sodass die realen Kosten der Rückführung des Flugzeugs auch dann angefallen wären, wären die Chrobogs mit einem Linienflug nach Deutschland zurückgekehrt. Die Kosten der Rückreise waren in der Gesamthöhe von 14.000 € somit nicht individuell zurechenbar, sodass ihre Berechnung auf der Basis der üblichen Preise von Lufthansa-Tickets rechtlich, aber auch aus ökonomischer Sicht, nicht zu beanstanden ist. Im Fall der Entführung von R. Bräunlich und T. Nitzschke sind keine Informationen über Forderungen des Auswärtigen Amtes bekannt; Zeitungsberichten ist jedoch zu entnehmen, dass sich ihr Arbeitgeber freiwillig an eventuellen Kosten ihrer Entführung beteiligen wollte.[1294]

In jedem Fall sollte die Erstattungspraxis durch das Auswärtige Amt transparent und vorhersehbar gehandhabt werden, um das Verständnis eines ehemaligen Entführungsopfers für eine angemessene finanzielle Beteiligung an den Kosten seiner Entführung zu erreichen und damit einem gerichtlichen Vorgehen gegen den ihr zugrunde liegenden Kostenbescheid vorzubeugen.[1295]

III. Kostenerhebung nach den Vorschriften des KonsG und des BGebG

In einem zweiten Schritt ist nun die Kostenerhebung durch das Auswärtige Amt auf Grundlage der ab dem 15. August 2018 geltenden Rechtlage zu untersuchen. In diesem Zusammenhang ist zunächst festzustellen, dass das KonsG auch nach diesem

1293 OVG Berlin-Brandenburg, Urt. v. 21.02.2007, Az. 11 B 9.06, Rn. 47 – juris.

1294 Handelsblatt v. 05.05.2006, „Geiselhaft war kein menschunwürdiges Martyrium", im Internet: http://www.handelsblatt.com/politik/international/irak-geiselhaft-war-kein-menschenunwuerdiges-martyrium/2649650.html.

1295 *D. Hanschel*, ZaöRV 66 (2006), 789 (814).

Zeitpunkt von einer grundsätzlichen Kostenpflichtigkeit der Tätigkeit des Auswärtigen Amtes, der Auslandsvertretungen sowie der Honorarkonsularbeamten ausgeht, wobei § 25 KonsG für die Erhebung von Gebühren und Auslagen ausdrücklich auf das BGebG verweist:[1296]

§ 25 n.F. Besondere gesetzliche Regelung

Das Auswärtige Amt, die Vertretungen des Bundes im Ausland sowie die Honorarkonsularbeamten erheben Gebühren und Auslagen nach dem Bundesgebührengesetz, soweit in diesem Abschnitt nichts anderes bestimmt ist.

Die eigentliche Kostenerhebung richtet sich demnach – soweit nicht die spezielleren Regelungen der §§ 25a bis e KonsG n.F. eingreifen[1297] – nicht nach dem KonsG, sondern nach dem insbesondere für die Kostenerhebung der Bundesbehörden geltenden BGebG, dessen Anwendungsbereich durch § 2 BGebG näher umschrieben wird:

§ 2. Anwendungsbereich

(1) Dieses Gesetz gilt für die Gebühren und Auslagen öffentlich-rechtlicher Verwaltungstätigkeit der Behörden des Bundes und der bundesunmittelbaren Körperschaften, Anstalten und Stiftungen des öffentlichen Rechts, soweit dieses Gesetz oder die Gebührenverordnungen nach § 22 Absatz 3 und 4 für individuell zurechenbare öffentliche Leistungen die Erhebung von Gebühren oder die Erstattung von Auslagen vorsehen.
(2) Dieses Gesetz gilt auch für die Erhebung von Gebühren und Auslagen durch die in Absatz 1 genannten Behörden nach anderen Rechtsvorschriften des Bundes, soweit dort nichts anderes bestimmt ist. Es gilt jedoch nicht für individuell zurechenbare öffentliche Leistungen
1. in Verfahren nach der Abgabenordnung,
2. in Verfahren nach dem Sozialgesetzbuch und der Postbeamtenkrankenkasse,
3. der Bundesbehörden der Justiz- und Gerichtsverwaltung sowie des Deutschen Patent- und Markenamtes, des Bundeskartellamtes und der Bundesnetzagentur, soweit sie als Regulierungsbehörde im Sinne des Energiewirtschaftsgesetzes auftritt,
4. der Bundespolizei,
5. bis 8. […]
(3) Dieses Gesetz findet keine Anwendung, soweit das Recht der Europäischen Union die Erhebung von Gebühren oder Auslagen für bestimmte Leistungen ausschließt.

1296 In Bezug auf die ausdrücklich normierte Erstattungspflicht nach § 5 Abs. 5 S. 1 KonsG für Auslagen, die einem Konsularbeamten durch Hilfeleistungen nach § 5 Abs. 1 KonsG entstanden sind, sowie § 6 Abs. 2 S. 1 KonsG für angefallene Auslagen für Hilfen in Katastrophenfällen i.S.v. § 6 Abs. 1 KonsG ergeben sich ebenso keine Änderungen.

1297 S. hierzu BT-Drs. 17/10422, zu Art. 4 Abs. 42 zu § 25 Entwurf des Gesetzes zur Strukturreform des Gebührenrechts des Bundes, S. 188.

In den Anwendungsbereich des BGebG fällt somit insbesondere die Erhebung von Gebühren und Auslagen öffentlich-rechtlicher Verwaltungstätigkeit der Behörden des Bundes. Es gilt somit auch für die des Auswärtigen Amtes sowie der deutschen Auslandsvertretungen, die gem. § 3 Abs. 6 BGebG als Behörden i.S.d. BGebG anzusehen sind.[1298] Dabei enthält § 2 BGebG anders als § 1 Abs. 1 AKostG keine Legaldefinition des Kostenbegriffs, denn „abweichend vom geltenden Recht wird auf die Zusammenfassung von Gebühren und Auslagen unter dem bisherigen Oberbegriff „Kosten" verzichtet. Stattdessen werden ausschließlich die Begriffe „Gebühren" und – soweit erforderlich – „Auslagen" verwendet[1299] und damit der rechtlichen (Weiter-)Entwicklung des Kostenbegriffs Rechnung getragen: Kosten sind danach allein im Sinne einer betriebswirtschaftlichen Definition zu verstehen, vgl. auch § 3 Abs. 3 BGebG;[1300] eine Bestimmung der Begriffe Kosten und Auslagen findet sich in § 3 Abs. 4 BGebG bzw. § 3 Abs. 5 BGebG.[1301] Darüber hinaus ist festzustellen, dass die Erhebung von Gebühren und Auslagen nach dem BGebG nicht mehr wie die § 1 AKostG und § 1 VwKostG an den Begriff der Amtshandlung anknüpft. Maßgeblich ist vielmehr eine individuell zurechenbare öffentliche Leistung i.S.v. § 3 Abs. 1 und 2 BGebG. Das BGebG wurde somit an die Terminologie der Verfassungsrechtsprechung zum Gebührenbegriff angepasst.[1302]

1298 BT-Drs. 17/10422, zu Art. 1 zu § 2 (Anwendungsbereich) des Gesetzes zur Strukturreform des Gebührenrechts des Bundes, S. 89; BT-Drs. 17/10422, zu Art. 4 zu Abs. 43 des Gesetzes zur Strukturreform des Gebührenrechts des Bundes, S. 189. *§ 3 Abs. 6 BGebG. Begriffsbestimmungen* lautet:
(6) Behörde im Sinne dieses Gesetzes ist jede Stelle, die Aufgaben der öffentlichen Verwaltung wahrnimmt.

1299 BT-Drs. 17/10422, zu Art. 1 zu § 2 (Anwendungsbereich) des Gesetzes zur Strukturreform des Gebührenrechts des Bundes, S. 90.

1300 BT-Drs. 17/10422, zu Art. 1 zu § 2 (Anwendungsbereich) des Gesetzes zur Strukturreform des Gebührenrechts des Bundes, S. 90; BR-Drs. 305/12, zu Art. 1 zu § 2 (Anwendungsbereich) des Gesetzes zur Strukturreform des Gebührenrechts des Bundes, S. 170.

1301 § 3 Abs. 3 bis 5 BGebG lauten: *§ 3 BGebG. Begriffsbestimmungen*
(3) Kosten im Sinne dieses Gesetzes sind solche, die nach betriebswirtschaftlichen Grundsätzen als Einzel- und Gemeinkosten ansatzfähig sind, insbesondere Personal- und Sachkosten sowie kalkulatorische Kosten. Zu den Gemeinkosten zählen auch die Kosten der Rechts- und Fachaufsicht.
(4) Gebühren sind öffentlich-rechtliche Geldleistungen, die der Gebührengläubiger vom Gebührenschuldner für individuell zurechenbare öffentliche Leistungen erhebt.
(5) Auslagen sind nicht von der Gebühr umfasste Kosten, die die Behörde für individuell zurechenbare öffentliche Leistungen im Einzelfall nach § 12 Absatz 1 oder 2 erhebt.

1302 BT-Drs. 17/10422, zu Art. 1 zu § 2 (Anwendungsbereich) des Gesetzes zur Strukturreform des Gebührenrechts des Bundes, S. 89 f.; vgl. auch BVerfGE 50, 217 (226) – *Widerspruchsgebühr. § 3 Abs. 1 und 2 BGebG. Begriffsbestimmungen* lauten:

Anders als das VwKostG ist das BGebG gem. § 2 Abs. 1 BGebG – unter Beachtung der im 5. Abschnitt des KonsG getroffenen Regelungen – somit grundsätzlich auf die Erstattung der im Zusammenhang mit den in den vorliegend untersuchten Entführungsfällen entstandenen Aufwendungen anwendbar. Dabei normiert § 1 BGebG die zentrale gesetzliche Ermächtigungsgrundlage für die Erhebung von Gebühren und Auslagen:[1303]

> **§ 1. Gebührenerhebung**
>
> Der Gebührengläubiger erhebt für individuell zurechenbare öffentliche Leistungen vom Gebührenschuldner Gebühren und Auslagen nach Maßgabe dieses Gesetzes und der Gebührenverordnungen nach § 22 Absatz 3 und 4.

Angesichts der Vielzahl der im Zusammenhang mit Entführungsfallen entstehenden Kostenpositionen werden diese zudem nicht durch einen in einer (zu schaffenden) Gebührenverordnung nach § 22 Abs. 3 oder 4 BGebG bzw. in einem (zu schaffenden) Gebührenverzeichnis[1304] genannten Gebührentatbestände umfasst werden können. Die individuelle Zurechenbarkeit der sie verursachenden öffentlichen Leistung

---

(1) Individuell zurechenbare öffentliche Leistungen sind
1. in Ausübung hoheitlicher Befugnisse erbrachte Handlungen,
2. die Ermöglichung der Inanspruchnahme von vom Bund oder von bundesunmittelbaren Körperschaften, Anstalten und Stiftungen unterhaltenen Einrichtungen und Anlagen sowie von Bundeswasserstraßen, soweit die Ermöglichung der Inanspruchnahme öffentlich-rechtlich geregelt ist,
3. Überwachungsmaßnahmen, Prüfungen und Untersuchungen sowie
4. sonstige Handlungen, die im Rahmen einer öffentlich-rechtlichen Verwaltungstätigkeit erbracht werden,
soweit ihnen Außenwirkung zukommt.
(2) Individuell zurechenbar ist eine Leistung,
1. die beantragt oder sonst willentlich in Anspruch genommen wird,
2. die zugunsten des von der Leistung Betroffenen erbracht wird,
3. die durch den von der Leistung Betroffenen veranlasst wurde oder
4. bei der ein Anknüpfungspunkt im Pflichtenkreis des von der Leistung Betroffenen rechtlich begründet ist; für Stichprobenkontrollen gilt dies nur, soweit diese nach anderen Gesetzen des Bundes oder Rechtsakten der Europäischen Union besonders angeordnet sind und von dem Gegenstand der Kontrolle eine erhebliche Gefahr ausgeht.

1303 BT-Drs. 17/10422, zu Art. 1 zu § 1 (Grundsatz; Gebührenerhebung) des Gesetzes zur Strukturreform des Gebührenrechts des Bundes, S. 88; BR-Drs. 305/12, zu § 1 (Grundsatz; Gebührenerhebung) des Gesetzes zur Strukturreform des Gebührenrechts des Bundes, S. 168.

1304 Die noch geltende AKostV, die auf Grundlage von § 2 AKostG erlassen wurde, wird durch Art. 4 Abs. 44 i.V.m. Art. 5 Abs. 3 des Gesetzes zur Strukturreform des Gebührenrechts des Bundes am 14.08.2018 aufgehoben und damit ebenso das noch geltende GebV; vgl. auch § 23 Abs. 7 und 8 S. 1 Nr. 2 BGebG.

unterstellt, handelt es sich bei ihnen somit um Auslagen i.S.v. § 3 Abs. 4 BGebG, deren Erstattung sich nach § 12 BGebG richtet:

§ 12. Auslagen

(1) Kosten, die nicht bereits nach § 9 Absatz 1 Satz 2 in die Gebühr einbezogen sind, werden als Auslagen gesondert in der tatsächlich entstandenen Höhe erhoben für
1. Zeugen, Sachverständige, Umweltgutachter, Dolmetscher oder Übersetzer,
2. Leistungen anderer Behörden und Dritter,
3. Dienstreisen und Dienstgänge,
4. Zustellung oder öffentliche Bekanntmachung und
5. Ausfertigungen und Papierkopien, die auf besonderen Antrag erstellt werden.
Auslagen sind auch dann zu erheben, wenn die individuell zurechenbare öffentliche Leistung nach den §§ 7, 8, 9 Absatz 4 oder 5, § 10 Absatz 2 bis 6 gebührenfrei oder die Gebühr ermäßigt ist.
(2) Abweichend von Absatz 1 kann bestimmt werden, dass
1. bestimmte Auslagen nach Absatz 1 Satz 1 nicht gesondert erhoben werden,
2. auch andere als die in Absatz 1 Satz 1 bezeichneten Auslagen gesondert erhoben werden; dies gilt nicht für einfache elektronische Kopien,
3. Auslagen pauschal oder bis zu einem Höchstbetrag erhoben werden und
4. Auslagen nicht oder nicht in voller Höhe erhoben werden, wenn die individuell zurechenbare öffentliche Leistung gebührenfrei oder die Gebühr ermäßigt ist.
(3) Für Auslagen gelten die §§ 4 bis 6, 9 Absatz 4 bis 6, § 10 Absatz 3 sowie die §§ 13 und 14 sowie die §§ 16 bis 21 entsprechend.[1305]

Soweit Kosten nicht bereits nach § 9 Abs. 1 S. 2 BGebG in eine Gebühr einbezogen sind, weil sie etwa „von Fall zu Fall unterschiedliche Rechnungsposten aufweisen oder [öffentliche Leistungen] im Einzelfall erheblich schwankende Kosten verursachen“[1306], sehen §§ 1, 12 Abs. 1 BGebG die Möglichkeit ihrer gesonderten Erhebung als Auslagen vor, vgl. hierzu bereits § 10 Abs. 1 VwKostG bzw. § 7 Abs. 4 AKostG.[1307] Der entsprechende Auslagenerstattungsanspruch der öffentlichen

---

1305 § 12 Abs. 3 BGebG regelt die entsprechende Geltung der dort genannten, für Gebühren geltenden Vorschriften. Diese Regelungstechnik trägt folgenden Aspekten Rechnung: dem Wesen der Auslagenpflicht als Annex zur Gebührenpflicht, dem Ausnahmecharakter der gesonderten Auslagenerhebung (vgl. § 9 Abs. 1 S. 2 BGebG), der Vermeidung von Paarformulierungen und der Übersichtlichkeit und Verständlichkeit des BGebG, s. hierzu BT-Drs. 17/10422, zu Art. 1 zu § 12 Abs. 3 (Auslagen) des Gesetzes zur Strukturreform des Gebührenrechts des Bundes, S. 110; BR-Drs. 305/12, zu Art. 1 zu § 12 Abs. 3 (Auslagen) des Gesetzes zur Strukturreform des Gebührenrechts des Bundes, S. 205.

1306 BT-Drs. 17/10422, zu Art. 1 zu § 12 Abs. 1 (Auslagen) des Gesetzes zur Strukturreform des Gebührenrechts des Bundes, S. 109.

1307 In diesem Sinne ist BT-Drs. 17/10422, zu Art. 1 zu § 12 (Auslagen) des Gesetzes zur Strukturreform des Gebührenrechts des Bundes, S. 108 zu entnehmen: „Soweit bestimmte Kosten nicht regelmäßig vorkommen, soll entsprechend § 10 VwKostG

Hand beschränkt sich jedoch nicht zwangsläufig auf die im Katalog des § 12 Abs. 1 S. 1 Nr. 1 bis 5 BGebG genannten Auslagearten, denn § 12 Abs. 2 BGebG eröffnet i.V.m. § 22 Abs. 1 S. 3, Abs. 3 oder 4 BGebG einen Gestaltungsspielraum zugunsten des Verordnunggebers zu von § 12 Abs. 1 BGebG abweichenden Sonderregelungen. Sie können insbesondere eine gesonderte Erhebung von nicht in § 12 Abs. 1 S. 1 Nr. 1 bis 5 BGebG genannten Auslagen (Nr. 2) vorsehen.[1308] Auf diese Weise wird im Sinne einer „flexiblen bedarfsgerechten Lösung, die sowohl den Kostenstrukturen des jeweiligen Rechtsgebietes als auch dem Erfordernis der Verwaltungsvereinfachung Rechnung trägt"[1309], im Ergebnis auf eine abschließende Aufzählung der erstattungsfähigen Auslagearten i.S.v. §§ 1 Abs. 2, 7 Abs. 2 AKostG sowie § 10 Abs. 1 VwKostG verzichtet.[1310]

1. Besondere Gebührenverordnung des Auswärtigen Amtes nach § 12 Abs. 2 Nr. 2 BGebG i.V.m. § 22 Abs. 1 S. 3, Abs. 4 BGebG

In Bezug auf die Beteiligung des ehemaligen Entführungsopfers an den Kosten seiner Entführung ergibt sich aus den beschriebenen gesetzlichen Vorgaben der §§ 1, 12 BGebG Folgendes: Es kommt zunächst eine Auslagenerstattung gem. §§ 1, 12 Abs. 1 S. 1 BGebG in Betracht. Sie beschränkt sich jedoch in Bezug auf die regelmäßig in Entführungsfällen anfallenden Kostenpositionen insbesondere auf Auslagen für Leistungen anderer Behörden und Dritter nach Nr. 2 (etwa Auslagen einer gewaltsamen Befreiung oder die Rückführung des ehemaligen Entführungsopfers

---

aus fiskalischen Gründen sowie aus Gründen der Verursachergerechtigkeit ihre besondere Erstattung neben der Gebühr als Auslagen ermöglicht werden".

1308 BT-Drs. 17/10422, zu Art. 1 zu § 12 Abs. 2 (Auslagen) des Gesetzes zur Strukturreform des Gebührenrechts des Bundes, S. 109 f.; BR-Drs. 305/12, zu Art. 1 zu § 12 Abs. 2 (Auslagen) des Gesetzes zur Strukturreform des Gebührenrechts des Bundes, S. 204 f.

1309 BT-Drs. 17/10422, zu Art. 1 zu § 12 Abs. 2 (Auslagen) des Gesetzes zur Strukturreform des Gebührenrechts des Bundes, S. 109.

1310 BT-Drs. 17/10422, zu Art. 1 zu § 12 (Auslagen) des Gesetzes zur Strukturreform des Gebührenrechts des Bundes, S. 108 f.; BR-Drs. 305/12, zu Art. 1 zu § 12 (Auslagen) des Gesetzes zur Strukturreform des Gebührenrechts des Bundes, S. 202 ff. Insoweit aber widersprüchlich BT-Drs. 17/10422, zu Art. 1 zu § 12 Abs. 1 und 2 (Auslagen) des Gesetzes zur Strukturreform des Gebührenrechts des Bundes, S. 109: So wird in Bezug auf § 12 Abs. 1 BGebG darauf verwiesen, dass es sich bei den in § 12 Abs. 1 S. 1 Nr. 1 bis 5 BGebG genannten Auslagen lediglich um eine beispielhafte Aufzählung handele und der genannte Katalog mithin, anders als der des § 10 Abs. 1 VwKostG, als nicht abschließend anzusehen sei. Diese Feststellung kann aufgrund des Wortlauts und der Systematik des § 12 BGebG jedoch nur unter Berücksichtigung der Verordnungsermächtigung des § 12 Abs. 2 Nr. 2 BGebG zugestimmt werden; s. speziell in Bezug auf die Erstattung von Auslagen des Auswärtigen Dienstes BT-Drs. 17/10422, zu Art. 4 Abs. 42 zu § 25e des Gesetzes zur Strukturreform des Gebührenrechts des Bundes, S. 189.

nach Deutschland durch eine private Fluggesellschaft) sowie für Dienstreisen der Mitarbeiter des Krisenstabs nach Nr. 3.

Der Großteil der entstehenden Kosten der Entführung lässt sich jedoch nicht unter die nach §§ 1, 12 Abs. 1 S. 1 BGebG erstattungsfähigen Auslagearten subsumieren. Gleiches gilt für Auslagen, die allgemein im Zusammenhang mit einem Verwaltungshandeln im Ausland anfallen. Das Auswärtige Amt wird daher von seiner gem. § 12 Abs. 2 Nr. 2 BGebG i.V.m. §§ 22 Abs. 1 S. 3, Abs. 4 BGebG eröffneten (Gestaltungs-)Kompetenz zum Erlass einer Besonderen Gebührenverordnung Gebrauch machen.[1311] Eine entsprechend die Besonderheiten des Auslandskostenrechts berücksichtigende Sonderregelung der Auslagenerstattung könnte lauten:

Eingangsformel

Auf Grundlage des § 12 Abs. 2 Nr. 2 BGebG i.V.m. § 22 Abs. 1 S. 3, Abs. 4 BGebG verordnet das Auswärtige Amt:[1312]

§ 1. Auslagen

(1) Auslagen der Vertretungen des Bundes im Ausland und der Honorarkonsularbeamten, die im Zusammenhang mit individuell zurechenbaren öffentlichen Leistungen nach den §§ 1 bis 17 KonsG entstehen und nicht unter einen der in § 12 Abs. 1 S. 1 Nr. 1 bis 5 BGebG genannten Tatbestände fallen, sind zu erstatten.
(2) Für individuell zurechenbare öffentliche Leistungen des Auswärtigen Amtes werden über § 12 Abs. 1 S. 1 Nr. 1 bis 5 BGebG hinaus folgende Auslagen, erhoben: [...]
(3) Auslagen von weniger als fünf Euro werden nur erhoben, wenn der damit verbundene Verwaltungsaufwand gering ist. Eine Pauschalierung ist zulässig.
(4) Auslagen für die Übermittlung fernmündlicher, fernschriftlicher und einfacher schriftlicher Auskünfte oder Mitteilungen von weniger als zehn Euro werden nicht erhoben. Dies gilt nicht für Auslagen für Ferngespräche und Fernschreiben in Visaangelegenheiten.

Diese sich am Wortlaut der §§ 1, 7 AKostG und § 3 AKostV orientierende Sonderregelung trägt sowohl der im Auslandskostenrecht erforderlichen Flexibilität als auch ihrer Auffangfunktion gegenüber § 12 Abs. 1 S. 1 BGebG in angemessener Weise Rechnung: So könnte § 1 Abs. 1 Entwurf der Besonderen Gebührenverordnung eine an §§ 1 Abs. 1, 7 Abs. 1 AKostG angelehnte allgemeine Erstattungspflicht für Auslagen vorsehen, die den Auslandsvertretungen durch individuell zurechenbare öffentliche Leistungen nach den §§ 1 bis 17 KonsG entstehen. Zwar wäre in diesem

1311 BT-Drs. 17/10422, zu Art. 4 Abs. 42 zu § 25e des Gesetzes zur Strukturreform des Gebührenrechts des Bundes, S. 189.

1312 Das Zitiergebot ergibt sich aus Art. 80 Abs. 1 S. 3 GG; zu den weiteren Anforderungen an eine Rechtsverordnung, s. statt vieler BVerfGE 101, 1, (41 ff.) – *Hennenhalteverordnung*; *C. v. Coelln*, in: C. Gröpl/K. Windthorst/ders. (Hrsg.), Grundgesetz, 2. Aufl. 2015, Art. 80 Rn. 30 ff.; *H. Jarass*, in: ders./B. Pieroth, Grundgesetz, 13. Aufl. 2014, Art. 80 Rn. 14 ff.

Zusammenhang grundsätzlich auch eine Orientierung an § 7 Abs. 2 AKostG und § 10 Abs. 1 VwKostG denkbar. Gegen eine abschließende Aufzählung der erstattungsfähigen Auslagen der Auslandsvertretungen sprechen jedoch dieselben Erwägungsgründe, die bereits im Rahmen der Neuregelung des Auslandskostenrechts durch das AKostG zum Tragen kamen:[1313] So sollte durch §§ 1 Abs. 1, 7 Abs. 1 AKostG eine Regelung über die Auslagenerstattung der Auslandsvertretungen geschaffen werden, die die sich nicht zuletzt in § 1 Sps. 2 KonsG widerspiegelnde Vielfältigkeit ihres Tätigkeitsbereichs auf der Ebene von Schutzpflicht und Schutzanspruch – gleichsam spiegelbildlich – auf der Kostenebene abbildet.[1314]

In vergleichbarer Weise könnte hinsichtlich der Erstattung der dem Auswärtigen Amt entstehenden Auslagen an einer am Wortlaut der §§ 1 Abs. 2, 7 Abs. 2 AKostG angelehnten Sonderregelung nach § 1 Abs. 2 Entwurf der Besonderen Gebührenverordnung festgehalten werden. Ein Bedürfnis für eine Abkehr von einer auch § 12 BGebG grundsätzlich zugrunde liegenden Aufzählung der erstattungsfähigen Auslagearten besteht nicht.[1315]

Im Ergebnis werden sich unter Zugrundelegung von §§ 1, 12 Abs. 1 S. 1 BGebG sowie des formulierten § 1 Entwurf der Besonderen Gebührenverordnung des Auswärtigen Amtes nach § 12 Abs. 2 Nr. 2 BGebG i.V.m. § 22 Abs. 1 S. 3, Abs. 4 BGebG keine nennenswerten Änderungen der Beteiligung des ehemaligen Entführungsopfers an den Kosten seiner Befreiung ab dem 15. August 2018 ergeben.

a. Kein Erstattungsanspruch für bestimmte Auslagen des Auswärtigen Amtes

So würde zunächst ein Erstattungsanspruch der Bundesrepublik Deutschland für bestimmte Auslagen des Auswärtigen Amtes nach §§ 1, 12 Abs. 1 S. 1 BGebG bzw. §§ 1, 12 Abs. 2 BGebG i.V.m. § 1 Abs. 2 Entwurf der Besonderen Gebührenverordnung ausscheiden. Diese setzen eine individuell zurechenbare öffentliche Leistung voraus, der wie bei §§ 7 Abs. 2, 1 Abs. 2 AKostG Außenwirkung zukommen muss, vgl. § 3 Abs. 1 BGebG a.E. Diese ist bei Handlungen des Auswärtigen Amtes in Fällen der Entführung deutscher Staatsangehöriger im Ausland jedoch zu verneinen: Selbst wenn die maßgeblichen Entscheidungen in rein tatsächlicher Hinsicht häufig durch den Krisenstab in der Zentrale des Auswärtigen Amtes in Berlin getroffen werden sollten, wird das Auswärtige Amt gem. § 3 Abs. 1 KonsG i.V.m. §§ 1 Abs. 4, 2 GAD über seine Konsulate oder Botschaften im Ausland tätig. Die unterstützende Tätigkeit des Auswärtigen Amtes in Entführungsfällen entfaltet somit regelmäßig keine Außenwirkung.[1316]

1313 S. hierzu erneut im siebten Teil unter B. II. 1. und 2. a. aa. (1).

1314 BT-Drs. 8/176, zu § 7 Entwurf des AKostG, S. 9; s. auch die Begründung zu § 10 VwKostG BT-Drs. VI/330, zu § 10 Entwurf des VwKostG, S. 14 f.

1315 Hierzu im Hinblick auf § 7 Abs. 2 AKostG BT-Drs. 8/176, zu § 7 Entwurf des AKostG, S. 9.

1316 S. hierzu bereits im siebten Teil unter B. II. 1.

b. *Auslagenerstattungsanspruch im Zusammenhang mit individuell zurechenbaren öffentlichen Leistungen der Auslandsvertretungen*

Ansprüche der Bundesrepublik Deutschland auf Erstattung der im Zusammenhang mit einem Entführungsfall anfallenden Auslagen könnten sich jedoch aus §§ 1, 12 Abs. 1 S. 1 BGebG i.V.m. §§ 1 Sps. 2, 25 ff. KonsG bzw. §§ 5 Abs. 5 S. 1, 5 Abs. 1, 25 ff. KonsG sowie aus §§ 1, 12 Abs. 2 BGebG i.V.m. § 1 Abs. 1 Entwurf der Besonderen Gebührenverordnung des Auswärtigen Amtes i.V.m. §§ 1 Sps. 2, 25 ff. KonsG bzw. §§ 5 Abs. 5 S. 1, 5 Abs. 1, 25 ff. KonsG ergeben. Ihre Voraussetzungen sind erfüllt, wenn der beteiligten Auslandsvertretung durch dem ehemaligen Entführungsopfer individuell zurechenbare öffentliche Leistungen erstattungsfähige Auslagen i.S.v. § 3 Abs. 5 BGebG entstehen. Dabei kommt eine Auslagenerstattung nach §§ 25, 25e KonsG n.F. über die in § 12 Abs. 1 S. 2 BGebG genannten Fälle auch dann in Betracht, sollte – wie in den vorliegend untersuchten Sachverhalten – für eine individuell zurechenbare öffentliche Leistung keine Gebühr vorgesehen sein.[1317]

Bei den auslagenverursachenden konsularischen Hilfsmaßnahmen der Auslandsvertretungen im Rahmen ihrer Befreiungsbemühungen gem. § 1 Sps. 2 KonsG sowie im Anschluss an die Entführung nach § 1 Sps. 2 KonsG bzw. § 5 Abs. 1 KonsG handelt es sich um öffentliche Leistungen i.S.v. § 3 Abs. 1 Nr. 1 BGebG. Sie sind dem ehemaligen Entführungsopfer gem. § 3 Abs. 2 Nr. 1 bzw. 2 BGebG auch individuell zurechenbar:[1318] Die Hilfeleistungen werden in jedem Fall in seinem Interesse

---

1317 BT-Drs. 17/10422, zu Art. 4 Abs. 42 zu § 25e des Gesetzes zur Strukturreform des Gebührenrechts des Bundes, S. 189; vgl. auch § 7 Abs. 3 AKostG. § 25e KonsG n.F. wird lauten: *§ 25e KonsG. Auslagen*
Die Erstattung von Auslagen kann auch verlangt werden, wenn für die individuell zurechenbare öffentliche Leistung eine Gebühr nicht vorgesehen ist.

1318 § 3 Abs. 1 und 2 BGebG lauten: *§ 3 BGebG. Begriffsbestimmungen*
(1) Individuell zurechenbare öffentliche Leistungen sind
1. in Ausübung hoheitlicher Befugnisse erbrachte Handlungen,
2. die Ermöglichung der Inanspruchnahme von vom Bund [...] unterhaltenen Einrichtungen und Anlagen sowie von Bundeswasserstraßen, soweit die Ermöglichung der Inanspruchnahme öffentlich-rechtlich geregelt ist,
3. Überwachungsmaßnahmen, Prüfungen und Untersuchungen sowie
4. sonstige Handlungen, die im Rahmen einer öffentlich-rechtlichen Verwaltungstätigkeit erbracht werden,
soweit ihnen Außenwirkung zukommt.
(2) Individuell zurechenbar ist eine Leistung,
1. die beantragt oder sonst willentlich in Anspruch genommen wird,
2. die zugunsten des von der Leistung Betroffenen erbracht wird,
3. die durch den von der Leistung Betroffenen veranlasst wurde oder
4. bei der ein Anknüpfungspunkt im Pflichtenkreis des von der Leistung Betroffenen rechtlich begründet ist; für Stichprobenkontrollen gilt dies nur, soweit diese nach anderen Gesetzen des Bundes oder Rechtsakten der Europäischen Union besonders angeordnet sind und von dem Gegenstand der Kontrolle eine erhebliche Gefahr ausgeht.

vor- und hinsichtlich der Maßnahmen im Anschluss an das Entführungsende teilweise sogar willentlich in Anspruch genommen. Die Voraussetzungen der genannten Anspruchsgrundlagen liegen somit vor.

Zu erstatten sind die Auslagen, die der in den Entführungsfall involvierten Auslandsvertretung als individuell dem ehemaligen Entführungsopfer zurechenbare öffentliche Leistungen der Befreiungsbemühungen und im Anschluss an das Entführungsende entstehen. Soweit sie unter eine der in § 12 Abs. 1 S. 1 Nr. 1 bis 5 BGebG genannten Auslagearten fallen, ergibt sich der Erstattungsanspruch der Bundesrepublik aus §§ 1, 12 Abs. 1 S. 1 BGebG i.V.m. §§ 1 Sps. 2, 25 ff. KonsG; sollten Hilfeleistungen im Anschluss an die Entführung ausnahmsweise auf § 5 Abs. 1 KonsG gestützt werden, so leitet sich der Erstattungsanspruch in diesem Fall aus § 12 Abs. 1 S. 1 Nr. 1 bis 5 BGebG i.V.m. §§ 5 Abs. 5 S. 1, 5 Abs. 1, 25 ff. KonsG her. Die übrigen Auslagen können entsprechend über §§ 1, 12 Abs. 2 BGebG i.V.m. § 1 Abs. 1 Entwurf der Besonderen Gebührenverordnung des Auswärtigen Amtes i.V.m. §§ 1 Sps. 2, 25 ff. KonsG bzw. §§ 5 Abs. 5 S. 1, 5 Abs. 1, 25 ff. KonsG erstattet verlangt werden. Anders als unter Zugrundelegung der Vorschriften des AKostG und des KonsG empfiehlt sich daher zunächst eine Unterteilung anhand der einschlägigen Anspruchsgrundlage; in einem weiteren Schritt sollte jedoch aus Transparenzgesichtspunkten an einer Trennung der Kosten der Befreiung in Auslagen der eigentlichen Befreiung und solchen, die im Anschluss an das Ende einer Entführung entstehen, festgehalten werden.

aa. Erstattungsfähige Auslagen i.S.v. § 3 Abs. 5 BGebG entsprechen denen unter Zugrundelegung des Auslagenbegriffs nach § 7 Abs. 1 AKostG

Welche der genannten Anspruchsgrundlagen im konkreten Entführungsfall einschlägig sind, ist – ebenso wie ihre Höhe – insbesondere mit Blick auf § 12 Abs. 1 S. 1 Nr. 2 Alt. 2 BGebG (Leistungen Dritter) von den Umständen des Einzelfalls abhängig. Maßgeblich ist dabei, ob die von der Auslandsvertretung eingesetzten Sach- oder Geldmittel dem (ehemaligen) Entführungsopfer direkt oder von einem Dritten zugewandt wurden.

Im Ausgangspunkt können jedoch grundsätzlich dieselben Kostenpositionen erstattet verlangt werden wie bei einer Kostenerhebung nach den Vorschriften des KonsG und des AKostG. So werden einerseits über § 12 Abs. 1 S. 1 Nr. 2 Alt. 2 BGebG „nicht nur die dem Hilfsbedürftigen unmittelbar zugewandten Sach- oder Geldmittel, sondern auch diejenigen finanziellen Mittel [erfasst], die [...] unmittelbar zur Behebung der Notlage bestimmt sind und zu diesem Zweck einem Dritten zugewandt werden“[1319]. Einem restriktiven Verständnis des Auslagenbegriffs des §§ 12, 3 Abs. 5 BGebG, wie er durch das BVerwG mit Blick auf § 7 Abs. 1 AKostG vertreten wurde, ist somit einerseits der Boden entzogen. Andererseits sind lediglich solche Auslagen zu erstatten, die dem ehemaligen Entführungsopfer individuell

1319 BVerwG NJW 2009, 2905 (2906).

zurechenbar sind. Anders als bei §§ 7 Abs. 1, 1 Abs. 1 AKostG ist dieses Merkmal jedoch nicht in den zugrunde zulegenden Begriff der erstattungsfähigen Auslagen einzubeziehen; es ergibt sich vielmehr bereits aus der vorlagerten Anspruchsvoraussetzung einer auslagenverursachenden, individuell zurechenbaren öffentlichen Leistung, vgl. § 3 Abs. 1, 2 und 5 BGebG.

bb. Anwendbarkeit der Vorschriften des BGebG auf die Erstattung von Auslagen für konsularische Hilfeleistungen gem. § 5 Abs. 1 KonsG

Abschließend bleibt festzustellen, dass der eine ausdrückliche Erstattungspflicht enthaltende Wortlaut des § 5 Abs. 5 S. 1 KonsG trotz der Neuregelung des Auslandskostenrechts durch das BGebG ab dem 15. August 2018 unverändert bleibt. Wie im Rahmen der Kostenerhebung nach den Vorschriften des KonsG und des AKostG stellt sich somit auch im vorliegenden Zusammenhang die Frage nach dem rechtlichen Verhältnis von § 5 Abs. 5 S. 1 KonsG und §§ 1, 12 BGebG i.V.m. §§ 1 bis 17, 25 ff. KonsG. Dabei können zugunsten einer Anwendbarkeit des BGebG im Wesentlichen dieselben Argumente angeführt werden, die schon eine Anwendbarkeit der allgemeinen Auslagenerstattungspflicht nach §§ 7 Abs. 1, 1 Abs. 1 AKostG i.V.m. §§ 1 bis 17, 25 KonsG auf die durch Hilfen an einzelne entstehenden Auslagen stützen. Dies ist zunächst die angedeutete Deckungsgleichheit der Auslagenbegriffe in § 5 Abs. 5 S. 1 KonsG und §§ 12, 3 Abs. 5 BGebG. Sie widerlegte bereits im Rahmen der Untersuchung der Anwendbarkeit des AKostG eine entsprechende Argumentation des BVerwG zugunsten der Spezialität des Auslagenersatzes nach § 5 Abs. 5 S. 1 KonsG.[1320]

Vor dem Hintergrund der Neuregelung des Auslandskostenrechts sprechen freilich noch weitere Argumente für eine Anwendbarkeit des BGebG:[1321] So sieht zum einen § 25 KonsG n.F. weiterhin eine Erhebung von Gebühren und Auslagen insbesondere der Auslandsvertretungen nach der besonderen gesetzlichen Regelung des BGebG vor, ohne dass die Auslagenerstattung für Hilfen nach § 5 Abs. 1 KonsG von dieser Verweisung ausgenommen wird;[1322] sie würde durch § 5 Abs. 5 KonsG ohnehin nur partiell geregelt. Ein Ausschluss der Anwendbarkeit des BGebG auf die Erstattung von Auslagen der Hilfen nach § 5 Abs. 1 KonsG würde zum anderen der mit Erlass des BGebG angestrebten umfassenden Strukturreform des Verwaltungsgebührenrechts des Bundes widersprechen. Dieses sollte modernisiert, bereinigt und vereinheitlicht werden.[1323] Dieser Zielsetzung folgend wird die Erstattung der

1320 S. hierzu bereits im siebten Teil unter B. II. 2. a. aa. und bb.

1321 Dabei kann unterstellt werden, dass der Gesetzgeber bei Erlass des Gesetzes zur Strukturreform des Gebührenrechts des Bundes im Jahr 2013 die im Jahr 2009 ergangene Entscheidung des BVerwG in dem es eine Anwendung des AKostG auf die Auslagenerstattung für Hilfen nach §§ 5 und 6 KonsG ausschloss, in seine Erwägungen hat.

1322 So jedenfalls in Bezug auf das AKostG *F. Hanschmann*, DVBl. 2009, 1481 (1485).

1323 BT-Drs. 17/10422, S. 78; BR-Drs. 305/12, S. 1.

Gebühren und Auslagen insbesondere der Auslandsvertretungen ab dem 15. August 2018 ausweislich der Gesetzesbegründung in den Anwendungsbereich des BGebG einbezogen und die bislang fachgesetzliche Regelung des AKostG außer Kraft gesetzt. Ausnahmen für die Auslagenerstattung der Hilfe an einzelne mit Blick auf § 5 Abs. 5 S. 1 KonsG sind weder in den Gesetzesmaterialien noch in §§ 1, 2 oder 12 BGebG vorgesehen.[1324]

Wie bereits im Zusammenhang mit dem AKostG angesprochen, kommt § 5 Abs. 5 S. 1 KonsG somit eine rein deklaratorische Wirkung zu, zumal sein Wortlaut selbst eine Anwendbarkeit des BGebG nicht ausdrücklich ausschließt. Zu beachten ist jedoch, dass § 5 Abs. 5 S. 2 und 3 KonsG eine gesetzliche Haftungsregelung enthalten,[1325] die im Rahmen der Untersuchung des Kostenschuldners gem. § 6 Abs. 1 Nr. 3 BGebG Bedeutung erlangt.

2. *Begrenzung der finanziellen Beteiligung des ehemaligen Entführungsopfers durch Stundung, Niederschlagung und Erlass gem. §§ 12 Abs. 3, 17 BGebG i.V.m. § 59 Abs. 1 BHO*

Nach § 12 Abs. 1 S. 1 BGebG sind die anfallenden Auslagen grundsätzlich in der tatsächlich entstandenen Höhe zu erheben.[1326] Soweit jedoch eine unbegrenzte Erstattungspflicht der gesamten im Zusammenhang mit der Entführung des ehemaligen Entführungsopfers entstehenden Auslagen im Einzelfall seine finanzielle Leistungsfähigkeit (deutlich) übersteigt und es damit in seiner wirtschaftlichen Existenz bedroht, besteht zwar keine § 10 AKostG entsprechende Möglichkeit eines (Teil-)Erlasses seiner Kostenschuld. Nach § 17 BGebG i.V.m. § 59 BHO, die über § 12 Abs. 3 BGebG für Auslagen entsprechend gelten, kann der Auslagenerstattungsanspruch der Bundesrepublik Deutschland allerdings gestundet, niedergeschlagen oder erlassen werden. Im Vergleich zu einer Kostenerhebung nach den Vorschriften den AKostG werden sich folglich keine wesentlichen Änderungen ergeben. Hinsichtlich der jeweils einschlägigen Voraussetzungen kann an dieser

---

1324 BT-Drs. 17/10422, zu Art. 1 zu § 2 (Anwendungsbereich) des Gesetzes zur Strukturreform des Gebührenrechts des Bundes, S. 89; BT-Drs. 17/10422, zu Art. 4 Abs. 42 zu § 25 Entwurf des Gesetzes zur Strukturreform des Gebührenrechts des Bundes, S. 188.

1325 *K. Hoffmann/H. Glietsch*, Konsularrecht I, § 6 KonsG Anm. 5.5 f.; *H. Kettering*, in: G. Hecker u.a. (Hrsg.), Handbuch der konsularischen Praxis, § 8 A Rn. 27; *H. Rausch*, in: G. Hecker u.a. (Hrsg.), Handbuch der konsularischen Praxis, § 3 B Rn. 7.

1326 BT-Drs. 17/10422, zu Art. 1 zu § 12 Abs. 1 (Auslagen) des Gesetzes zur Strukturreform des Gebührenrechts des Bundes, S. 109; anderes gilt jedoch, wenn nach § 22 Abs. 1 S. 3 i.V.m. § 12 Abs. 2 Nr. 3 BGebG durch eine Gebührenverordnung nach § 22 Abs. 3 oder 4 BGebG bestimmt wird, dass Auslagen pauschal oder lediglich bis zu einem Höchstbetrag erhoben werden.

Stelle auf die obigen Ausführungen zu § 19 AKostG i.V.m. § 59 BHO verwiesen werden.[1327]

3. *Gebührengläubiger und -schuldner, Entstehung der Gebührenschuld, Geltendmachung durch Verwaltungsakt, Fälligkeit sowie Verjährung, §§ 12 Abs. 3 i.V.m. 4 bis 6, 13 f. und 18 BGebG*

Gläubiger des Anspruchs auf Erstattung der im Zusammenhang mit einem Entführungsfall entstehenden Auslagen aus §§ 1, 12 Abs. 1 BGebG i.V.m. §§ 1 Sps. 2, 25 KonsG bzw. §§ 5 Abs. 5 S. 1, Abs. 1, 25 KonsG ist die Bundesrepublik Deutschland als Rechtsträgerin der deutschen Auslandsvertretungen, vgl. § 5 Nr. 1 BGebG, der über § 12 Abs. 3 BGebG für Auslagen entsprechend gilt:

> **§ 5. Gebührengläubiger**
>
> Gebührengläubiger ist
> 1. der Rechtsträger der Behörde, die die individuell zurechenbare öffentliche Leistung erbringt, oder
> 2. der Beliehene, wenn die individuell zurechenbare Leistung von diesem erbracht wird.

Im nachfolgenden §§ 12 Abs. 3, 6 BGebG ist der Gebührenschuldner geregelt. Dieser lautet:

> **§ 6. Gebührenschuldner**
>
> (1) Zur Zahlung von Gebühren ist verpflichtet,
> 1. dem die öffentliche Leistung individuell zurechenbar ist,
> 2. der die Gebührenschuld eines anderen durch eine gegenüber der Behörde abgegebene oder ihr mitgeteilte Erklärung übernommen hat oder
> 3. der für die Kostenschuld eines anderen kraft Gesetzes haftet.
>
> (2) Mehrere Gebührenschuldner haften als Gesamtschuldner.

Gebührenschuldner ist danach gem. § 6 Abs. 1 Nr. 1 BGebG jedenfalls das ehemalige Entführungsopfer. Die öffentlichen Leistungen der beteiligten Auslandsvertretung im Zusammenhang mit seiner Entführung wurden willentlich in Anspruch genommen und ergingen jedenfalls zu seinen Gunsten, vgl. § 3 Abs. 2 Nr. 1 bzw. 2 BGebG, und sind ihm somit individuell zurechenbar. Auch hinsichtlich einer Beteiligung des Arbeitgebers eines ehemaligen Entführungsopfers, das zur Durchführung von Aufträgen in Regionen mit instabiler Sicherheitslage entsendet und dort entführt wurde, ergeben sich keine Änderungen zu § 13 AKostG: Eine Haftung des Arbeitgebers nach § 6 Abs. 1 Nr. 3 BGebG scheidet mangels gesetzlicher Haftungsregelung aus; es besteht jedoch die Möglichkeit einer freiwilligen „Übernahme" der Gebührenschuld.

1327 S. hierzu im siebten Teil unter B. II. 2. b. bb.

Anders als unter Zugrundlegung des AKostG entsteht die Auslagenschuld in Entführungsfällen gem. §§ 12 Abs. 3, 4 Abs. 1 BGebG allerdings nicht mit der Aufwendung der zu erstattenden Beträge, sondern mit der Beendigung der auslagenverursachenden, individuell zurechenbaren öffentlichen Leistung.[1328] Die Befugnis, sie durch Verwaltungsakt geltend zu machen, folgt aus §§ 12 Abs. 3, 13 Abs. 1 S. 1 BGebG[1329], wobei nach § 1 BGebG ein diesbezügliches Ermessen nicht vorgesehen ist.[1330] Der Kostenbescheid kann auch in den vorliegend untersuchten Fällen durch das Auswärtige Amt erlassen werden, vgl. §§ 1 Abs. 4, 2 GAD.

Der Anspruch der Bundesrepublik Deutschland auf Erstattung der Befreiungs- und Anschlussauslagen nach §§ 1, 12 Abs. 1 BGebG i.V.m. §§ 1 Sps. 2, 25 KonsG bzw. §§ 5 Abs. 5 S. 1, Abs. 1, 25 KonsG wird gem. §§ 12 Abs. 3, 14 BGebG zehn Tage nach der Bekanntgabe der Auslagenfestsetzung an das ehemalige Entführungsopfer fällig, wenn das Auswärtige Amt keinen anderen Zeitpunkt bestimmt;[1331] seine

---

1328 § 4 BGebG lautet: *§ 4 BGebG. Entstehung der Gebührenschuld*
(1) Die Gebührenschuld entsteht mit Beendigung der individuell zurechenbaren öffentlichen Leistung. Bedarf diese Leistung einer Zustellung, Eröffnung oder sonstigen Bekanntgabe, so gilt dies als deren Beendigung.
(2) [...].
S. hierzu BT-Drs. 17/10422, zu Art. 1 zu § 4 (Entstehung der Gebührenschuld) des Gesetzes zur Strukturreform des Gebührenrechts des Bundes, S. 97.

1329 § 13 BGebG lautet: *§ 13 BGebG. Gebührenfestsetzung*
(1) Gebühren werden von Amts wegen schriftlich oder elektronisch festgesetzt. Die Gebührenfestsetzung soll zusammen mit der Sachentscheidung erfolgen. Gebühren, die bei richtiger Behandlung der Sache durch die Behörde nicht entstanden wären, werden nicht erhoben.
(2) Bei Festsetzung einer Rahmengebühr nach § 11 Nummer 3 ist § 9 Absatz 1 bis 3 anzuwenden.
(3) Die Festsetzung sowie ihre Aufhebung oder Änderung ist nicht mehr zulässig, wenn die Festsetzungsfrist abgelaufen ist. Die Festsetzungsfrist beträgt vier Jahre. Sie beginnt mit Ablauf des Kalenderjahres, in dem der Gebührenanspruch entstanden ist. Die Festsetzungsfrist läuft nicht ab, solange
1. über einen vor Ablauf der Frist gestellten Antrag auf Aufhebung oder Änderung der Festsetzung oder einen eingelegten Rechtsbehelf nicht unanfechtbar entschieden worden ist oder
2. der Anspruch wegen höherer Gewalt innerhalb der letzten sechs Monate der Festsetzungsfrist nicht verfolgt werden kann.
S. hierzu BT-Drs. 17/10422, zu Art. 1 zu § 13 (Gebührenfestsetzung) des Gesetzes zur Strukturreform des Gebührenrechts des Bundes, S. 110 f.

1330 BT-Drs. 17/10422, zu Art. 1 zu § 1 Abs. 1 (Grundsatz; Gebührenerhebung) des Gesetzes zur Strukturreform des Gebührenrechts des Bundes, S. 89.

1331 Damit weichen §§ 12 Abs. 3, 14 BGebG von der Regelung des § 17 AKostG ab, der die Bekanntgabe der Kostenentscheidung an den Kostenschuldner als den die Fälligkeit der Kostenschuld bestimmenden Zeitpunkt ansah.

Verjährung ergibt sich aus §§ 12 Abs. 3, 18 Abs. 1 S. 1 BGebG und beträgt – anders als nach § 20 Abs. 1 S. 1 AKostG – in der Regel fünf Jahre.[1332]

IV. Kein Verstoß der Kostenbeteiligung eines im Ausland entführten deutschen Staatsangehörigen gegen Art. 3 Abs. 1 GG im Vergleich zu Entführungen im Inland – Fazit und Ergebnisse des siebten Teils

Abschließend lässt sich somit feststellen, dass sich ein ehemaliger im Ausland entführter deutscher Staatsangehöriger bei einer Kostenerhebung nach den Vorschriften des KonsG und des AKostG in der Regel an den Kosten seiner Entführung beteiligen muss. Diesbezüglich werden sich auch bei einer Kostenerhebung nach den Vorschriften des KonsG und des BGebG keine wesentlichen Änderungen zu der geltenden Rechtslage ergeben: Ein entsprechender Kostenbescheid des Auswärtigen Amtes ist somit unter den beschriebenen Voraussetzungen rechtlich auch dann nicht zu beanstanden, wenn durch sie in unterschiedlichen Entführungsfällen Kosten in unterschiedlicher Höhe erstattet verlangt werden.[1333] Im Gegensatz hierzu stehen jedoch auf das deutsche Staatsgebiet beschränkte Entführungen, die für das ehemalige Entführungsopfer meist kein „finanzielles Nachspiel" haben.[1334] Dies ergibt sich daraus, dass die Lösung solcher Fälle grundsätzlich in die Zuständigkeit der Landespolizeibehörden fällt, vgl. Art. 30, 70 GG.[1335] Die Erstattung eventuell anfallender Kosten richtet sich somit nach landesrechtlichen Kostenregelungen, die etwa in Bayern gem. Art. 3 Abs. 1 S. 1 Nr. 10 KG (Bayern) eine Kostenerhebung für

1332 Dieser lautet: *§ 18 BGebG. Zahlungsverjährung*
(1) Der Anspruch auf Zahlung von Gebühren verjährt nach fünf Jahren. Die Verjährung beginnt mit dem Ablauf des Kalenderjahres, in dem der Anspruch erstmals fällig geworden ist.
(2) Die Verjährung ist gehemmt, solange der Anspruch wegen höherer Gewalt innerhalb der letzten sechs Monate der Verjährungsfrist nicht verfolgt werden kann.
S. hierzu BT-Drs. 17/10422, zu Art. 1 zu § 18 (Zahlungsverjährung) des Gesetzes zur Strukturreform des Gebührenrechts des Bundes, S. 113.

1333 In diesem Sinne hatte eine der befreiten „Sahara-Geiseln" eine „offensichtliche Ungleichbehandlung" darin gesehen, dass sie sich mit 1.092,- € an den Kosten ihrer Entführung beteiligen musste und gegenüber S. Osthoff gar kein Kostenbescheid erging, vgl. Sueddeutsche.de v. 19.05.2010, „Da wird mit zweierlei Maß gemessen", im Internet: http://sz.de/1.916379.

1334 *C. P. Kokew*, Auslandsschutz deutscher Staatsangehöriger bei Entführungen, 2012, S. 290.

1335 Die Befugnis zu einem Tätigwerden in Entführungsfällen in Inlandssachverhalten durch die Landespolizeien ergibt sich etwa aus Art. 11 PAG (Bayern), § 8 PolG NRW oder § 11 Nds. SOG. Eine Zuständigkeit der Bundespolizei ist lediglich für die in §§ 1 bis 7, 12 und 13 BPolG genannten Aufgaben anzunehmen.

Amtshandlungen, die von der Polizei zur Erfüllung ihrer Aufgaben nach Art. 2 PAG (Bayern) vorgenommen werden, bis auf wenige Ausnahmen ausschließen.[1336]

Eine Beteiligung des ehemaliges Entführungsopfers an den Kosten seiner Befreiung bzw. der sie bewirkende Kostenbescheid des Auswärtigen Amtes könnten danach im Hinblick auf reine Inlandssachverhalte gegen den allgemeinen Gleichheitssatz gem. Art. 3 Abs. 1 GG verstoßen. Ein solcher Verstoß scheidet zum einen jedoch schon deshalb aus, weil eine Ungleichbehandlung von wesentlich Gleichem bzw. eine Gleichbehandlung von wesentlich Ungleichem durch die Verwaltung lediglich bei Bestehen eines Handlungsspielraums möglich ist.[1337] Dem Auswärtigen Amt ist ein entsprechendes Ermessen in Bezug auf das „Ob" der Kostenerhebung weder in § 7 Abs. 1 AKostG noch in § 1 BGebG eingeräumt.[1338] Eine Verletzung des allgemeinen Gleichheitssatzes kommt zum anderen ausschließlich dann in Betracht, wenn die Ungleichbehandlung durch dieselbe Rechtsetzungsgewalt erfolgt.[1339] In den fraglichen Fällen richtet sich die Kostenerstattung allerdings einerseits nach dem AKostG bzw. dem BGebG, deren Erlass gem. Art. 73 Abs. 1 Nr. 1 GG (Auswärtige Angelegenheiten: Auslandskostenrecht) der ausschließlichen Gesetzgebungskompetenz des Bundes zuzurechnen ist, und andererseits nach den landesrechtlichen Kostenregelungen, die nach Art. 30, 70 GG in die Gesetzgebungskompetenz der Länder fallen.

Darüber hinaus fehlt es an einer für einen Verstoß gegen Art. 3 Abs. 1 GG erforderlichen willkürlichen Ungleichbehandlung wesentlich gleicher Sachverhalte,[1340] denn hinsichtlich der Kostenbeteiligung werden Opfer einer Entführung im Ausland nicht willkürlich unterschiedlich behandelt als solche im Inland: Auf deutschem Staatsgebiet steht der öffentlichen Gewalt zur Gewährleistung der inneren Sicherheit durch Gefahrenabwehr und Beseitigung von (Grund-)Rechtsgutsverletzungen eine funktionsfähige „Sicherheitsinfrastruktur"[1341] zur Verfügung, auf die jeder Zeit und ohne weiteres zurückgegriffen werden kann; finanziert wird diese gesamtstaatliche Aufgabe durch Steuermittel von der Allgemeinheit. Im Ausland sind dem Handeln der deutschen öffentlichen Gewalt aufgrund der auf das eigene Staatsgebiet

---

1336 Ausnahmen gelten lediglich für die in Art. 3 Abs. 1 S. 1 Nr. 10 S. 2 lit. a bis c KG (Bayern) und in Art. 9 Abs. 2, 28 Abs. 3, 55 Abs. 1 S. 2, 56 Abs. 4, 58 Abs. 3 und 59 Abs. 7 PAG (Bayern) genannten Fälle, die in den vorliegend untersuchten Sachverhalten allerdings nicht einschlägig sind; vgl. hierzu *U. Becker/D. Heckmann/G. Manssen*, Öffentliches Recht, 6. Aufl. 2015, 3. Teil, Rn. 413 f. mit Fn. 297.

1337 BVerfGE 33, 224 (231) – *Bauordnungswidrigkeit*; *B. Pieroth/B. Schlink/T. Kingreen/R. Poscher*, Grundrechte, 31. Aufl. 2015, Rn. 553.

1338 BVerwG NJW 2009, 2905 (2907); *C. P. Kokew*, Auslandsschutz deutscher Staatsangehöriger bei Entführungen, 2012, S. 290.

1339 *B. Pieroth/B. Schlink/T. Kingreen/R. Poscher*, Grundrechte, 31. Aufl. 2015, Rn. 485.

1340 BVerfGE 1, 14 (52) – *Südweststaat*; E 49, 148 (165) – *Revisionsrecht*; E 98, 365 (385) – *Versorgungsanwartschaften*; *B. Pieroth/B. Schlink/T. Kingreen/R. Poscher*, Grundrechte, 31. Aufl. 2015, Rn. 485 ff.

1341 *P. Dahm*, NVwZ 2005, 172 (174).

beschränkten deutschen Hoheitsgewalt hingegen enge Grenzen gesetzt. Eine Gewährleistung und ein Schutz der Grundrechte sind ihr hier nur beschränkt, etwa im Rahmen des konsularischen Schutzes, möglich. Entführungen auf deutschem Staatsgebiet und im Ausland sind folglich nicht als wesentlich gleiche Sachverhalte anzusehen, zumal in letzteren dem Inland unbekannte Ursachenbeiträge – wie eine Missachtung von Reisewarnungen und Sicherheitshinweisen des Auswärtigen Amtes – eine Kostenbeteiligung des ehemaligen Entführungsopfers beeinflussen können (müssen). Eine Verletzung des allgemeinen Gleichheitssatzes durch eine Kostenerhebung ist in diesen Fällen somit abzulehnen.[1342]

1342 *P. Dahm*, NVwZ 2005, 172 (174); *C. P. Kokew*, Auslandsschutz deutscher Staatsangehöriger bei Entführungen, 2012, S. 290.

Achter Teil: Gesamtergebnis, Würdigung und zusammenfassende Thesen

Die Ergebnisse der vorliegenden Untersuchung lassen sich wie folgt zusammenfassen:

A. Entführungschronik – Erster Teil

Die in der Chronik der Entführungen deutscher Staatsangehöriger ausgewählten und dargestellten Entführungssachverhalte zeigen, dass der Schutz des Lebens und der Gesundheit eines Entführungsopfers oberste Priorität besitzen und die Bundesrepublik Deutschland ihr gesamtes Handeln hieran ausrichtet. Welche konkreten Maßnahmen zum Schutz des Entführungsopfers durch die jeweilige Auslandsvertretung und den Krisenstab im Auswärtigen Amt ergriffen werden, ist abhängig vom Einzelfall. Die Bundesrepublik Deutschland betont jedoch stets, dass sie (politisch) nicht erpressbar sei und niemals direkt mit den Entführern verhandele. Darüber hinaus zahle sie kein Lösegeld, obwohl ein ehemaliger Bundesminister des Auswärtigen in diese Richtung hervorhebt, dass „nicht die Lösegeldzahlung, sondern die Berichterstattung darüber“[1343] problematisch sei. Ähnliches gilt für das teilweise große Medieninteresse, das besonders im Fall der Entführung der Familie Wallert auf die südphilippinische Insel Jolo im April 2000 bestand. Es kann die staatlichen Handlungsspielräume faktisch einschränken sowie den öffentlichen Druck auf den Krisenstab im Auswärtigen Amt maximieren und so die erfolgreiche Beendigung einer Entführung gefährden.[1344]

B. Staatliche Schutzpflicht in Entführungsfällen – Zweiter Teil

Der staatliche Schutz in den untersuchten und von nichtstaatlichen Akteuren durchgeführten Entführungen fällt unter das völkerrechtliche Rechtsinstitut des konsularischen Schutzes.[1345] Dabei kann dem Völkerrecht zwar selbst lediglich ein entsprechendes staatliches Schutzrecht entnommen werden, vgl. Art. 5 lit. a WÜK. Demgegenüber finden ein Gebot oder ein Verbot individueller Ansprüche auf Auslandsschutz in ihm keine Grundlage, sodass es den Staaten freisteht, in ihren

1343 FAZ.NET v. 25.01.2005, „Krisenstab bemüht sich um Kontakt mit Geiselnehmern“, im Internet: http://www.faz.net/aktuell/politik/ausland/entfuehrung-im-irak-krisenstab-mueht-sich-um-kontakt-mit-geiselnehmern-1305951.html.

1344 Erster Teil unter B. III.

1345 Zweiter Teil unter A. II.

nationalen Rechtsordnungen diesbezügliche individuelle Rechtspositionen zu begründen.[1346]

Eine Pflicht zum Schutz im Ausland entführter deutscher Staatsangehöriger wird der Bundesrepublik Deutschland aber durch die grundrechtlichen Schutzpflichten aus Art. 2 Abs. 2 S. 1 und 2 GG (i.V.m. Art. 1 Abs. 1 S. 2, 25 S. 1 GG) auferlegt. Die grundrechtliche Schutzpflichtfunktion wirkt gem. Art. 1 Abs. 3 GG auch in das Ausland. In Auslandssachverhalten im Allgemeinen sind – aufgrund einer verfassungsimmanenten Beschneidung über Art. 25 S. 1 GG – der personelle Schutzbereich der Grundrechte sowie die Aktualisierung ihres sachlichen Schutzbereichs auf das völkerrechtlich zulässige Maß zu beschränken: Unter diesen Voraussetzungen genügt die Anwendung der grundrechtlichen Schutzpflichten im Ausland sowohl der nationality rule als auch dem Grundsatz der souveränen Gleichheit der Staaten, deren Schutz durch eine prinzipielle Untersagung der Wahrnehmung von Staatsgewalt durch einen Staat außerhalb seines eigenen Staatsgebiets erreicht wird. Die grundrechtlichen Schutzpflichten sind darüber hinaus auf Sachverhalte des Auslandsschutzes im Allgemeinen bzw. des konsularischen Schutzes im Besonderen anwendbar.[1347]

Demgegenüber bieten weder die deutsche Verfassungstradition, noch die Kompetenzbestimmungen oder das Sozial- und das Rechtsstaatsprinzip des Grundgesetzes eine taugliche Grundlage für eine staatliche Schutzpflicht in Entführungsfällen.[1348] Zudem kann auch der „traditionelle" Begründungsansatz einer aus dem in der (deutschen) Staatsangehörigkeit verwurzelten gegenseitigen Treue- und Schutzverhältnis abzuleitenden staatlichen Pflicht zur Gewährung von Auslandsschutz im modernen Verfassungsstaat keine Geltung (mehr) beanspruchen; als Grundlage einer Schutzpflicht der Bundesrepublik Deutschland zugunsten im Ausland entführter deutscher Staatsangehöriger scheidet er somit aus.[1349]

Der Gesetzgeber hat die in erster Linie an ihn gerichtete grundrechtliche Schutzpflicht aus Art. 2 Abs. 2 GG (i.V.m. Art. 1 Abs. 1 S. 2, 25 S. 1 GG) in angemessener Weise in den Regelungen des KonsG konkretisiert. Dieses ist auch bei Entführungen deutscher Staatsangehöriger im Ausland anwendbar,[1350] wobei sich der konkrete Anknüpfungspunkt der staatlichen Schutzpflicht aus der allgemeinen Schutz- und Beistandspflicht nach § 1 Sps. 2 KonsG ergibt. Seine Anwendung scheitert nicht an der Komplexität oder der möglichen politischen Bedeutung entsprechender Sachverhalte; auch wird der ihm zugrundeliegende Beistandsbegriff in Entführungsfällen nicht überdehnt.[1351] Demgegenüber kann weder die konsularische Hilfe an einzelne noch die Hilfe in Katastrophenfällen als Grundlage einer staatlichen Schutzpflicht

1346 Zweiter Teil unter A III.
1347 Zweiter Teil unter B. II. 2. c.
1348 Zweiter Teil unter B. II. 1.
1349 Zweiter Teil unter B. II. 3.
1350 Zweiter Teil unter B. III. 2. a.
1351 Zweiter Teil unter B. III. 2. d.

herangezogen werden: Die in § 5 Abs. 1 KonsG in Bezug genommene Hilfsbedürftigkeit erfasst lediglich vorübergehende soziale oder wirtschaftliche Notlagen, unter welche „die Notlage einer Entführung" nicht subsumiert werden kann. Entführungsfälle stellen zudem keinen Katastrophenfall i.S.v. § 6 Abs. 1 KonsG dar: Eine lediglich mittelbare Ursächlichkeit des Zusammenbruchs staatlicher Strukturen durch kriegerische oder revolutionäre Verwicklungen ist in diesem Zusammenhang nicht ausreichend. Sie können mangels durch sie begründeter Gemeingefahr auch nicht als ein vergleichbares Ereignis eingestuft werden.[1352]

Die vorstehenden Ausführen beziehen sich jedenfalls auf das staatliche Tätigwerden im Hinblick auf die in Entführungsfällen vorrangige Frage nach einer Befreiung des Entführungsopfers. Die staatliche Betreuung des deutschen Staatsangehörigen setzt sich jedoch im Anschluss an eine erfolgreich beendete Entführung fort: Das ehemalige Entführungsopfer wird in seiner Situation gewöhnlich mittellos sein und muss unter Umständen mit Kleidung und Lebensmitteln versorgt, sicher untergebracht, möglicherweise sogar – wie R. Wallert – medizinisch betreut werden und durch die Bundesrepublik Deutschland selbst oder durch ein privates Flugunternehmen zurück nach Deutschland geflogen werden. Diese Maßnahmen sind im Regelfall ebenso auf § 1 Sps. 2 KonsG zu stützen, wenn das ehemalige Entführungsopfer faktisch abhängig von einer staatlichen Betreuung ist. Hier ist die Situation des ehemaligen Entführungsopfers mit einer rein wirtschaftlichen Notlage auch dann nicht vergleichbar, wenn die im Anschluss an das Ende einer Entführung zu leistenden Hilfen dieser grundsätzlich entsprechen können. Sollte im Ausnahmefall jedoch keinerlei Zusammenhang zwischen der konsularischen Hilfe nach der Entführungsbeendigung und der vorausgehenden eigentlichen Entführungssituation hergestellt werden können und sich die Notlage des ehemaligen Entführungsopfers (immer weiter) einer „herkömmlichen" wirtschaftlichen Notlage angleichen bzw. sich von dieser nicht (mehr) unterscheiden, so ist ausnahmsweise § 5 Abs. 1 KonsG als Grundlage für die konsularische Hilfe im Anschluss an das Entführungsende heranzuziehen.[1353]

Vor dem Hintergrund dieser Ergebnisse besteht kein Bedürfnis, die bestehenden Regelungen des KonsG durch eine speziell auf Entführungsfälle bezogene (klarstellende) Regelung zu ergänzen.[1354] Zwar ist in Rechtsprechung und Schrifttum die konkrete Grundlage einer konsulargesetzlichen Pflicht der Bundesrepublik Deutschland zugunsten im Ausland entführter deutscher Staatsangehöriger umstritten.[1355] Dies

---

1352 Zweiter Teil unter B. III. 2. b. und c.

1353 Zweiter Teil unter B. III. 3. b. Diese Unterscheidung wird jedoch allein auf der Kostenebene relevant, vgl. im siebten Teil unter B. I.

1354 A.A. *R. Geiß*, DÖV 2007, 155 (160); *C. P. Kokew*, Auslandsschutz deutscher Staatsangehöriger bei Entführungen, 2012, S. 319 ff., der entweder einen neuen § 5a KonsG (Hilfe in Entführungsfällen) oder eine Ergänzung des § 6 KonsG (Hilfe in Katastrophenfällen) favorisiert.

1355 So lehnen das VG Berlin, Urt. v. 04.04.2006, Az. 14 A 12.04; *P. Dahm*, NVwZ 2005, 172 ff.; *U. Göres*, DÖV 2008, 622 ff. eine Anwendbarkeit des KonsG in

allein rechtfertigt jedoch nicht das Bedürfnis nach einem punktuellen Tätigwerden des Gesetzgebers, da es sich bei den vorliegend untersuchten Sachverhalten im Vergleich zu den sonstigen im KonsG geregelten Fällen (wirtschaftliche oder soziale Notlagen, Beurkundungen, Nachlasssachen u.v.m.) zahlenmäßig immer noch um Einzelfälle handelt. Zudem steht mit der Generalklausel des § 1 Sps. 1 KonsG eine ausreichend konkrete Aufgabennorm zur Verfügung, die den tatsächlichen Anforderungen für ein Tätigwerden zugunsten eines Entführungsopfers im Ausland gerecht wird. Soweit im Einzelfall zudem eine gewaltsame Beendigung der Entführung und damit ein Eingriff in die (Grund-)Rechte der Entführer durch Einheiten der Bundespolizei in Betracht gezogen werden sollte, so wären diese ohnehin nicht auf das KonsG, sondern auf die Befugnisnorm des § 8 Abs. 2 BPolG zu stützen. Das fehlende Bedürfnis einer Spezialregelung zeigt schließlich ein Vergleich mit entsprechenden Inlandsfällen, in denen mangels spezieller Befugnisnormen für ein staatliches Tätigwerden durch die (Landes-)Polizeien auf die entsprechenden allgemeinen Aufgaben- und Befugnisnormen zurückzugreifen ist.[1356]

C. Durchsetzung der staatlichen Schutzpflicht in Entführungsfällen: Schutzanspruch des Entführungsopfers – Dritter Teil

Den staatlichen Schutzpflichten aus Art. 2 Abs. 2 GG (i.V.m. Art. 1 Abs. 1 S. 2, 25 S. 1 GG) und § 1 Sps. 2 KonsG korrespondieren Schutzansprüche des Entführungsopfers gegen die Bundesrepublik Deutschland.[1357] Dabei reduziert sich der grundsätzlich bestehende weite außenpolitische Spielraum zum einen aufgrund der Einwirkung der durch die Entführung gefährdeten bzw. verletzten Grundrechte aus Art. 2 Abs. 2 GG hinsichtlich des Entschließungsermessens auf Null. Eine Reduzierung des Entschließungsermessens ergibt sich zum anderen aus Art. 3 Abs. 1 GG i.V.m. der Selbstbindung der Verwaltung, da die Bundesrepublik Deutschland bislang und soweit ersichtlich in jedem Entführungsfall tätig wurde und sich somit durch eine einheitliche Verwaltungspraxis selbst gebunden hat. Das bestehende Auswahlermessen bleibt jedoch unberührt, sodass bei pflichtgemäßer Ermessensausübung im Einzelfall bestimmte Schutzmaßnahmen auch unterlassen werden können. Das Entführungsopfer kann sich somit gegenüber dem Auswärtigen Dienst bzw. den ihm angehörigen Konsularbeamten auf einen in Bezug auf das „Ob" eines Schutzes

---

Entführungsfällen ab; BVerwG NJW 2009, 2905 ff.; OVG Berlin-Brandenburg, Urt. v. 21.02.2007, Az. 11 B 9.06; *D. Hanschel*, ZaöRV 66 (2006), 789 ff. sehen in § 5 Abs. 1 KonsG die in diesen Fällen taugliche Rechtsgrundlage; *M. Kötter/J. Nolte*, DÖV 2007, 186 ff. ziehen § 6 Abs. 1 KonsG heran; wie hier *R. Geiß*, DÖV 2007, 155 ff.; *F. Hanschmann*, DVBl. 2009, 1481 ff.; *C. P. Kokew*, Auslandsschutz deutscher Staatsangehöriger bei Entführungen, 2012, S. 80 ff.

1356 So etwa Art. 11 PAG (Bayern), § 8 PolG NRW, § 11 Nds. SOG.

1357 Dritter Teil unter A. I. 1. und II. 1.

gebundenen Anspruch berufen, wobei die Wahl des im Einzelfall einzusetzenden Schutzmittels weiterhin im staatlichen Ermessen steht.[1358]

Das Entführungsopfer kann seine Schutzansprüche im einstweiligen Rechtsschutz gerichtlich vor dem VG Berlin nach § 123 Abs. 1 S. 2 VwGO und dem BVerfG nach § 32 Abs. 1 BVerfGG durchsetzen. Bei der Gewährung von Schutzmaßnahmen in Entführungsfällen durch die auswärtige Gewalt handelt es sich mit Blick auf Art. 19 Abs. 4 GG nicht um „justizfreie Hoheitsakte".[1359] Da ein im Ausland entführter deutscher Staatsangehöriger allerdings selbst sein Recht in der Regel tatsächlich gerichtlich nicht geltend machen kann, muss er sich im Falle seiner Minderjährigkeit von seinen Eltern oder im Falle eines volljährigen Entführungsopfers durch einen Angehörigen vertreten lassen (können), der „wegen der persönlichen Beziehung zu dem [Vertretenen] [...] verständlichen Anlass hat, für dessen persönliches Wohl einzutreten"[1360]. Für die letztere Vertretungsmöglichkeit fehlt es jedoch an einer Regelung in den einschlägigen Prozess- und Verfahrensordnungen. Ein entsprechendes Defizit ist in Ansehung der zugunsten eines Entführungsopfers bestehenden grundrechtlichen Schutzpflicht aus Art. 2 Abs. 2 GG, des hohen Rangs der durch die Entführung bedrohten Rechtsgüter und Art. 19 Abs. 4 S. 1 GG durch ein Tätigwerden des Gesetzgebers zu überwinden.[1361] Einen entsprechenden Gedanken enthält bereits § 16 Abs. 1 Nr. 2 VwVfG für das Verwaltungsverfahren, nach dem das Vormundschaftsgericht auf Ersuchen der Behörde – sollte ein Vertreter nicht vorhanden sein – einen geeigneten Vertreter für einen abwesenden Beteiligten zu bestellen hat, dessen Aufenthalt nicht bekannt ist oder der an der Besorgung seiner Angelegenheiten verhindert ist. Ähnliches gilt im Hinblick auf § 1909 Abs. 1 S. 1 BGB für die Ergänzungspflegschaft.[1362]

Mit Blick auf die Ausführungen zum Schutzanspruch eines Entführungsopfers wird ein Antrag auf einstweilige Verpflichtung zum Schutz durch ein bestimmtes Schutzmittel („Wie") regelmäßig zulässig, aber nicht begründet sein. Im Gegensatz dazu wird ein Antrag auf Erlass einer einstweiligen Anordnung hinsichtlich des „Ob" eines staatlichen Schutzes zwar regelmäßig begründet sein. Sollte die Bundesrepublik Deutschland jedoch bereits alles in ihrer Macht Stehende zum Schutz veranlasst haben, so ist er mangels allgemeinen Rechtsschutzbedürfnisses unzulässig.[1363]

1358 Dritter Teil unter A. I. 2. und II. 2.

1359 Dritter Teil unter B. I.

1360 BVerfGE 72, 122 (137) – *Sorgerechtsentzug.*

1361 Dritter Teil unter B. II. 2.

1362 Eine analoge Anwendung von § 16 Abs. 1 Nr. 2 VwVfG bietet sich in Entführungsfällen jedoch nicht an: Aufgrund der allein behördlichen Antragsberechtigung würde ein zu langer Zeitraum verstreichen, bis ein Vertreter des Entführungsopfers das Verfahren des einstweiligen Rechtsschutzes einleiten könnte. Auch eine Vertretung durch einen Ergänzungspfleger scheitert in den vorliegend untersuchten Fällen, da die Voraussetzungen der Ergänzungspflegschaft gem. §§ 1909 ff. BGB nicht vorliegen; i.E. ebenso *C. P. Kokew,* Auslandsschutz deutscher Staatsangehöriger bei Entführungen, 2012, S. 259 ff.

1363 Dritter Teil unter B. III. und IV.

D. Keine Einschränkung der Schutzbedürftigkeit bei „Verschulden“ des Entführungsopfers – Vierter Teil

Die im zweiten und dritten Teil herausgearbeiteten Ergebnisse gelten auch dann, wenn das Entführungsopfer mit bzw. bei seinem Reiseantritt bestehende Sicherheitshinweise oder Reisewarnungen des Auswärtigen Amtes (wiederholt) missachtet hat und/oder erneut entführt wird. Ein Missbrauch staatlicher Hilfen gem. § 5 Abs. 7 KonsG (analog) sowie eine Rechtsverwirkung oder ein (Grund-)Rechtsverzicht können hieraus nicht abgeleitet werden. Zudem reduziert sich das grundsätzlich im Zusammenhang mit dem Schutzanspruch bestehende Entschließungsermessen weiterhin auf Null. Im Übrigen kann die Bundesrepublik Deutschland nicht durch passbeschränkende Maßnahmen gem. § 8 PassG oder Ausreiseuntersagungen gem. § 10 Abs. 1 PassG „präventiv“ schützend tätig werden.[1364] Ein entsprechendes „Verschulden“ des Entführungsopfers führt auch nicht zu einem (teilweisen) Ausschluss der Amtshaftung gem. § 839 BGB i.V.m. Art. 34 S. 1GG;[1365] es ist jedoch auf der Ebene der Kostenerstattung zu berücksichtigen.[1366]

E. Exkurs: Kein Schutzanspruch des Unionsbürgers gem. Art. 23 Abs. 1 S. 1 AEUV i.V.m. § 1 Sps. 2 KonsG – Fünfter Teil

In einem Drittstaat entführte Unionsbürger können sich über Art. 23 Abs. 1 S. 1 AEUV i.V.m. § 1 Sps. 2 KonsG nicht auf einen Schutz durch die Bundesrepublik Deutschland berufen, da Art. 23 Abs. 1 S. 1 AEUV ein institutionelles Tatbestandsverständnis zugrunde liegt.[1367] Hierunter lassen sich Schutzmaßnahmen in Entführungsfällen jedoch nicht fassen, da sie in enger Abstimmung von der örtlich zuständigen Auslandsvertretung und dem Krisenstab im Auswärtigen Amt in Berlin durchgeführt werden, vgl. § 3 Abs. 1 KonsG i.V.m. §§ 1 Abs. 4, 2 GAD.

F. Haftung der Bundesrepublik Deutschland – Sechster Teil

Als Ergebnis des sechsten Teils lässt sich festhalten, dass im Falle der unterlassenen oder fehlerhaften Schutzgewähr grundsätzlich eine Haftung der Bundesrepublik Deutschland gem. § 839 BGB i.V.m. Art. 34 S. 1 GG in Betracht kommt. Die Amtshaftung ist jedenfalls nicht gem. § 5 Nr. 2 RBHG ausgeschlossen, da dieser nicht mit Art. 34 S. 1 GG und Art. 19 Abs. 4 GG vereinbar ist.[1368] Darüber hinaus ist eine

1364 Vierter Teil unter F.
1365 Sechster Teil unter A. II. 2.
1366 Siebter Teil unter B. II. 2. b. aa. (2).
1367 Fünfter Teil unter C. I.
1368 Sechster Teil unter A. II. 1.

Entschädigung nach den Grundsätzen der allgemeinen Aufopferung zu erwägen. Hinsichtlich der Erfüllung der jeweiligen Anspruchsvoraussetzungen ist jedoch zu beachten, dass eine Verletzung der Pflicht zu einem rechtmäßigen Verhalten sowie ein Eingriff in eine immaterielle Rechtsposition lediglich im Falle einer fehlerhaften Ermessenentscheidung im Rahmen des Schutzanspruchs aus Art. 2 Abs. 2 GG (i.V.m. Art. 1 Abs. 1 S. 2, 25 S. 1 GG) gegeben ist. Entsprechende Fehler in der Ausübung des Entschließungs- und Auswahlermessens müsste das Entführungsopfer aufgrund der ihm als Anspruchsteller obliegenden Darlegungs- und Beweislast ebenso nachweisen wie die Ursächlichkeit der Amtspflichtverletzung für den behaupteten Schaden bzw. die Unmittelbarkeit des hoheitlichen Rechtseingriffs. Im Regelfall werden diese von ihm jedoch nicht zu führen sein, sodass die tatsächlichen Erfolgsaussichten entsprechender Verfahren vor den ordentlichen Gerichten als gering anzusehen sind.

Schließlich sind weitere staatliche Hilfen für einen im Ausland entführten deutschen Staatsangehörigen zu nennen. So kann er zunächst konsularische Hilfen gem. § 1 Sps. 2 KonsG in Form der Hilfe für Opfer von Gewaltverbrechen erhalten. Es ist zudem die Gewährung einer Entschädigung unter den in § 3a OEG genannten Voraussetzungen zu prüfen, wenn das Entführungsopfer im Zusammenhang mit seiner Entführung einen „Schaden" erleidet, d.h. insbesondere verletzt wird oder zu Tode kommt, und ein entsprechender Antrag bzw. ein Antrag durch seine Hinterbliebenen gestellt wird.[1369]

G. „Finanzielles Nachspiel" einer Entführung – Siebter Teil

In Bezug auf eine mögliche Beteiligung des ehemaligen Entführungsopfers an den Kosten seiner Entführung muss unterschieden werden: Es fallen Kosten der Befreiungsbemühungen bzw. der eigentlichen Befreiung (etwa die Kosten für die Arbeit des Krisenstabs sowie Dienstfahrten und -flüge) sowie Anschlusskosten (beispielsweise Kosten für Versorgungsgüter und eine Rückführung) an.

I. Kostenerhebung bis zum 14. August 2018

Bei einer Kostenerhebung nach den Vorschriften des KonsG und des AKostG scheidet eine Erstattung über §§ 7 Abs. 2 Nr. 1 bis 8, 1 Abs. 2 AKostG für bestimmte Amtshandlungen des Auswärtigen Amtes aus.[1370] Der Kostenerstattungsanspruch der Bundesrepublik Deutschland hinsichtlich einer Erstattung der Auslagen für die eigentliche Befreiung ergibt sich jedoch aus §§ 7 Abs. 1, 1 Abs. 1 AKostG i.V.m. §§ 1 Sps. 2, 25 KonsG.[1371] In Bezug auf die im Anschluss an das Entführungsende entstandenen Auslagen ist wie auf der Ebene von Schutzpflicht

1369 Sechster Teil unter C.
1370 Siebter Teil unter B. II. 1.
1371 Siebter Teil unter B. II. 2. a. aa.

und Schutzanspruch zu differenzieren: Im Regelfall einer Hilfeleistung nach § 1 Sps. 2 KonsG können die entstandenen Auslagen über §§ 7 Abs. 1, 1 Abs. 1 AKostG i.V.m. §§ 1 Sps. 2, 25 KonsG zurückgefordert werden. Im Ausnahmefall einer Hilfeleistung nach § 5 KonsG ergibt sich der staatliche Erstattungsanspruch aus §§ 7 Abs. 1, 1 Abs. 1 AKostG i.V.m. §§ 5 Abs. 5 S. 1, Abs. 1, 25 KonsG.[1372] Die Befugnis, diese Ansprüche durch Verwaltungsakt geltend zu machen, folgt aus § 14 Abs. 1 S. 1 AKostG.

Der Auslagenbegriff des § 7 Abs. 1 AKostG ist extensiv zu verstehen, wobei sich die erstattungsfähigen Auslagen jedoch auf solche beschränken, die bezifferbar und dem ehemaligen Entführungsopfer individuell zurechenbar sind.[1373] Sie müssen grundsätzlich in voller Höhe erstattet werden. Es besteht jedoch die Möglichkeit, die Kostenforderung bei Vorliegen einer erheblichen Härte im Falle der sofortigen Einziehung gem. § 19 AKostG i.V.m. § 59 Abs. 1 S. 1 Nr. 1 BHO zu stunden. Sofern die Geltendmachung aufgrund der wirtschaftlichen Verhältnisse des ehemaligen Entführungsopfers oder aus anderen Gründen keinen Erfolg verspricht, kommt ihre (befristete oder unbefristete) Niederschlagung nach § 19 AKostG i.V.m. § 59 Abs. 1 S. 1 Nr. 2 Alt. 1 BHO in Betracht. Gem. § 10 Abs. 1 Alt. 2 AKostG kann die Kostenschuld des ehemaligen Entführungsopfers zudem ganz oder teilweise erlassen werden, sollten die Kosten für das konkrete ehemalige Entführungsopfer eine besondere Härte darstellen. Ähnliches ergibt sich aus § 19 AKostG i.V.m. § 59 Abs. 1 S. 1 Nr. 3 BHO. In die Beurteilung der individuellen besonderen Härte sind zum einen die Einnahmen des ehemaligen Entführungsopfers aus der Vermarktung seiner Entführungsgeschichte und – anders als auf der Ebene von Schutzpflicht und Schutzanspruch – sein Verschulden sowie der Grund seines Auslandsaufenthalts zu berücksichtigen.[1374]

Anspruchsschuldner der im Zusammenhang mit einer Entführung entstandenen Auslagen ist in jedem Fall das ehemalige Entführungsopfer, vgl. § 13 Abs. 1 Nr. 1 AKostG. Sein Arbeitgeber kann als Kostenschuldner im Falle einer berufsbedingten Entsendung ausschließlich dann in Anspruch genommen werden, wenn er die Kostenschuld seines Arbeitnehmers freiwillig gem. § 13 Abs. 1 Nr. 2 AKostG „übernommen" hat. In diesem Fall haften beide nach § 13 Abs. 2 AKostG als Gesamtschuldner. Eine gesetzliche Haftung nach § 13 Abs. 1 Nr. 3 AKostG besteht nicht.[1375]

Demgegenüber kommen ein Aufwendungsersatz nach den Grundsätzen der öffentlich-rechtlichen Geschäftsführung ohne Auftrag gem. §§ 670, 683 S. 1, 670 BGB analog ebenso wie eine Erstattung über das Rechtsinstitut des öffentlich-rechtlichen Erstattungsanspruchs nicht in Betracht.

1372 Siebter Teil unter B. II. 2. a. bb.
1373 Siebter Teil unter B. II. 2. a. aa. (1) und (2).
1374 Siebter Teil unter B. II. 2. b.
1375 Siebter Teil unter B. II. 2. c.

II. Kostenerhebung ab dem 15. August 2018

Bei einer Kostenerhebung nach den Vorschriften des KonsG und des BGebG ist zunächst zu beachten, dass das Auswärtige Amt von seiner gem. § 12 Abs. 2 Nr. 2 BGebG i.V.m. § 22 Abs. 1 S. 3, Abs. 4 BGebG eröffneten (Gestaltungs-)Kompetenz zum Erlass einer Besonderen Gebührenverordnung Gebrauch machen sollte. Eine entsprechende die Besonderheiten des Auslandskostenrechts berücksichtigende und sich am Wortlaut der §§ 1, 7 AKostG und § 3 AKostV orientierende Sonderregelung über die Auslagenerstattung wurde formuliert.[1376] Vor diesem Hintergrund scheidet eine Auslagenerstattung über §§ 1, 12 Abs. 1 S. 1 BGebG bzw. §§ 1, 12 Abs. 2 BGebG i.V.m. § 1 Abs. 2 Entwurf der Besonderen Gebührenverordnung – wie schon nach der Rechtslage unter dem AKostG – für bestimmte Amtshandlungen des Auswärtigen Amtes aus.[1377]

Auslagen der tätig gewordenen Auslandsvertretungen können jedoch erstattet verlangt werden. Als entsprechende Anspruchsgrundlagen sind §§ 1, 12 Abs. 1 S. 1 BGebG i.V.m. §§ 1 Sps. 2, 25 ff. KonsG bzw. §§ 5 Abs. 5 S. 1, 5 Abs. 1, 25 ff. KonsG und §§ 1, 12 Abs. 2 BGebG i.V.m. § 1 Abs. 1 Entwurf der Besonderen Gebührenverordnung des Auswärtigen Amtes i.V.m. §§ 1 Sps. 2, 25 ff. KonsG bzw. §§ 5 Abs. 5 S. 1, 5 Abs. 1, 25 ff. KonsG heranzuziehen. Im Ausgangspunkt sind dabei grundsätzlich dieselben Kostenpositionen durch das ehemalige Entführungsopfer zu erstatten wie bei einer Kostenerhebung nach den Vorschriften des KonsG und des AKostG. Für ein restriktives Verständnis des Auslagenbegriffs des §§ 12, 3 Abs. 5 BGebG ist kein Raum. Es sind zudem nur solche Auslagen zu erstatten, die dem ehemaligen Entführungsopfer individuell zurechenbar sind, vgl. § 3 Abs. 1, 2 und 5 BGebG.[1378] Die Befugnis, sie durch Verwaltungsakt geltend zu machen, folgt aus §§ 12 Abs. 3, 13 Abs. 1 S. 1 AKostG, wobei nach § 1 BGebG ein diesbezügliches Ermessen nicht besteht. Der Kostenbescheid kann auch in den vorliegend untersuchten Fällen durch das Auswärtige Amt erlassen werden, vgl. §§ 1 Abs. 4, 2 GAD.

Nach § 12 Abs. 1 S. 1 BGebG sind die anfallenden Auslagen grundsätzlich in der tatsächlich entstandenen Höhe zu erheben. Soweit jedoch eine unbegrenzte Erstattungspflicht der gesamten im Zusammenhang mit der Entführung entstandenen Auslagen im Einzelfall die finanzielle Leistungsfähigkeit des ehemaligen Entführungsopfers (deutlich) übersteigt, kann der Auslagenerstattungsanspruch nach § 17 BGebG i.V.m. § 59 BHO, die über § 12 Abs. 3 BGebG für Auslagen entsprechend gelten, gestundet, niedergeschlagen oder erlassen werden.[1379] Im Vergleich zu einer Kostenerhebung nach den Vorschriften den AKostG werden sich folglich für die neue Rechtslage keine wesentlichen Änderungen ergeben.

Gläubigerin des Anspruchs auf Erstattung der entstandenen Auslagen der Entführung ist die Bundesrepublik Deutschland als Rechtsträgerin der deutschen

1376 Siebter Teil unter B. III. 1.
1377 Siebter Teil unter B. III. 1. a.
1378 Siebter Teil unter B. III. 1. b.
1379 Siebter Teil unter B. III. 2.

Auslandsvertretungen, vgl. §§ 12 Abs. 3, 5 Nr. 1 BGebG. „Gebührenschuldner“ ist gem. §§ 12 Abs. 3, 6 Abs. 1 Nr. 1 BGebG jedenfalls das ehemalige Entführungsopfer. Eine Haftung des Arbeitgebers nach § 6 Abs. 1 Nr. 3 BGebG scheidet mangels gesetzlicher Haftungsregelung aus. Es besteht jedoch die Möglichkeit einer freiwilligen „Übernahme“ der „Gebührenschuld“.[1380]

III. Würdigung

Vor diesem Hintergrund sind Änderungen der geltenden Rechtslage nicht erforderlich. Im Ergebnis werden die Kosten einer Entführung in angemessener Weise verteilt. Insbesondere kann ein „Verschulden“ des Entführungsopfers, d.h. eine (wiederholte) Missachtung bestehender Sicherheitshinweise und Reisewarnungen, bei der Bestimmung der besonderen Härte ebenso berücksichtigt werden wie Einnahmen aus der Vermarktung seiner Entführungsgeschichte sowie der Grund seines Auslandsaufenthalts. Mit einem steigenden Verschuldensgrad können folglich größere finanzielle Anstrengungen zur Begleichung der individuell zurechenbaren Kosten seiner Entführung erwartet werden, um die Allgemeinheit von diesen zu entlasten.[1381]

Da unter den Voraussetzungen bestehender Anspruchsgrundlagen eine gebotene Beteiligung des Entführungsopfers an den Kosten seiner Entführung rechtlich möglich ist, sind Änderungen des AKostG bzw. des BGebG – etwa eine Aufhebung der kostenrechtlichen Trennung von Auslagen für Amtshandlungen des Auswärtigen Amtes und der Auslandsvertretungen, vgl. insbesondere §§ 1 Abs. 1 und 2, 7 Abs. 1 und 2 AKostG – nicht erforderlich.[1382] Selbst wenn jedoch die Notwendigkeit einer entsprechenden Änderung angenommen würde, so dürfte sich diese nicht auf die Ebene der Kosten beschränken. Sie müsste vielmehr auch eine „Erweiterung“ des Anwendungsbereichs des KonsG von den Konsularbeamten auf den Auswärtigen Dienst im Allgemeinen auf der Ebene von Schutzpflicht und Schutzanspruch insgesamt beinhalten, denn in diesem Zusammenhang wurde – wie auf der kostenrechtlichen Ebene – das Vorliegen einer konsularischen Tätigkeit in den

1380 Siebter Teil unter B. III. 3.

1381 Nicht erforderlich ist daher insbesondere eine sich am OASG orientierende Sonderregelung zur Abschöpfung aus der Vermarktung einer Entführungsgeschichte wie sie grundsätzlich von *U. Göres*, NJW 2004, 1909 (1912); *ders.*, DÖV 2008, 622 (630) vorgeschlagen wurde.

1382 A.A. *R. Geiß*, DÖV 2007, 155 (160); *C. P. Kokew*, Auslandsschutz deutscher Staatsangehöriger bei Entführungen, 2012, S. 323 ff., der diesbzgl. folgende Neuformulierung vorschlägt: *§ 1 AKostG. Anwendungsbereich*
Der Kostengläubiger kann für Amtshandlungen des Auswärtigen Dienstes Kosten erheben. Kosten sind Gebühren und Auslagen. [...]
§ 7 AKostG. Auslagen
Auslagen des Auswärtigen Dienstes sind zu erstatten, wenn diese im Zusammenhang mit Amtshandlungen nach den §§ 1 bis 17 des Konsulargesetzes vom 11. September 1974 (BGBl. I S. 2317) entstanden sind. [...].

Sonderfällen der Entführung deutscher Staatsangehöriger trotz Handlungsträgerschaft des Auswärtigen Amtes ebenfalls unter Rückgriff auf § 3 Abs. 1 KonsG i.V.m. §§ 1 Abs. 4, 2 GAD bestätigt.[1383] Im Falle einer isolierten Änderung der Kostenebene würde sich das Problem der Trennung von Amtshandlungen des Auswärtigen Amtes und der Auslandsvertretungen an dieser Stelle demnach in noch dringenderer Weise stellen, sodass eine Anwendbarkeit des KonsG in Entführungsfällen unter Umständen und konsequenterweise abgelehnt werden müsste.

Es ist jedoch wünschenswert, dass das Auswärtige Amt bei Erlass der Kostenbescheide in Entführungsfällen in Zukunft eine Unterteilung der Kosten der Entführung in solche der Befreiung sowie solche, die im Anschluss an die Entführung entstehen, vornimmt und mögliche Begrenzungen der Kostenbeteiligung und gegebenenfalls entsprechende Gründe nennt, um so die Transparenz ihrer Kostenentscheidung zu erhöhen.[1384] So hatte die bisherige gegenteilige Praxis zur Folge, dass teilweise nicht nachvollziehbar war, aus welchem Grund die Bundesrepublik Deutschland in den verschiedenen Entführungsfällen jeweils unterschiedliche Kosten in unterschiedlicher Höhe erstattet verlangt hat. Die Notwendigkeit einer Trennung der Kosten der Entführung in Befreiungs- und Anschlusskosten ergibt sich zudem aus der auf der Ebene von Schutzpflicht und Schutzanspruch notwendigen Unterscheidung von Befreiungs- und Anschlussmaßnahmen zugunsten des Entführungsopfers. Entstehen durch diese Hilfeleistungen Kosten für die beteiligten Auslandsvertretungen, so ist eine entsprechende Trennung auch auf der Ebene der Kostenerstattung zu berücksichtigen. Bei Inkrafttreten des BGebG empfiehlt sich zudem eine Unterteilung anhand der jeweils einschlägigen Anspruchsgrundlagen.

H. Zusammenfassende Thesen

1. In Fällen der Entführung deutscher Staatsangehöriger im Ausland besitzt der Schutz des Lebens und der Gesundheit eines Entführungsopfers oberste Priorität. An diesem Ziel richtet die Bundesrepublik Deutschland ihr gesamtes Handeln aus.
2. Welche Maßnahmen zum Schutz eines Entführungsopfers zu ergreifen sind, ist abhängig vom Einzelfall. Die Bundesrepublik Deutschland sei jedoch nicht (politisch) erpressbar und verhandele nach eigenen Angaben nicht mit den Entführern; ein Lösegeld werde nicht gezahlt.
3. Von den Medien ist eine größtmögliche Zurückhaltung zu fordern, um eine erfolgreiche Beendigung einer Entführung nicht zu gefährden.
4. Der staatliche Schutz in Entführungsfällen ist dem völkerrechtlichen Rechtsinstitut des konsularischen Schutzes zuzuordnen. Ihm kann jedoch keine staatliche Schutzpflicht oder gar ein Anspruch des Einzelnen auf Schutzgewähr entnommen werden.

1383 Zweiter Teil unter B. III. 2. a.

1384 So auch die Forderung von *D. Hanschel*, ZaöRV 66 (2006), 789 (814).

5. Die Bundesrepublik Deutschland ist sowohl auf der verfassungsrechtlichen Ebene gem. Art. 2 Abs. 2 S. 1 und 2 GG (i.V.m. Art. 1 Abs. 1 S. 2, 25 S. 1 GG) als auch auf der einfachgesetzlichen Ebene nach § 1 Sps. 2 KonsG zu einer Schutzgewähr zugunsten im Ausland entführter deutscher Staatsangehöriger verpflichtet. Eine Ergänzung des KonsG um diesen Sonderfall ist nicht angezeigt.
6. Das deutsche Entführungsopfer kann sich gem. Art. 2 Abs. 2 GG (i.V.m. Art. 1 Abs. 1 S. 2, 25 S. 1 GG) und nach § 1 Sps. 2 KonsG gegenüber dem Auswärtigen Dienst bzw. dem ihm angehörigen Konsularbeamten auf einen Schutzanspruch auf fehlerfreie Ermessensentscheidung hinsichtlich des im Einzelfall einzusetzenden Schutzmittels berufen. Danach kann es von der Exekutive aber konkret weder eine geforderte Lösegeldzahlung noch die Erfüllung politischer Forderungen der Entführer verlangen.
7. Gerichtlich durchsetzbar sind die Schutzansprüche insbesondere im einstweiligen Rechtsschutz vor dem VG Berlin nach § 123 Abs. 1 S. 2 VwGO und dem BVerfG nach § 32 Abs. 1 BVerfGG.
8. Das Entführungsopfer kann sich im Zusammenhang mit der gerichtlichen Geltendmachung seiner Rechte im Falle seiner Minderjährigkeit von seinen Eltern oder im Falle seiner Volljährigkeit durch Angehörige vertreten lassen. Letztere Vertretungsmöglichkeit ist mit Blick auf die zugunsten eines Entführungsopfers bestehende grundrechtliche Schutzpflicht aus Art. 2 Abs. 2 GG, des hohen Rangs der durch die Entführung bedrohten Rechtsgüter und Art. 19 Abs. 4 S. 1 GG durch den Gesetzgeber neu zu regeln.
9. Ein Antrag auf einstweilige Verpflichtung zum Schutz durch ein bestimmtes Schutzmittel wird regelmäßig unbegründet sein. Anderes gilt für einen Antrag auf Erlass einer einstweiligen Anordnung hinsichtlich des staatlichen Schutzes als solchem: Er wird regelmäßig unzulässig sein, sollte die Bundesrepublik Deutschland bereits alles in ihrer Macht Stehende zum Schutz des Entführungsopfers veranlasst haben.
10. Missachtet das Entführungsopfer bei Reiseantritt (wiederholt) bestehende Sicherheitshinweise bzw. Reisewarnungen des Auswärtigen Amtes oder wird es erneut entführt, so ergeben sich hieraus keine Einschränkungen seiner Schutzbedürftigkeit.
11. Ein „präventiver" Schutz durch passbeschränkende Maßnahmen gem. § 8 PassG oder Ausreiseuntersagungen gem. § 10 Abs. 1 PassG kommt im Regelfall nicht in Betracht.
12. In einem Drittstaat entführte Unionsbürger können sich nicht gem. Art. 23 Abs. 1 S. 1 AEUV i.V.m. § 1 Sps. 2 KonsG auf einen Schutz durch die Bundesrepublik Deutschland berufen.
13. Die Bundesrepublik Deutschland haftet grundsätzlich für Schäden des Entführungsopfers, die dieses durch eine unterlassene oder fehlerhafte Schutzgewähr erlitten hat. Als Grundlage kommen sowohl § 839 BGB i.V.m. Art. 34

S. 1 BGB als auch die Grundsätze der allgemeinen Aufopferung in Betracht; die Amtshaftung ist in Entführungsfällen jedenfalls nicht aufgrund § 5 Nr. 2 RBHG ausgeschlossen. Im Ergebnis sind die Erfolgsaussichten einer gerichtlichen Anspruchsdurchsetzung indes als gering anzusehen.

14. Das Entführungsopfer kann konsularische Hilfen gem. § 1 Sps. 2 KonsG in Form der Hilfe für Opfer von Gewaltverbrechen verlangen. Unter den in § 3a OEG genannten Voraussetzungen kann zudem eine Entschädigung eines für im Zuge der Entführung erlittenen Körperschadens oder seiner Tötung beantragt werden.
15. Das Entführungsopfer muss sich grundsätzlich an den Kosten seiner Entführung beteiligen und der Bundesrepublik Deutschland die Auslagen erstatten, die bezifferbar und ihm individuell zurechenbar sind. Der Auslagenerstattungsanspruch kann jedoch unter Berücksichtigung der Einnahmen aus der Vermarktung der Entführungsgeschichte, eines „Verschuldens" oder des Grundes des Auslandsaufenthalts gestundet, niedergeschlagen oder ganz bzw. teilweise erlassen werden.
16. Bis zum 14. August 2018 sollte das Auswärtige Amt von seiner gem. § 12 Abs. 2 Nr. 2 BGebG i.V.m. § 22 Abs. 1 S. 3, Abs. 4 BGebG eröffneten (Gestaltungs-) Kompetenz zum Erlass einer Besonderen Gebührenverordnung Gebrauch machen, um eine den heutigen Maßstäben vergleichbare Kostenbeteiligung des Entführungsopfers nach dem dann geltenden BGebG zu begründen.
17. Eine Kostenhaftung des Arbeitgebers, der das spätere Entführungsopfer berufsbedingt ins Ausland entsendet, scheidet mangels gesetzlicher Haftungsregelung aus. Es besteht jedoch die Möglichkeit einer freiwilligen „Übernahme" der Kostenschuld.
18. Eine Aufhebung der Trennung von Auslagen für Amtshandlungen des Auswärtigen Amtes und der Auslandsvertretungen, vgl. §§ 1 Abs. 1 und 2, 7 Abs. 1 und 2 AKostG, ist nicht erforderlich.

Literaturverzeichnis

Abendroth, Wolfgang, Zum Begriff des demokratischen und sozialen Rechtsstaates im Grundgesetz der Bundesrepublik Deutschland, in: Alfred Herrmann (Hrsg.), Aus Geschichte und Politik, Festschrift zum 70. Geburtstag von Ludwig Bergstraesser, Düsseldorf 1993 (Nachdruck der Ausgabe von 1954), S. 279 bis 300; zit.: *W. Abendroth*, in: A. Hermann (Hrsg.), FS für L. Bergstraesser, 1993, 279 ff.

Ader, Werner, Gewaltsame Rettungsaktionen zum Schutz eigener Staatsangehöriger im Ausland, München 1988.

Alexy, Robert, Grundrechte als subjektive Rechte und als objektive Normen, Der Staat 29 (1990), S. 49 bis 68.

– Theorie der Grundrechte, 2. Auflage, Frankfurt am Main 1994.

Anschütz, Gerhard, Die Verfassung des Deutschen Reiches vom 11. August 1919, Ein Kommentar für Wissenschaft und Praxis, 3. und 4. völlig umgearbeitete Auflage, Berlin 1926.

Anschütz, Gerhard/Thoma, Richard (Hrsg.), Handbuch des Deutschen Staatsrechts, Erster Band, Tübingen 1930; zit.: *Bearbeiter*, § Thema, in: G. Anschütz/R. Thoma (Hrsg.), Handbuch des Deutschen Staatsrechts Bd. 1, 1930.

– Handbuch des Deutschen Staatsrechts, Zweiter Band, Tübingen 1932; zit.: *Bearbeiter*, § Thema, in: G. Anschütz/R. Thoma (Hrsg.), Handbuch des Deutschen Staatsrechts Bd. 2, 1932.

Aust, Helmut Philipp, Pirateriebekämpfung im Lichte von Grundgesetz und Völkerrecht auf dem verwaltungsgerichtlichen Prüfstand, DVBl. 2012, S. 484 bis 490.

Bachof, Otto, Begriff und Wesen des sozialen Rechtsstaates, VVDStRL 12 (1954), S. 37 bis 79.

Badura, Peter, Das Prinzip der sozialen Grundrechte und seiner Verwirklichung im Recht der Bundesrepublik Deutschland, Der Staat 14 (1975), S. 17 bis 48.

– Der Sozialstaat, DÖV 1989, S. 491 bis 499.

– Staatsrecht, Systematische Erläuterung des Grundgesetzes für die Bundesrepublik Deutschland, 6., überarbeitete Auflage, München 2015.

Baldus, Manfred, Extraterritoriale Interventionen der Bundeswehr zur Rettung von fremden und deutschen Staatsangehörigen, in: Eberich, Ingo/Hörster, Ansgar/Hoffmann, Michael u.a. (Hrsg.), Frieden und Recht, 38. Tagung der Wissenschaftlichen Mitarbeiterinnen und Mitarbeiter der Fachrichtung „Öffentliches Recht", Stuttgart, München u.a. 1998, S. 259 bis 295; zit.: *M. Baldus*, in: I. Eberich u.a. (Hrsg.), Friede und Recht, 1998, 259 ff.

Baur, Fritz, Sozialhilfe für Deutsche im Ausland (§ 24 SGB XII), NVwZ 2004, S. 1322 bis 1324.

Bazille, Wilhelm/Köstlin, Reinhard, Das Recht der Staatsangehörigkeit mit besonderer Berücksichtigung Württembergs, Stuttgart 1902.

Beck, Daniel, Auslandseinsätze deutscher Streitkräfte, Materiell-rechtliche Bindungen aus Völkerrecht und Grundgesetz, insbesondere zum Schutz des Lebens, Hamburg 2008.

Becker, Joachim, Materielle Wirkung von Kompetenz-, Organisations- und Zuständigkeitsregelungen des Grundgesetzes?, DÖV 2002, S. 397 bis 406.

Becker, Ulrich/Heckmann, Dirk/Kempen, Bernhard/Manssen, Gerrit, Öffentliches Recht in Bayern, Verfassungsrecht, Kommunalrecht, Polizei- und Sicherheitsrecht, Öffentliches Baurecht, 6. Auflage, München 2015.

Benda, Ernst, Rechtsstaat im sozialen Wandel, AöR n.F. 101 (1976), S. 497 bis 519.

- Gedanken zum Sozialstaat, ZIP 1981, S. 221 bis 227.
- Verfassungsrechtliche Aspekte des Umweltschutzes, UPR 1982, S. 241 bis 247.

Benda, Ernst/Maihofer, Werner/Vogel, Hans-Jochen (Hrsg.), Handbuch des Verfassungsrechts der Bundesrepublik Deutschland, 2., neu bearbeitete und erweiterte Auflage, Berlin, New York 1994; zit.: *Bearbeiter*, in: E. Benda u.a. (Hrsg.), HdBVerfR, 2. Aufl. 1994.

Berber, Friedrich, Lehrbuch des Völkerrechts, Erster Band: Allgemeines Friedensrecht, 2., neu bearbeitete Auflage, München 1975.

Berkemann, Jörg, Fluglärm – Offene, aber zu lösende Rechtsfragen, ZUR 2002, S. 202 bis 206.

Bernhardt, Rudolf, Verfassungsrecht und internationale Lagen, DÖV 1977, S. 455 bis 462.

- (Hrsg.), Encyclopedia of Public International Law, Volume One: Aalands Islands to Dumbarton Oaks Conference (1944), Amsterdam, London u.a. 1992; zit.: *Bearbeiter*, Schlagwort, in: R. Bernhardt (Hrsg.), EPIL I, 1992.

Bethge, Herbert, Staatszwecke im Verfassungsstaat, 40 Jahre Grundgesetz, DVBl. 1989, S. 841 bis 850.

- Der Grundrechtseingriff, VVDStRL 57 (1998), S. 7 bis 56.

Beyerlin, Ulrich, Völkerrechtliche Praxis der Bundesrepublik Deutschland im Jahre 1974, ZaöRV 36 (1976), S. 760 bis 855.

Birkner, Erwin/Rott, Helmut, Verwaltungskostenrecht für Staats- und Gemeindebehörden mit Gebührentabellen, Loseblattausgabe (Stand: April 2002), 2. Auflage, München.

Blankenagel, Alexander, Tradition und Verfassung, Neue Verfassung und alte Geschichte in der Rechtsprechung des Bundesverfassungsgerichts, Baden-Baden 1987.

Blasberg, Georg, Verfassungsgerichte als Ersatzgesetzgeber, Entscheidungsaussprüche bei Normenkontrollen von Bundesverfassungsgericht und Corte Costituzionale, Frankfurt am Main 2003.

Bleckmann, Albert, Zum materiellen Gehalt der Kompetenzbestimmungen des Grundgesetzes, DÖV 1983, S. 129 bis 135.
- Schlußwort, DÖV 1983, S. 808 bis 809.
- Probleme des Grundrechtsverzichts, JZ 1988, S. 57 bis 62.
- Das Nationalstaatsprinzip im Grundgesetz, DÖV 1988, S. 437 bis 444.
- Neue Aspekte der Drittwirkung der Grundrechte, DVBl. 1988, S. 938 bis 946.
- Anspruch auf diplomatischen Schutz durch Klage vor dem Europäischen Gerichtshof, EWS 1995, S. 213 bis 217.
- Staatsrecht II – Die Grundrechte, 4., neu bearbeitete Auflage, Köln, Berlin u.a. 1997.

Bleckmann, Albert/Busse, Bartold, Die Ausreisefreiheit der Deutschen, DVBl. 1977, S. 794 bis 798.

Blumenwitz, Dieter, Die deutsche Staatsangehörigkeit und die Schutzpflicht der Bundesrepublik Deutschland, in: Heldrich, Andreas/Henrich, Dieter/Sonnenberger, Hans Jürgen (Hrsg.), Konflikt und Ordnung, Festschrift für Murad Ferid zum 70. Geburtstag, München 1978, S. 439 bis 449; zit.: *D. Blumenwitz,* in: A. Heldrich u.a. (Hrsg.), FS für M. Ferid, 1978, 439 ff.
- Das Offenhalten der Vermögensfrage in den deutsch-polnischen Beziehungen, Bonn 1992.

Böckenförde, Ernst-Wolfgang, Entstehung und Wandel des Rechtsstaatsbegriffs, in: Ehmke, Horst/Schmid, Carlo/Scharoun, Hans (Hrsg.), Festschrift für Adolf Arndt zum 65. Geburtstag, Frankfurt am Main 1969, S. 53 bis 76; zit.: *E.-W. Böckenförde,* in: H. Ehmke u.a. (Hrsg.), FS für A. Arndt, 1969, 53 ff.
- Staat, Gesellschaft, Freiheit, Frankfurt am Main 1976.
- Grundrechte als Grundsatznormen – Zur gegenwärtigen Lage der Grundrechtsdogmatik, Der Staat 29 (1990), S. 1 bis 31.
- Zur Lage der Grundrechtsdogmatik nach 40 Jahren Grundgesetz: erweiterte Fassung eines Vortrages, gehalten in der Carl-Friedrich-von-Siemens-Stiftung am 19. Oktober 1989, München 1990.
- Die Teilung Deutschlands und die deutsche Staatsangehörigkeit, in: Barion, Hans/Böckenförde, Ernst-Wolfgang/Forsthoff, Ernst (Hrsg.), Epirrhosis, Festgabe für Carl Schmitt, 2. Auflage, Berlin 2002, S. 423 bis 463; zit.: *E.-W. Böckenförde,* in: H. Barion u.a. (Hrsg.), FG für C. Schmitt, 2. Aufl. 2002, 423 ff.
- Recht, Staat, Freiheit – Studien zur Rechtsphilosophie, Staatstheorie und Verfassungsgeschichte, Erweiterte Ausgabe, Frankfurt am Main 2006.

Borowski, Martin, Grundrechtliche Leistungsrechte, JöR n.F. 50 (2002), S. 301 bis 328.

Breuer, Rüdiger, Grundlagen des Sozialstaates, in: Söllner, Alfred/Gitter, Wolfgang/Waltermann, Raimund/Giesen, Richard/Ricken, Oliver (Hrsg.), Gedächtnisschrift für Meinhard Heinze, München 2005, S. 81 bis 104; zit.: *R. Breuer*, in: A. Söllner u.a. (Hrsg.), GS für M. Heinze, 2005, 81 ff.

Brühl, Raimund, Vorläufiger Rechtsschutz im Verwaltungsstreitverfahren, JuS 1995, S. 916 bis 921.

Brunner, Manuel, Militärische Auslandsrettung, Zwischen sicherheitspolitischer Herausforderung und Reformbedarf im Wehrverfassungsrecht, ZRP 2011, S. 207 bis 209.

Brunner, Norbert, Die Frage nach dem Anspruch des Bürgers auf diplomatischen Schutz, Bern, Frankfurt am Main u.a. 1983.

Bryde, Brun-Otto, Verfassungsentwicklung, Stabilität und Dynamik im Verfassungsrecht der Bundesrepublik Deutschland, Baden-Baden 1982.

Buck, Christian F., Medien und Geiselnahmen: Fallstudien zum inszenierten Terror, Wiesbaden 2007.

Buhck, Henner, Überwachungsgemeinschaften im Umweltrecht – Eine insbesondere verfassungsrechtliche Untersuchung der Einsatzmöglichkeiten von Überwachungsgemeinschaften im Bereich des Umweltrechts, Berlin 1997.

Bühler, Ottmar, Die subjektiven öffentlichen Rechte und ihr Schutz in der deutschen Verwaltungsrechtsprechung, Berlin, Stuttgart, Leipzig 1914.

Bull, Hans Peter, Die Staatsaufgaben nach dem Grundgesetz, 2., um einen Anhang erweiterte Auflage, Kronberg im Taunus 1977.

Burkiczak, Christian, Ein Entsendegesetz für die Bundeswehr?, ZRP 2003, S. 82 bis 86.

– Grundrechtsbindung der Tarifvertragsparteien oder Relevanz grundrechtlicher Schutzpflichten – Erfurter Einerlei?, RdA 2007, S. 17 bis 22.

Calliess, Christian, Die grundrechtliche Schutzpflicht im mehrpoligen Verfassungsrechtsverhältnis, JZ 2006, S. 321 bis 330.

Calliess, Christian/Kallmayer, Axel, Der praktische Fall – Öffentliches Recht: Abwehrrechte und Schutzpflichten aus Grundrechten, JuS 1999, S. 785 bis 791.

Calliess, Christian/Ruffert Matthias (Hrsg.), EUV/AEUV, Das Verfassungsrecht der Europäischen Union mit Europäischer Grundrechtecharta – Kommentar, 4. Auflage, München 2011; zit.: *Bearbeiter*, in: C. Calliess/M. Ruffert (Hrsg.), EUV/AEUV, 4. Aufl. 2011.

Caroni, Martina/Pedretti, Ramona/Schreiber, Nicole, Konsularischer Schutz bei Entführungen – wer zahlt die Zeche?, in: Caroni, Martina/Heselhaus, Sebastian/Mathis, Klaus/Norer, Roland (Hrsg.), Auf der Scholle und in lichten Höhen, Verwaltungsrecht – Staatsrecht – Rechtsetzungslehre, Festschrift für Paul Richli zum 65. Geburtstag, Zürich, St. Gallen 2011, S. 237 bis 254; zit.: *M. Caroni/R. Pedretti/N. Schreiber*, in: M. Caroni u.a. (Hrsg.), FS für P. Richli, 2011, S. 237 ff.

Dahm, Georg, Völkerrecht, Band 1, 2. Auflage, Stuttgart 1958.

Dahm, Patrick, Der staatliche Aufwendungsersatzanspruch nach erfolgreicher Befreiung entführter Deutscher im Ausland, NVwZ 2005, S. 172 bis 174.

Dambitsch, Ludwig, Die Verfassung des Deutschen Reichs, Berlin 1910.

Dauster, Manfred, Der Anspruch des Staatsangehörigen auf Schutz gegenüber dem Ausland, Übungshausarbeit Öffentliches Recht, Jura 1990, S. 262 bis 268.

Davy, Benjamin, Gefahrenabwehr im Anlagenrecht, Wien, New York 1990.

Degenhart, Christoph, Standortnahe Zwischenlager, staatliche Entsorgungsverantwortung und grundrechtliche Schutzpflichten im Atomrecht, DVBl. 2006, S. 1125 bis 1135.

Delius, Hans, Die Beamtenhaftpflichtgesetze des Reichs und der Länder, 4., wesentlich vermehrte und verbesserte Auflage, Berlin, Leipzig 1929.

Detterbeck, Steffen/Windthorst, Kay/Sproll, Hans-Dieter, Staatshaftungsrecht, München 2000.

Di Fabio, Udo, Die Ermessensreduzierung – Fallgruppen, Systemüberlegungen und Prüfprogramm, VerwArch 1995, S. 214 bis 234.

Diederichsen, Uwe, Das Bundesverfassungsgericht als oberstes Zivilgericht – ein Lehrstück der juristischen Methodenlehre, AcP 198 (1998), S. 171 bis 260.

Dieterich, Thomas/Hanau, Peter/Schaub, Günter (Begr.), herausgegeben von Müller-Glöge, Rudi/Preis, Ulrich/Schmidt, Ingrid, Erfurter Kommentar zum Arbeitsrecht, 16., neu bearbeitete Auflage, München 2016; zit.: *Bearbeiter*, in T. Dieterich u.a. (Begr.), Erfurter Kommentar zum Arbeitsrecht, 16. Aufl. 2016.

Dietlein, Johannes, Die Lehre von den grundrechtlichen Schutzpflichten, 2. Auflage, Berlin 2005.

Dirnberger, Franz, Grundrechtliche Schutzpflichten und Gestaltungsspielraum – Eine kurze Betrachtung zur Rechtsprechung des Bundesverfassungsgerichts, DVBl. 1992, S. 879 bis 884.

Doehring, Karl, Die Pflicht des Staates zur Gewährung diplomatischen Schutzes, Köln, Berlin 1959.

– Das Staatsrecht der Bundesrepublik Deutschland, Unter besonderer Berücksichtigung der Rechtsvergleichung und des Völkerrechts, 3., überarbeitete Auflage, Frankfurt am Main 1984.

– Völkerrecht, Ein Lehrbuch, 2., neu bearbeitete Auflage, Heidelberg 2004.

Dreier, Horst, Subjektiv-rechtliche und objektiv-rechtliche Grundrechtsgehalte, Jura 1994, S. 505 bis 513.

– (Hrsg.), Grundgesetz-Kommentar, Band 1: Präambel, Artikel 1 bis 19, Tübingen 1996; zit.: *Bearbeiter*, in: H. Dreier (Hrsg.), Grundgesetz Bd. 1, 1996.

– (Hrsg.), Grundgesetz-Kommentar Band 1, Präambel, Artikel 1 bis 19, 2. Auflage, Tübingen 2004; zit.: *Bearbeiter*, in: H. Dreier (Hrsg.), Grundgesetz Bd. 1, 2. Aufl. 2004.

– (Hrsg.), Grundgesetz-Kommentar Band 1, Präambel, Artikel 1 bis 19, 3. Auflage, Tübingen 2013; zit.: *Bearbeiter*, in: H. Dreier (Hrsg.), Grundgesetz Bd. 1, 3. Aufl. 2013.

– (Hrsg.), Grundgesetz-Kommentar Band 2, Art. 20 bis 82, 2. Auflage, Tübingen 2006; zit.: *Bearbeiter*, in: H. Dreier (Hrsg.), Grundgesetz Bd. 2, 2. Aufl. 2006.

– (Hrsg.), Grundgesetz-Kommentar Band 2, Art. 20 bis 82, 3. Auflage, Tübingen 2015; zit.: *Bearbeiter*, in: H. Dreier (Hrsg.), Grundgesetz Bd. 2, 3. Aufl. 2015.

– (Hrsg.), Grundgesetz-Kommentar Band 3, Art. 83 bis 146, 2. Auflage, Tübingen 2008; zit.: *Bearbeiter*, in: H. Dreier (Hrsg.), Grundgesetz Bd. 3, 2. Aufl. 2008.

Driendl, Johannes, Zur Notwendigkeit und Möglichkeit einer Strafgesetzgebungswissenschaft in der Gegenwart, Tübingen 1983.

Dürig, Günter, Der Grundrechtssatz von der Menschenwürde – Entwurf eines praktikablen Wertesystems der Grundrechte aus Art. 1 Abs. I in Verbindung mit Art. 19 Abs. II des Grundgesetzes, AöR n.F. 81 (1956), S. 117 bis 157.

Ehlers, Dirk (Hrsg.), Europäische Grundrechte und Grundfreiheiten, 4., vollständig überarbeitete und erweiterte Auflage, Berlin, Boston 2014; zit.: *Bearbeiter*, in: D. Ehlers (Hrsg.), Europäische Grundrechte und Grundfreiheiten, 4. Aufl. 2014.

Ehmke, Horst, Prinzipien der Verfassungsinterpretation, VVDStRL 20 (1963), S. 53 bis 98.

Eilers, Stephan/Heintzen, Markus, Der internationale Auskunftsverkehr in Steuersachen und die grundrechtlichen Schutzpflichten – dargestellt am Beispiel des Bankgeheimnisses, RIW 1986, S. 619 bis 625.

Elbing, Gunther, Zur Anwendbarkeit der Grundrechte bei Sachverhalten mit Auslandsbezug, Berlin 1992.

Epping, Volker, Die Außenwirtschaftsfreiheit, Tübingen 1998.

Epping, Volker/Hillgruber, Christian (Hrsg.), Grundgesetz: GG, Kommentar, 2. Auflage, München 2013; zit.: *Bearbeiter*, in V. Epping/C. Hillgruber (Hrsg.), Grundgesetz, 2. Aufl. 2013.

Erichsen, Hans-Uwe, Die Drittwirkung der Grundrechte, Jura 1996, S. 527 bis 533.

– Grundrechtliche Schutzpflichten in der Rechtsprechung des Bundesverfassungsgerichts, Jura 1997, S. 85 bis 89.

Fisahn, Andreas, Ein unveräußerliches Grundrecht am eigenen genetischen Code, ZRP 2001, S. 49 bis 54.

Fischer-Lescano, Andreas/Kreck, Lena, Piraterie und Menschenrechte, Rechtsfragen der europäischen Militäroperation Atalanta, AVR 47 (2009), S. 482 bis 524.

Fischinger, Philipp S., Der Grundrechtsverzicht, JuS 2007, S. 808 bis 813.

Fluck, Jürgen, Grundrechtliche Schutzpflichten und Gentechnik, UPR 1990, S. 81 bis 86.

Forsthoff, Ernst, Begriff und Wesen des sozialen Rechtsstaates, VVDStRL 12 (1954), S. 8 bis 33.

- Der introvertierte Rechtsstaat und seine Verortung, Der Staat 2 (1963), S. 385 bis 398.
- Deutsche Verfassungsgeschichte der Neuzeit, Ein Abriß, 4. Auflage, Stuttgart, Berlin u.a. 1972.
- Die Umbildung des Verfassungsgesetzes, in: Barion, Hans/Forsthoff, Ernst/Weber, Werner (Hrsg.), Festschrift für Carl Schmitt zum 70. Geburtstag dargebracht von Freunden und Schülern, 3., unveränderte Auflage, Berlin 1994, S. 35 bis 62; zit.: *E. Forsthoff*, in: H. Barion u.a. (Hrsg.), FS für C. Schmitt, 3. Aufl. 1994, 35 ff.
- Zur heutigen Situation einer Verfassungslehre, in: Barion, Hans/Böckenförde, Ernst-Wolfgang/Forsthoff, Ernst (Hrsg.), Epirrhosis, Festgabe für Carl Schmitt, 2. Auflage, Berlin 2002, S. 185 bis 211; zit.: *E. Forsthoff*, in: H. Barion u.a. (Hrsg.), FG für C. Schmitt, 2. Aufl. 2002, 185 ff.

Franzke, Hans-Georg, Schutz von deutschen Staatsbürgern im Ausland durch die Bundeswehr?, NZWehrR 1996, S. 189 bis 200.

Freitag, Hans Otto, Gewohnheitsrecht und Rechtssystem: Eine rechtstheoretische und verfassungsrechtliche Untersuchung zum Gewohnheitsrecht, insbesondere in der Eingriffsverwaltung, Berlin 1976.

Friauf, Karl Heinrich, Zur Rolle der Grundrechte im Interventions- und Leistungsstaat, DVBl. 1971, S. 674 bis 682.

Fülster, Hans, Deutsches Reichsstaatsrecht, Gießen 1930.

Gamillscheg, Franz, Die Grundrechte bei der Anwendung ausländischen Rechts, in: Dietz, Rolf/Hübner, Heinz (Hrsg.), Festschrift für Hans Carl Nipperdey zum 70. Geburtstag, 21. Januar 1965, Band I, München, Berlin 1965, S. 323 bis 350; zit.: *F. Gamillscheg*, in: R. Dietz u.a. (Hrsg.), FS für H. C. Nipperdey Bd. 1, 1965, 323 ff.

Gebhard, Ludwig, Die Verfassung des Deutschen Reichs vom 11. August 1919, München, Leipzig, Berlin 1932.

Geck, Wilhelm Karl, Der Anspruch des Staatsbürgers auf Schutz gegenüber dem Ausland nach deutschem Recht, ZaöRV 17 (1956/57), S. 476 bis 545.

Geiger, Rudolf, Grundgesetz und Völkerrecht mit Europarecht, Die Bezüge des Staatsrechts zum Völkerrecht und Europarecht, 6., überarbeitete Auflage, München 2013.

Geiß, Robin, Der staatliche Auslagenerstattungsanspruch für Hilfeleistungen in Entführungs- und Katastrophenfällen im Ausland, DÖV 2007, S. 155 bis 160.

Gellermann, Martin, Grundrechte in einfachgesetzlichem Gewande, Tübingen 2000.

Giegerich, Thomas, Verfassungsgerichtliche Kontrolle der auswärtigen Gewalt im europäisch-atlantischen Verfassungsstaat: Vergleichende Bestandsaufnahme mit Ausblick auf die neuen Demokratien in Mittel- und Osteuropa, ZaöRV 57 (1997), S. 409 bis 564.

Giese, Friedrich, Grundriß des Reichsstaatsrechts, 4., neu bearbeitete Auflage, Bonn 1926.

– Deutsches Staatsrecht, Allgemeines, Reichs- und Landes-Staatsrecht, Berlin, Wien 1930.

– Die Verfassung des Deutschen Reiches, Taschenausgabe für Studium und Praxis, 8., neu bearbeitete Auflage, Berlin 1931.

Glawe, Robert, Rechtsgrundlagen des Einsatzes deutscher Spezialkräfte in maritimen Geisellagen, NZWehrR 2009, S. 221 bis 234.

Globke, Christina, Anmerkung zur Entscheidung des VG Köln vom 11.11.2011 (25 K 4280/09; JZ 2012, 366) – Zur Frage der rechtlichen Voraussetzungen der Festnahme und Übergabe von Piraten an ausländische Strafverfolgungsbehörden seitens der deutschen Marine, JZ 2012, S. 370 bis 372.

Gloria, Christian, Das steuerliche Verständigungsverfahren und das Recht auf diplomatischen Schutz, Zugleich ein Beitrag zur Lehre von der Auslegung der Doppelbesteuerungsabkommen, Berlin 1988.

Goerlich, Helmut, Wertordnung und Grundgesetz – Kritik einer Argumentationsfigur des Bundesverfassungsgerichts, Baden-Baden 1973.

Göres, Ulrich L., Kostentragungspflicht für Geiselbefreiung im Ausland, NJW 2004, S. 1909 bis 1913.

– Entführung deutscher Staatsbürger im Ausland: Wer trägt die Kosten der Befreiung?, DÖV 2008, S. 622 bis 630.

Götzepe-Çelebi, Ece, Die Unionsbürgerschaft und ihre Fortentwicklung im Hinblick auf die politischen Rechte, Münster, Hamburg u.a. 2003.

Grabitz, Eberhard/Hilf, Meinhard/Nettesheim, Martin (Hrsg.), Das Recht der Europäischen Union: EUV/AEUV, Loseblattausgabe (Stand: August 2015), München; zit.: *Bearbeiter,* in: E. Grabitz/M. Hilf/M. Nettesheim (Hrsg.), Recht der Europäischen Union.

Gramm, Christof, Die Aufgaben der Bundeswehr und ihre Grenzen in der Verfassung, NZWehrR 2005, S. 133 bis 146.

Grawert, Rolf, Staat und Staatsangehörigkeit, Verfassungsgeschichtliche Untersuchung zur Entstehung der Staatsangehörigkeit, Berlin 1973.

– Technischer Fortschritt in staatlicher Verantwortung, in: Listl, Joseph/ Schambeck, Herbert (Hrsg.), Demokratie in Anfechtung und Bewährung, Festschrift für Johannes Broermann, Berlin 1982, S. 457 bis 490; zit.: *R. Grawert,* in: J. Listl u.a. (Hrsg.), FS für J. Broermann, 1982, 457 ff.

– Staatsangehörigkeit und Staatsbürgerschaft, Der Staat 23 (1984), S. 179 bis 204.

Griller, Stefan, Der Schutz der Grundrechte vor Verletzungen durch Private (1. Teil), JBl. 1992, S. 205 bis 219.

– Der Schutz der Grundrechte vor Verletzungen durch Private (Schluß), JBl. 1992, S. 289 bis 302.

Grimm, Dieter, Deutsche Verfassungsgeschichte 1776-1866, Vom Beginn des modernen Verfassungsstaats bis zur Auflösung des Deutschen Bundes, Frankfurt am Main 1988.

– Das Grundgesetz in der deutschen Verfassungstradition, in: Grimm, Dieter (Hrsg.), Der Richter und 40 Jahre Grundgesetz, Heidelberg 1991, S. 1 bis 19; zit.: *D. Grimm,* in: ders. (Hrsg.), Der Richter, 1991, 1 ff.

von der Groeben, Hans/Schwarze, Jürgen/Hatje, Armin (Hrsg.), Vertrag über die Europäische Union, Vertrag über die Arbeitsweise der Europäischen Union, Charta der Grundrechte der Europäischen Union, Band 1: Art. 1 bis 55 EUV, Art. 1 bis 54 GRC, Art. 1 bis 66 AEUV, 7. Auflage, Baden-Baden 2015; zit. *Bearbeiter,* in: H. v.d. Groeben u.a. (Hrsg.), EUV/AEUV/GRC Bd. 1, 7. Aufl. 2015.

de Groot, Gerard-René, Staatsangehörigkeitsrecht im Wandel, Eine rechtsvergleichende Studie über Erwerbs- und Verlustgründe der Staatsangehörigkeit, Köln, Berlin u.a. 1989.

Gröpl, Christoph/Windthorst, Kay/von Coelln, Christian (Hrsg.), Grundgesetz, Studienkommentar, 2. Auflage, München 2015; zit.: *Bearbeiter,* in: C. Gröpl/K. Windthorst/C. v. Coelln (Hrsg.), Grundgesetz, 2. Aufl. 2015.

von Grundherr zu Altenthann und Weyherhaus, Werner, Über die wirtschaftliche und politische Bedeutung der Kapitalanlagen im Auslande, Greifswald 1914.

Güntert, Joel, Die materielle Verfassungsmäßigkeit von unilateralen Evakuierungsoperationen der Bundeswehr im Ausland, Hamburg 2008.

Günther, Thomas, Zum Einsatz der Bundeswehr im Ausland, in: Thiel, Markus (Hrsg.), Wehrhafte Demokratie, Beiträge über die Regelungen zum Schutze der freiheitlichen demokratischen Grundordnung, Tübingen 2003, S. 329 bis 363; zit.: *T. Günther,* in: M. Thiel (Hrsg.), Wehrhafte Demokratie, 2003, 329 ff.

Gusy, Christoph, Richterrecht und Grundgesetz, DÖV 1992, S. 461 bis 470.

– Die Weimarer Reichsverfassung, Tübingen 1997.

– Eine gute Verfassung mit schlechtem Image: Die Weimarer Reichsverfassung, RuP 2009, S. 74 bis 85.

Häberle, Peter, Grundrechte im Leistungsstaat, VVDStRL 30 (1972), S. 43 bis 141.

– Grundrechtsgeltung und Grundrechtsinterpretation im Verfassungsstaat – Zugleich zur Rechtsvergleichung als „fünfter“ Auslegungsmethode, JZ 1989, S. 913 bis 919.

– Das Problem des Kulturstaates im Prozeß der deutschen Einigung – Defizite, Versäumnisse, Chancen, Aufgaben, JöR n.F. 40 (1991/92), S. 291 bis 499.

– Verfassung als öffentlicher Prozeß, Materialien zu einer Verfassungstheorie der offenen Gesellschaft, 3. Auflage, Berlin 1998.

- Öffentliches Interesse als juristisches Problem, Analyse von Gesetzgebung und Rechtsprechung, 2. Auflage, Berlin 2006.

Hailbronner, Kay, Forum: Deutsche Staatsangehörigkeit und DDR-Staatsbürgerschaft, JuS 1981, S. 712 bis 718.

- Diplomatischer Schutz bei mehrfacher Staatsangehörigkeit, in: Ress, Georg/Stein, Torsten (Hrsg.), Der diplomatische Schutz im Völker- und Europarecht, Aktuelle Probleme und Entwicklungstendenzen, Baden-Baden 1996, S. 27 bis 37; zit.: *K. Hailbronner*, in: G. Ress/T. Stein (Hrsg.), Diplomatischer Schutz im Völker- und Europarecht, 1996, 27 ff.

- Kontrolle der auswärtigen Gewalt, VVDStRL 56 (1997), S. 7 bis 37.

Hailbronner, Kay/Renner, Günter (Hrsg.), Staatsangehörigkeitsrecht, Kommentar, 2., neu bearbeitete Auflage, München 1998; zit.: *Bearbeiter*, in: K. Hailbronner/ G. Renner (Hrsg.), Staatsangehörigkeitsrecht, 2. Aufl. 1998.

Hailbronner, Kay/Renner, Günter/Maaßen, Hans-Georg (Hrsg.), Staatsangehörigkeitsrecht, Kommentar, 5., neu bearbeitete Auflage, München 2010; zit.: *Bearbeiter*, in: K. Hailbronner/G. Renner/H.-G. Maaßen (Hrsg.), Staatsangehörigkeitsrecht, 5. Aufl. 2010.

Hammel, Manfred, Sozialhilfe für Deutsche im Ausland (§ 24 SGB XII), Zur Interpretation einer umstrittenen Norm, ZFSH/SGB 2008, S. 396 bis 402.

Hanschel, Dirk, Staatliche Hilfspflichten bei Geiselnahmen im Ausland, ZaöRV 66 (2006), S. 789 bis 817.

Hanschmann, Felix, Kostenübernahme bei Geiselbefreiungen im Ausland, DVBl. 2009, S. 1481 bis 1485.

Hartung, Fritz, Deutsche Verfassungsgeschichte, Vom 15. Jahrhundert bis zur Gegenwart, 9. Auflage, Stuttgart 1969.

Hassemer, Winfried, Referat I, in: Deutscher Richterbund (Hrsg.), 150 Jahre Paulskirchenverfassung, Der lange Weg zum Rechtsstaat, Frankfurt am Main 1998, S. 3 bis 11; zit.: *W. Hassemer*, in: Deutscher Richterbund (Hrsg.), 150 Jahre Paulskirchenverfassung, 1998, 3 ff.

Hatschek, Julius, Deutsches und Preussisches Staatsrecht, Zweiter Band, Berlin 1923.

Hatschek, Julius/Kurtzik, Paul, Deutsches und Preussisches Staatsrecht, Erster Band, 2. Auflage, Berlin 1930.

Hatschek, Julius/Kurtzik, Paul, Deutsches und Preussisches Staatsrecht, Zweiter Band, 2. Auflage, Berlin 1930.

Hecker, Gottfried/Müller-Chorus, Gerhard/Bindseil, Reinhart (Hrsg.), Handbuch der konsularischen Praxis, Loseblattausgabe (Stand: August 2007), 2. Auflage, München; zit.: *Bearbeiter*, in: G. Hecker u.a. (Hrsg.), Handbuch der konsularischen Praxis.

Heintschel von Heinegg, Wolff/Haltern, Ulrich, Grundrechte als Leistungsrechte des Bürgers gegenüber dem Staat, Grund- und Übungsfälle, JA 1995, S. 305 bis 311.

Heintzen, Markus, Auswärtige Beziehungen privater Verbände, Eine staatsrechtliche, insbesondere grundrechtskollisionsrechtliche Untersuchung, Berlin 1988.

Heldmann, Hans-Heinz, Schutzpflicht des Staates für deutsche Staatsangehörige vor rechtswidriger Strafverfolgung im Ausland (Anmerkung zu VG Köln, Urteil vom 07.08.1980, 1 K 1341/78; StV 1981, 33), StV 1981, S. 35 bis 36.

Hellermann, Johannes, Die sogenannte negative Seite der Freiheitsrechte, Berlin 1993.

Herdegen, Matthias, Völkerrecht, 14., überarbeitete und erweiterte Auflage, München 2015.

Hermes, Georg, Das Grundrecht auf Schutz von Leben und Gesundheit, Schutzpflicht und Schutzanspruch aus Art. 2 Abs. 2 Satz 1 GG, Heidelberg 1987.

Hermes, Georg/Walther, Susanne, Schwangerschaftsabbruch zwischen Recht und Unrecht, Das zweite Abtreibungsurteil des BVerfG und seine Folgen, NJW 1993, S. 2337 bis 2347.

Herzog, Roman/Kunst, Hermann/Schlaich, Klaus/Schneemelcher, Wilhelm (Hrsg.), Evangelisches Staatslexikon, Band II: N - Z, 3., neu bearbeitete Auflage, Freiburg 1987; zit.: *Bearbeiter,* Stichwort, in: R. Herzog u.a. (Hrsg.), Evangelisches Staatslexikon II, 3. Aufl. 1987.

Hesse, Konrad, Der Rechtsstaat im Verfassungssystem des Grundgesetzes, in: Hesse, Konrad/Reicke, Siegfried/Scheuner, Ulrich (Hrsg.), Staatsverfassung und Kirchenordnung, Festgabe für Rudolf Smend zum 80. Geburtstag am 15. Januar 1962, Tübingen 1962, S. 71 bis 95; zit.: *K. Hesse,* in: ders. u.a. (Hrsg.), FG für R. Smend, 1962, 71 ff.

- Funktionelle Grenzen der Verfassungsgerichtsbarkeit, in: Eichenberger, Kurt (Hrsg.), Recht als Prozeß und Gefüge, Festschrift für Hans Huber zum 80. Geburtstag, Bern 1981, S. 261 bis 272; zit.: *K. Hesse,* in: K. Eichenberger (Hrsg.), FS für H. Huber, 1981, 261 ff.
- Grundzüge des Verfassungsrechts der Bundesrepublik Deutschland, Neudruck der 20. Auflage, Heidelberg 1999.

Heun, Werner/Honecker, Martin/Morlok, Martin/Wieland, Joachim (Hrsg.), Evangelisches Staatslexikon, Neuausgabe, Stuttgart 2006; zit.: *Bearbeiter,* Stichwort, in: W. Heun u.a. (Hrsg.), Evangelisches Staatslexikon, 2006.

Hillgruber, Andreas, Deutsche Geschichte 1945-1986, Die „deutsche Frage“ in der Weltpolitik, 6. Auflage, Stuttgart, Berlin u.a. 1987.

Hillgruber, Christian/Goos, Christoph, Verfassungsprozessrecht, 4., neu bearbeitete Auflage, Heidelberg 2015.

von Hippel, Ernst, Ungeschriebenes Verfassungsrecht, VVDStRL 10 (1952), S. 1 bis 32.

Hobbes, Thomas, in: Tuck, Richard (Hrsg.), Leviathan, Revised Student Edition, Cambridge 1996; zit.: *T. Hobbes,* in: R. Tuck (Hrsg.), Leviathan, 1996.

Hobe, Stephan, Grundrechtsbindung der Streitkräfte im Auslandseinsatz? – Zugleich Vorüberlegungen zu einem Streitkräfte-Entsendegesetz, in: Breuer, Marten/Epiney, Astrid/Haratsch, Andreas/Schmahl, Stefanie/Weiß, Norman (Hrsg.), Der Staat im Recht, Festschrift für Eckart Klein zum 70. Geburtstag, Berlin 2013, S. 95 bis 109; zit.: *S. Hobe*, in: M. Breuer u.a. (Hrsg.), FS für E. Klein, 2013, 95 ff.

Hoffmann, Gerhard, Zur Frage der Staatsangehörigkeit in Deutschland, AVR 19 (1981), S. 257 bis 286.

Hoffmann, Klaus, Die konsularischen Aufgaben der diplomatischen und konsularischen Auslandsvertretungen der Bundesrepublik Deutschland nach dem Konsulargesetz vom 11. September 1974, ZblJugR 1978, S. 284 bis 297.

Hoffmann, Klaus/Glietsch, Herbert, Konsularrecht, Sammlung der völkerrechtlichen Vereinbarungen und innerstaatlichen Rechtsvorschriften der Bundesrepublik Deutschland über konsularische Beziehungen, Konsularbeamte, ihre Aufgaben und Befugnisse, mit Kommentar zum Konsulargesetz und Kommentar zum Gesetz über den Auswärtigen Dienst, Band 1, Loseblattausgabe (Stand: März 2011), Starnberg, Dresden.

Höfling, Wolfram, Vertragsfreiheit, Eine grundrechtsdogmatische Studie, Heidelberg 1991.

Hofmann, Hasso, Rechtsfragen der atomaren Entsorgung, Stuttgart 1981.

– Atomgesetz und Recht auf Leben und Gesundheit, BayVBl. 1983, S. 33 bis 38.

Hofmann, Rainer, Grundrechte und grenzüberschreitende Sachverhalte, Berlin, Heidelberg u.a. 1994.

Hollerbach, Alexander, Auflösung der rechtsstaatlichen Verfassung?, Zu Ernst-Forsthoffs Abhandlung „Die Fortbildung des Verfassungsgesetzes" in der Festschrift für Carl Schmitt, AöR n.F. 85 (1960), S. 241 bis 270.

Holoubek, Michael, Bauelemente eines grundrechtsdogmatischen Argumentationsschemas: Schutzbereich - Eingriff - Schranken, in: Grabenwarter, Christoph/Hammer, Stefan/Pelzl, Alexander/Schulev-Steindl, Eva/Wiederin, Ewald (Hrsg.), Allgemeinheit der Grundrechte und Vielfalt der Gesellschaft, 34. Tagung der Wissenschaftlichen Mitarbeiterinnen und Mitarbeiter der Fachrichtung „Öffentliches Recht", Wien, Stuttgart, München u.a. 1994, S. 61 bis 81; zit.: *M. Holoubek*, in: C. Grabenwarter u.a. (Hrsg.), Allgemeinheit der Grundrechte, 1994, 61 ff.

– Grundrechtliche Gewährleistungspflichten, Ein Beitrag zu einer allgemeinen Grundrechtsdogmatik, Wien, New York 1997.

– Der Grundrechtseingriff, Österreichische und konventionsrechtliche Aspekte, DVBl. 1997, S. 1031 bis 1039.

von Holtzendorff, Franz (Hrsg.), Handbuch des Völkerrechts – Auf Grundlage Europäischer Staatspraxis, Zweiter Band: Die völkerrechtliche Verfassung und Grundordnung der auswärtigen Staatsbeziehungen, Hamburg 1887; zit.:

Bearbeiter, Stichwort, in: F. v. Holtzendorff (Hrsg.), Handbuch des Völkerrechts Bd. 2, 1887.

Huber, Ernst Rudolf, Bedeutungswandel der Grundrechte, AöR n.F. 23 (1933), S. 1 bis 98.

– Deutsche Verfassungsgeschichte seit 1789, Band III: Bismarck und das Reich, Nachdruck der 2., verbesserten Auflage, Stuttgart, Berlin u.a. 1978.

– Deutsche Verfassungsgeschichte seit 1789, Band VI: Die Weimarer Reichsverfassung, Stuttgart, Berlin u.a. 1981.

Huber, Hans, Probleme des ungeschriebenen Verfassungsrechts, in: Eichenberger, Kurt/Bäumlein, Richard/Müller, Jörg P. (Hrsg.), Rechtstheorie, Verfassungsrecht, Völkerrecht – Ausgewählte Aufsätze 1950 – 1970 zum 70. Geburtstag des Verfassers, Bern 1971, S. 329 bis 348; zit.: *H. Huber*, in: K. Eichenberger u.a. (Hrsg.), Rechtstheorie, Verfassungsrecht, Völkerrecht, 1971, 329 ff.

Ipsen, Jörn, Allgemeines Verwaltungsrecht – mit Grundzügen des Verwaltungsprozessrechts, 9., neu bearbeitete Auflage, München 2015.

– Staatsrecht II: Grundrechte – mit EMRK und GRC, 18., überarbeitete Auflage, München 2015.

Ipsen, Knut (Hrsg.), Völkerrecht – Ein Studienbuch, 6., völlig neu bearbeitete Auflage, München 2014; zit.: *Bearbeiter*, in: K. Ipsen (Hrsg.), Völkerrecht, 6. Aufl. 2014.

Isay, Ernst, Die Staatsangehörigkeit der juristischen Personen, Tübingen 1907.

Isensee, Josef, Regierbarkeit der parlamentarischen Demokratie, in: Freiherr-vom-Stein-Gesellschaft (Hrsg.), Zur Regierbarkeit der Parlamentarischen Demokratie, Ein Cappenberger Gespräch, Bd. 14, Köln 1979, S. 15 bis 47; zit.: *J. Isensee*, in: Freiherr-vom-Stein-Gesellschaft (Hrsg.), Zur Regierbarkeit der parlamentarischen Demokratie, 1979, 15 ff.

– Wer definiert die Freiheitsrechte? – Selbstverständnis der Grundrechtsträger und Grundrechtsauslegung des Staates, Heidelberg, Karlsruhe 1980.

– Die Friedenspflicht der Bürger und das Gewaltmonopol des Staates – Zur Legitimationskrise des modernen Staates, in: Müller, Georg/Rhinow, René A./Schmid, Gerhard/Wildhaber, Luzius (Hrsg.), Staatsorganisation und Staatsfunktion im Wandel, Festschrift für Kurt Eichenberger zum 60. Geburtstag, Basel, Frankfurt am Main 1982, S. 23 bis 40; zit.: *J. Isensee*, in: G. Müller u.a. (Hrsg.), FS für K. Eichenberger, 1982, 23 ff.

– Das Grundrecht auf Sicherheit, Zu den Schutzpflichten des freiheitlichen Verfassungsstaates, Berlin, New York 1983.

Isensee, Josef/Kirchhof, Paul (Hrsg.), Handbuch des Staatsrechts der Bundesrepublik Deutschland, Band I: Historische Grundlagen, 3., völlig neu bearbeitete und erweiterte Auflage, Heidelberg 2003; zit.: *Bearbeiter*, in: J. Isensee/P. Kirchhof (Hrsg.), HStR I, 3. Aufl. 2003.

- Handbuch des Staatsrechts der Bundesrepublik Deutschland, Band II: Verfassungsstaat, 3., völlig neu bearbeitete und erweiterte Auflage, Heidelberg 2004; zit.: *Bearbeiter*, in: J. Isensee/P. Kirchhof (Hrsg.), HStR II, 3. Aufl. 2004.
- Handbuch des Staatsrechts der Bundesrepublik Deutschland, Band IV: Aufgaben des Staates, 3., völlig neu bearbeitete und erweiterte Auflage, Heidelberg 2006; zit.: *Bearbeiter*, in: J. Isensee/P. Kirchhof (Hrsg.), HStR IV, 3. Aufl. 2006.
- Handbuch des Staatsrechts der Bundesrepublik Deutschland, Band V: Allgemeine Grundrechtslehren, Heidelberg 1992; zit.: *Bearbeiter*, in: J. Isensee/P. Kirchhof (Hrsg.), HStR V, 1992.
- Handbuch des Staatsrechts der Bundesrepublik Deutschland, Band VI: Bundesstaat, 3., völlig neu bearbeitete und erweiterte Auflage, Heidelberg 2008; zit.: *Bearbeiter*, in: J. Isensee/P. Kirchhof (Hrsg.), HStR VI, 3. Aufl. 2008.
- Handbuch des Staatsrechts der Bundesrepublik Deutschland, Band VII: Normativität und Schutz der Verfassung – Internationale Beziehungen, Heidelberg 1992; zit.: *Bearbeiter*, in: J. Isensee/P. Kirchhof (Hrsg.), HStR VII, 1992.
- Handbuch des Staatsrechts der Bundesrepublik Deutschland, Band VII: Freiheitsrechte, 3., völlig neu bearbeitete und erweiterte Auflage, Heidelberg 2009; zit.: *Bearbeiter*, in: J. Isensee/P. Kirchhof (Hrsg.), HStR VII, 3. Aufl. 2009.
- Handbuch des Staatsrechts der Bundesrepublik Deutschland, Band IX: Die Einheit Deutschlands – Festigung und Übergang, Heidelberg 1997; zit.: *Bearbeiter*, in: J. Isensee/P. Kirchhof (Hrsg.), HStR IX, 1997.
- Handbuch des Staatsrechts der Bundesrepublik Deutschland, Band IX: Allgemeine Grundrechtslehren, 3., völlig neu bearbeitete und erweiterte Auflage, Heidelberg 2011; zit.: *Bearbeiter*, in: J. Isensee/P. Kirchhof (Hrsg.), HStR IX, 3. Aufl. 2011.

Jaeckel, Liv, Schutzpflichten im deutschen und europäischen Recht, Eine Untersuchung der deutschen Grundrechte, der Menschenrechte und Grundfreiheiten der EMRK sowie der Grundrechte und Grundfreiheiten der Europäischen Gemeinschaft, Baden-Baden 2001.

Jarass, Hans, Charta der Grundrechte der Europäischen Union – unter Einbeziehung der vom EuGH entwickelten Grundrechte, der Grundrechtsregelungen der Verträge und der EMRK, Kommentar, 2. Auflage, München 2013.

Jarass, Hans/Pieroth, Bodo, Grundgesetz für die Bundesrepublik Deutschland, Kommentar, 13. Auflage, München 2014; zit.: *Bearbeiter*, in: H. Jarass/B. Pieroth, Grundgesetz, 13. Aufl. 2014.

Jellinek, Georg, System der subjektiven öffentlichen Rechte, 2., durchgesehene und vermehrte Auflage, Tübingen 1919.

Kahl, Wolfgang/Waldhoff, Christian/Walter, Christian (Hrsg.), Bonner Kommentar zum Grundgesetz, Loseblattausgabe (Stand: Oktober 2015), Heidelberg:

- Ordner 4: Art. 15 – 19; zit.: *Bearbeiter*, in W. Kahl u.a. (Hrsg.), Bonner Kommentar Bd. 4.

– Ordner 5: Art. 20; zit.: *Bearbeiter*, in W. Kahl u.a. (Hrsg.), Bonner Kommentar Bd. 5.

Kaufmann, Erich, Rechtsgutachten zum Vertrage über die Gründung der Europäischen Verteidigungsgemeinschaft und zum Deutschlandvertrage, in: Institut für Staatslehre und Politik e. V. in Mainz (Hrsg.), Der Kampf um den Wehrbeitrag, Band 2, 2. Halbband: Das Gutachtenverfahren, München 1953, S. 42 bis 63; zit.: *E. Kaufmann*, in: Institut für Staatslehre und Politik (Hrsg.), Kampf um den Wehrbeitrag Bd. 2 Halbbd. 2, 1953, 42 ff.

Kimminich, Otto, Deutsche Verfassungsgeschichte, 2. Auflage, Baden-Baden 1987.

Kirchhof, Paul, Der materielle Gehalt von Kompetenznormen, in: Ipsen, Jörn/Stüer, Bernhard (Hrsg.), Europa im Wandel, Festschrift für Hans-Werner Rengeling zum 70. Geburtstag am 25. Februar 2008, Köln 2008, S. 567 bis 589; zit.: *P. Kirchhof*, in: J. Ipsen u.a. (Hrsg.), FS für H.-W. Rengeling, 2008, 567 ff.

Klein, Eckart, Diplomatischer Schutz und grundrechtliche Schutzpflicht, Unter besonderer Berücksichtigung des Ostvertragsbeschlusses des Bundesverfassungsgerichts, DÖV 1977, S. 704 bis 710.

– Schlußwort, DÖV 1979, S. 39 bis 40.

– Bundesverfassungsgericht und Ostverträge, 2., erweiterte Auflage, Bonn 1985.

– Grundrechtliche Schutzpflicht des Staates, NJW 1989, S. 1633 bis 1640.

– Diplomatischer Schutz im Hinblick auf die Konfiskation deutschen Vermögens durch Polen, Bonn 1992.

– Anspruch auf diplomatischen Schutz?, in: Ress, Georg/Stein, Torsten (Hrsg.), Der diplomatische Schutz im Völker- und Europarecht, Aktuelle Probleme und Entwicklungstendenzen, Baden-Baden 1996, S. 125 bis 136; zit.: *E. Klein*, in: G. Ress/T. Stein (Hrsg.), Diplomatischer Schutz im Völker- und Europarecht, 1996, 125 ff.

Klein, Friedrich, Tragweite der Generalklausel im Art. 19 Abs. 4 des Bonner Grundgesetzes, VVDStRL 8 (1950), S. 67 bis 125.

Klein, Hans H., Ein Grundrecht auf saubere Umwelt, in: Schneider, Hans/Götz, Volkmar (Hrsg.), Im Dienst an Recht und Staat, Festschrift für Werner Weber zum 70. Geburtstag dargebracht von Freunden, Schülern und Kollegen, Berlin 1974, S. 644 bis 661; zit.: *H. H. Klein*, in: H. Schneider u.a. (Hrsg.), FS für W. Weber, 1974, 643 ff.

– Die grundrechtliche Schutzpflicht, DVBl. 1994, S. 489 bis 497.

Klein, Oliver, Das Untermaßverbot – Über die Justiziabilität grundrechtlicher Schutzpflichterfüllung, JuS 2006, S. 960 bis 964.

Klein, Oliver/Sennekamp, Christoph, Aktuelle Zulässigkeitsprobleme der Verfassungsbeschwerde, NJW 2007, S. 945 bis 956.

Kleinlein, Thomas/Rabenschlag, David, Auslandsschutz und Staatsangehörigkeit, ZaöRV 67 (2007), S. 1277 bis 1337.

Kluth, Wilfried, Die verfassungsrechtlichen Bindungen im Bereich der auswärtigen Gewalt nach dem Grundgesetz, in: Wendt, Rudolf/Höfling, Wolfram/Karpen, Ulrich/Oldiges, Martin (Hrsg.), Staat, Wirtschaft, Steuern, Festschrift für Karl Heinrich Friauf, Heidelberg 1996, S. 197 bis 216; zit.: *W. Kluth*, in: R. Wendt u.a. (Hrsg.), FS für K. H. Friauf, 1996, 197 ff.

Koch, Thorsten, Der Grundrechtsschutz des Drittbetroffenen, Zur Rekonstruktion der Grundrechte als Abwehrrechte, Tübingen 2000.

Kohler, Josef/von Holtzendorff, Franz (Hrsg.), Enzyklopädie der Rechtswissenschaft in systematischer Bearbeitung, Vierter Band, 7., der Neubearbeitung der 2. Auflage, München, Leipzig u.a. 1914; zit.: *Bearbeiter*, Stichwort bzw. Thema, in: J. Kohler/ F v. Holtzendorff (Hrsg.), Enzyklopädie der Rechtswissenschaften Bd. 4, 7. Aufl. 1914.

Kokew, Christian Peter, Auslandsschutz deutscher Staatsangehöriger bei Entführungen, Frankfurt am Main 2012.

Kokott, Juliane, Zum Spannungsverhältnis zwischen Nationality Rule und Menschenrechtsschutz bei der Ausübung diplomatischer Protektion, in: Ress, Georg/ Stein, Torsten (Hrsg.), Der diplomatische Schutz im Völker- und Europarecht, Aktuelle Probleme und Entwicklungstendenzen, Baden-Baden, 1996, S. 45 bis 61; zit.: *J. Kokott*, in: G. Ress/T. Stein (Hrsg.), Diplomatischer Schutz im Völker- und Europarecht, 1996, 45 ff.

Kolb, Andreas S./Neumann, Thilo/Salomon, Tim René, Die Entführung deutscher Seeschiffe: Flaggenrecht, Strafanwendungsrecht und diplomatischer Schutz, ZaöRV 71 (2011), S. 191 bis 246.

Kölble, Josef, Staat und Umwelt, Zur Grundstruktur des rechtlichen Instrumentariums der Umweltsicherung, DÖV 1977, S. 1 bis 11.

– (Hrsg.), Das Deutsche Bundesrecht, Systematische Sammlung der Gesetze und Verordnungen, Staats- und Verwaltungsrecht, Band: Staats- und Verwaltungsrecht, Beamtenrecht I H 0 – I H 59, Loseblattausgabe (Stand: Dezember 1992), Baden-Baden; zit.: *Bearbeiter*, Thema, in: J. Kölble (Hrsg.), Das deutsche Bundesrecht Bd. I H 0 – I H 59.

von König, Bernhard W., Handbuch des Deutschen Konsularwesens, 5., verbesserte, die Verhältnisse in den deutschen Schutzgebieten umfassende Ausgabe, Berlin 1896.

Konzak, Olaf, Analogie im Verwaltungsrecht, NVwZ 1997, S. 872 bis 873.

Kopp, Ferdinand, Grundrechtliche Schutz- und Förderungspflichten der öffentlichen Hand, NJW 1994, S. 1753 bis 1757.

Kötter, Matthias/Nolte, Jakob, Staatliche Verpflichtung zur Befreiung deutscher Geiseln im Ausland?, DÖV 2007, S. 186 bis 195.

Kraus, Herbert, Die auswärtige Stellung der Bundesrepublik Deutschland nach dem Bonner Grundgesetz, Vortrag gehalten am 8. Februar 1950 im Rahmen der

Vortragsreihe der Rechts- und Staatswissenschaftlichen Fakultät der Universität Göttingen, Göttingen 1950.

Kraushaar, Bernhard, Die Paulskirchenverfassung – ein leider häufig vergessenes Vorbild, ArbuR 1990, S. 301 bis 307.

Kraske, Erich, Handbuch des Auswärtigen Dienstes, Halle an der Saale 1939.

Kraske, Erich/Nöldeke, Wilhelm, Handbuch des Auswärtigen Dienstes, Tübingen 1957.

Kreß, Claus, Die Rettungsoperation der Bundeswehr in Albanien am 14. März 1997 aus völker- und verfassungsrechtlicher Sicht, ZaöRV 57 (1997), S. 329 bis 362.

Krings, Günter, Grund und Grenzen grundrechtlicher Schutzansprüche, Die subjektiv-rechtliche Rekonstruktion der grundrechtlichen Schutzpflichten und ihre Auswirkung auf die verfassungsrechtliche Fundierung des Verbraucherrechts, Berlin 2003.

Krüger, Herbert, Der Regierungsakt vor Gericht, DÖV 1950, S. 536 bis 541.

Kruse, Jan, Diplomatischer und konsularischer Schutz für Unionsbürger, Von der nationality rule hin zur Unionsbürgerschaft als völkerrechtlich anerkanntem Anknüpfungspunkt im Rahmen des Auslandsschutzes?, Göttingen 2009.

Kühne, Jörg-Detlef, Die Reichsverfassung der Paulskirche, Vorbild und Verwirklichungen im späteren deutschen Rechtsleben, 2., überarbeitete und um ein Nachwort ergänzte Auflage, Neuwied 1998.

– 150 Jahre Revolution von 1848-49 – ihre Bedeutung für den deutschen Verfassungsstaat, NJW 1998, S. 1513 bis 1518.

Kursawe, Stefan, Die Beachtung des grundgesetzlichen Eigentumsschutzes bei Abschluß des Warschauer Vertrages, Regensburg 1990.

Laband, Paul, Das Staatsrecht des Deutschen Reiches, Erster Band, 4., neu bearbeitete Auflage, Tübingen, Leipzig 1901; zit.: *P. Laband*, Staatsrecht des Deutschen Reiches Bd. 1, 4. Aufl. 1901.

– Das Staatsrecht des Deutschen Reiches, In 4 Bänden, Erster Band, Neudruck der 5. Auflage Tübingen 1911, Aalen 1964; zit.: *P. Laband*, Staatsrecht des Deutschen Reiches Bd. 1, 5. Aufl. 1911.

Lang-Hinrichsen, Dietrich, Zur Frage der Verfassungsmäßigkeit der „Fristenlösung" beim Schwangerschaftsabbruch, FamRZ 1974, S. 497 bis 508.

Langner, Thomas, Die Problematik der Geltung der Grundrechte zwischen Privaten, Frankfurt am Main, Berlin u.a. 1998.

Lehmann, Hans Georg, Deutschland Chronik 1945 - 2000, 2., überarbeitete und erweiterte Auflage, Bonn 2000.

Leibholz, Gerhard/von Mangoldt, Hermann (Hrsg.), Die Entstehungsgeschichte der Artikel des Grundgesetzes, JöR n.F. 1 (1951), 1 ff.; zit.: G. Leibholz/H. v. Mangoldt (Hrsg.), JöR n.F. 1 (1951), 1 ff.

Lerche, Peter, Das Bundesverfassungsgericht und die Verfassungsdirektiven, Zu den „nicht erfüllten Gesetzgebungsaufträgen“, AöR n.F. 90 (1965), S. 341 bis 372.

von Lewinski, Kai, Weimarer Reichsverfassung und Grundgesetz als Gesellen- und Meisterstück, JuS 2009, S. 505 bis 511.

von Liebert, Eduard, Die Verfassung des Deutschen Reiches, 2. Auflage, Berlin 1910.

Liesegang, Helmuth C. F., Die verfassungsrechtliche Ordnung der Wirtschaft, Zentralfragen und Strukturprinzipien unter besonderer Berücksichtigung grundrechtstheoretischer Überlegungen, Hamburg 1977.

Link, Christoph, Staatszwecke im Verfassungsstaat – nach 40 Jahren Grundgesetz, VVDStRL 48 (1990), S. 7 bis 55.

Loschelder, Wolfgang, Staatliche Regelungsbefugnis und Toleranz im Immissionsschutz zwischen Privaten, Die „Passivraucher“-Kontroverse in der öffentlichen Verwaltung, ZBR 1977, S. 337 bis 355.

Lüderitz, Alexander, Grundgesetz contra Internationales Privatrecht? – Vorschläge zur Bestimmung des Geltungsbereichs von Grundrechten, RabelsZ 36 (1972), S. 35 bis 53.

Magiera, Siegfried, Parlament und Staatsleitung in der Verfassungsordnung des Grundgesetzes, Eine Untersuchung zu den Grundlagen der Stellung und Aufgaben des Deutschen Bundestages, Berlin 1979.

Makarov, Alexander, Das Urteil des Internationalen Gerichtshofes im Fall Nottebohm, ZaöRV 16 (1955/56), S. 407 bis 426.

– Allgemeine Lehren des Staatsangehörigkeitsrechts, 2., neu bearbeitete Auflage, Stuttgart 1962.

von Mangoldt, Hermann, Gutachten: Ist die Änderung des Grundgesetzes erforderlich, um in der Bundesrepublik Deutschland im Rahmen eines Systems kollektiver Sicherheit militärische Verbände aufstellen zu können?, in: Institut für Staatslehre und Politik e. V. in Mainz (Hrsg.), Der Kampf um den Wehrbeitrag, Band 2, 1. Halbband: Die Feststellungsklage, München 1952, S. 271 bis 280; zit.: *H. v. Mangoldt*, in: Institut für Staatslehre und Politik (Hrsg.), Kampf um den Wehrbeitrag Bd. 2 Halbbd. 1, 1952, 271 ff.

von Mangoldt, Hermann/Klein, Friedrich/Starck, Christian (Hrsg.), Kommentar zum Grundgesetz, Band 1: Präambel, Artikel 1 bis 19, 6., vollständig neu bearbeitete Auflage, München 2010; zit.: *Bearbeiter*, in: H. v. Mangoldt/F. Klein/C. Starck (Hrsg.), Grundgesetz Bd. 1, 6. Aufl. 2010.

– Kommentar zum Grundgesetz, Band 2: Artikel 20 bis 82, 6., vollständig neu bearbeitete Auflage, München 2010; zit.: *Bearbeiter*, in: H. v. Mangoldt/F. Klein/C. Starck (Hrsg.), Grundgesetz Bd. 2, 6. Aufl. 2010.

– Kommentar zum Grundgesetz, Band 3: Artikel 83 bis 146, 6., vollständig neu bearbeitete Auflage, München 2010; zit.: *Bearbeiter*, in: H. v. Mangoldt/F. Klein/C. Starck (Hrsg.), Grundgesetz Bd. 3, 6. Aufl. 2010.

Maunz, Theodor (Begr.), fortgeführt von Schmidt-Bleibtreu, Bruno/Klein, Franz/Bethge, Herbert u.a., Bundesverfassungsgerichtsgesetz, Kommentar, Loseblattausgabe (Stand: August 2015), München; zit.: *Bearbeiter*, in: T. Maunz (Begr.), Bundesverfassungsgerichtsgesetz.

Maunz, Theodor/Dürig, Günter (Begr.), herausgegeben von Herzog, Roman/Scholz, Rupert/Herdegen, Matthias/Klein, Hans H., Grundgesetz, Kommentar, Loseblattausgabe (Stand: 27. EL 1988), München; zit.: *T. Maunz*, in: ders./G. Dürig (Begr.), Grundgesetz, 27. EL 1988.

- Grundgesetz Sonderdruck, Kommentierung der Artikel 1 und 2 Grundgesetz [von G. Dürig], München 2003; zit.: *G. Dürig*, in: T. Maunz/ders. (Begr.), Grundgesetz, Sonderdruck Art. 1 und 2 GG, 2003.

- Grundgesetz, Kommentar, Loseblattausgabe (Stand: Mai 2015), München; zit.: *Bearbeiter*, in: T. Maunz/G. Dürig (Begr.), Grundgesetz.

Maurer, Hartmut, Idee und Wirklichkeit der Grundrechte, JZ 1999, S. 689 bis 697.

- Allgemeines Verwaltungsrecht, 18., überarbeitete und ergänzte Auflage, München 2011.

Medert, Klaus M./Süßmuth, Werner, Pass- und Personalausweisrecht, Band 2: Paßrecht, Kommentar, 2., überarbeitete Auflage, Köln 1992.

Meinzolt, Hans, Das Gewohnheitsrecht als Quelle des Staats- und Verwaltungsrechts, BayVBl. 1928, S. 225 bis 238.

Mengel, Hans-Joachim, Die Verfassung der V. Republik Frankreichs, Beispiel einer stillschweigenden Verfassungstransformation, JöR n.F. 30 (1981), S. 21 bis 71.

Menzel, Andreas, Nochmals: Zum materiellen Gehalt der Kompetenzbestimmungen des Grundgesetzes, DÖV 1983, S. 805 bis 808.

Merten, Detlef, Rechtsstaat und Gewaltmonopol, Tübingen 1975.

- Rechtsstaatsdämmerung, in: Schreiber, Manfred (Hrsg.), Polizeilicher Eingriff und Grundrechte, Festschrift zum 70. Geburtstag von Rudolf Samper, Stuttgart, München u.a. 1982, S. 35 bis 49; zit.: *D. Merten*, in: M. Schreiber (Hrsg.), FS für R. Samper, 1982, 35 ff.

- Räumlicher Geltungsbereich von Grundrechtsbestimmungen, in: Dörr, Dieter/Fink, Udo/Hillgruber, Christian/Kempen, Hartmut/Murswiek, Dietrich (Hrsg.), Die Macht des Geistes, Festschrift für Hartmut Schiedermair, Heidelberg 2001, S. 331 bis 345; zit.: *D. Merten*, in: D. Dörr u.a. (Hrsg.), FS für H. Schiedermair, 2001, 331 ff.

- Der Grundrechtsverzicht, in: Horn, Hans-Detlef (Hrsg.), Recht im Pluralismus, Festschrift für Walter Schmitt Glaeser zum 70. Geburtstag, 2003, S. 53 bis 73; zit.: *D. Merten*, in: H.-D. Horn (Hrsg.), FS für W. Schmitt Glaeser, 2003, 53 ff.

- Grundrechtliche Schutzpflichten und Untermaßverbot, in: Stern, Klaus/Grupp, Klaus (Hrsg.), Gedächtnisschrift für Joachim Burmeister, Heidelberg 2005, S. 227 bis 243; zit.: *D. Merten*, in: K. Stern u.a. (Hrsg.), GS für J. Burmeister, 2005, 227 ff.

Merten, Detlef/Papier, Hans-Jürgen (Hrsg.), Handbuch der Grundrechte in Deutschland und Europa, Band II: Grundrechte in Deutschland – Allgemeine Lehren 1, Heidelberg 2006; zit.: *Bearbeiter*, in: D. Merten/H.-J. Papier (Hrsg.), HdBGrundR II, 2006.

Meyer, Georg, Lehrbuch des Deutschen Staatsrechts, bearbeitet von Gerhard Anschütz, 6. Auflage, Leipzig 1905; zit.: *G. Meyer*, Deutsches Staatsrecht, bearb. v. G. Anschütz, 6. Aufl. 1905.

– Lehrbuch des Deutschen Verwaltungsrechts, Erster Teil, bearbeitet von Franz Dochow, 4. Auflage, München, Leipzig 1913; zit.: *G. Meyer*, Deutsches Verwaltungsrecht, bearb. v. F. Dochow, 4. Aufl. 1913.

Meyer, Heinrich, Der Schutz Deutscher vor Überstellung an das Ausland nach dem Grundgesetz, Die Grundrechte der Freizügigkeit (Art. 11), des Auslieferungsverbots (Art. 16 II S. 1), des Asylrechts (Art. 16 II S. 2) und des Freiheitsschutzes (Art. 104) in ihrer Bedeutung für die sog. vorläufige Auslieferung Deutscher, JZ 1956, S. 6 bis 14.

Möstl, Markus, Probleme der verfassungsprozessualen Geltendmachung gesetzgeberischer Schutzpflichten, DÖV 1998, S. 1029 bis 1039.

– Die staatliche Garantie für die öffentliche Sicherheit und Ordnung, Sicherheitsgewährleistung im Verfassungsstaat, im Bundesstaat und in der Europäischen Union, Tübingen 2002.

von Münch, Ingo, Der diplomatische Schutz für Schiffe, in: Ipsen, Hans Peter/Necker, Karl-Hartman (Hrsg.), Recht über See: Festschrift, Rolf Stödter zum 70. Geburtstag am 22. April 1979, S. 231 bis 250; zit.: *I. v. Münch*, in: H. P. Ipsen u.a. (Hrsg.), FS für R. Stödter, 1979, 231 ff.

von Münch, Ingo/Kunig, Philip (Hrsg.), Grundgesetz, Kommentar, Band 1: Präambel bis Art. 69, 6., neu bearbeitete Auflage, München 2012; zit.: *Bearbeiter*, in: I. v. Münch/P. Kunig (Hrsg.), Grundgesetz Bd. 1, 6. Aufl. 2012.

– Grundgesetz, Kommentar, Band 2: Art. 70 bis 146 und Gesamtregister, 6., neu bearbeitete Auflage, München 2012; zit.: *Bearbeiter*, in: I. v. Münch/P. Kunig, Grundgesetz Bd. 2, 6. Aufl. 2012.

Murswiek, Dietrich, Die staatliche Verantwortung für die Risiken der Technik, Verfassungsrechtliche Grundlagen und immissionsschutzrechtliche Ausformung, Berlin 1985.

– Zur Bedeutung der grundrechtlichen Schutzpflichten für den Umweltschutz, WiVerw 1986, S. 179 bis 204.

– Entschädigung für immissionsbedingte Waldschäden, NVwZ 1986, S. 611 bis 615.

Nebendahl, Mathias/Rönnau, Thomas, Der Verzicht auf den Doktorgrad – eine mögliche Alternative zum Entziehungsverfahren? – Zugleich ein Beitrag zum Verzicht Privater im öffentlichen Recht, NVwZ 1988, S. 873 bis 879.

Neumann, Franz L./Nipperdey, Hans Carl/Scheuner, Ulrich (Hrsg.), Die Grundrechte, Handbuch der Theorie und Praxis der Grundrechte, Zweiter Band: Die Freiheitsrechte in Deutschland, Berlin 1954; zit.: *Bearbeiter*, in: F. L. Neumann u.a. (Hrsg.), Die Grundrechte Bd. 2, 1954.

Neumann, Volker, Sozialstaatsprinzip und Grundrechtsdogmatik, DVBl. 1997, S. 92 bis 100.

van Nieuwland, Herwig, Darstellung und Kritik der Theorien der immanenten Grundrechtsschranken, Göttingen 1981.

Nipperdey, Hans Carl (Hrsg.), Die Grundrechte und Grundpflichten der Reichsverfassung – Kommentar zum zweiten Teil der Reichsverfassung, Erster Band: Allgemeine Bedeutung der Grundrechte und die Artikel 102 - 117, Berlin 1929; zit.: *Bearbeiter*, in: H. C. Nipperdey (Hrsg.), Grundrechte und Grundpflichten, Bd. 1, 1929.

Oberthür, Karlheinz, Der Anspruch des deutschen Staatsbürgers auf diplomatischen und konsularischen Schutz gegenüber anderen Staaten, Köln 1965.

Obwexer, Walter, Das Recht der Unionsbürger auf diplomatischen und konsularischen Schutz, Ecolex 1996, S. 323 bis 328.

Oppermann, Thomas, Transnationale Ausstrahlungen deutscher Grundrechte? – Erörtert am Beispiel des grenzüberschreitenden Umweltschutzes, in: Kroneck, Friedrich J./Oppermann, Thomas (Hrsg.), Im Dienste Deutschlands und des Rechts, Festschrift für Wilhelm G. Grewe zum 70. Geburtstag am 16. Oktober 1981, Baden-Baden 1981, S. 521 bis 537; zit.: *T. Oppermann*, in: F. Kroneck u.a. (Hrsg.), FS für W. Grewe, 1981, 521 ff.

Ossenbühl, Fritz/Cornils, Matthias, Staatshaftungsrecht, 6., neu bearbeitete Auflage, München 2013.

Payandeh, Mehrdad, Evakuierungseinsätze der Bundeswehr und Parlamentsbeteiligung, DVBl. 2011, S. 1325 bis 1330.

Peine, Franz-Joseph, Allgemeines Verwaltungsrecht, 11., völlig neu bearbeitete Auflage, Heidelberg 2014.

Peters, Hans, Geschichtliche Entwicklung und Grundfragen der Verfassung, bearbeitet von Jürgen Salzwedel und Günter Erbel, Berlin, Heidelberg u.a. 1969; zit.: *H. Peters*, Geschichtliche Entwicklung, bearb. v. J. Salzwedel/G. Erbel, 1969.

Pieroth, Bodo, Materiale Rechtsfolgen grundgesetzlicher Kompetenz- und Organisationsnormen, AöR n.F. 114 (1989), S. 422 bis 450.

Pieroth, Bodo/Schlink, Bernhard/Kingreen, Thorsten/Poscher, Ralf, Grundrechte, Staatsrecht II, 31., neu bearbeitete Auflage, Heidelberg 2015.

Pernice, Ingolf, Aussprache und Schlußworte zum ersten Beratungsgegenstand: Kontrolle der auswärtigen Gewalt, VVDStRL 56 (1997), S. 117 bis 119.

Pestalozza, Christian, Der Garantiegehalt der Kompetenznorm, Erläutert am Beispiel der Art. 105 ff. GG, Der Staat 11 (1972), S. 161 bis 188.

Pitschas, Rainer, Innere Sicherheit und internationale Verbrechensbekämpfung als Verantwortung des demokratischen Verfassungsstaates, JZ 1993, S. 857 bis 866.

– Der „neue“ soziale Rechtsstaat, Vom Wandel der Arbeits- und Sozialverfassung des Grundgesetzes, in: Ruland, Franz/Baron von Maydell, Bernd/Papier, Hans-Jürgen (Hrsg.), Verfassung, Theorie und Praxis des Sozialstaats, Festschrift für Hans F. Zacher zum 70. Geburtstag, Heidelberg 1998, S. 755 bis 775; zit.: *R. Pitschas,* in: F. Ruland u.a. (Hrsg.), FS für H. Zacher, 1998, 755 ff.

Plagemann, Hermann (Hrsg.), Münchener Anwalts-Handbuch Sozialrecht, 4., überarbeitete und aktualisierte Auflage, München 2013; zit.: *Bearbeiter,* in: H. Plagemann (Hrsg.), Sozialrecht, 4. Aufl. 2013.

Platz, Klaus Wilhelm, Internationale Konvention gegen Geiselnahme, ZaöRV 40 (1980), S. 276 bis 311.

Pohl, Heinrich, Rechtsschutz auf dem Gebiete der auswärtigen Verwaltung, Schmollers Jahrbuch (für Gesetzgebung, Verwaltung und Volkswirtschaft im Deutschen Reiche) 43 (1919), S. 141 bis 182 bzw. in durchgängiger Zählung 545 bis 586.

Posser, Herbert/Wolff, Heinrich Amadeus (Hrsg.), VwGO, Onlinekommentar (Stand: 01.10.2015), München; zit.: *Bearbeiter,* in H. Posser/H. A. Wolff (Hrsg.), VwGO.

Preu, Peter, Freiheitsgefährdung durch die Lehre von den grundrechtlichen Schutzpflichten, Überlegungen aus Anlaß des Gentechnikanlagen-Beschlusses des Hessischen Verwaltungsgerichtshofes, JZ 1990, 88, JZ 1991, S. 264 bis 271.

Pritzel, Konstantin, Geschriebenes und ungeschriebenes Verfassungsrecht, Gedanken nach der Reform des Grundgesetzes vom September ‘94, AnwBl. BE 1994, S. 411 bis 415.

Quaritsch, Helmut, Der Verzicht im Verwaltungsrecht und auf Grundrechte, in: Selmer, Peter/von Münch, Ingo (Hrsg.), Gedächtnisschrift für Wolfgang Martens, Berlin, New York 1987, S. 407 bis 417; zit.: *H. Quaritsch,* in: P. Selmer u.a. (Hrsg.), GS für W. Martens, 1987, 407 ff.

Rahe, Michael, Begriff und Bedeutung der Staatspraxis in der Rechtsprechung des Bundesverfassungsgerichts, Frankfurt am Main 2011.

Rauscher, Thomas/Wax, Peter/Wenzel, Joachim (Hrsg.), Münchener Kommentar zur Zivilprozessordnung mit Gerichtsverfassungsgesetz und Nebengesetzen, Band 1: §§ 1 bis 354 ZPO, 4. Auflage, München 2013; zit.: *Bearbeiter,* in: T. Rauscher u.a. (Hrsg.), Münchener Kommentar zur ZPO Bd. 1, 4. Aufl. 2013.

Rauschning, Dietrich, Staatsaufgabe Umweltschutz, VVDStRL 38 (1980), S. 167 bis 205.

– Deutschlands aktuelle Verfassungslage, DVBl. 1990, S. 393 bis 404.

Rebhahn, Robert, Staatshaftung wegen mangelnder Gefahrenabwehr: Eine Studie insbesondere zur österreichischen Amtshaftung mit einem Beitrag zum Kausalzusammenhang im Schadensrecht, Wien, New York 1997.

Rehbinder, Eckard, Grundfragen des Umweltrechts, ZRP 1970, S. 250 bis 256.

Rengeling, Hans-Werner/Szczekalla, Peter, Grundrechte in der Europäischen Union, Charta der Grundrechte und Allgemeine Rechtsgrundsätze, Köln, Berlin u.a. 2004.

Ress, Georg, Mangelhafte diplomatische Protektion und Staatshaftung, Überlegungen zum gerichtlichen Rechtsschutz gegen Akte der auswärtigen Gewalt im französischen und deutschen Recht, ZaöRV 32 (1972), S. 420 bis 482.

– Staatszwecke im Verfassungsstaat – nach 40 Jahren Grundgesetz, VVDStRL 48 (1990), S. 56 bis 118.

Riege, Gerhard, Die Staatsbürgerschaft der DDR, 2., überarbeitete Auflage, Berlin 1986.

Robbers, Gerhard, Der Grundrechtsverzicht, JuS 1985, S. 925 bis 931.

– Sicherheit als Menschenrecht, Aspekte der Geschichte, Begründung und Wirkung einer Grundrechtsfunktion, Baden-Baden 1987.

Rossano, Claudio, Das Gewohnheitsrecht unter besonderer Berücksichtigung des Verfassungsrechts, in: Berberich, Thomas/Holl, Wolfgang/Maaß, Kurt-Jürgen (Hrsg.), Neue Entwicklungen im öffentlichen Recht, Beiträge zum Verhältnis von Bürger und Staat aus Völkerrecht, Verfassungsrecht und Verwaltungsrecht, Tagungsbeiträge eines Symposiums der Alexander von Humboldt-Stiftung Bonn-Bad Godesberg, veranstaltet vom 10. bis 14. Oktober 1978 in Ludwigsburg, Stuttgart, Berlin u.a. 1979, S. 207 bis 217; zit.: *C. Rossano,* in: T. Berberich u.a. (Hrsg.), Neue Entwicklungen im öffentlichen Recht, 1979, 207 ff.

Roth, Christian Tobias, Bundeskanzlerermessen im Verfassungsstaat, Berlin 2009.

Rückert, Joachim, Referat II, in: Deutscher Richterbund (Hrsg.), 150 Jahre Paulskirchenverfassung, Der lange Weg zum Rechtsstaat, Frankfurt am Main 1998, S. 11 bis 16; zit.: *J. Rückert,* in: Deutscher Richterbund (Hrsg.), 150 Jahre Paulskirchenverfassung, 1998, 11 ff.

Rudolf, Walter, Die Ausübung des diplomatischen Schutzes für Deutsche, in: Kokot, Józef/Skubiszewski, Krzysztof (Hrsg.), Staatsangehörigkeit, Soziale Grundrechte, Wirtschaftliche Zusammenarbeit, nach dem Recht der Bundesrepublik Deutschland und der Volksrepublik Polen, Referate des Rechtscolloquiums 1974, Berlin, Heidelberg 1976, S. 61 bis 81; zit.: *W. Rudolf,* in: J. Kokot u.a. (Hrsg.), Staatsangehörigkeit, Soziale Grundrechte, 1976, 61 ff.

Ruffert, Matthias, Diplomatischer und konsularischer Schutz zwischen Völker- und Europarecht, Bemerkungen zu Art. 8c EGV, AVR 35 (1997), S. 459 bis 477.

– Der praktische Fall – Europarecht: Dienst nach Vorschrift im Konsulat, JuS 1999, S. 54 bis 58.

– Vorrang der Verfassung und Eigenständigkeit des Privatrechts, Eine verfassungsrechtliche Untersuchung zur Privatrechtswirkung des Grundgesetzes, Tübingen 2001.

– Die Rechtsprechung des Bundesverfassungsgerichts zum Privatrecht, JZ 2009, S. 389 bis 398.

Sachs, Michael (Hrsg.), Grundgesetz: GG, Kommentar, 7. Auflage, München 2014; zit.: *Bearbeiter*, in: M. Sachs (Hrsg.), Grundgesetz, 7. Aufl. 2014.

Sachverständigenkommission, Staatszielbestimmungen, Gesetzgebungsaufträge, Bericht der Sachverständigenkommission, Bonn 1983; zit.: Sachverständigenkommission „Staatszielbestimmungen, Gesetzgebungsaufträge", 1983.

Saladin, Peter, Verfassungsreform und Verfassungsverständnis, AöR n.F. 104 (1979), S. 345 bis 388.

Salzwedel, Jürgen (Hrsg.), Grundzüge des Umweltrechts, Berlin 1982; zit.: *Bearbeiter*, in: J. Salzwedel (Hrsg.), Grundzüge des Umweltrechts, 1982.

Sass, Wolfgang, Art. 14 GG und das Entschädigungserfordernis, Heidelberg 1992.

Scheidler, Alfred, Der Schutz deutscher Staatsangehöriger gegenüber der Hoheitsgewalt ausländischer Staaten, DÖV 2006, S. 417 bis 422.

Schenke, Wolf-Rüdiger, Verwaltungsprozessrecht, 14., neu bearbeitete Auflage, Heidelberg, München u.a. 2014.

Scheuner, Ulrich, Die neuere Entwicklung des Rechtsstaates in Deutschland, in: von Caemmerer, Ernst/Friesenhahn, Ernst/Lange, Richard (Hrsg.), Hundert Jahre Deutsches Rechtsleben, Festschrift zum hundertjährigen Bestehen des Deutschen Juristentages 1860 - 1960, Band 2, Karlsruhe 1960, S. 229 bis 262; zit.: *U. Scheuner*, in: E. v. Caemmerer u.a. (Hrsg.), Hundert Jahre Deutsches Rechtsleben Bd. 2, 1960, 229 ff.

– Einführung, in: Scheuner, Ulrich (Hrsg.), Die staatliche Einwirkung auf die Wirtschaft, Frankfurt am Main 1971, S. 9 bis 84; zit.: *U. Scheuner*, in: ders. (Hrsg.), Staatliche Einwirkung auf die Wirtschaft, 1971.

– Die Funktion der Grundrechte im Sozialstaat, Die Grundrechte als Richtlinie und Rahmen der Staatstätigkeit, DÖV 1971, S. 505 bis 513.

– Staatszielbestimmungen, in: Schnur, Roman (Hrsg.), Festschrift für Ernst Forsthoff zum 70. Geburtstag, München 1972, S. 325 bis 355; zit.: *U. Scheuner*, in: R. Schnur (Hrsg.), FS für E. Forsthoff, 1972, 325 ff.

– Normative Gewährleistungen und Bezugnahme auf Fakten im Verfassungstext, Ein Beitrag zur Auslegung des Grundgesetzes, in: Achterberg, Norbert (Hrsg.), Öffentliches Recht und Politik, Festschrift für Hans Ulrich Scupin zum 70. Geburtstag, Berlin 1973, S. 323 bis 341; zit.: *U. Scheuner*, in: N. Achterberg (Hrsg.), FS für H. U. Scupin, 1973, 323 ff.

Schick, Walter, Bonner Grundgesetz und Weimarer Verfassung – heute, AöR n.F. 94 (1969), S. 353 bis 387.

Schleser, Walter (Hrsg.), Die deutsche Staatsangehörigkeit, Ein Leitfaden, 4., überarbeitete und ergänzte Auflage, Frankfurt am Main, Berlin 1980; zit.: *Bearbeiter*, in: W. Schleser (Hrsg.), Deutsche Staatsangehörigkeit, 4. Aufl. 1980.

Schlochauer, Hans-Jürgen (Hrsg.), Wörterbuch des Völkerrechts, 1. Band: Aachener Kongress bis Hussar-Fall, 2. Auflage, Berlin 1960; zit.: *Bearbeiter*, Stichwort, in: H.-J. Schlochauer (Hrsg.), Wörterbuch des Völkerrechts Bd. 1, 2. Aufl. 1960.

– Wörterbuch des Völkerrechts, 2. Band: Ibero-Amerikanismus bis Quirin-Fall, 2. Auflage, Berlin 1961; zit.: *Bearbeiter*, Stichwort, in: H.-J. Schlochauer (Hrsg.), Wörterbuch des Völkerrechts Bd. 2, 2. Aufl. 1961.

Schmahl, Stefanie, Der Einsatz deutscher Streitkräfte unter der Ägide des Grundgesetzes, Vom demilitarisierten Deutschland zum Einsatz der Bundesmarine im Golf von Aden, in: Dreier, Horst (Hrsg.), Macht und Ohnmacht des Grundgesetzes, Sechs Würzbürger Vorträge zu 60 Jahren Verfassung, Berlin 2009, S. 107 bis 136; zit.: *S. Schmahl*, in: H. Dreier (Hrsg.), Macht und Ohnmacht des Grundgesetzes, 2009, 107 ff.

Schmauck, Norbert, 150 Jahre Paulskirchen-Verfassung, Der Verlauf der Verfassungsgebung von 1848, DVP 1999, S. 93 bis 97.

Schmidt-Aßmann, Eberhard, Anwendungsprobleme des Art. 2 Abs. 2 GG im Immissionsschutzrecht, AöR 106 (1981), S. 205 bis 217.

– Das Grundgesetz und die rechtsprechende Gewalt, in: Mußgnug, Reinhard (Hrsg.), Rechtsentwicklung unter dem Bonner Grundgesetz, Ringvorlesung der Juristischen Fakultät der Ruprecht-Karls-Universität Heidelberg aus Anlaß der 40. Wiederkehr des Inkrafttretens des Bonner Grundgesetzes, Heidelberg 1990, S. 79 bis 100; zit.: *E. Schmidt-Aßmann*, in: R. Mußgnug (Hrsg.), Rechtsentwicklung, 1990, 79 ff.

Schmitt, Carl, Verfassungslehre, Berlin, Leipzig 1928.

– Ratifikation völkerrechtlicher Verträge und innerstaatliche Auswirkungen der Wahrnehmung auswärtiger Gewalt (1929), in: Schmitt, Carl (Hrsg.), Verfassungsrechtliche Aufsätze aus den Jahren 1924 - 1954, Materialien zu einer Verfassungslehre, 2. Auflage, Berlin 1973, S. 124 bis 139; zit.: *C. Schmitt*, in: ders. (Hrsg.), Verfassungsrechtliche Aufsätze, 2. Auf. 1973, 124 ff.

Schneider, Hans, Gerichtsfreie Hoheitsakte – ein rechtsvergleichender Bericht über die Grenzen richterlicher Nachprüfbarkeit von Hoheitsakten, Tübingen 1951.

Schnur, Reinhold, Begründbarkeit der grundrechtlichen Schutzpflicht?, DVP 1998, S. 443 bis 449.

Schoch, Friedrich, Das verwaltungsbehördliche Ermessen, Jura 2004, S. 462 bis 469.

Schoch, Friedrich/Schneider, Jens-Peter/Bier, Wolfgang (Hrsg.), Verwaltungsgerichtsordnung, Kommentar, Loseblattausgabe (Stand: März 2015), München; zit.: *Bearbeiter*, in: F. Schoch/J.-P. Schneider/W. Bier (Hrsg.), Verwaltungsgerichtsordnung.

Schopohl, Ulrich, Der Außeneinsatz der Streitkräfte im Frieden, Hamburg 1991.

Schröder, Meinhard, Zur Wirkkraft der Grundrechte bei Sachverhalten mit grenzüberschreitenden Elementen, in: von Münch, Ingo (Hrsg.), Staatsrecht - Völkerrecht - Europarecht, Festschrift für Hans-Jürgen Schlochauer zum 75. Geburtstag am 28. März 1981, Berlin, New York 1981, S. 137 bis 150; zit.: *M. Schröder*, in: I. v. Münch (Hrsg.), FS für H.-J. Schlochauer, 1981, 137 ff.

Schütz, Peter, Artemis und Aurora vor den Schranken des Bauplanungsrechts – BVerwG, NJW 1995, 2648, JuS 1996, S. 498 bis 505.

Schwabe, Jürgen, Krankenversorgung und Verfassungsrecht, NJW 1969, S. 2274 bis 2276.

- Die sogenannte Drittwirkung der Grundrechte, Zur Einwirkung der Grundrechte auf den Privatrechtsverkehr, München 1971.
- Grenzen des Notwehrrechts, NJW 1974, S. 670 bis 673.
- Bundesverfassungsgericht und „Drittwirkung" der Grundrechte, AöR n.F. 100 (1975), S. 442 bis 470.
- Grundrechte und Privatrecht, AcP 185 (1985), S. 1 bis 8.
- Probleme der Grundrechtsdogmatik, 2., unveränderte Auflage, Hamburg 1997.
- Erwiderungen auf Christian Calliess JZ 2006, 321, JZ 2007, S. 135 bis 137.
- Rechtsschutz Privater bei völkerrechtswidrigem Handeln fremder Staaten – unter besonderer Berücksichtigung des internationalen Umweltrechts, AVR 24 (1986), S. 408 bis 433.

Schwarze, Jürgen/Becker, Ulrich/Hatje, Armin/Schoo, Johann (Hrsg.), EU-Kommentar, 3. Auflage, Baden-Baden 2012; zit.: *Bearbeiter*, in: J. Schwarze u.a. (Hrsg.), EU-Kommentar, 3. Aufl. 2012.

Schweisfurth, Theodor, Völkerrecht, Tübingen 2006.

Schweitzer, Michael/Weber, Albrecht, Handbuch der Völkerrechtspraxis der Bundesrepublik Deutschland, Baden-Baden 2004.

Seewald, Otfried, Zum Verfassungsrecht auf Gesundheit, Köln, Berlin, Bonn, München 1981.

Seidl-Hohenveldern, Ignaz/Stein, Torsten, Völkerrecht, 10., neu bearbeitete Auflage, Köln, Berlin u.a. 2000.

Seifert, Jens, Problemkreise des Grundrechtsverzichts, Jura 2007, S. 99 bis 104.

Selk, Michael, Einschränkung von Grundrechten durch Kompetenzregelungen?, JuS 1990, S. 895 bis 899.

Sendler, Horst, Ist das Umweltrecht normierbar?, UPR 1981, S. 1 bis 14.

- 40 Jahre Rechtsstaat des Grundgesetzes: Mehr Schatten als Licht?, DÖV 1989, S. 482 bis 491.

von Seydel, Max, Bayerisches Staatsrecht, neu bearbeitet von Robert Piloty, Erster Band: Die Staatsverfassung nebst gerichtlicher Einleitung, auf Grundlage der 2. Auflage neu bearbeitet von Josef v. Graßmann und Robert Piloty, Tübingen 1913; zit.: *M. v. Seydel*, Bayerisches Staatsrecht, neu bearb. v. R. Piloty, Bd. 1, 2. Aufl. 1913.

Siegrist, Dave, Hoheitsakte auf fremdem Staatsgebiet, Zürich 1987.

Siehr, Angelika, Die Deutschenrechte des Grundgesetzes, Bürgerrechte im Spannungsfeld von Menschenrechtsidee und Staatsmitgliedschaft, Berlin 2001.

Sigloch, Daniel, Auslandseinsätze der deutschen Bundeswehr, Verfassungsrechtliche Möglichkeiten und Grenzen, Hamburg 2006.

Sobota, Katharina, Das Prinzip Rechtsstaat, Verfassungs- und verwaltungsrechtliche Aspekte, Tübingen 1997.

Starck, Christian, Der Rechtsstaat in der politischen Kontroverse, JZ 1978, S. 746 bis 750.

– Frieden als Staatsziel, in: Börner, Bodo/Jahrreiß, Hermann/Stern, Klaus (Hrsg.), Einigkeit und Recht und Freiheit, Festschrift für Karl Carstens zum 70. Geburtstag am 14. Dezember 1984, Band 2, Staatsrecht, Köln, Berlin u.a. 1984, S. 867 bis 887; zit.: *C. Starck*, in: B. Börner u.a. (Hrsg.), FS für K. Carstens Bd. 2, 1984, 867 ff.

– Praxis der Verfassungsauslegung, Band 1, Baden-Baden 1994.

– Praxis der Verfassungsauslegung, Band 2, Baden-Baden 2006.

Steiger, Heinhard, Mensch und Umwelt, Zur Frage der Einführung eines Umweltgrundrechts, Berlin 1975.

Stein, Christoph/Itzel, Peter/Schwall, Karin, Praxishandbuch des Amts- und Staatshaftungsrechts, 2. Auflage, Berlin 2012.

Stein, Torsten, Die Regelung des diplomatischen Schutzes im Vertrag über die Europäische Union, in: Ress, Georg/Stein, Torsten (Hrsg.), Diplomatischer Schutz im Völker- und Europarecht, 1996, S. 97 bis 105; zit.: *T. Stein*, in: G. Ress/ders. (Hrsg.), Diplomatischer Schutz im Völker- und Europarecht, 1996, 97 ff.

Steinberg, Rudolf, Grundfragen des öffentlichen Nachbarrechts, NJW 1984, S. 457 bis 464.

Stelkens, Paul/Bonk, Heinz Joachim/Sachs, Michael (Hrsg.), Verwaltungsverfahrensgesetz: VwVfG, 8. Auflage, München 2014; zit.: *Bearbeiter*, in: P. Stelkens/H. J. Bonk/M. Sachs (Hrsg.), Verwaltungsverfahrensgesetz, 8. Aufl. 2014.

Stern, Klaus, Die deutsche Staatsangehörigkeit, Positionen und Begriffe, DVBl. 1982, S. 165 bis 173.

– Menschenwürde als Wurzel der Menschen- und Grundrechte, in: Achterberg, Norbert/Krawietz, Werner/Wyduckel, Dieter (Hrsg.), Recht und Staat im sozialen Wandel, Festschrift für Hans Ulrich Scupin zum 80. Geburtstag, Berlin 1983, S. 627 bis 642; zit.: *K. Stern*, in: N. Achterberg u.a. (Hrsg.), FS für H. U. Scupin, 1983, 627 ff.

– Das Staatsrecht der Bundesrepublik Deutschland I: Grundbegriffe und Grundlagen des Staatsrechts, Strukturprinzipien der Verfassung, 2., völlig neubearbeitete Auflage, München 1984.

– Das Staatsrecht der Bundesrepublik Deutschland II: Staatsorgane, Staatsfunktionen, Finanz- und Haushaltsverfassung, Notstandsverfassung, München 1980.

– Das Staatsrecht der Bundesrepublik Deutschland III/1: Allgemeine Lehren der Grundrechte, Grundlagen und Geschichte, nationaler und internationaler Grundrechtskonstitutionalismus, juristische Bedeutung der Grundrechte, Grundrechtsberechtigte, Grundrechtsverpflichtete, unter Mitwirkung von Dr. Michael Sachs, München 1988.

– Das Staatsrecht der Bundesrepublik Deutschland III/2: Allgemeine Lehren der Grundrechte, unter Mitwirkung von Dr. Michael Sachs, München 1994.

– Das Staatsrecht der Bundesrepublik Deutschland V: Die geschichtlichen Grundlagen des deutschen Staatsrechts, Die Verfassungsentwicklung vom Alten Deutschen Reich zur wiedervereinigten Bundesrepublik Deutschland, München 2000.

– Die Schutzpflichtfunktion der Grundrechte: Eine juristische Entdeckung, DÖV 2010, S. 241 bis 249.

Stettner, Rupert, Grundfragen einer Kompetenzlehre, Berlin 1983.

Storost, Christian, Der Fall Abbasi: Wegbereiter eines gemeineuropäischen Anspruchs auf diplomatischen Schutz?, AVR 42 (2004), S. 411 bis 423.

– Diplomatischer Schutz durch EG und EU, Die Berücksichtigung von Individualinteressen in der europäischen Außenpolitik, Berlin 2005.

– Artikel 23 AEUV und die außenpolitische Dimension der Unionsbürgerschaft, ZEuS 2010, S. 241 bis 255.

Strauss, Walter, Gesamtdeutsche Verfassungsformen 1815 bis 1945, Eine historisch-politische Betrachtung, in: Bracher, Karl Dietrich/Dawson, Christopher/Geiger, Willi/Smend, Rudolf (Hrsg.), Die moderne Demokratie und ihr Recht, Festschrift für Gerhard Leibholz zum 65. Geburtstag, Erster Band: Grundlagen, Tübingen 1966, S. 457 bis 488; zit. *W. Strauss*, in: K. D. Bracher u.a. (Hrsg.), FS für G. Leibholz Bd. 1, 1966, 457 ff.

Streinz, Rudolf (Hrsg.), EUV/AEUV, Vertrag über die Europäische Union und Vertrag über die Arbeitsweise der Europäischen Union, 2. Auflage, München 2012; zit.: *Bearbeiter*, in: R. Streinz (Hrsg.), EUV/AEUV, 2. Aufl. 2012.

Sturm, Gerd, Probleme eines Verzichts auf Grundrechte, in: Leibholz, Gerhard/Faller, Hans Joachim/Paul, Mikat/Reis, Hans (Hrsg.), Menschenwürde und freiheitliche Rechtsordnung, Festschrift für Willi Geiger zum 65. Geburtstag, Tübingen 1974, S. 173 bis 198; zit.: *G. Sturm*, in: G. Leibholz u.a. (Hrsg.), FS für W. Geiger, 1974, 173 ff.

Stürner, Rolf (Hrsg.), Jauernig Bürgerliches Gesetzbuch: BGB – mit Allgemeinem Gleichbehandlungsgesetz (Auszug), Kommentar, 16., neubearbeitete Auflage, München 2015; zit.: *Bearbeiter*, in: R. Stürner (Hrsg.), Jauernig Bürgerliches Gesetzbuch, 16. Aufl. 2015.

Szczekalla, Peter, Die Pflicht der Gemeinschaft *und* der Mitgliedstaaten zum diplomatischen und konsularischen Schutz, EuR 1999, S. 325 bis 342.
- Die sogenannten grundrechtlichen Schutzpflichten im deutschen und europäischen Recht, Inhalt und Reichweite einer „gemeineuropäischen Grundrechtsfunktion“, Berlin 2002.

Tichy-Fisslberger, Elisabeth, Der Schutz der EU-Bürger durch diplomatische und konsularische Vertretungsbehörden, EuR 2012, S. 217 bis 229.

Tomuschat, Christian, Verfassungsgewohnheitsrecht?, Eine Untersuchung zum Staatsrecht der Bundesrepublik Deutschland, Heidelberg 1972.

Treviranus, Hans D., Nochmals: Diplomatischer Schutz und grundrechtliche Schutzpflicht, DÖV 1979, S. 35 bis 39.

Triepel, Heinrich, Die auswärtige Politik der Privatpersonen, ZaöRV 9 (1939/40), S. 1 bis 30.

von Unruh, Georg-Christoph, Grundzüge der neueren deutschen Verfassungsgeschichte, DVP 2000, S. 311 bis 314.

Unruh, Peter, Zur Dogmatik der grundrechtlichen Schutzpflichten, Berlin 1996.
- Der Verfassungsbegriff des Grundgesetzes, Eine verfassungstheoretische Rekonstruktion, Tübingen 2002.

Verdross, Alfred/Simma, Bruno, Universelles Völkerrecht, Theorie und Praxis, 3., völlig neu bearbeitete Auflage, Berlin 1984.

Vermeer-Künzli, Annemarieke, Where the law becomes irrelevant: Consular assistance and the European Union, ICLQ 60 (2011), S. 965 bis 995.

Vitzthum, Wolfgang Graf/Proelß, Alexander (Hrsg.), Völkerrecht, 6., umfassend neu bearbeitete Auflage, Berlin, Boston 2013; zit.: *Bearbeiter*, in: W. Graf Vitzthum/A. Proelß (Hrsg.), Völkerrecht, 6. Aufl. 2013.

Vogel, Hans-Jochen, Strafverfahrensrecht und Terrorismus – eine Bilanz, NJW 1978, S. 1217 bis 1228.

Voigt, Alfred, Ungeschriebenes Verfassungsrecht, VVDStRL 10 (1952), S. 33 bis 45.

Vorländer, Hans, Die Verfassung, Idee und Geschichte, München 1999.

Walter, Christian, Grundrechtliche und rechtsstaatliche Bindungen der Bundeswehr beim Einsatz im Ausland, in: Breuer, Marten/Epiney, Astrid/Haratsch, Andreas/Schmahl, Stefanie/Weiß, Norman (Hrsg.), Der Staat im Recht, Festschrift für Eckart Klein zum 70. Geburtstag, Berlin 2013, S. 351 bis 363; zit.: *C. Walter*, in: M. Breuer u.a. (Hrsg.), FS für E. Klein, 2013, 351 ff.

Weber, Werner, Umweltschutz im Verfassungs- und Verwaltungsrecht, Stand und Tendenzen der Gesetzgebung, DVBl. 1971, S. 806 bis 813.

Weber-Fas, Rudolf, Epochen deutscher Staatlichkeit, Vom Reich der Franken bis zur Bundesrepublik, Stuttgart 2006.

Wengler, Wilhelm, Betrachtungen zum Begriff der Staatsangehörigkeit, in: Brüel, Erik/Constantopoulus, Dimitri/Laun, Rudolf/Soder, Josef/Wehberg, Hans (Hrsg.), Internationalrechtliche und staatsrechtliche Abhandlungen, Festschrift für Walter Schätzel zu seinem 70. Geburtstag, Düsseldorf 1960, S. 545 bis 558; zit.: *W. Wengler*, in: E. Brüel u.a. (Hrsg.), FS für W. Schätzel, 1960, 545 ff.

von Weschpfennig, Armin, Referendarexamensklausur – Öffentliches Recht: Grundrechtliche Schutzpflichten – Apokalypse und Schwarze Löcher, JuS 2011, S. 61 bis 66.

Westerdiek, Claudia, Humanitäre Intervention und Maßnahmen zum Schutz eigener Staatsangehöriger im Ausland, AVR 21 (1983), S. 383 bis 401.

Wiefelspütz, Dieter, Der Auslandseinsatz der Bundeswehr gegen den grenzüberschreitenden internationalen Terrorismus, ZaöRV 65 (2005), S. 819 bis 835.

– Der Einsatz bewaffneter deutscher Streitkräfte im Ausland, AöR n.F. 132 (2007), S. 44 bis 94.

Wiesbrock, Katja, Internationaler Schutz der Menschenrechte vor Verletzung durch Private, Berlin 1999.

Wild, Michael, Verfassungsrechtliche Möglichkeiten und Grenzen für Auslandseinsätze der Bundeswehr nach dem Kosovo-Krieg, DÖV 2000, S. 622 bis 631.

Wilde, Gabriele, Das Geschlecht des Rechtsstaats, Herrschaftsstrukturen und Grundrechtspolitik in der deutschen Verfassungstradition, Frankfurt am Main, New York 2001.

Wilms, Heinrich, Ausländische Einwirkungen auf die Entstehung des Grundgesetzes, Stuttgart 1999.

Wipfelder, Hans-Jürgen, Naturrecht und Gewohnheitsrecht als Quellen des Verfassungsrechts, in: Mayer-Maly, Dorothea/Simons, Peter M. (Hrsg.), Das Naturrechtsdenken heute und morgen, Gedächtnisschrift für René Marcic, Berlin 1983, S. 947 bis 966; zit.: *H.-J. Wipfelder*, in: D. Mayer-Maly u.a. (Hrsg.), GS für R. Marcic, 1983, 947 ff.

Wolff, Heinrich Amadeus, Ungeschriebenes Verfassungsrecht unter dem Grundgesetz, Tübingen 2000.

Zeidler, Wolfgang, Grundrechte der Verfassung im Widerstreit, Festvortrag, in: Ständige Deputation des Deutschen Juristentages (Hrsg.), Verhandlungen des 53. Deutschen Juristentags, Band 2 (Sitzungsberichte) Teil I, München 1980, S. I 5 bis I 29; zit.: *W. Zeidler*, in: Deputation DJT (Hrsg.), Verhandlungen des 53. DJT Bd. 2 Teil I, 1980, I 5 ff.

Zellweger, Eduard, Der diplomatische Schutz als Rechtsinstitut, SJZ 28 (1931/32), S. 273 bis 280.

Ziekow, Jan, Über Freizügigkeit und Aufenthalt – Paradigmatische Überlegungen zum grundrechtlichen Freiheitsschutz in historischer und verfassungsrechtlicher Perspektive, Tübingen 1997.

Zippelius, Reinhold/Würtenberger, Thomas, Deutsches Staatsrecht, Ein Studienbuch, 32. Auflage des von Theodor Maunz begründeten Werkes, München 2008. Das Staatsrecht des Deutschen Reiches, Erster Band: Das Verfassungsrecht, Berlin 1895.

Zorn, Philipp, Das Staatsrecht des Deutschen Reiches, Erster Band: Das Verfassungsrecht, Berlin 1895.

– Das Staatsrecht des Deutschen Reiches, Zweiter Band: Das Verwaltungsrecht einschließlich des äußeren Staats-, des Militär- und Seerechts, Berlin 1897.

Zuck, Rüdiger, Das Recht der Verfassungsbeschwerde, 4., vollständig überarbeitete Auflage, München 2013.

Textsammlungen

Berichte und Urkunden, Völkerrecht, Dokumente zu Deutschlands Rechtslage, ZaöRV 13 (1950/51), S. 660 bis 669; zit.: ZaöRV 13 (1950/51), 660 ff.

von Holtzendorff, Franz/Bezold, Ernst (Hrsg.), Materialien der Deutschen Reichs-Verfassung, Sammlung sämmtlicher auf die Reichs-Verfassung, ihre Entstehung und Geltung bezüglichen Urkunden u. Verhandlungen, einschließlich insbesondere derjenigen des constituierenden Norddeutschen Reichstages 1867, unveränderter Neudruck der Ausgabe Berlin o.J. (1872-73), Glashütten im Taunus 1976.

Binding, Karl (Hrsg.), Verfassung des Norddeutschen Bundes vom 17. April 1867 und des Deutschen Reiches vom 16. April 1871, 6. Auflage, Leipzig 1912.

von Münch, Ingo (Hrsg.), Dokumente des geteilten Deutschland, Quellentexte zur Rechtslage des Deutschen Reiches, der Bundesrepublik Deutschland und der Deutschen Demokratischen Republik, 2., unveränderte Auflage, Stuttgart 1976.

Rauschning, Dietrich (Hrsg.), Rechtsstellung Deutschlands, Völkerrechtliche Verträge und andere rechtsgestaltende Akte, München 1985.

Schuster, Rudolf/Evers, Hans-Ulrich (Hrsg.), Alle deutschen Verfassungen, Teil A: Von der Paulskirchenverfassung bis zum Grundgesetz und den DDR-Verfassungen, Teil B: Die Verfassungen der deutschen Bundesländer, München 1985.

Zorn, Philipp, Die Konsulargesetzgebung des Deutschen Reichs, Textausgabe mit Anmerkungen und Sachregister, Berlin 1911.

Kommissionsdokumente

Grünbuch der Europäischen Kommission vom 28. November 2006 über den diplomatischen und konsularischen Schutz des Unionsbürgers in Drittländern, KOM (2006) 712 endg., ABl. 2007 Nr. C 30, S. 8.

1. Bericht der Kommission über die Unionsbürgerschaft, KOM (93) 702 endg., im Internet: http://eur-lex.europa.eu/legal-content/DE/TXT/PDF/?uri=CELEX:51993DC0702&from=DE (zuletzt aufgerufen Dezember 2015).
2. Bericht der Kommission über die Unionsbürgerschaft, KOM (97) 230 endg., im Internet: http://eudo-citizenship.eu/inc/policydoc/Second%20report%20on%20citizenship_1997.pdf (englische Fassung, zuletzt aufgerufen Dezember 2015).
3. Bericht der Kommission über die Unionsbürgerschaft, KOM (2001) 506 endg., im Internet: http://eur-lex.europa.eu/legal-content/DE/TXT/PDF/?uri=CELEX:52001DC0506&from=DE (zuletzt aufgerufen Dezember 2015).
4. Bericht der Kommission über die Unionsbürgerschaft, KOM (2004) 695 endg., im Internet: http://eur-lex.europa.eu/legal-content/DE/TXT/PDF/?uri=CELEX:52004DC0695&from=DE (zuletzt aufgerufen Dezember 2015).
5. Bericht der Kommission über die Unionsbürgerschaft, KOM (2008) 85 endg., im Internet: http://eur-lex.europa.eu/legal-content/DE/TXT/PDF/?uri=CELEX:52008DC0085&from=DE (zuletzt aufgerufen Dezember 2015).

Internetquellen- und -dokumenteverzeichnis
(letzter Zugriff Dezember 2015)

„Aktuelle Reisewarnungen", im Internet: http://www.auswaertiges-amt.de/DE/Laenderinformationen/01-Reisewarnungen-Liste_node.html

Ausländische Verfassungstexte in englischer Übersetzung, im Internet: http://www.verfassungsvergleich.de/

Berliner Zeitung v. 27.01.2006, „Keine Spur zu Entführten im Irak", im Internet: http://www.berliner-zeitung.de/archiv/politiker-fordern-kostenbeteiligung-des-arbeitgebersder-beiden-ingenieure-keine-spur-zu-entfuehrten-im-irak,10810590,10357238.html

„Deutsche Vertretungen Australien", im Internet: http://www.auswaertiges-amt.de/DE/Laenderinformationen/01-Laender/DeutscheAVen/Australien/DeutscheVertretungen_node.html

„Deutsche Vertretungen Neuseeland", im Internet: http://www.auswaertiges-amt.de/DE/Laenderinformationen/01-Laender/DeutscheAVen/Neuseeland/DeutscheVertretungen_node.html

„Deutsche Vertretungen Somalia", im Internet: http://www.auswaertiges-amt.de/DE/Laenderinformationen/01-Laender/DeutscheAVen/Somalia/DeutscheVertretungen_node.html

„Deutsche Vertretungen Trinidad und Tobago", im Internet: http://www.auswaertiges-amt.de/DE/Laenderinformationen/01-Laender/DeutscheAVen/TrinidadundTobago/DeutscheVertretungen_node.html

„Diplomatischer und konsularischer Schutz“, Informationen des Schweizerischen Außenministeriums, im Internet: http://www.eda.admin.ch/eda/de/home/topics/intla/cintla/dicopr.html

„Einsatz rund um die Uhr“, Das Krisenzentrum im Einsatz, im Internet: http://www.auswaertiges-amt.de/DE/AAmt/Krisenreaktionszentrum/100817-EinsatzKRZ_node.html

„Entführungen deutscher Staatsangehöriger im Ausland“, Informationen des Bundesnachrichtendienstes, im Internet: http://www.bnd.bund.de/DE/Themen/Lagebeitraege/Entfuehrungen/Entfuehrungen_node.html

FAS v. 29.01.2006, „Sie hat keine Fehler gemacht“, im Internet: http://www.faz.net/aktuell/politik/ausland/susanne-osthoff-sie-hat-keine-fehler-gemacht-1282185.html

FAZ v. 24.01.2006, „Seit langem Ziel der Aufständischen“, im Internet: http://www.faz.net/aktuell/politik/ausland/baidschi-im-irak-seit-langem-ziel-der-aufstaendischen-1303058.html

FAZ.NET v. 14.05.2003, „Befreite deutsche Geiseln wieder zuhause“, im Internet: http://www.faz.net/aktuell/gesellschaft/sahara-touristen-befreite-deutsche-geiseln-wieder-zuhause-1103148.html

FAZ.NET v. 16.09.2003, „Obduktion ergibt: Frau starb an Hitzschlag“, im Internet: http://www.faz.net/aktuell/gesellschaft/sahara-geiseln-obduktion-ergibt-frau-starb-an-hitzschlag-1119139.html

FAZ.NET v. 18.05.2004, „Anführer der Sahara-Geiselnehmer festgenommen“, im Internet: http://www.faz.net/aktuell/gesellschaft/tschad-anfuehrer-der-sahara-geiselnehmer-festgenommen-1160936.html

FAZ.NET v. 25.01.2005, „Krisenstab bemüht sich um Kontakt mit Geiselnehmern“, im Internet: http://www.faz.net/aktuell/politik/ausland/entfuehrung-im-irak-krisenstab-mueht-sich-um-kontakt-mit-geiselnehmern-1305951.html

FAZ.NET v. 18.12.2005, „25 Tage in Geiselhaft“, im Internet: http://www.faz.net/aktuell/politik/chronologie-25-tage-in-geiselhaft-1278928.html

FAZ.NET v. 27.12.2005, „Appelle an Osthoff: ‚Nehmen Sie Abstand von ihren Plänen‘“, im Internet: http://www.faz.net/aktuell/politik/rueckkehr-in-den-irak-appelle-an-osthoff-nehmen-sie-abstand-von-ihren-plaenen-1294084.html

FAZ.NET v. 22.01.2006, „Bares in Bündeln“, im Internet: http://www.faz.net/aktuell/politik/ausland/loesegeld-fuer-osthoff-bares-in-buendeln-1303463.html

FAZ.NET v. 02.05.2006, „Chronik der Entführung“, im Internet: http://www.faz.net/aktuell/politik/freiheit-nach-14-wochen-chronik-der-entfuehrung-1330574.html

FAZ.NET v. 04.05.2006, „Wir sind sehr froh, noch am Leben zu sein“, im Internet: http://www.faz.net/aktuell/politik/geiseln-kehren-zurueck-wir-sind-sehr-froh-noch-am-leben-zu-sein-1326305.html

FAZ.NET v. 07.05.2006, „Diskretion sichert dem Staat Handlungsspielräume", im Internet: http://www.faz.net/aktuell/gesellschaft/entfuehrungsfall-braeunlich-nitzschke-diskretion-sichert-dem-staat-handlungsspielraeume-1328990.html

FAZ.NET v. 10.07.2008, „Bundesregierung nicht erpressbar", im Internet: http://www.faz.net/aktuell/politik/ausland/entfuehrung-deutscher-bergsteiger-bundesregierung-nicht-erpressbar-1665278.html

FAZ.NET v. 04.08.2009, „'Hansa Stavanger' ist frei", im Internet: http://www.faz.net/aktuell/politik/ausland/piraterie-hansa-stavanger-ist-frei-1842472.html

FAZ.NET v. 08.08.2009, „'Hansa Stavanger' erreicht Mombasa", im Internet: http://www.faz.net/aktuell/politik/ausland/ende-der-kaperung-hansa-stavanger-erreicht-mombasa-1840853.html

FAZ.NET v. 02.02.2014, „Deutscher Staatsbürger entführt", im Internet: http://www.faz.net/aktuell/politik/ausland/naher-osten/jemen-deutscher-staatsbuerger-entfuehrt-12781319.html

„Gesamtverzeichnis Unterschriften und Ratifikationen des Vertrags 061", im Internet: http://www.conventions.coe.int/Treaty/Commun/ChercheSig.asp?NT=061&CM=8&DF=26/04/2011&CL=GER

Handelsblatt v. 20.10.2003, „Sahara-Geiseln müssen zahlen", im Internet: http://www.handelsblatt.com/panorama/aus-aller-welt/geiselbefreiung-kostete-insgesamt-20-millionen-euro-sahara-geiseln-muessen-zahlen/2280250.html

Handelsblatt v. 05.05.2006, „Geiselhaft war kein menschunwürdiges Martyrium", im Internet: http://www.handelsblatt.com/politik/international/irak-geiselhaft-war-kein-menschenunwuerdiges-martyrium/2649650.html

„Hilfe in sonstigen Fällen" unter „Hilfe in Krisensituationen und bei Evakuierungen", im Internet: http://www.konsularinfo.diplo.de/Vertretung/konsularinfo/de/04/Hilfe/Notfaelle/hilfe__gewalt__insolvenz__krise.html

„Hilfe von deutschen Auslandsvertretungen" unter „Evakuierung im Katastrophenfall", im Internet: http://www.konsularinfo.diplo.de/Vertretung/konsularinfo/de/04/Hilfe/Auslandsvertretungen/hilfe__wer.html

„Humanitäre Hilfe Somalia", Informationen des Auswärtigen Amtes, im Internet: http://www.auswaertiges-amt.de/DE/Aussenpolitik/HumanitaereHilfe/Somalia_node.html

„Irak: Reisewarnung", im Internet: http://www.auswaertiges-amt.de/DE/Laenderinformationen/00-SiHi/IrakSicherheit.html

Koalitionsvertrag zwischen CDU, CSU und SPD, 18. Legislaturperiode, im Internet: http://www.bundesregierung.de/Content/DE/_Anlagen/2013/2013-12-17-koalitionsvertrag.pdf

„Kolumbien: Reise- und Sicherheitshinweise" unter „Kriminalität/Terrorismus/Sicherheit", im Internet: http://www.auswaertiges-amt.de/DE/Laenderinformationen/00-SiHi/KolumbienSicherheit.html

Monatliche „Statistik Handelsschiffe“ des Bundesamtes für Seeschifffahrt und Hydrographie, im Internet: http://www.bsh.de/de/Schifffahrt/Berufsschifffahrt/Deutsche_Handelsflotte/Statistik_Fort.pdf

„Operation Pegasus: Bundeswehr hilft bei Ausreise deutscher Staatsbürger aus Libyen“, Bericht der Bundeswehr, im Internet: http://www.bundeswehr.de/portal/a/bwde/!ut/p/c4/NYrBCsJADET_aLMLRcVblxbx6kGtt7QNJdBmS4wWxI939-AMvMO8gQfkCr55QuMkOMMduoGP_eb6bSRHLE8k-xDcyjMvQxKyQiMxzpwULalbk9pczEs1G8cjdD40Mez9P-F7aE_xWld-15zjBdZlqX8dpKfO/

Pressemitteilung v. 14.08.2013, im Internet: http://www.aerzte-ohne-grenzen.de/presse/aerzte-ohne-grenzen-verlaesst-somalia-missbrauch-und-manipulation-humanitaerer-hilfe-machen

Rede des Staatsministers im Auswärtigen Amt *W. Hoyer* vor dem Deutschen Bundestag zur Lage in Libyen am 24.02.2011, im Internet: http://www.auswaertiges-amt.de/DE/Infoservice/Presse/Reden/2011/110224_Hoyer_BT_Libyen.html

„Somalia: Reisewarnung“, im Internet: http://www.auswaertiges-amt.de/DE/Laenderinformationen/00-SiHi/Nodes/SomaliaSicherheit_node.html

Spiegel Online v. 18.07.2000, „Renate Wallert geht es überraschend gut“, im Internet: http://www.spiegel.de/panorama/klinik-renate-wallert-geht-es-ueberraschend-gut-a-85767.html

Spiegel Online v. 22.09.2000, „Werner schrieb immer nur Tagebuch“, im Internet: http://www.spiegel.de/panorama/geiseldrama-werner-schrieb-immer-nur-tagebuch-a-94765.html

Spiegel Online v. 24.10.2003, „Lösegeld von der Versicherung“, im Internet: http://www.spiegel.de/reise/aktuell/geiselnahme-loesegeld-von-der-versicherung-a-270689.html

Spiegel Online v. 28.12.2005, „Krisenstab ringt um Freilassung der Chrobog-Familie“, im Internet: http://www.spiegel.de/panorama/entfuehrung-im-jemen-krisenstab-ringt-um-freilassung-der-chrobog-familie-a-392544.html

Spiegel Online v. 29.12.2005, „Steinmeier rechnet mit Chrobog-Freilassung bis Sonntag“, im Internet: http://www.spiegel.de/panorama/jemen-steinmeier-rechnet-mit-chrobog-freilassung-bis-sonntag-a-392692.html

Spiegel Online v. 24.01.2006, „Verschollen im Entführungs-Dreieck“, im Internet: http://www.spiegel.de/politik/ausland/geiselnahme-im-irak-verschollen-im-entfuehrungs-dreieck-a-397136.html

Spiegel Online v. 02.05.2009, „Berlin stoppt Befreiungsaktion der GSG 9“, im Internet: http://www.spiegel.de/politik/ausland/entfuehrter-frachter-hansa-stavanger-berlin-stoppt-befreiungsaktion-der-gsg-9-a-621051.html

Spiegel Online v. 19.07.2009, „Piraten verschleppen drei Deutsche aufs Festland“, im Internet: http://www.spiegel.de/panorama/geiseldrama-auf-der-hansa-stavanger-piraten-verschleppen-drei-deutsche-aufs-festland-a-636946.html

Spiegel Online v. 03.08.2009, „Piraten geben entführte ‚Hansa Stavanger' frei", im Internet: http://www.spiegel.de/politik/ausland/geiseldrama-auf-see-piraten-geben-entfuehrte-hansa-stavanger-frei-a-639103.html

Spiegel Online v. 16.07.2014, „Geiselnahme: Deutscher in Nigeria entführt", im Internet: http://www.spiegel.de/politik/ausland/entfuehrung-in-nigeria-deutscher-von-unbekannten-verschleppt-a-981405.html

Stern v. 30.06.2003, „Was macht eigentlich Werner Wallert", im Internet: http://www.stern.de/lifestyle/leute/was-macht-eigentlich-werner-wallert-510980.html

Stern v. 18.08.2003, „Neuer Versuch von Übergabe der Geiseln", im Internet: http://www.stern.de/politik/ausland/sahara-drama-neuer-versuch-von-uebergabe-der-geiseln-511709.html

Stern v. 18.08.2003, „Vermisst in der Sahara", im Internet: http://www.stern.de/politik/ausland/chronologie-vermisst-in-der-sahara-511718.html

Stern v. 06.02.2004, „Entführt", im Internet: http://www.stern.de/politik/deutschland/kolumbien-entfuehrt-519762.html; zugleich abgedruckt im Stern v. 06.02.2004 (Heft 7/2004)

Stern v. 02.01.2006, „Sind kein Risiko eingegangen", im Internet: http://www.stern.de/politik/deutschland/chrobog-entfuehrung-sind-kein-risiko-eingegangen-552351.html

Stern v. 05.01.2006, „Ich glaube, die Deutschen hassen mich", im Internet: http://www.stern.de/politik/deutschland/susanne-osthoff-ich-glaube-die-deutschen-hassen-mich-552671.html; zugleich abgedruckt im Stern v. 15.01.2006 (Heft 2/2006), S. 24 ff

Stern v. 26.01.2006, „Cryotec-Chef wehrt sich gegen Vorwürfe", im Internet: http://www.stern.de/politik/ausland/entfuehrung-im-irak-cryotec-chef-wehrt-sich-gegen-vorwuerfe-554379.html

Stern v. 26.01.2006, „Firma der Ingenieure soll zahlen", im Internet: http://www.stern.de/politik/ausland/entfuehrung-im-irak-firma-der-ingenieure-soll-zah len-554311.html

Stern v. 27.01.2006, „Mitarbeiter wurden in eine riesige Gefahr geschickt", im Internet: http://www.stern.de/politik/ausland/entfuehrung-im-irak-mitarbeiter-wurden-in-eine-riesige-gefahr-geschickt-554386.html

Stern v. 27.01.2006, „Rätselraten um die Entführer", im Internet: http://www.stern.de/politik/ausland/deutsche-geiseln-im-irak-raetselraten-um-die-entfueh rer-554390.html

Sueddeutsche.de v. 10.05.2010, „Es war klar, dass es keine Terroristen waren", im Internet: http://sz.de/1.738769

Sueddeutsche.de v. 10.05.2010, „Spektakuläre Entführungen von Deutschen im Ausland", im Internet: http://sz.de/1.654716

Sueddeutsche.de v. 11.05.2010, „Das Geschäft mit der Angst“, im Internet: http://sz.de/1.282123

Sueddeutsche.de v. 11.05.2010, „Freilassung verzögert sich weiter“, im Internet: http://sz.de/1.654094

Sueddeutsche.de v. 17.05.2010, „Aufhören, am Grundgesetz herumzufummeln“, im Internet: http://sz.de/1.170969

Sueddeutsche.de v. 17.05.2010, „Bangen um entführte Deutsche“, im Internet: http://sz.de/1.156215

Sueddeutsche.de v. 17.05.2010, „Befreiungsaktion angeblich geplatzt“, im Internet: http://sz.de/1.405249

Sueddeutsche.de v. 17.05.2010, „Bis zu fünf Deutsche in der Hand von Piraten“, im Internet: http://sz.de/1.397660

Sueddeutsche.de v. 17.05.2010, „Die Geiseln und das Geld“, im Internet: http://sz.de/1.451731

Sueddeutsche.de v. 17.05.2010, „Nervenkrieg im Golf von Aden“, im Internet: http://sz.de/1.409569

Sueddeutsche.de v. 17.05.2010, „Piraten kapern zweiten deutschen Frachter“, im Internet: http://sz.de/1.440740

Sueddeutsche.de v. 17.05.2010, „Wurden die Geiseln freigekauft?“, im Internet: http://sz.de/1.301656

Sueddeutsche.de v. 19.05.2010, „Da wird mit zweierlei Maß gemessen“, im Internet: http://sz.de/1.916379

Sueddeutsche.de v. 19.05.2010, „Familie Chrobog ist frei“, im Internet: http://sz.de/1.915775

Sueddeutsche.de v. 19.05.2010, „Froh, noch am Leben zu sein“, im Internet: http://sz.de/1.885535

SZ v. 21.08.2003, „Geschäfte mit der Gefangenschaft“, im Internet: http://sz.de/1.683067

SZ v. 01.12.2005, „Deutschland lässt sich nicht erpressen“, im Internet: http://sz.de/1.804837

SZ v. 25.01.2006, „Zur Einführung eine Entführung“, im Internet: http://sz.de/1.883715

SZ v. 11.05.2009, „Merkel unzufrieden mit deutschen Elite-Einheiten“, im Internet: http://sz.de/1.452673

Tagblatt v. 09.01.2013, „Entführer von Sahara-Touristen verurteilt“, im Internet: http://www.tagblatt.ch/aktuell/panorama/panorama/Entfuehrer-von-Sahara-Touristen-verurteilt;art253654,3259437

Tagesspiegel v. 17.07.2000, „Renate Wallert lieferte den Entführern eine wertvolle Ware: das echte Leid eines echten Menschen“, im Internet: http://www.tagesspiegel.de/politik/geiseldrama-auf-jolo-renate-wallert-lieferte-den-entfuehrern-eine-wertvolle-ware-das-echte-leid-eines-echten-menschen/154016.html

Tagesspiegel v. 06.08.2009, „'Hansa Stavanger' - Kritik nach Ende des Geiseldramas", im Internet: http://www.tagesspiegel.de/politik/international/angehoerige-kontra-bundesregierung-hansa-stavanger-kritik-nach-ende-des-geiseldramas/1572736.html

Tagesspiegel v. 08.05.2010, „Piraten kapern deutschen Chemietanker vor Oman", im Internet: http://www.tagesspiegel.de/politik/eu-bestaetigt-piraten-kapern-deutschen-chemietanker-vor-oman/1817796.html

Tagesspiegel v. 14.12.2015, „Weltweit 54 Journalisten entführt", im Internet: http://www.tagesspiegel.de/medien/reporter-ohne-grenzen-jahresbilanz-2015-welt weit-54-journalisten-entfuehrt/12723074.html

Taz.de v. 20.08.2003, „Neiddebatte um zu Gold gesponnene Gefühle", im Internet: http://www.taz.de/1/archiv/archiv/?dig=2003/08/20/a0115

„Was sind Reise- und Sicherheitshinweise?", im Internet: http://www.auswaertiges-amt.de/DE/Laenderinformationen/02-Hinweise/WasSindSicherheitshinweise_node.html

WELT v. 23.09.2000, „Familie Wallert soll zur Kasse gebeten werden", im Internet: http://www.welt.de/534923

WELT v. 19.08.2003, „Haftet der Staat für Extrem-Urlauber?", im Internet: http://www.welt.de/254040

WELT v. 04.09.2003, „Der Preis der Geiselhaft", im Internet: http://www.welt.de/257525

WELT v. 01.12.2005, „Merkel: ‚Wir lassen uns nicht erpressen'", im Internet: http://www.welt.de/181534

WELT v. 04.05.2006, „Wer trägt die Kosten?", im Internet: http://www.welt.de/214404

WELT v. 13.10.2007, „Der Albtraum der ‚Landshut'-Entführung", im Internet: http://www.welt.de/1259970

WELT v. 06.04.2009, „Fünf deutsche Seeleute in der Hand von Piraten", im Internet: http://www.welt.de/3513942

WELT v. 07.04.2009, „Fünf deutsche Seeleute in der Hand von Piraten", im Internet: http://www.welt.de/3516211

WELT v. 09.04.2009, „GSG 9 sollte Frachter ‚Hansa Stavanger' befreien", im Internet: http://www.welt.de/3533761

WELT v. 11.04.2009, „Amerikaner bereiten Schlag gegen Piraten vor", im Internet: http://www.welt.de/3539786

WELT v. 04.07.2009, „Crew der entführten ‚Hansa Stavanger' ist am Ende", im Internet: http://www.welt.de/4056074

WELT v. 24.08.2014, „27-jähriger Deutscher aus IS-Geiselhaft befreit", im Internet: http://www.welt.de/131529695

WiWo v. 15.12.2012, „Deutsche Reeder wollen unter rumänischer Flagge fahren", im Internet: http://www.wiwo.de/politik/europa/schifffahrt-deutsche-reeder-wollen-unter-rumaenischer-flagge-fahren/7520874.html

WDR v. 27.08.2005, „Vor 5 Jahren: Für Werner Wallert endet die Geiselnahme auf Malaysia", im Internet: http://www1.wdr.de/themen/archiv/stichtag/stichtag988.html

ZEIT v. 05.01.2006, „Tagebuch einer Entführung", im Internet: http://www.zeit.de/2006/02/Tagbuch

ZEIT v. 05.01.2006, „Hoffentlich beim Auswärtigen Amt versichert", im Internet: http://www.zeit.de/2006/02/Hoffentlich_beim_Auswaertigen_Amt_versichert/komplettansicht

ZEIT ONLINE v. 25.01.2006, „Osthoff trug angeblich Lösegeld-Scheine bei sich", im Internet: http://www.zeit.de/online/2006/04/Osthoff

ZEIT ONLINE v. 22.02.2006, „Osthoff wieder im Irak", im Internet: http://www.zeit.de/online/2006/08/Osthoff

ZEIT ONLINE v. 08.04.2009, „Fünf Deutsche in der Gewalt der Seeräuber", im Internet: http://www.zeit.de/online/2009/15/piraten-somalia

ZEIT ONLINE v. 11.04.2009, „Seeräuber auf Konfrontationskurs zum Militär", im Internet: http://www.zeit.de/online/2009/16/piraten-konfrontation-bainbridge

ZEIT ONLINE v. 14.04.2009, „Angst vor Piratenrache nach Phillips-Befreiung", im Internet: http://www.zeit.de/online/2009/16/piraten-maersk-alabama

ZEIT ONLINE v. 04.05.2009, „Parteien fordern Aufklärung über gestoppte GSG-9-Aktion", im Internet: http://www.zeit.de/online/2009/19/piraten-gsg-neun-somalia

ZEIT ONLINE v. 11.05.2009, „Streit ums Kommando im Anti-Piraten-Kampf", im Internet: http://www.zeit.de/online/2009/20/piraten-grundgesetz-bundeswehr-gsg9-ksk-bundeswehr

ZEIT ONLINE v. 13.06.2009, „Piraten entführen Frachtschiff", im Internet: http://www.zeit.de/online/2009/25/piraten-somalia-oman

ZEIT ONLINE v. 05.08.2009, „Reeder verteidigt sein Krisenmanagement", im Internet: http://www.zeit.de/online/2009/32/stavanger-reederei

ZEIT ONLINE v. 10.08.2009, „Die ersten Crew-Mitglieder fliegen nach Deutschland", im Internet: http://www.zeit.de/online/2009/33/hansa-stavanger-piraten-crew-deutschland

ZEIT ONLINE v. 23.12.2009, „Die Flut und ihre Folgen", im Internet: http://www.zeit.de/politik/2009-12/jahrestag-tsunami-khaolak

ZEIT ONLINE v. 02.02.2014, „Deutscher im Jemen entführt", im Internet: http://www.zeit.de/politik/ausland/2014-02/jemen-entfuehrung-deutscher